DER SCHATTEN WOLF IN DIR

Erkennen – Befreien – Verändern
3 Schritte für einen tiefgreifenden Lebenswandel

MARIUS ZERBST

www.remote-verlag.de

© 2021 Marius Zerbst

Das Werk ist urheberrechtlich geschützt. Jede Verwertung bedarf der ausschließlichen Zustimmung des Autors. Dies gilt insbesondere für die Vervielfältigung, Verwertung, Übersetzung und die Einspeicherung und Verarbeitung in elektronischen Systemen.

Bibliografische Information der Deutschen Nationalbibliothek
Die Deutsche Nationalbibliothek verzeichnet diese Publikation in der Deutschen Nationalbibliografie; detaillierte bibliografische Daten sind im Internet über http://dnb.dnb.de abrufbar.

Für Fragen und Anregungen:
info@remote-verlag.de

ISBN Print: 978-1-955655-02-6
ISBN E-Book: 978-1-955655-03-3

Originalausgabe
Erste Auflage 2021
© 2021 by Remote Verlag, ein Imprint der Remote Life LLC, Oakland Park, US

Projektleitung: Nico Hullmann
Manuskriptbearbeitung: Katrin Gönnewig, Nina Blank
Umschlaggestaltung: Kaya Schwertner
Satz und Layout: Melvyn Paulino

Alle Rechte vorbehalten. Vervielfältigung, auch auszugsweise, nur mit schriftlicher Genehmigung des Verlages.

Abonnieren Sie unseren Newsletter unter: www.remote-verlag.de

DISCLAIMER

Die in diesem Buch vorgestellten Informationen und Übungen dienen der Inspiration und geben keine Garantie für Heilung und mental-emotionale Gesundheit. Sie können helfen, sich seiner selbst bewusster zu werden und somit grundlegende Veränderungen im Leben eines jeden Menschen auszulösen. Jedoch ersetzen sie weder psychologische noch therapeutische Maßnahmen für Menschen, die unter psychischen Problemen oder an den Folgen traumatischer Erlebnisse leiden. Da ich weder Arzt noch Psychiater bin, kann ich weder Haftung für ausbleibendes Wohlbefinden noch für die Richtigkeit der hier dargestellten Informationen übernehmen. Was ich erkläre, beruht auf meiner eigenen Erfahrung, gepaart mit Wissen, das ich mir angeeignet habe. Doch dieses Wissen kann auch fehlerhaft sein, weshalb mein Appell dahin geht, seine eigenen Erfahrungen zu machen und das Wissen lediglich als Fingerzeig zu nutzen.

Außerdem möchte ich, dass ein jeder lernt, seine Wahrheit in sich selbst zu finden. Was ich zeige, ist, wie ich gelernt habe, zu gehen. Doch das heißt nicht, dass mein Weg die gleichen Erfolgschancen bei allen anderen Menschen verspricht. Vielmehr dienen meine Erfahrungen als Anschauungsmaterial und Wegweiser. Gehen muss jeder für sich selbst lernen. Und darum geht es schließlich: Jeder kann nur für sich selbst herausfinden, wie das Gehen funktioniert. Und genau dadurch können spezifisch für das eigene Wesen und aus dem eigenen Wesen heraus die Lösungen gefunden werden, die für jedes Individuum genau passend sind. Demnach sollte jeder, der dieses Buch liest, sich mit dem befassen, was ihm zusagt und auf Resonanz trifft und die Themen und Übungen unkommentiert lassen, die momentan keinen Anklang finden. Statt sich also durch Dinge, die an einem reiben, zu verschließen, sollten wir uns dem zuwenden, was unserer Öffnung dienlich ist. Und das ist in erster Linie das, was uns mit freudiger Leichtigkeit in die Tat führt.

Obwohl dieses Buch kein Allheilmittel ist, bin ich davon überzeugt, dass jeder Einzelne für sich selbst neue Perspektiven und Einsichten bekommt, die, auf das eigene Leben angewandt, zu größerer Lebensfreude und einem harmonischeren Umgang mit sich und seiner Umwelt führen werden und uns so in die Zukunft hineinleben lassen, die wir uns schon immer wünschten.

Ich freue mich, dich auf deinem Weg begleiten zu dürfen. In Liebe,

Marius

Gestalte mit uns!

Werde Remote Club Member, nimm Einfluss auf unsere zukünftigen Bücher und profitiere von exklusiven Member Vorteilen.

SCAN ME

 Nimm an **Umfragen zu Titeln & Covern** teil und gestalte unsere Bücher aktiv mit

 Zugang zu **exklusiven Vorbestellungen** und vorzeitiger Lieferung vor Verkaufsstart

 Erfahre **als erstes** von neuen Büchern und erhalte Einblicke hinter die Kulissen

 ..und vieles mehr!

Inhaltsverzeichnis

EINLEITUNG 13

HINWEIS ZU DEN ÜBUNGEN IN DIESEM BUCH 19

TEIL 1
ERKENNE DICH 21

DER SOG (PROLOG) 22

JEDER WEG BEGINNT MIT DEM ERSTEN SCHRITT 32
Zwei Wesen in meiner Brust 32
Die Geschichte der zwei Wölfe neu interpretiert 33
Die Geburt des bösen Wolfes 35
Fühle, was zu fühlen ist 36
Wege aus dem Sog 38
    #1 Schreiben 39
    #2 Das Wut-und-Frust-Tagebuch 43
    #3 Gibberish und Katharsis 50
    #4 Ausdruckstanz 53

DER WOLF 55
Das Paradox des Wolfes 55
    Übung: Probleme loslassen 56
    Übung: Hände spüren 56
    Übung: Den Moment fühlen 58
Im Überlebensmodus gefangen 60
Der unbewusste Zustand 63
    Übung: Im Alltag Ruhe finden 69
Im goldenen Käfig eingesperrt 70
Die zerstückelte Welt 73

    Übung: Mit weichen Augen schauen 75
    Den Ruhemodus aktivieren 78
    Der aufnehmende Modus 81
    Der bewusste Zustand 85
    Der Atem-Raum 88
        Übung: Der Atem-Raum 88
    Warum der Atem so eine Macht hat 93

DIE REALITÄT DES WOLFES 93
    Des Wolfes ersten Schritte 93
    Vergiss, wer du bist 96
    Entfaltung statt Entwicklung 98
    Du glaubst, was du glauben willst 104
    Aus Alt mach Neu 106
    Das Kugelstoßpendel 109
        Übung: Meinungsfreiheit 112
        Übung: Kein Recht mehr fertigen 113
    Kritik als Tor des Bewusstseins nutzen 114
    Den kleinen Tod sterben 116
        Übung: Stilles Sitzen 117
    Nicht-Tun und Absichtslosigkeit kultivieren 118
    Der Weg, das Ziel und am Ende nichts von beiden 121
    Wahrer Erfolg 124
        Übung: Zielloses Gehen 125
        Übung: Dein Mandala einreißen 125
        Übung: Mit dem Leben flirten 126

TEIL 2
BEFREIE DICH 129

DER SCHATTEN DES WOLFES 130
    In den Tiefen des Sogs 130
    Der Wolf und die Vergänglichkeit 133
    Der Wolf und der Tod 137

Negative Emotionen auflösen	140
Sind negative Emotionen schlecht?	143
Den Tod für unsere Öffnung nutzen	144
Resilienz aufbauen	150
Übung: Der Bodyscan	151
Den Schmerz zum Freund machen	153
Befreiung durch Integration und Hingabe	158
Übung: Für immer	163
Die transformative Kraft des Zulassens	164
Übung: Das innere Ja	169

VOR DER HÖHLE DES WOLFES SITZEN — 170

Akute und chronische Emotionen	170
Übung: Die Zoom-Methode	175
Fokus ist der Schlüssel	176
Übung: 100 Atemzüge	178
Der Puppenspieler	181
Dein fühlendes Körper-Unterbewusstsein	182
Das herrenlose Haus	185
Deine Persönlichkeit	190
Der Wolf im Schafspelz	192
Das Paradox des Ichs in der Meditation	195
Dich gibt es nicht	199
Übung: Wer oder Was bin ich?	203
Alles ist leer	203
Übung: Zu Nichts werden	207

DER SÜCHTIGE KÖRPER — 209

Die krankhafte Symbiose vom Wolf und seinem Schatten	209
Im Körper gefangen	212
Heute die Berge, morgen das Meer	216
Das Stockholm-Syndrom	218
Wie innen, so außen	220
Wahre Vergebung findet in dir statt	223

Ein Akt der Selbstliebe ... 225
Echtes Glück erkennen ... 228
Emotionale Führung im Miteinander ... 229
Abschied nehmen ... 233
Verlassen und Verlassen werden ... 234
Du darfst es dir leicht machen ... 239
Warum gehst du? ... 241
Jetzt ist aber wirklich mal Schluss ... 244
Habe den Mut, ein Versager zu sein ... 247
Deine Stimmung festigt deinen Glauben ... 248
Glaubenssätze sind Glaubensgefühle ... 251
Verbrenne im Feuer des Schattenwolfes ... 254
    Übung: Lass dich vom Wolf fressen ... 259

TEIL 3
VERÄNDERE DICH ... 263

GARTENARBEIT ... 264

Der Prozess des Wandels ... 264
Der pathogenetische Umgang mit dem Leben ... 267
    Übung: 100 Dinge, die du willst ... 270
Du selbst bist dein Problem und dessen Lösung ... 272
Sesam, öffne dich! ... 275
    Übung: Auf der Schwelle zum Neuen stehen ... 276
Die Augen des Wolfes ... 279
Positives Denken allein wird es nicht bringen ... 286
Platz für Neues schaffen ... 289
    Übung: Auf Möglichkeiten einstimmen ... 293
    Übung: Stabilisiere deinen Fokus ... 295
Wie mir Schafe die Fülle lehrten ... 296
Im Swimmingpool der Fülle ... 299
Was du bist, wirst du erfahren ... 301
Auf der Suche nach dem, was du wirklich willst ... 304

Übung: 100 Dinge, die du nicht willst 305
Übung: Das Gefühl der 100 Dinge, die du willst 307
Übung: Das Ich im Spiegel 310
Du verletzt dich immer nur selbst 311
Das Band der Gewohnheiten durchtrennen 313
Das Buddha-Hormon 315
Die Aufwärtsspirale entwickeln 317
Erfahrungsabhängige Neuroplastizität 320
Blumendünger 324
Den Zugang zum Brunnen unserer Zukunft freilegen 326
Übung: Das Herz öffnen 328
Denken und Fühlen zusammenbringen 332
Übung: Das Gute aufnehmen 333

DIE SCHÄFCHEN INS TROCKENE BRINGEN 335
Der Schöpfer in dir 335
Der Sturz der Pyramide 339
Der Unterschied von Wollen und Wünschen 342
Eine Ode an die Liebe 344
Herz ist Trumpf 349
Das Kraftwerk Herz 350
Mirai – Das Lied deiner Zukunft 352
Deine Zukunft verändert dein Jetzt 356
Das emotionale Zukunftsfoto 360
Übung: Dich auf deine Zukunft einstimmen 362
Zweifelsfrei in eine freie Zukunft 365
»Was« ja, »Wie« nein 370
Schnapp dir die Maus 373
Liebe braucht keine Beweise 374
Es braucht kein Leid und auch keinen Neid 377
Die Macht der Dankbarkeit und ihr Problem 380
Übung: Schuldfreie Dankbarkeit lernen 383
Ich darf (noch) nicht glücklich sein 384

Die Gefahr der Melancholie … 386

WEGWEISER ZUM GLÜCK … 388

Schritt eins: Zulassen und Loslassen … 388
Schritt zwei: Gehen lassen … 396
Schritt drei: Sich darauf einlassen … 400
Wie du deine Vergangenheit veränderst … 402
    Übung: Heile deine Vergangenheit … 404
Das Schaf im Wolfspelz … 405
    Übung: Happy Endings … 407
Nach vorn Fallen … 408
Durch Kohärenz deinen Alltag meistern … 410
Den Anfang anfangen … 415
    Übung: Dein Commitment … 423

AUF DER ANDEREN SEITE (EPILOG) … 427

In Erinnerung an Ingrid Zerbst.

EINLEITUNG

In diesem Buch geht es nicht nur um ein angenehmes Gefühl des Wohlbefindens durch das Erlernen eines neuen Umgangs mit dem gewohnten Leben, sondern um eine klare Anleitung deine alte, vertraute Persönlichkeit hinter dir zu lassen und zu dem zu werden, der du schon immer sein wolltest.

Warum bist du so, wie du bist, und wieso fällt es dir so schwer, dich zu verändern? Was willst du eigentlich wirklich vom Leben? Sind es spezielle Dinge, die du erreichen willst oder Umstände, die du loswerden möchtest? Geht es dir um einen besonderen Status, um Familie, Liebe oder Geld? Oder liegt deinen Wünschen etwas anderes zugrunde, was sich womöglich hinter deinen Zielen verbirgt? Was sind deine wahren Antreiber und worauf bist du wirklich aus, wenn du hinter den Schleier der gewünschten Dinge, Ziele, Anschaffungen und Verbesserungen schaust? Und wie gelingt es dir, hinter diesen Schleier zu blicken, um genau das zu erkennen, was ich als »*wahre Essenz deiner Wünsche*« bezeichnen würde?

Beim Versuch, uns selbst zu überwinden und uns dem Leben unserer Träume zu öffnen, stoßen wir immer wieder auf unsere alten Gewohnheiten, Glaubenssätze und emotionale Schatten, die uns daran hindern, nachhaltige Erfolge im Aufbau neuer Denkweisen und Gewohnheiten zu erzielen und ein gänzlich neues Leben nach unserem Geschmack zu leben. Dieses Buch beschäftigt sich mit dem heilenden Umgang dieser schmerzhaften, aber auch vertrauten mentalen und emotionalen Zustände und zeigt uns durch zahlreiche Erklärungen, Übungen und Meditationen, wie wir diese so integrieren und transformieren können, dass wir zweifelsfrei unseren Weg in eine neue, lebendige und erfüllte Zukunft gehen können. Dabei beleuchten wir auch, was genau du von deiner Zukunft möchtest. Wir schauen, ob und wie uns erreichte Ziele die Erfüllung bringen können, die wir hinter diesen vermuten. Doch vor allem schauen wir auch, was uns daran hindert, diese Erfüllung in unserem Leben zuzulassen, die wir durch unser tägliches Wirken erlangen wollen. Was also braucht es, um erfüllt und glücklich zu leben, und was hindert uns daran, diese Zustände als dauerhafte Grundlage in unserem Leben zu etablieren?

Doch um zu werden, wer wir sein wollen, müssen wir auch verstehen, warum und wie wir der geworden sind, der wir sind und was uns daran festhält, dieser jemand zu bleiben. Selbst-Erkenntnis führt zu Selbst-Befreiung und schließlich zur Veränderung. Diese Veränderung des eigenen Selbst ist es, die dein Leben transformieren wird. Bist du dir deiner unbewussten Gewohnheiten bewusst, verstehst du auch, was du tun kannst, um dich neu zu erschaffen. Doch dabei gehen wir an die Quelle deines Wesens, befreien dich von deinem selbstzerstörerischen Ich, das niemals satt und zufrieden ist, und öffnen dich schon heute für genau die Wünsche und Sehnsüchte, die dich in deiner Wunschzukunft wirklich erfüllen werden. Diese Quelle ist dein Fühlen, welches dich schon dein Leben lang wie ein Kompass führt, doch bisher deinem nimmersatten Geist untergeordnet war und dich somit auf die immer gleichen Wege geführt hat, die letztendlich nicht die Ergebnisse brachten, die du dir erhofft hattest. Befreien wir dein Fühlen aus den Zwängen deines Geistes, dann öffnen wir dich deinem wahren Weg, der dir zeigen wird, worum es dir im Leben wirklich geht.

Um der zu werden, der wir sein wollen, müssen wir ebenfalls die vertrauten, jedoch hinderlichen Emotionen und Gedanken deiner Vergangenheit verwandeln. Doch dieser Prozess ist kein einfaches Überschreiben deiner Identität, kein positives Denken und keine Selbsthypnose. Vielmehr zeige ich, wie du erkennst, dass das, was du glaubst zu sein, nur eingebildet ist, und wie du dich dieser Illusion entledigen kannst. Wir gehen zum Ursprung, zum Nullpunkt zurück, an dem du dir genau die Realität erschaffen kannst, in der du wirklich leben willst. Denn alles, was du erlebst, ist nur ein Spiegel deiner Persönlichkeit. Was also genau ist Persönlichkeit und wie können wir sie so verändern, dass sie uns nutzt, statt uns zu schaden und uns zu sabotieren?

Jahrelang habe ich mich mit Spiritualität, Meditation und dergleichen beschäftigt, habe Ratgeber von Eckhart Tolle & Co. gelesen und fühlte mich auch immer glücklich und zufrieden, wenn ich aus der Yoga-Stunde kam. Doch nie verschwand dieses kleine Unbehagen in mir, das wie ein subtiler Schatten in meinem Nacken saß und mich immer wieder zu sich zurückholte. Ein Unbehagen, das sich als unterschwellige Niedergeschlagenheit und in dem Gefühl der

Sinn und Machtlosigkeit zeigte und sich durch Skepsis und Zweifel dem Leben und allen Versuchen, mich zu ändern, gegenüber behauptete. Das Unbehagen wuchs und je mehr ich versuchte mich dem Leben zu öffnen, desto mehr führte es mich wieder zurück in meine tiefsten emotionalen Abgründe. So, als wäre ich ein Gefangener meiner Selbst, ohne mich davon befreien zu können. Ein Teufelskreis, der meine Zweifel, meinen Frust und meine Wut nur weiterwachsen ließ. Egal was ich tat, ich fiel immer wieder in mein altes Selbst zurück, in all den Schmerz, die Wunden, die Verwirrung, die innere Zerrissenheit und das Unglücklichsein über die Sinnlosigkeit des Lebens und die Machtlosigkeit, die ich verspürte, beim scheiternden Versuch, mir ein glückliches und erfülltes Leben zu erschaffen. In diesem Zustand wirkte alles in meinem Leben trostlos. Ziele, Wünsche, Hobbys, Vorhaben und Projekte: Alles, was ich mochte und womit ich mich gern beschäftigte, wurde von einer sintflutartigen Welle der Dunkelheit einfach niedergerissen und weggespült. Übrig blieb ein Haufen Schutt, den ich langsam wiederaufbaute, sobald sich der Sturm gelegt hatte. Doch je öfter ich diese Wechsel aus sonniger Leichtigkeit und erdrückender Ohnmacht spürte, desto vorsichtiger wurde ich. Als ein im Grunde heiteres und optimistisches Wesen, das ich immer war, fing ich an, Skepsis und Misstrauen dem Leben gegenüber zu entwickeln. Ich trat mit Vorsicht in den neuen Tag, konnte dem Leben nicht sonderlich vertrauen und war immer auf der Hut, dass nicht doch etwas gegen meinen Willen passiert und mir ein Bein stellt.

Auf der einen Seite versuchte ich dem Leben positiv entgegenzutreten, meine Wünsche zu verfolgen, etwas zu finden, das aus meinem Herzen gelebt werden wollte und sich echt und erfüllend, bereichernd und begeisternd anfühlte. Auf der anderen Seite zog mich der Alltagstrott, das vorgefertigte Leben mit seinen Regeln und Abfolgen und seinen Oberflächlichkeiten, sowie die häufige Erfahrung, dass meine Taten keine wünschenswerte Wirkung erzielten, wieder herunter auf den harten Boden lähmender Emotionen und vernichtender Gedanken. Ich bewegte mich im Kreis, ohne voranzukommen, stieg aus meiner Asche empor, nur um am nächsten Tag wieder in Flammen aufzugehen und zu verbrennen. Langsam überkam mich das Gefühl, dass ich nichts tun könnte und sich nie etwas ändern würde, dass ich mich wohl mit mir zurechtfinden und arrangieren müsse und dass ich diese dunklen Tage einfach erdulden müsse.

Doch dank des Stehaufmännchens, das ich bin, gab ich nicht auf zu ergründen, warum ich immer wieder in diese geistige Verwirrung und emotionalen Tiefen zurückfiel. Ich konnte es nicht lassen, zu erforschen, warum ich nicht einfach glücklich werden und bleiben kann und warum es mich immer so knallhart aus einem schönen Tag in einen bedrohlichen Abgrund zog. Zunächst gelang es mir durch meine Praktiken und Einsichten, die Zeit zwischen den beiden Zuständen der optimistischen Haltung und dem lebensbejahenden Gefühl sowie dem niedergeschlagenen Gefühl der Sinnlosigkeit allem und jedem gegenüber zu verlängern. Nach und nach wurde auch der Schlag von der Seite, in der es mir gut ging, zurück auf die Seite, in der ich nichts mehr vom Leben wissen wollte, milder. Doch ich fiel immer wieder zurück. So, als wäre die eine, dunkle Seite mein Grundzustand und die andere, helle Seite nur ein kleines Trostpflaster, um mich bei Laune zu halten. Mir gelang es einfach nicht, mich wirklich von meinem dunklen Ich zu befreien und gänzlich in der Helle meiner Sorglosigkeit zu leben und aus tiefster Überzeugung dem Leben mit offenen Armen zu begegnen. Wie bei einem Spasmus, einer Art Verkrampfung oder einem Anfall war ich meinen inneren Vorgängen hilflos ausgeliefert und konnte mich nicht gegen sie zur Wehr setzen.

Doch dann erkannte ich dieses innere Konstrukt, das da in mir gewachsen war und sich als »*mich*« ausgab. Mir gelang es, mich selbst zu erkennen, mich von mir selbst zu befreien und mich so zu verändern, dass ich aus tiefer Überzeugung sagen kann, dass das Leben, welches immer eine Armlänge vor mir lag, aber nie erreichbar war, nun endlich Realität ist. Es ist die andere Seite, auf die zu kommen ich immer versuchte und von der ich mich immer mehr entfernte, je häufiger ich fehlschlug. Jetzt weiß ich, wie ich diese andere Seite erreichen und zu ihr werden kann. Mit allem, was ich tue, falle ich nicht mehr in mein altes Selbst zurück, sondern nach vorn auf diese andere Seite und in mein neues Selbst hinein. Dieser Wandel veränderte mein ganzes Leben. Dem Zweifel wich eine unerschütterliche Gewissheit, der Skepsis eine Art Ur-Vertrauen in die Fähigkeit, der Gestalter meines Lebens zu sein, und der Niedergeschlagenheit und Sinnlosigkeit wich eine neue Lebensfreude, die mich mit unendlicher Kreativität sowie innerer Ruhe und einer friedvollen Freude nach vorn blicken lässt. Diese Veränderung zeigte sich zunächst in meinem Inneren, später auch im Außen. Doch das, was im Außen geschieht, ist nur ein Resultat meiner inneren und immer noch fortlaufenden Wandlung.

Dieses Buch hat es sich zur Aufgabe gemacht, jedem, der bereit ist, sich neuen Ansichten und Ideen zu öffnen und ungewöhnliche Wege zu gehen, zu zeigen, wie diese Wandlung vonstattengehen kann. Dieses Buch ist für diejenigen, die den Mut haben, anders zu sein. Denn »*anders*« ist gut, »*anders*« ist das Beste, was dir je passieren kann, »*anders*« ist das Unbekannte, ist der Weg heraus aus deinem gewohnten Ich und hinein in eine völlig neue Welt. Dabei werde ich dich durch deine tiefste Dunkelheit führen und dein Ich verbrennen, sodass du vermutlich richtig Angst bekommst. Doch das, was wir verbrennen, sind nur die kleinen Schatten eines Ichs voll von Selbstmitleid und Ausreden, nicht der sein zu können, der du in Wahrheit bereits schon bist und der nur darauf wartet, endlich in diesem Leben gestalten und wirken zu können. Aus diesem brennenden Feuer wirst du blühend auferstehen und die Flügel schwingen, die dich in das Leben erheben werden, auf das du schon so viele Jahre gewartet hast. Veränderung ist möglich, und zwar so, dass dein altes Ich schon bald nur wie eine blasse Erinnerung an einen schwammigen Traum ist und der neue Mensch, der du jetzt bist, die Welt aus strahlenden, neugierigen und liebevollen Augen anschaut.

Es ist nicht sicher, dass es besser wird, wenn es anders wird.
Aber damit es besser werden kann, musst du anders werden.

Dieses Buch dient nicht dazu, den Rost von unserem Auto, welches wir »*Ich*« nennen, abzukratzen und die Karre neu zu lackieren. Es geht darum, das Auto gänzlich in seine Einzelteile zu zerlegen und zu erkennen, dass wir im Grunde nichts sind. Diese Einsicht bringt uns nicht nur Frieden, sondern auch die Freiheit, mit unserem Leben machen zu können, was wir wollen. Es bringt auch die Gewissheit, dass wir unendliches Potenzial sind, dass wir Möglichkeit sind und nicht Resultat, dass wir unentwegt die Freiheit besitzen, tun und lassen zu können, was wir wollen, und dass es genau dieses Tun ist, was uns die Erfüllung gibt, die wir suchen. Diese Art des Tuns, von der ich rede, kommt aus der Quelle, aus unserer Essenz, und trägt in sich schon die Fülle. Alles, was wir *sind*, ziehen wir an. Erkennen wir die Fülle, die wir sind, und öffnen uns unserer innewohnenden Macht, unsere Welt nach unserem Bilde gestalten zu können, ändern wir uns aus uns selbst heraus. Diese Veränderung macht es möglich, dass sich auch unser Leben verändert und sich auf uns einschwingt. Ein Prozess, der etwas Geduld und Willen braucht, der sich nicht immer angenehm anfühlt, der uns aber in eine völlig neue Welt, das Leben zu erleben, führt. Eine Welt, die unbekannt, spontan und kreativ ist. Eine Welt des Schöpfens und Gestaltens. Eine Welt, die dir alles ermöglicht, woran du zu glauben und zu fühlen wagst.

Mit diesem Buch hast du die Kraft, über dich hinauszuwachsen und einen tiefgreifenden Lebenswandel zu vollziehen, der dich von Selbstsabotage und hartnäckigen Stimmungslagen befreit, um letztendlich das Leben Realität werden zu lassen, wovon du wirklich träumst.

Ich wünsche dir viel Freude und Erkenntnisse beim Lesen dieses Buchs und beim Ausprobieren der darin enthaltenen Übungen!

HINWEIS ZU DEN ÜBUNGEN IN DIESEM BUCH

In diesem Buch wirst du zahlreiche Übungen finden, die dir das theoretische Wissen auch praktisch nahebringen sollen. Auch wenn ich dir die Übungen genau erkläre, so kann es sein, dass du Mühe hast, dich selbst anzuleiten. Solltest du also Schwierigkeiten dabei haben, dich selbst anzuleiten, dann kannst du dir auf meiner Website www.kuyome.com im Shop auch zu einigen dieser Übungen die entsprechende geführte Version besorgen.

TEIL 1
ERKENNE DICH

DER SOG (PROLOG)

Ich wache auf und es ist dunkel. Vielmehr ist es grau. Oder düster. Nicht draußen, sondern in mir. Gestern war noch alles in Ordnung und jetzt zieht es mich knallhart runter. Ich liege in Starre. Es gibt nichts, wofür sich das Aufstehen lohnt. Das Essen im Kühlschrank war gestern noch ein Traum, doch jetzt reizt mich nichts. Der Tag ist fad und farblos. Es ist nichts passiert, aber ein unscheinbares Gefühl in mir sagt, dass irgendwas nicht stimmt. Ich finde keinen Sinn mehr. Ich finde keine Motivation. Ich glaube nicht mehr den guten Gründen und schönen Aussichten, die meine Taten mit sich bringen könnten. Ich schaue auf die kleinen Zettel an meiner Badezimmertür, auf denen meine Lieblingsworte und Werte stehen. Unter ihnen Worte, wie Leichtigkeit, Freude, Verliebtsein, Seelenplan, Wunder, Staunen, Frieden, Ruhe und Klarheit und andere Worte von Dingen, die ich mag. Nichts von dem berührt mich. Nichts muntert mich auf. Ich bin niedergeschlagen, deprimiert, melancholisch und down. Grundlos. Es kam einfach aus dem Nichts. Wie so oft schon. Dabei meditiere ich doch schon seit einiger Zeit, habe so oft erkannt, wie schön das Leben ist, wie herrlich ich mich fühle und wie begeistert ich sein kann. Doch jetzt ist keine Spur mehr von Begeisterung oder Herrlichkeit zu finden.

Dieses Schwere zieht alles runter und beschwört stattdessen finstere Gedanken herauf. Als würde ein Dämon in mir wohnen. Alles verdunkelt sich. Jede Vision von meiner Zukunft ist nun absolut belanglos. Ich sehe keinen Grund und Sinn mehr in den Dingen, die mir eigentlich Spaß machen. Ich habe das seltsame Gefühl, dass das alles nichts bringt. Meditation ist ein netter Zeitvertreib, aber wenn ich mich dennoch immer wieder so down fühle und nur sporadisch gut, dann kann ich es auch lassen. Ich bin wütend, frustriert, am Untergehen und Verbrennen. Wie ein Phönix, nur dass ich keine Lust darauf habe, wieder aufzuerstehen. Die Welt kann mich mal. Ich bin angepisst und weiß nicht, wieso. Alles geht mir auf den Sack. Alles stresst mich. Ich könnte weinen und schreien und alles kaputt schlagen, was ich eigentlich mag. In diesem Modus habe ich das schon immer gern getan. Ich mag es zu meditieren und andere Menschen davon zu überzeugen, dass das »*das Ding*« ist. Und jetzt denke ich, dass das alles nur Fassade ist, dass das alles im Grunde überhaupt nichts bringt, außer, dass es vielleicht ein netter Zeitvertreib ist. Aber eigentlich bringt es nicht wirklich was. Wenn es was bringen würde, warum finde ich es jetzt scheiße?

Gestern fand ich es super, saß auf meinem Kissen und war eins mit der Welt. Ich liebte mein Sein und hatte tolle Pläne und Visionen für meine Zukunft. Ich war voller Zuversicht, Optimismus, Vertrauen, Mitgefühl und davon überzeugt, dass ich mir ein wirklich schönes Leben aufbauen kann. Doch heute merke ich, wie verblendet ich war. In diesem Leben geht es um nichts, es gibt keinen Sinn und vor allem merke ich eins: Ich kann mich nicht auf das verlassen, was mir Spaß und Freude macht. Warum sollte ich es dann überhaupt noch machen? Ich finde, das Leben ist unfair und ungerecht. Und ich glaube, es hat was gegen mich. Oder ich habe was gegen das Leben. Dabei bemühe ich mich doch. Ich beschäftige mich mit mir, nehme mir Zeit, meine Emotionen und meinen Geist zu ergründen, ich motiviere mich immer wieder neu und versuche doch nur, mich irgendwie zurechtzufinden. Irgendwie Zeit zu finden, für das, was ich gern mache. Doch, wie so oft, habe ich zwar dann die Zeit, doch dann kommt irgendwas dazwischen, irgendetwas passt oder funktioniert nicht richtig, irgendetwas ist kaputt oder stellt mir ein Bein. Es zieht sich wie Kaugummi im Haar. Ich fühle mich allein, verarscht und hilflos.

Der Ohnmacht weicht ein Gefühl des Sarkasmus. Okay, Welt, wenn du meinst, dann lasse ich es eben bleiben. Dann spiele ich eben dein Spiel mit. Was soll's, scheiß drauf. Dann setze ich eben nicht meine Ideen um, habe eben keine Freude an dem, was ich tue. Ah, okay, du entscheidest also, wann ich etwas machen darf und wann nicht. Du entscheidest also, wann ich mich freuen darf und wann nicht. Heute wollte ich eigentlich etwas Schönes machen, zum Beispiel einen neuen Song schreiben, aber gut, wenn du meinst, dass du mir lieber meinen Computer kaputt machen willst und ich lieber heute nicht das machen sollte, was ich will, gut, dann machen wir eben, was du willst. Vielleicht darf ich ja irgendwann mal das machen, was ich will. Vielleicht war ich nicht artig und brav genug, vielleicht wollte ich einfach zu viel. Wollen ist ja sowieso etwas Schlechtes, sagen die Buddhisten. Weißt du, dann will ich ab sofort einfach nichts mehr. Dürfte dir doch gefallen, oder? Und weißt du noch was? Scheiß auf dich! Scheiß auf den ganzen Mist hier. Ich brauch dich nicht. Wieso bin ich eigentlich hier? Von mir aus kannst du das Ganze hier auch gleich beenden.

Mal ehrlich. Wieso denn nicht? Ich gehe arbeiten, verdiene Geld, das zum Leben reicht, aber lebendig fühle ich mich nicht. Montag bis Freitag mache ich im Grunde nur Dinge, um am Leben zu bleiben, schaue Fernsehen oder liege einfach nur rum, weil ich abends einfach zu müde bin. Danke liebes Leben, dass du ein Wochenende für mich hast. Jetzt habe ich ja endlich Zeit für mich und kann tolle Sachen machen. Aber wieso habe ich das Gefühl, dass ich dir dafür etwas schuldig bin? Oh ja, ich sollte dankbar sein, denn anderen geht es viel schlimmer. Andere haben keinen Job, keine Klamotten, kein Essen. Danke liebes Leben, dass du so großzügig bist und mir erlaubst, mich freuen zu dürfen. Wann darf ich eigentlich selbst entscheiden? Warum muss es immer nur nach dir gehen und nie nach mir? Weißt du, immer wenn ich was machen will, kommt irgendwas dazwischen. Immer wenn ich mich auf etwas freue, machst du es mir kaputt. Ist okay, inzwischen kann ich damit umgehen. Es stört mich nicht. Ich nehme es hin. Jetzt nehme ich es hin. Du hast gewonnen. Aber weißt du noch was? Lass mich einfach in Ruhe. Mach du deinen Kram und lass mich einfach hier liegen. Deinen schönen blauen Himmel kannst du dir sonst wohin schieben, ehrlich. Mich verarschst du nicht mehr mit deinen »*Schau, wie toll ich bin!*«-Illusionen.

Im Grunde mag ich den sanften Windhauch im Gesicht, das Lichtspiel der Sonne in den Blättern der Bäume, den Gesang der Amseln am späten Nachmittag und den Geruch von frisch gemahlenem Kaffee am frühen Morgen. Aber ich habe dich durchschaut. Das ist alles nur Lug und Trug. In Wahrheit bist du einfach nur sinnlos. Ich fühle dich nicht mehr. Ich fühle nichts mehr, außer Leere. Das Leben ist Leere. So sehr ich mich bemühe, das Leben zu lieben, so sehr ich mich bemühe, mich zu lieben, Frieden mit dem, was ist, zu finden, so sehr ich mich wirklich, wirklich bemühe und Bücher von Eckhart Tolle lese, Yoga und Spaziergänge im Wald mache, Joggen gehe, mich gesund ernähre, Visionboards erstelle, Dankbarkeitstagebücher schreibe und weiß der Henker, was noch alles, umso mehr glaube ich, dass das alles nur Selbstverarsche ist. Eine Art Beweihräucherung, oberflächliche Betäubung, Schönrederei und Symptombekämpfung. Aber es bringt einfach nichts. Ich fühle mich trotzdem wieder scheiße und will am liebsten alles verbrennen, was ich habe. Mich eingeschlossen.

Ich habe nicht mal Bock, mich zu betrinken. Gut, vielleicht rauche ich eine Zigarette und lege mich dann einfach wieder hin. Schlafen hilft. Buddha hat gemeint, man solle sich eine halbe Stunde am Tag Zeit nehmen für all seine Sorgen und Ängste. Und in dieser halben Stunde solle man ein Nickerchen machen. Und ich muss sagen, ja, es hilft. Es hilft zumindest insofern, dass ich dich nicht mehr ansehen, erleben und ertragen muss. Und mich auch nicht.

Ich hasse dieses Gefühl, diesen Zustand. Aber ich hasse auch alles andere. Ich hasse meine Musik, die ich mache, ich hasse Meditation, ich hasse meine Lieblingsbücher, ich hasse meine Lieblingslieder. Ich hasse die gesamte gottverdammte scheiß Welt mit ihren dämlichen Vorgaben. Wieso bin ich hier, wenn alles andere über mich bestimmt? Wieso das Ganze? Wieso? Es ist so mühsam. Ich kann nicht mehr. Ich gebe auf. Wir sollen angeblich auf der Welt sein, um unser volles Potenzial auszuleben.

Unsere Seele hat sich dafür entschieden, in unserem Körper zu reinkarnieren, um das Licht meines Herzens in die Welt hinauszutragen. Ich bin göttlich und das Leben ist dazu da, um sämtliche Emotionen zu erfahren, kreativ zu sein und sich zu verwirklichen. Wir sind Liebe, bedingungslose Liebe und wir sind einzig und allein hier, weil das Leben Freude ist. Du musst nur im Jetzt sein und deine Freude wird in dir aufsteigen und das Leben wird ein riesiger Spaßtanz mit Blumen, Feuerwerk und tollen Cocktails. Und vor allem eins: Du bist der Schöpfer deines Lebens. Du kannst alles erreichen und du musst einfach nur fest daran glauben. Emotionen, wie Wut und Frust, sind einfach nur Blockaden in dir. Öffne dich deinem Herzen, verwandle deine Glaubenssätze und transformiere deine Emotionen und schon steht dir die Welt offen.

Hahaha, dass ich nicht lache. Wenn dieses Leben ein Freudenfest meiner Seele sein soll, warum weiß ich davon nichts? Dieser Seele muss doch vorab klar gewesen sein, dass ich absolut keinen Plan von ihr habe. Warum muss ich mich erst selbst erkennen und mich durch Frust und abgefuckte innere Zustände quälen? Wenn die Seele hier ist, um sich kreativ und spielerisch auszudrücken, warum dann erst dieses ganze sinnlose »*Sich-befreien-Müssen*«? Warum nicht gleich als Schmetterling auf die Welt kommen und fliegen, statt erst die Raupe zu sein, die sich, wenn überhaupt, mit Müh und Not verpuppt, um dann hoffentlich doch noch fliegen zu können? Warum der ganze Schwachsinn? Das ergibt überhaupt keinen Sinn.

Wir haben eine Aufgabe, höre ich sie sagen. Wir sind hier, um unserer Bestimmung zu folgen und Liebe in die Welt zu bringen.

Weißt du was du mit deiner Liebe machen kannst? Behalt sie für dich. Ich würde wirklich gern, aber ey, wenn du mir jedes Mal Steine in den Weg legst, dann mach's selbst. Ich habe mich inzwischen bereit erklärt, an all das zu glauben. An etwas Höheres, etwas Sinnvolles, an etwas, von dem wir nicht wissen, was es ist. An Führung, an Seelen, an das Göttliche, das All-Bewusstsein, die Kraft des Universums, daran, dass wir hier wirklich Freude erfahren sollen und uns quasi austoben können. Daran, dass das Leben unsere Spielwiese ist. Das hört sich alles gut an und ich gebe ehrlich zu, ich konnte es schon hier und da in mir spüren. Doch es ist für mich absolut unlogisch. Warum der ganze Heckmeck mit dem Verstand, dem Ego, den Gefühlen, der Niedergeschlagenheit? Warum dieses eintönige Leben, der Kampf, der Stress, das Rumquälen? Warum die dummen Menschen, die mir ständig begegnen? Warum machst du es mir einfach nur immer wieder so schwer? Es ergibt einfach keinen Sinn.

Ich will ja, und ich habe das Gefühl, ich darf nicht. Als müsste ich dich anflehen und betteln. Wie so ein Shaolin-Schüler, der erstmal einen Winter lang vor der Tür des Klosters warten muss, damit er, so Gott will, doch reingelassen wird und trainieren darf. Ich habe mir das nicht einfallen lassen, mit der Welt, dem Leben und dem Universum. Das war alles deine Idee! Ah, ich verstehe: Das Göttliche ist ja auch in mir und *ich* bin quasi das Universum. Ich bin Gott. Verstehe ich das richtig? Wieso ist das Leben so? Warum gibt es die Menschheit, die sich selbst vernichtet? Die wie ein Virus die Welt zerstört? Die sich gegenseitig zerstört? Warum sind wir dann alle gefangen in unseren Köpfen und Neurosen, unseren Süchten und Begierden? Warum nutzen wir andere aus, manipulieren uns gegenseitig und hassen uns, wo wir uns doch vorher noch geliebt haben?

Ich habe gelesen, dass es einst ein Paradies gab und da soll es wohl so voller bedingungsloser Liebe gewesen sein. Und dann ist irgendwas passiert und nun sind wir verblendet und haben vergessen, dass wir das Licht der Welt sind. Also sollen wir uns aufmachen, dieses Licht zurückzugewinnen, unseren Hass und unsere Angst ablegen, uns der Liebe öffnen, erwachen und das Bewusstsein in die Welt ausstrahlen, sodass wir befreit ein Leben in Freude, Harmonie und lebendiger Liebe leben können, in der wir frei nach unserem Belieben kreieren können, was uns in den Sinn kommt.

Wir sind hier, weil wir die Erfahrung machen wollen. Da, wo wir herkommen, gibt es keine dreidimensionale Welt mit Dingen zum Anfassen. Dort gibt es keine Emotionen und dort gibt es keine Materie, die sich durch unser Schöpfertum manifestieren kann. Dort gibt es nur Schwingung, Energie und Frequenzen. Im Grunde gibt es dort nichts außer reinem Potenzial, das darauf wartet, zu einem stofflichen Ding zu werden, um das Universum zu vergrößern. Jeder Wunsch, jede Manifestation, die wir machen, vergrößert das Universum und genau das will es ja auch: wachsen, kreieren, schöpfen, gestalten, sich ausdehnen und ein unendliches Spiel von Farben und Formen sein. Das Leben verfolgt keinen Plan, es hat keinen Sinn, es ist einfach da und funktioniert. Aber das Leben ist weder gut noch schlecht. Es ist, wie es ist. Aber das Leben ist auch Liebe. Nahtoderfahrene sprechen von diesem Einssein, dieser nie zuvor gespürten, unfassbar großen Liebe, die alles durchströmt und alles ist. Liebe, die uns mitteilt, dass wir hier aus Freude am Schöpfen sind, dass wir aus Großartigkeit und Herrlichkeit bestehen und dass wir nach dem Tod in diese Liebe zurückkehren, die wir die ganze Zeit schon sind.

Und an dieser Stelle frage ich nochmal: Warum dann der ganze Scheiß mit dem Abquälen? Wenn die Seele doch vorher weiß, dass der Typ, in dem sie zu sich kommt, keinen blassen Schimmer davon hat, was hier eigentlich abgeht, warum dann die ganze Mühe? Warum muss ich mein halbes Leben auf einem Meditationskissen sitzen, um das zu checken? Und das ist noch nicht mal gewiss. In einem Zen-Buch habe ich gelesen, dass selbst das Erwachen spontan ist. Alle machen das Gleiche, aber es scheint eher Zufall zu sein, dass es einem geschieht. Es gibt also nicht einmal hier eine Gewissheit. Ich soll darauf vertrauen und hoffen, dass ich vielleicht einer der glücklichen Auserkorenen bin, der die Erleuchtung erlangt und dann endlich schnallt, worum es hier geht. Und dafür wende ich dann die meiste Zeit meines Lebens auf. Das ist fast wie Lotto spielen. Und mal ehrlich: Dann spiel ich lieber Lotto. Da bin ich dann wenigstens Millionär und kann machen, was ich will. Wenn ich da auf dem Kissen sitze, dann bin ich am Ende nur einer, der sich nicht mehr beschwert und auch zufrieden damit ist, nichts zu haben. Einer, der sich allem entsagt hat und sich einfach nur davon überzeugt hat, dass er nichts braucht, um glücklich zu sein. Ich gebe also einfach alle meine Wünsche, Begierden, Freuden und Ziele auf und hoffe dann darauf, den Frieden mit nichts in der Hand zu finden. Und dann kann ich das restliche Leben in meiner Glückseligkeit verbringen. Ist ja wie Rente. Ich schufte und schufte mein Leben lang, vertraue dann darauf, dass nach 40 Jahren mein Geld immer noch etwas wert ist und hoffe dann, dass ich noch etwas von meinem Rentendasein genießen kann, ohne gleich abzukratzen. Also bitte, dein Ernst? Wenn das der Weg ist, warum dann das ganze Gefasel von Schöpfung, Ausweitung, Manifestation und so weiter? Warum gibt es dann leckeres Essen, tolle Orte, geniale Erfindungen, schöne Sachen und fantastische Dinge die man tun kann, wenn all das mich davon abhält, den Frieden mit dir, liebes Leben, und mir, liebes Ich, zu finden? Du hast den Tisch mit den tollsten Speisen gedeckt und nun sagst du, ich solle nicht zugreifen? Und wenn ich es doch tue, bestrafst du mich, damit ich es endlich schnalle, dass mich dieses Verlangen nur unglücklich macht? Was soll dann der Blödsinn mit »*Ich bin Gott und der Gestalter meines Lebens*«, wenn ich nicht gestalten darf? Warum ist es, wenn ich doch so easy hier meinen Seelenplan verfolgen soll, nur so schwer, so kompliziert und undurchsichtig? Warum sagst du, ich solle mich im warmen Pool erfreuen und packst mir dann Haie rein? Echt jetzt, das ist nicht nachvollziehbar!

Es liegt nur an mir, höre ich dich sagen.

Was ich glaube, ist das, was ich erlebe.

Ja, aber warum hast du mir dann diesen Glauben gegeben, durch den ich mich erst mühsam durchbeißen muss? Warum hast du die Welt so kaputt gemacht, wie sie ist? Ich solle das nicht bewerten? Die Wertung von gut und schlecht macht es erst so leidvoll? Soll ich also einfach mitspielen? Ja, genau, das ist es. Ich spiele einfach mit, akzeptiere, was mir geschieht und wehre mich nicht. Ich bin brav und übe mich darin, einfach mit dem zufrieden zu sein, was ich bekomme. Statt zu nörgeln, dass andere die frischesten Croissants essen, ist doch so 'ne lauwarme Wassersuppe auch okay.

Nur der Vergleich ist es, der mich unglücklich macht.

Wüsste ich nichts von den Croissants, wäre alles in Ordnung. Ich soll also glücklich sein mit dem, was ich habe, und nicht ständig auf die andere Seite des Zauns schauen. Da sieht es ja eh immer viel schmackhafter aus. Bleib mal schön auf deinem Teller. Sag mal, bist du meine Mutter? Ich denke, ich bin du und du bist ich? Wieso schreibst du mir dann allerhand solchen Blödsinn vor? Wenn ich Croissants essen will, dann darf ich das doch, oder? Und wenn ich sie heute essen will und nicht erst dann, wenn du es mir gestattest, dann sollte das doch drin sein, oder etwa nicht? Aber ja, ich verstehe, der Wunsch ist der Feind.

Ein gesunder Mensch hat tausend Wünsche, ein Kranker nur einen.

Je mehr Wünsche ich habe, desto unzufriedener bin ich. Hier nimm, du kannst alle meine Wünsche haben. Ich brauch sie ohnehin nicht, wenn sie sich nicht verwirklichen. Oder wenn sie es doch tun, dann will ich sie trotzdem nicht mehr. Ich will nicht betteln und beten, will dir nicht etwas schuldig sein müssen. Gib mir einfach meine lauwarme Pissesuppe und hin und wieder mal ein Stück Schokolade, ganz wie du magst. Ich verspreche dir, ich werde mich darin üben zu gehorchen und mich nicht zu beschweren. Macht sowieso keinen Unterschied. Wenn ich mich bemühe, etwas Tolles in meinem Leben zu erschaffen, dann ist es anstrengend und am Ende fühle ich mich nur ausgelaugt. Kennst du den Begriff »*Pyrrhussieg*«? So fühlt es sich an. Ich kämpfe, gewinne die Schlacht, doch ich habe am Ende selbst so viel Schaden davongetragen, dass ich nichts von meinem Sieg habe.

Was ich damit sagen will, ist, dass ich mich einfach nur verarscht fühle. Ich lege mich jetzt wieder schlafen. Ich weiß ja, dass nach jedem Regen Sonnenschein kommt. Also warte ich einfach wieder darauf, bis sich die Wolken verzogen haben. Ist schließlich nicht das erste und ganz bestimmt auch nicht das letzte Mal. Wahrscheinlich gewöhne ich mich noch daran. Der Mensch ist ein Gewohnheitstier. Also mache ich die Augen wieder zu und habe eben diesen Tag vergeigt. Gern hätte ich heute irgendetwas Tolles gemacht. Aber was soll's. Lege ich mich halt wieder hin. Ich habe keinen Bock mehr zu kämpfen oder an mir zu arbeiten. Trägt doch sowieso keine Früchte. So lebe ich eben wahllos und gebe mich deiner Willkür hin. Du entscheidest, wann es mir gut geht und wann nicht. Du entscheidest, wann ich was machen darf und wann nicht. Und du entscheidest auch, was ich machen darf und was nicht. Hab's verstanden. Aber dann lass ich den ganzen »*An-mir-arbeiten-Scheiß*« sein. Wenn ich dem Ganzen nur ausgeliefert bin, dann kann ich mich auch anders unterhalten, als an mir zu arbeiten, irgendwas aus mir zu machen, mein Herz zu öffnen, ein positives Mindset zu entwickeln und so lange zu hören und zu lauschen, was meine Seele doch so unbedingt durch mich ausdrücken möchte, bis ich es verstanden und endlich leben kann. Ich habe es satt, dich um Gnade anzuflehen. Ich habe dir nichts getan, also tu du mir auch nichts. Lass mich einfach in Frieden hier liegen. Morgen wird schon alles wieder besser sein. Und so lebe ich einfach mit diesen Aufs und Abs, bin himmelhoch jauchzend und zu Tode betrübt, baue etwas auf, um es am nächsten Tag wieder zu vernichten, und gehe einen Schritt vor und einen wieder zurück. Ich bleibe also auf der Stelle stehen. Genauso fühlt es sich an. Oder wie im Kreis laufen. Probieren, scheitern, probieren, scheitern. Ohne Ergebnis.

So ist das Leben. Geburt und Tod. Und wenn ich mich ganz stark zusammenreiße, dann akzeptiere ich das Ding mit der Wiedergeburt. Dann geht der ganze Prassel wieder von vorn los. Und auch hier muss ich einfach spöttisch fragen: Karma also? Ich werde so lange wiedergeboren, bis ich alle meine Blockaden gelöst habe, mir meines Egos bewusst geworden bin, um dann in das göttliche Reich aufgenommen zu werden und den Leidensweg der ewigen Reinkarnationen ein für alle Mal zu durchbrechen. Hier beißt sich aber deine Theorie selbst ganz schön in den Schwanz. Bin ich nun hier, um die Freude und Liebe, was meine Seele ist, auszuleben, zu schöpfen und zu kreieren, was das Zeug hält? Ist meine Seele hergekommen, um die wundervolle Erfahrung von Manifestation und Emotionen machen zu können? Ist das hier nicht alles bedingungslose Liebe und wenn wir das erst einmal erkannt haben, dann wird die Welt wieder zu dem Paradies, was sie einst war? Oder ist das hier eher so etwas wie eine Art Rehabilitationsstation für kriminelle Seelen, die irgendwann Scheiße gebaut haben und nun den Samsara Kreislauf des leidvollen Lebens so lange durchlaufen müssen, bis sie endlich geschnallt haben, was sie falsch gemacht haben, und sich so lange reinigen, bis sie wieder zu Mama und Papa dürfen?

Jesus, Buddha, Krishna und wen es sonst noch so gab, haben es irgendwie verstanden. Es gibt unzählige Bücher. Wer soll die alle lesen? Und hast du selbst mal einige davon gelesen? Weißt du überhaupt, wie schwammig, märchenhaft oder einfach unverständlich sie sind? Da sitzt ein Avalokiteshvara vor einem Shariputra und erzählt ihm, dass alle fünf Skandas leer sind und Leere nichts anderes als Form ist und umgedreht. Und das soll mir jetzt weiterhelfen? Dein Ernst? Ich frage dich nochmal: Wenn wir hier sind, um das Leben zu genießen, als eine Art Playstation-Spiel, bei dem Super Mario die hübsche Prinzessin rettet und nebenbei 'nen Haufen Goldmünzen einsammelt, warum muss ich dann erst ein halbes Leben damit zubringen, die Anleitung zu diesem Spiel zu studieren, welche dazu noch auf Chinesisch geschrieben, schlecht kopiert und mit rausgerissenen Seiten geliefert wurde? Und da darf ich mich noch glücklich schätzen. Denn immerhin haben viele gar keine Anleitung bekommen und wundern sich, warum sie ständig von den Schildkröten abgeschossen werden.

Und ja, ich weiß, Super Mario ist Nintendo, nicht Playstation. Hmpf.

Also wenn es nach mir ginge, dann würde ich endlich mal sagen, was hier wirklich Sache ist und nicht ständig nur so vage drum herumreden. Dann würde ich mehr als nur alle 2000 Jahre mal einen Menschen schicken, der uns aufklärt. Dann würde ich dafür sorgen, dass es klar, deutlich und verständlich ist. Und auch, dass man nicht erst sein halbes Leben damit verbringt, sich abzuquälen, so lange, bis es unerträglich ist, um dann vor der Entscheidung zu stehen, sich umzubringen oder sich durch Spiritualität zu erlösen. Wählt man dann den zweiten Weg braucht es dann auch noch das restliche halbe Leben, um (und das ist nicht mal sicher!) wenigstens kurz vor dem Tod noch irgendwie ins Reine zu kommen. Also wenn es nach mir ginge, dann soll die Seele als Seele hierherkommen und gleich anfangen mit ihrem Seelenzeugs und dieses Katz und Maus Spiel einfach stecken lassen. Aber, wie du mir heute wieder einmal zu verstehen gegeben hast, geht es nicht nach mir. Also mach dein Ding einfach weiter und lass mich mein Leben leben. Und nimm deine schönen Wolken und tollen Aussichten und zeig sie jemanden, der dir noch glaubt. Ich tue es jedenfalls nicht mehr. Ich bin raus. Gute Nacht. Da ist die Tür! Und mach das Licht gefälligst aus, wenn du gehst.

Am liebsten ... für immer!

TEIL 1 ERKENNE DICH

JEDER WEG BEGINNT MIT DEM ERSTEN SCHRITT

Zwei Wesen in meiner Brust

Wow, das hat gutgetan. Mir endlich mal Luft zu verschaffen. Das hat es gebraucht. Jetzt fühl ich mich zwar nicht gut, aber irgendwie besser. Die Emotionen sind noch fühlbar, aber die Gedanken haben sich etwas beruhigt. Und nun ist auch irgendwie Luft um die Emotionen herum. Fast schon so, als hätte sich irgendwas in mir entspannt. Trotz oder besser noch *mit* den Emotionen. Ich fühle wieder Energie in mir, Lebendigkeit oder zumindest etwas Klarheit. Nicht, dass ich jetzt wieder Fan vom Leben bin, aber irgendwie etwas erleichtert, befreiter.

Schon oft konnte ich dies beim Schreiben feststellen. Wenn wir das, was uns im Inneren bedrückt, uns beklemmt und uns in seinen Sog zieht, aufschreiben, hat es eine heilende Wirkung. Allein der Prozess des Schreibens reicht schon aus, um Abstand zu bekommen. Wie dir sicherlich aufgefallen ist, habe ich keine Antwort auf meine Fragen erhalten. Ich habe auch keine Lösung oder etwas klären können. Ich habe lediglich aufgeschrieben, was in mir vorgeht. Und dabei war ich nicht mal sonderlich höflich. Und darum geht es auch nicht bei dieser Art des Schreibens. Alles, was ich getan habe, ist, nicht vor den Gefühlen und Gedanken wegzurennen, sondern mich mit ihnen hinzusetzen. Und das nicht mal mit der Absicht, irgendetwas mit ihnen zu machen. Ich wollte sie gar nicht verändern, denn in diesem Zustand ist es fast schon so, als wollte ich an ihnen sogar festhalten. Ich will nicht, dass mir jemand hilft. Ich will tatsächlich leiden. Ich will den Schmerz spüren und ich will diese Niedergeschlagenheit. Das ist verrückt, denn eigentlich beschwere ich mich die ganze Zeit darüber, dass ich mich so fühle. Und dennoch will ich es? Ja, so ist es. Ich kann in diesem Moment nicht davon ablassen. Es ist nicht nur ein Zustand. Ich *bin* dieser Zustand. Und wenn ich diesen Zustand ändern wollen würde, würde ich mich selbst verraten und manipulieren. Eigentlich will ich nur Bestätigung und Recht haben. Ich will keine Lösungsvorschläge und dieses andere, schöne Selbst sein. In diesem Zustand hasse ich die andere Seite und will sie nicht mehr. Sie kann mich mal und alle, die mir irgendwas einreden wollen. Alle tollen Zitate, alle Ratgeber, alle glücklichen und zufriedenen Menschen sind meine Feinde. Wenn ich mich jetzt auch auf deren Seite stelle, bin ich selbst mein Feind. Doch in dieser Situation scheine ich mein einziger Verbündeter zu sein. Also will ich insgeheim, dass dieser Zustand anhält.

Doch wer will das eigentlich? Auf der einen Seite bin ich es, der sich nach Erlösung, Entspannung, Frieden und Freude sehnt und auf der anderen Seite bin ich es auch, der scheinbar eins mit diesem Sog ist. Es ist, als würden zwei Wesen in mir leben: Den einen zieht es nach links, den anderen nach rechts. Zwiespalt, Dissoziation, Schizophrenie – bin ich jetzt geisteskrank? Muss ich zum Psychologen? Nein. Das ist absolut normal und wenn man einmal verstanden, erlebt und gefühlt hat, wer da im Hintergrund seine Fäden zieht, wieso er das tut und was man machen kann, dann ist das alles nur noch halb so schlimm. Es braucht nur etwas Aufmerksamkeit, Geduld, Mitgefühl und Ausdauer. Es ist möglich und machbar.

Die Geschichte der zwei Wölfe neu interpretiert

Vermutlich kennst du die alte Indianer-Geschichte von den zwei Wölfen. In jedem zweiten Ratgeber wird sie gern aufgegriffen. Ich möchte dir hier aber einmal einen anderen Blick auf diese Geschichte zeigen. Für all diejenigen, die sie nicht kennen, hier eine kurze, unromantische Zusammenfassung der Story:

Ein Indianeropa saß mit seinem Indianerenkel am Lagerfeuer. Da erzählte der Opa eine Geschichte vom ewig währenden Kampf zweier Wölfe, die sinnbildlich für die zwei Seiten in einem jeden Menschen stehen.

Der eine Wolf ist böse, voller Hass, Missgunst, Neid, Stress, Selbstmitleid, Urteilen, Lügen, Arroganz und Überheblichkeit.

Der andere Wolf jedoch ist voller Liebe, Mitgefühl, Güte, Selbstlosigkeit, Frieden, Freude, Geduld, Fürsorge und so weiter.

Daraufhin fragte der Enkel den Opa, welcher dieser beiden Wölfe denn den Kampf gewinnen würde.

Der Opa antwortete, dass der gewinnt, den er füttert.

Tja, so sieht es aus. Und dann wird es gern so verstanden, man solle den bösen Wolf quasi verhungern lassen, ihn ausblenden, nicht beachten und dann würde er schon mit der Zeit sterben. Aber was passiert mit einem aggressiven Wolf, der zudem noch Hunger hat und keine Aufmerksamkeit bekommt? Richtig, er wird noch aggressiver und unberechenbarer. Je mehr wir ihn verdrängen, desto gefährlicher wird er. Denn er wird nicht einfach so sterben. Stell dir mal vor, der Wolf ist auch ein Teil von dir. Das hieße, du würdest einen Teil in dir verachten und abwerten. Da bemühst du dich daraufhin, die positiven Aspekte deines Lebens hervorzuheben und achtest darauf positiv zu denken, machst irgendwas Gemeinnütziges, hilfst anderen und arbeitest an dir, dich gut zu fühlen. Du beginnst vielleicht mit positiven Affirmationen und schreibst Dankbarkeitstagebücher. Und dann, aus heiterem Himmel holt es dich wieder ein und zerreißt dich innerlich, so wie bei meiner kleinen Geschichte im Kapitel zuvor.

Erkennst du, dass du beide Wölfe bist? Dass beide Anteile zusammen erst ein Ganzes ergeben? Und was willst du denn eigentlich wirklich? Ankommen, Frieden, Ganzheit und eins mit dir und dem Leben sein, richtig? Dann frage ich dich, wie kannst du das erreichen, wenn du Anteile in dir verneinst, die zweifelsohne bereits schon ein Teil von und in dir sind? Wie willst du aus der gefühlten Spaltung und Trennung, die du innerlich erlebst, einen friedvollen Ort schaffen, wenn du die Trennung gerade durch deine Ablehnung noch mehr verstärkst und somit auch weiterhin aufrechterhältst?

Der böse Wolf will im Grunde nur Aufmerksamkeit, Liebe und Mitgefühl. Auf seine Weise. Nicht auf die Weise, wie wir meinen, wie Liebe und Mitgefühl zu sein haben. Er ist eben dieser böse Wolf und du wirst ihn nicht zu einem Schoßhündchen transformieren können. Dieser Teil in dir kennt nur den Hass, die Urteile, die Gegenargumente, die Einwände, die Zweifel, Sorgen und Ängste. Und wir können ihn nicht überzeugen sich zu ändern. Das will er nämlich nicht. Und er kann es nicht. Er kann nur das, was ein Wolf tun kann. Es ist seine Natur. Willst du ihn tatsächlich dafür verteufeln, weil er eben so ist, wie er ist? Willst du einen Hai für schuldig halten, weil er kleine süße Baby-Robben tötet, um seinen Hunger zu stillen? Sicherlich nicht. Du weißt, es ist die Natur des Hais. Es wird dich traurig stimmen und dir ans Herz gehen, aber du wirst den Hai nicht zum Vegetarier umerziehen wollen. Du kannst höchstens dafür sorgen, dass er keine Robben mehr bekommt. Aber das würde den Hai töten. Nur weil es seine Natur ist, Robben zu töten, bestimmst du nun darüber, ob der Hai oder die Robben leben sollen? Wäre es nicht gescheiter, den Hai irgendwie zu leiten? Ihn dahin zu bringen, wo er sich in seiner Fresswut vollstopfen kann, ohne dabei Schaden anzurichten?

»*Den Wolf füttern*« heißt so viel wie, ihm die Energie zu nehmen, nicht mehr gänzlich von ihm aufgesogen zu werden, nicht mehr zu diesem Wolf zu werden, sondern ihn als *Teil von uns*, aber nicht gänzlich als *uns* zu erkennen. Wenn uns das gelingt, dann müssen wir den Wolf nicht umziehen, nicht domestizieren, oder, sollte uns all das nicht gelingen, ihn ausrotten. Wir lenken seine Energie um, kanalisieren sie in etwas, bei dem der Wolf bekommt, was er will, und wir dabei nicht draufgehen. Doch dafür müssen wir das Wesen des Wolfes verstehen und wissen, auf welches Futter er scharf ist und was er alles unternimmt, um dieses zu bekommen.

Die Geburt des bösen Wolfes

Diese Vogelperspektive klingt in der Theorie sehr simpel. Doch einmal in den Fängen des Wolfes, kommst du nur noch schwer wieder heraus. Denn wie ich bereits geschrieben habe, willst du aus diesem Zustand nicht mehr heraus. Jetzt willst du nur noch töten. Dich und alles um dich herum. Dadurch bekommst du deine Kraft und Stärke. Auch, wenn sie alles vernichtet. Das ist dir in diesem Zustand allerdings egal, wenn nicht sogar äußerst recht.

Doch auf der anderen Seite ist dieser Teil in dir, der das mitbekommt und den Hilfeschrei hört. Stell dir vor, du hättest dich selbst als kleines Kind vor dir stehen. Vorhin warst du noch absolut liebevoll, verspielt und begeistert. Doch jetzt steht plötzlich ein selbstzerstörerischer Tyrann vor dir, den du kaum wiedererkennst. Doch du weißt, dass dieses schreiende, durchdrehende Kind dasselbe ist wie noch kurz zuvor. Durch unsere unbewusste Erziehung sind wir es gewohnt, dem Kind dann mit Tadel und Strafe zu begegnen, ihm Verbote auszusprechen, zu schimpfen und ihm zu drohen. So sehr, bis es vor lauter Angst merkt, dass es falsch ist, dadurch seine Emotionen unterdrückt und sich anpasst, um der Mama wieder zu gefallen und die Liebe zu bekommen, ohne die es nicht leben könnte. Hier geht es um Leben und Tod. Deshalb griffen wir im Kindesalter zu den uns einzigen Möglichkeiten, die wir damals hatten. Wir konnten nicht rational über unser Verhalten nachdenken, in eine Retrospektive gehen und uns reflektiert betrachten. Wir konnten nur das Ausleben, was wir fühlten. Und wenn wir es taten, begriffen wir schnell, dass einige Emotionen schlecht sind und andere besser, dass richtiges Verhalten zu Belohnungen führt und falsches Verhalten zu Bestrafungen.

Wir lernten, dass einige Teile in uns falsch und wir demnach nicht richtig sind, so wie wir waren. Wir mussten erst etwas tun, erreichen, zeigen und beweisen, damit wir die Liebe bekommen, die uns die ersten zwei Jahre nach der Geburt ohne jegliche Bedingung gegeben wurde. Doch warum machen wir das mit unseren Kindern und auch mit uns selbst und unserem inneren Wolf? Weil wir es auch nur so gelernt haben und es nicht anders können und wissen. Bevor du jetzt dich, deine Eltern oder sonst wen verurteilst, verstehe, dass es nun einmal so ist. Du kannst die Dinge, die passiert sind, nicht ändern. Du kannst nur Einsicht, Verständnis und dadurch deinen Frieden durch Vergebung finden.

Vergib dir, denn du wusstest nicht, was du tust.

Fühle, was zu fühlen ist

Es ist nicht der in uns wohnende Wolf an sich oder das störende Kind vor uns, das ein Problem darstellt, weil es uns auf die Palme bringt. Es ist unser eigenes, inneres Erleben, gegen das wir etwas in solchen Momenten haben. Wir haben in Wahrheit etwas gegen uns selbst, weil wir uns anders fühlen, als wir uns fühlen wollen. Und die Wut des Kindes vor uns erinnert uns an unsere eigene Wut, die wir ablehnen.

Wir können nur das in einem anderen fühlen, was wir bereit sind, in uns selbst zu fühlen. Dadurch können wir auch nur das an einem akzeptieren und annehmen, was wir bereit sind, in uns selbst anzunehmen.

Haben wir gelernt, dass einige Emotionen schlecht sind und damit verknüpft, dass *wir* schlecht sind, dann macht uns das Angst, sobald wir diese Emotionen in uns bemerken. Steht nun so ein böser Wolf vor oder in uns, kommt all das wieder hoch: das Gefühl der Minderwertigkeit, das *»Nicht-richtig-Sein«*, die Scham, die fehlende Liebe und Zuneigung und der Drang, diesen Zustand schnellstens wieder loszuwerden. Also versuchen wir dem Gegenüber (und uns selbst auch) gut zuzureden, ihm zu sagen, dass er nicht traurig sein soll, nicht zu weinen braucht und es keinen Grund gibt, jetzt so zu reagieren. Und springt er nicht darauf an, werden unsere Maßnahmen drastischer. Und das alles nur, damit wir nicht fühlen müssen, was gerade in uns abgeht. Wir sagen also in Wahrheit nicht: *»Gräme dich nicht!«*, weil wir wollen, dass es dem anderen wieder besser geht. In Wahrheit sagen wir: *»Ändere deine Gefühle, damit ich nicht mehr durch dich gezwungen bin, die gleichen Gefühle zu fühlen, die ich im Grunde verachte und nicht fühlen will.«*

Wenn wir keine gesunde Einstellung zu unseren Gefühlen und unserem inneren Wolf finden, dann werden wir ständig versuchen uns und unser Umfeld zu manipulieren. Wir können uns nicht selbst täuschen, denn tief im Inneren wissen wir um die Lügen, die wir uns selbst erzählen. Und aus diesem Grund wird der Wolf dann noch aggressiver. Kinder im Übrigen auch. Wenn du jahrelang deine Emotionen unterdrückst und keinen harmonischen Fluss in deinem Energiesystem mehr hast, dann steigert dies deinen permanenten Stresslevel und deine Grundanspannung. Du wirst verspannt, schneller gereizt, nervös, unzufrieden, argwöhnisch, frustriert, zornig und verbittert. Irgendwie platzt es dann früher oder später immer heraus. Entweder gegen dich oder gegen andere. Bei mir war es immer gegen mich gerichtet. Wenn ich im Außen mit meinem Kampf, meiner Anstrengung, meiner Kontrolle und meiner Wut keine Wirkung erzielen konnte, dann habe ich diese ganze Energie gegen mich und alles, was mir lieb war, gerichtet. Als Kind habe ich mein Spielzeug zertreten, als Erwachsener meine Träume zerrissen. Natürlich immer mit dem Akt des Bedauerns, wenn das Gewitter wieder vorbei war. Dann war ich zwar wieder einigermaßen in Balance, aber ein fader Beigeschmack, der mir sagte, dass mit mir irgendetwas nicht in Ordnung sei, blieb.

Dabei reicht es oft schon, wenn wir das Kind, sprich den Wolf (im Grunde also uns selbst), in den Arm nehmen. Aber wie soll das gehen, wenn ich der zerstörerische Wolf bin und es mir in diesem Moment nicht nur nicht gelingt, den Beobachter-Liebevolle-Eltern-Modus zu aktivieren, sondern ich sogar diesen Modus verachte? Statt mich gegen den Wolf zu stellen, stelle ich mich auf seine Seite. In dem ich zum Beispiel schreibe. Doch das ist ein mutiger Schritt, denn du musst dich deinen Gefühlen stellen. Statt vor dem Schmerz davonzurennen, oder ihn an dir und anderen auszulassen, gehst du in den Schmerz hinein und fühlst, was zu fühlen ist. Und damit meine ich nicht nur die Emotionen, sondern auch den unablässigen Gedankenstrom, den du ebenfalls als eine Art Gefühl im Kopf wahrnehmen kannst.

Der Weg zur Freiheit geht durch die Angst hindurch und führt leider nicht an ihr vorbei.

Wege aus dem Sog

Wenn also dieser böse Wolf auf seine skurrile Art und Weise nach Aufmerksamkeit verlangt, dann sollten wir sie ihm geben. Da es uns in diesem Zustand nur äußerst schwerfällt, nicht vollständig von diesem Sog eingenommen zu werden, müssen wir uns dazu überwinden, das zu tun, was wir tun können. Und das ist meist nicht viel. Aber wir können etwas tun. Doch du musst dich diesem lähmenden Gefühl stellen und ins Tun kommen. Du darfst keine Angst vor der Angst haben, keine Scheu vor den Gefühlen. Dir wird nichts geschehen. Du wirst nicht sterben, wenn du dein Inneres anschaust und zulässt. Du musst dich bewegen, statt dich der inneren Starre und Taubheit hinzugeben. Das ist etwas, das dir keiner abnehmen kann. Es ist deine Eigenverantwortung. Es liegt nur an dir. Aber es ist definitiv machbar – und auch gar nicht so schwer.

Ich möchte dir hier ein paar Wege vorstellen, mit deren Hilfe ich diese Zustände besser bewältigen, schneller lösen und leichter durchleben konnte, ohne mich dafür groß anstrengen zu müssen. Ja, es fiel mir sogar ab und an leicht, dies zu tun, da diese Wege sich gut anfühlten. Gut! Trotz dem Schmerz, den ich spürte. Gut, weil ich erkannte, dass am Ende der Angst nicht der Tod auf mich wartete und dass diese Gefühle mich nicht verletzen. Vielmehr befreiten sie mich oder besser gesagt: *Das Fühlen dieser Gefühle* befreite mich. Statt meine Gefühle, meine Stimmung, meinen Zustand »*wegmeditieren*« oder ändern zu wollen, gab ich mich den Gefühlen voll hin und erlebte dadurch eine Art Befriedigung. Wie ich aber schon schrieb, meine ich damit nicht, dass wir zu unserer Wut werden und tollwutartig alles um uns herum vernichten sollen, uns eingeschlossen. Wir wollen nicht zu dem Hai werden, der alle Robben im Meer tötet. Wir wollen dem Hai zeigen, dass er sich satt fressen kann. Aber in einem Rahmen, in dem er bekommt, was er will und wir behalten, was uns lieb ist. Eine Win-win-Situation sozusagen. Hier nun also das Futter für den Hai-Wolf, welches nach Robbenfleisch schmeckt, proteinreich ist und sättigt, aber keine Robben dabei tötet:

#1 Schreiben

Wie zu Beginn des Kapitels schon erwähnt, birgt das Schreiben eine enorme transformative Kraft in sich. In diesem Sog solltest du nicht versuchen, dich von anderen Dingen zu überzeugen, dich ändern oder manipulieren zu wollen. Du würdest es mitkriegen und noch gefährlicher werden. Stattdessen setzt du dich hin und hörst dir selbst zu. Statt aber nur zuzuhören, nimmst du tiefen Kontakt zu deinen Gedanken und Gefühlen auf. Vor allem zu den Gefühlen, denn sie sind es, die die Fäden deiner Gedanken in den Händen halten. Du wirst dich nicht auf die Suche nach Antworten oder Lösungen für dein Problem machen. Denn in diesem Zustand hast im Grunde *du* nicht das Problem, sondern alle anderen haben bzw. *sind* das Problem. Außerdem geht es nicht darum, deinen Zustand zu verurteilen. Wie bereits erklärt, hat diese Verurteilung erst dazu geführt, dass einige Emotionen unterdrückt wurden, sich dann angestaut haben und nun unentwegt im Hintergrund brodeln, wie ein Vulkan, der die ganze Zeit aktiv ist und nur darauf wartet, auszubrechen. Jetzt ist er also ausgebrochen und du sitzt und schreibst auf, was dir durch den Kopf geht und wie es sich anfühlt. Tauche immer wieder ab in das Gefühl, welches du gerade erlebst und sieh, welche Gedanken dieses Gefühl mit sich bringt. Du wirst merken, dass die Gedanken zu immer größeren Gefühlen führen und diese immer dunklere Gedanken hervorrufen. Es wird sich schmerzhaft anfühlen, aber irgendwie auch befriedigend, denn du hast nun endlich die Zeit und den Raum, dir so richtig Luft zu machen. Außerdem mag der Teil in dir diesen Zustand und umso schöner ist es auch, wenn ihm nun eine Bühne aufgebaut wird.

Schreibe unaufhörlich. Denk nicht darüber nach, was du schreibst. Selbst, wenn du dich hundertmal wiederholst und Satz für Satz schreibst: »*Ich hasse die Welt! Ich hasse die Welt!*« Du wirst sehen, dass selbst nach einigen Wiederholungen des gleichen Satzes neue Sätze, neue Gedanken und neue Emotionen dazukommen. Du wirst auch sehen, dass es sich bewegt. Eins führt zum Nächsten und der Fluss kommt langsam ins Fließen. Wenn du ganz bei dir bist, ganz mit dem verbunden bist, was in dir geschieht, dann wirst du Zeit und Raum vergessen. Das ist Hingabe. Da ist kein Widerstand mehr da. Du bist völlig dabei, zu akzeptieren, was ist, jedes Gefühl und jeden Gedanken anzunehmen, so wie er oder es kommt und sämtliche Urteile und Wertungen loszulassen. Für diesen Moment existiert nur, was du fühlst, denkst und aufschreibst.

Das kann, je nach Intensität, mehrere Minuten, ja sogar ein, zwei Stunden dauern. Irgendwann spürst du, dass du dir genug Luft gemacht hast. Du wirst dich jetzt nicht wesentlich besser fühlen. Du wirst deine Meinung garantiert nicht geändert haben und immer noch darauf aus sein, recht zu haben. Und das ist vollkommen okay. Aber: Du hast dir nun endlich zugehört. Und nicht nur das. Du hast es dir notiert. Du hast es aufgeschrieben. Und das ist äußerst wichtig, denn es zeigt deinem Wolf, dass du ihn ernst nimmst und dass das alles kein Bullshit ist, was er da sagt. Du nimmst seine Gefühle und Gedanken ernst. Du sagst nicht Ja oder Nein dazu. Du gibst weder Recht noch Unrecht. Aber du hörst zu. Einfach nur zuhören. An einem Punkt wird dann für einen kurzen Moment Ruhe einkehren. Der Moment, an dem alles gesagt wurde. Es braucht ein wenig, bis dieser Moment kommt. Gern wiederholen wir uns stets und ständig. Wir haben ein Thema angerissen und zu Ende erklärt, nur um dann wieder von vorn damit zu beginnen und uns wieder hineinzusteigern. Lass das ruhig zu, so lange, wie es eben dauert. Und lass es sich von selbst beruhigen.

Eine weitere tolle Eigenschaft des Schreibens ist, dass du es von innen nach außen holst. Du machst es dir sichtbar. Oft haben wir nur Wortund Gefühlsfetzen, fangen innerlich einen Satz nur an, switchen dann zum Gefühl, bewegen uns wieder zum Satz und das immer hin und her. Nichts davon wird wirklich zu Ende gesprochen. Emotionen blockieren unser Sprachzentrum, unseren rationalen Verstand, und wir bringen nur bruchstückhafte Signale hervor. Die Gehirnhälften arbeiten nicht mehr synchron, das gesamte Gehirn ist im Chaos, denn verschiedene Teile der Informationsverarbeitung werden wahllos, unabhängig und in ungeordneter Reihenfolge aktiviert. Der Körper, in dem wir die Emotionen fühlen, und der Geist, in welchem wir denken, interpretieren und analysieren, arbeiten nicht mehr zusammen. Das lässt schnell ein Gefühl von innerer Zerrissenheit, Zwiespalt, Unruhe und Stress entstehen. Genau der Zustand, in dem wir uns nun befinden. Durch das Schreiben aber bringen wir den Geist dazu, auf den Körper zu hören, und den Körper dazu, dem Geist deutliche Signale zu senden, die dieser dann wiederum in Sprache und Wörter übersetzt. Der Körper kennt nur Gefühle, aber keine Worte. Der Kopf kennt nur Worte, aber keine Gefühle. Der Kopf muss nun also die Gefühle beschreiben, was ihn zu einer Zusammenarbeit zwingt.

Sobald du also anfängst, nicht nur die finsteren Gedanken so wahllos aufzuschreiben, wie sie dir kommen, sondern du auch deine Gefühle betrachtest und dabei versuchst in Worte zu fassen, wie es dir gerade geht, bringst du Licht ins Dunkel. Das Dunkel sind die Gefühle, denn sie liegen oft im Verborgenen. Wir sind Meister geworden im Verdrängen. Und die Gefühle sind Meister darin geworden, uns düstere Gedanken zu liefern. Meist hängen wir dann nur in den Wolken unserer Gedanken fest und schauen vom Körper weg, weil wir ahnen, dass es dort weh tut. Dann denken wir lieber das Programm weiter, anstatt auf den Grund, auf die Gefühle zu schauen.

Durch das Schreiben hast du nun also vielerlei Vorteile:

1. Der böse Wolf wird endlich ernst genommen und du machst dir dadurch Luft, wodurch du dich etwas von deinem Zustand lösen und Raum zum Durchatmen finden kannst.

2. Du bringst Fühlen und Denken in Einklang und stellst eine innere Verbindung aus Körper und Geist her, die das innere Gefühl der Zerrissenheit aufheben kann und dir wieder etwas Frieden und Ruhe schenkt.

TEIL 1 ERKENNE DICH

3. Du kehrst nach außen, was in dir ist und machst dir ersichtlich, was überhaupt in dir vorgeht. Du wirst dir deiner Selbst bewusster und bringst Verborgenes zum Vorschein.

Der dritte Punkt ist zusätzlich transformierend. Denn nun sehen wir, was wir bisher automatisch, unkontrolliert und vor allem unbewusst gedacht und gefühlt haben. Wir machen es uns bewusst.

Wo Licht ist, kann es keine Dunkelheit geben. Alles, worauf unser Bewusstsein fällt, verändert sich.

Durch unser Bewusstsein tappen wir nicht mehr im Dunkeln. Der erste Schritt zu jeder Veränderung ist, *»sich bewusst darüber zu werden, was überhaupt vor sich geht«*. Erst, wenn du es auch siehst, kannst du damit etwas anstellen. Stell dir vor, du hast einen Stein in der Hand und weißt es nicht. Jedes Mal, wenn du etwas greifen willst, geht es nicht, weil du die Hand nicht öffnen kannst. Ständig wirfst du deswegen alles um und du fragst dich, was im Leben nur so unfair zu dir ist, dass dir immer alles kaputt geht. Wenn du aber erkennst, dass du den Stein festhältst und dir dessen bewusst wirst, hast du nun Optionen, die du vorher nicht hattest. Du kannst den Stein weiter festhalten, du kannst die Hand öffnen und warten, dass er runterfällt oder du kannst ihn wegwerfen. Es geht nicht so sehr darum, was du mit dem Stein machst, sondern darum, dass du überhaupt erst eine Entscheidungsmöglichkeit hast, wenn du dir dessen bewusst wirst.

Das Schreiben ist eine grandiose Art, sich dieser Steine bewusst zu werden. Dieses Bewusstsein ist der Teil in dir, der nicht mit diesem Zustand des Sogs, mit dem bösen Wolf, verbunden ist. Er ist auch nicht mit dem guten Wolf verbunden. Er ist der Hüter beider Wölfe und kümmert sich um beide. Es ist die Vogelperspektive, der Abstand, der offene Raum, der wertfreie Raum, die reine Präsenz, dein Gewahrsein, dein Wahrnehmen, dein *»Sein-mit-dem-was-Ist«*. Es ist ein Teil in dir, der kein Ich hat, keine Story, keine Vergangenheit, keine Zukunft. Er kommt nirgendwoher und geht nirgendwohin. Dieser Teil in dir lebt nur im Jetzt und das für alle Zeit. Jedes Mal wenn du deine volle Aufmerksamkeit in den aktuellen Augenblick bringst, mit allem, was du vorfindest, und dich gegen nichts mehr wehrst, deine Urteile und Wertungen hinter dir lässt und mit dem bist, was ist, dann öffnest du diese Tür in dir, durch die dein Bewusstsein treten kann und alles verändert.

Vielleicht ist diese Veränderung am Anfang nicht sonderlich spürbar. Aber wenn du genau darauf achtest, wirst du feststellen, dass sich etwas in dir entspannt, sich lockert oder löst. Und sei es nur ein kleiner Hauch an Raum, der um das Gefühl und deine Lage herum entsteht. Dieser Raum wird mit dieser und anderen Übungen, die ich dir in diesem Buch noch vorstellen möchte, immer deutlicher spürbar. So spürbar, dass du irgendwann mehr Interesse an diesem Raum haben wirst, als an dem, was sich in diesem Raum befindet. Warten wir's ab!

Dein Weg entsteht erst, wenn du bereit bist, ihn zu gehen. Kein anderer kann diesen Weg für dich öffnen und für dich gehen. Du selbst musst es wollen. Es ist dein Weg! Entschließe dich, und die Sache ist getan.

#2 Das Wut-und-Frust-Tagebuch

Eine weitere Möglichkeit, durch das Schreiben mehr über dich zu erfahren, ist es, in einen Dialog mit deiner Wut oder deinem Frust zu gehen. Beides sind sehr interessante Emotionen, denn sie sind deutlich auf das, was im Außen geschieht, gerichtet, beschweren sich und schimpfen darüber und wollen verändern und anders haben, was nicht veränderbar ist. Sie sind der Deckel auf dem Topf tiefer liegender Gefühle. Sie sind der Sturmtrupp deiner Innenwelt. Wenn du auf der Ebene der Wut und des Frustes bist, bist du mit dem beschäftigt, was um dich herum passiert und geschehen ist: die Situation, die Menschen, das, was dir angetan wurde oder das, was eben nicht geschehen ist. Deine Aufmerksamkeit liegt voll im Außen und auf der Auseinandersetzung mit deiner schmerzlichen Vergangenheit und der vermeintlich verpassten Zukunft.

Wut ist eine Emotion, die sagt: »*So nicht!*« Sie zeigt dir auf, was dir gegen den Strich geht und überhaupt nicht in deinem Interesse ist. Sie ist ein strikter Grenzenzieher und sagt: »*Bis hierhin und nicht weiter!*«. Wenn die Dinge gegen unseren Willen laufen, werden wir wütend, weil wir nicht das bekommen, was wir wollen, und Dinge mit uns geschehen lassen, die wir nicht mit uns geschehen lassen wollen. Wut ist eine tolle Emotion, denn sie zeigt uns, was wir nicht wollen. Doch das macht es ein bisschen schwer, mit ihr zu arbeiten. Denn durch Wut sehen wir nur, was uns stört. Dabei geht es uns aber gar nicht um das Problem, sondern um die Lösung. Klar haben wir den Feind im Außen entlarvt und unsere Wut soll ihn verbellen, doch im Grunde fehlt uns etwas in dieser Situation. Zu erkennen, was uns da fehlt, ist es, wofür die Wut dienlich sein kann.

Wir sind meist damit beschäftigt, nur auf das Problem zu achten. Wir stehen vor der Mauer und regen uns über sie auf, statt die Tür zu suchen. Wir sagen zum Beispiel, wir möchten nicht mehr so arm sein, statt zu sagen, dass wir reich sein wollen. So sagt uns die Wut, dass das, was da gerade passiert, nicht gut ist. Aber warum? Durch den Dialog und der Frage nach dem Warum, können wir tiefer in uns vordringen und das hinter der Wut befindliche Problem sehen, welches die Wut beschützen will. Denn unter der Wut liegt unsere Verletzlichkeit, liegt unser Schmerz. Wut ist wie eine Hündin, die ihre Welpen beschützt. Die Welpen können sich nicht zur Wehr setzen. Deine Traurigkeit kann nichts bewirken, deine Niedergeschlagenheit auch nicht und auch nicht deine Einsamkeit. Nur deine Wut hofft, durch ihre Stärke etwas im Außen bewirken zu können und gleichzeitig deine Gefühle zu beschützen. Um diese Gefühle, die hinter der Wut liegen, geht es.

Beim Frust ist es ähnlich wie mit der Wut. Frust steigt in uns auf, wenn unsere Taten nicht die erzielte Wirkung erzeugen und wir mit dem scheitern, was wir tun. Unser Output stellt sich nicht auf die gewünschte Art und Weise ein. Wir bemühen uns und versagen. Etwas läuft schief oder etwas funktioniert nicht so, wie wir uns das vorgestellt haben. Und dabei haben wir doch unser Bestes gegeben. Merken wir, dass unsere Taten nichts bringen und sich das Ergebnis womöglich noch in eine gänzlich andere Richtung bewegt, als wir eigentlich damit bezwecken wollten, dann steigt unglaublicher Frust in uns auf und das meist gepaart mit der Wut. Durch dieses Scheitern werden wir auch mit sehr schweren, tiefen Gefühlen, wie zum Bespiel Verzweiflung, Minderwertigkeit und Machtlosigkeit, konfrontiert, die wir sehr lange schon mit uns rumtragen und deshalb schon sehr oft und weit unter den Teppich gekehrt haben. So weit, dass wir gar nicht mehr wissen, was sich alles unter diesem Teppich befindet. Doch je mehr wir unter den Teppich kehren, desto unbequemer können wir über ihn laufen. Jedes Mal stoßen wir an eine Beule und werden an den alten Schmerz erinnert. Wir wissen inzwischen nicht mehr, warum und was die Ursache ist, aber wir kennen den Auslöser ganz genau. Denn der Auslöser steht gerade direkt vor uns. Und deshalb regen uns banale Dinge und Mitmenschen so sehr auf, dass wir schnell in den Sog geraten. Wir haben dann etwas gegen den Banknachbarn, den Autofahrer vor uns und den Menschen, mit dem wir unser Bett teilen. Sie alle können unseren alten Schmerz auslösen. Und sind wir nicht bereit, unter unseren Teppich zu schauen, dann geraten all diese Leute in unser Fadenkreuz. Doch dabei ändert sich nichts. Einzig und allein versuchen wir, diese Leute und die Umstände um uns herum zu ändern, damit wir eben nicht unter diesen Teppich schauen und unseren Schmerz fühlen müssen.

Wenn eine Situation in dir gewaltige und unaufhaltbare Emotionen der Wut und des Frustes auslöst, dann kannst du davon ausgehen, dass deine Wut nichts mit der Situation selbst, sondern mit deinen unterdrückten Gefühlen zu tun hat, die du schon viele, viele Jahre mit dir herumschleppst und nie bereit warst, sie anzuschauen und abzulegen.

Du kannst entscheiden, ob du dich dieser Wut hingibst, indem du zu dieser Wut wirst und dein Umfeld niederbrennst, oder ob du die Wut nutzen möchtest, mehr über dich zu erfahren. Solltest du mehr erfahren wollen, dann ist der schriftliche Dialog mit deiner Wut ein gutes Hilfsmittel.

Genau wie beim »normalen« Schreiben zuvor, bist du ohne Wertung, ohne Urteil, ohne Kategorien, wie gut oder schlecht. Du verfolgst keine Absicht und willst nichts. Das heißt, du willst nicht irgendetwas bezwecken, irgendein Ergebnis haben oder irgendetwas verändern. Lass deine Wut wütend sein und stelle ihr einfach nur Fragen oder spiegle, was du erfährst. So kannst du deine

Wut fragen, warum sie wütend ist. Frag sie, wie es dazu gekommen ist, dass sie wütend wurde. Und frag sie bspw. auch, ob sie das schon öfter erlebt hat, wann und warum. Lass deine Wut sich auskotzen. Wenn dir keine Fragen einfallen, um deine Wut am Reden zu halten, dann spiegle, was sie gesagt hat. Spiegeln heißt, du wiederholst das Gesagte entweder mit gleichen oder ähnlichen Worten. Achte dabei aber darauf, nicht zu interpretieren!

So sagt die Wut vielleicht: »Ich hasse meinen Mann. Wie kann er nur so etwas tun. Was fällt ihm ein?«

Und du kannst fragen: »Was hat denn dein Mann getan?«

Oder du spiegelst und sagst: »Du hasst also deinen Mann?«

Sagt deine Wut: »Ich hasse diese dumme Kuh!«

Kannst du fragen: »Warum ist sie eine dumme Kuh?«

Warte einfach ab, was passiert. Deine Wut braucht meist nur kleine Anstupser, um weiterzulaufen. Lass interpretierende Aussagen, wie *»Ich denke, du bist wütend, weil …«* oder *»Vermutlich ist sie so doof, weil …«* sein. Deine Aufgabe ist es nicht, deiner Wut zu helfen, dich auf ihre Seite zu schlagen oder gegen sie zu stellen. Du brauchst weder Ratschläge noch Tipps oder Lösungen suchen. Lass die Wut sich aufregen und höre gespannt zu. Je mehr die Wut sich auslässt, desto mehr kommt hervor, warum sie eigentlich wütend ist. Hier wird langsam das darunter liegende Gefühl deutlich, die Welpen, die die Wuthundemama verteidigt und beschützt.

So kann es sein, dass auf die Frage, warum sie eine dumme Kuh sei, die Antwort ist:

»Weil sie mich ständig (oder immer) behandelt, wie ein kleines Kind.«

Aha! Es geht also um das kleine Kind. Frage hier nach: »Und das möchtest du nicht, oder? Warum nicht?«

Oder du fragst: »Wie fühlt sich das denn an, wenn du so behandelt wirst?«

Mit der darauf folgenden Antwort kannst du noch tiefer gehen: »Ist dir das schon früher mal passiert? Wie hat sich das damals angefühlt?«

Nehmen wir an, die Antwort wäre: »*Ich fühle mich klein und schmächtig und nicht als gleichberechtigt. Ich habe das Gefühl, nicht meine eigenen Entscheidungen treffen zu können und werde ständig bevormundet. Ich bin doch kein kleines Kind mehr. Ich treffe meine eigenen Entscheidungen. Zumindest würde ich das gern mal, wenn sie mich lassen würde. Aber immer mischt sie sich ein. Ständig fällt sie mir ins Wort ...*«

An dieser Stelle siehst du folgendes: »*Immer*« und »*ständig*« sind Indizien für festverankerte Glaubenssätze, die nicht eben erst mit dieser Situation entstanden sind, sondern schon lange in dir verwurzelt sind. Diese dumme Kuh, über die du dich gerade aufregst, wackelt nur an einem Ast von dem Wut-Baum, den du über Jahre in dir hast wachsen lassen. Kurzzeitig war bei der Antwort der Blick auf dein Inneres gerichtet: »*Ich bin kein kleines Kind mehr. Ich treffe meine eigenen Entscheidungen. Zumindest würde ich das gern mal.*« An diesem Punkt wechselt die Antwort wieder zu Anschuldigungen und wird zur Wut über das Außen. Hier solltest du einlenken und bei dem »*Ich fühle mich so und so*« bleiben.

»*Du möchtest also deine eigenen Entscheidungen treffen?*«

»*Wieso ist dir das so wichtig?*«

»*Warum meinst du, dies nicht zu können?*«

Sollte die Antwort »*Weil sie mich davon abhält*« sein, dann lenke den Fokus wieder auf dich und deine Bedürfnisse. Es geht nicht um sie und was sie alles falsch macht, sondern darum, *wie du* dich fühlst, wie du dich *lieber* fühlen willst, *was* dir wichtig ist und *warum* es dir wichtig ist.

Verstehst du das Prinzip? Du bist der ahnungslose Fragensteller, der nichts über die blöde Kuh, aber alles über sich selbst wissen will. Mit dieser Einstellung, die *dich* in den Vordergrund schiebt, solltest du deinen Dialog führen. Es ist absolut erstaunlich, was du alles über dich erfahren wirst. Und die Gefühle, die du dann am Grund des Wutsees findest, sind es, denen du dich widmen solltest. Nicht, indem du dir überlegst, wie du eine Lösung für diese Gefühle findest, wie du nun alle frisch erkannten Bedürfnisse umsetzt und wie du deine Wohnsituation, deinen Job oder deinen Partner wechselst, um deinen Bedürfnissen gerecht zu werden. Nein, darum geht es nicht. Es ist vollkommen ausreichend, wenn du diese erkannten Gefühle fühlst und dich ihnen mit deiner Zeit, deinem haltenden Raum und deiner Akzeptanz, dem Zulassen, dem Annehmen und deiner Widerstandslosigkeit hingibst. Mehr braucht es definitiv nicht. Denn diese Gefühle sind es, denen du irgendwann vor vielen Jahren keine Aufmerksamkeit geschenkt hattest. Vielleicht in einem jungen Alter, in dem du nicht wusstest, wie du mit ihnen umgehen solltest. Sie hätten dich förmlich übermannt und ins nervliche Chaos gestürzt. Verstehe, dass wir als Kinder nicht die nötige Impulssteuerung hatten sowie nicht im rationalen Verstand verankert waren. Was wir erlebten, ging schneller ins Unterbewusstsein über und bildete unsere Persönlichkeit. Wir hatten keinen Filter, der vorab nach »*brauchbar und gut*« oder »*gefährlich und schlecht*« für uns unterschied. Wir haben alles aufgenommen.

Das, was früher in uns schwere Emotionen hervorgerufen hat, brachte unser natürliches Ruhesystem ins Wanken. Unser gesamter Organismus ist darauf bedacht, Energie zu sparen und im Ruhemodus zu verweilen. Komischerweise scannt er deshalb dennoch unentwegt die Umgebung nach potenziellen Gefahren ab, um auf der Hut zu sein und um schnellstmöglich auf die Gefahren reagieren zu können. Es geht ihm ständig um den Überlebenskampf gepaart damit, möglichst wenig Ressourcen zu verschwenden. Er setzt sich also eigentlich ständig selbst unter Stress, obwohl es seine Absicht ist, diesen zu vermeiden. Langsam aber sicher baut der Stress sich auf. Ein Tröpfchen scheinbare Gefahr hier, ein Tröpfchen scheinbare Gefahr da. Und wenn das Fass am Überlaufen ist, versucht unser Organismus die schnellstmögliche Lösung zu finden. Eine, die sofort Erleichterung bringt, selbst dann, wenn sie langfristig Schäden nimmt. Im Erwachsenenalter hauen wir unserem Gegenüber eine rein oder greifen zur Zigarette oder zum Alkohol. Im Kindesalter waren wir etwas machtloser. Wir hatten kaum Wege zur Kompensation. Wir durften nicht wütend sein, nicht zappeln, nicht schreien, nicht pupsen und nicht fluchen. Wir spürten etwas in uns, für das wir nur wenige Möglichkeiten zur Bewältigung hatten. Gleichzeitig bekamen wir vom Außen mit, dass dieser Zustand falsch ist und somit *wir* falsch sind. Also erkannten wir, dass diese Gefühle auch falsch sind. Sie mussten weg. Aber wohin? Wir fingen an, uns innerlich zu spalten. In den Teil, der falsch ist, und den Teil, der richtig ist. Der richtige Teil bekam Liebe und Zuneigung und hielt somit das Nervensystem in Balance. Auf dieser Seite herrschte eine Chance auf Leben. Auf der Seite der schlechten Gefühle herrschte nur eine Aussicht darauf, ausgeschlossen und verstoßen zu werden und somit zu sterben. Also musste dieser Teil weg. Und die einzige Konfliktbewältigungsstrategie, die uns einfiel, war es, diesen Teil in uns abzukoppeln und zu unterdrücken. Wir haben diesen Teil also in den dunklen Keller geschoben, angekettet und die Tür verschlossen. Doch wir spüren seine Anwesenheit, hören seine Schritte und fühlen seine Wut, die immer größer wird. So groß, dass unsere Angst vor dem eigenen Gespenst auch immer größer wird und wir nun im Außen alles auf Distanz halten, was unserer Wut zu nahe kommen könnte, damit wir nicht gezwungen sind, in den Keller hinabzusteigen.

Besser wäre es natürlich gewesen, einen adäquaten Umgang mit diesen Emotionen zu finden, sich selbst dafür nicht zu verurteilen und auch nicht von anderen verurteilt zu werden und zu lernen, dass diese Emotionen nicht lebensbedrohlich sind, auch keinen großen Schaden anrichten, wenn man sich um sie kümmert und dir im Grunde nur zeigen wollen, was du brauchst bzw. eigentlich lieber *fühlen* möchtest. Dadurch integrierst du diese Gefühle und hebst das Gefühl der inneren Trennung, des Zwiespalts auf. Du wirst wieder du und bist verbunden mit Körper und Verstand. Du kannst dir nun trauen, weil dein inneres Barometer, ob etwas gut oder ungünstig verläuft, wieder stimmt. Diese innere Wahrheit wollte man dir ständig ausreden, bis du irgendwann selbst nicht mehr an deine innere Weisheit geglaubt hast und nun im Außen ständig nach Lehrern, Eltern und Gurus suchst, die dir sagen, was zu tun ist. Du hast das Vertrauen in dich verloren. Als Kind dachtest du, du wärest richtig und bekamst gespiegelt, dass du es nicht bist. Und das, obwohl du es bist! Warum machen das die Erwachsenen? Weil man es mit ihnen auch getan hat und weil sie durch dich an ihre eigene Fehlbarkeit erinnert werden. Auch sie hatten einmal die Wahrheit in sich und haben sie abgegeben. Wenn sie nun jemanden sehen, der die Wahrheit in sich trägt, dann wird dieser verteufelt, weil er das lebt, was der andere zwar gern leben würde, es sich aber nicht traut oder eingesteht. Wenn also ich nicht darf, dann darfst du auch nicht. Denn wenn du dürftest, hieße das, dass ich auf eine Lüge hereingefallen bin. Und wenn das einer bemerkt, der die Gefühle nicht handhaben kann, die diese Erkenntnis mit sich bringt, so wird er immer versuchen, dich zu ändern oder, im schlimmsten Fall, zu beseitigen, nur um seine eigene Fehlbarkeit nicht spüren zu müssen.

Doch das ist kein Problem. Mach auch keines daraus. Das, was dein Gegenüber dann mit dir versucht, ist nur seine Lösung, um mit seinen Problemen umzugehen. Wenn du dabei bei dir bleibst und seine Anschuldigungen und die Gefühle, die diese in dir auslösen, ebenso annimmst, befreist du dich aus den Fängen deiner Umwelt und deinen unkontrollierten Reaktionen auf diese. Und sollte ein Vorfall doch noch tiefe, unaushaltbare Gefühle in dir auslösen, so kannst du diese, wie nachfolgend beschrieben, ausleben, ohne dem anderen wehzutun und dich somit von ihnen befreien.

#3 Gibberish und Katharsis

Mithilfe dieser »*Techniken*« kannst du dich noch intensiver mit deinen Gefühlen beschäftigen bzw. diese ausleben und somit aus dem Sog heraus und in den Raum eintreten, der um diese Gefühle und Zustände herum existiert und der du in Wahrheit bist.

Gibberish ist eine Möglichkeit, bei der du deinen Gefühlen durch Worte, Laute und Klänge Platz machst. Dabei nutzt du aber keine dir bekannten Worte, sondern redest Kauderwelsch. Was auch immer du in dir empfindest und spürst, verleihst du Ausdruck durch deine Sprache. Aber du nutzt eine dir nicht bekannte Sprache. Du nutzt eine ausgedachte Fantasiesprache. Das können wahllos aneinandergereihte Klänge und sinnlose Worte sein, die dein Gefühl unterstützen. Du stehst am besten in einem sicheren, geschützten Raum und fängst an, zu reden, zu schreien, zu singen oder zu blubbern. Du kannst dabei große Rede schwingen, dich richtig aufregen, schimpfen, beleidigen, anklagen, bellen wie ein Hund, brüllen wie ein Löwe oder diskutieren ohne Ende. Nimm deinen Körper mit dazu und gestikuliere wild. Lass den ganzen Körper sich ausdrücken und unterstütze ihn durch den Sound deiner Stimme. Es geht nicht um die Worte selbst, sondern um die Energie dahinter.

Ich weiß noch wie ich einmal durchgedreht bin, als mich meine Partnerin auf die Palme gebracht hatte. Sie hatte einen wunden Punkt in mir getroffen, bei dem es mir nicht möglich war, die Kontrolle und den offenen, wahrnehmenden Raum beizubehalten. Ich konnte nicht die in mir aufsteigende Wut halten. Sie übermannte mich. Zum Glück waren wir räumlich getrennt und ich konnte meine Wut ausleben. Normalerweise sitze ich sonst da, spüre die Wut in mir und habe denjenigen als meinen Feind im Kopf, der mich wütend gemacht hat. Normalerweise bleibe ich auch im Kopf und diskutiere mental mit demjenigen. Ich werfe ihm Sachen an den Kopf, beleidige ihn, verachte ihn und rege mich innerlich so endlos auf, dass ich nicht mehr davon ablassen kann. Immer wieder bringen mich meine Gedanken zu den Gefühlen und die Gefühle zu den Gedanken. Eine nie enden wollende Endlosschleife. Doch mit dieser Übung kannst du diese Schleife durchbrechen.

Ich stellte mich hin und fing an, den ganzen Streit nicht nur mental auszuleben, sondern jetzt wirklich körperlich zu werden. Ich murmelte irgendeinen sinnlosen Kram. Dabei sind es oft Explosivlaute, die mit meiner Wut richtig gut resonieren. Normalerweise sind es Schimpfworte, die mit »F« beginnen. Doch statt mich dieser Worte zu bedienen, erfand ich einfach Worte, die mit »F« begannen, wie »Fifufa«. Die Energie, die dieses »F« bei mir auslöst, ist enorm. Anfänglich sah ich meine Partnerin noch vor mir und richtete meine Wut auf sie. Doch mit der Zeit genoss ich die Intensität meiner Wut und die dahinterliegende Energie. Je mehr ich den Blick auf mein Innenleben und meine Energie richtete und darauf, wie diese Energie ins Fließen kam, desto mehr verschwand meine Partnerin vor meinem geistigen Auge. Nun war es nur noch ich, der mit seinen Gefühlen im Raum stand und diese nur für sich und gegen niemanden auslebte. Ich wollte nur noch diese Gefühle spüren und ihnen den Raum geben, den sie sich suchten.

Ich wehrte mich nicht mehr gegen diese Gefühle und verurteilte sie nicht mehr. Ich wehrte mich auch nicht mehr gegen den, der sie ausgelöst hatte. Ich sprach meine Partnerin frei und klagte nicht mehr. Ich sprach meine Gefühle frei und klagte auch diese nicht mehr an. Das war magisch. Denn ich konnte feststellen, wie dieses Freisprechen mich entspannte. Und das während ich in wilder Raserei war. Diese Befreiung von dem Widerstand gegenüber dem Auslöser (meine Partnerin) und den Gefühlen (die Wut) brachte Frieden mit sich, ja, sogar etwas wie Freude. Ich konnte mich tatsächlich an meinem Zustand erfreuen. Dieser Zustand hinderte mich jetzt nicht mehr an irgendetwas. Er nahm mir nichts mehr weg oder hielt mich von etwas fern.

Oft wollen wir das ultimative Glücklichsein empfinden, weil wir meinen, das Leben sei vergebens und verschenkt, wenn wir es die meiste Zeit mit Qual verbringen. Wir wollen nicht eines Tages an der Schwelle des Todes stehen und rückblickend sagen müssen, dass wir unser Leben verkackt haben, weil wir nicht das bekommen oder erreicht haben, was wir wollten und uns mehr geärgert haben, als dass wir glücklich gewesen waren. Und alles, was auch nur annähernd uns davon abhält Glück zu empfinden, wird sofort von uns bombardiert. Doch in Wahrheit hält uns nur unser Widerstand davon ab, glücklich zu sein. Nur unsere Idee, wie Glück sein soll, schreibt uns vor, was alles auf dieser Liste steht und was alles unser Feind ist. Jetzt, da ich aber mit der Wut auf einmal Frieden empfand, war sie kein Feind mehr. Jetzt, da ich die Wut nicht mehr als Feind betrachtete, wich auch meine Partnerin von der Liste der Feinde. Das, was sie in mir auslöste, war nichts mehr, was mich geißelte. Ich befreite mich selbst von mir und meinen alten Wunden. Ich befreite mich von der Anklage und davon, es *»anders haben zu wollen«*. Ich erkannte, dass ich allein den Schlüssel zur Veränderung in mir trage und dass, egal was im Außen passiert, ich die Macht in mir habe, mich und damit mein Leben zu transformieren. Und das, in dem ich den Weg durch die Angst ging.

Du kannst diese Übung noch ausweiten und anfangen in Kissen zu schlagen, zu stampfen wie ein Gorilla, zu treten, zu schreien, zu boxen und dich auf dem Boden zu wälzen. Die Befreiung von mentalen Konflikten und emotionalen Spannungen durch das Ausleben dieser bezeichnet man als *»Katharsis«*. Ein äußerst effektiver Weg, den ich dir sehr ans Herz lege. Oftmals konnte ich auch hier die darunter liegenden Gefühle entdecken, die mir gerade fehlten und nach denen ich mich sehnte. Wenn die Wut abgeklungen war, so nahm ich mir meist noch die Zeit, mich diesen Gefühlen zu widmen. War da zum Beispiel Traurigkeit oder Einsamkeit, so saß ich auf dem Boden, nahm mich gefühlt in den Arm und hörte mir zu, indem ich auch diese Gefühle fühlte. Da ich durch das Losund gleichzeitige Zulassen der Wut eine Art friedvolle Entspannung in der Anspannung wahrnahm, konnte ich mich diesen Gefühlen auch liebevoller zuwenden. Ich war im Frieden und wollte auch diese Gefühle nicht mehr anders oder weghaben. Auch diese Gefühle, so erkannte ich, nahmen mir nichts weg und hielten mich von nichts ab.

Gefühle drücken sich gern in Bedürfnissen aus. Wir fühlen uns einsam und haben das Bedürfnis nach Nähe. Doch es ist gar nicht vonnöten, jedem Bedürfnis hinterherzurennen und sich sofort an das Lösen des Problems zu machen. Die Gefühle sind keine Probleme. Und ein Bedürfnis auf Teufel komm raus umzusetzen oder erfüllen zu wollen, lässt dich wieder nur im Außen nach Heilung suchen. Findest du dort aber nicht die erhoffte Erlösung, wirst du nur noch frustrierter, bis du am Ende womöglich noch kapitulierst, verbitterst und dir einredest, du kannst in dieser Welt nichts bewirken, du bist falsch hier auf diesem Planeten, das Leben ist gegen dich und du bist es nicht wert, dass du bekommst, was du willst. Du machst dich abhängig von einem Erlöser außerhalb von dir. Doch du bist dein eigener Erlöser und du trägst die Macht in dir, dich besser um dich zu kümmern, als es ein anderer jemals tun könnte. Das heißt nicht, dass du keiner deiner Bedürfnisse mehr erfüllen solltest. Das heißt nur, dass du dein Leben selbst in die Hand nimmst und dich aus der Abhängigkeit befreist. Sinnbildlich gesprochen heißt das, wenn du Hunger und das Bedürfnis nach Nahrung hast, gehst du nicht los und hoffst, in einem Restaurant Essen zu bekommen. Das kannst du tun, doch wenn du keins findest, dann kochst du dir einfach selbst etwas. Du regst dich nicht über den Koch auf, der dein Essen versaut hat, und nicht über überfüllte Restaurants, die keinen Platz mehr für dich haben. Ist dem so, kümmerst du dich selbst um dich. Und gelingt es dir nicht gleich beim ersten Mal, dir ein gutes Essen zuzubereiten, dann hast du eben etwas weniger Appetitliches gegessen und gehst mit etwas Hunger ins Bett. Auch das wird dich nicht umbringen. Du wirst merken, dass auch Hunger nichts ist, weswegen du zum Tyrann mutieren musst.

#4 Ausdruckstanz

Der letzte Punkt in dieser Liste zur Befreiung aus dem Sog, ist, all die Übungen zuvor mit Musik zu machen. Wenn du ein, zwei Songs hast, die dich emotional dabei unterstützen, richtig Gas zu geben, dann schalte deine Anlage an und dreh den Sound auf. Oder nimm Kopfhörer, wenn es nachbarbedingt nicht geht. Auch ins Kissen zu schreien ist eine gute Möglichkeit, die Nachbarn zu schonen. Lass nun deinen Körper sich frei bewegen und gestatte ihm, sich völlig von den Emotionen zu entledigen. Während meiner Ausbildung zum Meditationsund Entspannungstherapeuten hatte ich einmal so eine Phase. Ich war tags zuvor noch voll in meiner Heiligkeit und schwups, am nächsten Tag hatte ich unbegründete Wut in mir. Ich war down und wusste nicht, wieso. Wie im

Sog brachte mir dieses Gefühl schreckliche, vernichtende Gedanken über Sinn und Unsinn von dem, was ich dort überhaupt tat, und über den fehlenden Sinn in meinem ganzen Leben. Dieser Sog manifestierte sich oft bei mir in plötzlichen Sturmfluten, die alles zu vernichten drohten. Ich ging raus in den Park, setze mir Kopfhörer auf und strampelte, schrie, sprang und wirbelte durch die Bäume. Ich tobte mich bis zur Erschöpfung aus. Danach war ich nicht schlauer. Aber ich war friedvoller.

Diesen Frieden, diesen kleinen Abstand im Sog, brauchte es immer wieder, um zu ergründen, woher diese Sintfluten kamen, warum sie entstanden sind und was dazu beitrug, dass sie, trotz intensiver Arbeit an mir, nie gänzlich verschwanden. Ich habe es mir zur Hauptaufgabe gemacht, nicht nur den Sog zu verstehen, sondern dementsprechend auch Wege zu finden, mich gänzlich auf die andere Seite zu bringen, aus der mich dieser Sog immer wieder zu ziehen drohte, und auf dieser anderen Seite zu bleiben oder, wenn nicht anders möglich, schnell zu ihr zurückzukehren.

Bevor ich dieses Kapitel abschließe, möchte ich dir, falls du ähnliche Erlebnisse in dir kennst, sagen, dass es dafür eine Lösung gibt. Eine Lösung, die dich von diesen inneren Orkanen befreit und wirklich eine Veränderung in deinem Leben bringen kann. Eine Veränderung in dir, die nachhaltig ist. Eine Veränderung, die nicht nur die emotionalen und mentalen Konflikte beseitigt, sondern dich auch von Zweifel, Sorge und Skepsis befreit, die auch mich in den ersten Jahren des Übens immer wieder aufsuchten und drohten, mich zu verschlucken. Denn scheinbar hatte ich eine Technik gefunden, die mich meines Erachtens von all dem befreite, so kam der ganze alte Mist dann doch irgendwann wieder und holte mich ein. Ich begann zu glauben, dass es einfach nicht funktioniert. Doch mittlerweile muss ich sagen: Es funktioniert. Und »*wie*« werde ich dir in diesem Buch erläutern!

Wichtig ist jedoch, dass du, wenn du dich auch hin und wieder in solchen zerstörerischen Anfällen befindest, lernst, dich mit ihnen auseinanderzusetzen. Denn wenn wir unsere Schatten nicht anschauen und lernen, sie zu integrieren, wird alles, was später noch in diesem Buch kommt, von einer brüchigen Basis aus geschehen und nicht fruchten. Deshalb mach dich an die Arbeit und genieße deine Wut. Nur so kannst du dich wirklich deinem Wunschleben öffnen und dauerhafte Veränderungen in dir und deinem Leben erzielen. Eine Veränderung, die nicht auf Basis von Mangel und unterdrückten Emotionen erfolgt (und deshalb nicht funktioniert), sondern die aus innerer Ganzheit und Harmonie heraus entsteht (und genau deshalb funktionieren wird).

DER WOLF

Das Paradox des Wolfes

Ich hoffe, du hast erkannt, dass es bei den Übungen im vorherigen Kapitel nicht darum geht, deinen Gedanken freien Lauf zu lassen und dich die gesamte Übung durchweg mit dem Auslöser auseinanderzusetzen. Sei es dein Partner, deine Partnerin, seien es andere Menschen und Situationen oder sei es das Leben selbst. Diese Übungen wirken, wenn du innerhalb der Übung den Blick wirklich nach innen auf deine Gefühle lenkst und dich mit ihnen verbindest. Mache das Ausleben deiner Emotionen und das Fühlen deiner Gefühle zum Mittelpunkt und nicht die Gedanken, die diese Gefühle immer wieder auslösen. »*Sich mit dem Sog auseinanderzusetzen*« heißt nicht, zu versuchen es gedanklich zu verstehen und zu analysieren. Das Denken selbst ist ein Teil dieses Sogs. Es ist der analytische, urteilende und zwanghafte Verstand, der die Befreiung sucht, dabei aber nur auf das schaut, was ihn davon abhält und somit immer wieder das hervorruft, was er eigentlich beseitigen will. Dieses Verstandes-Wesen ist äußerst paradox. Es hat eine eigene Welt geschaffen, eine eigene Existenz, die darauf aus ist, Frieden zu finden. Doch dieses Wesen kennt nur das Suchen und nicht das Finden. Deswegen wird es nie finden, was es sucht und den Rest seines Lebens auf der Suche sein. Im Grunde ist es aber auch genau das, was es will. Denn wenn es gefunden hätte, wonach es sucht, würde das Wesen am Ziel sein und seine Existenz verlieren. Deshalb erschafft es selbst das, was es bekämpfen will, nur, um am Leben zu bleiben. Dieses Wesen, der Wolf, ist in Wahrheit nicht an der Lösung interessiert, sondern am Problem. Seine Aufgabe ist es, Probleme zu lösen. Gibt es keine Probleme, braucht es auch keine Lösungen und somit auch den Wolf nicht. Deshalb erschafft der Wolf unaufhörlich Probleme, damit er sie lösen kann und dir damit weismacht, er sei wichtig.

Übung: Probleme loslassen

Eine gute Übung ist es, deine Probleme schlichtweg loszulassen. Versuche nicht, sie zu lösen oder eine Antwort zu finden. Schiebe sie nicht auf oder kümmere dich um sie. Ich meine nicht deine unbezahlten Rechnungen, die Wohnungssuche oder dergleichen. Das sind keine Probleme, sondern nur Dinge, die es zu erledigen gilt. Probleme existieren nicht im Jetzt. Probleme existieren nur in deinem Kopf und haben immer nur etwas mit der Vergangenheit und der Zukunft zu tun. Das, was jetzt gerade geschieht, ist nur ein notwendiges Übel, das dein Verstand nur nutzt, um in die Problemwelt der Gedanken einzutauchen und aus dem Moment zu fliehen. Er weiß, dass es im Jetzt kein Problem gibt, das er lösen soll. Und wie gesagt: Ohne Problem ist der Verstand nicht mehr so notwendig, was ihm wiederum eine Heidenangst beschert, zu sterben. Wenn du das Problem loslässt, lässt du auch dein Denken los und wirst für einen Moment frei. Nutze diesen Moment, um noch etwas mehr in den gegenwärtigen Augenblick einzutauchen. Dein Problem wird verschwinden. Es löst sich auf. Es ist einfach weg.

Gehst du allerdings nach der eben vorgestellten Übung wieder auf die Suche nach deinem Problem, um zu schauen, ob es noch da ist, wirst du auf das Problem treffen, da das Problem nur in deinem Kopf existent ist. Weil es von ihm erschaffen wurde, wirst du es dort auch finden, sobald du wieder in deinen Kopf gehst und es dort suchst.

Alles, worauf wir unsere Aufmerksamkeit richten, wird größer.

Übung: Hände spüren

Um zu überprüfen, ob es stimmt, wenn ich sage, dass alles größer wird, worauf wir unsere Aufmerksamkeit richten, kannst du diese kurze Übung machen: Spüre in deine linke Hand hinein. Nimm sie nicht gedanklich, sondern energetisch wahr. Spüre sie von innen heraus und fühle deine Hand. Benenne nicht, was du wahrnimmst. Denke nicht darüber nach, sondern geh ganz in das Gefühl hinein. Was an dem, was du wahrnimmst, sagt dir, dass du eine Hand hast? Ein Kribbeln, ein Pulsieren, ein Vibrieren? Zucken, Fließen, Strömen, Enge, Weite?

Bleibe mit deiner Aufmerksamkeit in deiner Hand. Wenn du anfangs noch nicht viel wahrnehmen konntest, so wird das Gefühl davon, eine Hand zu haben, mit der Zeit größer und größer. Genau so ist es mit allem, was wir betrachten.

Das worauf wir unsere Aufmerksamkeit richten wird nicht nur größer, sondern dadurch überhaupt erst existent. Wie sieht es denn mit deiner rechten Hand aus? Erst jetzt, da ich sie eben gerade erwähne, wirst du dir ihrer bewusst. Eben noch war sie nicht existent. Klar, dein Verstand sagt, sie sei da, so oder so. Aber war sie wirklich für dich existent, während du die linke Hand fokussiert hattest? Nein. War sie nicht. Genau so ist es mit deinen Problemen. Suchst du sie, wirst du sie finden. Gehst du allerdings nicht auf die Suche nach deinem Problem, ist es auch nicht da. Seltsamerweise bist du aber da. Du bist im Augenblick, mit deinem Sein verbunden. Wenn du bei dieser Übung die kleine Lücke als spürbare Gegenwärtigkeit entdeckt hast, hast du einen kleinen Riss geöffnet, durch den dein Bewusstsein dringen konnte. Dieses Bewusstsein ist zwar immer da, aber vom denkenden und konditionierten Wolfs-Verstand verschleiert. Er will dieses Bewusstsein nicht. Der Wolf mag das Dunkel. Dieses Bewusstsein ist aber das Licht, was die Dunkelheit vertreibt. Aber wenn du die Lücke mit etwas Übung immer mehr spüren kannst und merkst, wie einfach sich friedvolle Freude einstellen kann, sobald du komplett mit deiner Wahrnehmung in den Moment eintauchst, dann merkst du die wohltuende Entspannung, die sich einstellt, wenn du nicht mehr mit den stressigen Inhalten deines problembehafteten Denkens eins bist. Ist es nicht genau das, was dein Verstand will – was *du* willst? Diese sorglose Freude am Sein, das Leben wirklich zu spüren, da zu sein, zu fühlen, zu atmen, zu leben? Jetzt magst du vielleicht so etwas sagen, wie:

»Ja, aber …

… da ist keine Freude, weil ich gerade einfach zu viel um die Ohren habe!

…ich spüre nichts, weil mich meine Probleme gerade erdrücken. Wie bitte kann ich mich freuen, wenn hier noch so viel getan werden muss?

Lass mich erst das hier erledigt haben und dann entspanne ich mich. Ich kann jetzt nicht einfach nichts machen.

Ich muss das noch unbedingt fertig machen, sonst passiert/geschieht/wird ... Meine Situation erdrückt mich. Ich brauche unbedingt eine Lösung, sonst ...«

Wenn du diese oder ähnliche Gedanken hast, sie aber nicht wahrnehmen kannst, dann glaubst du, was du denkst und bist eins mit deinem Denken. Du hältst dich für den Inhalt deiner Gedanken und für den, der denkt.

Kannst du einfach so aufhören, zu denken? Kannst du deine Gedanken jetzt sofort, in diesem Moment einfach loslassen? Oder gelingt es dir nicht? Zieht es dich zu ihnen? Kannst du nicht davon ablassen? Hast du sogar enorme Beweise und Argumente dafür, weiter denken zu müssen? Fühlst du die Macht deiner Gedanken sogar in deinem Körper, wie sie dich förmlich dazu zwingen, mit dem Denken weiterzumachen? Verkrampft sich etwas an dir, spannt sich etwas an oder verhärtet sich, wenn du versuchst, dich nicht mehr mit deinen Gedanken zu beschäftigen? Ja? Dann kannst du genau in diesem Moment erkennen, dass nicht du das bist, sondern das Denken, welches dich in deine Unbewusstheit zurückholen will. Der Wolf lockt dich wieder in seine Höhle. Er will nicht, dass du herauskommst.

Schon allein dies mitzubekommen treibt einen Keil zwischen deinem zwanghaften Denken und Fühlen und bringt eine kleine Brise Präsenz in den Raum deiner Wahrnehmung. Jetzt öffnest du dich. Es ist eine essenzielle Übung, diesen Zwang zu durchbrechen und den Raum der Wahrnehmung zu öffnen und zu vergrößern. Abstand zum gewohnten, vertrauten und zwanghaften Denken ist ein wichtiger Schritt auf dem Weg der Veränderung und der Eigenverantwortung gegenüber dem eigenen Leben. Solltest du Mühe haben, den Gedanken nicht mehr zu gehorchen, dann mache folgende Übung:

Übung: Den Moment fühlen

Richte deine Aufmerksamkeit auf deinen Körper. Setz dich aufrecht hin oder stehe locker mit leicht gebeugten Knien. Entspanne deinen Körper und atme in den Bauch hinein. Atme sanft, ruhig und gleichmäßig tiefer in den Bauch, sodass dieser sich beim Einatmen wölbt und beim Ausatmen wieder dünner wird. Spüre deine Füße auf dem Boden. Entspanne die Oberschenkel, Beckenboden und Gesäß. Lass den Atem ruhig fließen und den Bauch dabei locker. Lass die Schultern locker an den Seiten hängen. Solltest du sitzen, dann lege die Hände auf deinem Schoss ab. Entspanne nun auch dein Gesicht. Stell dir vor, deine Stirn würde nach außen zu den Schläfen hin sanft ausgestrichen und geglättet werden. Löse die Zähne voneinander und entspanne deinen Kiefer. Der Unterkiefer darf ruhig schlapp nach unten hängen und der Mund sich dabei auch leicht öffnen. Die Augenlider kannst du schließen, sodass diese locker und leicht deine Augen bedecken.

Spüre nun deinen gesamten Körper von innen heraus. Nimm seine Energie wahr und fühle dich selbst. Fühle auch, wie der Atem von allein ein- und wieder ausströmt und wie er dabei sanft deinen Körper bewegt. Bleibe einige Zeit im Fühlen der inneren Energie und der sanften Bewegung deines Körpers durch den Fluss deines Atems.

Wenn du ein gutes Gefühl für den Energiekörper deines Körpers bekommen hast, dann weite deine Wahrnehmung über den Körper hinaus aus, in den Raum, der deinen Körper umgibt. Spüre deinen Körper von innen heraus und die Energie um deinen Körper herum im Raum. Spüre das Außen und das Innen gleichzeitig, deinen Körper und den Raum, in dem sich der Körper befindet. Dehne deine Wahrnehmung noch etwas weiter aus und spüre nun die Energie deines gesamten Körpers, die Energie um deinen Körper herum im Raum und den gesamten Raum, den die Energie deines Körpers einnimmt. Tauche immer tiefer in dieses Fühlen hinein und verweile in der schlichten Präsenz der reinen Wahrnehmung. Wenn dich deine Gedanken aus dem Erleben des Moments herausziehen und du dich wieder mit den Inhalten deines Denkens beschäftigst, dann bringe dich wieder zuerst in deinen Körper. Spüre die Füße auf dem Boden, lass die Muskeln in deinem Gesicht und Kiefer los, entspanne Arme, Beine und Bauch. Fühle den Atemstrom und lass dich durch den Atem mit der Energie deines inneren Körpers in Kontakt kommen. Sobald du diese Energie im Körperinneren wieder spürst, weite deine Wahrnehmung langsam wieder um den Körper bis in den ganzen Raum hinaus aus.

Im Überlebensmodus gefangen

Sobald wir ins Fühlen kommen, verlassen wir den einengenden Geist und verbinden uns über den Körper mit dem Moment. Bist du allerdings in deinen Gedanken verstrickt, bist du vom Körper, vom aktuellen Moment und vom Leben abgeschnitten. Dein Denken besteht aus vielen Fragmenten, kleinen Bruchstücken und Themen, die alle gleichzeitig und wie wild hin und her aktiviert werden. Es ist wie ein Raum, in dem hundert Leute gleichzeitig reden, aber keiner dem anderen zuhört, geschweige denn, dass einer zu Ende reden darf. Jedes Thema, jede Geschichte, jede Person, jeder Ort, jede Erledigung, jedes Problem und jedes Objekt in deinem Leben hat ein eigenes Areal in deinem Gehirn. Im Zustand des zwanghaften Denkens feuerst du ein Areal an, springst dann wahllos zu einem anderen, von dort zum Nächsten, wieder zurück zum Ersten, dann zum Vierten, zum Sechsten, zum Zweiten und so weiter und so fort. Du bist nicht in der Lage, einen Gedanken in Ruhe zu durchdenken, weil alles im Chaos gleichzeitig feuert. Du bist wie ein Hund an einer Kreuzung, der versucht, allen Autos, die vorbeifahren, hinterherzujagen, ohne eins davon zu erwischen. Das Witzige ist: Selbst wenn der Hund ein Auto erwischen würde, so würde er gar nicht wissen, was er damit soll. Er will nur jagen, nicht fangen.

Diese Unordnung in deinem Geist sorgt für Stress. Stress ist Anspannung und Druck. Du kannst das förmlich im Körper spüren, wie dieser sich anspannt. Die Zähne beißen sich zusammen, weil wir das, was wir mental durchkauen, auf körperliche Weise ausdrücken. Der Körper folgt jedem Signal des Gehirns, weil er macht, was der selbsternannte Chef sagt. Doch ganz von unserem Denken eingenommen, spüren wir unseren Körper nicht mehr. Sind wir völlig in Gedanken vertieft, leben wir in einer erdachten Welt. Die Inhalte des Denkens sind damit beschäftigt, die Zukunft vorherzusagen, Pläne zu entwickeln, wie man diese Zukunft aufbauen, anschieben, erzwingen, kontrollieren, beeinflussen und gestalten kann. Dabei wechselt der denkende Geist nicht nur von einem Thema zum Nächsten, von einer Person zur Nächsten, vom Job zum Partner, von der To-do-Liste zum nächsten Termin, sondern auch von der Zukunft zur Vergangenheit und wieder zurück. Die Vergangenheit ist dabei ein wichtiges Hilfsmittel des Verstandes, die Zukunft vorwegzunehmen. Sie bildet den Erfahrungsschatz des Verstandes. Und was er dort erlebt hat, nimmt er als Schablone, um sich in eine gewünschte Zukunft zu bewegen. Suchen wir nach Lösungen, scannen wir unsere Vergangenheit nach Dingen ab, die uns schon einmal bei einer ähnlichen Situation geholfen haben. Haben wir etwas gefunden, gehen wir wieder über in die Zukunft und versuchen eine Prognose zu erstellen, wie sich diese mit unserer gewählten Strategie entwickeln könnte. Haben wir keine Lösung, gerät unser Verstand nur noch mehr in Aufruhr und warnt uns. Er findet nun allerhand Material, welches uns zeigt, wo wir bereits gescheitert sind, und projiziert es ebenso in eine mögliche Zukunft. Nun aber in eine dunklere, angstvolle Zukunft. Da unser Verstand das Problem lieber mag als die Lösung, labt er sich natürlich lieber an dem zweiten, dem angstvollen Zustand. Selbst auch auf dem Weg der Lösungssuche ist er immer auch damit beschäftigt, nach Fehlern und möglichen Gefahrenquellen zu suchen. Damit er das, was jetzt geschieht, auch ordentlich auswerten kann, nutzt er das Jetzt dazu, weiter in seinem vergangenen Erfahrungsschatz zu wühlen und Prognosen für eine mögliche Zukunft zu erstellen. Es ist, als würdest du die Straße entlanggehen und dein Hund neben dir rennt immer ein paar Meter voraus, dann wieder drei Meter zurück und wieder zehn Meter vor, nur mit dem Unterschied, dass du glaubst, der Hund zu sein, während der Körper an der Leine hängt und in jede Richtung mitgeschleift wird.

Deine Aufmerksamkeit liegt komplett auf der äußeren Welt und den Dingen, die sie bereithält. Du bist vollkommen im Überlebensmodus gefangen, weil du ausschließlich damit beschäftigt bist, die Welt nach Gefahren zu durchsuchen, nach Dingen, die dich bedrohen könnten. Du empfindest eine unterschwellige Angst und versuchst dich zu retten, indem du angestrengt nach Auswegen suchst. Diese erhöhte Wachsamkeit engt deinen Fokus ein. Du bist konzentrierter und viel anfälliger für kleine Zuckungen im Gebüsch, hinter dem du den dich tötenden Tiger vermutest. Du bist in einer körperlichen Bereitschaft, sofort zu handeln. Es ist, als würde ein Kampf bevorstehen. Das siehst du vielleicht nicht so, aber dein Körper versteht es nur auf diese Weise. Denn er kennt nur Anspannung oder Entspannung, On oder Off, Gas und Bremse, Kampf und Flucht oder Ruhe und Regeneration. Dein Körper reagiert in Mini-Stress-Situationen auf die gleiche Art und Weise, wie im härtesten Kampf: Er erhöht den Blutfluss, vor allem in Armen und Beinen. Das Blut holt sich dein Körper aus dem Bauchraum und hemmt somit Verdauungs und Reparaturprozesse und schwächt dein Immunsystem, genauso wie die Libido, die nicht nur für Fortpflanzung und Sex verantwortlich ist, sondern auch für deine Freude, Kreativität und dem Genuss am Leben. Du kannst dich jetzt nicht ausruhen und das Leben genießen, weil dieses Problem vor dir erst gelöst werden muss, wobei »*vor dir*« in den allermeisten Fällen nur in deinem Kopf stattfindet. Es ist nur die Geschichte, die dein Kopf um die Situation herum ausschmückt. Die Situation selbst ist nicht das Problem, sondern nur die Story deines Wolfes, die sich darum dreht, was alles passieren könnte.

Damit das Blut stärker fließt, erhöht sich dein Herzschlag. Das Herz fängt an, schneller, wilder und unrhythmischer zu schlagen. Die Atmung beschleunigt sich und wird flacher, das heißt, du atmest nun in den oberen Brustkorb und nicht mehr in den Bauch. Das Zwerchfell wird hart, der Bauch spannt sich an sowie die Oberschenkel, Gesäß, Kiefer, Schultern und Arme. Dein Körper macht sich bereit zu kämpfen, zu fliehen oder sich zu verstecken. Was bei einer akuten Bedrohung noch normal und hilfreich ist, ist im normalen Alltag eine Bedrohung für unsere Gesundheit. Wenn auch oft nur leicht und unterschwellig, so ist immer eine erhöhte Grundanspannung vorhanden, die uns von unserer Lebenskraft und Freude abschnürt. Der Hahn ist immer leicht zugedreht und das Wasser der Lebendigkeit tröpfelt nur langsam heraus. Diese körperliche Unruhe nimmt das Gehirn weiter auf und verstrickt sich tiefer in seine ungeordneten Gedankenprozesse. Dein gesamter Organismus ist im Ungleichgewicht. Wir haben keine Möglichkeit zu entspannen, da der Feind in unserem Kopf sitzt und wir permanent auf ihn reagieren und uns ständig in Stress versetzen. Doch wir halten diesen Zustand für normal, weil wir uns so sehr daran gewöhnt haben, dass wir gar nichts anderes mehr kennen und deshalb nicht meinen, es sei ein Problem. Doch wer sagt das? Der Wolf. Warum? Weil das alles der Wolf ist und er sich selbst nicht für das Problem hält. Für ihn sind es immer die anderen, die Umstände und das Leben selbst. Nur dann, wenn er merkt, dass all sein »*Wenn-und-Aber*«, all seine Wut und sein Widerstand nichts bringen, dann richtet er sich gegen sich selbst und gibt sich die Schuld. Das ist der Punkt, an dem du dir selbst sagst, dass du nichts taugst, nichts kannst, nicht würdig bist.

Doch warum macht der Wolf das? Weil er nicht anders kann. Er braucht die Angst, weil er aus Angst besteht. Er braucht die Probleme, er braucht einen Feind, einen Gegner, etwas, wogegen er sein kann. Er sagt, er sei *für* etwas, aber er nutzt das, wofür er ist, nur aus, um sich dadurch *gegen* etwas stellen zu können. Er braucht diese ganze Welt der Teilung, der Trennung, des Mangels, des Schmerzes und des Stresses. Und du bist Teil seiner Welt. Er ist wie ein Parasit, der den eigenen Wirt ausnutzt, nur um zu überleben. Ganz egal, ob der Wirt stirbt. Er ist wie ein Virus. Nicht der Virus Mensch, sondern der Virus Wolf. Es geht nicht um dich, sondern um dieses erschaffene Bild deiner Selbst, welches dich innerlich auffrisst, klein hält und jeglichen Versuch, dich deinem Leben und deiner Größe gänzlich zu öffnen, sabotiert.

Der unbewusste Zustand

Das, was du gerade siehst, denkst oder fühlst, sowie Dinge, die dich berühren oder deine Sinne treffen, lösen Gedanken aus, die dich aus dem Moment bringen. Diese Gedanken beschäftigen sich mit deiner äußeren Welt und ihren Personen, Dingen, Objekten und Erlebnissen. Doch sind diese äußeren Formen nur Auslöser dafür, gänzlich in deinen Gedanken versunken zu sein. Da, wo du gerade bist, bist du nicht anwesend. In Gedanken bist du immer einen Schritt voraus. Während du zum Supermarkt läufst, bist du gedanklich schon in den Regalen am Aussuchen. Auf dem Weg nach Hause kochst du gedanklich schon dein Essen und im Bett bereitest du dich schon auf dein Morgen vor. Du nimmst die Zukunft vorweg, indem du versuchst sie zu planen. Das macht der Wolf gern, denn so glaubt er die Kontrolle und somit die Sicherheit zu haben, damit dir nichts passiert. Dieser Versuch, die Zukunft zu kontrollieren, entspringt seiner Angst, die Zukunft könnte dich sonst töten. Doch der Wolf kann keine neue Zukunft kreieren, da »*neu*« auch immer etwas mit Kontrollverlust zu tun hat. Das Neue ist das Unbekannte und darauf kann sich der Wolf nicht einlassen, weil er davor Angst hat. Deshalb sucht er in der Vergangenheit nach den Wegen, die er nutzen kann, um seine Zukunft auf sichere Bahnen zu bringen. Deshalb wechselt er ständig zwischen den Geschehnissen aus der Vergangenheit und seinen Prognosen für eine mögliche Zukunft hin und her.

Der Verstand kreist im Grunde um zwei Dinge: Aufgaben und Probleme. Aufgaben sind die kleinen Probleme des Alltags, die es zu bewältigen gilt: das Einkaufen, der Haushalt, eben die kleinen Dinge, die alle organisiert und geplant werden müssen. Die meiste Zeit des Tages sind wir damit beschäftigt, unseren Alltag zu planen. Was essen wir zum Mittag? Was machen wir heute Abend? Was ziehe ich an? Wir verbringen so viel Zeit in unserem Kopf, dass wir das Leben kaum noch fühlen. Und dabei können wir das Leben nur fühlend erfahren. Der Gedanke kann nicht in einen Apfel beißen und wissen, wie er schmeckt. Das kann nur der Körper. Doch wenn wir unentwegt im leblosen Zimmer unseres Kopfes wohnen, dann merken wir, wie leblos unser Leben selbst über die Jahre geworden ist. Es dauert meist nicht lange, bis wir dies wahrnehmen und uns zu den größeren Aufgaben, den wahren Problemen in unserem Leben aufmachen, um dort nach Antworten auf die Frage zu suchen, wie wir ein lebendiges und erfülltes Leben leben können. Dank der inneren Leere sehen wir nun, wie eintönig unser Job ist, wie wenig knisternde Leidenschaft unsere Beziehung noch hat, wie abgetragen unsere Sachen sind, wie wenig Geld wir haben, um uns ein aufregendes Leben zu finanzieren und wie sinnlos doch eigentlich unser ganzes Leben ist, in dem wir nur arbeiten, schlafen, arbeiten und schlafen.

Alles, was wir haben, benutzen wir nur wie Objekte, die uns einen Schritt weiter auf unserem Weg in den nächsten, besseren Moment bringen sollen. Wir huschen über alles einfach nur kurz drüber, anstatt die Dinge und Menschen um uns herum wirklich zu fühlen und zu erfahren. Doch im Kopf verankert sind wir nicht fähig dazu, weil der Kopf weder das Fühlen kennt noch etwas davon versteht, zu leben. Er kann nur Gedankenkonstrukte bauen und seinen eigenen Gedanken hinterherrennen. Und dafür nimmt er in Kauf, dass alles um dich herum, einschließlich dir selbst, nur noch Mittel zum Zweck wird, um weiter seine leblosen Konstrukte zu erschaffen und ihnen nachzujagen. Die Leere, die du dabei empfindest, ist von deinem Denken selbst geschaffen. Und das Denken ist es, was für gewöhnlich einen Ausweg aus dieser gefühlten Leere sucht. Doch wie kann das, was die Leere erzeugt, die Leere vertreiben? Das Denken fragt sich, was es tun kann. Urlaub? Reisen? Neue Hobbys? Eine Affäre? Alles hinschmeißen und irgendwo von vorn beginnen? Tun wir dies, finden wir höchstwahrscheinlich nur kurze Befriedigung, weil sich dann auch dort unser Denken einschleicht und auch diese Erlebnisse in Eintönigkeit und

Leere verwandelt. Dabei ist das auch völlig klar, denn kein Erlebnis der Welt kann uns für immer glücklich fühlen lassen, wenn wir unser Glück von den Erlebnissen abhängig machen. Der erste Glücksrausch ist schnell abgeklungen und der neue Pullover ist nach ein paar Tagen abgetragen und gibt uns nicht mehr das tolle neue Ich-Gefühl wie am ersten Tag.

Die Dinge um uns herum vergehen, nutzen sich ab, verändern und verfärben sich und sterben. Und was bleibt, ist das Gefühl der Leere, welches sich jetzt noch deutlicher zeigt. Denn je mehr wir versuchen diese Leere mit Dingen und Erlebnissen zu füllen, desto stärker merken wir, dass diese uns nicht das geben, was wir suchen, und desto schmerzlicher fühlt es sich an, wieder am Anfang zu stehen. Wir können nicht als leeres Gefäß hoffen, dass uns etwas dauerhaft füllt. Wenn wir nur die Leere kennen und zur Leere geworden sind (weil wir sie immer wieder selbst erst erzeugen und das, was diese Leere erzeugt, für *uns* halten), dann verwandeln wir letztendlich alles um uns herum in diese Leere. Selbst das, was uns anfänglich etwas zu füllen vermochte, wurde mit der Zeit leer. Alles wird leer, wenn wir selbst leer sind und auf die Welt mit leeren Augen schauen. Dann nutzen wir die Dinge und Menschen, Momente und Erlebnisse in unserem Leben nur aus, um ihnen etwas an Fülle auszusaugen und sie anschließend wegzuwerfen und gegen Neues auszutauschen. Bis uns auch hier wieder die Leere einholt und wir den Zyklus von vorn beginnen.

Wir können das Problem nicht auf dieselbe
Weise lösen, wie es entstanden ist.

Je öfter wir dies erfahren, desto depressiver wird unser Blick auf unsere Vergangenheit und umso dunkler werden die Aussichten auf unsere Zukunft. Depression, Angst, und ein Hauch von Machtlosigkeit bleibt, weil unsere ganzen Taten bisher keine wirkliche Verbesserung gebracht haben. Entweder suchen wir einen dramatischen Ausweg oder flüchten uns in Ablenkungen und Süchte, wie Kaufen, Fernsehen, Kinder, Beziehungen, Social Media, exzessive Sammelleidenschaften, Drogen, Sex, oder Extremsport. Für einen kurzen Augenblick können wir dann die Lebendigkeit spüren, die uns im Alltag fehlt und die uns in der andauernden unterschwelligen Leere den nötigen Halt gibt, damit wir nicht in ihr untergehen und es doch noch zum nächsten Tag schaffen. Schauen wir jedoch zwischenzeitlich mal aus unseren Gedanken heraus auf unser Leben, finden wir nur Gefühle vor, die uns unsere Leere wirklicher werden lassen: Langeweile, Ohnmacht, Stress, Nervosität, Unruhe und Unsicherheit, Verwirrung und Chaos, Antriebslosigkeit, Druck, Rastlosigkeit gepaart mit Müdigkeit und Erschöpfung und vieles mehr. Mit diesen Gefühlen im Bauch wird unser Alltag noch trostloser. Der Job wird immer zäher, die Beziehung immer stumpfer, die eigene Lebensfreude immer schwächer. Wir werden angespannter, gereizter, abweisender, verhärten zunehmend und werden angestrengter in der Bemühung, all das zu ändern und zu ertragen. Wenn wir jahrelang Gefangene unseres Denkens waren, dann ist es schwer, in den Moment einzutauchen, weil wir dort auf all diese Gefühle treffen, denen zu entkommen wir unentwegt versuchen. Doch das Interessante dabei ist, dass all diese Gefühle nicht da wären, wenn wir eben nicht die meiste Zeit unseres Lebens im Kopf verbringen würden. Erst dadurch, dass wir als leblose Denker in der Welt umherlaufen, fühlt sich unser Leben so trostlos an. Unser Denken hat seine eigenen Geister gerufen, die er nun nicht mehr los wird. Und nun hat er Angst davor, diese Gefühle zu fühlen, weil sie die Probleme, die der Verstand so dringlich lösen will (aber dadurch nur verschlimmbessert), noch größer scheinen lassen.

Es ist ein Teufelskreis in einer selbsterschaffenen Welt, in der unkontrolliertes, zwanghaftes Denken uns vorgaukelt, die Welt bestünde aus Problemen. Und dadurch, dass wir diesem Trugschluss verfallen sind, verlieren wir unsere Lebendigkeit, was wiederum dazu führt, dass wir eine Menge unangenehmer Zustände erfahren, die wir wiederum auf unsere Lebensumstände zurückwerfen und denen die Schuld an unserem Zustand geben. Anstatt unser gewohntes Denken zu verlassen und die Gefühle zu fühlen (und dadurch aufzulösen), vor denen das Denken Angst hat, beginnen wir damit, noch mehr unsere Welt um uns herum ändern zu wollen, damit wir endlich Befreiung und Erfüllung finden. Wir erkennen nicht, dass unser Denken all das selbst geschaffen hat und immer wieder auslöst, ganz egal wo wir sind und was wir tun. Wir scheinen unserem Schicksal ausgeliefert zu sein und erzählen uns zum Trost, dass manches nicht für uns bestimmt sei, dass das Leben hart sei, das Glück nicht einfach so vom Himmel falle und nur der Fleiß einen Preis habe. Wir reden uns unsere

Großartigkeit aus, entmündigen uns von unserer Macht und machen uns selbst klein. Dadurch wird das Chaos erträglicher und wir drehen nicht völlig durch.

Das Blöde daran ist nur, dass wir das alles anfangen zu glauben. So sehr, dass wir es anderen erzählen, uns mit denen verbinden, die das Gleiche glauben und es auch unseren Kindern und unserem Umfeld weismachen. Wenn alle um uns herum genauso denken wie wir, können wir uns selbst unsere Lügen umso mehr abnehmen. Und schade ist, dass dann diejenigen, die es anders machen wollen, verscheucht und verurteilt werden. Denn ihre Art das Leben zu leben, wie wir selbst es gern getan hätten, hält uns vor Augen, dass es scheinbar doch geht. Und das hieße, wir selbst lägen falsch und alles, was wir uns eingeredet haben, wäre auch falsch. Der falsche Glaube, der einst die innere Leere gefüllt hat, platzt nun auf und der ganze darunter liegende Schmerz taucht wieder auf. Wundere dich also nicht, wenn du bei deinem Bemühen, dich zu ändern, auf heftige Gegenwehr stoßen wirst. Dann versuchen diejenigen, die sich gegen dich stellen, deine Ideen herabzureden, oder sie belächeln dich und stempeln dich als naiv, esoterisch und unreif ab. Sie wollen dir damit nicht etwa Gutes tun und dich beschützen, sondern ihrem eigenen Schmerz entgehen.

Wenn wir jetzt sagen, wir werden gegenwärtig und nehmen unser Leben so an, wie es ist, dann wird uns der Wolf ins Bein beißen. Er kann das nicht (und bis zu einem gewissen Punkt fühlt es sich so an, als könntest *du* es nicht). Er kann doch nicht das alles einfach so sein lassen, was seiner Meinung nach erst dazu beiträgt, dass du dich so leer und sinnlos fühlst.

> *»Wenn du jetzt den Job, den Partner, die Freunde und was auch immer behalten würdest, dann würde dein Leben für immer so bleiben und du würdest dich für den Rest deines Lebens so beschissen und leer fühlen, wie du es die letzten Jahre schon getan hast. Und mit jedem Tag wird es immer schlimmer. Also schnell, unternimm gefälligst etwas und ändere dich und dein Leben! Suche nach neuen Wegen und Möglichkeiten.«*

Jetzt bist du in einer Endlosschleife aus Vergangenheits und Zukunftsdenken gefangen, die dich in deinem Kopf gefangen hält und dich vom Erleben abschneidet. Du bist ebenso in der Zeit gefangen, da du schaust, wie du das Problem beseitigen kannst, wie lange es schon andauert, was als Nächstes passiert und wann es passiert. Die gesamte Situation wirkt wie eine echte Bedrohung. Der Körper geht in den Überlebensmodus über. Von jetzt an gilt es, das zu vermeiden, was du bisher erlebt hast. Aber gerade weil du dich auf die Gefahr konzentrierst, wird sie immer gefährlicher und lebendiger. Das Gehirn pendelt zwischen all dem permanent hin und her und wechselt ständig seinen Fokuspunkt vom akuten Reiz, zu den Gedanken an die Zukunft und zu den Erinnerungen an das, was war. Es gerät völlig in Unruhe, Disbalance und Stress. Alles dreht sich nur noch um die erlebte Vergangenheit und die immer gleiche Zukunft, aus der du so dringlich herauswillst, die aber nur als Gedanke in deinem Kopf existent und somit gar nicht real ist. Und je mehr du dich mit der bedrohlichen Zukunft beschäftigst, desto wahrscheinlicher wird es, dass du sie herbeirufst. Denn dein Denken braucht diese Bedrohung, um sich gegen sie wehren zu können. Es will sagen:

> »Hier schau, da ist sie, die schlimme Zukunft. Wie ich es dir gesagt habe. Du musst auf mich hören, damit du dich davon befreien kannst. Nur ich kann dich retten. Also vertraue und folge mir. Nur so wirst du deinen Frieden finden.«

Unsere Energie folgt unserer Aufmerksamkeit.

Was dir dabei entgeht ist, dass die Gangster in der dunklen Straße von deinem Denken selbst angeheuert wurden. Wir werden das Problem nicht los, wenn wir uns auf dieses versteifen. Denn dadurch bekommt es immer mehr Macht. Das heißt nicht, dass wir die Augen vor den Problemen verschließen, wegsehen oder vor ihnen fliehen sollen. Wir sollen nicht vor ihnen davonlaufen. Aber die Idee, das Problem mit dem Denken zu lösen, welches das Problem erst hat entstehen lassen, ist nur ein weiterer Kanister Benzin für das brennende Feuer. Denn so lebst du dein altes Schicksal weiter und kannst keinen neuen Ausweg herbeiführen.

> »Ja, aber wie ist es mit den Problemen in der Welt? Die lösen sich ja auch nicht von selbst!«

Das ist ein gern benutztes Argument des Wolfes, um seine eigenen Probleme nicht loslassen zu müssen. Doch Gewalt erzeugt Gegengewalt und sich gegen das Problem zu stellen bildet zwei Fronten, die im Grunde die gleichen Mittel benutzen. Beide sind *gegen* und nicht *für* etwas. Und dieses »*Dagegen-Sein*« sorgt dafür, dass das, wogegen sie sind, nicht verschwinden kann, weil es genau das ist, woraus sie sich ihre Identität schaffen. Und genau deshalb muss und wird es am Leben bleiben. Unser Vorhaben, Gutes zu tun, in dem wir uns gegen etwas stellen, hält die Sache, gegen die wir sind, am Leben.

Dein Fokus ist bei diesem Kampf ganz auf die Gefahr gerichtet und wird zu einem starren, angespannten Tunnelblick, der zwanghaftes Verhalten, Panik und Stress auslöst, dabei aber keine Lösungen finden kann, da der Fokus nur auf das Problem gerichtet ist. Wir können nicht mehr von unseren Problemen loslassen, selbst wenn wir wollten. Wir müssen den Kampf aufrechterhalten und uns mit dem Krieg beschäftigen, anstatt die Waffen niederzulegen und uns mit dem Frieden auseinanderzusetzen. Denn das hieße, dem Tiger einfach so den Rücken zuzukehren, was schließlich unseren Tod bedeuten könnte. Doch da der Tiger nicht existiert und nur von uns selbst (also von unserem Denken) erschaffen wurde, so wird er immer da sein, wenn wir nach ihm suchen.

Wenn du dich auf die Suche nach einem Tiger machst,
musst du damit rechnen, auf einen Tiger zu stoßen.

Übung: Im Alltag Ruhe finden

Es ist eine gute Übung im Alltag sich dieser Verstrickung bewusst zu werden. Beobachte dich selbst, wie du deinen Gedanken hinterherrennst und wie sehr du in sie verstrickt bist. Wann immer es dir auffällt, versuche kurz innezuhalten und löse dich aus deinen Gedanken, indem du dich mit dem verbindest, was du gerade tust. Verbrenne dich selbst, bei dem, was du tust. Das heißt, gib dich dem, was du tust, vollkommen hin: Wasch ab und tauche in das Abwaschen ein. Gehe, ohne Ziel und führe deine Handlungen ohne Absicht aus. Fühle, was du berührst, schmecke, was du isst und höre zu, ohne innerlich zu kommentieren. Öffne dich dem Moment, ganz gleich, ob du ihn willst oder nicht. Übe dich täglich in einer wahrnehmenden, jedoch entspannten und urteilsfreien Präsenz. Das ist es, was man umgangssprachlich auch Achtsamkeit nennt.

Versuche dein Leben zu entschleunigen. Mach nicht alles auf einmal und auf den letzten Drücker. Widme dich einer Sache nach der Nächsten und bleibe mit deiner Aufmerksamkeit ganz bei dieser einen Sache. Sieh, wie du jedes Mal in Kontakt mit etwas Tieferem, Zeitlosem in dir kommst, wenn du den Sprung in den Moment wagst.

Lass dein Denken keine Schatten werfen. Wenn du eine Sache beendet hast, halte wieder kurz inne, löse dich von dem Geschehnis und geh frisch und unvoreingenommen in den nächsten Moment über. Mache dich immer wieder leer und lass dich vom Moment füllen. Das kannst du tun, wenn du aus einem Gespräch gehst, einen neuen Raum betrittst oder eine Handlung abschließt und dabei bist, eine neue zu beginnen. Lass das Alte bewusst hinter dir und öffne dich dann erst dem Neuen.

Atme immer wieder ruhig, entspannt und tief. Gewöhne dir eine lockere Körperhaltung an und eine tiefe, gleichmäßige Bauchatmung. Geh mit deiner Aufmerksamkeit nicht gänzlich heraus aus dir, sondern bleibe zu 50–70 % in deinem inneren Erleben verwurzelt.

Fülle nicht jeden Moment mit irgendetwas an. Übe dich darin, nichts zu tun und einfach nur zu sein. Sieh zu, wie deine Gedanken dich dazu drängen wollen, irgendetwas zu tun. Beobachte, wie es sich anfühlt, und lass es zu, ohne darauf einzugehen.

Im goldenen Käfig eingesperrt

Jeder Gedanke bedeutet einen hohen Energieverbrauch. Dein Gehirn verbraucht allein durch das Denken die meiste Energie. Und obwohl unser Organismus darauf aus ist, Energie einzusparen, um diese für seine Regeneration zu nutzen, und obwohl unser Verstand uns eigentlich nur vor Gefahren schützen will, damit wir in dem dafür notwendigen Ruhemodus verweilen können, so ist die Sucht des Denkens der eigentliche Auslöser dafür, dass wir uns eben nicht in diesem Ruhemodus befinden. Wir sind zu dem geworden, vor dem wir uns beschützen wollten. Wir kennen das bereits aus vielen Superhelden-Filmen beim Kampf um Gut und Böse: Mit einer eigentlich guten Absicht nutzte der Bösewicht allerdings die Mittel, die ihn erst zum Bösewicht machten. Deshalb ist Anakin Skywalker zu Darth Vader und Arthur Fleck zum Joker geworden. Ihre Absicht war eine Gute, doch sie verbanden sich mit dem Bösen. Statt sich mit dem, was sie wollten, auseinanderzusetzen, betrachteten sie immer nur das Böse, also das, was sie nicht wollten. Sie lernten das Böse in und auswendig kennen und füllten somit ihren Erfahrungsschatz an, aus dem sie dann die notwenigen Mittel zogen, sich ihre Wunschzukunft aufzubauen. Auge um Auge heißt die Devise, was wiederum heißt, dass der Versuch des Wolfes, die Gefahr zu vertreiben, dem Versuch gleicht, den Teufel mit dem Beelzebub auszutreiben. Vom Regen also in die Traufe. Am Ende hast du zwei Parteien: das Böse und den, der das Böse beseitigen will – beide unterscheiden sich nicht mehr nach außen hin. Nur das, was sie sich einreden, wofür sie meinen zu stehen, ihr Glaube und ihre Überzeugungen sind unterschiedlich. Aber die Mittel und Wege sind die Gleichen.

Somit wurde aus deinem Wunsch, ein glückliches Leben zu führen, nun der Weg, den Stress zu suchen, um sich gegen ihn zu wehren. Der Wolf ähnelt typischen Helikopter-Eltern, die ständig um ihr Kind kreisen, aus Angst, ihm könnte etwas geschehen. Eigentlich wollen sie, dass es dem Kind an nichts fehlt, aber »*wollen*« entspringt immer aus der Angst. Und gerade deshalb erreichen sie das Gegenteil. Sie sperren ihr Kind in einen goldenen Käfig und wollen ihm weismachen, es wäre nur für sein Wohl. Das Kind selbst kennt nichts anderes und gewöhnt sich an diesen Knast. Genauso wie du dich an dein eigenes errichtetes Gefängnis gewöhnt hast. So sehr, dass du gar keine andere Welt mehr, keinen anderen Zustand kennst. Für dich ist das die Freiheit, die du kennst. Und dein Versuch, Freiheit zu erlangen, indem du das Böse bekämpfst, würde dennoch nur dazu führen, dass du, selbst wenn du das Böse besiegt hättest, wieder Böses auf der Welt generieren müsstest, weil du es so gewohnt bist. Ohne das Böse hättest du keine Aufgabe mehr. Du weißt nicht, wie du das Gute herstellst, sondern nur, wie du das Böse besiegst.

Wie willst du das Paradies erschaffen, wenn du nur das Böse bekämpfst? Kampf und Gegenwehr sind der einzige Grund, warum du dich vom Paradies getrennt fühlst. Du bist gegen jemanden, wehrst dich und kämpfst gegen ihn, mit der Absicht, dass dann, wenn das Übel beseitigt ist, Ruhe und Frieden einkehrt. Wie kannst du aber, wo du nur Gegenwehr kennst und aus Gegenwehr bestehst, dann Frieden und Einheit herstellen? Du würdest den Überlebensmodus, die Angst, den Wolf immer wieder herstellen und aufrechterhalten, weil das alles ist, was du kennst und worauf deine Handlungen abzielen. Aber reden wir lieber nicht von dir, denn du bist das nicht. Es ist nur dein einstudiertes System, das selbstständig und unhinterfragt im Vordergrund läuft und das du für dich hältst. Der Wolf kann keinen Frieden erlangen, weil er in diesem Frieden nicht leben könnte. Du kannst einen Fisch auch nicht zum Fliegen bringen, wenn er sagt, er sei des Wassers leid und wolle sich endlich in die Lüfte erheben. Dein Versuch, als Fisch zu fliegen, ist, als würde jemand den Fisch in die Luft werfen. Aber der Fisch würde dort ersticken. Er braucht das Wasser. Du kannst dem Fisch keine Flügel anbauen, genauso wenig, wie du dem Wolf den Frieden und die Fülle erklären kannst. Du kannst nur selbst den Vogel in dir finden, der bereits schon die ganze Zeit über dem Wasser kreist und darauf wartet, dass du ihn erkennst. Als Fisch schwimmst du im tiefen Dunkel des Meeres und wehrst dich gegen Haie, versteckst dich, bewegst dich schnell und vorsichtig und kämpfst ums Überleben. Als Vogel würdest du fliegen, leicht und schwerelos, dorthin, wohin auch immer du willst. Du würdest ein Leben in Leichtigkeit und Spontaneität leben, immer mir der frischen Brise des Lebens in deinem Gesicht. Diese Arbeit hier dient dazu, zu erkennen, dass du weder Fisch noch Vogel bist, sondern der Raum, in dem all das lebt und existiert. Sobald du dich als diesen Raum erkennst, kannst du dir, salopp gesagt, aussuchen bzw. dich bewusst dafür entscheiden, wer du sein willst. Was also willst du sein: Fisch oder Vogel?

Wenn du jetzt wieder ein innerliches »*Ja, aber ...*« hörst oder Einwände, die sagen: »*Ich soll mir aussuchen, wer ich bin? Also rede ich mir nur etwas ein, überzeuge mich selbst, irgendwer zu sein, der ich nicht bin und, und, und ...*«, dann erkenne, dass das, was sich gegen all das hier wehrt und deine Probleme in Schutz nimmt, nur die Stimme des Wolfes ist. Wenn du die andere Stimme in dir nicht hören kannst, dann lies unbedingt weiter und beschäftige dich mit den Übungen. Du wirst die andere Stimme schon bald hören können. Sie erkennt, dass es keine Probleme gibt. Sie erkennt den Wolf. Dieses Erkennen wird dich von dem Wolf trennen, der du glaubtest zu sein und dich dorthin bringen, wo der Wolf gern wäre, aber nie hinkommen kann.

Die zerstückelte Welt

Wenn du in deinen Gedanken lebst, dann fragmentierst du die Welt. Der Verstand dient dazu, die Welt einzuteilen, aufzuspalten, in Teile zu zerlegen, zu analysieren, zu kategorisieren und die entsprechenden Teile zu etikettieren, zu benennen, einzuordnen und abzulegen. Wie ein Stapel Papier, der abgearbeitet werden muss. Das ist die Natur des unbewussten und auf Autopilot laufenden Verstandes. Er will Schlussfolgerungen ziehen. Und dabei muss er das Erlebte, das, was geschieht und geschehen ist, in seine Bestandteile aufteilen. Dadurch wird der Verstand größer und intelligenter. Du siehst einen Baum und weißt dann ganz genau, wie weit entfernt und wie hoch er ist, wie die Rinde beschaffen ist, welche Form die Blätter haben, in welche Richtung er wächst und wie weit entfernt er vom Nächsten steht. Du hast ihn richtig schön zergliedert und vergleichst ihn mit Bäumen, die du kennst, und kannst ihn dann einordnen. Das ist ein Teil von Kontrolle. Alles, was du erlebst, wird dieser Kontrolle unterzogen. Ist es etwas, das ich schon kenne? Woran erkenne ich es? Wie ist es aufgebaut? Könnte mir etwas davon gefährlich sein? Wenn nein, könnte mir etwas davon nützlich sein? Wie kann ich es benutzen? Was könnte ich daran verändern, um es perfekter zu machen?

Wir schauen immer mit einem kritischen Auge, das das, was es sieht, nach gut oder schlecht, hilfreich oder nicht, schön oder hässlich, zu grün oder zu gelb, passend oder nicht passend bewertet. Nur in Fällen, wo uns etwas so richtig unter die Haut geht, halten wir an und bewundern es. Vielleicht ist es der Anblick von etwas wirklich Schönem, vielleicht erleben wir etwas, das wir in dem Ausmaß noch nie zuvor erlebt haben, vielleicht haben wir eine absolut hinreißende Vision für unser Leben, die uns total begeistert. Doch all diese Momente wirst du nicht in deinem Denken erfahren, sondern als Gefühl in deinem Körper, vermutlich sogar (um es genauer zu sagen) in deiner Herzgegend, im Brustkorb. Für einen kleinen Augenblick bist du eins mit dem, was du betrachtest. Es ist, als wäre der fantastische Ausblick auf die grandiose Natur so gewaltig, dass die Natur durch dich hindurchströmt und du sie in deinem Körper tatsächlich fühlen kannst. Oder die Visionen deiner Zukunft geben dir das Gefühl, die Zukunft wäre bereits eingetroffen und du würdest schon in ihr leben, weil es sich so stark danach anfühlt. Oder du bist so glücklich und verliebt, dass du dich selbst vergisst und das Gefühl hast, eins mit deinem Partner und dem Leben zu sein. In diesen Momenten suchen wir nichts mehr in der Welt. Wir wollen nichts mehr von ihr. Wir sind in Harmonie mit dem, was ist. Wir wollen nichts ändern, nichts anschieben und nichts verstellen, damit es uns besser passt. Wir fließen in das Leben förmlich hinein, wie ein Fluss in den Ozean, bis wir komplett eins mit dem sind, was uns begeistert. Diesen Zustand erleben wir auch, wenn wir uns ganz dem hingeben, was wir tun. Sei es beim Spielen, beim Malen, beim Tanzen, beim Schreiben oder auch beim Sex. Alles, was wir tun, selbst die Schuhe zubinden, kann diese Essenz in sich tragen, wenn wir uns völlig darauf einlassen und uns komplett hingeben. Doch sobald wir unser Ich-Gefühl mit einbringen und die Gedanken das Steuer wieder übernehmen, rückt das Bild dessen, was du betrachtest, wieder aus dir heraus. Jetzt gibt es auf der einen Seite wieder dich und auf der anderen Seite wieder den Schuh, den Berg, die nackte Person in deinem Bett.

Das dient dem Geist unter anderem dazu, sich zu orientieren: Wenn er weiß, wo genau sich was befindet, kann er besser bewusst machen, wo er steht. Das kapselt dich von allem ab und macht dein Leben zu einer leblosen Hülle. Denn im Grunde sind wir alle miteinander verbunden. Allein schon dadurch, dass das, was du über deine Sinne wahrnimmst, du immer nur *in* dir spüren kannst, hat alles einen Einfluss auf dein Inneres. Betrachten wir die Welt aber rein objektiv, wie ein Chemiker im Labor sich die Moleküle eines Stoffes im Mikroskop anschaut, so sehen wir nicht die ganze Welt, nicht den ganzen Menschen vor uns und auch nicht den ganzen Menschen, der wir sind. Das führt unweigerlich dazu, dass du dich selbst fragmentierst. Du machst dich selbst zum Objekt und teilst dich auf in: *»das ist mein Körper, das ist mein Denken, das ist mein Fühlen«.* So kannst du dich selbst besser verstehen und einordnen. Du bist nicht mehr eins mit dir selbst, weil dein Denken Puzzleteile aus dir macht und sich selbst etikettiert und einordnet. Das Denken selbst legt weitere Schichten an Denken über sich, bewertet sein Denken, ordnet sein Denken ein und denkt über sein Denken nach. Der Wolf hat ein ganzes Rudel an Wölfen, die alle in deinem Kopf wohnen und dich davon abhalten, zu erkennen, dass du ganz bist, dass du verbunden mit allem bist, dass du nicht vom Leben getrennt bist und dass das Leben und du ein und dasselbe ist. Doch es ist wichtig für den Wolf, diese Welt zu zerstückeln. Erst dadurch, dass es ein Gegenüber gibt, kann der Wolf sich in seiner Individualität erfahren, aus der heraus er überhaupt erst entstehen kann. Denn gäbe es keinen Gegner, kein Gegenüber, kein von dir getrenntes Etwas, dann gäbe es auch nichts, was er beschützen und bewahren müsste. Und somit wäre der Wolf wieder dem Sterben nahe, denn was er beschützen will, indem er diese ganze Maskerade aufbaut, ist nur sich selbst.

Übung: Mit weichen Augen schauen

Um das alles nicht nur theoretisch, sondern auch praktisch zu verstehen, mache bitte einmal die folgende, aus drei Schritten bestehende Übung. Such dir einen Gegenstand, den du betrachten kannst. Das kann im Prinzip alles sein, doch für mich funktionierten zu Beginn Pflanzen immer am besten. Sie sind so etwas wie ein Zwischending aus reinem Objekt und Lebewesen. Wir wissen, sie leben, aber weil sie nicht kommunizieren und sich bewegen, können sie für uns schnell zu einem Ding werden. Das ist perfekt für die Übung, um den Unterschied zwischen objektiver Betrachtung und fühlender Betrachtung zu erkennen.

#1 Der analytische Blick

Für diese erste Übung bitte ich dich, deinen Gegenstand (die Pflanze) aus einer neutralen Haltung heraus zu betrachten. Stell dir vor, du bist ein Analytiker oder ein Wissenschaftler. Schau dir die Pflanze aus rein wissenschaftlichem Aspekt an und beschreibe einfach, was du siehst. Ohne Wertung oder Interpretation. Ganz neutral und emotionslos. Was siehst du? Wie viele Blätter? Welche Farbe? Welche Form hat die Pflanze? Ist sie eher groß oder klein? Welche Farbe hat der Topf, in dem sie steht? Sind die Blätter glatt oder geriffelt? Gibt es Risse in den Blättern? Und so weiter und so fort. Schreibe gedanklich alles auf, was du sehen kannst, so, als würdest du einen wissenschaftlichen Bericht schreiben, mit dem du versuchen willst, einem anderen diese Pflanze zu erklären.

#2 Der kritische Blick

Nun vertiefe deine Betrachtung und schau genauer hin. Diesmal aber mit deiner persönlichen Meinung. Kritisiere die Pflanze und betrachte sie nicht nur, sondern vergleiche, was du siehst, mit deinem persönlichen Geschmack. Was an der Pflanze ist gut gelungen? Was aber ist nicht so schön? Gefallen dir die Blätter? Jedes einzelne? Oder gibt es welche, die schöner hätten wachsen können? Sind ein paar

Stellen vielleicht welk? Sieht das noch schön aus? Ginge das nicht besser? Wenn ja, wie? Wie würde die Pflanze schöner sein können, wenn es nach dir ginge? Eine sattere Farbe? Vielleicht ein geraderes Wachstum? Passt denn der Topf überhaupt zur Pflanze? Die Farbe, die Form, die Größe? Was stört dich an ihr und was würdest du gern verbessern, wenn du es könntest? Hat sie Flecken? Wäre es nicht besser, wenn sie keine Flecken hätte? Mach das Experiment einmal mit und lass dich völlig frei über die Pflanze aus.

Wenn du die Übung gemacht hast, dann fühle in deinen Körper und spüre, wo du die meiste Energie wahrnimmst und wie du dich anfühlst. Du kannst dir gern auch ein paar Notizen darüber machen, wie du diese zwei Übungen erlebt hast, wie du dich dabei fühlst, wie du die Pflanze wahrnimmst, wie du dich dabei wahrnimmst, ob es eine leichte oder schwere Übung ist, ob dein Körper locker oder angespannt ist und wenn ja, wo? Wenn du bereit bist, dann gehen wir zur letzten Übung über.

#3 Mit weichen Augen schauen

Schließe nun deine Augen und entspanne dich. Lass dein Gesicht ganz weich und locker werden. Die Stirn ist glatt, die Augenlider ruhen sanft auf den Augen, welche friedlich in den Augenhöhlen ruhen. Der Kiefer ist locker, die Zähne auseinander und dein ganzes Gesicht ist vollkommen entspannt. Atme nun ruhig und gleichmäßig in den unteren Bauch und entspanne mit jedem Ausatmen deinen gesamten Körper. Spüre, wie du Kontakt mit dem Boden hast, entweder über die Füße oder dein Becken. Gib dein ganzes Gewicht an den Boden ab und fühle dich sicher getragen und gehalten. Du kannst dich vollkommen entspannen und dich in Sicherheit wiegen. Es gibt gerade absolut nichts, wovor du dich fürchten brauchst. Du bist in absoluter Ruhe und in deinem Frieden. Spüre diesen Frieden in deinem Körper. Atme und fühle deinen Körper, wie er sich mehr und mehr entspannt.

Atme nun in deinen Brustkorb, den Bereich, den dein energetisches Herzzentrum einnimmt. Es liegt meist direkt hinter dem Brustbein. Es ist der Ort, wo du sicherlich am stärksten Gefühle der Freude, des Friedens, der Liebe und des Wohlwollens spürst. Atme dort hinein und öffne dein Herz. Gib dir hierfür Zeit. Du brauchst nichts anzuschieben oder zu erzwingen. Lass es einfach geschehen und verweile in diesem Zentrum, bis sich ein angenehmes Gefühl einstellt. Vielleicht ist es nur etwas Weite oder Wärme, ein Hauch von Leichtigkeit oder ein sanftes Glücksgefühl. Sobald du so etwas spürst, dann stelle dir vor, wie sich dieses Gefühl mit deinen Augen verbindet. Fühle eine innere Verbindung von deinen Augen zu deinem Herzen und spüre, wie sich die Weite und Wärme des Herzens hoch zu deinen Augen hin ausbreitet und auch diese weich und warm werden lässt. Vielleicht mag sich diese Verbindung sogar bis zum Bauch hinab ausweiten, bis auch dieser warm und weich wird. Bleib in diesem Fokus, bis du spüren kannst, wie Augen, Herz und vielleicht sogar der Bauch miteinander verbunden sind und die liebevolle Güte, das Wohlwollen der Herzenergie, aufnehmen und sich davon tränken lassen.

Mit dieser Verbindung der Augen zum Herzen öffnest du nun sanft deine Augen. Bleibe in der inneren Verbindung und lasse den Blick sanft und weich sein. Geh nicht auf die Suche nach etwas und schaue dir nicht die Welt an. Lass das Bild der Welt in dich hineinfallen. Du bist nur ein Fenster durch das das Licht fällt. Werde durchlässig und empfänglich. Du willst nichts erkennen. Stattdessen empfängst du das Bild, was vor dir liegt. Schau dir die Pflanze aus dieser absichtslosen Haltung an und fühle deinen Körper, dein Herz und deinen Bauch. Fühle mehr die Verbindung in dir als das, was im Außen zu sehen ist. Lass es einfach zu und kümmere dich nicht um das, was vor dir geschieht. Du nimmst lediglich wahr und fühlst dich dabei. Du musst überhaupt nichts tun. Ruhe in deinem Sein. Du musst nichts benennen noch beschreiben. Sei einfach mit dem, was ist, und in der Verbindung der Augen zu deinem Herzen. Lass deinen Blick noch einladender, noch freundlicher werden und atme weiter ruhig und gleichmäßig in dein Herz.

Schließe zum Abschluss wieder deine Augen und fühle dem ganzen Experiment noch etwas nach. Wenn du magst, kannst du dir auch hierzu ein paar Notizen darüber machen, was du wahrnehmen konntest, wie es dir ergangen ist, wie du dich und die Pflanze wahrgenommen hast und wie du dich und wie sich dein Körper dabei angefühlt hat.

Fazit: Wenn wir uns auf etwas konzentrieren, aktivieren wir den Überlebensmodus. Wir wollen das, was wir sehen, genau unter die Lupe nehmen und richten unsere gesamte Aufmerksamkeit auf dieses Objekt. Uns darf nichts entgehen und somit erhöhen wir den Wachheitszustand in dem der Körper Adrenalin und Cortisol ausschüttet. Das sind die Hormone, die uns in Alarmbereitschaft versetzen und Stress auslösen. Anspannung ist eines dieser Resultate. Und vielleicht konntest du bei dir beobachten, wie sich der Körper anspannt, solange du dabei bist, die Welt vor dir bis ins kleinste Detail zu analysieren. Vielleicht ist es dir aber auch nicht aufgefallen, weil du gar kein Gespür für deinen Körper mehr hattest. Du bist vollkommen mit deiner Aufgabe verbunden und von deinem Verstand eingenommen, sodass du vielleicht deinen Körper gar nicht mehr wahrgenommen hast. Achte in deinem Alltag öfter darauf, wie dein Körper sich verhält, wenn du dich in mentalen Prozessen wie nachdenken, grübeln, vergleichen, analysieren oder auch kritisieren befindest und spüre immer wieder nach, wie sich das, was du im Geiste durchlebst, auf deinen Körper auswirkt.

Den Ruhemodus aktivieren

Im letzten Teil der Übung »*Schauen mit weichen Augen*«, hast du vielleicht bemerken können, wie dein Objekt lebendiger wurde. Mir gelingt es oft, dass ich das, was vor mir ist, richtig fühlen kann. Ich fühle es, als wäre es ein Teil von mir und ich von ihm. Das gelingt mir auch immer besser mit Menschen. Menschen regen uns gern auf, provozieren uns und wir stecken sie schnell in Schubladen. Wir meckern über sie oder gehen keine richtige Verbindung mit ihnen ein, weil wir in unseren Gedanken gefangen sind. Doch gelingt es uns, unser Gegenüber mit dem Herzen zu sehen, dann können wir eine Verbindung herstellen, die uns auf eine *gefühlte* Art und Weise zusammenbringt. Dann schaue ich mein Gegenüber an und will nichts mehr von ihm. Ich bin aber vollkommen präsent, weil ich im Herzen, im Körper und in meinem Fühlen bin. Präsenz passiert hier automatisch, weil der Körper immer im Jetzt ist und nur der Kopf im Gestern oder Morgen umherirrt. Wenn ich einfach nur da bin, in meinem eigenen Sein ruhe, nichts von mir und auch nichts von meinem Gegenüber will, dann stellt sich Ruhe und Frieden ein. Es stellt sich sogar so etwas wie friedvolle Freude ein, manchmal sogar ein inneres Berührt-Sein, Sanftmut, Wohlwollen, Wertschätzung und eine Art mitfühlende Liebe.

Das kann sogar so weit gehen, dass Hohn, Spott und Kritik weichen und dafür Aufgewecktheit, Humor, Leichtigkeit und ein neugieriger Spieltrieb zum Vorschein kommen. Du hast den Ruhemodus aktiviert. Im Ruhemodus musst du dein Leben nicht mehr sichern, dich nicht schützen und auch nicht auf der Hut sein. Du entspannst vollkommen. Du bist nicht mehr so sehr mit der Außenwelt beschäftigt, weil du nicht gezwungen bist, diese nach Gefahren zu durchsuchen. Du kannst sie so sein lassen, wie sie ist und dich dabei so sein lassen, wie du bist. Dieses »So-Sein« ist ein wichtiger Aspekt, weil genau in diesen Momenten die schwere Last deines Ichs abfällt und du die Leichtigkeit spüren kannst, die sich einstellt, wenn dein Ich, dein Wolf, sich zur Ruhe legt. Allein das Fehlen dieser Schwere lässt dich Leichtigkeit spüren, die wiederum Freude mitbringt und dich in den Moment eintauchen lässt. Jetzt bist du da, wo du bist, und es kehrt Leben in dein Haus zurück. Du fühlst und bist und willst nichts mehr mit den Dingen (und mir dir selbst) machen. Du bist im Einklang, empfänglich und in deiner Ruhe.

Regelt sich der Stress in dir herunter, dann legt sich die Adrenalin und Cortisolausschüttung und der Körper befindet sich nicht mehr im Überlebensmodus. Er entspannt und kümmert sich um innere Reparatur und Heilungsprozesse, behandelt Entzündungen, stärkt das Immunsystem, bringt die Libido und deine Lebensfreude wieder auf Vordermann und beschenkt uns mit Hormonen, die für Zufriedenheit, Glück, Freude, inneren Frieden, Spieltrieb und Neugier sowie Liebe und Verbundenheit sorgen. Für Letzteres ist vor allem das Hormon *»Oxytocin«* verantwortlich. Es entstand bei den Säugetieren, die dadurch eine Bindung zu ihren Jungen aufbauten. Reptilien haben dies nicht. Die legen irgendwo ein Ei und verdrücken sich wieder. Aber Säugetiere fühlen einander und haben durch diese Bindung das Gefühl von Sicherheit und Schutz. Das ist es, was Oxytocin macht, wenn es denn mal ausgeschüttet werden darf. Sobald der Körper aus dem Überlebensmodus kommt, desto leichter gelingt uns dies. Mit weichen Augen zu schauen und eine einladende, empfängliche, nicht-wollende Haltung einzunehmen, setzt diesen Prozess in Gang. Denn wie auch die ersten Säugetiere nehmen wir viel über die Augen wahr. Sind wir in Sicherheit und ist das, was wir sehen, ein Auslöser für diese Sicherheit, dann wird das *»parasympathische Nervensystem«* in uns aktiv, welches diesen Ruhemodus steuert und reguliert. Ein Teil dieses Nervensystems ist der Vagus-Nerv, der sich über die Augen zum Herz bis hin zum Bauch erstreckt. Nehmen wir unsere Umgebung mit eben diesen sanften Augen wahr, so sendet der Vagus-Nerv dieses Signal zum Herzen, welches anfängt Oxytocin auszuschütten und uns ermöglicht, noch mehr in Verbindung mit der Außenwelt zu treten. Das können wir dann sogar im Bauch spüren. Entweder als ein entspanntes, wohliges Gefühl bis hin zu den Schmetterlingen im Bauch, die wir fühlen, wenn wir verliebt sind.

Das Interessante daran ist, dass wir unser Urgefühl von Verbundenheit und Wachstum (darauf komme ich später noch zu sprechen) sofort finden können, wenn wir den Verstand loslassen, in die Absichtslosigkeit gehen und den Moment und uns so sein lassen können, wie wir sind. Verbundenheit ist sofort spürbar und alle Gefahren, vor denen uns der Wolf beschützen wollte, sind weg. Wenn er das nur wüsste, dann würde er vielleicht öfter die Klappe halten. Aber da er es nicht kennt, müssen wir uns immer wieder in den Moment bringen und diesen Sprung wagen. Auch dann, wenn der Wolf an uns zerrt und uns zwingen will, es nicht zu tun.

Es ist aber auch witzig, dass gerade in diesem Ruhemodus die Antworten und Lösungen liegen, die der Wolf durch seine Anspannung und Schwere versucht zu finden. Ruhen wir im Moment und fühlen die Verbindung und die erhebenden, herzzentrierten Gefühle, wie Verbundenheit, Liebe, Nähe, Wohlwollen, Sanftmut, Freude, Frieden, Dankbarkeit, Mitgefühl und so weiter, dann fängt das Herz an, ruhiger und noch gleichmäßiger zu schlagen. Man spricht hier von Kohärenz, was so viel heißt, wie *»geordnete Gleichschwingung«*. Dieses Signal und auch das ausgeschüttete Oxytocin beruhigen das Alarmzentrum im Gehirn, sodass das Gehirn sich ebenfalls beruhigt und anfängt, in diese Gleichschwingung, diese Kohärenz überzugehen. Alle Areale, die zuvor noch in chaotischer Unordnung gefeuert haben, regulieren sich herunter. Das Gehirn beginnt ruhiger und gleichmäßiger zu arbeiten, es kommt in Balance und die Gehirnhälften arbeiten nun miteinander. Ordnung und Ganzheit entsteht, welches sich als positive Verstärkung auf den Körper überträgt und die Aufwärtsspirale antreibt, in der ein kohärentes Herz ein kohärentes Gehirn erzeugt, welches wiederum die Kohärenz des Herzens verstärkt (worauf ich später noch etwas genauer eingehen werde).

Im Gegensatz zur Abwärtsspirale, in der das Gehirn dafür sorgt, dass der Körper ins Ungleichgewicht fällt, und dieses Ungleichgewicht dafür sorgt, dass das Gehirn noch ungeordneter wird, haben wir hier das Herz, das den Ton angibt und uns genau dorthin bringt, wohin wir die ganze Zeit wollten: zu Verbundenheit, Freude, Frieden, Ganzheit und Ordnung. Über diesen Weg heben wir die Trennung auf, die der Verstand schafft und öffnen uns dem Leben. Es ist ein inneres Ankommen, indem du dir deiner Vollkommenheit bewusst wirst und im Leben verwurzelt bist. Und genau diese Verwurzelung bringt uns das gewünschte Wachstum. Plötzlich bekommen wir Ideen und Antworten, finden Lösungen und die Richtung im Leben, welche wir vorher nur verkrampft einzuschlagen versuchten, aber nie so recht wussten, wo es wirklich entlanggeht. Wir bekommen Klarheit, Einsicht und Verständnis. Wir sind wieder in Kontakt mit dem, was uns im Kern ausmacht und ebenso mit unserer Kreativität und unserer Begeisterung.

Der aufnehmende Modus

Du kennst es vielleicht, wie es ist, wenn dir etwas auf der Zunge liegt, aber du dich partout nicht daran erinnern kannst. Du versuchst dich angestrengt daran zu erinnern, verkrampfst, spannst dich an und kannst einfach nicht aufhören, daran zu denken. Es macht dich regelrecht nervös und gereizt. Aber es will dir einfach nicht einfallen. Das ist es, was Konzentration macht: Sie engt deinen Fokus ein, spannt dich an, sorgt für Stress und blendet alles aus, was nicht mit dem Objekt deiner Betrachtung zu tun hat. Es blockiert dich und trennt dich von deiner Lebensfreude. In diesem Tunnelblick nimmst du dein Leben nur noch selektiert wahr und verschließt dich den zahlreichen Wegen und Möglichkeiten, die allesamt existent sind, du aber nicht siehst.

Es gab dazu ein tolles Experiment, welches du garantiert als Video auf YouTube noch finden kannst: Eine Gruppe Menschen sollte sich einen Basketball zuwerfen. Deine Aufgabe als Betrachter dieses Spiels bestand darin, alle Pässe, die sich die Leute zuspielten, zu zählen. Dir durfte keiner entgehen und du musstest ganz genau hinschauen, weil diese Leute sich während des Passens hin und her bewegten. Bei ganz vielen Menschen, einschließlich mir, geschah folgendes: Ich habe natürlich den Ball akribisch verfolgt und konnte am Ende des Videos tatsächlich die genaue Anzahl an Pässen angeben. Ich lag also richtig. Doch was ich nicht wahrnahm war der als Gorilla verkleidete Mensch, der während des Videos zwischen den Menschen hin und her lief. Am Ende wurde ich gefragt, ob ich den Gorilla gesehen hätte, und ich dachte noch, ob die mich verarschen wollten. Was für ein Gorilla? Ich musste das ganze Video noch einmal schauen, um mich zu vergewissern, dass es stimmt. Und siehe da: Da war tatsächlich ein Gorilla die meiste Zeit im Video zu sehen. Aber nicht für mich. Konzentriertes Denken blendet so unglaublich viel aus. Und dennoch glauben wir, alles zu sehen und zu kennen. Der Wolf kann nicht loslassen, weil er meint, nur er könne die Antworten für unser Leben finden, in dem er sich richtig anstrengt. Er sagt, er müsse suchen, weil hier nichts zu finden sei. Dabei ist alles schon da, sobald du bereit bist loszulassen, dich vom Verstand zu trennen und dich auf die Antwort einzuschwingen.

Das Einschwingen gelingt, wenn wir den Ruhemodus aktivieren und aufhören uns ausschließlich gedanklich mit den Objekten unserer Welt (einschließlich uns und unserer Vergangenheit) zu beschäftigen. Wenn wir es üben, den offenen Fokus zu praktizieren, werden wir empfänglich und aufnehmend. Es ist der rezeptive Modus, der es uns erlaubt, offen für das Leben und die darin enthaltene Fülle an Möglichkeiten zu werden. In diesem Modus suchen wir nicht. Wir lassen uns finden. Das klingt für den Wolf sehr inakzeptabel, weil das einen Kontrollverlust darstellt. Aber wenn wir einmal begreifen, dass diese Kontrolle des Wolfes uns eben genau daran hindert, das zu erreichen, wonach der Wolf strebt, ist es mit etwas Übung immer leichter, in dieser Ungewissheit zu schwimmen, die das Loslassen mit sich bringt.

Um die Trennung aufzuheben und innerlich anzukommen, können wir im Außen nichts machen. Wir können die Bäume nicht verrücken, das Wetter nicht bestimmen und die Menschen um uns herum nicht so anpassen, dass sie sich so verhalten, wie wir es gern hätten. Wir können durch die äußere Ordnung nicht die innere herstellen. Wir können nur durch die innere Ordnung die äußere Ordnung erkennen.

Du siehst die Welt nicht, wie sie ist, sondern wie du bist.
Veränderst du dich, veränderst du deine Welt.

Es ist immer wieder fantastisch mitzuerleben, wie sich die eigene Wahrnehmung von der gesamten Welt ändert, wenn wir uns im Inneren ändern. All der Trubel, den wir im Außen erleben, sind Rückkopplungen der inneren Unordnung. Es ist so erstaunlich, wie Probleme verschwinden, wie Hektik sich auflöst und Störenfriede dich nicht mehr provozieren, wenn du in dir ruhst. Die Welt ist immer noch die Gleiche wie zuvor, aber für dich ist alles anders. Dieser Zustand ist immer da und abrufbar, sobald du dich darauf einlässt, ihn zu sehen. Da wir aber so sehr mit den Inhalten unseres denkenden Wolfes beschäftigt sind, fehlt uns diese Klarheit. Es ist, als würdest du in ein Wasserglas ständig Sand reinschütten und daran schütteln. Wenn wir aber aus unserem Verstand gehen und in die Gegenwärtigkeit, in das »So-Sein« des jetzigen Augenblickes eintauchen, offen, empfänglich und absichtslos werden, dann kann sich der Sand langsam setzen. Das Wasser wird klarer und das Licht scheint wieder durch. Du kommst in dein Zuhause zurück und machst vielleicht sogar seit Jahren endlich die Fensterläden wieder auf. Das Licht scheint wieder in dein Heim und beleuchtet deine Zimmer.

Dieses Licht scheint nur, wenn du bereit bist, das Leben zu fühlen und die Einheit in dir und nicht in der Welt herzustellen. Der Geist ist ständig im Vorher und im Nachher und nur der Körper ist im Jetzt. Du kannst die Einheit nur herstellen, wenn du auch den Geist ins Jetzt holst und das Fühlen im Körper in den Vordergrund rückst. Der Verstand wird zappeln und sich aufregen, er wird dir Unruhe, Nervosität, Anspannung und auch Langeweile bringen, damit du das nicht tust. Denn es gibt zwei Dinge, vor denen der Verstand Angst hat:

Erstens: Bringst du den Verstand ins Jetzt, hört er auf zu existieren. Zumindest auf die Art und Weise, wie du es gewohnt bist. Dein Denken hört ja niemals auf und das ist auch gut so. Dieses Buch würde sich zum Beispiel niemals schreiben, wenn ich nicht denken würde. Ich nutze mein Denken dafür, die Kapitel und Abschnitte anzulegen und über die sinnvolle Struktur nachzudenken. Aber das Denken hat nicht die Führung. Immer wieder gehe ich in das Gefühl hinein und mache mich leer. Ich lasse strömen, was strömen will, und bringe das Gefühl zum Fließen. Da sich Gefühle aber nicht beschreiben lassen, wenn man keine Worte hat und ich dir nur durch Worte erklären kann, was sich kaum erklären lässt, so ist mein Verstand der dienlichste Übersetzer. Das Gefühl diktiert und der Verstand übersetzt. Das ist eine äußerst effiziente und gewinnbringende Aufteilung. Doch dabei ist der Verstand nicht mehr der, der er einst sein wollte. Er ist weder Chef noch Wolf noch bin ich seine Geisel. Dieser Weg ist immer leichter und lebendiger, wenn ich ihn aus dem Herzen gehe. Doch dafür muss ich mich frei und leer machen. Ich muss jede Absicht, jedes Erreichen-Wollen, jeden Zwang und jede Kontrolle ablegen. Im Prinzip all das, woraus der Wolf besteht. Ich gehe durch meine Angst und die Szenarien, die mir der Wolf liefert, hindurch. Die Angst, zu versagen, nicht fertig zu werden, keinen Sinn zu ergeben, nichts zu nützen, falsch und schlecht zu sein, nicht alles erklärt zu haben und Kritik und Schmach abzubekommen. Ich spüre die Scham, die Ungewissheit und meine Unsicherheit. Mit all diesen Gefühlen wartet der Wolf auf und bringt dazu die passenden Bilder, wie schlecht es wohl für mich ausgehen könnte, wenn ich mich auf den Weg des Herzens einlasse und nicht auf den Wolf höre. Und dabei ist es der Wolf selbst, der diese Gefühle und Angstszenarien erfindet, nur damit ich mich ihm unterordne. Er verspricht mir die Befreiung davon, kann aber nicht anders, als diesen Zustand nur immer wieder selbst zu erschaffen. Die Befreiung davon finde ich, wenn ich mich von mir selbst befreie und den Sand in mir setzen lasse. Dadurch werde ich immer weniger Wolf und mehr eins mit dem Leben. Mein kleines Ich stirbt, um dem großen Ich Platz zu machen. Deswegen fühlt es sich wie sterben an, wenn wir bereit sind, uns selbst loszulassen.

Zweitens: Wenn du den Körper in den Vordergrund rückst, bleibt dir nichts anders übrig, als das zu fühlen, was du da vorfindest. Wenn du zum ersten Mal die Tür in einem Raum öffnest, der lange Zeit verschlossen war, und frische Luft hineinbringen willst, wird zuerst der ganze Muff herauskommen. Du hast dir ein Haus gebaut, doch wohnst jetzt ausschließlich im Dachgeschoss (im Kopf). Und weil du über die Jahre in den unteren Etagen nie wirklich gelüftet hast, ist es dort etwas feucht und modrig geworden und nun schimmelt es etwas. Du müsstest im Keller ein paar Reparaturen vornehmen, aber du traust dich nicht rein. Dieser Muff sind all die Gefühle, die der Wolf erzeugt, um nicht sterben zu müssen. Das Gefühl des Sterbens selbst ist auch ein Teil dieses Muffs. Ebenso findest du dort zahlreiche Gefühle, die du über Jahre unterdrückt und somit hast wachsen lassen. All das will nun gesehen werden. Es ist, als würde der aufgewühlte Sand im Meer sich langsam setzen und nun siehst du die ganzen dunkeln, großen Schatten, die im Wasser herumschwimmen. Für den Wolf sind es alles Haie und Monster, die dein Ende bedeuten können. Deshalb solltest du nicht hinsehen und davor fliehen. Der Verstand ist der beste Ort, davor zu fliehen, weil dieser dich aus dem Moment herausholen und vom Körper abspalten kann. Jetzt musst du nicht mehr diese schrecklichen Gefühle ertragen. Lieber suchst du nun im Außen nach Möglichkeiten, die dich von den Schatten in deinem Inneren befreien. Doch das ist eine Finte. Denn jetzt hat der Verstand wieder die Macht. Und der will nicht befreit werden, weil es ihn dann nicht mehr bräuchte. Es geht immer nur um das Überleben des Wolfes und nicht um deine Befreiung. Und so erkennst du auch, dass die Schatten im Meer nichts weiter sind, als die Gefühle, die der Wolf selbst erzeugt und vor denen er sich nun fürchtet. Die Schatten, die er sieht, sind sein eigener.

Der bewusste Zustand

Ich schrieb, dass sich das spontane Abwenden von unseren problembehafteten Gedanken für unseren Wolfs-Verstand anfühlen würde, als würden wir dem Tiger den Rücken zukehren und uns dem Tode hingeben. Da dieser Tiger (also die mögliche und meist nur erdachte Gefahr) eben gerade durch unser Betrachten ins Leben gerufen und auch am Leben gehalten wird, *müssen* wir dem Tiger den Rücken zukehren, sonst wird er nie verschwinden. Das heißt nicht, dass wir unser altes Denken gegen ein neues Denken austauschen, den alten Wolf gegen einen neuen Wolf ersetzen. Das würde zu den gleichen Problemen führen, denn ein Wolf kann nur tun, was ein Wolf tun kann. Vielmehr sollten wir es uns zur Aufgabe machen, nach dem zu suchen, was hinter den Gedanken liegt, ohne uns dabei gegen die Gedanken zu wehren. Die Gegenwehr sorgt nur wieder für Anspannung, dafür, *»es anders haben zu wollen«*. Und das entspringt dem gleichen Muster aus dem wir herausfinden wollen.

Anstatt also aus unseren Gedanken ein Problem zu machen, treten wir in den Raum ein, in dem es keine Probleme, keine Urteile, keine Wertung und keine Vergleiche gibt. Hier geht es lediglich um Wahrnehmung und Präsenz. Auch unsere Gedanken sind kein Problem, genauso wenig wie unser emotionaler Zustand. Allein das Vergleichen und Bewerten dessen, was wir vorfinden, sorgt entweder für Abneigung und den Versuch, sich dessen zu entledigen, oder für eine Anhaftung und das Verlangen, diesen Zustand nicht zu verlieren. Diese beiden Ängste (die Angst, nicht zu bekommen, was man will, und die Angst, das zu verlieren, was man hat) sind die größten Antreiber des Wolfes. Dabei richten wir unser Verhalten auf zwei Arten falscher Freiheit aus: Die eine, die du erlangst, wenn du endlich losgeworden bist, was du nicht willst. Und die andere, die du erlangst, wenn du endlich bekommen hast, was du willst. Doch all das entspringt deinem Wolf und wird dich nie füllen. Der Drahtzieher dieser beiden Freiheiten ist ebenfalls die Angst und Angst ist das, woraus der Wolf besteht. Wirkliche Freiheit erlangst du, wenn du sie aus deinem Inneren, deinem Herzen und der Anbindung zu deiner Quelle des tieferen Seins, dem, was du bist, herausfließen lässt. Dann gehst du deine Wege nicht mehr, um einen Zustand zu beseitigen oder dir einen besseren Zustand zu wünschen. Diese beiden Wege entspringen der Gegenwehr und Ablehnung. Du magst einen besseren Zustand, weil der aktuelle schlecht ist. Du glaubst, du möchtest den neuen Zustand, aber im Grunde sagst du, du willst den alten nicht mehr. Beide Seiten – der neue, wünschenswerte Zustand und der alte, unschöne Zustand – sind beides Seiten derselben Medaille, die der Wolf gebraucht, um dich zu führen.

Gleiches zieht Gleiches an und da du aus dem Mangeldenken heraus auf deine Verbesserung zugehst, wird dort auch nur der ankommen, der das Mangeldenken beherrscht. Und dein Mangeldenken wird auch dann wieder Mangel erzeugen und so wirst du immer einen Schritt hinter deinem Ziel sein und es nie erreichen oder lange halten können. Wenn du aber aus der Fülle heraus gehst, dann ist der, der das Morgen erreicht, voll und erfährt dort die Fülle, genauso wie im jetzigen Augenblick. Fülle zieht Fülle an und wenn du aus der Fülle heraus gehst, dann bewegst du dich von nichts weg und auf nichts zu, sondern du ziehst an, was dir entspricht und zu deinem Zustand passt. Da das Denken aber keine Ahnung von Fülle hat, nicht weiß, wie sich das anfühlt und die Welt nur als Teile, Objekte und von dir getrennte Formen erfährt, kannst du den Raum der Fülle nur durch dein Bewusstsein ergründen, welches kein Ich hat und alles beinhaltet. Du wirst in diesem Bewusstsein deine Gedanken sowie deine Gefühle, Emotionen, Erinnerungen, Empfindungen, Sinnesreize, Anhaftungen und Abneigungen finden. Doch nichts von dem ist dieses Bewusstsein. Dein Bewusstsein ist das, was all dem zugrunde liegt. Der Raum aus dem heraus jeder Gedanke und jedes Gefühl kommt und in den alles wieder verschwindet. Es ist das, was bleibt, wenn wir alles entfernen.

Du richtest also deine Aufmerksamkeit nach innen und wirst dir all deiner Gedanken gewahr. Und anstatt auf die Strömungen einzugehen, lässt du sie fließen. Jetzt bist du das Flussbett, in dem das Wasser fließt, ohne das Wasser zu sein. Dann steigen Körperempfindungen und Gefühle auf und laufen ins Leere, da kein verstärkendes Signal vom denkenden Verstand kommt. Werden sie nicht weiter angefacht, verändern und beruhigen sich auch diese und dein Organismus beruhigt und entspannt sich immer mehr. Statt den Körpersignalen zu deinen Gedanken zu folgen und bei diesen dann zu bleiben, verweilst du mit deinem Fokus im Erleben des jetzigen Moments. Da deine Gedanken nur in Vergangenheit und Zukunft leben, sind sie im jetzigen Moment nicht da. Dort aber bist du, mit deiner Wahrnehmung, als die Wahrnehmung selbst. Du trennst dich von Zeit und betrittst Raum. Hier kannst du nun Veränderungen und Möglichkeiten finden, da du nicht mehr in deiner alten Geschichte, den Umständen, dem Bekannten und Vertrauten und deinen Projektionen auf deine immer gleiche Zukunft gefangen bist. Dadurch, dass du dich in den Moment bringst, machst du dich frei.

Bei diesem Prozess musst du nichts »*tun*«. Du brauchst nur zu sein und geschehen lassen. Deine einzige Aufgabe ist es, nicht ins Unbewusste zu verfallen, sondern aufmerksam und dennoch offen und entspannt im Moment zu ruhen. Das, was in diesem Moment vor sich geht, damit musst du nichts machen. Lass es einfach so geschehen, wie es geschehen will, und erfahre, ohne zu kommentieren oder zu analysieren. Mit etwas Übung wirst du diesen Kreislauf aus Vergangenheit und der immer wieder gleichen, auf dieser Vergangenheit beruhenden Zukunft durchbrechen können. Du verwickelst dich nicht mehr in deine alten Geschichten und projizierst sie nicht mehr in die Zukunft. Du nimmst dich aus diesem Prozess heraus und bringst dich dorthin, wo weder deine Geschichten noch deine Angst zu finden sind: in genau diesem jetzigen Moment. Dort herrscht nur Präsenz, Wahrnehmung, Erleben und Spüren, aber kein Bewerten, Vergleichen, Kommentieren, Erinnern und Vorwegnehmen. Somit brichst du die alten Gewohnheiten auf und befreist deinen Körper aus den alten Reaktionen. Jetzt erlebst du freien Raum, aus dem heraus du neue, unbekannte Wege gehen kannst.

Der Atem-Raum

Achtsamkeit kann unser reaktives Impulsverhalten verändern. Das bedeutet aber nicht, die Dinge besonders langsam und sorgfältig zu machen, ganz genau und übersensibel. Nein, es heißt lediglich nur, dass wir dem, was jetzt ist, unsere volle, urteilsfreie Aufmerksamkeit zukommen lassen. Demnach ist Achtsamkeit eine besondere Art der Aufmerksamkeit, in der wir wertfrei die Dinge betrachten, wie sie sind, und zunächst auch erst einmal so sein lassen. Und das schließt alle Dinge im Außen, genauso wie uns selbst mit unseren Gefühlen und Gedanken auch mit ein.

Übung: Der Atem-Raum

Setz dich in eine aufrechte, bequeme Haltung und entspanne deinen Körper. Um in eine meditative Haltung zu kommen, bist du anfänglich recht überfordert und weißt nicht so recht, wo du anfangen sollst. Schließlich weißt du, dass du dich von deinen Gedanken und Emotionen lösen und den Raum hinter diesen betreten möchtest. Auch willst du in den Moment kommen und dich nicht wegbeamen. Du willst raus aus den Träumen und Fantasien, aber auch nicht einschlafen. Ebenso willst du einen offenen Fokus erreichen, aber dich nicht konzentrieren und anspannen. Der Geist ist schnell überfordert und sehr empfindlich. Er richtet den Fokus auf den Körper, dann wieder zu den Gedanken, dann zur Atmung und dann zu den Geräuschen im Außen. Er hüpft hin und her, wie ein Ping-Pong-Ball. Ihn zu etwas zwingen oder von etwas abhalten wollen, wird nicht klappen. Er wird sich wehren. Du musst ihn dort abholen, wo er ist. Und das ist bei allem, was gerade geschieht. Dann kannst du ihn langsam an die Hand nehmen und nach innen und zur Ruhe führen. Schritt für Schritt. Genau genommen in diesen drei folgenden Schritten:

1. Innehalten & Wahrnehmen

Halte inne und frage dich: »Was passiert jetzt gerade?« Du brauchst nichts bewerten, sondern einfach nur wahrnehmen. Welche Gedanken hast du? Welche Gefühle oder Körperempfindungen bemerkst du? Nimm es bewusst wahr! Bring dich zunächst bewusst in den Raum, in dem du gerade bist. Höre, was los ist und nimm alles wahr, was jetzt gerade passiert. Dazu zählt alles, was ist. So, als ob du jemandem gerade beschreiben müsstest, was hier vor sich geht. Versuche dabei Interpretationen sein zu lassen und rein auf der objektiven und sachlichen Ebene wiederzugeben, was sich gerade abspielt. Im Außen (durch Geräusche, Menschen, deine Umgebung, etc.) wie auch im Inneren (dein Körpergefühl, Verspannung, Atmung, Stress-Reaktionen, dein Stand, kalt, warm, etc.).

Auch dein Denken zählt da mit hinein. Nimm wahr, wie du denkst. Blende nichts aus, sondern lade alles ein, in diesem Moment Teil deiner Erfahrung zu sein. Auf diese Weise bringst du den Beobachter mit ins Spiel. Du beobachtest Geräusche und Gedanken und alles, was gerade vorhanden ist. Somit öffnest du eine Lücke und löst dich von der Identifikation mit deinem Denken. Du lässt das Denken geschehen, wehrst dich also nicht dagegen, springst aber auch nicht auf den Zug auf. Langsam laufen die Gedanken ins Leere, die Reaktionen auf die einzelnen Geräusche werden weicher, denn du springst auch nicht jedem Geräusch hinterher. Dein Nervensystem beruhigt sich und merkt, dass gerade keine Gefahr von der Situation ausgeht. Weder von den Geräuschen und der Szene, in der du dich befindest, noch von deinen Gedanken, da sie diese Szene nicht mehr aktiv unterstützen.

Gib dir für diesen Punkt Zeit, dich wirklich im Annehmen, in der Widerstandslosigkeit sowie dieser »Bestandsaufnahme« zu üben. Höre, was im Nahen zu hören ist, und auch das, was ganz weit weg ist. Rieche in den Raum, fühle den Raum. Fühle auch dich in diesem Raum. Fühle deinen Gedankenstrom und spüre auch in deine Körperreaktionen und Gefühle hinein. Achte darauf, dich nicht in sie zu verstricken. Bleibe der Beobachter! Lass alles gleichzeitig da sein. Du bist wie ein Schilfrohr, das vom Wasser in alle Richtungen bewegt wird, aber in seiner Mitte verwurzelt ist. Sei weich und flexibel wie ein Farn, der vom Wind berührt, aber nicht zu einem anderen Platz bewegt wird. Bleibe da sitzen, wo du sitzt, mit all dem was geschieht.

2. *Sammeln in drei Schritten*

Schritt 1: *Verdichte nun deine Aufmerksamkeit ganz auf deinen Atem. Zieh deinen Fokus von dem Raum der Sinnesreize und dem Raum der Gedanken ab und lass diese in den Hintergrund treten. Nicht mit Kraft oder Zwang, sondern sanft und locker. Gib deinem Fokus ein Objekt: deinen Atem. Nimm nur noch deinen Atem wahr. Aber versteife dich nicht auf den Atem, sondern bleibe locker* und weich und bringe den Atem auf der Bühne der Erscheinungen nach vorn ins Scheinwerferlicht. Schaue dem Atem zu wie einem Sänger auf der Bühne, während dadurch wie automatisch die Band (also alles andere, was nicht Atem ist) in den dunklen Hintergrund rückt und immer leiser vor sich hin spielt. Versuche zuerst, das Kommen und Gehen des Atems bewusst zu spüren. Spüre, wie dein Atem dich bewegt, wie er in der Nase ein und wieder ausströmt. Verfolge deinen Atem bis in den Bauch und spüre auch, wie er diesen nach vorn und nach hinten bewegt. Spüre den ganzen Atemweg, von der Nase bis zum Bauch als einen gleichsamen, harmonischen Vorgang. Spüre, wie dein ganzer Körper atmet. Gib dich dem Gefühl ganz hin. Dabei willst du nichts Besonderes erleben, sondern lediglich mit deiner Wahrnehmung auf dem ruhen, was gerade durch deinen Atem ausgelöst wird. Entspanne dich in deinen Atem hinein.

Schritt 2: *Verdichte deinen Atem. Lass deinen Fokus kleiner und deine Wahrnehmung detaillierter werden und bleib beim Spüren des Atems an deinen Nasenlöchern. Spüre, wie er dort ein und ausströmt. Bleib entspannt und gib dich ganz dieser kleinen Fläche hin. Schon bald wird dieser kleine Beobachtungsraum größer. Du spürst das Zucken in der Nasenspitze, das Dehnen der Nasenflügel und den Windhauch auf der Oberlippe. Lass dich ganz in diesem Raum leben und einfach sein.*

Schritt 3: *Weite nun deinen Atem langsam wieder aus. Dehne deine Aufmerksamkeit wieder über die Nasenlöcher in den ganzen Atem-Körper hin aus. Wiederhole den ersten Schritt. Wir lösen uns jetzt von dem kleinsten Betrachtungspunkt der Nasenlöcher und dehnen uns langsam wieder in den Raum aus.*

3. *Ausweiten*

Weite nun deine Aufmerksamkeit auf den gesamten Körper aus und nimm dich von innen wahr. Bleib entspannt und lass alles so sein, wie es ist. Spüre den Energieraum deines Körpers. Spüre die Energie jeder einzelnen Zelle gleichzeitig, vom kleinen Zeh bis hoch zum Scheitel. Lass jeden Bereich mit deinem Atem in Kontakt sein und fühle deinen gesamten Organismus als eine Einheit. Bleibe in deinem inneren Raum der Energie und dehne dich dann langsam auch in den äußeren Raum aus. Kannst du deinen inneren Raum spüren? Kannst du den Raum um dich herum spüren? Kannst du dich im gesamten Raum spüren? Kannst du alle

Räume, den inneren, den Raum um dich herum und den gesamten Raum wahrnehmen? Kannst du alles als Einheit spüren, als einen lebenden Komplex, als einen Organismus? Entfalte dich in den Raum und atme! Lass deinen Atem in alle Räume fließen und durchflute sie. Lass es einfach geschehen und lass schließlich den Beobachter los. Werde zu deinem Atem und fließe in alle Räume hinein. Du musst dabei nichts tun. Es passiert von allein, sobald du deine Aufmerksamkeit darauf richtest und es dir erlaubst, zu diesem Raum zu werden.

Die Übung beenden

Komme dann langsam wieder zu deinen Sinnen und bring dich zurück. Öffne deine Augen, wenn du so weit bist und spüre, wie die Sinnesreize wieder Aufmerksamkeit wollen. Spüre auch, wie dein Gedankenstrom wieder deine Aufmerksamkeit will. Lass dich langsam darauf ein. Kappe nicht sofort die Leitung zu deinem Atem und Energieraum. Vielleicht behältst du noch die Verbindung zu deinem Atem und deinem inneren Raum zu einem Teil für eine Weile bei. Sagen wir 70:30 Innen zum Außen. Dann langsam 50:50 und vielleicht noch bis 30:70. Vorher war es 0:100 aus Innenwahrnehmung des Raumes und der Außenwahrnehmung und deiner Verstrickung in die Reize. Du darfst ruhig die ganze Zeit mit dir verbunden bleiben.

Wenn dich bei dieser Übung die Gedanken oder irgendwelche Geräusche ablenken und du dich in Geschichten und Fantasien verlierst, dann mach dir nichts draus. Es wird während der Meditation der Moment kommen, in dem du dir dessen bewusst wirst. Anstatt dich zu ärgern oder dich zu ermahnen, bring deine Aufmerksamkeit einfach wieder zu dem, wo du stehen geblieben bist und den Faden verloren hast. Wirklich: Lass es unkommentiert und mach einfach weiter, als wäre nichts geschehen. Das passiert und ist völlig normal. Es geht hier nicht explizit darum, die ganze Zeit den Fokus zu halten, sondern darum, immer und immer wieder den Fokus zurückzuholen. Ohne innere Aufruhr. Als ob du einem Welpen beibringen willst, stubenrein zu werden: Am Anfang pinkelt er dir auf den Teppich. Du nimmst ihn, trägst in raus und zeigst ihm, wo er es machen soll. Am nächsten Tag pinkelt er wieder auf den Teppich und ohne über ihn zu schimpfen oder zu klagen bringst du ihn wieder raus. Dein Klagen und dein Schimpfen wird nichts ändern. Ruhig und gelassen wiederholst du es eben einfach, bis es sitzt. Es ist dein Welpe. Du liebst ihn.

Er ist ein herrlicher kleiner Kerl. Wieso solltest du ihn anschreien? Er wird es schon lernen. Außerdem ist es kein Problem. Dein Teppich ist bestimmt nicht teuer gewesen und wenn doch, ist dein Hund garantiert viel mehr wert. Mach dir keine Sorgen um den Teppich. Gewöhne deinen Hund einfach nur an das, was er tun soll, und er wird es tun. So sind deine Gedanken auch. Du lässt dich von ihnen ablenken? Okay, kein Problem, und wieder zurück ins Jetzt. Ganz ohne Drama.

Mithilfe der Atemraum-Übung können wir es schaffen, auch im Alltag die meist unbewussten Vorgänge und Reaktionen wahrzunehmen, Abstand zu bekommen, in den Moment einzutauchen, Kontakt zu uns herzustellen und dann zu agieren, anstatt blind zu reagieren. Es ermöglicht uns, die Ruhe zu bewahren, uns zu fokussieren, zu konzentrieren und klar sehen zu können. Denn im Schleier des Stress-Empfindens sehen wir schnell rot und haben Scheuklappen auf, was uns zu impulsiven, unbedachten und unkontrollierten Reaktion verführt. Konzentration ist hier aber eher im folgenden Sinne gemeint: Du konzentrierst dich nicht auf etwas, sondern dein Geist wird konzentriert. Das ist ähnlich wie bei einem Saftkonzentrat oder wenn du eine Soße einkochst: Du reduzierst etwas auf seine Essenz. Du bündelst also den Inhalt. Genau das machen wir auch hier mit deinem Verstand. Während er im Alltag unkontrolliert jedem Gedanken hinterherjagt und sekundenweise von einem Thema zum anderen hüpft, versuchen wir ihn in dieser Meditation zu beruhigen. Er wird sanfter und entspannter, statt jedem Reiz und jedem Impuls nachzurennen.

Tipp: Nutze ein Stopp-Wort. Ein Stopp-Wort kann alles sein, von »*Baum*«, »*Atem*«, »*Stopp*« oder »*Ball*«, ganz egal. Es dient dazu, dich aus der Schleife herauszuholen. Es soll dich wachrütteln und dir eine kleine Ohrfeige geben, damit du wieder klarer wirst. Du kannst dir auch mental vorstellen, wie du dabei auf den Tisch haust. Es ist wie der Lehrer, der laut wurde, wenn du nur noch gequatscht hast, statt dem Unterricht zu folgen. Ermahne dich, präsent zu werden und in den Moment zu kommen.

Warum der Atem so eine Macht hat

Achte mal darauf, ob du gerade atmest. Natürlich tust du es und das ist ja nun auch kein Wunder. Aber es liegt etwas ganz Bedeutendes darin: Wir atmen immer *Jetzt*. Und das können wir uns zunutze machen. Vielen, die gerade Meditation lernen wollen, wird immer gesagt, sie sollen einfach den Atem beobachten. Nun, warum? Ganz einfach, der Atem geschieht im jetzigen Augenblick. Mehr ist da gar nicht dabei. Aber jedes Mal, wenn du den Atem beobachtest, tauchst du ein ins Jetzt. Ins Hier. In diesen einen Moment, der sich jetzt gerade vor, neben und in dir abspielt. Er ist ein perfekter Ankerpunkt, um uns aus unserem permanenten Gedankenstrom herauszuholen und der uns Ruhe und Entspannung schenken kann.

Wir bündeln unseren Geist, in dem wir unsere Aufmerksamkeit auf das Beobachten des Atems lenken. Das ermöglicht es, dass sich der Geist beruhigen kann. Und ist dieser beruhigt, entspannen wir uns und werden aufnahmefähiger für das, was gerade passiert. Der gegenwärtige Moment wird nicht mehr durch das Denken getrübt und wir können viel klarer und intensiver das Jetzt erleben.

PS: Wenn du tiefer in das Thema »Atem« einsteigen möchtest, dann empfehle ich dir meinen Onlinekurs »ATEM – Achtsamkeitstraining für Entspannung und Meditation«, zu dem du über meine Website www.kuyome.com *gelangst.*

DIE REALITÄT DES WOLFES

Des Wolfes ersten Schritte

Deine Vergangenheit, deine Erlebnisse, deine Eltern, Geschwister, Familienangehörige, Erzieher und Lehrer, Politiker, die dir bekannten Mitmenschen, Schauspieler, Filme, Geschichten und Freunde – all diese Figuren in deinem Leben haben dich geformt und beeinflusst. Das unschuldige Kind, das du einst warst, kam wie ein leeres Blatt Papier auf die Welt und wartete darauf, mit Wissen und Erfahrungen beschrieben zu werden. Dir wurden verschiedene Dinge gezeigt, Dinge über dich und die Welt gesagt, man hat dich belohnt und bestraft, manche Erfahrungen taten weh und andere linderten deinen Schmerz.

Du hast begonnen die Welt zu kategorisieren und tratest immer mehr in die Welt der Dualität ein.

Es gibt nicht diese eine allgemein gültige Realität. Es gibt genauso viele Realitäten, wie es Menschen gibt. Jeder Mensch lebt in seiner eigenen Realität. Das, was wir zulassen, wird Teil dieser Realität und das, was wir verneinen, wird nicht dessen Teil. Und so malten wir unser Bild von dieser Welt. Neben dem leeren Blatt Papier, das du warst, wurden dir auch unzählige Buntstifte und Textmarker in allen Farben, die es gibt, gegeben. Jeder Buntstift steht für einen Gedanken, für eine neuronale Verkettung in deinem Gehirn. Je öfter du den gleichen Gedanken dachtest, desto dicker wurde deine Linie, weil du sie immer und immer wieder mit demselben Stift übermaltest. Sie hat sich jetzt schon richtig in dein Blatt Papier reingefressen. Die Farben, die du nur selten gedacht hast, waren nur dünne Linien, die mit der Zeit verblassten. Manche Farben wurden gar nicht genutzt und deren Stifte verschwanden unbenutzt in den Tiefen deiner Federmappe. In der Welt der Dualität hast du schnell gelernt, dass manches gut und manches schlecht ist und hast dein Blatt Papier auch dementsprechend aufgeteilt. Wenn dein Leben voller Blumen und Schmetterlinge war, so wirst du viele helle Farben auf deinem Papier haben. Aber oft ist dem nicht so. Kein Mensch ist völlig frei von Leid und Schmerz, von der Vergänglichkeit des Lebens und der Angst vor dem Tod. Zumindest nicht zu Beginn seines Lebens.

Werden wir geboren, erleben wir den ersten Schmerz: Herausgerissen aus einem Paradies, in dem wir alles hatten und alles waren, kamen wir in eine Welt, in der wir feststellen mussten, dass wir nicht einfach sein konnten, um zu leben. Im Mutterbauch wurde für uns geatmet, wir wurden ernährt, wir lebten in Verbundenheit und Wachstum. Alles war da. Wir lebten in der Fülle, die sich aus der Verbundenheit zu unserer Quelle, unserer Mutter, ergab. Aus dieser Verbundenheit heraus konnten wir uns so entwickeln, wie es unsere Bestimmung war. Wir wuchsen und wuchsen. Verbundenheit und Wachstum, ein Prozess, der sich tief in uns als Ur-Gefühl verankert hat. Doch dann kam das helle Licht am Ende des Tunnels. Was ist das? Was geschieht da? Wir wurden herausgepresst und traten in eine Welt ein, die sich völlig anders anfühlte. Kälte, Luftdruck, Erdanziehung, Erstickungsgefahr bis zu dem Punkt, wo sich die Lungen entfalteten, Schmerz, Panik, Angst. Wir hatten keine Ahnung, was da passiert. Wir wussten nur, dass die Veränderung wehtat und sie muss sich wie sterben angefühlt haben. Die eine Welt loslassen und in einen Zustand übergehen, der uns alles wegnahm: Kein Wunder, dass wir Angst vor Veränderungen haben. Wir wissen nicht, was uns erwartet und ob es da am Ende des Tunnels wirklich eine Möglichkeit gibt, weiter zu existieren.

Die ersten Monate noch war uns unsere Individualität nicht bewusst. Wir hatten kein Ich-Gefühl und kein Konzept von »*Hier-bin-ich-und-du-bist-Da*«. Alles war noch eins. Wir waren Kind und Mutter zu gleich. Wir waren reines Bewusstsein, das die neue Welt erlebte und erfuhr. Mit der Zeit stellten wir fest, dass wir separat existieren. Wo ist sie hin, die gewohnte Verbindung? Sie ist nicht mehr da. Wir fanden aber schnell eine neue Verbindung, die wir uns als Kompensation für den Mutterverlust aufbauten: unser Ich. Mein Name, meine Spielzeuge, meine Vorlieben und Abneigungen, mein Besitz und einfach alles, was den Beinamen *ich, mir oder meins* bekam. Der Wolf lernte seine ersten Schritte zu gehen. Obwohl ein Tier die gleichen Prozesse durchlebt, haben wir Menschen diese Eigenschaft, ein Ich zu erfinden. Dank unseres Verstandes können wir die Welt einordnen und verstehen lernen. Der Verstand ist nur ein Resultat aus elektrischen Impulsen, die durch die Neuronen unseres Gehirns wehen wie der Wind durch die Bäume. Je stärker der Wind weht, desto lauter rascheln die Blätter. Je mehr wir uns mit der Welt befassen, desto mehr Gehirnaktivität entwickeln wir und desto aktiver werden die Neuronen. Je aktiver die Neuronen werden, desto größer werden sie und fangen an, sich mit anderen Neuronen zu verbinden und Strukturen aufzubauen, die wie Straßennetzwerke funktionieren. Das findet alles in unserem Neo-Cortex statt, ein Bereich im Gehirn, der evolutionär neu ist (deshalb neo) und den Säugetiere so gut wie nicht besitzen. Und das, was in diesem Neo-Cortex vor sich geht, ist es, was wir Lernen nennen. Und Lernen ist Wachsen. Jeder Lernvorgang lässt unser Gehirn wachsen. Das Gehirn ist neuroplastisch, was heißt, es verändert sich unaufhörlich und hört nie damit auf, Neues abzuspeichern, Gewohntes zu verstärken und Altes, Unbenutztes zu verlernen.

Vergiss, wer du bist

What you don't use, you lose! Das ist einer der wichtigen Punkte, die wir nutzen können, wenn wir uns daran machen, wirkliche Veränderungen in unserem Leben zu erschaffen. Es heißt, dass du *das, was du nicht nutzt, verlieren wirst.* Als Kind hatten wir abertausende Buntstifte, aber nicht alle konnten wir nutzen. Ist ja auch logisch: Dein Organismus weiß schließlich nicht, wo und in welcher Zeit er auf die Welt kommt und ob er spanisch, vietnamesisch oder deutsch reden wird. Im jungen Alter hätten wir locker zehn Sprachen gleichzeitig lernen können. Das Potenzial, also die bloße Möglichkeit, all das zu lernen, war vorhanden. Doch wir haben es nicht genutzt. Unser Umfeld gab uns nicht die Möglichkeit dazu. Wir haben nur das nutzen können, was tatsächlich vorhanden war. Doch dieser Fakt bietet auch die Chance, neue Strukturen zu erlernen und hinderliche zu ent-lernen. Es ist, als würdest du vergessen, was dir Probleme bereitet hat und dich im Kummer gefangen hielt. Jedoch ist dieses Vergessen kein Ausradieren deiner Vergangenheit. So sieht es der Wolf und wird deshalb versuchen dich davon abzuhalten.

> *»Denn wie könntest du dich selbst vergessen? Das geht ja nicht! Was ist mir dir und dem, wofür du einstehst, die ganzen Probleme die du bewältigt hast, dein gesamtes Leben? Das kannst du doch nicht einfach so hinwerfen! Das ist nur Selbstverarsche und Manipulation. Willst du wirklich morgen aufwachen und ein anderer sein? Also, so richtig anders? So, als hätte es dich nie gegeben? Dann kannst du auch gleich sterben. Du kannst doch nicht ein neues Leben führen, ohne dich an dein altes zu erinnern? Nein, lass das sein. Deine Vernichtung wartet auf dich, wenn du diesen Weg gehst. Bist du dir dessen bewusst? Alles, was dir teuer und lieb ist, wird weg sein. Alles, was du magst, wird es vielleicht nicht mehr geben. Am Ende isst du dann keine Pizza mehr, weil sie dir nicht schmeckt, und du erkennst dich selbst nicht wieder. Wer bist du denn dann noch, wenn du einfach so deine gesamte Persönlichkeit ändern könntest? Du bist dann nicht mehr du, sondern nur noch eine Fassade, die du nach Belieben anstreichst. Das ist, als würdest du dir die Welt nur schönreden. Du versteckst dich vor dir, du redest dir was ein, du verschließt die Augen vor deinen Problemen und du wirst dabei scheitern!«*

Dieses Vergessen beruht *nicht* auf einer Auslöschung deines vertrauten Ichs und deinem Tod, sondern auf einer neuen Verschaltung deines Gehirns. Es ist die Aktivität deines Gehirns, die dein Ich und dein Alltags-Bewusstsein hervorruft. Alles, wofür du stehst, wogegen du bist, was du meinst zu wissen und wer du glaubst zu sein, ist nur eine einstudierte Landkarte in deinem Gehirn. Das »*Ich*«, das du glaubst zu sein, ist nichts weiter, als eine neuronale Struktur in deinem Gehirn, die dir glauben macht, du seist, wer du bist und ein emotionaler Abdruck dessen, was du aufgrund dieser Landkarte erfahren hast und was dir nun dein Ich-Gefühl gibt. Und daran hältst du jetzt fest. Es geht nicht darum, ein neues Ich zu erschaffen, einen Wolf, der den Wolf ersetzt. Das wäre, als würdest du versuchen von einem unbändigen wilden Pferd, das in die eine Richtung läuft, auf ein in die entgegengesetzte Richtung laufendes Wildpferd zu springen. Wenn du dir bei diesem Versuch nicht die Knochen brichst, dann landest du nur wieder auf einem Pferd, das mit dir macht, was es will. Es geht darum, abzusteigen und zu erkennen, dass alles, wohin dich das Pferd bringen soll, schon unter deinen Füßen ist. Und dass du mit festen Füßen auf dem Boden deine Schritte und die Richtung, in die du dich bewegen willst, frei wählen kannst.

Wir wollen wieder zum Ursprung zurückkehren, zu dem Moment, als du noch das unbeschriebene Blatt Papier warst. Nur mit dem Unterschied, dass du jetzt selbst festlegst, was auf dir gemalt wird und was nicht. Hättest du dich wirklich für deinen jetzigen Zustand entschieden, wenn du gekonnt hättest? Würdest du dich wirklich so fühlen wollen, wie du dich fühlst, und denken, was du denkst, sei es über die Welt oder über dich selbst? Alles, was du bist, ist Nichts, ist Ursprung, ist Quelle, ist Raum. Raum im Sinne von Möglichkeiten, von Potenzialen, von kreativen Ideen und deren Verwirklichung. Alles, was du glaubst zu sein, all deine Überzeugungen hast du dir über die Jahre eingeredet. Und du tust es jeden Tag wieder. Wenn du nun glaubst, dich zu verändern hieße, dir etwas anderes einzureden, von dem du jetzt noch nicht, aber später überzeugt sein wirst, dann mach dir bewusst, dass das, was du jetzt gerade über dich und die Welt glaubst, auch nur eingeredet ist. Und alles, was dich davon abhalten will, diesen Wechsel zu vollziehen, ist dein Wolf, dein altes Ich, das einstudierte Programm, das gewohnte System, welches Angst davor hat, abgeschaltet zu werden. Denn es will sich selbst erhalten. Aber begreife, dass dieses »*Selbst*«, was es erhalten will, nicht du bist, sondern nur Linien auf einem Papier, die wahllos geschaffen wurden, ohne dass du willentlich ein Wörtchen mitreden konntest.

Letztendlich ist das, was du für dich hältst, nur eine Ansammlung an Erfahrungen, die du gemacht hast. Dieses Selbst ist ein Produkt deiner Umwelt, aber nicht dein eigenes. Du gehörst dir im Grunde selbst nicht, weil du dich nicht geschaffen hast, verteidigst dieses Selbst aber so, als wäre es das Wichtigste auf der Welt und alles, was du hast. Aber glaube mir: Das, was du wirklich bist, ist alles in diesem Universum. Jede Möglichkeit, jeder Gedanke, jeder Wunsch, jeder Weg, alles zu erreichen, jede Idee, jede noch so große Vision, jedes kleine Fünkchen spielerischer Freude und jede große Flamme der Erleuchtung. All das bist du und du bist nicht getrennt davon.

Entfaltung statt Entwicklung

Der Weg führt an den Anfang zurück, an dem du dich selbst erkennst und merkst, dass es dir nicht nur an nichts fehlt, sondern dass alles bereits da ist. Dass du nicht mehr kämpfen musst, um irgendwohin zu gelangen, sondern dass du schon dort bist. Dass du nichts werden kannst, was du nicht schon bist und dass du erreichen kannst, was du dir vorstellen kannst. Und: Das dieses Erreichen von selbst geschieht. Dass du nicht ein neues Ich aufbauen musst, sondern dass sich dieses neue Ich aus sich selbst heraus entfaltet. Persönlichkeits*»entwicklung«* heißt, dass du ein altes Ich versuchst zu verbessern, damit es ein noch besseres Ich sein kann. Wer will das? Das Ich. Denn es fühlt sich nie gut genug und braucht immer mehr. Es erkennt seine Ganzheit nicht, weil es nur in der Trennung und im Mangel lebt. Deswegen will es etwas entwickeln, was es hoffentlich größer und ganz werden lässt, damit das Ich somit endlich ankommen kann. Doch ich kann es nicht oft genug sagen: Ein Ich, dass sich nicht ganz fühlt, kann sich noch so viele Hüte aufsetzen – es wird immer einer zu wenig sein. Und das Gefühl *»nicht ganz zu sein«*, gehört zu diesem Ich. Deshalb wirst du dich nicht mit, sondern nur ohne dieses Ich ganz fühlen können.

»Entfaltung« jedoch ist die Hingabe an deine Essenz, an das, was du in Wahrheit bist und was nie größer oder kleiner werden kann. Es kann sich nur so weit in dieser Welt entfalten, dass seine ganze Vollkommenheit, die du schon in dir trägst, durch dich hindurch und in deine Welt scheint. Es braucht keinen Plan, es braucht keine Strategie. Es ist wie eine Pflanze, die ihrer Bestimmung folgt. Sie wächst ohne Kampf. Selbst, wenn Steine im vermeintlichen Weg sind,

wächst sie einfach, um zu wachsen. Sie macht aus den Steinen kein Problem. Sie sagt nicht:

> *»Hey du, Stein, du liegst mir im Weg. Ich will nach links wachsen, weil ich so besonders schön werde. Aber da liegst du. Jetzt muss ich wegen dir nach rechts wachsen und das gefällt mir überhaupt nicht. Dann werde ich gar nicht der, der ich sein will! Jetzt muss ich mich deinetwegen anstrengen, um dorthin zu gelangen, wo ich hin will, um endlich die Pflanze sein zu können, die ich werden will.«*

Die Pflanze wächst nicht, um einem erdachten Weg zu folgen und um irgendwohin zu gelangen. Weder Ziel noch Weg interessieren die Pflanze, sondern lediglich ihr eigenes Wachsen. Ganz ohne Grund oder Ergebnis. Auch ganz ohne Widerstand und Gegner. Sie wächst nicht, um besser oder schneller als du zu sein oder dir zu entkommen, weil sie dich nicht mag. Sie wächst aus sich heraus und für sich. Das heißt nicht, dass sie egoistisch ist und nur sich selbst sieht. Dadurch, dass sie kein Selbst hat, wächst sie für sich, ohne gegen andere zu sein. Es gibt kein Hindernis und kein Problem in ihrem Wachsen, kein Abhalten, Aufhalten und keine Störung. Sie existiert nicht getrennt von der Umwelt, das ist klar. Die Umwelt hat Auswirkungen auf sie, so wie sie Auswirkungen auf ihre Umwelt hat. An einem Stein kommt sie nur vorbei, wenn sie die Richtung ändert. Aber das ist weder wichtig noch ein Problem. Der Stein wird kein Feind, weil sie *für* ihr Wachstum ist und nicht *gegen* ihre Hindernisse. Das ist ein ganz entscheidender Wandel in der inneren Haltung eines jeden, die es zu verstehen und zu verinnerlichen gilt.

Warum hat eine Rose Stacheln? Nicht, um sich zu verteidigen, nicht, weil sie meint, sie müsse sich gegen Gefahren schützen. Dieser Schutz kommt ganz allein. Ihr Augenmerk ist auf die Erschaffung der Blüte, auf die Kreation, auf das Schöpfen ausgerichtet. Würde sie ihre Zeit damit verbringen, sich auf den Schutz gegen Feinde zu konzentrieren, dann wäre sie nichts weiter als ein Strauch voller Dornen, der nur weiter größere und spitzere Dornen produzieren würde. Keine Blüte, keine Farbe und kein Duft würden in die Welt gelangen. Kein Insekt könnte von ihr angezogen werden. Sie würde sich nicht vermehren und würde isoliert und kalt vor sich hin existieren. Die Rose jedoch blüht, weil sie sich um ihre Blüte kümmert. Alles, was diesem Prozess entgegensteht, ist kein Hindernis. Dafür hat sie ihre Stacheln, um die sie sich aber nicht zu kümmern braucht, genauso wie du dich nicht um deine kümmern brauchst. Wenn du dir bewusst wirst, was genau du wirklich willst und dich diesem widmest, wird alles, was du nicht willst, kein Teil mehr von deinem Leben sein oder, gerade am Anfang dieses Wandlungsprozesses, sich leichter erkennen lassen. Dieses Erkennen und die Zuwendung zu deinem *Für*, statt zu deinem *Gegen*, ist dein Stachel, der den Gegner fernhält und dich mit deiner Schöpfung verbindet. Und diese Schöpfung verbindet dich mit dem Leben und allem, was an dieser Schöpfung Freude haben wird. Menschen, die sich ihrer Blüte ebenso bewusst sind, haben Freude an deiner und keine Angst vor deinen Stacheln. Menschen, die dies nicht sind, sehen nur deine Stacheln und haben Angst. Sie müssen sich schützen. Und je mehr sie sich schützen, desto mehr Mauern bauen sie. Du jedoch öffnest dich. Du baust Brücken. Was nicht heißt, dass einfach jeder so in dein Reich kommt. Die Brücke ist nur für die passierbar, die deine Blüte erkennen. Andere sehen die Brücke gar nicht, weil ihre eigene Mauer viel zu hoch ist. Mauerbauende Menschen suchen ihresgleichen, um sich durch sie in ihrer Welt bestärkt zu fühlen. Entweder in dem sie in ihrer Meinung und dadurch in ihrem ich-bezogenem Fühlen bestärkt werden, oder dadurch, dass sie sich an der Gegenwehr, dem *»Dagegen-Sein«* des anderen laben und sich darüber aufregen können. Doch von denen, die in sich ruhen, wenden sie sich ab, weil von ihnen nichts zu holen ist. Diese Ruhe durch den Frieden, den du bekommst, wenn du deiner wahren Natur folgst, ist es, was für diejenigen Stacheln sind, die nichts anderes mit dir sonst anfangen könnten. Du brauchst dir also um deine Abwehr keine Sorgen machen. Es passiert ganz automatisch, dass du das einlädst, was zu dir passt.

Das Wachsen aus der Verbundenheit ist also das einzige Interesse der Pflanze. Kein: *»Ich wachse, weil …«*, oder *»Ich wachse, um …«*, oder *»Ich wachse, damit …«* Die Pflanze wächst, weil es ihre Bestimmung ist zu wachsen. Sie macht sich keinen Kopf darum, in welche Richtung sie wachsen soll und wie groß sie sein wird. Sie fragt sich auch nicht, ob sie die richtige Pflanze ist oder ob sie nicht lieber eine andere Pflanze wäre. Sie versucht nicht irgendetwas an sich zu entwickeln, weil sie bereits alles in sich trägt, was sie jemals sein könnte. Sie gibt sich ihrer eigenen Entfaltung vollkommen hin. Im Moment verwurzelt und mit ihrer eigenen Quelle, ihrem Sein verbunden, wächst sie von Moment zu Moment der Zukunft entgegen. Immer aus der eigenen Fülle heraus. Niemals aus dem Mangel. Dadurch kann sie sich genau so entfalten, wie es ihre Natur will. Sie lebt ihre Bestimmung in jedem Augenblick. Sie wächst nicht, um anzukommen. Dieses »Bereits-angekommen-sein« ermöglicht erst ihr Wachstum. Sie wird, was sie im Kern schon ist und was sie schon immer war. Sie gibt sich ihrem Ausdruck vollkommen hin. Ich kenne die Einwände des eigenen Ichs, dass da sagt:

> *»Ich kann mich doch dem Fluss des Lebens nicht einfach so hingeben. Schließlich weiß ich nicht, ob ich dann auch wirklich das bekomme, was ich will. Ich soll mich also dem Leben überlassen und hoffen, dass dann am Ende etwas Brauchbares für mich abfällt? Schön und gut, das mag vielleicht funktionieren. Eine Art Überraschungsei. Kann ich verstehen, dass das andere so machen und ein wenig so von der Hand in den Mund leben. Die haben einfach keine Wünsche und ihren Frieden damit gefunden. Ich könnte auch auf alles verzichten, was ich will und ganz im Moment leben wie so ein Mönch. Aber mal ehrlich: Es gibt so viele tolle Sachen auf der Welt. Warum gibt es sie, wenn sie nicht erfahren werden sollten? Warum kann ich nicht selbst entscheiden, was ich machen und werden möchte? Warum soll ich Platz für etwas machen, etwas Höherem dienen, das höhere Selbst durch mich wirken lassen und mich und meine Wünsche, die ich für mich habe, wegwerfen? Dann habe ich vielleicht Frieden, aber nie erfahren, wie es ist XYZ zu machen. Dem Leben zu dienen ist, als würde ich mich aufgeben und einen anderen über mich entscheiden lassen. Im Grunde mache ich dann, was das Leben will, aber nicht, was ich will. Dann bin ich der Angestellte des Lebens und kann nur hoffen, dass ich gut bezahlt werde. Aber so wirklich frei bin ich dann auch nicht, weil ich immerzu mache, was ein anderer sagt. Und dabei geht es mir doch um meine Freiheit, meine Eigenermächtigung, meine Unabhängigkeit und, ja, auch um Wohlstand und Fülle. Ich sehe es nicht ein, dass ich mich, nur weil ich nicht reich geboren bin und nicht das nötige Glück hatte oder sich nicht die passenden Umstände in meinem Leben einstellten, nun lieber allem entledigen sollte, statt weiter an meinem Glück und meiner Freiheit zu arbeiten.«*

Diese Gedanken spiegeln die Welt des Wolfes wieder, der sich nicht vorstellen kann, dass er genau das bekommt, was er will, wenn er loslässt, was er will, und in das Vertrauen fällt. Es ist, als würdest du vor dem Weihnachtsmann stehen und einen Wunschzettel abgeben, mit allem drauf, was du in deinem Leben noch erfahren möchtest. Und nun schaust du, ob der Weihnachtsmann auch wirklich alles liefert, was du willst. Du durchstöberst die Kleiderschränke und Ecken, um dich abzusichern.

> *Bekommst du, was du willst? Bekommst du auch wirklich alles, was du willst? Oder bekommst du etwas, dass du dir selbst nicht ausgesucht hast, aber der Weihnachtsmann meint, es sei besser für dich? Ist es das Fahrrad, welches du wolltest, oder ist es nur ein Tretroller, mit dem du dich dann zufriedengeben müsstest?*

Doch was wäre, wenn du selbst der Weihnachtsmann bist? Wenn an der anderen Leitung des Telefons, du es bist, der abnimmt? Wenn *das Leben*, von dem du meinst, es gäbe dir das, was *es* will und nicht, was *du* willst, du selbst bist? Wenn das höhere Selbst, dem du nachgiebig Platz machen sollst, in Wahrheit du selbst bist? Wenn du, würdest du dich nur lassen, tatsächlich das bekommst, was du willst? Wie könntest du auch nicht? Wenn du am anderen Ende stehst, dann würdest du doch auch genau das machen, was du willst. Du müsstest nicht mehr schauen, kontrollieren und prüfen. Denn der, der dich führt, bist du selbst. Wie könntest du dir selbst nicht genau das bringen, was du wirklich möchtest?

Ich will dir mit diesem Buch Wege zu diesem Kern zeigen, damit du siehst, dass das, auf das du gewartet hast, du selbst bist. Dass das, was du suchst, da ist und du bist. Dass deine Wünsche erfüllt werden. Von dir, wenn du dich lässt und deinem alten Selbst aus dem Weg geht. All die Geschichten über den Wolf sollen dir zeigen, dass er dir im Wege steht, der zu sein, der du sein willst. Es ist deine eigene Erlaubnis und deine Entscheidung den Weg einzuschlagen, den du gehen willst. Wirst du dem Weg des Wolfes weiter folgen, wirst du immer eine Armlänge von dem getrennt sein, den du erreichen willst. Folgst du dem Weg nicht mehr, bist du unmittelbar der, der du sein willst. Schon heute. Jetzt, in diesem Moment. Du musst ihn nur loslassen und du bist, was du sein willst. Und alles, was jetzt kommt und sagt, dass das nicht stimmt, weil du ja immer noch nicht reich oder verliebt oder berühmt bist, ist nur ein Einwand deines Wolfes.

Die Fülle, die du mithilfe des Wolfes suchst, kann dir der Wolf nicht liefern. Er liefert dir nur äußere Dinge, die dir die Fülle geben sollen. Aber kein Reichtum der Welt, keine noch so großen Lobpreisungen deiner Selbst und keine noch so tollen Beziehungen können dir diese Fülle geben. Der Wolf liefert dir ein Ding nach dem anderen, aber du wirst nicht satt. Und das macht dich wütend und frustriert, bis du schließlich kapitulierst, aufgibst und sagst, das Leben sei eben so. Man kann schließlich nicht alles haben. Auf diese Weise wird deine Realität zu einem festen Glauben und du durchtränkst sie mit deinem Frust und deinen Überzeugungen, dass die Welt ist, wie sie ist. Aber die Welt ist nur das, wofür *du* sie hältst und woran *du* dich entschieden hast zu glauben. Jetzt bist du in deinen Glaubenssystemen gefangen und hast dir eine Welt gebaut, in der du dich sicher bewegen kannst, aber nicht glücklich bist. Du bist wie ein Tier im Zoo. Und genau da will dich der Wolf haben. Denn dieses Quäntchen Unzufriedenheit, dieses kleine bisschen Selbstmitleid halten dich im Käfig und den Wolf am Leben.

Nimm eine Zitrone und schau sie dir an. Welche Farbe hat sie?

Gelb.

Okay. Nun setz eine blaue Brille auf und schau sie nochmal an. Welche Farbe hat sie?

Grün? Falsch. Immer noch gelb. Du glaubst nur, sie sei grün!

Das Leben ist diese gelbe Zitrone und steht für alles, was du dir wünschst und werden willst. Sie steht genauer gesagt für dich, denn du bist dieses Leben. Der Wolf aber hat dir einen blauen Spiegel gegeben und du schaust hinein. Du merkst nicht, dass der Spiegel dich selbst zeigt. Er zeigt eine grüne Zitrone. Anstatt zu sehen, dass du die Zitrone bist, schaust du sie dir nur an und fragst dich, wie du diese Zitrone bekommen und zu ihr werden kannst. Sie ist alles, was du willst. Doch sie ist auch irgendwie komisch. Sollte sie nicht gelb sein? Sie sieht irgendwie grün aus. Vielleicht ist es doch nicht das, was du werden willst. Vielleicht ist es besser, der zu sein, der du bist und etwas anderes zu suchen, was mehr zu dir passt. Jetzt malst du Orangen gelb an und hoffst, sie geben dir das, was dir die Zitrone hätte geben können. Aber irgendwie schmeckt es nicht so richtig nach Zitrone. Übersetzt heißt das, du fängst an, deine Außenwelt anzupassen, in der Hoffnung, sie würde dich erfüllen: der passende Job, der passende Partner, die große Liebe, das Geld auf deinem Konto. Doch wenn das Innen nicht stimmt, kann das Außen niemals stimmen. Alles sieht nach der Erfüllung aus und ist sie dann aber doch nicht.

Wovor der Wolf Angst hat, ist, den Spiegel beiseitezustellen und zu erkennen, dass das alles nur ein Konstrukt ist, um dann im nächsten Schritt die Zitrone in sich zu finden und zu erkennen, dass du selbst die Zitrone bist. Jetzt, da du die Zitrone bist, wie könntest du dir nicht geben, was du willst? Du bist es doch schließlich selbst, der sich um dich kümmert. Der Fluss des Lebens, in dem du dich bewegen möchtest, ist der Fluss in dich selbst hinein, zu deiner Quelle. Wenn du diese Quelle erfahren hast, spielt es keine Rolle mehr, wohin der Fluss fließt, weil nichts, was das Außen dir geben würde noch etwas hinzufügen kann, zu dem, was du bereits schon bist. Aber das heißt nicht, dass dann alles vorbei ist und deine Welt zum Stillstand gekommen ist. Jetzt geht die wilde Fahrt erst los. Aus dieser Quelle heraus sprudelnd wird deine gesamte Umwelt, dein gesamtes äußeres Erleben durchflutet mit deinem Wasser. Es wird blühen und strahlen und ein prächtiges Paradies werden mit all der Fülle, die du immer gesucht hast. Nur jetzt bist du die Fülle selbst und ziehst Fülle an. Du gestaltest diese Fülle aus dir heraus, genauso wie du den Mangel auch gestaltet hast. Alles ist deine Schöpfung: Dein Mangel wie auch deine Fülle. Und alles nimmt den Ursprung in dir.

Denn wer da hat, dem wird gegeben, dass er die Fülle habe. Wer aber nicht hat, dem wird auch das genommen, was er hat.

Du glaubst, was du glauben willst

Da es keinen gibt, der all das Geben und Nehmen managt, keinen, der darüber entscheidet, ob du ein guter oder schlechter Mensch bist und dich dafür belohnt oder bestraft, sondern alles nur aus deinem Inneren und deinem Fokus heraus entspringt, entscheidest du selbst über dein Wohl und über dein Leid. »Confirmation Bias« heißt dieser innere Vorgang, bei dem wir Menschen nur das zulassen, was unserer Überzeugung entspricht, selbst dann, wenn es tausend Gegenargumente gibt. Zu Deutsch heißt »Confirmation Bias« auch »Bestätigungsfehler« und das bedeutet, dass wir unsere vorgefasste Meinung unbedingt behalten wollen und dass wir gegenüber neuen Überzeugungen eine richtige Abneigung entwickeln. Dabei suchen wir meist von vornherein nur nach solchen Informationen, die unsere Meinung bestätigen. Gibt es zwei unterschiedliche, eine unsere Meinung bestätigende und eine widerlegende Information, dann bekommt die, die unsere Meinung bestätigt, von uns auch automatisch mehr Gewicht. Und treffen wir nun auf eine Information, die unsere Meinung bestätigt, aber sie auch irgendwie widerlegen könnte (also eine nicht ganz sichere Information), interpretieren wir sie trotzdem gern als eine Bestätigung unserer Meinung. Egal wie die Fakten also sind, wir drehen und wenden es immer so, dass es uns in den Kram bzw. zu unserem Glauben passt.

Wir glauben nur das, was wir glauben wollen, und holen uns dafür die Bestätigung, die wir brauchen. Das ist ein ganz natürliches Phänomen. Aber dass die Sachen so sind, wir wir meinen, wie sie sind und dass es daran nichts zu rütteln gibt, ist nicht natürlich. Das ist nur unser selbstgewählter Filter. Nehmen wir den Filter weg und tauschen ihn womöglich noch gegen einen anderen, besseren aus, sehen wir die Dinge wieder in einem ganz anderen Licht. Und sollte dein altes Ich jetzt wieder sagen, dass du dich doch damit nur selbst belügst, dann kann ich nur antworten, dass du dich bereits jetzt schon verarschst, mit dem, was du für wahr und für dich hältst. Es gibt nicht die eine Wahrheit, die eine Realität, sondern immer nur die, an die du dich gewöhnt hast und an die du dich jeden Tag aufs Neue entscheidest zu glauben.

Du erkennst das Sein der Dinge nicht objektiv. Du glaubst vielleicht, alles deute darauf hin, dass du ein Geplagter bist, weil du als dieser Geplagte aufstehst, nichts anderes kennst, als geplagt zu sein und somit überzeugt davon bist. Du siehst nur dich plagende Dinge, erfährst nur dich plagende Dinge und manipulierst dich selbst, um dich als Geplagter zu fühlen und ein Geplagter zu bleiben. Das ist es, was Geplagte tun. Gewinner tun das auch, aber eben aus der Sicht eines Gewinners. Du kannst einen Gewinner nicht zum Geplagten machen, weil er nicht weiß, wie das geht und was das ist. Du kannst auch einen Geplagten nicht zu einem Gewinner machen. Du kannst nur den Geplagten loslassen und den Gewinner in dir erkennen. Du ersetzt ihn. Das ist eine Entscheidungssache, eine innere Einstellung oder besser: Ein innerer Entschluss, es wirklich zu wollen. Diesen Entschluss, den man auch umgangssprachlich Commitment nennt, ist eine Bereitschaft, eine Hingabe, ein *»inneres Ja«* zu sich selbst und zum Leben. Aber dein altes System wird rebellieren, denn es kennt nur das Nein. Es sagt vielleicht *»Ja«*, will aber das *»Nein«*. Vielleicht rebelliert es jetzt schon, während du dies liest. Alle inneren Kommentare, die mit *»Ja, aber...«* zu tun haben, halten dich ab. Alle deine Einwände sind nur Regungen des alten Systems, das nicht abgeschaltet werden will.

Aus Alt mach Neu

Demnach ist alles, was man *»deine Persönlichkeit«*, also *»dich«*, nennen könnte, nur eingebildet, erlernt, einstudiert und wiederholt. Wenn du Jahre damit verbracht hast, deine Gedanken zu wiederholen, wurde die Landkarte namens *»Ich«* in deinem Gehirn immer fester und genauer. Sie hat sich verdichtet. Aus einem kleinen Dorf mit ein paar wenigen Trampelpfaden wurde nun eine große Stadt mit Autobahnen. Du fällst morgens aus deinem Haus raus und gehst sofort auf diesen Bahnen, die dich in Windeseile immer an dieselben Stellen führen, die du bereits kennst. Das heißt, du wächst morgens auf und denkst und fühlst dich so, wie du es gewohnt bist. Du fühlst dich nach dir an. Deine Stimmung kommt dir bekannt vor, dein Körper mit seinen Wehwehchen, dein Äußeres, deine Überzeugungen und alles, was es noch gibt, um dir zu zeigen, dass du ein Individuum bist, welches deinen Namen und deine Vergangenheit hat. Jeden Morgen wächst du auf und erinnerst dich automatisch an dein Vergangenheits-Ich. Du kannst gar nicht anders, weil du nur diese Straßen hast, auf denen du dich bewegen kannst. Wenn du woanders hinwollen würdest, müsstest du erst neue Wege anlegen. Und genau das ist der erste Schritt, der dich zu deiner Eigenverantwortung bringt: Du musst es wollen!

Dein Wille geschehe und wo dein Wille ist, ist dein Weg.

Altes gegen Neues auszutauschen braucht Zeit. Je intensiver und je emotionaler das alte System in dir verzweigt ist und zu deinem *»Ich«* geworden ist, desto länger braucht es wahrscheinlich. Als ob ein Lichtschalter in deiner Wohnung ummontiert wird. Er war immer links. Du bist es gewohnt nach links zu greifen. Selbst mit geschlossenen Augen, im Halbschlaf oder völlig besoffen: Du kannst den Lichtschalter zielgenau treffen, komme, was wolle. Doch nun auf einmal ist der Schalter rechts. Die ersten Tage wirst du immer aus Gewohnheit nach links greifen, merken, dass der Schalter dort nicht mehr ist. Es wird dich verwundern, weil du in diesem Moment nicht Fisch und nicht Fleisch bist. Du bist nicht mehr der linke Schalter, aber so ganz sicher bist du dir noch nicht. Dann erinnerst du dich, was los ist und wirst den Schalter rechts suchen. Das wird eine Weile so gehen. In diesem Zustand bist du nicht mehr ganz der Alte, aber auch noch nicht der Neue. Es kann sein, dass alles etwas merkwürdig ist, wie in einer Zwischenwelt. Das Alte löst sich auf, das Neue ist aber noch nicht ganz da. Das kann dich etwas nervös machen und deine gewohnte Welt auf den Kopf stellen.

Wenn etwas Zeit vergangen ist, kommt zwar noch der Impuls, nach links zu greifen, doch auf halbem Wege fällt dir ein, dass er da nicht mehr ist. An diesem Punkt hast du genauso viele alte neuronale Strukturen in deinem Gehirn, die mit dem linken Schalter verbunden sind, wie neue Strukturen, die mit dem rechten verbunden sind. Das ist vielleicht der dunkelste Punkt, weil du weder das eine noch das andere wirklich bist. Du weißt jetzt gar nicht mehr, was du glauben sollst und die Welt kann dir vorkommen, wie ein Traum, etwas desorientiert und schwammig, komisch, fremd und so, als würdest du neben dir stehen.

Die Nacht ist immer am Dunkelsten, kurz bevor die Sonne aufgeht.

Wenn du jetzt noch ein bisschen dabeibleibst, kommt der Durchbruch. Dann passiert es, dass eines Tages 1 % mehr, also 51 % neue »*Der-Schalter-ist-rechts*«-Strukturen in deinem Kopf und nur noch 49% alte »*Der-Schalter-ist-links*«-Strukturen vorhanden sind. Von da an greifst du nun automatisch nach rechts, statt nach links. Der Impuls geht nach vorn, in Richtung neues Ich, statt sich, wie gewohnt, erstmal mit dem alten Ich zu verbinden. Anfangs noch nicht ganz zielsicher und vielleicht auch etwas zögerlich, wird es ab da aber immer leichter. Die neuen Bahnen werden größer und die alten immer schwächer.

Neuronen (also Netzwerke in deinem Gehirn) die zusammen aktiviert sind, verbinden sich. Das ist es, was *Neurons that fire together, wire together* bedeutet. Dein neuronales Netzwerk für Bewegungen, Gefühl, Haptik, Vorahnung und Gewohnheit, dass der Schalter jetzt rechts ist, wurde immer größer. Aus kleinen ersten Trampelpfaden wurden Straßen und letztendlich Autobahnen. Nun gelingt es dir mit Leichtigkeit diese neuen Bahnen zu nutzen, da du doch vorher immer wieder von den noch kleinen Trampelpfaden heruntergerutscht und auf die alten, damals noch aktiven Autobahnen des linken Schalters gerutscht bist. Doch diese sind nicht mehr oder kaum noch da, denn: *what you don't use, you lose* – was du nicht benutzt, verlierst du.

Wenn du über lange Zeit nicht mehr nach links greifst, werden die Netzwerke, die für diesen Vorgang vorgesehen waren, im Gehirn langsam abgebaut. Wenn du dann nach Jahren wieder nach links greifst, fühlt es sich fremd und komisch an. Vielleicht auch ein bisschen vertraut, wie wenn du nach Jahren in deiner alten Straße umherläufst, wo du als Kind aufgewachsen bist. Die Erinnerungen sind nur noch vage da, ein wenig ist ein vertrautes Gefühl da, doch im Großen und Ganzen fühlt es sich fremd an, weniger bekannt, weniger nach dem eigenen Ich. Nur noch nach einer alten, kleineren Version eines Ichs, an das du dich nur noch bruchstückhaft erinnern kannst.

Tja, mit einem Lichtschalter ist es einfach. Mit dem eigenen Ich nicht ganz so. Das alte Ich kannst du nicht einfach demontieren. Du wirst es finden, wenn du nach ihm greifst. Eigentlich musst du selbst bemerken, dass, wenn du nach ihm greifst, du es nicht mehr willst. Dadurch bringst du Bewusstsein ins Spiel, das alles verändert. Denn dieses Bewusstsein baut, sobald es in diesen Prozess integriert wird, direkt den neuen Schalter. Und zwar genau in dem Moment, in dem du dir der Sache bewusst wirst, dass du alte Pfade gehst. Genau dann entsteht Handlungsspielraum. Platz für Alternativen. Auf einmal hast du eine Wahl, eine Option: Weiter den alten Taster drücken, oder? Oder? Ja genau, den Neuen nehmen. Doch wo ist er?

> *»Ah, er ist ja auch hier. Ich habe ihn bisher nie gesehen. Wie kommt der denn auf einmal da hin? Wer hat ihn da hingebaut?«*

Er war die ganze Zeit da, seitdem du dich entschieden hast, ihn sehen zu wollen. Plötzlich ist eben dieser Schalter da. Und er ist eine neue Option. Er ist wie der Gorilla, den du nicht gesehen hast, weil du damit beschäftigt warst den Ball zu verfolgen. Doch jetzt können wir uns entscheiden, welchen Schalter wir drücken wollen oder ob wir keinen drücken wollen. Es ist erst einmal grundlegend egal. Das Entscheidende ist, das wir nun selbst die Macht haben, zu wählen, was wir machen wollen. Wir sind nicht mehr Opfer unserer Automatismen, sondern werden Gestalter unseres eigenen Lebens.

Das Kugelstoßpendel

Ich weiß aus eigener Erfahrung, dass es einfach klingt, wir aber in der praktischen Umsetzung mit einigen Hürden zu kämpfen haben. Denn nicht nur die aufbrausenden, niemals enden wollenden Gedanken sind es, die uns immer wieder in unsere alte gewohnte Realität zurückwerfen. All das, wogegen wir in den Jahren eine Abneigung entwickelt haben, hat sich nicht nur neuronal in uns abgespeichert, sondern auch emotional. Wenn du dich an meine Geschichte des Sogs zu Beginn des Buches zurückerinnerst, dann fällt dir auf, dass sich Gedanken und Emotionen wechselseitig unendlich lang beeinflussen und aufbauschen können. Aber das wirst du garantiert auch an deiner eigenen Geschichte nachvollziehen können. Es ist wie bei einem Kugelstoßpendel, bei dem mehrere Kugeln in Reihe aufgehangen sind. Nimmst du eine Kugel von einem Ende, hebst sie an und lässt sie auf die anderen Kugeln zurückfallen, dann wird der Stoß durch die Kugeln in der Mitte zu derjenigen geleitet, die am anderen Ende hängt. Diese wird dann durch die Energie weggestoßen, prallt danach wieder zurück auf die Kugeln in der Mitte, welche die Aufprallenergie zurück zu der Kugel am Anfang leiten. Diese wird wieder weggestoßen, prallt zurück und das Spiel beginnt von vorn. So ist es mit unseren Gedanken und Emotionen auch. Ein ewiges Hin und Her. Gefangen in diesem Zustand leben wir in einer Endlosspirale aus Gedanken, die Emotionen hervorrufen, Emotionen, die weitere Gedanken kreieren, die wiederum noch stärkere Emotionen produzieren, die zu noch dunkleren Gedanken führen. Da wir unser Leben lang in unserem Kopf leben und so unser Leben mitunter nichts weiter ist als ein ewiges Selbstgespräch, sollten wir darauf achten und daran arbeiten, diese alten Gedankenketten zu durchschneiden.

Das Kugelstoßpendel könnte man an beiden Seiten stoppen. An der Seite der Gedanken und der Seite der Emotionen. Doch wenn wir versuchen würden, die Emotionskugel zu stoppen, ohne vorher unsere Gedanken anzuschauen, haben wir wenig Erfolg. Das habe ich selbst so erfahren dürfen. Es ist definitiv wichtig, uns unsere Emotionen anzuschauen, statt vor ihnen zu fliehen, wenn wir wollen, dass diese uns nichts mehr anhaben. Das ist sogar *der entscheidende Punkt*, mit dem du den Wandel deines Lebens wirklich erst herbeiführen kannst. Haben uns die Emotionen so sehr im Griff, dass wir wie fremdgesteuert sind und uns nicht mehr beherrschen können, sollten wir sie mithilfe der zu Beginn des Buches vorgestellten Übungen ausleben, damit wir etwas Platz, Entspannung und Ruhe finden, mit denen wir dann unseren Geist beobachten und ihn verstehen lernen können. Damit meine ich nicht einfach nur, keine Gedanken mehr zu denken, sondern wirklich zu erkennen, dass das, was wir »Ich« nennen, nicht echt ist und dass, wenn wir nur im Kopf leben, es der sogenannte Wolf ist, der da lebt, aber nicht wir.

Doch wie erkennen wir das?

Im Grunde ist es ganz einfach: Es ist das, was in dir als Wahrnehmung entsteht, wenn du aus deinen Gedanken herausgehst.

Und wie kommst du aus ihnen heraus?

Indem du ihnen keine Aufmerksamkeit schenkst, sie zwar in dein Haus lässt, du sie aber nicht bewirtest.

Wieso halte ich es für schwierig, sich nur (oder zuerst) mit den Emotionen zu beschäftigen? Da wir es gewohnt sind, gänzlich mit dem Inhalt unseres Denkens identifiziert zu sein, könnten wir zwar die Emotionen ertragen, ausleben, aussitzen oder aushalten bis sie sich wieder beruhigt haben. Doch sobald dies der Fall ist, gehen wir wie üblich wieder direkt in unseren Kopf und die darin errichtete Metropole alter neuronaler Strukturen, die es uns nicht ermöglicht anders zu denken, zu fühlen und zu handeln. Schnell erinnern wir uns wieder an das Übel, was uns geschehen ist, an das, was uns hat schlecht fühlen lassen und das Pendel setzt sich wieder in Bewegung und die eben verflogenen Emotionen entfachen sich aufs Neue.

Der Körper mitsamt seinen Gefühlen und Emotionen ist dem Verstand ein treuer Diener. Und wenn der Verstand es als Wolf verkleidet nur gewohnt ist, Schuldige zu finden und sich und seine Außenwelt so zu verändern, dass es ihm kurzzeitig gut geht, so haben wir unsere Metropole auf Treibsand gebaut. Wir müssen immerzu oben neue Bausteine draufsetzen, weil sie uns unten ständig wegbröseln. Was übersetzt heißt, dass wir ständig dem Glück hinterherjagen, vor unseren Emotionen wegrennen und permanent überlegen, wie wir das Bedürfnis befriedigen können, welches wir aus der Interpretation unserer emotionalen Beschaffenheit heraus kreieren. Wenn wir wollen, dass uns die üblichen schmerzlichen Emotionen, die in uns wohnen, nicht mehr schaden und blockieren, dann sollten wir uns zunächst mit dem Befassen, was in unserem Oberstübchen los ist. Sobald wir ein immer besseres Gespür dafür bekommen, dass wir nicht unsere Gedanken und auch nicht die Geschichte sind, die wir uns erzählen, und das alles, was mit dem Glauben, »*wir selbst zu sein*«, zu tun hat, nur ein einstudiertes Programm ist, dann fällt es uns leichter, uns von den zwanghaften und impulsiven Reaktionen auf unsere Außenwelt und auf die Emotionen, die diese in uns auslöst, zu trennen. Dann interpretieren wir die Welt nicht mehr auf die übliche Weise, die sonst wieder nur zu den üblichen Reaktionen führt, zu den gleichen Gedanken, den gleichen Emotionen, dem gleichen Verlangen und den daraus resultierenden gleichen Handlungen und Überzeugungen, die darauf abzielen, unbedingt und sofort etwas an unserer Situation oder den Menschen in unserem Umfeld ändern zu wollen, nur um dann in eine Zukunft zu gelangen, die wieder nicht perfekt ist und verändert werden muss. Erkennen wir dies, kreieren wir nicht mehr immer wieder die gleiche Zukunft, die auf dem Verhalten unserer Vergangenheit beruht. Im Grunde kreieren wir sonst stets nur unsere eigene Vergangenheit immer und immer wieder, sodass die Zukunft nichts weiter ist, als eine Kopie dessen, was wir schon immer gewohnt waren und erfahren haben. Doch durch das Erkennen befreien wir uns aus dem Gefängnis der reaktiven, von unserer Umwelt abhängigen Emotionen und Handlungen und können eine neue Zukunft erschaffen.

»Aus dem Gefängnis befreien? Doch was, wenn die Emotionen so unendlich krass sind? Was, wenn wir einfach nicht akzeptieren können, was ist, weil es sich so schrecklich anfühlt? Würde nicht alles so bleiben oder gar schlimmer werden? Ich muss mich doch um mich kümmern und Sorge tragen, dass ich so etwas, wie jetzt, nicht länger ertragen muss. Ich kann mich doch nicht im Stich lassen! Und außerdem: So ändert sich doch nie was!«

Ganz genau. So ändert sich nie etwas. Zumindest, wenn *»so«* bedeutet, dass du eben genau diese Gedanken hast, ihnen vertraust und glaubst. Denn wer spricht da? Der Wolf. Und was will der Wolf? In seiner künstlich geschaffenen Welt am Leben bleiben und dich vor der Freiheit fernhalten, die er dir zwar verspricht, die du aber nur erreichst, wenn du den Wolf loslässt.

Übung: Meinungsfreiheit

Eine sehr gute Alltagsübung ist es, dich von deiner Meinung zu befreien. Achte im Alltag darauf, wie du dir über alle möglichen Themen eine Meinung bildest und wie sehr du dich selbst verteidigst, wenn jemand deine Meinung angreift. Für dich heißt es, er greift nicht deine Meinung, sondern dich an. Wann immer jemand deine Meinung kritisiert, an dir herumnörgelt, meint, du hättest etwas falsch gemacht oder das, wofür du bist, wäre falsch oder unangemessen, wenn dich jemand falsch beschuldigt, dir etwas unterstellt oder dich in eine Schublade steckt, in die du nicht gehörst, dann übe dich darin, nicht darauf einzugehen. Tue es innerlich aber nicht einfach ab, indem du sagst, der andere hätte keine Ahnung. Mach den anderen innerlich nicht klein und erhebe dich nicht mit Hohn, Spott und Selbstgefälligkeit über ihn. Lass die Kritik an dir einfach zu, ohne dich gegen sie und dein Gegenüber zu wehren. Lass dich klein machen und sieh zu, wie dein Wolf verrückt dabei wird. Je mehr du den Blick vom Gegenüber, der den Wolf erzürnt hat, löst und nach innen lenkst, desto leichter erkennst du, dass du nicht der Wolf bist. Und desto leichter kannst du dich von dir selbst befreien. Spüre, wie Freiheit und Frieden in dir entstehen, wenn du nicht mehr das verteidigen musst, was du bisher glaubtest zu sein und spüre, wie der Raum sich vergrößert, der sich um deine Meinung und um die Kritik herum ausbreitet. Und spüre auch, dass dir nichts geschieht, wenn du dich nicht verteidigst. Vielleicht merkst du ja, wie gerade dadurch große Lebendigkeit und freudvoller Frieden in dir entstehen.

Kein Frieden auf Kosten des anderen, sondern Frieden, der aus der Leichtigkeit entsteht, die du verspürst, wenn du dich von deinem schweren Selbst trennst.

Übung: Kein Recht mehr fertigen

Eine weitere Übung ist es, dich nicht für dein Tun und Handeln rechtfertigen zu müssen. Du musst dieses Recht nicht anfertigen, nur um dich jemandem erklären zu müssen. Wenn du etwas tust, dass du aus deiner Freude heraus tust, einfach nur, weil es sich gut anfühlt, dann brauchst du keinen Grund und keine Argumente dafür. Und erst recht nicht einen Grund, den du anderen (oder dir selbst) erklären müsstest. Normalerweise fertigen wir uns unser Recht zusammen, in dem wir es regelrecht produzieren und zurechtbasteln. Wir ziehen Meinungen heran und suchen Gründe und Beweise, die Stück für Stück das Recht, welches wir dann vertreten, aufbauen. Es ist ein Fertigungsprozess. So wie ein Tischler einen Tisch baut, so bauen wir uns innerlich unser Recht auf, welches wir dann verteidigen können. Dieses Aufbauen, dieses Fertigen, braucht es nicht. Es ist nur Futter für unseren Verstand, von dem wir uns nur befreien können, wenn wir seine Spielchen nicht mehr mitspielen. Die Wölfe (deiner oder die der anderen) wollen wissen, was du tust, um Sinn und Unsinn feststellen und dich besser einordnen zu können. Mit jemandem zu tun zu haben, der einfach ist und dabei seine scheinbar grundlose Freude hat, können Wölfe nichts anfangen. Sie werden dich provozieren. Wenn du aber nicht weiter darauf eingehst, verschwinden sie. Mache dir bewusst, dass du dich niemandem erklären musst. Das heißt nicht, dass du dich gegen andere wehren musst, indem du ihnen deine Rechtfertigung verweigerst und dich mit Absicht nicht erklärst, nur um es ihnen zu zeigen. Tue, was du tust, für deine Freude und nicht gegen einen anderen, von dem du glaubst, er könne dir deine Freude wegnehmen. Du musst dich überhaupt nicht mit diesem anderen beschäftigen. Dafür ist sowieso kein Platz, wenn du deine Freude in den Mittelpunkt stellst und nicht das, von dem du denkst, dass es dich davon abhalten könnte. Denke an die Pflanze, die wächst, um zu blühen, nicht um sich zu verteidigen. Auch sie rechtfertigt ihre Blüte, ihre Farbe und Form nicht. Sie blüht nicht, um anderen zu gefallen, sondern aus ihrem eigenen Gefallen an sich und der Welt heraus. Aus diesem Grund ist »Darum!« eine absolut zulässige Antwort auf die Frage: »Warum?«

Gerade bei der letzten Übung ist weder Selbstgefälligkeit noch Arroganz im Spiel, weil dies beides Zustände sind, die der Wolf in dir braucht, um sich mit einem anderen zu vergleichen. Er braucht den anderen, um ihn kleiner und dich dadurch größer machen zu können. Dich nicht zu rechtfertigen oder zu erklären heißt nicht, dass du dem anderen Schaden zufügen willst, um dich besser zu fühlen. Es heißt lediglich nur, dass du es dir erlaubst, dich deiner Freude zu widmen und dass es dafür keine Erklärung braucht. Du darfst es dir grundlos erlauben. Es ist deine Freiheit, tun und lassen zu können, was du willst. Je mehr du dir dies erlaubst, umso mehr bekommst du ein Gefühl dafür, dass du im Grunde immer frei warst, immer frei bist und immer frei sein wirst und dass du alles, was du tust, aus deiner eigenen Entscheidung heraus getroffen hast oder, sofern es dir nicht bewusst ist, aus den Zwängen heraus getan hast, die dir dein Wolf eingeredet hat. Deine Angst vor der Meinung anderer und der Meinung dir selbst gegenüber halten dich in deinem Käfig eingesperrt, der dir suggeriert, du wärest nicht frei. Doch auch dieser Käfig ist freiwillig gewählt bzw. steht er dir offen, sobald du erkennst, dass du es selbst bist, der dich darin eingesperrt hält. Alles, wovon du dich je befreien musst, ist dich von dir selbst. Kritik zuzulassen, selbst nicht mehr zu kritisieren und dich von deiner Meinung zu befreien, sind geeignete Möglichkeiten, den Wolf in dir verstummen zu lassen und dich dem in dir zu öffnen, was bisher durch die belanglosen Spielchen des Wolfes verborgen schien: Deine wahre Freiheit.

Kritik als Tor des Bewusstseins nutzen

Wiederhole diese beiden Übungen hin und wieder und beobachte, wie es dir dabei ergeht. Wahrscheinlich ist es am Anfang schwer und unbequem. Es fühlt sich vielleicht gar nicht gut an. Aber nur, weil du Gedanken hast, die dir dies nicht erlauben. Erkenne, dass es nur die Gedanken sind, die dein Verhalten beurteilen und dich selbst schlecht fühlen lassen. Wenn du auch diese Gedanken als Teil des Wolfes entlarvst und nicht auf sie eingehst, dann wirst du ganz schnell inneren Frieden finden. Oft sind *»die anderen«* gar nicht da und dennoch suchen wir nach Gründen und rechtfertigen uns vor uns selbst, um das zu tun oder zu lassen, was wir wollen oder nicht wollen. Als stünden wir ständig vor Gericht. Und ja, in der Welt des Wolfes tun wir das auch, nämlich vor unserem eigenen Gericht, welches uns ständig bewertet, kritisiert und tadelt. Die Stimme im Kopf nimmt alles, was sie an Futter kriegen kann, nur um sich groß zu fühlen, selbst dann, wenn wir es selbst sind, den diese Stimme dafür kleinmachen muss. Der Wolf frisst, was er kriegen kann. Zur Not sich selbst. Wenn du dich also darin übst, auf deine Meinung zu verzichten und dir ohne Argumente und Gründe erlaubst, zu tun und zu lassen, was du willst, umso mehr trennst du dich vom Wolf. Wenn du dich nicht mehr auf die Kritik der anderen und auch nicht mehr auf deine eigene Kritik dir gegenüber einlässt, wird dir Kritik nichts mehr anhaben. Und du wirst erkennen, dass Kritik nur ein Verhalten des Wolfes ist.

Glückliche Menschen kritisieren nicht. Kritik sagt letztendlich mehr über den aus, der kritisiert, als über den, der kritisiert wird.

Sobald du dich von deiner eigenen Kritik dir gegenüber befreist, erkennst du, wie sinnlos es ist, andere zu kritisieren. Denn du weißt dann, dass die Kritik am anderen nichts damit zu tun hat, was der andere tut, sondern nur damit, wie du dich dadurch besser fühlst, bzw. wie der Wolf in dir nur Futter bekommt, um sich groß zu fühlen. Aber ohne Wolf in dir gibt es auch keine Kritik. Das heißt nicht, dass alles okay ist, so wie es ist. Fehlt an deinem Hemd ein Knopf oder ist eine Sache nicht in Ordnung, kannst du dies ansprechen bzw. die defekte Sache verbessern. Dann beschäftigt sich dein Verbesserungsvorschlag mit der Sache selbst, aber nicht mit dem Menschen dir gegenüber. Und dein Vorschlag entspringt dem Wunsch, die Sache zu verbessern und nicht, dich in deinem Ich-Gefühl, in deiner Hoheit, die du glaubst zu sein, zu verwöhnen. Du bist nicht damit beschäftigt, den anderen absichtsvolles Fehlverhalten zu unterstellen, interpretierst sein Handeln nicht als Bös oder Mutwilligkeit, du mutmaßt nicht, warum er es getan hat, und du willst von ihm auch nicht, dass er etwas ändert, damit es dir besser geht. Du suchst bei ihm keine Wiedergutmachung, weil du meinst, er hätte dir mit Absicht Schaden angetan. Er steht nicht in deiner Schuld. Das ganze Leben im Übrigen auch nicht. Niemand ist schuld daran, wie du dich fühlst. Etwas, das der Wolf nicht begreifen kann. Er braucht Schuld, Bestrafung, Erhebung, Opfer und Tadel. All das gibt ihm ein unglaubliches Hochgefühl, welches ihn in seiner Existenz bekräftigt. Aber wie jedes Gefühl, jeder Gedanke und jedes Ding auf der Welt, an das wir uns klammern, verblasst auch das irgendwann und muss immer wieder erneuert werden. Wie bei einer Sucht gewöhnen wir uns an diesen Zustand des Rauschs im eigenen Ich und brauchen eine immer höhere Dosis, um dieses Ich immer wieder fühlen zu können. Je höher die Dosis, desto tiefer aber auch der Fall. Je höher wir fliegen, desto gefährlicher wird der Absturz.

Doch was ist der Absturz? Was erwartet uns »*da unten*« auf dem Boden? Uns erwartet der Tod des Wolfes, weil er erkennt, dass seine Existenz auf Dingen gebaut ist, die er nicht festhalten kann. Er ist eine Fata Morgana und droht ständig zu vergehen. Leben wir als Wolf, meinen wir, wir würden sterben. Das ist teilweise kaum erkennbar und nur subtil im Hintergrund zu finden. Doch statt der Freude am Leben ist es die Angst vor dem eigenen Tod, die uns ständig antreibt. Doch was passiert, wenn wir es zulassen abzustürzen? Was, wenn wir es zulassen, mit dem sinkenden Boot unterzugehen, von welchem der Wolf sich ständig versucht zu retten, aber immer wieder nur dabei ist von einem sinkenden Boot in ein weiteres sinkendes Boot zu springen? Was, wenn wir wirklich diesen Tod sterben?

Den kleinen Tod sterben

Mit dieser Übung möchte ich dich einladen, dieses Experiment zu wagen. Es ist eine der ältesten und an sich auch simpelsten Übungen die es gibt – und zugleich ist es eine der schwierigsten: stilles Sitzen, absichtsloses Verweilen, das Ruhen im Augenblick, Versunken in vollkommener Gegenwärtigkeit. Sitzen. Der Körper kommt zur Ruhe. Der Geist zentriert sich. Keine Reaktion mehr auf Gedanken und Gefühle. Alles darf da sein, alles darf kommen, alles darf auch wieder gehen. Nach einer Weile entwickelt sich ein Bewusstsein, welches um all diese Geschehnisse herum existiert. Ein Bewusstsein, dass schon vor allen Erscheinungen da war und auch nach allen Erscheinungen bleibt. Es ist ein Zustand der Ich-losigkeit, wenn alles an Identität, an Erinnerungen an eine erzählte Geschichte oder an eine vorhersehbare Zukunft abfällt, wenn nur noch Bewusstsein im endlosen gegenwärtigen Augenblick übrig bleibt.

Wir verweilen in dieser Stille, in der nichts da zu sein scheint und doch alles vorhanden ist. Manche machen dies gern mit halboffenen Augen, manche mit geschlossenen. Immer in der Übung darin, die Illusion zu durchbrechen. Was ist die Illusion? Dass es ein Ich gibt. Dass es ein Ich gibt, das getrennt von allem ist und deshalb in der Zeit aus Vergangenheit und Zukunft lebt. Dass dieses Ich denkt, es müsse etwas tun, um anzukommen, um nach Hause zu finden. Ein Ich, das Angst vor dem Tod hat und deswegen den gegenwärtigen Moment nicht akzeptieren kann. Denn hier herrscht Frieden und Ankommen. Hier herrscht Einheit und Ewigkeit. Aber hier herrscht nicht der Zustand von Mehr, von Haben-Wollen, von Brauchen, von Hinzufügen. Zustände, die das Ich aber braucht, um am Leben zu bleiben. Fällt das alles ab, stirbt das Ich. Doch etwas bleibt. Du bleibst. Dein wahres Selbst, das nun endlich Ausdruck in der Schönheit des jetzigen Augenblickes erfährt. Es erkennt sich selbst als schon immer da gewesen und nie verschwunden. Als Teil und Quelle von allem. Als Einheit und Verbunden mit der ganzen Schöpfung. Als Schöpfung selbst. Hier herrscht das Unbekannte, das Spontane, das Lebendige, was sich sehr oft in feiner oder auch deutlich spürbarer innerer Freude bemerkbar macht. Eine unendliche Quelle innerer Elektrizität in jeder Zelle. Das Universum tanzt in dir und durch dich durch.

Alles findet nur in dir statt. Außerhalb von dir gibt es nichts. Jeder Sinneseindruck, jeder Reiz, einfach alles, was du erlebst, erlebst du nur in dir. Wenn es dich nicht gäbe, gäbe es die Welt, wie sie dir erscheint, nicht. Stilles Sitzen als Meditation gibt dir die Möglichkeit, das Leben in dir zu beobachten, Gedanken und Gefühle und deren Beziehung kennenzulernen und in das Leben direkt einzutauchen. Daher ist Meditation keine Flucht vor dem Leben, sondern der mutige Sprung hinein.

Übung: Stilles Sitzen

Setze dich auf ein Kissen oder einen Stuhl und spüre in deine Haltung hinein. Schließe am Anfang ruhig deine Augen, wenn du noch nicht geübt bist. Übe dann aber auch mit leicht geöffneten Augen zu meditieren. Entweder einem halben Meter vor einer Wand oder in den Raum gerichtet, an einem Platz, wo vor dir nicht viel Ablenkung ist. Lege deinen leicht offenen Blick einfach vor dir ab. Lass ihn dort ruhen und richte den Blick dennoch nach innen. Deine Augen werden schon nach ein paar Minuten ihren Platz finden und zur Ruhe kommen, genauso wie deine Gedanken auch. Kümmere dich nicht darum, sondern lasse es zu und einfach geschehen. Reagiere nicht auf das, was du wahrnimmst. Blende es nicht aus, schieb es nicht weg, geh aber auch nicht darauf ein – nicht auf deine Gedanken und auch nicht auf deine Empfindungen. Das heißt auch: Du rührst dich nicht! Kein Jucken, wenn es krabbelt, kein Kratzen, wenn es kneift.

Übe anfangs 10 Minuten und steigere dich ruhig auf 30, 45 oder gar 60 Minuten. Mach am Anfang lieber kürzere, aber häufigere Sessions als eine große. Das überfordert dich nicht so schnell und gibt dir mehr, als dich durch volle 60 Minuten zu quälen. Du kannst auch eine kurze Geh-Pause einlegen und dann eine zweite Runde anfügen. So kannst du zum Beispiel 10 Minuten still sitzen, dann 5 Minuten meditativ gehen und wieder 10 Minuten sitzen.

Erinnere dich daran, beim Sitzen wirklich bewegungslos zu bleiben. Das heißt aber nicht, dass du dich bei Schmerzen nicht bewegen darfst. Wenn es wirklich unaushaltbar weh tut, dann ändere deine Sitzposition. Strecke zum Beispiel das Bein aus, aber lass dich davon nicht aus deinem Nicht-Tun bringen. Auch eine Bewegung kann die Essenz des Nicht-Tuns beinhalten. Bewege dein Bein nicht, als würdest du eine Pause machen, es dann bewegen und danach wieder weitermachen. Bewege es so, als sei es Meditation selbst, als sei dein Bewegen ebenfalls ohne Absicht und Ziel.

Nicht-Tun und Absichtslosigkeit kultivieren

Das einfache stille Sitzen: Kein »Nichtstun«, sondern ein »Nicht-Tun«. Nicht-Tun heißt, du bist da, wo du bist, und willst nichts von diesem Augenblick haben. Er soll dir nichts geben, nichts nehmen, nichts verbessern oder verschönern. Du bist in purer Absichtslosigkeit. Ohne Absicht zu sein heißt, ohne Erwartungen, ohne Bedingungen und ohne Konzepte zu sein. Du schürst nichts an und kontrollierst nicht das Geschehen. Das heißt also, deine Existenz ist ohne ein Tun. Würdest du sagen »*Ich tue nichts*«, ist immer noch ein Ich da, das es sich zur Aufgabe gemacht hat, nichts zu tun. Auch das ist eine Art Tun, weil dein Sitzen einen Zweck, ein Ziel, eine Aufgabe verfolgt. Du aber sitzt nur.

Und das ist eben nicht so einfach. Langeweile kommt auf oder Stress oder Schmerzen oder Unruhe oder die Stimme im Kopf wird immer lauter und sagt, dass das gerade absoluter Quatsch ist, nichts bringt oder du es nicht schaffen wirst. Erinnere dich: Es sind die Einwände deines alten Systems, das Angst davor hat, abgeschaltet zu werden. Wenn du dies mitbekommst, machst du alles richtig! Dein Geist und dein Körper wollen fliehen. Wohin? In ihr bekanntes, altes, gewohntes Leben. Dort fühlen sie sich wohl, trotz aller Unzufriedenheit. Ja, sie lieben diese Unzufriedenheit, weil es ihnen ein Ich-Gefühl verleiht, welches schmilzt, wenn du einfach so sitzt. Das kann am Anfang unangenehm sein. Sagte ich nicht, dass sich freudvolles Kribbeln in deinen Zellen einstellt? Ja, das tut es. Aber zuvor kann es sein, dass es dich schüttelt. Denn du gehst aus dem Bekannten, aus dem Gewohnten heraus. Das heißt, du schaffst Unordnung und Chaos, weil du die alten, nicht mehr hilfreichen Bahnen verlässt und einreißt, während die neuen Bahnen noch nicht so gut ausgebaut sind. Es ist, als würdest du erstmal alles demontieren, um es dann neu aufzubauen. Deine alte Ordnung muss brechen, damit eine neue Ordnung entstehen kann. Gehe durch diesen Prozess und stell dich deinem Schweinehund. Gewöhne dich an das Unbequeme. Entspann dich mit dem Chaos und dem »*Nicht-Wissen*«. Du kannst es nicht wissen, denn du kennst es nicht. Das ist ein Schock, das ist Furcht, das ist Nervosität und Unruhe. Geh in diese Emotionen hinein und hab keine Angst vor ihnen. Wage das Abenteuer. Du hast nichts zu verlieren!

Du musst Neues zulassen und dich diesem öffnen. Das Neue ist aber nicht vorhersehbar, nicht berechenbar, es ist ungewohnt, unbequem und unbekannt. Muskeln wachsen nicht von selbst und Küken befreien sich auch nur mit einer gewissen Portion Bereitschaft aus der eigenen Schale. Um Schwimmen zu lernen, hilft es nichts, ein Bein zur Sicherheit am rettenden Ufer zu lassen. Du musst den Sprung wagen. Auch wenn das Wasser zunächst kalt ist und die ersten Züge etwas hilflos erscheinen mögen. Du wirst ein Gespür dafür bekommen und nach ein paar Mal Üben geht es dir in Fleisch und Blut über. Dann wirst du froh sein, den Schritt gewagt zu haben. Und mit jedem weiteren Schritt verblasst dein altes Ich am hinter dir gelassenen Horizont. Und umso größer wird deine neue, vor dir liegende Zukunft werden. Jetzt wird die ganze Theorie zur Praxis. Hier kannst du dich nun mit dir selbst reiben: mit deinem alten Ich, deinen Überzeugungen, deinen Glaubenssätzen und deinen Grenzen.

Ich weiß, du willst die Veränderung. Also nimm in Kauf, was es bedeutet sich zu verändern und gehe mutig in dein selbst gewähltes Schicksal!

Das kontinuierliche, geduldige Lösen vom Zwang des Nachdenkens bringt dich in den Raum, um die Gedanken. Man könnte meinen, das Abbrechen von Nachdenk-Vorgängen ist eine Handlung. Doch jede Handlung hat eine Absicht, hat ein Ziel, will etwas erreichen. Das, was es zu erreichen gibt, wäre dann im Vergleich zum Ausgangspunkt besser oder zumindest anders. Bei diesem Nicht-Tun jedoch hast du keine Absicht. Absichtslosigkeit heißt, anzunehmen, was ist und es so sein zu lassen, wie es ist, und sich dessen gewahr zu werden, es also zu sehen, zu fühlen, zu erleben oder zu erkennen, so, wie es ist. Du kannst also nicht die Gedanken stoppen und den Raum um sie herum suchen, damit du den gefundenen Raum mit der Welt der Gedanken vergleichen kannst, um dir dann einen Plan zu machen, wie du dort am besten jederzeit hingelangst. Genau das ist es, was der Wolf tun würde. Deine Handlung beruht darauf, dass du geschehen lässt, was geschieht und dass du dir nicht wünschst, ein anderer Augenblick wäre besser, als der, den du gerade erlebst. Das Tun will von A nach B gelangen. Dieses Nicht-Tun beim Prozess, dich von deinen Gedanken zu lösen, ist ein Ankommen mit jedem Augenblick, den du erlebst. Mit jedem Atemzug, mit jedem Schritt, mit jeder Wahrnehmung kommst du an. Der Raum, der sich dann öffnet, *tut* sich nicht auf, er *geschieht*.

Auch im Alltag kannst du deine Absichtslosigkeit einbringen: Egal was du tust, tue es ohne dein Tun. Lass dich ganz in den Moment eintauchen, als stumpf dein Ziel zu verfolgen. Wie oft gehst du vom Bus den Weg nach Hause oder den Weg zum Supermarkt wie ferngesteuert? Du hast dir vorher einen Plan gemacht und den gilt es jetzt auszuführen. Du läufst los und handelst wie geplant. Mechanisch und hohl. Du wirst doch ankommen, keine Sorge! Warum in Gedanken schon immer einen Schritt voraus sein? Beim Losgehen bereits an der Kasse stehen, beim Bezahlen schon in Gedanken zu Hause beim Einräumen sein. Dein ganzes Leben zieht an dir vorbei. Es wird Zeit, dass du aufwachst und das Leben spürst, genau dann, wenn es dir passiert. Nämlich jetzt.

Lass immer wieder deine Absichten los. Du wirst merken, dass du deine Ziele dennoch erreichst, auch ohne die ganze Anspannung. Aber du wirst erfüllter werden, weil du den Tunnelblick fallen lässt und es dir erlaubst, in deinem Tun mehr aufzunehmen, mehr zuzulassen, mehr zu erleben und zu erfahren. Du öffnest dich den Möglichkeiten, die jeder Moment zu bieten hat, statt das Leben deinen Vorstellungen unterzuordnen. Wie oft stehen Menschen im Stau und regen sich auf? Sie wollen irgendwo ankommen, geben Vollgas bis zur nächsten roten Ampel, stehen ungeduldig da und warten, geben bei Grün wieder Vollgas und fahren aus der Haut, wenn unerwarteter Weise eine Baustelle kommt oder ein Langsamfahrer sie ausbremst. Sie erreichen ihr Ziel. Aber erstens völlig k. o. und zweitens ohne den Weg genossen zu haben.

Ich glaube, das Schicksal treibt einen Menschen vor sich her, so wie eine Wolke von der Luftströmung getragen wird. Aber bisher war mir nicht klar, dass man sich die Strömung aussuchen kann, von der man getragen werden möchte. Ich weiß nicht, ob das Ziel, das man erreicht, nicht dasselbe ist. Aber wenn man eigene Entscheidungen trifft, dann wird vielleicht das Leben selbst zum Ziel. Ich glaube, dafür sollte man alles geben und die, die es schaffen durchzuhalten, sind die wirklich starken.

Der Weg, das Ziel und am Ende nichts von beiden

Was kümmern einen schon ein, zwei Stunden Verspätung, wenn man in diesen zwei Stunden gelebt und genossen hat? Am Ende kommt man nur irgendwo an und hat es nie gelernt, anzukommen. Dann wird das Ziel nur wieder einen Meter nach vorn verschoben und du machst dich auf, einen neuen Hasen zu jagen. Kaum hast du einen in der Hand, löst er sich auf und erscheint wieder eine Armlänge vor dir. Du lässt dich verarschen von deiner Jagd nach Zielen. Es ist mir schon klar, dass es Ziele gibt, die man erfüllen kann. Ist dein Ziel, den Müll herunterzubringen, hast du dein Ziel erledigt, sobald du es getan hast. Doch bist du gänzlich bei der Sache, während du deine Ziele verfolgst? Oder denkst du schon an das, was als Nächstes kommt, während du dabei bist, dein Ziel zu erreichen? Oder hast du nur dein Ziel vor Augen und kannst dich dadurch nicht mehr auf das Leben, also auf das, was unweigerlich immer nur jetzt passiert, einlassen? Am Ende des Tages und am Ende deines Lebens hast du zwar eine Menge Dinge erledigt, aber mehr als nur Häkchen auf einer nie enden wollenden, imaginieren Liste ist nicht übrig geblieben. Wenn wir uns unsere Sucht nach Zielen und To-do-Listen anschauen und auf unseren Wolf achten, wie (also aus welcher Haltung heraus) er sie verfolgt, dann wird uns auffallen, dass er nur Geistern nachjagt. Niemals ist nach einem Ziel Schluss. Es wird immer weitergehen.

Egal was du dir im Leben als Ziel setzt, um anzukommen, anzufangen oder etwas zu beenden – du wirst es immer nur **jetzt** tun können. Niemals im Morgen. Ziele befinden sich jedoch für einen Wolf immer nur im Morgen. Besonders fällt dies auf, wenn du eines deiner Ziele erreicht hast. Stellt sich wirklich Befriedigung ein? Kannst du den Frieden spüren? Bist du ab jetzt dauerhaft glücklich? Bist du angekommen? Ist die Leere, die Rastlosigkeit weg? Ist dein Minderwertigkeitsgefühl weg? Nichts von dem stellt sich gänzlich ein. Es bleibt immer ein kleiner Hauch davon übrig. Oft taucht sogar das Gegenteil auf, von dem, was wir erhofften zu erreichen: Wir fühlen uns noch leerer und deprimierter, weil wir nicht das erhoffte Gefühl des inneren Friedens und der Glückseligkeit erreicht haben. Also machen wir uns auf zum nächsten Ziel. Wenn wir diesen Morgen-Zielen so weiter nachjagen, haben wir am Ende mehr Leben hinter uns gelassen, als noch vor uns liegt, und nichts von der Zeit haben wir wirklich gelebt. Wir waren damit beschäftigt in ein heil-versprechendes Morgen zu kommen, welches wir nie erreicht haben. Wir können alles, was wir wollen und erreichen möchten, immer nur jetzt erreichen. Das heißt, sobald ein Ziel eingetroffen ist, ist es jetzt. Sind wir es aber nicht gewohnt, dem Jetzt unsere Aufmerksamkeit zu schenken, dann übergehen wir unsere Errungenschaft und *das Gefühl*, welches diese mitbringt, weil wir in Gedanken verwoben schon auf das nächste Ziel schauen, das im Morgen liegt. Und dieses Ziel, welches wir im Jetzt erreicht haben, kann uns so niemals gänzlich erfüllen. Wäre dem so, würden alle anderen Ziele abfallen und wir wären angekommen. Endlich ankommen. Das ist es, wonach der Wolf sucht. Doch er erkennt es nicht, wenn er es gefunden hat. Er wird immer etwas finden, warum das, was jetzt passiert, nicht gänzlich das Finale sein kann. Wäre es das Finale, wäre er hinfällig. Erkennst du diesen Irrsinn?

Wenn es dir selbst auffällt, dann ist das der Schritt heraus aus dem Irrenhaus deines Verstandes. Dann sind Ziele nichts weiter als markante Punkte auf einem einzigen Weg, der kein Ende und kein Anfang hat. Denn es gibt nichts zu erreichen. Und das meine ich nicht im Sinne von, dass du keinen Abschluss machen brauchst, nicht für oder an irgendetwas arbeiten sollst. Ich meine nur, dass du mit dem fertigen Ziel nicht mehr Befriedigung erfahren kannst, als auf dem Weg, den du jeden Tag in Richtung deines Ziels gehst. Wenn du mit jedem Schritt, den du heute tust, im Reinen bist, dann bist du mit dem Ziel im Reinen und allem, was danach kommt. Denn du bist, egal wohin du gehst, immer der, der du bist. Du nimmst dich überallhin mit. Und wenn du diesen Schritt heute nur nutzt, um mit ihm in ein Morgen zu kommen, dann trifft das Morgen auf einen, der es nur gelernt hat, wieder in ein Morgen zu gehen. Du erreichst also dein Ziel und fragst dich, was jetzt? Das kann mitunter einen richtig runterziehen und in Depressionen stürzen, weil es nichts gibt, was dich glücklich zu machen scheint. Und das ist auch leider so, wenn du diesem Holzweg folgst.

Aber der Spruch *»der Weg ist das Ziel«* ist ebenso irreführend. Denn wenn man einmal tiefer über diesen inneren Antrieb, diesen Mechanismus des *»Zieleverfolgens«* nachfühlt, merkt man, dass es nie ein Ende geben wird. Und wenn ein Weg kein Ende hat, dann hat er auch keinen Anfang. Wenn du mit jedem Schritt da bist, wo du bist, und das Leben genauso wertschätzt, wie es ist, ob es nun ein zähflüssiger Montag oder ein erhabener Urlaub ist, dann ist jeder Moment ein Ankommen. Und wenn du in jedem Moment ankommst, dann merkst du, dass es nicht mehrere Momente sind, in denen du ankommst, sondern immer nur dieser eine Moment, den du erlebst. Du kannst nicht mehrere Momente erleben. Erleben ist immer nur jetzt. Und es gibt immer nur dieses eine Jetzt. Wenn du also immer in diesem einen Moment ankommst, wo ist dann noch ein Weg? Mit jedem Schritt, mit allem, was du tust, öffnest du dich der Lebendigkeit diesen einen Moments. Und ob dieser eine Moment gerade der Anfang eines Projekts ist, die Mitte oder das erfolgreiche Ende: Du bist in jedem Augenblick bereits da, wo dein Wolf gern hingekommen wäre, aber nie eintreffen wird, selbst dann, wenn dein Projekt das Erfolgreichste der Welt gewesen wäre. Von daher gibt es keinen Weg und kein Ziel, sondern nur Zustände. Und es sind genau zwei Zustände: der, der dich warten lässt und mit dem du immer warten wirst. Hier findest du nur Mangel und Leere und mit jedem Versuch dies zu füllen, wirst du dir nur noch mehr dieser Leere bewusst und wirst immer leerer. Und dann gibt es den anderen Zustand, bei dem du angekommen bist und immer mehr ankommst. Hier findest du Fülle und Frieden, was dich zunehmend erfüllter und zufriedener werden lässt.

Wahrer Erfolg

Demnach ist Erfolg auch nichts, was du erreichen kannst, sondern nur etwas, das du bist. Selbst mit einem millionenschweren Unternehmen, deiner Selbstständigkeit, deinem extravaganten Lifestyle, deinen Beziehungen und allem, was du gern hättest. All das kann dir nichts geben, was du nicht vorher schon gewesen bist. Mangel zieht Mangel an, Fülle die Fülle. Gehst du leer deinen Lebensweg, wirst du, egal wo du ankommst, immer leer sein. Und du wirst immer nach etwas suchen, dass dich füllt. Das Einzige, was dich füllen kann, ist das Loslassen von dem, was dich glauben macht, du wärest leer: dein Wolf. Und sobald du das erkannt hast, bist du in Fülle. Denn dann lebst du im Moment und kannst genießen, was da ist. Und damit meine ich auch die unangenehmen Erfahrungen, den Schmerz, die Trauer und die Schwierigkeiten. Denn selbst diese sind Teil des einen Moments in dem du gänzlich lebst. Und nichts davon kann dich deines Friedens berauben. Selbst im tiefsten Unglück kannst du diesen Frieden fühlen. Und ganz gleich, ob dein Projekt scheitert oder vor den Augen anderer »*erfolgreich*« ist: Nur du kannst sagen, ob du es erfolgreich gelebt hast. Selbst wenn es nach der Vollendung in Schutt und Asche zerfällt, war es kein Misserfolg. Denn du warst jede Sekunde mit deinem Herzen dabei und hast das Leben in jedem Augenblick mit allen Höhen und Tiefen gelebt. Ist das nicht wahrer Erfolg?

Und so wird eine Autofahrt mit Baustellen und Staus ebenso ein Erfolg, selbst dann, wenn du nicht am Ziel angelangst. Denn das Ziel hätte dir niemals mehr Lebendigkeit und Frieden geben können, als du es bereits schon gespürt hast, während du noch im Auto saßt. Und außerdem macht uns dieses akribische Verfolgen eines vom Wolf erdachten Ziels, das uns mehr Befreiung schenken und uns besser fühlen lassen soll, als wir es jetzt tun, steif, hart und starr. Wir spannen an und leben im Tunnelblick-Modus. Dort ist kein Platz für Spontaneität, Humor, Flexibilität, unbekannte Wendungen, Empathie, kreative Einfälle und Ideen, glückliche Zufälle, Leichtigkeit, Aufgeschlossenheit und Charme. Warum nicht? Weil du vom Überlebensmodus getrieben bis und nicht im Ruhemodus verweilst. Ich möchte dir zum Abschluss des ersten Teils noch gern drei kleine Übungen mit auf den Weg geben, um all das besser nachvollziehen und integrieren zu können.

Übung: Zielloses Gehen

Beim ziellosen Gehen ist es wie beim stillen Sitzen: Du gehst, ohne eine Absicht zu verfolgen, ohne ein Tun in dein Gehen einfließen zu lassen. Du kannst dies als Geh-Meditation in das stille Sitzen einbauen oder auch getrennt davon üben. Übe es zu Hause und übe es in deinem Alltag. Wann immer du gehst, wirst du ankommen. Der Weg zur Arbeit, zu deinen Eltern, zum Supermarkt. Sei dort, wo du bist, und setze jeden Fuß so auf, als würdest du mit jedem Schritt ankommen. Mache deinen Weg durch das Leben zu einem Projekt, bei dem du ständig aufs Neue ankommst. Mit jedem einzelnen Schritt. Immer und immer wieder.

Übung: Dein Mandala einreißen

Im tibetischen Buddhismus verbringen die Mönche manchmal tagelang ihre Zeit damit, große, aus farbigen Körnern bestehende Gemälde anzufertigen, nur, um sie nach Fertigstellung wieder einzureißen. Dies soll ihnen die Vergänglichkeit aller Formen in unserer Welt zeigen und sie darin üben, nicht an bestimmten Dingen anzuhaften, es behalten, bewahren oder verteidigen zu wollen. Das, was für den Wolf äußerst schmerzlich klingt, ist in Wahrheit eine große Befreiung und Erleichterung. Du kannst dich darin üben, indem du selbst etwas malst und es dann zerreißt. Oder in dem du etwas aufschreibst und dann verbrennst. Nichts wird je verschwinden. Alles verwandelt sich nur. Du kochst und kannst das Essen nicht konservieren. Du isst es auf und es ist weg. Aber nur die äußere Form. Die Kleinstteile sind von dir aufgenommen worden oder werden auf andere Weise wieder ausgestoßen und in den Kreislauf, in dem alles miteinander verbunden ist und zusammenhängt, übergehen. Selbst das, was du vernichtest, wird weiterleben. Und sei es als Gefühl, als Erfahrung, als Erinnerung und Inspiration für ein neues Projekt. Je mehr du dich darin übst, nicht an den Dingen festzuhalten und dich an sie zu klammen, je mehr du es ihnen erlaubst, einfach so verschwinden zu können, desto mehr wirst du Wertschätzung aufbringen können, für die Zeiten, in denen sie dir zuteilwerden. Und je mehr Wertschätzung du für dein Leben entgegenbringst, desto mehr fühlt sich in deinem Umfeld wohl, was durch deine Wertschätzung angezogen wird und zu ihr passt.

Nur wer selbst ruhig bleibt, kann zur Ruhestätte all dessen werden, was Ruhe sucht. Tausche das Wort »ruhig« gegen jeden beliebigen Zustand aus, den du dir in deinem Leben wünschst.

Übung: Mit dem Leben flirten

Dies ist eher eine Art innerer Haltung, als eine Übung. Stell dir vor, du flirtest mit einem anderen Menschen. Was passiert? Du bist ganz im Augenblick. Du hast vielleicht ein Ziel vor Augen, vielleicht aber auch nicht. Vielleicht lässt du dich auch einfach nur darauf ein, was passiert. Sehr wahrscheinlich tust du es. Du kannst ohnehin nichts erzwingen. Alles, was du tun kannst, ist präsent zu sein, wach zu sein, spontan und kreativ und immer mit dem verbunden, was gerade passiert. Du verlierst das Jetzt nicht aus den Augen. Und dennoch bist du mit deiner Zukunft verbunden. Alles, was du jetzt tust, bringt dich dorthin, wo du sein willst. Wenn du jetzt schlecht gelaunt oder mies drauf bist, meinst du, jemand würde auf deine Flirtversuche eingehen? Bist du aber zuversichtlich, freudvoll und im Reinen, mit dem, was jetzt gerade passiert, bringt dich das Leben auch zu weiteren Momenten, die dem entsprechen, der du jetzt bist. Stell dir also das Leben, den Tag, diesen Moment vor, wie jemanden, den du sehr attraktiv findest und den du gern näher kennenlernen würdest. Wie würdest du selbst drauf sein? Welche Art Mensch wärst du? Wie wären deine Haltung, deine Sprache und Gestik? Was würdest du denken und fühlen? Selbst wenn dein Gegenüber dir versehentlich auf den Fuß tritt oder das Glas Wein auf dich verschüttet. Würdest du ausrasten? Oder würdest du mit Leichtigkeit und Souveränität den Moment annehmen, statt ihn zu verteufeln? Dies ist eine äußerst magische Übung.

Wenn wir all das zulassen, was der Wolf uns präsentiert und wenn wir nicht mehr darauf eingehen, wenn wir uns kleinmachen lassen, uns nicht mehr wehren, wenn wir in den Moment eintauchen und uns dem Leben öffnen, wenn wir uns in Widerstandslosigkeit und dem Annehmen dessen, was ist, üben, wenn wir uns von unseren Gedanken trennen und uns dem Tod des kleines Ichs stellen, dann werden wir es mit den Schatten im sich klärenden Wasser zu tun haben. In einem letzten Akt wird das alte Ich noch einmal aufleben, wie wenn der Mörder kurz vor seinem Tod nochmal aufsteht und seinen letzten Schrecken verbreitet. Mit diesem letzten Mittel wird er versuchen, dass wir wieder zu ihm zurückkommen. Doch tun wir dies nicht, wird er in seine ewigen Jagdgründe gehen, dorthin, wohin auch dein altes Ich gehen wird. Ich hatte es bereits schon oft erwähnt: Es sind die Emotionen und Gefühle, auf die wir stoßen, wenn wir aus dem Dach unseres Kopfes in den feuchten Keller der Emotionen schauen, um dort aufzuräumen und frische Luft reinzulassen. Es ist die andere Seite des Kugelstoßpendels, die wieder die gleichen Gedanken entfacht, von denen wir uns zu trennen versuchen. Im zweiten Teil werde ich genau darauf eingehen, wie wir mit all diesen Emotionen, Krämpfen und Kämpfen umgehen und auch diese lösen, transformieren und uns somit gänzlich vom Wolf befreien und in ein neues, selbstbewusstes und erfülltes Leben gehen können.

TEIL 2
BEFREIE DICH

DER SCHATTEN DES WOLFES

In den Tiefen des Sogs

Extreme Krisen konfrontieren uns unmittelbar mit uns selbst. Wenn wir bereit sind hinzusehen, haben wir den ersten Schritt getan, um uns von diesen Zuständen zu trennen. Es gibt einen Punkt, da können wir einfach nicht mehr weitermachen wie bisher. Solange du diesen Punkt nicht erreicht hast, wirst du dich immer wieder in deiner leidvollen Geschichte verfangen und keinerlei Wunsch nach Befreiung haben. Dann würdest du dieses Buch nicht in den Händen halten. Ist der Leidensdruck aber zu groß, dann wirst du früher oder später anfangen, dich auf die Suche nach Antworten zu begeben. Dieser Schritt ist vielleicht der erste von vielen und der Weg mag unklar, lang und beschwerlich sein. Doch es ist dein Weg hin zu deiner Eigenverantwortung und dem Leben, nach dem du dich sehnst. Wenn du nicht von solchen heftigen Krisen, wie zu Beginn des Buches beschrieben, betroffen bist oder schon deine Wege gefunden hast, nicht tiefer in die Strudel des Sogs einzutauchen, so ist der Wolf in dir dennoch nicht gänzlich verschwunden. Bei unserer Suche nach Antworten und Lösungen für ein glückliches, selbstbestimmtes, freies und erfülltes Leben folgen wir trotzdem unwissend seinem Weg, wenn wir nur versuchen, ihn aus unserem Kopf, aber nicht aus unserem Körper zu kriegen. Diese Fährte führt uns nur immer wieder zur Höhle des Wolfes, obwohl wir das Paradies erreichen wollen. Der Grund ist, dass die Ausbrüche und Krisen in unserem Leben nur Oberflächenerscheinungen sind von tiefer liegenden, fest verdrahteten Netzwerken, die wir sowohl als *mein vertrautes Gefühl von »das bin Ich«* bezeichnen, wie auch als *meine Identität, meine Persönlichkeit, meine Gewohnheiten, meine Vorlieben und Abneigungen, meine Meinung, mein Glaube und meine Ansichten, meine Überzeugungen, mein Gemütszustand, meine Stimmung, meine Weltanschauung, mein Verständnis von richtig und falsch* sowie davon *was möglich ist, was nicht möglich ist, was ich für wahr und was ich für absoluten Quatsch halte.* All das ist unsere Welt, unsere Realität, in der wir leben und dir wir aus all diesen Komponenten heraus selbst aufgebaut haben. Das ist die Realität des Wolfes und wir müssen aus dieser Realität austreten, um eine Neue schaffen zu können.

Machen wir die ganzen Gegenwärtigkeitsübungen, ertragen wir die Kritik, sitzen wir still und sterben den kleinen Tod und gehen wir nicht mehr auf unsere alten, aber vertrauten Gedanken ein, kann es sein, dass es uns schwerfällt, die Gedanken loszulassen, weil *das Gefühl* in uns uns dazu treibt, weiterzudenken. Wir wollen die Ebene des Denkens verlassen und fühlen jedoch die Wut, den Hass, die Angst, die Beklemmung, die Aufregung und Aufruhr, die Unruhe, die Nervosität, die Langeweile, die Leere und so weiter. Es sind all die Gefühle, die kommen, wenn wir unser altes Ich hinter uns lassen wollen und auch diejenigen, die hochsteigen, wenn uns Unrecht und Leid widerfährt, wir mit unangenehmen Situationen und Konflikten konfrontiert sind und auf die altbekannten Auslöser unserer alten Wunden treffen. Diese Gefühle des Schmerzes wollen, dass wir weiterdenken. Sie wollen wachsen und uns übermannen. Sie wollen, dass wir uns ihnen hingeben und zu diesen Gefühlen werden. Die Gefühle schubsen uns wieder hoch in den Kopf. Sie wollen nicht, dass wir im Keller graben und dort aufräumen. Sie wollen, dass du wieder hochgehst und die Suppe weiterkochst, die du gerade angefangen und mitten drin aufgehört hast zu kochen.

Während der erste Teil des Sogs deine Gedanken sind, die der Wolf immer wieder hervorbringt, so sind der zweite Teil die Gefühle, die dieser Sog mit sich bringt und auf die sich der Wolf konditioniert hat. Auch diese Gefühle sind Teil desselben Wolfs und wirken wie ein Schatten im Hintergrund, der den Wolf in dir immer wieder nährt. Die Gefühle dienen dazu, die gleiche bedrohliche Welt zu erschaffen, bzw. der vom Wolf erschaffenen bedrohlichen Welt Nachdruck zu verleihen, gegen die sich der Wolf dann zur Wehr setzen kann. Sie dienen ebenso dazu, den Wolf in seiner Existenz zu bestärken, denn erst durch sie kann er sich so richtig als Wolf fühlen und an Stärke gewinnen. Der Wolf schafft sich seine eigenen schmerzlichen Emotionen, vor denen er dann Angst haben kann. Diese Angst ist es, die den Wolf aufrechterhält und nährt. Da diese Angst aber selbst aus dem eigenen Wesen heraus geschaffen ist, ist die Angst der Wolf selbst. Das Wesen hat vor sich selbst Angst, wie der Hund vor seinem eigenen Schatten. Der Versuch des Wolfes dieser Angst zu entkommen, gleicht dem Versuch des Hundes, sich selbst in den Schwanz zu beißen. Alles, was er dabei findet, ist nur sich selbst. Und da dieses Selbst ihm Angst macht, weil es aus Angst besteht, wird er weiterhin vor sich selbst weglaufen, nur um sich selbst weiter jagen zu können.

Du wirst deinen Sog verstehen und transformieren können, je tiefer du in den Körper eintauchst und je weiter weg du dich von deinen einstudierten Gedanken bewegst. Die Befreiung erlangst du, wenn du aus dem Kopf in den Körper gehst. Genau an diesem Punkt kommen die Emotionen ins Fließen und können verarbeitet werden, ohne weitere Gedanken auszulösen, die sonst immer nur wieder neues Benzin ins Feuer gießen. Bleiben die Gedanken aus, wird das Feuer der Emotionen auch zur Ruhe kommen. Je mehr du dich dem Schatten widmest, desto ruhiger wird der Wolf werden. Den Schatten kannst du aber nicht durch den Kopf verstehen. Der alles zerteilende und beurteilende Verstand ist der Wolf, seine Angst ist sein Schatten. Angst ist ein Gefühl und du kannst Gefühle nicht auf der Ebene der Gedanken verändern, sondern sie nur fühlen, um sie aufzulösen. Du kannst dir einreden, es gäbe die Angst nicht, aber sie wird weiterhin da sein und dich aus dem Hintergrund heraus bestimmen. Du kannst dich nur vom Wolf trennen, indem du dich von deinen Gedanken löst und dich über den Körper hin zu den Gefühlen bringst. Da das Fühlen nur mit dem Körper geht, wirst du deine Aufmerksamkeit auf diesen lenken und dich bereit erklären müssen, zu fühlen, was zu fühlen ist. Dadurch wird der Schatten immer kleiner und der Wolf verliert die Energie. Wenn da nichts mehr ist, vor dem er Angst hat, braucht er sich auch nicht mehr auf die Suche machen, ihr zu entkommen.

Doch wie ich bereits geschrieben habe, will der Wolf nicht ankommen, denn das würde seinen Tod bedeuten. Also wird er sich wehren und sich gegen dich stellen, nur um zu bleiben, was er ist. Bei all deinen Versuchen, dich zu ändern, wird er alles aufwarten, was er hat, um dich vom Gegenteil zu überzeugen. Er will dich der sein lassen, der du warst und dafür Sorge tragen, dass du dieser auch bleibst. Solange du den Wolf nicht erkennst, ist er in Sicherheit. Doch der Wolf ist nur eine Illusion, die dich im Glauben gefangen hält, es gibt nur diese eine Welt. Seine Welt.

Der Wolf und die Vergänglichkeit

Ich schrieb, es wäre schwer, sich von den Emotionen zu befreien, wenn wir unser Denken nicht vorher erkennen. Denn sobald emotionale Ruhe herrscht, leben wir wieder im Kopf und fangen unser altes Schicksal wieder an. Ich schrieb aber auch, dass man das Kugelstoßpendel, das ewige Hin und Her der Gedanken und Emotionen, auch auf der Seite der Emotionen stoppen kann. Und obwohl ich meinte, dass das Entlarven des falschen Ichs in den Gedanken an erster Stelle steht, so reicht dies nicht aus, um Frieden zu finden. Das war es, was ich häufig versuchte: Gedanken stoppen, in das Sein eintauchen und die alten Straßen in meinem Gehirn abbauen. Doch trotzdem verfiel ich immer wieder in mein altes Ich mit all seinen Stimmungen und seiner Schwere, gerade dann, wenn mich Personen und Umstände so triggerten, dass der Schmerz scheinbar größer war, als die Gedanken, die auf diesen Schmerz folgten.

Wenn uns im Außen etwas emotional erregt, dann ist dies ein Auslöser, aber nicht die Ursache. Doch diese Auslöser sind wunderbar, wenn wir den Blick nicht ablenken, sondern hinschauen. Und zwar nicht auf den Auslöser selbst, sondern auf das, was in uns ausgelöst wird. Ein Blick, den der Wolf nicht beherrscht und auch nicht lernen will, denn er ahnt, dass es ihm an den Kragen geht. Unser Verstand kennt nur gut und schlecht und kann nichts anderes als diese Bewertungen und Interpretationen vorzunehmen. Er lebt in der Welt der Urteile und der Verurteilungen und ist gänzlich mit dem im Außen befindlichen Auslösern beschäftigt. Wie ich schon schrieb: Wenn sich der Sand setzt, sieht der Wolf die Schatten im Meer, vor denen er Angst hat. Diese Schatten sind die Emotionen, die du fühlst, wenn dir Unrecht getan wird, etwas wieder nicht klappt, wie du es wolltest, du aus unerfindlichen Gründen down bist, dich jemand provoziert, du keine Lösungen findest, bis dir schließlich die Welt sinnlos und leer erscheint und dein Leben sich nur noch schwer und fad anfühlt. Und das Irrwitzige dabei ist, dass diese Emotionen vom Wolf selbst erschaffen werden. Sogar dann, wenn dir etwas unvorhergesehen Schmerzliches geschieht, wie der Tod einer geliebten Person. Was auch immer dir passieren mag und bereits passiert ist: All das wird durch deinen Wolfs-Verstand interpretiert, analysiert und in bedrohliche Emotionen verwandelt, die dann wiederum vom Wolf beseitigt werden müssen. Dann macht er sich auf die Suche nach einer Lösung für das Problem der Emotionen und findet nur solche Lösungen, die ihm kurzzeitig Erleichterung bringen, ihn aber früher oder später wieder vor das gleiche Schicksal stellen.

Doch diese Emotionen sind kein Problem. Sie *sind* einfach. Sie fühlen sich unangenehm an, manchmal richtig krass unangenehm. Und wenn wir im Kopf leben, führen sie zu unendlich großen Gedankenketten, die diese Gefühle nur noch mehr verstärken, bis wir im Kopf ein absolut schreckliches Szenario über uns, unser Leben und unsere Zukunft entworfen haben. Doch dabei übersehen wir, dass wir selbst daran schuld sind. Denn kennen wir keinen anderen Seins-Zustand, als den, wie es ist, ausschließlich im Kopf zu leben und unsere Gedanken für uns zu halten, dann glauben wir, das zu sein, was in unserem Kopf stattfindet und dann können wir nicht anders, als den aktuellen Zustand ändern zu wollen. Das ist es, was der Wolf ständig tut: das Jetzt ändern wollen, damit es uns morgen besser geht. Und trifft das Morgen ein, ist es aber das Jetzt. Und da der Wolf im Jetzt nicht leben kann, muss auch das wieder geändert werden. Deshalb sucht er unentwegt nach Dingen, die seinen aktuellen Zustand verbessern. Doch die Dinge und Zustände der Erleichterung halten nie auf Dauer an, wenn sie nur mit äußerlichen Sachen verbunden sind. Jedes Ding im Außen verändert sich irgendwann. Manches wird bleicher, neutraler und belangloser, einiges verschwindet gänzlich und anderes wiederum kann sogar in sein Gegenteil kippen, sodass das, was uns einst Freude bereitet hat, nun zu unserem Peiniger wird. Das ist die Welt, in der der Wolf lebt. Und aus dieser Welt heraus lebend kommen uns unsere Emotionen vor wie ein ständiger Schatten, der uns im Nacken sitzt und uns stets antreibt dem Glück hinterherzujagen, ohne es aber jemals erreichen zu können. Denn alles, was der Wolf zu fassen bekommt, zerfällt früher oder später in seinem Maul. Was bleibt, ist die Angst vor seinem Schatten, sprich die Angst vor seinen Emotionen, und der Drang, vor ihnen wegzulaufen.

Nehmen wir an, ein geliebter Mensch oder ein geliebtes Tier stirbt. Du wirst traurig sein, es wird weh tun und das ist auch völlig in Ordnung. Wenn dir etwas genommen wird, was dir lieb und wichtig war, dann ist es wie ein Einschnitt in deinem Leben. Die Erinnerungen an diese Person trüben sich, weil du keine Bilder mehr für eine gemeinsame Zukunft kreieren kannst. Du weißt, du wirst die erlebten Tage nicht wiederholen, nie mehr in das Gesicht blicken und nie mehr die gemeinsame Zeit genießen können. Es entsteht eine Lücke in deinem gewohnten Leben. Diese Lücke war zuvor mit den Gedanken und Erinnerungen an diesen Menschen sowie Gedanken an eure gemeinsame Zukunft gefüllt. All das findet in deinem Kopf statt und gibt dir ein gewisses Maß an Sicherheit und Stabilität. Doch wem gibt sie das? Dem Wolf. Denn er nutzt alles, was er um sich herum findet, als etwas, an das er sich klammern kann. Auch wenn du diese Person wirklich geliebt hast, so ist der Teil in dir, der sich jetzt leer fühlt, der Teil des Wolfes, der nicht loslassen kann. Denn was er loslassen würde, wäre nicht die Person selbst, sondern seine erdachte Welt. Er muss seine Vergangenheit loslassen, weil sie ihn nicht mehr in die vertraute Zukunft führen wird. Er muss auch seine Zukunft loslassen, weil er diese aufgrund der aktuellen Umstände nicht mehr voraussagen kann. Er verliert seine Kontrolle und seine Identität, sein gewohntes, vertrautes Ich-Gefühl. Das gibt dem Wolf das Gefühl der Leere, weil er nur in seiner eigenen Vergangenheit und Zukunft lebt, die so nicht mehr existiert. Demnach existiert der Wolf auch so nicht mehr und er wird alles Mögliche tun, um diesen Zustand nicht erleben zu müssen. Er wird wütend und frustriert, badet in Selbstmitleid, wird Schuldige suchen, es vielleicht abtun und nicht wahrhaben wollen, um sich am Ende damit abzufinden und langsam einen neuen Zustand zu erreichen, in dem er sich wieder neu erfindet. Jetzt bist du der Verlassene, der, der allein ist, der, dem schmerzliches widerfahren ist. Jetzt hast du eine neue Identität, die dir Halt gibt und an die du dich wieder klammern kannst.

Dabei übergeht der Wolf das Einzige, was dir wirklich Befreiung im Schmerz geben könnte: die Emotionen, die du jetzt gerade spürst. Wenn jemand stirbt, mit wem trauerst du denn dann tatsächlich? Mit dem Verstorbenen? Er ist weg. Er wird das alles nicht mehr erleben. Deinen Schmerz nicht und seinen Schmerz nicht. Du bleibst allein mit deinem Schmerz. Doch woher kommt der Schmerz? Er entsteht aus einem Gedanken und deinen Erinnerungen. Vielleicht fühlst du dich schuldig, weil du nicht immer gut zu demjenigen warst. Oder du bereust, nicht genug Zeit mit ihm verbracht zu haben. Oder du bist traurig, weil ihr keine schönen Momente mehr miteinander verbringen könnt. Oder du trauerst, weil du demjenigen gewünscht hättest, noch mehr von seinem Leben gehabt zu haben. Doch all das sind Emotionen *in dir*, die mit dem anderen nichts zu tun haben. Du trauerst nicht um den anderen, sondern um *deinen* Verlust. Dein Ich trauert um dich.

Vielleicht hat der andere gelitten oder ihm wurde unerträgliches Leid zugefügt. Vielleicht ist er aber auch plötzlich von uns gegangen. Ob es sich dabei um eine geliebte Person handelt oder nur um einen geliebten Pullover: Es macht keinen wesentlichen Unterschied. Bei einem Menschen spüren wir es nur deutlicher. Wir werden uns der eigenen Vergänglichkeit bewusst, dass wir an nichts festhalten können und dass alles früher oder später einmal verschwindet. Genau wie wir auch. Alles, was wir um uns herum haben und was wir mögen, gibt uns ein gewisses Maß an Ich-Gefühl. Was wir haben, wen wir kennen, wen wir lieben, wen wir hassen, all das sind *wir*. Wird uns ein Teil von dem genommen, dann stirbt ein kleiner Teil in uns und wir sind weniger wir. So fühlt es sich an, wenn wir der Wolf sind. Doch der Wolf erkennt dies nicht, weil er nur nach Außen schauen kann. Er sieht nicht, dass das, dem er nachtrauert, nicht das Ding, der Mensch oder die Tatsache ist, sondern dass es sein eigenes Ich ist, was gerade ein kleines bisschen gestorben ist. Dieses Anhaften und dieses Klammern an die vergänglichen Inhalte der äußeren Welt macht aus diesem Schmerz, den du bei solchen Ereignissen wie Tod und Verlust spürst, Leid. Durch die Geschichte, die du dir erzählst, was alles hätte noch werden können, wie unfair das Leben ist, warum gerade du oder er und was nun alles nicht mehr möglich ist, wird aus dem ursprünglich wahrgenommen Gefühl des Schmerzes nun eine Welt, die sich leidvoll und ohnmächtig anfühlt. Aber auch das sieht der Wolf nicht, weil er nicht nach innen schaut. Er merkt nur, dass das, was passiert ist, sich schmerzlich anfühlt und dazu noch deine Welt ins Wanken bringt und alles verschlimmern wird, was vor dir liegt. Doch genau dieses Szenario (dass sich alles verschlimmert und unerträglich werden wird) ist vom Wolf selbst erzeugt. Würdest du die Geschichte um das Ereignis weglassen, würdest du nur fühlen, was zu fühlen ist. Lebst du aber im Kopf, dann bekommst du Angst vor der Welt, weil sie dich so fühlen lässt, wie du dich eben gerade fühlst. Und je mehr du aus dem Kopf heraus diese Gefühle fühlst, desto mehr bekommst du Angst vor ihnen, weil sie dich in eine Welt führen, die dunkel und grau ist. Doch genau dieses Dunkel und Grau entsteht nur dadurch, dass der Wolf in seinen Gedanken über Vergangenheit und Zukunft lebt und seine Identität durch im Außen befindliche und vergängliche Dinge holt.

Der Wolf und der Tod

Schmerz ist für den Wolf eine Bedrohung und muss deshalb vermieden oder schnellstmöglich beseitigt werden. Trauern wir wirklich um den anderen oder doch nur um uns selbst? Und wenn wir tatsächlich nur um uns trauern und das entstehende Leid vom Wolf geschaffen wird, sind wir dann gefühlskalt, wenn wir nicht mehr auf den Wolf und seine Geschichten aufspringen? Kann uns dann nicht einfach egal sein, was passiert? Kann alles um uns herum sterben und gehen, uns verlassen oder uns wehtun und uns wäre es gleichgültig? Könnten wir dann selbst eigentlich einfach sterben, um uns nicht mehr um unsere Dinge im Leben kümmern zu müssen, weil wir wissen, dass ohnehin alles geht und wir ebenfalls irgendwann sterben werden?

Nein, das denkt nur der Wolf, der mit Argwohn, Unverständnis und zynischen Gedanken kommt. Die Gleichgültigkeit ist ein Schutzmechanismus des Wolfs, der meint, je mehr er sich zumauert und sich gegen Emotionen und Verluste abschirmt, desto weniger können sie ihm etwas anhaben. Doch was der Wolf nicht erkennt, ist, dass es nichts gibt, wogegen er sich wehren und sichern müsste. Die Emotionen, die wir fühlen, wenn Verlust, Krankheit, Tod und Schmerz uns treffen, sind keine Gefahr. Sie fühlen sich schmerzlich an und tun uns tatsächlich körperlich weh, manchmal so, als hätte uns ein Auto überfahren. Doch nichts davon bringt uns um. Und selbst der Tod bringt uns nicht um, sondern nur die Geschichte, die wir über uns erzählen. Sie bringt nur den Wolf um. Hui, harte These, ich weiß. Aber ich bitte dich, dich wirklich damit vertraut zu machen. Der Tod ist kein feines Thema und er machte mir schon als kleines Kind höllische Angst. Ich stand nachts auf und rannte weinend zum Bett meiner Eltern, weil ich panische Angst vor dem Tod hatte. Dann saß ich vor dem Fernseher, schaute meinen Lieblingstrickfilm und konzentrierte mich so fest auf die Titelmelodie, bis ich einschlief. Und immer, wenn tagsüber die Schatten des Todes in meinen Gedanken aufkamen, floh ich vor ihnen, lenkte mich ab und summte das Lied des Trickfilms in meinem Kopf, solange, bis sich das Gefühl wieder verflogen hatte. Jahrelang, bis in meine Jugend und ins Erwachsenenalter hinein hatte ich nachts manchmal solche Anfälle. Tagsüber schürte diese Angst meinen Alltag an. Was ich tat, mit wem ich mich umgab und das Bild meiner Zukunft, welches ich mir machte, während ich mich fragte, wie diese wohl werden würde, wenn ich den Weg weitergehe, den ich bisher gegangen bin, verschmolz im Grunde immer mit der Angst vor dem Tod.

> *»Hat das hier alles wirklich Sinn? Bereue ich es, wenn ich nicht etwas ändere? Wo soll das denn noch hinführen? Wie kann ich denn wirklich ein glückliches Leben leben, wenn ich gezwungen bin, in diesen Umständen zu leben? Was soll nur aus mir und meinem Leben werden?«*

Bis letztendlich alle Gedanken und Szenarien meiner vermeintlichen Zukunft auf einen entscheidenden Moment hinausliefen: der Moment, an dem der letzte Tag meines Lebens kommen wird und ich zurückblicke und entscheiden muss, ob ich mein Leben gelebt oder vergeigt habe. Natürlich wollen wir unser Leben nicht vergeigen, uns nicht ärgern, nicht jahrelang etwas machen müssen, was wir gar nicht wollen oder unsere Zeit mit den falschen Beziehungen, Jobs, Orten und Dinge verplempern. Alles führt dazu, dass unser Wolf denkt, wir würden unglücklich sterben, wenn wir nicht sofort handeln. Und davor will er uns bewahren. Je mehr Angst er vor dem Tod bekommt, desto größer wird die Sucht danach, nicht unglücklich zu sterben. Achtung: Ich sage nicht *»glücklich zu leben«*, sondern, *»nicht unglücklich zu sterben«*. Das ist ein enormer Unterschied. Wenn wir das Unglück vermeiden wollen, dann suchen wir Dinge, die uns das Unglück vergessen lassen sollen. Doch da wir auf das Unglück fokussiert sind, werden wir es immer finden, wenn wir es suchen. Dann erleben wir vielleicht etwas Schönes, doch wenn dieses vorbei ist oder etwas abflaut, schauen wir, ob wir noch unglücklich sind. Und siehe da: Wir sind es. Weil wir nicht das Glück suchen, sondern das Unglücklichsein nicht haben wollen.

Demnach ist alles, was wir tun, eine Vermeidungsstrategie, statt eine Bereicherungsstrategie. Ein *»Gegen«* statt ein *»Für«*. Der Tod sitzt uns so sehr im Nacken. Aber er sitzt nur dem Wolf im Nacken. Nur er kann sterben, weil er sich an alles klammert, was er hat, um sich dadurch als *»Ich«* zu fühlen. Sein eigenes Leben eingeschlossen. Und alles, was er im Außen wahrnimmt, sinkt und stirbt und er muss immer weitergehen, bis letztlich der Tag kommt, an dem er nichts mehr machen kann, weil es sein letzter ist. Das ist schon schmerzlich und traurig. Doch was können wir tun?

Alle Gefühle der Unsicherheit, des Zweifelns, der Skepsis und des Leids entstehen nur durch unseren Wolf, weil er sein Schicksal nicht akzeptieren kann. Er kann nicht loslassen, weil es seinen Tod bedeutet. Und je mehr ihm das bewusst wird und je weniger sich im Außen wirkliche Kontrolle und Sicherheit durch sein Verhalten einstellt, desto mehr merkt der Wolf, dass er nichts tun kann und nie etwas tun konnte. Er vergleicht seinen Wunschzustand mit dem Ist-Zustand und bemerkt seine Hilflosigkeit. So sehr, dass allein durch diese Gedanken die Sinnlosigkeit und die Leere, die Ohnmacht, die Machtlosigkeit und die Angst in dir entstehen. All das sind Resultate des Wolfes, der diese Gefühle zwar spürt, aber dennoch weiter seinen Fokus auf das Außen richtet. Er sieht die Welt nun noch bedrohlicher, noch sinnloser. Er spürt noch mehr Leere, findet aber keinen Ausweg und wird panisch und aggressiv. Entweder beißt er alle in seinem Umfeld oder sich selbst, nur um dem ganzen Zerfall irgendwie zu entkommen. Je mehr das Außen in ihm diese Gefühle erzeugt, desto gefährlicher wird das Außen für ihn. Denn der Wolf will diese Gefühle nicht fühlen. Dabei erzeugt er sie selbst, in dem er seine Umstände interpretiert und bewertet und die Geister ruft, vor denen er nun Angst hat und die er nicht mehr los wird. Sie scheinen sich eher zu vermehren. Doch das passiert nicht einfach zufällig. Alles hat eine Ursache und eine Wirkung. Die Ursache für dein Leid und die negativen Gefühle ist der Wolf selbst. Nicht der Tod und der Verlust sind die Ursache, sondern sein Anhaften an Menschen, Objekte, seine Gedanken und seine Gefühle und seine Gewohnheit, diese Dinge zu nutzen, um sein eigenes Ich zu fühlen, welches nur durch dieses Anklammern entsteht. Gäbe es dieses Anklammern nicht und gäbe es kein Ich, was darin wächst, gäbe es auch das ganze Ich-Gefühl nicht, dann gäbe es kein Leid durch Tod und Verlust und auch keine Angst.

Das heißt nicht, dass wir den Tod einfach zulassen. Jedes Tier vermeidet Schmerz und Tod und sucht nach Glück und Freude. Das wäre auch Blödsinn, es nicht zu tun. Es geht nicht darum, lebensmüde zu werden. Es geht um das komplette Gegenteil. Wenn du erkennst, dass die Angst des Wolfes vor seinem Tod dazu führt, dass du das Leben als Gefahr siehst und du damit bemüht bist, dem Tod auszuweichen, indem du dem Unglück entrinnen willst, und wenn du erkennst, dass das erst dazu führt, dass du unglücklich bist und bleibst, dass die Angst in dir dich weiter in diese Bahnen treibt und du am Ende dein Unglück selbst erschaffst, dann gelingt es dir, dich davon zu lösen. Der Weg geht durch diese Angst, durch diesen Tod hindurch, statt von ihm weg. Wenn du diese Angst loswirst, dann befreist du dich und du findest deinen Frieden, der dich von der Geiselhaft deinem Wolf gegenüber befreit und dich dem Leben öffnet. Doch wie soll das gehen? Wie gesagt: Der Weg führt hinein und ich habe dir gesagt, dass ich dich mit deiner Angst konfrontieren werde. Here we go!

Nur wer weiß, wie man richtig stirbt, weiß, wie man richtig lebt.

Negative Emotionen auflösen

Emotionen dienen als biochemische Aufzeichnungen deiner Vergangenheit, bzw. deiner gemachten Erfahrungen. Eine Mischung aus Hormonen, Neurotransmittern und anderen Botenstoffen werden bei bestimmten Erfahrungen ausgeschüttet und durch deinen Körper geflutet. Das erlebte Ereignis wird mithilfe dieses biochemischen Cocktails in deinem Körper gespeichert. Jedes Mal wenn du nun auf ein ähnliches Ereignis stößt, kannst du dich dadurch viel leichter erinnern und schneller einschätzen, ob die Situation gefährlich oder sicher ist. Das analytische Auswerten des Ereignisses braucht viel Zeit und Ressourcen, da jeder Denkprozess viel Energie verbraucht. Da dein Organismus aber darauf aus ist, möglichst viel Energie zu sparen, benutzt es dieses biochemische Feedbacksystem, das wir »*Emotionen*« nennen. Je öfter du eine gleiche oder ähnliche Situation erlebst, desto weniger Reize brauchst du, um die gewünschten Reaktionen auszulösen, d. h., du wirst immer sensibler. Stell dir vor, du fasst an einen elektrischen Drahtzaun und bekommst einen Schlag. Das Zucken des Körpers, der Schmerz und das taube Gefühl wird nun mit dem Zaun in Verbindung gebracht und als eine Art Schnappschuss abgespeichert. Wenn das Ereignis nun zu schnell, zu stark oder zu lang andauerte, hast du ein schwerwiegendes Trauma. Aber auch wenn es zu oft wiederholt wird, wird deine interne Vorsichtszentrale immer aufmerksamer und größer. Bald schon zuckst du nur beim Anblick eines Drahts zusammen oder fasst keinen mehr an, weil dein Körper damit das Gefühl des Stromschlags in Verbindung gebracht hat und nun jedes Mal Angst davor hat, es könne ihm wieder passieren.

Wenn wir aufgebracht sind, erinnern wir uns üblicherweise immer wieder an diese Situation, die uns aufgeregt hat, selbst dann, wenn sie inzwischen vorbei ist. Das liegt vor allem daran, dass die Emotionen etwas Zeit brauchen, bis sie aus dem Körper verschwunden sind und sich die Hormone abgebaut haben, die diese Emotionen hervorgerufen haben. Es ist wie bei einem Fahrrad, dessen Räder noch etwas weiterdrehen, obwohl du aufgehört hast, in die Pedalen zu treten. Wenn du dieses Ausdrehen zulässt und nicht weiter mit der Kraft deiner Gedanken immer wieder neu in die Pedalen trittst, dann lösen sich deine Emotionen von selbst auf. Deshalb ist es so wichtig, dich darin zu üben, dich von deinen Gedanken und dem Konstrukt zu trennen, was dich in diesen Gedanken und Emotionen halten will: Dein Ich, der Wolf, all das Vertraute, was du im Grunde nicht willst, du aber brauchst, weil es dir ein Ich-Gefühl und somit eine gewisse absurde Art von Befriedigung schenkt.

Im Grunde sind Emotionen nur bewertete Gefühle und Gefühle sind im Prinzip so etwas wie Empfindungen. Du spürst das Zucken und ein Kribbeln, Herzrasen und eine schnellere Atmung. Das sind Körperreaktionen. Du kannst sagen: *»Ich fühle mich angespannt und spüre Druck in meiner Brust.«* Bei all dem ist noch nichts Schlimmes dran. Schlimm wird es erst, wenn du diese *»Erscheinungen«* in gut oder schlecht bewertest. Dann entstehen Emotionen wie Angst, Panik oder Frust und du sagst: *»Ich bin unsicher. Ich bin gestresst.«* Aus dem, was du wahrnimmst, wächst deine Identifikation und du hältst das Wahrgenommene nicht mehr für einen Zustand, den du beobachtest bzw. der dir widerfährt, sondern du hältst es für dich. Ebben nun aber langsam die Gedanken ab, ebbt auch das Bewerten ab. Gefühle und Empfindungen werden dann nicht mehr zu Emotionen, weil ihnen die Bewertung fehlt. Jetzt bleiben nur noch die Körperempfindungen. Und diese haben eine ganz fantastische Natur:

Wenn du allein bei der Wahrnehmung bleibst und lediglich spürst, wie es sich im Körper anfühlt, ohne es gedanklich aufzubereiten, ja sogar ohne jeglichen Kommentar, dann bemerkst du, dass sich die Körperreaktionen nach ein paar Minuten auflösen. Du spürst einen Reiz, zum Beispiel hervorgerufen durch einen Kommentar deines Partners oder durch den Blick auf deinen Kontostand, durch eine unvorhergesehene Sache oder durch dein bekanntes, gewohntes Umfeld, das du über deine Sinne wahrnimmst und das dir unmittelbar genau die Situation bewusst macht, die du schon seit Jahren satthast. Üblicherweise würde dein gewohntes Gedankenkarussell starten, dein Tunnelblick sich einstellen, die Situation immer bedrohlicher werden und du würdest anfangen, dich auf einen Kampf vorzubereiten. Kurz: Dein Körper würde in Stress geraten. Doch nun folgen keine weiteren Gedanken und du richtest den Blick nach innen, weg von deinen Gedanken, die sich mit der Außenwelt beschäftigen, hinein in deinen Körper. Nicht als Gedanke, sondern als der wahrnehmende Teil in dir, der ohne Urteil und ohne Ich ist. Alles, was dann bleibt, sind die Körpergefühle. Bei Stress schüttet der Körper Adrenalin und Cortisol aus. Und auch Emotionen sind nur Hormonausschüttungen, die sich genauso wie Empfindungen verhalten, wenn wir sie mental nicht immer wieder von vorn aktivieren. Der ganze Kampf-oder-Flucht-Reflex des Körpers, der dich unter Stress setzt, ist nur eine Hormonausschüttung. Hormone werden aber nicht unentwegt ausgeschüttet. Kommt es zu einem ersten Impuls, gibt es eine erste Dosis. Die Ausschüttung dauert ein paar Sekunden, erreicht ihren Höhepunkt und flacht dann ab. Das Gefühl und die Empfindung bleiben noch ein paar wenige Minuten im Körper, weil die Hormone noch im Blut fließen, bewegen sich aber und lösen sich schließlich auf. Der Spuk ist nach ein paar Minuten vorbei, aber nur, wenn du es diesen Gefühlen und Empfindungen gestattest, da sein zu dürfen, mit deiner Aufmerksamkeit bei ihnen bleibst, dir deine Gedanken und deine Bewertungen sparst und nur fühlst, was du fühlst. Ohne Gegenwehr und ohne Widerstand.

Das Herz beruhigt sich, die Atmung wird langsamer, der Körper entspannt sich. Du hast nur eine Welle an Hormonen und Empfindungen gespürt, mehr nicht. Du gehst also auf die unterste Ebene, du gehst an die Wurzel. Die Wurzel ist nicht deine Körperreaktion. Du kannst nichts dagegen tun, dass dein Körper auf die Umwelt reagiert. Die Wurzel ist deine Abneigungen diesen Reaktionen gegenüber. Du hast eine Abneigung für sie entwickelt, weil du sie immer als Gefahr *interpretiertest*. Durch deine Sensibilisierung wurde deine Abwehr auf immer feinere Empfindungen immer größer. Das kleinste Zucken sorgte schon für die größte Angst, die schlimmsten Gedanken und heftigsten Emotionen. Jetzt begibst du dich zurück an den Anfang, dort, wo alles seinen Ursprung nimmt: die Empfindungen. Statt dich in Gedanken zu verlieren, bringst du deine Aufmerksamkeit in den Moment, dort, wo du die Natur der Körperempfindungen, das Kommen und Gehen, einfach nur spürst. Da du keine weiteren Gedanken mehr verfolgst und dich nicht in ihrer Geschichte verlierst, entfachen sie die Hormonausschüttung nicht immer wieder neu. Du hast nun die Energie, den Moment voll zu erleben.

Beachte: Beobachten dessen, was jetzt gerade passiert, meint nicht »*starres Konzentrieren und Analysieren*«. Es heißt, du wirst zu dem wahrnehmenden Raum, der lediglich empfängt, was in ihm passiert, ohne den Dingen nachzujagen, sie verändern, kontrollieren, anpassen oder wegdrängen zu wollen. Dies ist kein Tun des Verstandes, sondern ein Nicht-Tun durch deine reine Präsenz.

Sind negative Emotionen schlecht?

Emotionen lassen unser Leben erst lebendig werden. Sie sorgen für die nötige Würze. Und auch die feinste Schokolade braucht etwas Salz, um die Süße überhaupt erst hervorzukitzeln.

> *»Wenn wir denn nun alle negativen Emotionen einfach so auflösen, sind denn dann Gefühle, wie bspw. Trauer, nun etwas Schlechtes oder Überflüssiges? Macht uns das nicht stumpf und kalt und das Leben einseitig?«*

Nein, macht es nicht. Sich Zeit für einen Abschied zu nehmen, sich an die gemeinsame Zeit zu erinnern und darüber traurig zu sein, dass sie nun vorbei ist, ist nichts Schlimmes. Überhaupt nicht. Aus der Ebene des Fühlens heraus ist es sogar etwas gänzlich Lebendiges und Friedvolles. Vom Wolfs-Zustand getrennt zu sein, heißt nicht, immer happy zu sein. Es geht nicht darum, immer angenehme Gefühle zu fühlen und freudestrahlend durch die Welt zu laufen. Es geht vielmehr darum, mit dem zu sein, was ist und den Frieden in sich zu ergründen, der entsteht, wenn wir unsere Gefühle annehmen, während wir die Wirkweise des Wolfes erkennen, der aus der Trauer und dem Schmerz eine Leidensgeschichte machen will, sich an ihr labt und aus seinem Identitäts-Verlust nun in Panik versucht, diese Lücke durch eine neue Identität zu schließen. Schnell haben wir dann ein Ich, das mit seiner Leidensgeschichte so sehr verwachsen ist, dass es ihm sogar gefällt in diesem Schmerz zu baden. Jetzt fühlst du nicht mehr nur den Schmerz, sondern du brauchst ihn, um dich als dich zu fühlen. Dabei geht es nicht unbedingt um den Tod eines geliebten Menschen.

Deine Krankheit, deine Depression, deine Lebensumstände, deine Armut, deine vergeigten Beziehungen und dein Pech sind genauso Zustände, die der Wolf nun angefangen hat zu mögen, weil sie ihm ein neues Ich-Gefühl geben. Und da der Wolf erfahren hat, wie schmerzlich es für ihn ist, wenn davon etwas wegbricht und wie sehr es ihn ins Chaos stürzt, sobald sich davon etwas ändert, wird er insgeheim versuchen, diese Zustände am Leben zu erhalten.

Menschen fangen dann gern an über ihre Probleme zu reden, nicht, weil sie wollen, dass man ihnen hilft, sondern weil sie durch ihre Geschichte ihre Identität stärken. Was wären sie, wenn sie ihren Schmerz nicht mehr hätten? Manche Menschen wollen einfach nicht, dass es ihnen besser geht. Sie nutzen den Aufruhr, den Streit, das »*Sich-gegen-etwas-Stellen*«, um sich in diesem emotionalen Zustand zu halten. Sie kommen zu dir, um sich bei dir auszukotzen, doch ist ihr Interesse nicht die Befreiung, sondern das Gefühl, welches sie fühlen, während sie sich auskotzen. Sie wissen es nicht. Sie bemerken es nicht. Sie leben in einem Traum gefangen. Du kannst da nichts machen, wie auch ich nichts für dich tun kann. Du musst es selbst tun. Ich kann das alles nur für mich tun und dir zeigen, was ich tue. Und dann kann ich es dir nur übergeben. Ich bin nur der Finger, der zum Mond zeigt. Manche schauen auf den Finger, wie ein Hund, statt zum Mond. Den Blick zum Mond kannst du nur selbst durch deine eigene Arbeit an dir erfahren. Dadurch änderst du dich und deine Welt. Manche werden davon inspiriert und etwas in ihnen rührt und öffnet sich, durch das ihr eigenes Licht anfängt wieder zu scheinen. Doch manche haben ihre Fensterläden so sehr zu, dass sie durch deine Worte nur in ihrer Abneigung bestärkt werden. Sie wollen Hilfe, doch was du ihnen geben kannst, passt ihnen nicht. Warum? Weil sie Bestätigung und nicht Erlösung suchen. Sie brauchen die Bestätigung, weil sie ohne sie nichts wären.

Den Tod für unsere Öffnung nutzen

Wenn ich nun sage, dass wir uns nicht an das klammern sollen, was uns glücklich macht, wie etwa unseren Lieblingspullover oder einen geliebten Menschen, dann kann es sein, dass wir in Niedergeschlagenheit verfallen, weil wir meinen, dass wir das, was wir haben, nicht genießen dürfen. Dann trübt sich unser Weltbild und auch alles, was uns lieb und hold ist. Du denkst dann, dass es sinnlos ist zu leben, weil du dich an nichts mehr erfreuen darfst oder die Freude falsch sei. Doch wenn du wirklich erkennst, dass das ganze Festhalten dich in der Angst gefangen hält und wenn du dich dieser Angst stellst und dich von ihr befreist, indem du dich vom Wolf befreist, dann verwandelst du dein Leben. Dann wird dir nichts mehr genommen oder hinzugefügt zu dem, was du schon bist. Wenn du den Tod und die Angst annimmst und den Verlust und das Anhaften verwandelst, dann wirst du merken, wie sehr dir das inneren Frieden schenkt. Und dieser Frieden ist es, der dich erst recht das Leben fühlen und dich an dem freuen lässt, was du hast und erlebst. Nicht, weil du etwas von den Dingen willst, die du hast, sondern einfach nur, weil sie existieren, solange sie existieren. Dich eingeschlossen! Dieser Genuss kommt, wenn du deine Aufmerksamkeit dem Jetzt widmest, statt deiner Geschichte, die du dir im Kopf erzählst. Im Jetzt findest du die Trauer und den Schmerz des Verlusts. Aber ohne deine Leidensgeschichte findest du dort auch sehr viel Lebendigkeit. Und diese Lebendigkeit darfst du genießen. Ja, dem Tod und dem Verlust liegt sogar ein unglaubliches Potenzial inne, den Genuss und die Liebe zum Leben zu finden. Nicht in deinen Zielen und Plänen, sondern genau dann, während du deine Ziele und Pläne verfolgst, *unabhängig* von deren Ergebnissen oder dem Erreichen dieser.

Doch oft führt uns der Tod die Sinnlosigkeit des Lebens vor Augen. Und auch hier können wir, wenn wir genau hinschauen, erkennen, dass wir auch dies für unser eigenes Erwachen nutzen können. Denn hier zeigt sich klar, wie wir unbewusst im Alltag ticken: Wir rennen von A nach B und führen ein Werk nach dem anderen zu Ende. Wir putzen, ordnen und räumen unser Leben unentwegt auf. Doch wofür? Um am Ende mit nichts in der Hand zu gehen. All unser Tun und Wirken wird am Ende keinen Nutzen haben und keinen Sinn mehr in sich tragen. Nichts von dem, was wir in unserem Leben erschaffen haben, wird dann noch für uns von Bedeutung sein. Vielleicht schaffen wir es in die Geschichtsbücher, aber auch das wird uns nichts mehr nützen. Im Angesicht des Todes kann uns das ganze Leben mit seiner Sinnlosigkeit an den Abgrund der Depression über unser tragisches Schicksal führen. Und an diesem Abgrund stehend kannst du genau diese Erfahrung dafür nutzen, dich über ihn zu erheben. Wenn dir auffällt, dass dein Tun, dein Wirken und deine Ziele im Grunde verpuffen, warum tust du dann, was du tust und vor allem: Wie tust du es?

Da ich schon schrieb, dass Ziele nur markante Punkte auf einem endlosen Weg ohne Anfang und ohne Ende sind, gibt es nie ein Ankommen durch Erreichen. Es bleibt immer etwas offen, ungesagt, unerledigt oder unerreicht. Genauso, wie es immer ein neues Projekt, eine neue Verbesserung und ein neues Ziel am Horizont geben wird. Und nichts davon bleibt bestehen. Alles wird geboren, wächst, zerfällt und stirbt. Nichts davon können wir konservieren. Wenn wir erkennen, dass der Versuch des Wolfes darin besteht, eben genau das alles, was er »*mein Leben*« nennt, zu konservieren, erkennen wir, dass uns genau das davon trennt, wirklich lebendig zu sein. Lebendig können wir nur sein, wenn wir stets teilhaben an dem, was Jetzt genau passiert. Denn nur im Jetzt spielt sich das Leben ab. Und lenken wir unsere Aufmerksamkeit von den Zielen weg und bringen sie ins Jetzt, dann kann dies unser Tun transformieren. Dann tun wir nicht mehr die Dinge, um sie am Leben zu erhalten und sie zu konservieren, sondern wir tun es mit der Lebendigkeit, die wir spüren, *während* wir es tun. Dann trägt unser Tun die Glückseligkeit bereits in sich, die wir sonst normalerweise durch das an dieses Tun gebundene Ergebnis hoffen zu erreichen. Einfach gesagt: Genießen wir unser Tun, ohne darin einen Sinn für den Wolf zu finden, dann ist das alles, was wir brauchen. Dann wird unser Tun selbst zum Sinn. Frag ein spielendes Kind, warum es spielt, wann es angefangen hat zu spielen, wie lange es noch gedenkt zu spielen und was der Sinn seines Spiels ist. Es wird dich verwirrt anschauen, und sagen, dass es des Spielens wegen spielt und keinerlei Gedanken an deine Fragen verschwendet. Und dass es eben solange spielt, wie es eben spielt. Es ist immer der Prozess des Schaffens der uns Erfüllung gibt und nicht dessen Ergebnis. Wir fühlen uns lebendig, wenn wir etwas tun und nicht auf unser Tun zurückblicken. Denn während wir etwas voll und ganz tun, sind wir selbst auch voll und ganz. Denn durch unsere Hingabe an das, was wir tun, erfahren wir das Leben in seiner Fülle. Wir erfahren die Fülle dann nicht mehr in den Extremen, die der Wolf braucht, um sich zu fühlen. Für ihn muss immer noch eins draufgesetzt werden, weil das Alte in seiner Größe nicht gänzlich gereicht hat uns bis zum Ableben gut fühlen zu lassen. Also muss das Nächste noch größer sein. Oder wir erhöhen die Häufigkeit der Glücksmomente. Wir leben in einem Rausch, der immer wieder zerfällt und danach noch größer errichtet werden muss. Erst eine Flasche, dann zwei und irgendwann tut es nicht einmal mehr der gesamte Kasten. Doch im Sein verwurzelt können wir reine Freude an den einfachsten Dingen haben, wie Atmen, Stehen, unseren Körper fühlen, die Wolken beobachten, den Raum fühlen, die Sinneseindrücke wahrnehmen, ganz gleich, was da auf sie einprasselt.

Der Wolf aber denkt da ganz anders. Ist dein Tun nur ein Erreichen wollen, dann wird das, was du jetzt erlebst, ganz schnell öde und fad. Wie könntest du diese Sinnlosigkeit und Eintönigkeit genießen, die du in deinem Alltag täglich erlebst? Aus den Augen des Wolfes ist die Zukunft immer attraktiver und der Moment muss immer mit etwas angereichert werden, mit Dingen, die etwas Tolles in dir auslösen sollen. Oder, wenn der Tod dir die Sinnlosigkeit der Zukunft deutlich macht und den Blick nach vorn einreißt, dann holt er die Vergangenheit und sagt, dass damals alles viel besser war. Wir reden uns Zukunft sowie Vergangenheit schöner, als sie waren oder sein können, während wir das Jetzt mit unserer Ablehnung verdunkeln. Dann klammern wir uns entweder an die tolle Zukunft, die uns befreien soll, oder an die erlebte Vergangenheit, die ebenfalls frei (oder zumindest freier) von Leid war. Leid, das wir gerade spüren und dem wir entkommen wollen. Doch das Tor zur Freiheit vom Leid ist immer nur im Jetzt zugänglich. Du musst den Wolf vor dem Tor stehen lassen. Denn seine Welt ist es, die dich in der Illusion hält, dass es etwas außerhalb von dir gäbe (so etwas wie Vergangenheit und Zukunft), dass dich vom Leid befreien könne. All seine Wunschzustände von Frieden, Glück und Erfüllung sind immer an Ergebnisse, Ziele und Dinge gebunden. Doch das ist trügerisch. Denn die Dinge selbst haben nichts in sich. Es ist nur das, was wir ihnen zuschreiben. Wir hoffen, sie würden uns an die Orte führen und uns die Zustände bescheren, die wir gerne hätten. Doch im Grunde ist alles leer. Nur das, was *wir* in ihnen sehen, macht sie zu dem, was sie sind. Das Gute wie auch das Schlechte. Doch unsere Sicht kann sich jederzeit ändern und so auch die Dinge um uns herum. Dann wird der Partner, den du einst geliebt hast, zum Objekt deines Hasses. Doch wie kann das sein, wenn die Dinge von sich aus eine eigene Natur, einen eigenen Zustand hätten, fernab von unserer Interpretation und unseren Projektionen, die nur abhängig von unserer emotionalen Beschaffenheit sind? Gar nicht! Nichts von dem, was wir glauben zu sehen, ist aus sich heraus so, wie es ist. Es ist immer nur unsere Sicht auf die Dinge, die die Dinge in dem Licht erscheinen lassen, welches wir auf eben diese Dinge werfen.

Leben wir in einem Zustand, der uns nicht gefällt, wünschen wir uns einen besseren Zustand her. Manchmal kann es jeder x-beliebige neue Zustand sein. Hauptsache, wir müssen nicht mehr ertragen, was wir Tag ein Tag aus erleben. Dann ist der neue Zustand unsere Rettung und wir sagen, dass wir von nun an für immer glücklich sein werden, weil wir endlich losgeworden sind, was wir so gehasst haben. Doch hier findet der Wolf nach einiger Zeit auch im neuen Zustand irgendwann seine Einwände, weil das Gefühl der Befreiung durch den Wegfall des ungeliebten Zustands nun an den neuen Zustand gekoppelt ist. Insgeheim stellen wir die Bedingung auf, dass der neue Zustand uns glücklicher machen soll als der Alte. Doch die Dinge verändern sich eben ständig. Das ist die Natur des Lebens, was uns der Tod immer wieder zeigt. Und da auch wir uns verändern sind manche Dinge in unserem Leben eben nicht mehr der passende Spiegel für unser Glück. Dann machen wir uns auf und suchen neue Dinge, neue Menschen, neue Situationen, die uns wieder das Glück in uns zeigen sollen. Doch solange unser Glück an die Dinge gekoppelt ist und diese Dinge braucht, um sich selbst zu erkennen, rennen wir immer von einem zum anderen. Sobald eins vergeht, brauchen wir das Neue.

Und wenn wir das Rennen leid sind und einmal gefunden haben, was uns glücklich macht, dann versuchen wir es festzuhalten, weil wir wissen, dass auch das irgendwann gehen oder sich verändern könnte und uns mit uns allein lassen wird. Dann sperren wir den Vogel ein, weil wir Angst haben, dass er nicht mehr zu uns zurückkommt, wenn wir ihn fliegen lassen. Wir sind abhängig vom Anblick des Vogels, weil unser Glück an diesen gekoppelt ist. Doch nichts *macht* uns aus sich heraus glücklich. Wir können nur das Glück durch etwas erkennen, was wir bereits schon in uns tragen. Würden wir kein Glück in uns haben, könnte nichts im Außen uns darauf aufmerksam machen. Wenn du dich verliebst, ist es nicht der Partner, der dich glücklich macht, sondern im Grunde erinnerst du dich an das, was du selbst an dir und am Leben magst: Die Freude, die Leichtigkeit, die Liebe zum Leben werden *in dir* erweckt. Doch du denkst, der andere trägt dies in sich und beschenkt dich damit. Du beschenkst dich in Wahrheit selbst. Und das kannst du jederzeit völlig grundlos und unabhängig von Menschen und Objekten tun. Dann befreist du dich aus dem Wahnsinn, Gründe für dein Glück im Außen suchen zu müssen. Und du befreist dich von dem Wahnsinn, auf die Dinge sauer und wütend zu werden, wenn sie dir nicht mehr das geben, was du von ihnen erhoffst, wolltest und meintest bekommen zu müssen. Du stellst keine Bedingungen mehr daran, wie etwas zu sein und nicht zu sein hat, nur, damit du dich durch sie besser oder weniger schlecht fühlen kannst.

Doch wir befürchten, früher oder später nicht mehr das zu fühlen, was wir einst mit den Dingen gefühlt haben, die wir so gernhaben. Also leben wir in ständiger Angst, es könnte uns aus den Händen gleiten. Dann tun wir alles Mögliche, um es zu bewahren. Wir sind dann nicht mehr von dem Glück erfüllt, dass uns dieses Ding, diese Person oder dieser Umstand einst gegeben hat, sondern nur noch von der Angst getrieben, dass wir es verlieren könnten. Aus Liebe wird Eifersucht und der milde Rausch der Glückseligkeit wird zur Verlustangst. Durch diese Kontrolle empfindest du nicht mehr Liebe für die Dinge, sondern nur weniger Angst. Ohne deine Kontrolle und mit deiner Hingabe empfindest du jedoch mehr Liebe und gar keine Angst.

Liebe ist die Abwesenheit von Angst.

Wenn du einmal dahinter geblickt hast, dann wird dir wahre Lebendigkeit und Lebensfreude zuteil. Nicht, dass du nicht mehr traurig bist und weinst, krank und müde bist und erschöpft lieber im Bett liegst. Aber in all dem ist ein gewisser Frieden zu finden, der auch diese Zustände lebendig und lebenswert erscheinen lässt. Du bist nun gänzlich im Sein angekommen und erfährst das Leben mit Zuwendung und Hingabe. Es gibt diejenigen, die sich im Regen unterstellen, und diejenigen, die in ihm tanzen. Dieser Tanz ist nicht immer eine Party und Disco, sondern auch manchmal sanft und in den Arm nehmend, still und traurig. Aber es ist ein Tanz, der sich friedvoll anfühlt und aus dem Herzen fließt, als Hingabe an das Leben und an dich selbst. Menschen, die von dir gegangen sind, leben in deiner Liebe weiter und nicht in deiner Angst und deiner Schwermütigkeit. Nur der Gedanke, was dir entgangen ist und entgehen könnte, macht dich schwer. Ohne diesen Gedanken sind diese Zustände schmerzlich, aber dennoch tragen sie eine gewisse Leichtigkeit in sich, die dein Lebensbild nicht trüben und dich den Frieden im Leben erkennen lassen. Der Schmerz trägt dann etwas Mildes in sich.

Resilienz aufbauen

Sei es die Angst vor dem Tod, dein Frust über deinen Job oder die Wut, die du empfindest, wenn dir Unrecht widerfährt: Ganz egal was dich aus deiner Ruhe und deinem Frieden bringt, es hat zum größten Teil seinen Ursprung in deinen Gedanken. Sobald du dir erlaubst, dich deinem Fühlen zu widmen, und gänzlich eintauchst in das, was in dir vor sich geht, gehst du durch die Angst, lässt den Sturm an dir vorbeiziehen und kommst gestärkter aus ihm hervor. Je öfter du dies machst, desto mehr Resilienz, sprich Widerstandskraft, baust du auf.

Hierzu gab es eine verblüffende Untersuchung zweier Büffel-Herden im kalten Norden der USA. Untersucht wurde, warum während der kalten Winterstürme weniger als die Hälfte der Büffel bei der einen Herde diese Stürme überlebte und bei der anderen Herde nur ein kleiner, einstelliger Prozentsatz in diesen Stürmen starb. Herausgefunden wurde, dass sich beide Herden unterschiedlich verhielten. Die Herde mit den hohen Verlusten rannte vor den Stürmen davon. Kam der Sturm von links, rannten sie nach rechts. Doch sie waren etwas langsamer als der Sturm und dieser holte sie ein. Da der Sturm nur geringfügig schneller war als die Herde sich fortbewegen konnte, dauerte es eine ganze Weile, bis der Sturm über sie hinweggefegt ist. Als er die Herde einholte, war diese eine beachtliche Zeit dem Sturm ausgesetzt. Nicht nur, dass sie enorme Energien verbraucht hatten, um der Gefahr und der Angst im Nacken zu entkommen: Jetzt dauerte es zusätzlich noch ewig, bis der Sturm über sie hinweggefegt war. Es ist wie bei den Lastwagen auf der Autobahn: Sobald einer den anderen überholt, dabei aber nur geringfügig schneller ist als der andere, dauert es ewig, bis dieser nun endlich an ihm vorbeigefahren ist. Und so waren die Büffel dem Sturm sehr lange hilflos ausgeliefert. Eine Prozedur, die vielen Tieren das Leben kostete.

Die andere Herde aber verhielt sich anders. Anstatt vor dem Sturm zu fliehen und dem gleichen Schicksal zu erliegen, rannten sie auf den Sturm zu und in den Sturm hinein. Jetzt bewegten sich Herde und Sturm in unterschiedliche Richtungen. Die Büffel liefen nach links, während der Sturm nach rechts zog. Die Zeit in der beide sich trafen und sich überschnitten, war deutlich geringer. So in etwa, wie wenn zwei Lastwagen mit ähnlichem Tempo aneinander vorbeifahren. Da rüttelt es und schüttelt es, aber die Dauer des Zusammentreffens ist nur ein Bruchteil dessen, im Vergleich zum Überholmanöver. Nicht nur, dass diese Büffel dem Sturm viel kürzer ausgesetzt waren, sie sparten im Vergleich mit der zu lang andauernden Flucht der anderen Herde auch enorme Energiereserven, die sie nach dem Durchschreiten des Sturms für Heilung und Regeneration einsetzen konnten.

Übung: Der Bodyscan

Diese Übung dient dazu, zu üben, wie es ist, im Körper und nicht in den Gedanken zu wohnen. Wir trainieren hierbei unseren entspannten Fokus und die Fähigkeit, gänzlich im Moment zu verweilen, ohne uns von unseren Empfindungen und Gefühlen aufwühlen zu lassen. Je mehr wir ein Gespür für unseren Körper, dessen Empfindungen und unsere bisher unbewussten und automatischen Reaktionen bekommen, desto leichter können wir mit der Zeit durch diese Stürme gehen, ohne in ihnen unterzugehen.

Da wir die Welt nur mit und über unseren Körper erfahren und wir in Wahrheit nicht auf das Außen reagieren, sondern auf die Empfindungen und Gefühle, die das Außen in unserem Körper erzeugt, ist es wichtig, ein besseres Gespür für den Körper zu bekommen. Dadurch kommen wir besser in Kontakt mit unseren Gefühlen und können seine Reaktionen auf die ganzen Impulse besser sehen, spüren und wahrnehmen. Wenn wir auch hier es schaffen, die ganzen Empfindungen und Symptome des Körpers als Reaktion auf die ganzen Impulse wertfrei und lediglich als neutraler Beobachter zu sehen, dann können wir später damit arbeiten und uns Stück für Stück zu einem selbstbestimmteren Leben hinbewegen. Empfindungen bleiben Empfindungen und werden nicht zu Angst, Panikgedanken, Depression oder Wut. Entfachen wir sie durch unseren mental-emotionalen Prozess nicht immer wieder neu, klingen sie schnell wieder ab und der Körper bleibt entspannt. Das steigert deine Widerstandskraft und mildert zukünftige, ähnliche Stresssituationen deutlich ab.

So funktioniert's

Scanne durch deinen Körper und nimm wahr, was du wahrnehmen kannst. Von Allem bis Nichts. Egal. Und häng dich nicht dran auf. Ist da etwas kribbelig, nimm es wahr und geh weiter. Tut da was weh? – »Okay, hab's gecheckt!« – und weiter geht es. Geh spielerisch und neugierig an die Sache heran und erwarte keine großen Erscheinungen. Jede Form, sei sie noch so klein und unbedeutend, ist gut.

Fange unten bei den Füßen an und gehe langsam nach oben zum Kopf. Spüre in deine Zehen, die Ferse, das Fußgelenk hinein. Gehe zum Unterschenkel, zum Knie, dann zum Oberschenkel. Erst das eine Bein, dann das andere. Spüre die Hüfte und das Becken, die Vorder und Rückseite deines Oberkörpers von unten nach oben. Dann den einen Arm von den Fingern bis zur Schulter in all seinen Einzelteilen und dann den anderen Arm. Deinen Hinterkopf und die unterschiedlichen Teile deines Gesichts. Flüssig, stetig, nicht zu schnell, nicht zu langsam. Für jede Stelle ca. eine Minute und weiter, sodass du ca. 30 Minuten dafür brauchst. Es ist natürlich machbar den Bodyscan in nur 3 Minuten zu machen oder ihn auf 45 Minuten und länger auszudehnen.

Spüre danach deinen gesamten Körper als Ganzes und lausche seinem Orchester der Empfindungen. Alle Zustände, die du während deiner Reise in den einzelnen Körperregionen wahrnimmst, sind wie sie sind. Es gibt kein Richtig und kein Falsch. Während des Bodyscans versuchen wir nicht irgendwelche Zustände zu erreichen. Was sich zeigen will, zeigt sich und wenn nicht, dann ist das auch okay. Das Schöne ist, dass wir uns nicht auf die Suche nach bestimmten Empfindungen machen müssen. Nimm wahr, was bereits da ist, auch wenn es unangenehm ist. Das ist es, wie sich die Realität jetzt in diesem Moment eben zeigt. Lass deine bewertenden Gedanken los und erlaube es den Dingen (und dir selbst) so zu sein, wie du in diesem Moment bist.

HINWEIS: Bleibe nicht an einer bestimmten Empfindung wie bspw. Schmerz haften! Mach das Unangenehme nicht zu deinem Hauptfokus. Nimm es wahr: »Ja, ich sehe dich«, und frage dich: »Aber was gibt es noch?«. Das mindert den Fokus auf das Negative und öffnet unsere Wahrnehmung für das, was es neben dem noch gibt.

Den Schmerz zum Freund machen

Wenn du die Übung zuvor öfter machst, wirst du schnell einen leichteren Zugang zu deinem Körper bekommen und immer feinere Regungen wahrnehmen. Selbst die kleinsten Impulse wahrzunehmen wird dann kaum noch schwierig für dich sein. Je mehr du deinen Körper spüren kannst, desto weniger fremd sind dir seine Regungen und desto leichter kannst du sie erlauben und beeinflussen. Jedes Mal, wenn du dich deinen Gefühlen und Emotionen stellst und sie auf der Ebene der Körperempfindungen fühlst, gewinnst du an Stärke und Handhabbarkeit. Das kommt ganz automatisch und du wirst es feststellen können, wenn dich wieder ähnliche Situationen treffen. Du wirst merken, wie du die Angst vor den zuvor noch schrecklichen Situationen verlierst, einfach aus dem Grund, weil du nun weißt und erfahren hast, dass dir deine Gefühle nichts antun und du sie überleben wirst. Hast du einmal erfahren, wie es ist, diese Gefühle zu fühlen und lebendig aus ihnen hervorzutreten, umso mehr Vertrauen hast du in dich, sobald du auf eine ähnliche Situation triffst. Jetzt gehst du schon mit viel weniger Angst auf dein inneres Erleben zu und kannst die Gefühle noch schneller lösen. Je öfter du dies machst, desto geringer werden die Emotionen, die solche Situationen in dir auslösen, desto mehr ebben auch deine zuvor noch heftigen Reaktionen ab und umso mehr verflüchtigen sie sich, bis schließlich diese Situationen gar keine oder nur noch leichte körperlichen Reaktionen in dir auslösen. Du gewöhnst dich sozusagen an deinen inneren Zustand, was aber nicht heißt, dass du mit diesem Zustand gezwungen bist zu leben. Ganz und gar nicht. Denn gerade durch dieses »gewöhnen« befreist du unglaubliche Energiereserven, welche du zuvor dafür verbraucht hast, die Situation verändern zu wollen, statt dich weiter der Verwirklichung deines Wunschlebens zu widmen.

»*Gewöhnen*« meint nicht, dass du dich mit deinem Zustand *abfindest* und am Ende gar noch deine Identität daraus gewinnst. Wenn du dich aufmachst, dich persönlich und somit dein Leben zu verändern, ist die allgemeine »*Gewöhnung*« ein Hindernis. Du bist an dich gewöhnt, an deine Stimmungen, deine Gedanken und Glaubenssätze, einfach an alles, was dein altes Ich ausmacht. Und dein altes Ich will in dieser Gewohnheit bleiben und am liebsten in ihr bis in alle Zeit weiterexistieren. Doch wenn du anfängst, dich zu verändern, dann wirst du mit dieser Gewohnheit, die ich »*dein altes Ich*« nenne, brechen müssen. Und gleichzeitig studierst du dir eine neue Gewohnheit ein: die Gewohnheit mit dem Unbekannten, mit dem Neuen zu sein und die aus dem Bruch mit deinem vertrauten Ich entstehenden unangenehmen Gefühle zu fühlen, statt vor ihnen wegzurennen. Es geht nicht darum, diese alten Gefühle als treuen Freund weiter an deiner Seite zu haben, sondern vielmehr darum, von einer höheren Warte, aus einem gewissen Abstand heraus, dich ihnen zu widmen und sie aus den Augen einer Art »*neuen Ichs*« zu betrachten. Dann sind diese gewohnten Emotionen und Zustände nichts mehr, was mit deinem Ich zusammenhängt und dieses nährt. Dadurch, dass du sie durch deine Aufmerksamkeit anerkennst, werden sie sichtbar. Statt sie unbewusst weiter zu unterdrücken, sodass sie dich aus dem Hintergrund fernsteuern, wirst du dir ihrer bewusst. Und wenn du nicht weiter an ihnen festhältst, indem du den Widerstand gegen sie aufgibst und es ihnen erlaubst, Teil deiner jetzigen Erfahrung zu sein, werden sie sich von selbst verändern. Ich sagte, dass alles größer wird oder generell erst in Erscheinung tritt, worauf wir unsere Aufmerksamkeit richten. Doch bleiben wir mit unserem reinen Bewusstsein bei diesen Erscheinungen, ohne etwas von ihnen zu wollen (also ohne unser Ich), dann verändern sich diese.

Hinweis: Ich weiß, dass das mit Vorsicht zu genießen ist, weil Menschen, die schwerwiegende traumatische Erfahrungen gemacht haben, schnell in eine Retraumatisierung geworfen werden können, wenn sie vergangenes Material wieder hervorholen. Sich die Emotionen solcher Ereignisse anzuschauen, wird die Emotionen zunächst größer machen. Das kann zu heftigen Reaktionen führen und für manche nicht handhabbar sein. Deshalb ist es bei solchen Menschen ratsam, einen Begleiter hinzuzuholen, bspw. einen Therapeuten oder Psychologen. Doch es ist wichtig sich diesen Emotionen zu stellen, um sie aus dem Körper zu bekommen. Sonst werden sie uns unser ganzes Leben bestimmen. Und wenn wir es schaffen, die Emotionen zu fühlen, ohne ihnen durch unsere Story im Kopf zu verfallen, dann verändern sie sich. Dann haben wir sie zwar erst sichtbar und größer werden lassen, es ihnen aber genau dadurch auch erlaubt, sich lösen zu können.

Dein altes, vertrautes Ich ist in einer Hassliebe mit diesen Emotionen und Zuständen verbunden. Es braucht sie, um sich an ihnen zu nähren und gleichzeitig hat es Angst vor ihnen. Diese Angst ist es, was paradoxerweise gleichzeitig das Futter für den Wolf ist. Das Hineinspüren und Hinschauen zu den angeblichen Angstauslösern bringt den Wolf zum Schweigen und etwas Neues in dir steigt auf. Das Neue ist dein Bewusstsein, der Raum, der entsteht, wenn du dich aus den alten, automatischen und unbewussten Verhaltensmustern deines alten Wolfs-Ich löst. Dieses neue Bewusstsein ist nicht mit den alten schmerzlichen Zuständen des Wolfs-Ich verbunden und nicht Gefangener seiner Vergangenheit und der immer gleichen Zukunft. Wenn du dich aus diesem neuen Zustand heraus mit dem Wolf und seinen Gefühlen anfreundest, bzw. dich nicht vor ihnen fürchtest und dich dennoch nicht von ihnen vereinnahmen lässt, dann wirst du dich selbst ermächtigen, nicht mehr Geisel deiner Selbst zu sein, sondern Schöpfer deines Lebens zu werden. Das ist es, was ich meine, wenn ich sage, dass du Energie zurückgewinnst, wenn du dich aus den alten Ketten befreist, auch wenn es sich am Anfang erst einmal schmerzlicher anfühlt und du deshalb lieber wieder in deine alten Gewohnheiten zurückfallen möchtest.

Jeder Neuanfang, jede Hinwendung zum Guten, zum Heilsamen, zum Neuen und Unbekannten ist immer mit etwas anfänglicher Anstrengung verbunden. Du hast dich jahrelang nicht bewegt und fängst nun an Sport zu machen. Was geschieht? Du bekommst Muskelkater. Statt dass es besser wird, wird es zunächst schlimmer. Der Körper will in seinem gewohnten Zustand bleiben. Das ist normal. Es ist einfach eine Tatsache, dass wir, wenn wir Neues errichten wollen, das Alte erstmal einstürzen müssen. Wenn du dein Haus sanieren willst, wirst du erst einmal alle alten Tapeten abkratzen müssen. Bevor eine neue Ordnung entstehen kann, muss die alte zuvor beseitigt werden. Wir stürzen uns ins Chaos, in die Unordnung oder anders: Bevor du dein Haus neu gestaltest, wirst du vorher in einer noch größeren Müllhalde landen, weil der ganze Schutt und Dreck nun erst sichtbar wird. Doch das ist gut! Du musst schließlich die alten Tapeten entfernen und dir des ganzen Drecks bewusst werden. Nur so kannst du ihn dann gänzlich entfernen und dein Haus von Grund auf neu aufbauen. Es ist auch ganz natürlich, dass wir, wenn wir uns in Richtung Heilung und Öffnung bewegen, zunächst krank werden und unser Bemühen allen Anschein nach in die falsche Richtung läuft. Alles scheint zu zerbrechen, wir haben noch mehr Chaos vor uns, wo wir doch eigentlich Ordnung schaffen wollten und nun sind wir auch noch kränker als zuvor. Doch das ist nur eine Übergangsphase, die völlig normal ist. Wenn dein Körper es gewohnt ist, an bestimmten Dingen festzuhalten und du ihn nun aus seiner gewohnten Umgebung holst, dann muss sich das System in dir neu ordnen. Anspannung kann zum Beispiel Krankheiten hinauszögern. Leben wir im Überlebensmodus des Wolfes, so schwächt dieser Modus zwar unser Immunsystem, doch durch die Anspannung können wir Krankheiten bis zu einem gewissen Grad unterdrücken. Auf der Flucht vor einem Tiger haben wir förmlich keine Zeit für eine Erkältung. Doch sobald wir zur Ruhe kommen, uns entspannen und den Körper lockern, kommt sie dann plötzlich zum Vorschein. Deswegen werden wir oft an unseren freien Tagen oder im Urlaub krank, während wir auf Arbeit die ganze Zeit scheinbar gesund sind. Eine Tür zu öffnen, die jahrelang nicht bewegt wurde, wird schwerfällig aufgehen, quietschen und knarzen. Es wird Staub herunterfallen und Putz abbröckeln. Doch wenn wir diese Tür mehrmals bewegen und ölen, dann wird sie zu neuem Glanz finden. Tun wir es jedoch nicht, wird sie vom Rost zerfressen werden.

Du kannst an dieser Stelle selbst entscheiden, ob du lieber wieder zurück zum alten Ich fallen möchtest, um dem neuen Schmerz zu entgehen und lieber mit dem alten Schmerz, der dir vertraut ist, zu leben, oder ob du lieber den neuen Schmerz in Kauf nimmst, weil du weißt, dass dich dein alter Schmerz immer nur dorthin bringt, wo du schon warst, zu Orten und Situationen, die dich nicht wirklich erfüllen und dich immer mit einem Quäntchen Unzufriedenheit zurücklassen. Entscheidest du dich für Letzteres, dann ist »*der Schmerz der Wandlung*« nur eine anfängliche Begleiterscheinung. Schon bald hast du dich an diesen Schmerz gewöhnt, im Sinne von, dass er dich nicht aufhält und dir keine Angst macht. Jetzt wird deine Freude auf deine Zukunft immer größer und der Schmerz der Vergangenheit immer kleiner, einfach aus dem Grund, weil du dich nun nach deiner Freude ausrichtest und den Schmerz als Begleiterscheinung nicht mehr als Hindernis siehst. Und je weniger du etwas gegen den Schmerz hast, desto besser gehst du mit ihm um und desto weniger schmerzlich wird es mit der Zeit.

Ich weiß, es klingt komisch, wenn ich sage, dass Schmerz ein Teil des Weges hin zu unserem Glück ist. Dabei soll doch der Weg uns aus dem Leid und der täglichen Unzufriedenheit befreien. Und jetzt wird alles noch schmerzhafter? Wenn du das denkst, ist es der Wolf, der sich nicht vorstellen kann, wie Schmerz ihn befreien kann. Der Wolf ist der größte Angsthase. Er hat so eine Angst vor Schmerz, dass er alles unternimmt, diesem zu entkommen. Und genau dadurch kann das Leben so unerträglich werden, weil wir als Gefangene in seinen Neurosen und Ängsten leben. Gehen wir aber durch den Schmerz, erkennen wir die Lügenmärchen des Wolfes, weil wir nämlich am Ende nicht sterben und sogar gestärkter aus dem Schmerz hervor gehen. Für den Wolf kann und darf das nicht sein. Seine Welt stürzt ein. Und dennoch stirbt vielleicht der Wolf dabei, aber du selbst bist mehr denn je am Leben. Nun erkennst du die Wahrheit, die hinter der Illusion des Wolfes liegt und stellst fest, dass das Leben viel mehr ist, als das, was du dir die ganze Zeit eingeredet hast. Statt es dir in den schützenden Grenzen deines Wolfs-Verstandes bequem zu machen, entdeckst du jetzt die Welt außerhalb deines dich einschränkenden Geistes. Und da wirst du unweigerlich entdecken, dass neben den ganzen Geschichten des Wolfes, neben dem ganzen Schmerz der Wandlung so viel mehr Weite in dir entsteht, dass du dich vor lauter Freude mehr und mehr dieser Weite zuwendest und den Schmerz nicht mehr als Hindernis ansiehst, dich deiner neuen Zukunft öffnen zu dürfen.

Du hast dich dann an den Schmerz gewöhnt, der entsteht, wenn du Altes gegen Neues austauschst und den Schritt ins Unbekannte wagst. Du sitzt quasi im eigenen Feuer und verbrennst. Und anstatt in diesem Feuer zu sterben, steigst du wie neugeboren aus ihm hervor. Sich also mit dem Schmerz anzufreunden, heißt nicht, im Feuer zu sitzen und sich damit abzufinden zu verbrennen und zu sterben. Das sieht der Wolf so. Sich anzufreunden heißt, im Feuer zu sitzen und dabei die Weite in dir und um dich herum zu spüren, die entsteht, sobald du den Teil in dir leben lässt, der nicht der Wolf ist. Dieser Teil öffnet sich in dir, wenn du schlichtweg nicht mehr dem Wolf hinterherrennst.

Wo ist der Wolf?

Im Gestern und im Morgen.

Wie kannst du ihm entkommen?

Im einzigen Ort, wo er nicht zu finden ist: Im jetzigen Moment.

Was aber findest du dort?

Schmerz, Angst und andere emotionale Spuren des Wolfes. Dort findest du seinen Schatten.

Was aber findest du dort noch?

Du findest das Licht in dir, das diese Schatten beleuchtet und sich über diesen hinaus ausweitet.

Im Grunde findest du nicht das Licht, sondern du bist automatisch das Licht. Denn nur der Wolf hält dich im Dunkeln. Ohne Wolf gibt es kein Dunkel und du kannst beleuchten, was zuvor verborgen war. Jetzt hast du zwar Schmerz und Angst, aber es ist keiner mehr da, der sich vor der Angst fürchtet und dem der Schmerz wehtut. Und sobald das geschieht, werden die Angst und der Schmerz kleiner. Oder anders: Der Raum um die Angst und den Schmerz herum wird größer und diese beiden Zustände sind nur noch ein winziger Aspekt von der Größe und Weite, die du bist und die du in dir wahrnehmen kannst, sobald du den Moment vollkommen annimmst.

Befreiung durch Integration und Hingabe

Liegt deine Aufmerksamkeit voll im Außen und auf der Auseinandersetzung mit deiner schmerzlichen Vergangenheit und der vermeintlich verpassten Zukunft, spielt es dabei keine Rolle, ob dir der Schmerz erst gerade eben oder vor zehn Jahren zugeführt wurde. Fakt ist, dass du die Vergangenheit schuldig sprichst, weil sie dir die gewünschte Zukunft (das glückliche Leben) verweigert und unerreichbar macht. Statt im Moment zu sein, sorgen Wut und Frust dafür, dass du deiner Vergangenheit entfliehen und in eine bessere Zukunft flüchten möchtest. Dabei wird das, was du jetzt gerade erlebst, vollkommen außer Acht gelassen und nur benutzt, um in einen besseren Moment deiner Zukunft zu gelangen. Oder sie wird gänzlich verteufelt und abgewehrt. Doch genau in diesem Moment, in dem du dich jetzt gerade befindest, kannst du dich ändern. Und nur hier.

Ich bitte dich nun um eins: Von heute an wirst du dich von deiner alten Geschichte nicht mehr unterkriegen lassen. Deine Vergangenheit ist nur eine Geschichte. Sie ist vorbei. Aus. Ende. Von heute an wirst du dich aber auch von deiner Zukunft, die du dir ersehnst, ebenfalls nicht mehr herumkommandieren lassen. Denn durch sie fühlst du dich ebenfalls klein. Sie gaukelt dir vor, morgen könne es besser sein als es jetzt ist. Sie erzählt dir, dass du noch nicht am Ziel bist. Sie sagt: »*Heute ist es noch nicht so weit, vielleicht morgen.*« Sie sagt, du seist noch ein Loser, aber schon bald vielleicht ein Gewinner. Du vergleichst. Du vergleichst dein Mangel-Ich mit einem möglichen Fülle-Ich, welches du in die Zukunft projizierst.

Der Vergleich ist der Anfang der Unzufriedenheit.

Der Vergleich täuscht dich. Er macht dich unglücklich. Er sagt immer: »*Später ist es besser als jetzt.*«. Er sagt auch, dass du Opfer bist und nicht Schöpfer. Er sagt aber, du kannst Schöpfer werden, aber eben nicht jetzt, sondern vielleicht morgen. Oder übermorgen. Das ist der größte Trick in dir: Dadurch, dass dir von dir selbst im Morgen ein besserer Zustand versprochen wird als du heute erlebst, bleibt dein altes Ich unbemerkt am Leben. Es weiß, dass es sterben wird und schleicht sich somit durch die Hintertür wieder rein. Vorn herum gibt es dir sein Okay und sagt, dass du dich verändern darfst und dass es verschwinde. Und still und heimlich hält es dich in der Opferhaltung. Es wird dir nicht erlauben zum Schöpfer, zum Gewinner zu werden und auf die andere Seite zu gelangen. Und dann, wenn du dem Trugschluss der vielversprechenden Zukunft irgendwann erliegst, kommt es, nimmt dich in den Arm und wird sagen: »*Hab ich's dir doch gesagt. Hättest du nur auf mich gehört.*« Du wirst weinend in seine Arme zurückfliehen, dieses Buch und deine Ambitionen vergessen und resignieren.

Also sei dir eins gesagt: Alles, was du jemals haben, ändern, erlangen und wovon du dich entledigen willst, kannst du immer nur im Jetzt tun. Wann anders ist es nicht möglich. Du musst heute der Gewinner sein, der du morgen sein willst. Denn wenn du morgen aufwachst, bist du der, zu dem du dich heute entschieden hast. Wachst du morgen auf und entscheidest dich in diesem Moment des Aufwachens dafür ein Gewinner zu sein, bist du ein Gewinner. Aber du hast die Entscheidung nicht morgen getroffen, sondern im Jetzt. Denn wenn dieser

Moment des Aufwachens gekommen ist und du deine Entscheidung triffst, ist es in diesem Moment Jetzt. Es ist immer Jetzt. Wenn du aber morgen aufwachst und erstmal schaust, ob du ein Gewinner sein könntest, schaust du aus den Augen des Verlierers. Alles, was der Verlierer kennt, ist, verlieren. Alles, was er sucht, erkennt und anzieht, ist, verlieren. Er kann es nicht anders, denn er ist so. Er wird sehen: »*Ah, heute doch kein Gewinner. Vielleicht morgen.*« Und das zieht sich immer so weiter. Egal wohin du gehst, du nimmst dich überallhin mit. Dein unglückliches Ich sucht Erfüllung in einem anderen Moment. Doch tritt dieser Moment ein, trifft der Moment auf ein unglückliches Ich. Das unglückliche Ich wird diesen Moment nicht erkennen, weil es immer noch mit Suchen im nächsten Moment beschäftigt ist und auf seine Erlösung wartet. Das wäre fast so, als würdest du von einem Fahrrad verlangen, es solle ein Flugzeug sein. Ein Fahrrad kann nur das, was ein Fahrrad kann. Wenn du aber fliegen willst, musst du ein Flugzeug nehmen. Wenn du ein Gewinner sein willst, musst du dich entscheiden, ein Gewinner zu sein und darfst dem Loser nicht mehr glauben. Egal wer du bist: Deine Entscheidung, die du selbst getroffen hast, lässt dich der sein, der du sein willst.

Wenn ich unweigerlich das annehme, was ein Problem sein könnte, dann bin ich sofort frei davon und hole die Energie zurück, die ich dem Problem und meinem daraus resultierendem Widerstand gewidmet habe. Sobald ich wirklich das annehme, was ist, entsteht Leichtigkeit. Schwere und Leichtigkeit sind die Indikatoren dafür, ob du dich von etwas getrennt fühlst und im Widerstand zu deiner jetzigen Situation bist oder ob du es annehmen und integrieren kannst. Vielleicht sagst du, du akzeptierst es und kommst schon irgendwie damit klar. Aber das ist kein wirkliches Annehmen. Wenn es kein hundertprozentiges, klares *Ja* ist, dann ist es ein Nein. Immer! Ein kleiner Teil in dir will es trotzdem nicht haben. Er duldet es nur und hofft aber, dass es mit der Zeit schon gehen wird. Nun kannst du dir vornehmen, dem Wolf zu entrinnen und sagen, du willst nie wieder schlechte Gedanken denken und du passt nun höllisch darauf auf, wohin dein Fokus geht. Du nimmst dir vor, von nun an nur noch Gutes zu denken. Doch im Hintergrund hast du Angst, dass der Wolf dich weiterhin bestimmt. Ein Teil ist damit beschäftigt, ihn zu beobachten, um dich zu warnen, wenn er dir zu nahe kommt. Also ist ein kleiner Prozentsatz deiner Aufmerksamkeit immer noch damit beschäftigt, zu schauen, ob das Problem immer noch am Leben ist. Du schaust zwar nach vorn, doch ein kleiner Teil von dir schaut über deine Schulter, hinter deinen Rücken, sorgenvoll um die nächste Ecke, ist nie ganz sicher und immer etwas auf der Hut. Doch da deine Energie deiner Aufmerksamkeit folgt, ziehst du immer ein wenig deiner Energie von dir ab und richtest es auf dein Problem. Das Problem bleibt dadurch am Leben und raubt dir dank deiner Aufmerksamkeit und deiner nicht gänzlichen Hingabe deine Energie. Wenn du genau in dich hineinspürst, bekommst du das subtil mit. Es fühlt sich an, als würde das Problem immer wie ein Schleier über dir lauern. Das geht vielleicht ein paar Tage gut, aber da du damit beschäftigt bist, das Problem nicht voll und ganz loszulassen, wird es früher oder später wieder in Erscheinung treten. Und zwar in Form von schweren Gedanken und erdrückenden Gefühlen. Du bist nicht frei, wenn du dir nicht erlaubst *mit* deinen Problemen frei zu sein. Du kannst sie wirklich einfach loslassen und bereit sein, dich dem Risiko des bevorstehenden Todes auszusetzen. Stirb, um zu leben.

Da die Probleme, das Anhaften an diese und das »*Nicht-loslassen-Können*« die Charakterzüge des Wolfes sind, ist die Befreiung von deinen Problemen durch das völlige Annehmen dieser auch eine Befreiung von deinem Wolf. Es gibt verschiedene Arten, wie wir mit unliebsamen Zuständen umgehen können. Doch die meisten entspringen dem Charakter des Wolfes. Es mag Umstände geben, da wird der Wolf resignieren und gar nichts mehr machen wollen. Er reagiert mit Zynismus und sagt:

> »*Wenn ich es nicht haben kann, dann behalt es. Ich hab es sowieso nicht gewollt. Ist schon okay. Dann fress ich lieber Dreck. Das schmeckt mir sowieso viel besser und macht mehr satt. Ich brauch euren Fraß nicht.*«

Diese Haltung kannst du gut erkennen, wenn dir auffällt, wie der Wolf durch seine angebliche Befürwortung sich innerlich über den anderen oder die Situation durch eine Art Arroganz und Hochnäsigkeit stellt und sich dadurch erhaben fühlt. Doch meist geht der Resignation ein Kampf voraus. Denn das ist es, was der Wolf lieber tut: sich gegen etwas stellen. Dann wird die Reise zum Ziel ein Wettlauf gegen die Zeit und alles, was dir in die Quere kommt, ist ein Hindernis. Rote Ampeln bremsen dich ungewollt aus, vor dir schleichende Fahrer werden zum Objekt deines Hasses und du bewegst dich angespannt und aggressiv mit Vollgas und Bremse auf dein Ziel zu, nur um am Ende ausgelaugt anzukommen. Wenn überhaupt. Doch wenn es darum geht, die Dinge anzunehmen, dann kommt der Wolf gern mit einer sanfteren Art, die sagt, er würde das, was er nicht mag, akzeptieren. Doch so ganz happy ist er damit trotzdem nicht. Dann sind seine Sätze solcher Art:

> *»Augen zu und durch. Jetzt hilft es nur, die Zähne zusammenzubeißen. Schließlich kommen nur die Harten in den Garten. Also keine Panik, auch das wird irgendwann wieder vorbeigehen. Kneif den Arsch zusammen und halte durch!«*

Doch was ist, wenn es nicht vorbeigeht? Oder nicht schnell genug? Dann wird der Wolf sauer. Und zwar richtig. Er meint, er könne es schon aushalten, aber wenn es dann doch über seine Grenzen geht, wird auch all sein sich wohlwollendes Zureden irgendwann in Aggression enden. Denn schließlich strengt er sich an, das, was ist, zu erdulden, mit der Hoffnung, dass sich dann schon sein gewünschtes Ergebnis ereignen wird. Und ist dem nicht so, dann sollte alles um ihn herum in Deckung gehen, weil er explodieren wird.

Hoffnung ist ein Bettler.

Hoffnung suggeriert uns, dass uns irgendwas erlösen wird. Wir geben unsere Macht an etwas außerhalb von uns ab und betteln im Grunde darum, dass ein Ritter in goldener Rüstung kommt und uns vom Drachen befreit. Doch da wird keiner kommen. Vielleicht mit viel Glück. Vielleicht passiert wirklich etwas und befreit uns vom Drachen. Doch da wir uns nicht selbst von dem Spuk befreit haben, den wir selbst nur kreieren, wird es nicht lang dauern und wir haben einen neuen Drachen, von dem wir befreit werden wollen. Hoffen ist wie warten. Während du wartest, erträgst du den lähmenden Moment, in welchem du lieber woanders wärest. Du stehst irgendwo an und tippelst ungeduldig von einem Bein aufs andere, träumst dich weg oder lenkst dich ab. Du tust alles, nur um nicht in diesem Moment zu sein. Du lebst in deiner Fantasie, in den leblosen Gedanken deines Wolfes. Doch wenn dieser Moment des Wartens nur ein klein wenig zu lange dauert, dann wirst du unruhig, aufgeregt und gereizt, fängst an, über das Busunternehmen oder die Person vor dir in der Schlange zu schimpfen. Und das alles nur, weil du nicht im Moment leben kannst. Weil du dir nicht der Lebendigkeit in dir und um dich herum gewahr bist und nicht in deinem eigenen Sein ruhen kannst. Du kannst es zumindest nicht, wenn du der Wolf bist. Er versteht nichts vom Sein und von Lebendigkeit durch ein gewisses Nicht-Tun. Er begreift die Seins-Freude nicht, die entsteht, wenn du aus dem Kopf, über den Körper in den Moment eintauchst. Er kennt nicht den Raum, der sich öffnet, wenn du aus dem Konzept von Zeit trittst und nicht mehr in deinen Plänen und Strategien lebst. Er weiß nichts von dem Frieden, der dich überkommt, wenn du dich dem, was ist, völlig hingibst. Seine Hingabe ist nur ein argwöhnisches Akzeptieren, immer gepaart mit etwas Hoffnung, etwas Betteln, sich etwas einreden, mit Warten, mit Aushalten und mit Anspannung.

Doch was wäre, wenn du dich nicht mehr anspannst, nicht die Pobacken oder die Zähne zusammenbeißt, nicht mehr hart werden musst, um in den Garten zu kommen, nicht mehr willst, dass es anders wäre, als es bereits ist?

Übung: Für immer

Einer meiner Yoga-Ausbilder hat mir während einer extrem langen und sehr herausfordernden Yoga-Pose gesagt, ich solle mir vorstellen, dass dieser Moment ewig dauern würde.

Was würdest du tun?

Du kannst kämpfen, dich aufregen, schreien und dich selbst bemitleiden. Doch all das wird dich nicht erlösen und die Sache nur unerträglicher machen. Ich stand in der Pose und dachte mir zuerst, ich müsse nur atmen, mich konzentrieren und den Schmerz ertragen. Einfach nur die Ruhe bewahren. Es wird schon bald vorbei sein. Ein Teil in mir wollte die Übung nicht machen, ein anderer Teil suchte Wege, diese zu ertragen. Es war ein reiner Kampf und nichts hat mir Frieden gebracht. Klar, ich hätte Frieden haben können, wenn die Übung vorbei gewesen wäre. Frieden, der sich einstellt, wenn etwas Unangenehmes endlich vorbei ist, und Frieden, der sich einstellt, wenn etwas Angenehmes endlich erreicht ist. Doch diese beiden Wege führen mich nur immer wieder zur Kammer des Schreckens. Doch als ich tiefer in seine Worte eintauchte und wirklich zuließ, was geschah, so, als würde es sich nie mehr ändern und von nun an Teil meines Lebens sein, dann geschah ein merkliches Wunder: Die Muskeln entspannten sich, der Fokus weitete sich, ich hatte auf einmal viel mehr Energie, die ich zuvor für meinen Widerstand verbrauchte. Die Übung war immer noch anstrengend, schmerzhaft und herausfordernd, aber in mir entstand eine Ruhe mit deren Hilfe ich durch die Übung hindurchging. Am Ende hatte ich nicht meine Ruhe durch den Wegfall der Übung gefunden, sondern ich fand sie in der Übung selbst. Ich habe mir meine Ruhe selbst geschenkt, die mich durch die Stürme trug.

Wann immer du in einer ähnlichen herausfordernden Situation in deinem Leben bist, stelle dir dieselbe Frage und schau, was dich daran hindert, dich komplett fallen zu lassen. Wenn du siehst, was dich hindert, kannst du es loslassen. Nutze also diese innerliche Konfrontation durch die Frage »Was wäre, wenn es für immer bleiben würde?« und schaue, wie dein Körper reagiert, sobald du aus dem strampelnden und nach Luft ringendem Verstand gehst und dich ganz auf die Erfahrung einlässt.

»Was hast du da?«

»Das ist Glück.«

»Das hab ich schon überall gesucht. Wo hast du es her?«

»Das habe ich selbst gemacht.«

Die transformative Kraft des Zulassens

Oft ist es bei *»der Arbeit an sich«* nicht die äußere Situation, die uns im alten Ich gefangen hält, sondern unsere Bewertung des eigenen Selbst und des eigenen Fortschritts: *»Heute ging es mir nicht so gut, wie gestern. Ich scheine noch mehr üben zu müssen.«* Doch sobald ich diesen Teil in mir, der meint, noch nicht dort zu sein, wo ich sein will, annehme, bin ich dort. Weil ich entspanne und meinen Frieden mit mir finde. Ich fange, an mich als den zu lieben, der ich bin. Und da ich das Leben bin, fange ich an, das Leben zu lieben und auf einmal auch alles um mich rum. Bis zu dem Punkt, an dem wieder etwas kommt, das mich innerlich anspannt. Was ist es genau? Ist es die Situation oder mein innerer Bezug zur Situation und zu mir? Bin ich es, der sich selbst nicht annehmen kann?

Oder kann ich mir vergeben und verzeihen? Und was passiert, wenn ich es tue? Was passiert mit mir und meiner Umwelt? Meistens werde ich etwas weicher und friedlicher, fröhlicher und munter. Wenn auch nicht gleich deutlich spürbar, so ist es immer ein sanftes Gefühl innerer Entspannung, welches ich in mir fühlen kann. Und daraus resultierend fällt die Schwere meines eigenen Ichs von mir ab und Energie steigt in mir auf, in Form von Weite in meinen Gedanken, Humor und Verspieltheit, Wohlwollen, kreativen Einfällen und Ideen und von einer dem Leben zugewandten Einstellung, die mich wieder das Leben durch Freude fühlen lässt.

Änderst du, wie du die Dinge siehst, ändern sich die Dinge, die du siehst.

Wenn du das Leben erleben willst, musst du bereit sein, es zu fühlen. Die Sterne zu fühlen, statt sie zu zählen, anzuordnen und zu Skizzen für deinen Intellekt zu machen. Statt den Wald zu sehen und zu fühlen, zählt der Verstand die Bäume. Das, was du im Jetzt erlebst, löst deine Gedanken aus, die sich nicht nur ausschließlich mit der Vergangenheit und der Zukunft beschäftigen, sondern auch nur darin leben können. Obwohl der Gedanke im Jetzt entsteht, ist sein Inhalt nicht mit dem Jetzt verbunden. Achte einmal auf den Inhalt deiner Gedanken: Gibt es tatsächlich einen Inhalt, der im Jetzt lebt? Selbst bei so etwas Banalem, wie einen Baum zu betrachten. Sobald ein Gedanke erscheint, ist dieser nicht in der Gegenwart, sondern in der Vergangenheit verwurzelt. Denn sobald du den Baum siehst und ihn durch deine Gedanken benennst und sagst »*Das ist ein Baum*« muss dein Verstand dafür in deinen Erinnerungen kramen und einen Vergleich suchen, mit etwas, das du schon einmal erlebt hast. Da du schon viele Bäume in deinem Leben gesehen hast, ist dieser Vorgang rasend schnell. Doch allein das Erkennen des Baums als Baum ist auf Ebene der Gedanken eine Reise in die Vergangenheit.

Wenn du diesen Baum tatsächlich aus deiner Gegenwärtigkeit heraus wahrnehmen wollen würdest, würde dir dies nicht mit deinen Gedanken gelingen. Dies gelingt dir nur durch deine Sinne und deine Wahrnehmung. Du nimmst die Farbe wahr, die Form, die Bestandteile und das große Ganze. Ohne deine

Wahrnehmung würdest du die Welt nicht erfahren. Du kannst wahrnehmen, was um dich herum passiert und du kannst wahrnehmen, was in dir passiert. So spürst du die Kälte der Luft und das Knurren deines Magens. Etwas fühlt sich kalt an, etwas anderes weich und wiederum etwas anderes verursacht Schmerz. Deine Umwelt und deine Innenwelt erzeugen in dir Gefühle. Durch deine Gefühle kannst du die Wahrnehmung erst fühlen und dein Leben lebendig werden lassen. Fühlen wir es, wissen wir, dass es echt ist. Es fühlt sich echt an. Dein Verstand kann zwar alles benennen, einordnen und schlussfolgern, doch ist das Leben des Wolfes das Abhaken eines Plans, ohne jegliches Leben, ohne jegliche Teilnahme. Statisch und steril. Lebst du auf diese Weise, ist dein Leben leer und ohne Bedeutung. Du und das Leben sind zwei voneinander getrennte Dinge, die du zusammenführen willst, aber nicht kannst. Und nicht nur das Leben selbst, sondern alles darin Befindliche wird leblos: Die Ziele, die du erreichst, erfüllen dich nicht, die Dinge, die du erlebst, schließen deine Lücken nicht, die Sachen, die du anhäufst, machen dir nur noch mehr deine Leere deutlich und die Menschen, denen du begegnest, berühren dich nicht. Du und das Leben sind zwei Dinge, die sich treffen, ohne sich je getroffen zu haben. Dabei dient das Leben dazu, dich selbst in ihm zu treffen. Dann erkennst du das Leben in dir und dich im Leben. Die Trennung wird aufgehoben. Die andere Seite ist immer nur einen Knopfdruck weit entfernt. Sie ist im Grunde immer hier, nur wir entfernen uns von diesem Hier. Suche, was dich vom Hier trennt und löse es durch dein Wohlwollen, dein Annehmen, dein *Ja* auf. Und schwups bist du da, wo du hinkommen wolltest.

Ich saß einmal morgens in meiner Meditation und genoss die Ruhe und den Frieden, den die morgendlichen Stunden, an denen noch keiner wach ist, bereithalten. Mein Zimmer war im Erdgeschoss direkt zur Straße raus und hatte keine schallisolierten Fenster. Während ich so saß, fing draußen ein Hund laut an zu bellen. Und er hörte nicht auf. Zunächst sagte ich mir, das sei nicht so schlimm. Ich konzentrierte mich verstärkt auf meine Meditationsübung, doch wurde ich immer wieder vom Bellen des Hundes rausgerissen. Mein Verstand wechselte von der Konzentration auf meine Meditationsübung hin zum Hund und wieder zurück. Dieses Hin und Her des Wechsels der Aufmerksamkeit machte mich nervös, bis ich schließlich etwas gereizt wurde und anfing, auf den Hund und die Situation verärgert zu werden. Was war los? Ich bemerkte, dass ich der Meinung war, die Situation, die bereits eingetroffen war, würde mich von meinem Tun, meinem Ziel, meinem Plan abhalten. Und je mehr ich mich durch Konzentration anstrengte, mich davon nicht beeinflussen zu lassen, desto mehr wurde das Problem, welches ich aus der Situation heraus selbst kreiert hatte, nur noch schwerer und unerträglich. Und da fiel mir auf, wie sehr meine Ambition, mit meiner Meditation etwas erreichen zu wollen, und meine angestrengte Konzentration genau dafür sorgten, dass ich eben nicht erreichte, was ich wollte. Dieses Wollen und diese Anstrengung ist es, was den Wolf ausmacht. Seine Vorhaben sind an sich nichts Schlechtes, nur seine Mittel führen uns auf Irrwege.

Aus dieser Haltung heraus machte ich den Hund zum Feind und aus der Meditation etwas, das mich irgendwo hinführen sollte. Und je mehr mich der Hund davon ablenkte, umso ärgerlicher wurde ich, weil ich der Meinung war, er hielte mich von meinem Vorhaben ab. Die gesamte Situation wurde mein Feind. Doch dann gelang es mir, meine Haltung zu wechseln. Ich fragte mich, warum ich auf den Hund wütend war. Ich mag Hunde und nur der Gedanke, dass ich nicht da war, wo ich hinwollte, ließ mich über den Hund ärgern. Ich stellte mir vor, wie ich wohl reagieren würde, wenn ich schon da wäre, wo ich hinwill, und wenn ich mit meiner Meditation nichts erreichen könnte, was ich nicht ohnehin schon habe. Wenn mir diese Situation nichts nehmen kann oder mich nicht von etwas fernhalten kann, ist sie dann noch ein Hindernis? Auf diese Weise verband ich mich mit meinem inneren Ja und befreite mich von meinem Wolf. Der Wolf will nur *sein Ding* machen. Es geht ihm nur um ihn, um seine egoistischen und egozentrischen Pläne. Meditation war in dem Moment somit nur ein weiteres Projekt des Wolfes, um etwas erreichen zu wollen, um einen Mangel zu füllen durch die Suche nach etwas, dass mich von diesem gefühlten Mangel befreien könne. Auf diesem Weg begegne ich nur Feinden. Ich begegne dem Hund, der mich ablenkt, oder mir selbst, der heute nicht so gut drauf ist wie gestern. Begegnung ist für mich ein Wort der Gegenwehr geworden, weil in ihm auch das Wort »Gegner« auftaucht. Verbindung hingegen ist ein vollständiges Aufnehmen und Integrieren, sodass das Gegenüber und du eins werden. Je mehr ich mich darin übe, mich mit mir und dem, was ist, zu verbinden, desto mehr hebt sich die Dualität der Wolfswelt auf und ich erfahre die Einheit von Allem.

TEIL 2 BEFREIE DICH

Niemand ist eine Insel. Nichts in diesem Universum existiert aus sich heraus, unabhängig und völlig autark von dem, was es umgibt.

Als ich das erkannte, ließ etwas in mir von dem Widerstand, den ich dem Hund, meinem Wollen und meinen Absichten und der gesamten Situation entgegengebracht hatte, ab. Plötzlich entstand nicht nur Entspannung in mir, sondern auch eine Art Zugewandtheit, eine Freude und Mitgefühl. Ich sah mich auf einmal mit dem Hund spielen, dachte mir, was wäre, wenn es mein Hund ist, der draußen seiner Lebendigkeit freien Lauf lässt, stellte mir vor, was wäre, wenn ich schon alles hätte, schon alles wäre und bereits schon angekommen wäre. Würde ich dann ärgerlich sein, weil ich nicht meditieren kann? Oder zumindest nicht so, wie ich es mir vorgestellt hatte, wie es zu sein hat? Dieses Denken *»so und nicht anders soll es sein«* ist eine Bedingung an das Leben, mit dessen Hilfe ich dem Leben und mir selbst vorschreibe, wie etwas zu sein hat. Und weicht etwas davon ab, dann muss es geändert werden, nur, damit es zu meinen Vorgaben passt. Doch wer stellt Bedingungen und macht Vorgaben, wie etwas zu sein hat? Richtig! Der Wolf.

Wenn ich den Wolf charakterisieren würde, dann mit Eigenschaften, wie egoistisch, sich selbst schützend und dann erst die anderen, immer auf der Hut, aggressiv oder zumindest abweisend und vorsichtig, ängstlich und im Überlebensmodus gefangen, auf sich bedacht und auf seinen Vorteil aus, vor den anderen sich selbst erst ins Trockene bringend, hortend, anhäufend und die Tür verschließend. Doch sobald ich mich vom Wolf trenne, wird etwas anderes in mir wach. Neben der Entspannung, hervorgerufen durch das Fehlen der Schwere des eigenen Ichs, entstehen auch Annäherung, Mitgefühl, Freude, Offenheit, Neugier, Sanftmut und Wohlwollen. Ich könnte es auch als *selbstlos* bezeichnen. Aber nicht aus der Idee heraus, ich tue alles für andere und opfere mich selbst dabei auf und bin mir nicht mehr wichtig. Selbstlos meine ich im Sinne von: Da ist kein Ich in mir. Ich bin *»ohne ein Selbst«*. Und ohne dieses Ich gibt es auch nichts, was unzufrieden wäre, was einen Feind hat, was mich beschützen muss, was Angst vor dem Tod oder dem *»Nicht-Erreichen«* hat. Da gibt es keine Trennung von dem Zustand, den ich mir ersehne und dem Zustand, den ich erlebe. Sobald das Ich wegfällt, bin ich da, wo ich sein will. Mit oder ohne bellenden Hund vor dem Fenster. Indem ich den Widerstand aufgab und den Hund als Teil von all dem, was jetzt gerade ist, integriert habe, indem ich also bedingungslos angenommen habe, was ist, resultierte hieraus eine Selbstlosigkeit, die mir die Energie gab, mich wieder problemlos auf meine Meditationsübung zu fokussieren. Diesmal aber unangestrengt, ohne Konzentration, sondern offen für alles Spontane, was der Augenblick von Moment zu Moment mir bot. Und somit ging ich plötzlich tiefer in die Meditation hinein, wie ich es nicht hätte planen können. Jetzt durfte alles sein. Nichts wurde aussortiert oder als störend empfunden. Nichts lenkte mich ab, weil alles Teil des Einen war. Ich eingeschlossen. Dieses Loslassen und gleichzeitige Zulassen öffnete mir die Dimension des Lebens in mir und um mich herum. Niemals hätte ich dies mit Wollen und Anstrengung erreichen können, da beides aus der Angst heraus geboren wird, nicht anzukommen, nicht gut genug zu sein, etwas verpassen zu können oder von etwas abgehalten zu werden.

Übung: Das innere Ja

Es ist eine erstaunlich gute Übung, die eigenen Widerstände durch ein aufrichtiges inneres Ja aufzulösen. Wann immer du merkst, dass du angespannt bist und Schwere empfindest, versuche zu ergründen, wogegen du dich wehrst. Ist es etwas, das dir geschieht? Oder ist es ein negativer Gedanke, den du über dich selbst hegst? Willst du etwas, dass dir gerade fern ist? Oder ist es sogar deine Meinung, besser mit der aktuellen Situation umgehen zu können, du aber merkst, dass du gerade nicht besser damit umgehen kannst und deswegen über dich grollst? Sind es Geräusche oder Personen, die dich vermeintlich von etwas abhalten? Wovon halten sie dich ab? Kannst du deine Gedanken erkennen, die dir einreden, dass die Situation gerade nicht gut zu deinem Plan passt, den du gern verfolgen willst? Wenn du das in dir wahrnehmen kannst und das alles dann völlig annehmen kannst, beobachte, was es mit dir macht. Sich mit dem inneren Ja zu verbinden, ist ein Ausdruck dessen, nichts anderes von dem Moment haben zu wollen, als er dir bietet.

Kennst du dieses Gefühl? Oft haben wir es, wenn wir verliebt sind oder jemanden wirklich lieben. Dann stören uns die Macken und Fehler nicht. Im Gegenteil: Wir begegnen ihnen mit unserer Wertschätzung und unserer Liebe. Und genau das ist es, was Liebe macht: Sie lädt uns und andere dazu ein, so sein zu dürfen, wie sie und wie wir sind, während wir dadurch beginnen zu strahlen und uns auszudehnen.

Also, wann immer du im Widerstand bist, gehe auf deinen Widerstand mit deiner Liebe zu. Sage dir nicht nur »Ja«, sage dir auch »Ich liebe es«, ganz gleich, ob es die Situation ist oder ob du es bist, der mit der Situation nicht klarkommt. Letzteres ist bei mir oft das am häufigsten auftretende Phänomen. Ich rege mich über das Außen äußerlich auf, aber im Inneren bin ich stinkig auf mich, dass ich gerade schon wieder in die Falle meines Wolfes getappt bin und mir es scheinbar nicht gelingt, mich daraus zu befreien. Und sobald ich mich dafür liebe, legt sich der Widerstand, den ich mir gegenüber hege, und das, was im Außen geschieht, wird weniger wild, sodass ich auch das deutlich besser annehmen kann. Und wenn nicht, dann wirft es keine Schatten. Ich gehe aus der Selbstverurteilung raus und diskreditiere mich nicht weiter. Gelingt es mir nicht in dieser Situation, so habe ich aber wieder Energie für den nächsten Moment, den ich mit frischem Blick erfahren kann.

VOR DER HÖHLE DES WOLFES SITZEN

Akute und chronische Emotionen

Angst ist der Wolf, der dich immer in der Trennung leben lässt. Wenn du unterwegs bist, wird alles ein Kampf, wenn du als »*Ich*« gehst. Die Leute stehen dir im Weg, es geht nicht schnell genug, irgendwas stört. Doch im Moment verweilend bewegst du dich müheloser und leichter. Erkenne deine äußeren Reaktionen. Sie sind anfangs noch wie ein Reflex. Du sagst vielleicht »*Fick dich!*«, doch bringst den Blick schnell nach innen und erforschst, woher das kam, als weiter auf dieser Welle zu reiten. Lass dich nicht trüben, wenn im Außen noch die gleichen Reaktionen von dir gezeigt werden. Mach dir deine Innenwelt als Hauptaufgabe. Das Außen kommt mit etwas Verspätung schon nach.

Kümmere dich nicht um das Morgen. Es wird schon für sich selbst sorgen.

Je mehr du dich in der Beobachtung deines Geistes, den Emotionen und Stimmungen und den daraus resultierenden Handlungen und Reaktionen übst, desto feiner wird dein Gespür für dieses falsche Ich, das versucht sich zu verteidigen und sich in seinem Selbstwert-Gefühl zu steigern. Mir persönlich gelingt es dennoch nicht immer, dieses schnell genug zu erkennen und es kommt, wie oben schon beschrieben, reflexartig aus mir heraus. Doch noch während ich reagiere, bemerke ich es. Es ist die immer gleiche Reaktion, dasselbe Verhalten, das ich schon so viele Jahre mit mir herumtrage. Es ist wie ein unwillkürliches Muskelzucken meines Ichs. Dieses Zucken verstummt, wenn ich mir erlaube, nicht mehr auf das, was ich mir sage und was ich fühle, zu hören. Wobei ich mich dabei nicht gegen diese Gedanken, Gefühle und deren Reaktionen stelle. Ich sage nicht: »*Ich will das nicht. Ich glaube euch kein Wort, ihr blöden Gedanken und beschissenen Gefühle!*« Das wäre nur eine weitere Form der Gegenwehr, die auf ihrer Seite nur weiteren Groll und Frust schürt. Ich beobachte mich aus einer völlig neutralen und urteilsfreien Haltung heraus. Man könnte auch meinen, ich sehe mich als Objekt. Wobei ich weiß, dass ich dieses Beobachten bin, das dem wertungsfreien Raum innewohnt. Demnach beobachte ich mein Wolfs-Verhalten als etwas Objektives, von mir Losgelöstes. Damit schaffe ich sofort Distanz und erlaube es mir, meine Persönlichkeit aus dem Spiel zu lassen. Wo keine Persönlichkeit ist, kann auch nichts persönlich genommen werden.

Für den Wolf ist das nicht verständlich. Ihm käme es so vor, als würden deine Werte und das, wofür du einstehst, deine Vorstellung von Respekt, deine Meinung über richtig und falsch und so weiter, verraten werden. Als würdest *du* deine Werte verraten und somit dich selbst. Doch wenn du diesen Schritt wagst und nicht auf dieses Gefasel mehr reagierst, dann wird der Wolf immer leiser, bis er gänzlich verstummt. Und siehe da: Du bist immer noch am Leben. Du hast dich während deiner Reaktionen selbst von diesen gelöst. Oft überkommt mich danach eine Frische, die den Moment erhellt. Ich fühle mich überhaupt nicht schmerzhaft oder von mir hintergangen. Gerade *weil* ich durch dieses Feuer *in mir* gegangen bin, fühle ich mich viel stärker und gleichzeitig viel offener. Diese Stärke ist nicht eine, die dem Gegenüber überlegen sein will und zur Not ihre Kraft nutzt, um sich über ihn zu stellen. Diese Stärke ist vielmehr ein innerer Halt, eine Zweifelsfreiheit und Klarheit, die mir eben diese Frische schenkt. Eine Frische, die mir Selbstvertrauen und Gewissheit gibt und mich im Sturm ruhen lässt. Diese Ruhe wiederum lässt mich auf eine andere Weise weiter reagieren, wobei ich von da an mehr *agiere*, als zu reagieren. Ich muss mich nicht mehr verteidigen, suche keine Rechenschaft und fühle mich nicht angegriffen. Wiederum grolle ich nicht über den oder das, was all das in mir ausgelöst hat. Ich scheine eine Art Verständnis und Wertschätzung aufbringen zu können, die mit dem, was war, und mit dem, was ist, und auch mir gegenüber Sanftheit ins Spiel bringt und mich so aus dem Kreislauf der ewigen gleichen Reaktionen herausbringt und mir neue Wege und Erfahrungen zeigt, wie so eine Situation auch ausgehen kann. Je mehr ich die Erfahrung mache, dass mir nichts passiert und ich schnell zu meiner inneren Balance zurückfinde, wenn ich auf den Wolf in mir (während er schon tobt) *»nicht reagiere«*, desto einfacher wird es für mich, dies immer öfter und schon bei den kleinsten Wellen aufzulösen.

Diese akuten Reaktionen auf unser Umfeld und die Situationen des Alltags sind wie kleine Wellen auf einem Ozean oder auch wie die kleinen Knitterfalten in einem frisch gewaschenen Shirt. Ich habe es mir zur Aufgabe gemacht, diese Falten glatt zu bügeln, sodass ich nicht ständig von ihnen abgelenkt und provoziert werde. Im Alltag haben wir oft nicht viel Zeit, oder besser gesagt *»Platz«*. Da diese kleinen Wellen auf dem Ozean nur Ablenkungsmanöver sind von Themen, Glaubenssätzen und Gefühlslagen, die diesen reaktiven, spontanen und akuten Alltags-Emotionen zugrunde liegen, sollten wir uns um eben diese kleinen Wellen, diese kleinen Knitterfalten kümmern, damit wir uns schließlich mit der Zeit mehr und mehr ihrem Grund widmen können. Der Grund sind die vom Wolf geschaffenen Emotions-Haie, die durch ihre hintergründigen und unterschwelligen Bewegungen jene kleinen alltäglichen Stress-, Wut-, Zorn-, und Frustwellen auslösen. Die Wellen sollen uns schon im Vorfeld vor diesen Haien warnen, weil der Wolf schließlich Angst vor ihnen hat und deshalb dich (oder vielmehr *sich*) in Sicherheit bringen will. Wir schreien jemanden an, der uns falsch beschuldigt hat, streiten uns mit unserem Partner, regen uns über die Warteschlange auf oder fluchen über die Luftpumpe, die wir gerade nicht finden können. All diese Reaktionen sollen uns mit der Außenwelt beschäftigt halten, um nicht nach innen schauen zu müssen. Doch ihnen liegen tiefere Emotionen zugrunde, die nicht von dem gerade geschehenen Ereignis herrühren. Sie zeigen uns unsere eigentliche Stimmung, unsere Haltung, die aus unseren Überzeugungen heraus entstehen und voll sind mit Denkweisen,

Glaubensmustern und konditionierten Emotionen, die wir uns schon sehr früh und über viele, viele Jahre eingetrichtert haben.

Wenn die reflexartigen Reaktionen des Alltags *akute* Erscheinungen unserer Unzufriedenheit und Disbalance sind, so sind die Gefühle und Stimmungslagen, welche diesen akuten Reaktionen zugrunde liegen, *chronischer Natur*. Dies sind die richtig dicken Bügelfalten im Hemd, die nicht so mir nichts, dir nichts verschwinden. Doch um an diese heranzukommen, um die Schatten im Wasser zu sehen, müssen wir durch die Wellen der akuten Emotionen schwimmen und uns mit diesen entspannen. Dann werden wir uns, auch trotz unserer knappen Zeit im Alltag, des hinter diesen Alltags-Reaktionen liegenden Hütchenspielers bewusst. Er ist der, der die Fäden zieht. Er ist der Puppenspieler.

Doch bevor ich auf den Puppenspieler zu sprechen komme, möchte ich dir eine Übung zeigen, mit deren Hilfe du deine kleinen Bügelfalten glatt bekommst und dich im Alltag leichter durch die Wellen bewegen kannst. Oft haben Menschen, die anfangen zu meditieren, ein anfängliches Hochgefühl. Sie genießen die Erleichterung und die Entspannung, die entsteht, wenn sie *»innerlich zur Ruhe kommen«* und die kleinen Falten des Alltags vorübergehend verschwinden. Sie finden Freude am *»In-sich-Ruhen«*. Und das hält sie davon ab, tiefer zu gehen. Sie nutzen dann Meditation als Entspannungsausgleich zum stressigen Alltag, setzen sich für ein paar Minuten hin, schütteln all die Anspannung ab und starten dann erfrischt wieder in den Tag. Doch während des Tages selbst reagieren sie auf die gleiche Art und Weise, ohne dass es ihnen auffällt. Sie wollen nicht, dass sich etwas ändert. Zumindest nicht an ihnen. Sie wollen, dass sie den Tag gut durchstehen. Aber im Grunde bleibt der Wunsch, die Welt solle sich verändern. Sich selbst zu verändern ist schließlich nicht nötig.

> *»Ich bin ein guter und ordentlicher Mensch, mit schönen Vorstellungen, lobenswerten Ansichten und guten Überzeugungen. Warum sollte ich mich für die Idioten da draußen, die ihr Leben nicht gebacken kriegen und mir täglich auf den Sack gehen, verändern? Das hätten die nicht verdient. Ist doch nicht meine Schuld, dass es diese Pfeifen gibt. Aber ich muss sie ertragen. Am besten sollten diese Spinner verschwinden. Sollen die sich doch verändern! Wenn ich mich jetzt für die auch noch ändere, dann haben sie, was sie wollten, und regieren irgendwann die Welt. Nicht mit mir! Gut, dass ich die Meditation habe, denn da kann ich mich von*

solchen Typen erholen, um Kraft zu schöpfen, weiter gegen sie vorzugehen und mich gegen sie zu behaupten. Euch werde ich's schon noch zeigen. Am Ende gewinne Ich!«

Das sind Sätze des Wolfes, der sich durch Meditation ein Schutzschild aufbaut, um die Welt besser ertragen zu können oder vor ihr zu fliehen. Doch du bleibst der Wolf. Ich wünsche mir, dass ich dir genug Neugier und Inspiration geben kann, diesen Sprung zu wagen: Den Sprung ins kalte Wasser. Der Sprung hinter die Geschichten des Wolfes und in die Erfahrung hinein, wie es ist, wenn du wirklich bereit bist, *dich* zu ändern, nur um zu sehen, ob sich nicht genau dadurch die Welt so verändert, wie du es eigentlich willst. Bisher haben dich dein Zorn und deine Strategien doch keinen Schritt weitergebracht, oder? Vielleicht hier und da mal, aber wenn du es satthast, immer wieder der Alte zu sein, immer wieder auf die gleichen Situationen auf die gleiche Weise zu reagieren und wenn du nicht willst, dass sich diese Situationen immer wiederholen, so als wärest du ein Magnet für den ganzen Mist, dann probiere es aus, ob es dir nicht genauso wir mir ergeht.

Ich nehme mir immer wieder die Zeit, mir diese Knitterfalten anzuschauen. Ich sagte zwar, dass es mir oft schon gelingt, mich während meiner Reaktion zu lösen, so als würde ich auf Wasser schreiben. Ich fange an, einen Satz zu schreiben (also blind zu reagieren) und während ich den nächsten Buchstaben schreibe, löst sich der erste im Wasser schon wieder auf. Nichts bleibt und der See ist wieder ruhig. Doch oft gelingt es mir auch nicht, und selbst wenn, dann reflektiere ich über diesen Moment. Dafür nehme ich mir am Tag die nötige Zeit, damit ich dies nicht weiter mit mir herumtrage und mich nicht mehr weiter von mir selbst und meinen Erinnerungen an das Geschehene provozieren lassen muss. Wie gesagt: Je weniger ich mich am Tag mit meinem Bullshit herumärgern muss, umso mehr bin ich dem Puppenspieler auf den Fersen, den zu finden es sich wirklich lohnt. Das *»Nicht-herumärgern-Wollen«* meint aber, ich will nicht, dass ich immer wieder in mein altes Ich verfalle. Ich will wissen, was passiert, wenn ich wirklich mutig genug bin, über meinen Schatten zu springen. Es heißt ja, man solle erst einmal lernen, mit den kleinen Wellen zu surfen, bevor man sich auf die Großen einlässt. Und es heißt auch, dass es darum geht, eben diese Wellen zu surfen, und nicht, vor ihnen Angst zu haben. Also stürzen wir uns in die Fluten.

Übung: Die Zoom-Methode

Allem voran geht ein Moment der Entspannung. Nimm dir Zeit, dich von deinem Ich und deinen Gedanken zu trennen. Das geht durch ein paar Minuten Fokus auf den Atem oder den Körper. Im Grunde kannst du alles machen, was ich dir zuvor schon an Übungen beschrieben habe. Sobald dein Geist sich gesetzt hat und der Körper sich nicht mehr im Überlebensmodus befindet, nimmst du eine Szene, die dich heute aufgeregt und emotional erregt hat, hervor. Ganz langsam. Du führst sie langsam an dich heran, wie ein Stück Kuchen an deinen Mund. Das Prinzip ist simpel: Der Körper folgt dem Geist. Erinnere dich an eine Zitrone. Stell dir vor, du schneidest sie auf und beißt in sie rein. Sofort reagiert dein Körper, der Speichelfluss wird angeregt und alles zieht sich zusammen. Was wir hier machen, ist, bei der Empfindung des sich bildenden Speichels zu bleiben, ohne uns die Geschichte zu erzählen, wir sehr wir Zitronen hassen. Dann bleibt nichts weiter, als Speichel. Keine große Sache, keine Gefahr geht davon aus. Je öfter wir uns diese Situation vorstellen, desto weniger Speichel produzieren wir. Wir können uns alles ganz langsam vorstellen: wie wir hineinbeißen. Noch langsamer: wie wir den Mund öffnen. Noch langsamer: wie die Zunge in der ersten Millisekunde das Fruchtfleisch berührt. Immer wieder die Körperempfindungen zulassend und dort verharrend, bis sie sich beruhigen, um dann weiterzugehen. Diesen Vorgang wiederholen wir sooft, so langsam und so detailliert wie möglich, bis es nichts Besonderes mehr für den Körper ist. Er wird sagen: »Okay, kenn ich, macht mich nicht heiß, ich leg mich wieder hin. Hol mich, wenn es was Aufregenderes gibt.« Ist die erste Stress-Szene verarbeitet, gehst du über zur nächsten.

Zuerst also geben wir im Zustand der Meditation in ein mentales Bild, eine Erinnerung, eine spezielle Szene hinein, die normalerweise bei uns Stress oder Angst auslöst. In diese Szene zoomst du dann ganz nah an den Anfang ihrer Entstehung heran und lässt sie bewusst ganz langsam, in Zeitlupe und detailliert abspielen. Verharre in den Momenten, die du lieber überspringst, weil sie zu intensiv sind. Stoppe und bleibe dort mit deiner Aufmerksamkeit. Lass die Körperempfindungen zu und beobachte, wie sie sich verändern. Übermannt dich die Szene, dann lass sie los wie eine heiße Kartoffel. Lass es einfach fallen und kehre in deine Entspannung zurück. Dann starte von vorn, diesmal noch etwas langsamer. Bleibe bei dem ersten Stress-Bild und wiederhole das langsame Heranführen solange, bis sich deine Körperreaktionen entspannen. Fahre dann fort und gehe die gesamte Szene Stück für Stück durch und entspanne so jede Stress-Stelle. Es ist wie eine Massage: Langsam fährst du deinen Körper nach Verspannungen ab. Sobald du einen verkrampften Muskel entdeckst, bleibst du auf dieser Stelle. Mit etwas Geduld wird der Muskel nachgeben und weicher werden.

Spüre in die Emotionen und Körpersymptome hinein und beobachte, wie sie sich anfühlen. Lass sie zu! Wo im Körper kannst du sie fühlen? Verändert sich etwas? Bleibt dieser Peak die ganze Zeit bestehen oder flacht er ab? Wandelt er sich oder geht er gar gänzlich weg? Mit aller Wahrscheinlichkeit. Denn Emotionen ist »E-Motion«, ist »Energie-in-Bewegung«. Sie will sich im Körper bewegen und sich lösen. Das kann sie auch, wenn wir uns entspannen. Bleiben wir aber angespannt, speichert sich diese Energie in den Muskeln und somit im Körper. Und entfachen wir das Feuer durch unser Denken wieder neu, wird der Höhepunkt sich immer wieder neu aufbauen. Er kann sich nicht auflösen.

Wenn du dich deiner Abwehr gegenüber den Gefühlen und Empfindungen deiner schrecklichen Szenen stellst, werden die Szenen kleiner und weicher. Du erinnerst dich an die Szene und die Körperempfindungen werden schwächer. Immer und immer wieder, bis schließlich nichts mehr bleibt. Du hast dir nichts eingeredet oder irgendwas getan. Du hast im Grunde gar nichts getan. Alles, was du getan hast, war es, mit dem zu sein, was passiert und dich nicht mehr dagegen zu wehren. Der Körper lernt auf diese Weise, dass ihm nichts passiert und er nicht sterben wird und kann sich so vom Glauben lösen, dass diese Situationen gefährlich seien.

Fokus ist der Schlüssel

Um dies mental machen zu können, braucht es Fokus! Du darfst dich nicht ablenken lassen und solltest dich nicht in deinen Gedanken verfangen oder dich in deinen Emotionen verheddern. Du bringst dich immer wieder aus diesem Sog heraus und bringst dich wieder ins Hier und Jetzt. Doch du darfst es nicht *tun* wollen. Denn dein Tun will etwas erreichen, will »*dabei*« sein, während du wahrnimmst. Dein Ich will sich auf den Moment stürzen und ihn benutzen. Es will schauen, ob es wirklich stimmt, was ich hier sage. Es sagt: »*Oh, das klingt spannend. Wenn ich also im Moment bin, dann werde ich meine Sorgen los. Genau das mache ich jetzt. Auf geht's. Was muss ich tun? Ah ja, ich muss mich auf den Moment konzentrieren.*« Das macht es ein paar Augenblicke, schaut dabei immer mal wieder, wie seine Entwicklung voranschreitet, vergleicht die ersten fünf Minuten mit den nächsten fünf Minuten, konzentriert sich mehr, will sich noch mehr entspannen und am Ende? Es scheitert. Es scheitert, weil dieser Raum hinter deinem Ich, das nur aus Vergangenheit, Zukunft, Analyse, Vergleichen und Kommentieren besteht, liegt. Du kommst dort nicht hin, wenn du es willst. Du musst es geschehen lassen. Du richtest deinen Fokus darauf, aber du konzentrierst dich nicht. Neben den Wahrnehmungsübungen, wie auch beim Bodyscan, trainierst du deinen offenen Fokus, ohne dabei in verkrampfte Konzentration zu verfallen. Denke an die Sängerin auf der Bühne zurück: Du sitzt entspannt auf deinem Stuhl und lauschst ihren Klängen. Du beeinflusst nicht, was sie singt und wie sie singt. Dir ist auch egal, wie sie sich bewegt und welches Lied sie als Nächstes singen wird. Deine Absicht in diesem Moment ist, einfach nur zuzuhören, dabei zu bleiben, nicht abzuschweifen, dich nicht in Träumereien zu verlieren und von Moment zu Moment ihrer Melodie zu lauschen. Zu laute und zu leise Töne nimmst du wahr, ohne dir eine Meinung darüber zu bilden. Du sagst nicht, dass du es schrecklich laut findest und dass man lieber hätte einen besseren Tontechniker engagieren sollen. Du lässt deine Meinung völlig heraus, denn deine Meinung ist nur etwas, das dem Wolf entspringt. Doch hier wollen wir die Dinge beobachten und erkennen und nicht unser Ich-Gefühl durch sie stärken.

Wenn wir anfangen unseren Geist zu beobachten, wird das zunächst nicht sonderlich leicht. Immer wieder zieht es uns in die alten Geschichten und in die daraus resultierenden alten Gefühle. Wir fallen immer wieder in die alte Persönlichkeit zurück. Kein Wunder. Wir haben noch keine neuen Straßen im Gehirn, die wir fahren können. Also jedes Mal, wenn wir in unser Gehirn gehen, befinden wir uns in dieser alten Stadt. Deshalb ist es wichtig unseren Fokus zu trainieren und uns darin zu üben, diesem Gedankenstrom nicht mehr zu folgen. Wir wollen neue Straßen bauen, doch leben wir noch auf den alten. Jeglicher Versuch, krampfhaft neue zu bauen, uns schöne Dinge einzureden und uns einfach gut zu fühlen, wäre, als würden wir über die vorhandenen Straßen einfach neue pflastern. Aber diese werden brüchig und bekommen Risse und die alten Straßen schauen immerzu durch. Deshalb müssen wir die alten Straßen zuerst abbauen, indem wir sie nicht mehr benutzen. Wir müssen zurück zum Ursprung. Das ist der Raum, der um alles herum entsteht. Dort gelangen wir hin, wenn wir einfach nicht mehr das Gewohnte machen und damit aufhören, das Gleiche zu denken wie all die Tage zuvor. Allein dadurch, dass wir nicht mehr die alten Bahnen gehen, bauen sie sich ab. Je weniger wir sie benutzen, desto mehr Platz für Neues schaffen wir.

Eine Übung mache ich ebenso gern, die mich darin trainiert, meinen offenen Fokus längere Zeit auf ein Objekt gerichtet zu halten, ohne mich ablenken zu lassen und ohne mich gegen Ablenkungen wehren zu müssen. Je mehr ich es schaffe, trotz aller Ablenkungen im Außen und im Innen ruhig und gelassen bei der Sache zu bleiben, desto besser gelingt mir auch die Übung der Zoom-Methode. Denn hier ist es wichtig, bei einer Stelle in der Szene bleiben zu können, ohne immer wieder den Faden zu verlieren oder mich von den Inhalten der Gedanken und Emotionen vereinnahmen zu lassen.

Übung: 100 Atemzüge

Diese Übung liegt irgendwo zwischen Meditation, Atemübung, Konzentrationsübung, Entspannung und Trance. Sie kann sowohl als eigenständige Übung gemacht werden, als Vorbereitung zu einer anderen Meditation oder als Variante während einer anderen Meditation. Im Grunde ist es recht simpel: Du sitzt entspannt in deiner Meditationshaltung und fängst, nach dem du dir etwas Zeit zum Ankommen gegeben hast, an, deine Atemzüge zu zählen. Jeder vollständige Atemzug, bestehend aus Ein und Ausatmung, ist eine Zählzeit. Das machst du solange, bis du einhundert Atemzüge bewusst erfahren hast. Kommst du raus, fängst du von vorn an. In der Regel dauert es in etwa 15 Minuten für einen Durchgang. Vielleicht etwas mehr, denn du wirst ganz natürlich langsamer und ruhiger atmen, je tiefer du in den Atem eintauchst. Du kannst währenddessen auch sanfte Entspannungsmusik laufen lassen, um dir das Entspannen noch leichter zu machen. Setz dir also Kopfhörer auf, nimm vielleicht eine Augenmaske und gib dich ganz deinem Atem hin.

Der Clou bei der Sache ist aber, dass du ganz beim Atem bleibst. Am Anfang scheint es auch ganz spannend für unseren Verstand zu sein. Er liebt es nämlich, Aufgaben und Dinge zu analysieren. Also sage ihm: »Los, beobachten wir unseren Atem!« und dein Verstand wird sich freuen. Einen Atemzug lang, zwei Atemzüge lang, bis er realisiert, dass da nichts weiter passiert. Und er beginnt sich zu langweilen. Er beginnt dich zu langweilen und versucht alles, damit du etwas anderes tust. Er bietet dir reihenweise Gedanken, Ideen, Fantasien. Er bietet dir Bilder und Geschichten und wenn du immer noch nicht aufgehört hast, deinen Atem zu beobachten, dann meldet sich dein Körper und konfrontiert dich vielleicht mit Schmerz, Unruhe, Nervosität oder Langeweile, solange, bis du hoffentlich nun endlich wieder mit deinem Verstand spielst und ihm seine Macht zurückgibst. Dein konditionierter Körper will nicht, dass du ihn veränderst. Und dein Verstand wird denken, er stirbt, wenn er keine Aufgabe mehr hat. Und vielleicht wirst auch du denken, dass du stirbst, wenn du lange Zeit mit deinem Verstand identifiziert warst und nun zum ersten Mal die Tür zu anderen Wahrnehmungen öffnest, die jenseits deines Denkens liegen. Deswegen liegt der Fokus bei vielen Meditationen auf dem Beobachten des Atems. Er bringt dich ins Jetzt. Er gibt dir Abstand zu dem Denker in dir. Er konfrontiert dich auch mit deiner Innenwelt und fordert dich heraus. Und dann kommt der Punkt, an dem du etwas in dir entdeckst, was hinter deinen sich ständig wechselnden Gedanken und Gefühlen liegt und es wird sich sehr stark nach dir anfühlen. Ungetrübt, echt, stabil und rein. Und dann schenkt der Atem dir Ruhe und Frieden und das Gefühl von wirklicher Verbundenheit, von Leben und Lebendigkeit.

Bleib mit jedem Atemzug beim Atemzug selbst. Spüre ihn in seiner Fülle. Such dir eine Stelle aus, wo du ihn am besten spüren kannst und bleibe dort. Entweder an den Nasenflügeln, im Bauch, im Brustkorb oder als ein ganzes fließendes Element. Wechsle nicht hin und her, sondern entschließe dich zu Beginn, wo du den Atem beobachten und zählen willst. Lass den Atem und die Zahl in dir Schwingen. Gib dich beiden ganz hin, als gäbe es nichts anderes. Lass die Gedanken und inneren Kommentare sich in den Hintergrund rücken und bringe dein Scheinwerferlicht immer wieder auf das Zählen zurück. Strenge dich aber nicht an! Diese Übung ist kein Sport und kein Wettbewerb mit dir! Du sollst es nicht »schaffen« bis 100 zu zählen, sondern darin versinken. Erinnere dich: Fokussieren ist nicht konzentrieren. Mache es ebenfalls aus einer offenen, nicht-suchenden und empfangenden

> *Haltung heraus. Kannst du einfach beim Atem bleiben, ohne dich ablenken zu lassen und ohne dich gegen die Ablenkung zu wehren?*
>
> *Wenn du beim Zählen komplett rauskommst und die Orientierung verlierst, halte inne, atme ein-, zweimal tief durch, entspanne deinen Körper und beginne wieder von vorn. Übe dies solange, bis du locker auf einhundert Atemzüge kommst.*

Wenn du ganz in den Atem versinkst, regulieren sich deine Gehirnwellen hinunter und bringen dich über ein tiefes Gefühl der Entspannung sogar hin zu einer Art leichten Trance. Du bist zwar wach, aber auch irgendwie nicht, obwohl du alles bewusst wahrnimmst. Es ist sehr von Vorteil zu üben, sich selbst in solche entspannten Zustände zu setzen. Du bekommst leichteren Zugang zu deinem Unterbewusstsein, der Schaltzentrale deines autonomen Nervensystems, welches entweder Stressreaktionen auslöst oder dich entspannen lässt. Bist du in diesem Modus, kannst du leichter alte Programme de und neue Programme installieren. Das funktioniert nicht, wenn dein Wächter (der analytische, denkende Verstand) die ganze Zeit wach ist und aussortiert, was ins Unterbewusstsein kommen darf und was nicht. Deshalb schicken wir diesen Wächter schlafen. Aber nicht dich! Du bleibst dabei wach. Du wirst merken, wie unglaublich angenehm es sich anfühlt, so entspannt zu sein und dennoch alles mitzubekommen und wach zu sein für den Moment.

Es kann auch sein, dass es dir schwerfällt, loszulassen. Immer wieder schaltet sich der Wächter ein und sagt: »*Nein, nicht mit mir!*« Es braucht etwas Übung und Geduld, loslassen und sich hingeben zu können. Fokus ist deshalb nichts, was wir aus dem Wolf heraus entwickeln können, sondern aus unserer Absichtslosigkeit. Doch worauf fokussieren? Das ist eine Frage des Wolfes. Er kennt nur die Welt der Objekte und braucht etwas. Doch wenn du dranbleibst und kontinuierlich beim Atem verweilst, dann legt der Wolf sich schlafen. Dann öffnet sich der Raum um alles herum. Und dann kannst du diesen Raum wahrnehmen und dich auf diesen fokussieren, was heißt, in ihm »*zu verweilen*«.

Der Puppenspieler

Doch nicht nur bei dieser Übung ist Fokus wichtig, sondern bei allen anderen auch. Ja, sogar für dein gesamtes Leben. Alles, worauf wir unsere Aufmerksamkeit richten, wird größer, verändert sich oder wird überhaupt erst erfahr und sichtbar. Nun sind wir es allerdings nicht gewohnt, uns bewusst im Alltag auszurichten. Wir folgen unwissend unseren fest einstudierten Programmen, die uns immer wieder auf dieselben Straßen bringen, welche uns immer wieder zu denselben Zielen führen. Wir glauben, das Schicksal meint es nicht gut mit uns, doch haben wir dieses Schicksal selbst gewählt. Jeden Tag aufs Neue. Einfach aus dem Grund, weil wir unseren automatisch ablaufenden Programmen erlauben, über uns zu regieren. Und wir folgen ihnen blind und wundern uns, warum wir immer noch das Gleiche erleben und der Gleiche sind wie am Tag zuvor, wie letztes Jahr, wie das ganze bisherige Leben. Fokus ist der Schlüssel, um dich wirklich auf das ausrichten zu können, wo du hinwillst. Bisher ist dein Fokus auf das gerichtet, was du nicht willst. Und wie schon oft gesagt, verschwindet der Tiger nicht, wenn du dich nach ihm auf die Suche machst.

Dein Fokus ist da, du musst ihn nicht neu erfinden. Du musst ihn nur in deine Hand zurücknehmen und darfst ihn nicht mehr der Crew überlassen. Es ist, als würde der Kapitän schlafen und nun rudert die Mannschaft ohne wirkliches Ziel, ohne wirkliche Führung. Doch wohin rudert sie? Genau dorthin, was du ihnen vor Jahren gesagt hat, wohin es gehen soll. Da nun die Mannschaft weiß, was sie zu tun hat, kann der Kapitän beruhigt weiterschlafen. Das ist es, was du tust: Du schläfst und bist nun somit deiner Mannschaft hilflos ausgeliefert, die nur das macht, was du ihr vor Jahren eingetrichtert hast. Es ist wichtig, den Körper neu zu konditionieren, damit du anders auf die alten bekannten Reize reagieren kannst. Wenn der Körper nicht mehr Chef spielt, dann führt er uns auch nicht mehr in die gleichen bekannten Situationen. Sagte ich nicht, der Körper folgt dem Geist? Wieso folgen wir dann dem Körper? Wer ist denn nun der Chef? Der Körper (die Mannschaft auf deinem Boot) oder der Kapitän (dein Bewusstsein)? Hat der Körper wirklich so eine Macht über uns? Ja, die hat er. Sogar mehr noch, als der unbewusste Geist. Und zu Beginn auch noch mehr, als unser Bewusstsein. Der Körper, von dem ich hier spreche und der so große Macht auf uns ausübt, sodass er es schafft, uns immer wieder in die gleichen Situationen zu bringen, die uns immer wieder gleich fühlen lassen, ist der eigentliche Fädenzieher, der Hütchenspieler hinter dem Vorhang unseres unbewussten, automatischen und unablässigen Denkens. Lass mich dir dies etwas genauer erklären:

Vieles von dem, was unser Körper heute automatisch macht, haben wir ihm antrainiert. Sei es das Zähneputzen, welches wir schon sehr früh gelernt haben, genauso wie das Fahrradfahren oder wie wir uns die Schuhe zubinden. Viele Sachen haben wir so oft wiederholt, dass wir inzwischen völlig geistesabwesend sein können und dennoch führen wir die Handlungen nahezu perfekt aus. Der Körper kann es nun besser als unser Verstand. Man könnte sagen, der Körper hat einen eigenen Geist, ein eigenes Bewusstsein entwickelt und kann getrennt von unserem Verstand funktionieren. Während dein Körper sich auf ganz präzise, aber immer gleiche Art und Weise die Zähne putzt, bereitest du dich im Kopf schon auf das vor, was als Nächstes kommen könnte. Der Körper macht dabei Tag ein Tag aus das, was du ihm vor Jahren beigebracht hast, völlig selbstständig. Er lebt in der Vergangenheit, weil du ihm nichts Neues beibringst, und handelt aus der Vergangenheit heraus, weil er das Alte immer nur wiederholt. Er ist es so gewohnt, dass er es nicht mehr anders kann. Der Körper ist zu unserem Unterbewusstsein geworden. Du kennst sicherlich das Bild des Eisberges, bei dem die aus dem Wasser herausragende Spitze unser Alltags-Bewusstsein darstellt und dieses sich gerade einmal nur zu 10 % auf unsere Entscheidungen und Handlungsprozesse auswirkt. Die anderen 90 % ist der tief im Wasser verborgene Rest des Eisbergs, der der wahre Antreiber unserer Handlungen und Entscheidungen ist. Es ist unser Unterbewusstsein. Man könnte dies auch unser Fühlen nennen, oder besser noch: unseren Körper.

Dein fühlendes Körper-Unterbewusstsein

Alles, was du erfährst, fühlst du. Und alles, was du erfahren willst, sind Gefühle. Du stehst nicht morgens auf und sagst: »*Oh, heute möchte ich aber mal etwas besonders Schönes denken.*« Nein, du sagst, du möchtest dich heute gut *fühlen*. Oder der Ausflug gestern war schön, weil er dir ein schönes *Gefühl* gegeben hat. Du liebst deinen Partner, weil du dich mit ihm so gut *fühlst*. Du hasst deinen Job, weil du dich dabei scheiße *fühlst*.

> *Alles, worauf du im Leben aus bist, ist, ein bestimmtes Gefühl zu fühlen.*

Und wo fühlst du Gefühle? Im und mit deinem Körper. Selbst zu deiner Tasse, die du morgens für deinen Kaffee benutzt, hast du ein gefühltes Verhältnis. Dein neues Handy kann noch so viele supergeniale Funktionen haben, die dir alle logisch erscheinen mögen. Wenn es dir nicht gefällt oder beim Verkaufsgespräch sich etwas nicht gut *angefühlt* hat, wirst du es nicht kaufen. Oder vielleicht kaufst du es doch, weil du eine Kopfentscheidung triffst, doch wirst du nie wirklich warm mit deinem neuen Handy werden. Es wird sich immer etwas falsch und fremdartig anfühlen und dir nie am Herzen liegen. Du wirst es benutzen, kalt und technisch, aber es kümmert dich nicht. Du baust keine Beziehung zu ihm auf. Es kann dir gestohlen werden oder kaputt gehen und es wäre dir egal oder käme dir sogar recht, weil du es nie wirklich gemocht hattest.

Wenn du morgens aufwachst, ist die erste Millisekunde noch frisch und frei. Wenn du äußerst aufmerksam bist und ganz genau hinschaust, fällt dir auf, wie du morgens erst einmal nach dem vertrauten Gefühl des Ichs gehst. Innerhalb weniger und sehr schneller Augenblicke erinnerst du dich daran, wo du bist, warum du dort bist, wie lang du dort bist, du erinnerst dich an deine Gedanken von gestern, deine Probleme von gestern und alles, was du am Vortag und dein ganzes Leben lang in dir aufgezeichnet hast. Dann erinnerst du dich an alles, was du nicht hast und heute, nachher oder morgen noch haben willst und an all die Erledigungen, die du machen musst, um dies zu erreichen. Dieser ganze Prozess gibt dir dann dein *»gewohntes Gefühl vom Ich«*. Auch deine Umgebung ist eine Aufzeichnung zu der du eine Art Gefühl hast. Das Konzept im Kopf, das du mit deiner aktuellen Lebenssituation verknüpft hast, hinterlässt einen emotionalen Abdruck. Warum?

Vor allem die Erfahrungen in der Kindheit trugen dazu bei, dass wir heute viele unterbewusste Verhaltensweisen an den Tag legen, von denen wir nichts mehr so genau wissen. Wir haben zwar Angst vor Drähten oder finden sie unangenehm, wissen aber nicht mehr, dass dies daran liegt, dass wir als Fünfjähriger damit eine traumatische Erfahrung gemacht haben, als wir einen Stromschlag beim Anfassen eines Drahtzauns bekommen haben. Wir haben diese Erfahrungen verdrängt. Als Kind hatten wir kaum andere Schutzmechanismen, als Verdrängung und Kompensation. Wir konnten die gefährlichen Situationen nicht mental einordnen, nicht analysieren und hinterfragen. Dazu fehlte es an einem bestimmten Teil in unserem Gehirn, der uns dies heutzutage ermöglicht: *Der präfrontale Cortex*. Dieser Bereich im vorderen Teil des Gehirns, auch Frontallappen genannt, ist unser kreatives Zentrum im Gehirn. Hier wägen wir ab, treffen Entscheidungen und finden Lösungen. Wir können uns in andere hineinversetzen, Gefühle interpretieren und Einfühlungsvermögen entwickeln. Er lässt uns empathisch werden und eine achtsame Verbindung zu uns und unserer Umwelt aufnehmen. Hier haben wir einen Willen, so zu handeln, wir wir es wirklich wollen und nicht, wie es unsere Instinkte und Impuls-Reaktionen von uns einfordern. Dieser Bereich kann unser Alarmzentrum, *die Amygdala*, beruhigen und somit unsere Reaktion auf Impulse verlängern, abmildern oder sogar aussetzen lassen. Er ist der Hüter über unsere Gefahrenzentrale der emotionalen Erinnerungen. Diese Zentrale liegt im limbischen System und besteht aus dem *Hippocampus*, der für die Verarbeitung unserer Erinnerungen zuständig ist, und der *Amygdala*, die die zu den Erinnerungen nötigen Emotionen liefert, vor allem die der Angst und Furcht. Doch der präfrontale Cortex wächst erst im Jugendalter richtig heran und ist bei Jungen teilweise sogar erst mit Anfang Zwanzig voll ausgebildet. Das heißt, dass wir im Kindesalter gar nicht in der Lage sind, Impulsreaktionen zu verstehen und uns adäquat an das Ereignis anzupassen.

Aber auch die elektrische Schwingung unseres Gehirns ist ausschlaggebend dafür, wie schnell und wie tief wir Dinge im Kindesalter unhinterfragt im Unterbewusstsein abspeichern. Um Aussagen und Erfahrungen auf Logik, Dringlichkeit und Wahrheitsgehalt überprüfen zu können, brauchen wir unsere Großhirnrinde, auch *Neocortex* genannt. Es ist die graue Substanz, die denkt, kategorisiert, einordnet und analysiert. Damit dieser Teil funktioniert, muss die Schwingungsfrequenz unseres Gehirns hoch sein. Man spricht hier von *Beta-Wellen*. Sehr hohe Beta-Wellen deuten auf enormen psychischen Stress hin. Doch in unseren jungen Jahren schwingt unser Gehirn noch nicht in so hohen Wellenmustern. Wir befinden uns eher im darunter liegenden Bereich der *Alpha-Wellen* oder noch tiefer, die der *Theta und Delta-Wellen*. Alles Zustände, in denen wir eher entspannt, leicht trance-ähnlich oder sogar im Schlaf sind und Informationen leichter aufnehmen können.

Da wir im Kindesalter in den niederen Schwingungen die Welt erfahren, können wir uns leichter auf das Leben einlassen, schneller und intensiver lernen und mit kindlicher Neugier und Unschuld die Welt erforschen. Als Erwachsene tendieren wir hingegen dazu, vorher das Für und Wider abzuwägen. Ewiges Abklären, Planen und In-Erwägung-ziehen trennt uns nur allzu oft vom Leben ab und kapselt uns in unsere mentale Einsamkeit.

Andererseits waren wir dadurch für einfach alles empfänglich. Wir glaubten leichter, was uns erzählt wurde, und speicherten die Informationen tiefer (also unterbewusst) ab, da unser Wächter (der Neocortex) in diesem Alter noch nicht sonderlich aktiv ist. Der Wächter, der im Schwingungszustand der Beta-Wellen bei uns heutzutage alle neuen Überzeugungen von uns fernhält und draußen lässt, war damals noch nicht geboren. Was uns unsere Eltern, Freunde, Gesellschaft und Medien erzählt haben, wurde zu unserer Überzeugung. Diese Überzeugungen haben wir seitdem immer wiederholt und sie uns immer und immer wieder danach selbst eingeredet. Dadurch haben wir das geschaffen, was wir heute unsere Persönlichkeit nennen.

Das herrenlose Haus

Ich sprach davon, dass wir als leeres Blatt Papier zur Welt gekommen sind und durch unseren Lernvorgang, der überwiegend auf Beobachtung, Nachahmung und Wiederholung beruhte, immer tiefere Kerben durch die Stifte (also durch die Gedanken, die wir am meisten und wiederholt gedacht haben) in unser Blatt Papier ritzten. Wenn die Buntstifte die Gedanken repräsentieren, dann stellen die ebenfalls mitgelieferten Textmarker die Emotionen und Gefühle dar. Nun kannst du es dir so vorstellen: Als Kind hast du Gedanken und Aussagen über dich und deine Umwelt von deinen dich umgebenden Bezugspersonen übernommen. Da dein Gehirn weniger analytisch und abwägend funktionierte und eher alles unhinterfragt aufnahm, sickerten diese Gedanken tief in dich hinein. Lernen fand im Kindesalter überwiegend durch *»fühlendes Erinnern«*

statt. Und auch heute noch lernen wir Dinge und speichern sie dauerhaft in uns ab, in dem wir es zu einem Körpergefühl werden lassen.

Wir haben etwas gemeistert, wenn wir es so lange einstudiert haben, dass es sich nach uns *anfühlt*. Wie eben eine zweite Haut. Eine Erinnerung ist eine Mischung aus Emotionen und einem Schnappschuss (wie bei einer Momentaufnahme mit einem Fotoapparat) in Form eines Bildes, das die aktuellen Gegebenheiten speichert (der Gesichtsausdruck deines Gegenübers, die Reaktionen deiner Umwelt, Gerüche, Farben, Konstellationen und so weiter). Es wird also ein grober Abriss dessen gemacht, was Inhalt dieser Situation ist, an die du dich erinnern wirst. Damit du dich aber so richtig erinnerst, muss es dir in Fleisch und Blut übergehen. Da nützt es nichts, wenn du einfach nur einen Gedanken hast. Damit er als wirklich wichtig und dringlich in dich eingraviert wird, brauchst du Emotionen. Denn Emotionen trainieren deinen Körper darauf, dich später blitzschnell zu erinnern, um dann, sobald diese oder eine ähnliche Situation wieder eintrifft, schnellstmöglich reagieren zu können. Am besten noch, bevor dein Verstand sich einmischt. Das hatten wir bereits besprochen.

Alles, was du wiederholt oder zu stark erlebt hast, ist also wichtig. Und was machen wir mit Sachen, die wichtig sind? Wir markieren sie uns dick und fett, so, wie wir auch prägnante Passagen in Lehrbüchern durch Textmarker hervorheben. Wir unterstrichen also unsere Gedanken-Buntstifte mit unseren Emotions-Textmarkern. Und da sie viel dicker sind, malten sie unseren gesamten Hintergrund aus. Selbst wenn wir die Buntstiftbahnen wegradieren, weil wir sie nicht mehr nutzen, bleibt der emotionale Abdruck, an den wir uns gewöhnt haben. Man könnte sogar so weit gehen zu sagen, das als Erstes die Emotionen in uns gespeichert wurden und daraus dann die passenden Gedanken hervorgingen. Das heißt, dass die Mannschaft auf deinem Boot (also dein Unterbewusstsein) eine Landkarte bekommen hat, von Leuten, die zwar gar nicht auf dem Boot mitfahren, aber deiner Mannschaft vorschreiben, was sie zu tun hat. So stand auf der Landkarte, dass du brav oder still sein musst, pünktlich sein sollst (damit du nicht getadelt wirst), dich anstrengen und fleißig sein musst, deine Ausbildung machen sollst oder eine Familie gründen sollst. All das machen schließlich auch die anderen Mannschaften auf ihren Booten. Und damit du im Schiffsverkehr keinen Unfall baust, solltest du dich an diese Karte halten. Doch was du nicht hattest, war ein Kapitän, der der Mannschaft sagt, wo es entlanggeht und wie man das Schiff steuert. Einer, der eine Vision hat, der die Welt für sich entdecken will und der an Möglichkeiten glaubt. Einer, der sich nicht unter andere stellt und glaubt, alle seien schlauer oder besser als er. Eben einfach einer, der an sich selbst glaubt und überzeugt davon ist, hier in dieser Welt genauso gestalten und schöpfen zu können, wir es jeder andere auch tun könnte. Die Mannschaft (also dein emotionales Körper-Unterbewusstsein) versuchte deshalb sich irgendwie in der Welt zurechtzufinden. Sie brauchte jemanden, der aufgrund der gemachten Erfahrungen oben auf dem Wachturm sitzt und Ausschau nach Gefahren hält. Denn ohne einen solchen Wächter eckst du nur wieder mit anderen Booten an und verursachst Unfälle, die dir Leid bereiten und womöglich deinen Untergang bedeuten könnten. So stellten sie einen ein, der die ganze Zeit oben im Ausguck in die Ferne schaut und der Mannschaft unten erzählt, wo es entlanggeht. Das ist die Geburt des Wolfes, der aus seinem eigenen Schatten (dem Emotionskörper) heraus gewählt wurde. Mittlerweile dient also dein Neocortex als Wächter, um das zu bewahren, was wir früher als Kind gelernt haben und durch unseren konditionierten Körper als *Ich-Gefühl* verinnerlicht haben.

Lernen wird heutzutage dadurch schwieriger, weil der Neocortex nicht mehr so einfach alles in uns hineinlässt. Wir müssen uns ganz schön verbiegen, um ihn zu überzeugen, etwas Neues aufzunehmen, was nicht zu den bekannten Strukturen passt. Doch selbst wenn wir es schaffen, neue Gedanken zu denken, so gäbe es einen Zwiespalt zwischen dem einen Mann der da oben auf dem Mast sitzt und von schönen Sonnenuntergängen erzählen will, während er gegen eine ganze Mannschaft von unten ankämpft, die ihm im Prinzip nur sagt:

> *»Scheiß auf den Sonnenuntergang! Achte lieber darauf, dass uns nichts passiert. Überall könnten wir anecken und untergehen. Pass lieber auf das auf, was wichtig ist und vertreib dir nicht die Zeit mit so sinnlosem Zeugs wie Sonnenuntergängen. Das kannst du machen, wenn wir in Sicherheit sind.«*

Wir haben also eine Mannschaft, die getrieben von schmerzlichen Emotionen der Vergangenheit ist und einer Landkarte folgt, die von anderen gemalt wurde und die selbst nicht weiß, was und warum sie eigentlich tut, was sie tut. Und wir haben einen Wächter oben im Ausguck, der nur nach dem Ausschau hält, was er als Signal von dieser Mannschaft bekommt. Doch das Signal der Mannschaft ist ein schmerzliches. Und so ist der Wächter permanent unter Stress, weil er die Aufgabe bekommen hat, das Schiff und die Mannschaft zu retten und in eine Welt voller Glück und Freude zu leiten. Der Wächter da oben merkt die Unruhe seiner Mannschaft und setzt sich täglich umso mehr ins Zeug, Frieden zu finden. Und je weniger er es schafft und einfach keinen sicheren Hafen findet, desto schmerzlicher fühlt sich die Mannschaft und umso nervöser wird der Wächter in seinem Turm.

Übersetzt heißt das, dass dein Emotionsgedächtnis (deine Textmarker) deine Basis bildete, auf derer du dann deine Gedanken über die Welt sammeltest. Je älter du wurdest, desto mehr fing dein Neocortex an zu arbeiten. Langsam bewegte sich dein Gehirn in den Beta-Wellenbereich und konnte nun besser filtern, was von dem, das du erfahren hast, von Bedeutung ist und was nicht. Doch seine Grundlage beruht auf den von dir zuvor gemachten Erfahrungen. Der Filter wurde passend zu deinen Emotionen eingestellt und liefert jetzt nur noch genau das, was zu deinem Körpergefühl passt. Man könnte sagen, dass dein emotionales Unterbewusstsein sich seinen eigenen Wächter kreiert hat. Dieser Wächter lässt nur noch das ins Haus, was der Körper ihm sagt. Er schützt jetzt dein Ich, damit dieses Ich bleiben kann, was es ist. Jetzt liegt der Deckel auf dem Topf, der auf der heißen Herdplatte beständig vor sich hin brodelt. Manchen gelingt es, den Topf nicht zum Überkochen zu bringen. Sie halten den Deckel fest auf dem Topf oder schaffen es, die Temperatur herunterzuregeln. Aber meist ohne langen Erfolg. Immer und immer wieder kocht es auf. Sie ärgern sich, fluchen, sind gereizt, kompensieren und lenken sich ab. Sie spüren das Ungewisse, aber schauen nicht hin. Sie riechen den Wolf, aber meinen, er wäre weit weg. Sie spüren das Brodeln der Lava und schaufeln lieber noch mehr Erde darauf, weil sie Angst vor dem Ausbruch des Vulkans haben. Solche Menschen verhärten an ihrem eigenen Selbst. Wir können uns nur des Deckels bewusst werden, ihn abnehmen und das Wasser im Topf langsam verdunsten lassen, anstatt immer wieder neues Wasser hineinzuschütten.

Man könnte es auch so ausdrücken: In den ersten Jahren deines Lebens wurde dein Haus gebaut und jedes Stockwerk und jedes Zimmer spiegelt eine emotionsgeladene Erfahrung wieder. Dein Kopf ist dein Zuhause. Doch er wurde für dich von Leuten eingerichtet, die keine Ahnung von gutem Geschmack haben. Jetzt wohnst du da drin und meinst, du könntest die Einrichtung nicht ändern, vielmehr noch glaubst du, die Einrichtung wäre hübsch. Da du damals noch keinen Wächter unten an der Eingangstür hattest und auch nicht beim Bau deines Hauses mitreden konntest, hat jeder in deinem Umfeld dazu beigetragen, dass du haufenweise Zimmer hast, die sich teilweise einfach schrecklich anfühlen. Da kann es ein Zimmer für deine Minderwertigkeitskomplexe geben, eins für deine Unsicherheit, eines für deine Angst, deine Wut, deine Art es anderen recht machen zu wollen, dein Selbstmitleid und dein Mangel an Selbstliebe. Natürlich gibt es auch Zimmer der Freude, doch ist Freude evolutionär gesehen nicht überlebensnotwendig. Der analytische Verstand, der durch den Beta-Wellen-Modus deines Neocortex entstand und den ich als Wolf bezeichne, hat (wie der Matrose oben auf dem Mast deines Schiffes) schlichtweg die Aufgabe, dich vor Gefahren zu beschützen. Und je mehr du deinen Fokus auf Gefahren legst, desto mehr wirst du empfänglicher für eben solche, nur, um sie vermeiden zu können. Je mehr wir also diese Emotionen erfuhren, desto mehr fokussierten wir uns auch auf deren Bestätigung. Und je mehr Bestätigung wir für unsere Annahmen bekamen, desto dichter wurde das Gedankennetzwerk und der emotionale Abdruck.

Somit wurde jede Erfahrung, die du gemacht hast, zu einem emotionalen Textmarker-Strich auf deinem Papier. Und jede dieser wichtigen Textmarker-Erfahrungen hat einen schlussfolgernden Gedanken mit sich gebracht, den du als bekräftigende Buntstift-Linie über den Textmarker auf dein Papier gemalt hast. Schlussfolgernde Gedanken können wir auch Glaubenssätze nennen, denn die halten dich im Glauben, die Welt sei so, wie du sie erfahren hast. Einmal so einen Glauben angenommen, machst du dich auf den Weg, diesen Glauben zu bestätigen. Dieser natürliche Vorgang ist das, was ich dir bereits als »*Confirmation Bias*« erklärt habe. Wir haben also nun eine Mannschaft auf einem Boot ohne Kapitän, welches von einem Matrosen geführt wird, der seine Kommandos von einer Mannschaft bekommt, die einer Landkarte folgt, welche sie ins Nirgendwo führt. Und wir haben ein Haus ohne einen Chef, in dem es haufenweise Büros gibt, die durch unser Umfeld errichtet wurden und eine Security, die dieses Haus beschützt, damit es so bleibt, wie es ist und nur das hineinlässt, was zu ihm passt. Und das alles nennen wir »*Ich*«, »*unser Leben*« oder »*unsere Persönlichkeit*«.

Deine Persönlichkeit

Was ist denn eine Persönlichkeit eigentlich? Ist sie etwas Festes? Etwas, das in den Genen liegt und vorbestimmt ist? Etwas, das bleibt und mit dem du dich arrangieren musst? Nein, ist es nicht. Dein Temperament mag vielleicht eher aktiv oder passiv, eher feurig oder kühl sein. Das mag vielleicht dein Leben lang bleiben. Aber deine Persönlichkeit ist etwas Antrainiertes, etwas Erworbenes. Es ist eine Speicherung deiner Erfahrungen und den damit gekoppelten Emotionen gemischt mit den daraus entstandenen Glaubenssätzen, Meinungen und dem, was du für dein Ich hältst, das voll von Moral und Wertvorstellungen ist und sich ein festes Bild über richtig und falsch gemacht hat. Letzteres kann man auch »*Überzeugungen*« nennen. Also ist deine Persönlichkeit die Zusammensetzung deines Denkens, deiner Emotionen und den sich daraus entwickelten Überzeugungen.

Dieses System mag sich besonders starr anfühlen, fest oder eben einfach »*nach dir*«. Aber dem ist nicht so. Wie viel von deinen Ansichten und Überzeugungen hast du im Laufe deines Lebens schon geändert? Vielleicht hast du früher Rauchen als schlecht empfunden und meintest, *du* wirst nie rauchen und hast es später trotzdem getan. Oder wie war es mit dem Alkohol? Bestimmte Vorlieben und Abneigungen beim Essen? Was isst du heute, was du früher nicht gegessen hast? Vielleicht war dein Bild von Liebe früher romantisch und heute bist du zurückhaltend und skeptisch? Wie auch immer, aber der, der du mit 6 Jahren warst, ist nicht der, der du heute bist, und auch nicht der, der du in 20 Jahren sein wirst. Du veränderst dich ständig. Von Sekunde zu Sekunde teilen sich deine Zellen und reproduzieren deinen Körper neu. Dabei übertragen sie ihre aktuellen Informationen auf die neuen Zellen, die wiederum bei ihrer Teilung ebenfalls ihre eigenen alten und neuen Informationen weitergeben. Wäre es nicht fantastisch, wenn wir den Zellen neue Informationen geben könnten, die die alten Informationen ersetzen, sodass die nächste Generation an Zellen nur noch neue, brauchbare und produktive Informationen in sich tragen? Genau das geht! Wir machen es bereits ohnehin. Ob bewusst oder unbewusst. Zellen geben ihre Informationen weiter, die sie von uns erhalten. Der Körper reagiert auf unser Fühlen und unser Denken und die damit ausgeschütteten Botenstoffe. Alles, was wir als Gedanke und Emotion in unseren Körper senden, hat unmittelbaren Einfluss auf unsere Zellen und deren Wirkweise. Ja, sogar bis hin zu unseren Genen kann unsere mentale und emotionale Beschaffenheit Veränderungen auf der kleinsten Ebene bewirken.

Innerhalb von sieben Jahren ist dein ganzer Körper einmal komplett erneuert. Nichts, was vorher an Zellen und den daraus resultierenden Geweben einmal war, wird dann noch sein. Das Einzige, was alt ist, ist dein Bild von dir. Du denkst ca. 60.000 Gedanken am Tag und über 90 % sind es die gleichen Gedanken, wie die am Tag zuvor. Während also alles auf Neu ausgelegt ist, bist du im Kopf immer noch alt. Und diese sich stetig wiederholenden 90 % deines Denkens sind einer von zwei Gründen, warum du meinst, der zu sein, der du bist und dass jede Veränderung an diesem System eine Art Selbstbetrug ist. Der andere Grund ist dein einstudiertes Fühlen, deine Emotionen und die sich daraus über Jahre ergebenen Stimmungslagen, sprich deine emotionale Grundhaltung. Diese emotionale Grundhaltung, die die 90 % des Eisbergs ausmacht, liefert deinem Verstand die 90 % seiner Gedanken, die er auch schon am Vortag hatte. Im Grunde ist es der Körper, der dem Kopf sagt, dass er so bleiben soll, wie er ist, weil sich durch die passenden Gedanken der Körper auch wieder wie gewohnt fühlen kann.

Doch wenn du das alles nicht weißt, dann lebst du in deinem Kopf und hältst den Mann oben am Ausguck für den Kapitän, oder die Security unten am Einlass für den Chef des Hauses. Und all das, was gefühlstechnisch im Hintergrund die Fäden zieht, bekommst du nicht mit, weil dein Selbst von diesem Puppenspieler eingestellt, gesteuert und eigentlich erst geschaffen wurde. Deswegen funktioniert es auch nicht, wenn du dir ab heute positive Gedanken machst. Denn diese Gedanken passen nicht zu deinem Körpergefühl. Diese Gedanken fühlen sich nicht nach dir an und werden deswegen abgewiesen. Und wenn du nicht davon ablässt und dennoch weiterhin dir deine schönen Sätze über die Welt wie Mantras vorsprichst, so treibst du dich nur in große Zerrissenheit, weil Fühlen und Denken nicht übereinstimmen. Wir müssen dem Körper ein neues Fühlen beibringen, das zu neuen Gedanken führt und sich dann nach einem neuen Ich anfühlt, was wir so einstudieren müssten, dass sich dieses neue Ich nicht mehr als neu anfühlt, sondern als unser neues Normal.

Der Wolf im Schafspelz

Denkst du manchmal, nicht das Leben zu leben, das du leben möchtest? Meinst du, du bist festgefahren in deinen alten Strukturen und findest keinen Ausweg? Hast du das Gefühl, deine jetzige Situation hindert dich daran, wirklich glücklich zu sein? Meinst du, du musst noch an ein paar Stellschrauben in deinem aktuellen Leben drehen, damit du dich frei und sorglos fühlen kannst? Bist du der Meinung, dass dich noch irgendetwas davon abhält, der zu sein, der du sein willst, und dass, wenn das endlich erledigt ist, du es beseitigt hast oder es sich verändert hat, du dann endlich frei, auf dem richtigen Weg und glücklich bist und durchatmen, dich freuen und endlich loslegen kannst?

Spürst du die einengenden Gefühle und die Beklemmung, die deine Probleme mit sich bringen? Spürst du auch die gesteigerte Nervosität, wenn du meiner Empfehlung folgst und probierst, die Probleme loszulassen? Spürst du innerlich ein »*Ich-kann-Nicht!*« und wirst du vielleicht wütend auf mich, hältst mich für dumm, wirst gereizt und aggressiv oder findest Einwände, warum ich unrecht und du recht hast?

Vielleicht mag es stimmen, dass du um dich herum einiges an Dingen vorzeigen kannst, die suboptimal laufen, hinderlich sind, störend und einfach nicht schön sind. Du willst aus dieser Situation heraus und wünschst dir eine Verbesserung deiner Lebensumstände. Dann verstehe, dass dein angespanntes, zwanghaftes Denken dich in dieser Situation gefangen hält. Dieses Denken hat einen richtig großen Knochen, an dem es kauen kann. Und das nährt den Wolf und macht ihn größer und stärker. Der Wolf hat kein Interesse daran, diesen Knochen für eine kleine, klägliche Lösung herzugeben. Fall nicht auf ihn rein. Er mag dir sagen, er wäre auf deiner Seite, damit du dich in Sicherheit wiegen kannst. Aber das ist er nicht. Ich habe sehr viel Zeit damit verbracht, dass du erkennst, dass du nicht dein Denken bist und dass dein Denken nur ein Programm ist, was automatisch abläuft. Mir ist es wichtig, dass du nicht mehr Gefangener deines Kopfes bist und somit den Blick zum Körper lenken kannst, zu deinen Gefühlen. Wenn du das nicht kannst, werden dich die Gefühle immer wieder hoch in den Kopf treiben und du wirst dankbar dorthin zurückgehen, weil es sich vertraut anfühlt. Solange du nicht merkst, dass dein Ich nichts ist, was es gibt, wirst du diese Illusion als wahr anerkennen und immer wieder darauf hereinfallen. Ich habe dir auch erklärt, dass dieses Programm, was du für dich hältst und sich vordergründig als dein Denken zeigt, nicht von dir geschrieben wurde. Damals hattest du noch keine Fähigkeiten, deine eigenen Codes im Betriebssystem zu schreiben, um dir so die Programme zu installieren, die dir wirklich dienen. Leider wurde dein System nicht von dir programmiert bzw. nicht von dem bewussten Teil in dir, der du tatsächlich bist. Um zum Körper zu gelangen und ihm Neues anzutrainieren, müssen wir am Wächter, am Wolf, vorbei. Nur wenn wir ihn umgehen, kommen wir an seinen Schatten. Der Wolf ist wie eine Firewall, der alles vom Körper fernhält, was nicht zu ihm passt.

Stell dir vor, wir lassen den Wolf hinter uns und widmen uns seinem Schatten. Nur der Wolf hat Angst vor dem Schatten und sieht in seinen Umrissen Monster und Haie und rennt deswegen sein Leben lang vor ihnen weg. Immer wenn er nach hinten schaut, warten sie auf ihn, sodass er noch mehr in eine Zukunft rennen will, die ihn von diesen Schatten befreit. Würde er jedoch nach hinten schauen und plötzlich Blumen, Wärme und Licht sehen, dann würde die Angst vor dem Schatten verschwinden und somit auch der Wolf, weil er selbst diese Angst ist. Wäre der Wolf somit am Ziel, würde er sich auflösen, was seinem Tod gleichkommt, und deswegen wird er dich davon abhalten, dies zu unternehmen. Lieber verbündet er sich mit dir und tut so, als wollte er sich verändern und sich der Angst stellen. Nun haben wir uns also aufgemacht, den alten Lichtschalter gegen einen neuen auszutauschen, sind ganz begeistert und sagen, dass das super klingt, eine ganz tolle Idee ist und wir am besten sofort damit anfangen sollten. Doch an dieser Stelle möchte ich dich noch auf eine kleine Raffinesse hinweisen, die der Wolf sehr gut beherrscht: Er gibt sich als du aus! Er tut so, als wären diese neue Begeisterung und dein Bestreben, dich zu ändern (und dir das beste Leben, was du dir vorstellen kannst, zu ermöglichen), diese neue Quelle, aus der heraus alles wächst und gedeiht. Er wird sich mit dir aufs Meditationskissen setzen und all die Übungen machen. Er wird sich selbst überwinden und seinem Körper ein neues Fühlen beibringen wollen. Doch da ein Wolf nur tun kann, was ein Wolf eben so tut, wird er keinen Frieden finden. Er kann einfach nicht ankommen. Egal was du tust, es wird dich immer wieder in deinen Mangel zurückwerfen, solange du es als Wolf tust. Deswegen kannst du nicht mit einer positiven Einstellung sagen, dass ab heute alles anders wird, wenn du dich nicht aus den Fängen des Wolfs befreist und den Hirten in dir findest, der den Wolf von deinen Schafen fern und deine Schafe auf grüne Weiden führen wird.

Jetzt, da wir also langsam den Wolf und seine Struktur erkennen, berauben wir ihm immer mehr seiner Macht über uns. Es geht ihm förmlich an den Kragen. Und das spürt er. Der Wolf ist nicht dumm. Und so merkt er, dass seine unaufhörlichen Gedanken und seine Sintfluten zerstörerischer Gefühle nichts mehr nützen. Immer wenn er sich aufbäumen will, wird ihm die Macht genommen. Deshalb schlägt sich der Wolf auf deine Seite und gaukelt dir vor, du hättest gewonnen. Getarnt als das brave, friedliche Schaf gibt er sich als ein solches aus. Er hört, er müsse einfach nur ein Gewinner sein und fängt an, einen Gewinner zu kopieren. Er zieht sich an wie einer, redet wie einer und verhält sich wie einer. Der Esel hat sich einen Frack angezogen, doch bleibt er Esel. Früher oder später fällt sein Kostüm auseinander und der Wolf kommt wieder unter dem Schafspelz hervor. Das ist das Ding, wenn wir uns Sachen einreden wollen. Wir tun so, als ob. Der Wolf sagt:

> *»Ja, los komm, lass uns an uns arbeiten, damit wir den Frieden finden und uns nicht mehr aufregen! Los, lass uns dort hinter dieser Ecke schauen gehen. Ach Mist, da ist nichts zu finden. Aber hey, Kopf hoch, wir machen einfach weiter. Los, lass uns dort schauen. Ach Mist, wieder nichts. Oh, aber das könnte funktionieren: Da gibt es eine neue Technik, ein neues Buch, eine neue Therapie. Die nehmen wir. Diesmal wird es was! Lass uns unsere Probleme ergründen! Wenn wir einfach all unseren Traumata auf den Grund gehen und alle Ursachen erforscht haben, dann sollten wir doch ganz bestimmt unseren Frieden finden!«*

Deswegen fangen einige gern an und wälzen sich durch ihre gesamte Vergangenheit, stets auf der Suche, wer einem irgendwann irgendwas angetan hat, nur mit der Hoffnung, dadurch endlich Frieden und Befreiung finden zu können. Doch das kann zu einem bodenlosen Fass, zu einer Sisyphus-Arbeit mutieren und ist außerdem überhaupt nicht sonderlich notwendig.

Es ist gut, wenn wir unser Feld zwar umgraben, doch sollten wir dann lieber Blumen wachsen lassen, als das Unkraut zu bekämpfen.

Das Erkennen des Wolfs im Schafspelz reicht aus, um ihm nicht weiter hinterherzurennen. Denn ansonsten ist unser ganzes Bemühen nur eine weitere Einladung für unseren Wolf, sich dadurch eine neue Identität zu schaffen, an die er sich klammern kann. Wobei Therapie und Psychoanalyse definitiv nichts Schlechtes sind. Sie können uns helfen, die Mauern zu erkennen, vor denen wir stehen, wir aber nicht sehen und deshalb stagnieren. Doch sollten wir wissen, dass, sobald in unser Tun ein neues Ich-Gefühl einfließt, es dieses Tun ist, was uns von unserem Ziel, anzukommen, von unserem Heil und Frieden und unserer Fülle trennen wird. Unser Tun entspringt dann dem Wollen des Wolfes, nicht aber unserer Quelle. Du kannst dich nicht verändern und in eine neue Zukunft gehen und dabei dein altes Ich mitnehmen. Allein der Versuch ist schon zum Scheitern verurteilt, weil dein altes Ich nur Zustände kennt, die dich von deiner Zukunft abhalten. Ein Ich versucht ein anders Ich zu werden. Das Problem ist das Ich an sich, das uns zwar auf den Weg schickt, uns dann aber daran hindert, das Ziel zu erreichen.

Wir wollen uns gern verändern, ohne uns dabei verändern zu müssen.

Das Paradox des Ichs in der Meditation

Die Quelle, die du bist, verstellt sich nicht. Sie braucht kein Kostüm, weil sie sich dem zuwendet, was sie ist. Es ist kein Weg, der nach vorn geht, sondern hinein. Gehst du zu deinem Ursprung, kommt alles ins Fließen, was du vorher anschieben wolltest. Um es zum Fließen zu bringen musst du den Schlauch am Hydranten des Mangeldenkens lösen. Das Mangeldenken ist der Staudamm, der dich klein hält und deine Welt um dich herum in eine Wüste verwandelt. Reißt du die Mauern ein, wird das Wasser wieder fließen. Doch bei dem ganzen Rumgehacke auf dem Wolf, muss ich fairerweise sagen: Ich liebe Wölfe. Sie sind wundervolle Tiere. Und auch meinen eigenen Wolf liebe ich. Begegne ich ihm mit offenen Armen, verwandelt er sich. Ich habe keine Angst vor ihm, weil nur er Angst hat. Begegne ich meiner Angst, löst sie sich auf. Ich weiß, das hieße, der Wolf, den ich so mag, stirbt. Aber so ist es nicht ganz. Das Einzige, was stirbt, ist dein altes Ich, dein vertrautes Ich-Gefühl, alles, was für dich bekannt, aber auch bequem war. Dein Glaube fällt ab, deine Meinungen sind nicht mehr wichtig, dein ganzes starres System bröckelt auseinander. Doch wenn man einmal diesen Sprung gewagt hat, merkt man, dass genau dahinter diese Freiheit liegt, von der der Wolf träumt und uns täglich ein Liedchen singt. Auf dieser anderen Seite angekommen, ist dein Verstand immer noch da. Du hörst schließlich nicht auf zu existieren. Tatsächlich fängst du jetzt erst an, richtig zu leben. Du hast deinen eigenen Tod überlebt, nur, dass am Ende ein größeres Ich geboren werden konnte. Dieses neue Ich hat genauso einen Denkapparat. Doch es ist nicht mehr von diesem vereinnahmt, nicht mehr dessen Besitz. Das Denken ist jetzt ein Helfer und kein Tyrann mehr.

Auch die besagten Helikopter-Eltern wollen im Grunde nur Gutes, auch wenn sie es dadurch nur schlimmer machen. Diese Eltern nach Hause zu schicken und zu sagen, sie müssen sich nicht unentwegt kümmern, ist für beide Parteien gut. Denn sonst bedeutet es nur Stress für die Eltern und für das Kind auch. Und beide wollen diesen Stress im Grunde nicht. Auch der Wolf will keinen Stress, will keine Angst und sucht die Liebe. Aber er kann es leider nicht. Das müssen wir ihm eingestehen. Deshalb ist er weder schlecht noch gehört er getötet. Sein Auflösen ist ein »*Sich-Einfügen*« in die Führung deines wahren Selbst. Er wird noch vonnöten sein, wenn wir Aufgaben bewältigen müssen, knifflige Fragen zu lösen haben oder sogar meditieren und uns verändern wollen. Aber er wird uns nicht mehr beherrschen. Er wird jetzt neben uns am Thron sitzen und wachen. Er wird nicht lammfromm sein. Das wird er nie. Er ist und bleibt ein Wolf. Aber er wird unserer Führung vertrauen lernen. Er wird immer wieder Wege suchen, die Führung zurückzugewinnen. Aber du wirst immer aufmerksamer und greifst ein, noch bevor der Wolf überhaupt zu zucken beginnt.

Auch bei der Meditation und bei unserem Versuch, uns zu ändern, kann der Wolf hilfreich und uns von Nutzen sein. Meist fangen wir gerade erst durch ihn damit an, etwas zu tun, uns zu bewegen, uns auf das Meditationskissen zu setzen. Unser Ich ist es, das sagt, es wolle sich von sich selbst lösen. Doch es wird den Punkt geben, wo wir unser Ich loslassen und im See der Ungewissheit schwimmen müssen. All das Wissen, was du hier aufnimmst, taugt nichts, solange du nicht ins Handeln kommst und in die Erfahrung hineingehst. Doch Wissen ist im Grunde gut für den Wolf, denn dadurch kann er in etwa erahnen, worum es geht und es drauf ankommen lassen. Er liebt es eben, wenn er die Zukunft vorhersehen kann. Das macht ihn weniger ängstlich und gibt ihm die Kontrolle, die er braucht. Das kann ein kleines Startkabel sein, damit sich dein Auto in Gang setzt. Aber während der Fahrt wird dein Verstand merken, dass es ihm an den Kragen geht, und er wird, so sehr er das alles auch intellektuell verstanden hat, sich doch wehren und versuchen dich zu überreden, einen Rückzieher zu machen.

Wir sitzen dann als Wolf auf unserem Kissen und sagen, wir wollen uns von unserem Wolf trennen. Das ist ziemlich paradox und es braucht auch hier einen inneren Schubs, der es uns erlaubt, uns von dem Ich zu lösen, das uns erst hat auf das Kissen setzen lassen. Sonst sitzen wir nur als Wolf da, der uns wieder nur eine neue Möhre an unseren Stock hängt und uns wieder nur auf die gleichen Irrwege führt. Dann wird uns keine Therapie und keine Meditation dabei helfen, anzukommen. Mit jeder neuen Technik und Übung wird der Wolf dich fragen:

»Bist du dir wirklich sicher? Ich weiß ja nicht. Lass es lieber. Fall nicht drauf rein. Du redest dir nur etwas ein. Okay, probier's von mir aus. Aber ich sage dir, es wird nicht klappen. Siehst du? Es hat nicht geklappt. Ich glaube ja, das bringt nichts. Wollen wir nicht einfach der sein, der wir sind, und uns damit zurechtfinden? Oder lass uns im nächsten Moment schauen, ob dieser nicht doch die Verbundenheit, die Einheit, das Glück bereithält, das wir suchen und so sehnlichst vermissen. Leider hatten wir in diesem Moment kein Glück. Denn schau, hier ist nichts zu finden. Also lass uns weitersuchen. Komm! Wir finden es bestimmt morgen!«

Das ist eine riesengroße Täuschung und der Wolf weiß es. Du aber nicht. Und solange du dir dessen nicht bewusst bist, wirst du dich genauso verhalten, wie es der Wolf will. Du wirst von einer Meditation zur nächsten Therapie und zur nächsten Religion rennen. Der Wolf will dich im Unglück halten, aber immer mit einer kleinen Portion Hoffnung auf Besserung. Er will, dass du den Moment nicht als erfüllend erlebst, weil du dich dann nicht mehr auf die Suche machen würdest. Er will, dass du dich von allem getrennt fühlst, damit du weiter nach der Verbundenheit und Liebe Ausschau hältst. Er geht sogar so weit, dass er dich selbst zerstört, nur um dich im Glauben zu lassen, du seist von all deinen Wünschen, deinem Glück und deiner Freude abgeschnitten. Das ist der ultimative Zustand, in dem der Wolf gänzlich deinen freien Willen übernommen hat und zum größten Monstrum heranwachsen kann, zu dem er je werden könnte: Wenn es im Außen niemanden mehr gibt, den man kleiner oder größer als sich machen kann, den man weder mehr traktieren noch kritisieren kann oder dessen Tod uns nicht mehr Bestätigung und Befriedigung gibt, dann bleiben nur noch wir übrig. Wir sind dann die einzige Quelle aus der heraus wir Futter für unseren Frust, unsere Angst und unseren Hass finden können.

In solchen Situationen wird uns schneller bewusst, was mit uns los ist. Deswegen versucht der Wolf diese zu vermeiden. Er liebt es, im Verborgenen zu bleiben. Doch du kannst ihm jederzeit auf die Schliche kommen, wenn du dich deinen Gefühlen widmest und aus dem Kopf in den Körper gehst. Denn wenn der Wolf dich regiert, dann bist du nie gänzlich im Reinen mit dem, was du im Außen erlebst und auch nicht mit dem, was du im Inneren erlebst. Die Anspannung, der Druck, der Stress, die Unruhe und Zerrissenheit, das Gefühl vom Glück nur eine Haaresbreite entfernt zu sein und es dann im nächsten Moment doch nicht zu erwischen, der Zustand ständiger Suche, das Nicht-Ankommen, die Langeweile, die Nervosität – all das findet im Körper statt und liefert dem Kopf nur noch mehr Gedanken daran, warum das Leben so, wie es jetzt gerade ist, verbessert werden muss.

Wenn du nicht bereit bist, diese Dinge, die da in dir ausgelöst werden, zu fühlen, dann spaltest du dich von dir ab. Da das Fühlen im Körper geschieht, spaltet sich dein Geist vom Körper ab. Jetzt lebst du nur noch im Geist und in der Vergangenheit und Zukunft. Du wirst zu einer Fassade. Jeder, der anklopft, trifft auf ein leeres Haus. Da ist niemand da. Nur ein Geist, der nicht im Moment leben kann. Dieser Geist kann sich nicht auf andere einstellen, nicht mitfühlen, nicht zuhören, nicht halten, nicht Trost spenden, er kann sich auch nicht öffnen und zeigen. Denn es gibt nichts, was er zeigen könnte, außer den Gefühlen, die er verstecken will. Er braucht diese Gefühle. Sie dürfen sich niemals auflösen. Sie sind sein Futter, sein Brennstoff, sein Antrieb, diese Welt der Illusion aufrechtzuerhalten, um dir weiterhin die Möhre vor die Nase zu halten und dich blind sein zu lassen.

Doch wenn du dann in der Meditation sitzt, solltest du den Schritt in dieses leere Haus wagen und dort hineingehen. Jetzt bist du nicht mehr der Geist, der die Leere im Haus erzeugt, sondern du bist das Gewahrsein, welches sich dieser Leere bewusst wird. Auch das klingt etwas paradox, denn genau dadurch, dass du dir dieser Leere bewusst wirst, verschwindet sie und Lebendigkeit und Fülle kehren wieder in dein Haus ein. Denn nur diese selbst erschaffene Leere und das Festhalten an den Strukturen deines Geistes, dem »*Real-halten-der-Illusion*«, schafft den Mangel. Das Erkennen der Illusion als etwas Leeres und nicht etwas Festes, verbindet dich sofort mit dem Leben und der darin enthaltenen Fülle und Lebendigkeit.

Dich gibt es nicht

Wenn wir uns also mit Übungen beschäftigen, die darauf hinauslaufen, uns auf eine neue Art zu fühlen und zu denken, weiß ich, dass du (oder besser: ein Teil in dir) dich dagegen wehren wirst. Du wirst sagen, es sei nur Manipulation und es würde sich gegen dein eigentliches Ich stellen. Oder es sei Augenwischerei, weil es nicht der Realität entspricht. Und genau da möchte ich dir nochmals zeigen (auch wenn ich mich hier und da wiederholen sollte), was »*Realität*« und »*eigentliches Ich*« tatsächlich sind:

Als du auf die Welt gekommen bist, war da keinerlei Idee oder Vorstellung in dir, was »*Ich*« bedeutet oder ist. Du warst einfach, ohne ein Ich. Erst mit ein paar Jahren hat sich dieses Ich entwickelt. Es ist eine Geschichte, die du dir erzählst. Es ist nur ein mentales Konstrukt aus Erinnerungen. Es erinnert sich an Namen und Begriffe, Vorlieben und Abneigungen und entwickelt einen Bezug zur Welt, der auf Trennung basiert: Hier bin ich und da bist du. Mit einem halben Jahr gab es dieses Gefühl der Trennung für dich noch nicht. Du wusstest nichts von dem, dass du außerhalb der Welt funktionierst. Erst deine Erfahrung, ein Individuum zu sein, hat dieses Gefühl des »*Ich*« entstehen lassen.

Doch wenn du dich einmal auf die Reise zu diesem Ich machst, wirst du nichts finden. Du findest es nicht in deinem Denken, denn dieses ändert sich ständig. Gedanken sind nur ein Produkt unseres aktiven Gehirns. Dadurch, dass in unserem Gehirn durch Elektrizität Neuronen aktiviert werden, entsteht unser Wach-Bewusstsein, also der Zustand des »*Wachseins*«. Obwohl dieser Zustand weder etwas mit »*bewusst*« noch mit »*sein*« zu tun hat, halten wir unsere Gedanken für unser Ich. Wir sind, was wir denken. Wir denken, also sind wir. Doch gibt es in dir etwas, dass sich dieser Gedanken gewahr ist und sie wahrnehmen kann. Du kannst die Gedanken weder stoppen noch entscheiden, wann sie kommen und wann nicht. Gedanken kommen wahllos und es scheint so, als ob etwas in dir denkt. So, wie dein Herz ununterbrochen schlägt, weil es seine Aufgabe ist, so denkt dein Gehirn unentwegt, weil auch das seine Aufgabe ist. Welcher dieser Gedanken, die du jeden Tag hast, bist du? Wie kannst du dein Denken sein, wenn sich dieses ständig ändert? Heute magst du andere Sachen denken als noch vor 20 Jahren. Bist du dann heute *mehr du* als vor 20 Jahren? Oder umgedreht? Und manchmal, wenn du ganz in einer Sache aufgehst und für einen Moment Raum, Zeit und Denken vergisst, dann bist du doch immer noch du, oder nicht? Und wie kannst du dein Denken sein, wenn du deine Gedanken beobachten kannst? Der Beobachter kann nicht gleichzeitig das Beobachtete sein. Das ist nicht möglich. Auch ist es nicht möglich, dass Besitz und Besitzer ein und dasselbe sind. Wenn du sagst: »*Das da ist meine Tasse.*«, dann ist die Tasse dein Besitz und du bist der Besitzer. Die Tasse kann nicht du sein. Wenn du also sagen kannst, dass es »*deine Gedanken*« sind, die du wahrnehmen kannst, so sind die Gedanken dein Besitz, aber nicht der Besitzer.

Dein Ich ist auch nicht in deinen Gefühlen zu finden, denn mit diesen ist es genauso wie mit deinem Denken. Du fühlst dich ständig anders. Eben noch warst du wütend, dann kam eine schöne Botschaft oder ein Lächeln und schon bist du wieder happy. Manchmal bist du wütend und glücklich gleichzeitig, von einer Sekunde auf die andere dann depressiv oder motiviert. Welches dieser Gefühle bist du, wo sie sich doch ständig ändern? Du kannst im Grunde nicht sagen: »*Ich bin wütend*«, sondern nur, dass du dich wütend *fühlst*. Denn es ist etwas, das in dir stattfindet, nicht aber du bist. Auch das Fühlen kannst du beobachten und somit ist das Fühlen wieder etwas, dass du besitzt, aber nicht der Besitzer ist.

Und auch dein Körper bist nicht du, denn wenn dir ein Arm fehlen würde, wärest du dann weniger du? Auch dein Körper verändert sich. Er altert. Kannst du wirklich sagen, dass der Teil in dir, der deinen Körper wahrnimmt, auch altert? Fühlst du, dass dein Wahrnehmen heute älter ist, als gestern? Dein Körper mag sich heute etwas schwerer anfühlen, aber deine Wahrnehmung von ihm auch?

Also bist du die Summe aus allem? Die Summe aus Denken, Fühlen und dein Körper? Das alles bist du? Aber wie kann das sein? Wenn du nichts fühlst, bist du doch immer noch du? Wenn du nichts denkst, doch auch? Oder wie viel deines Körpers müsste fehlen, damit du sagen könntest, das bist jetzt nicht mehr du? Wenn du jetzt aufwachen würdest und dich an nichts mehr erinnern würdest, was du erlebt hast, bist du doch immer noch du? Wenn du 60 % deines Körpers verlierst, dich an nichts mehr erinnern kannst und die Welt fühlst, als wärest du frisch geboren, bist das doch immer noch du, oder? Wenn man deinen Kopf transplantieren könnte und du nur noch denken würdest, ist dann dein Ich im Kopf? Was in diesem Kopf ist dein Ich? Die Substanz? Die Gedanken? Wo sich doch die Substanz verändert und die Gedanken wahllos kommen und gehen. Auch sie geschehen dir nur. Wenn du also nicht dein Körper, nicht dein Denken und auch nicht dein Fühlen bist, wie kann dann die Summe der Teile auf einmal zu deinem Ich werden?

---

*In einer Kuhherde ist keines der Tiere ein Schaf.
Deshalb ist die Herde selbst auch kein Schaf.*

Und zu guter Letzt, den hier noch: Wenn also dein Ich nicht in den Teilen zu finden ist und auch nicht in der Summe der Teile, dann ist es vielleicht etwas, das außerhalb der Teile existiert? Doch wenn du dir vorstellst, dass sich dein Körper auflöst, deine Gedanken versiegen und deine Gefühle verwehen, dann wird es nichts mehr von dir geben. Dort wird dann auch kein Ich mehr zu finden sein. Da bleibt nichts übrig, auf das wir zeigen und sagen können: »*Das da bin ich.*«.

Es gibt also kein festes Ich, auf das wir zeigen könnten. Dein Nervensystem erschafft ein Bewusstsein. Dieses Bewusstsein spürt Vorgänge, fühlt die Umgebung und nimmt Veränderungen wahr. Es ist kein Wesen, keine Person, es hat keine Identität. Es ist kein Ich. Dieses Bewusstsein ist nicht das Ich, welches du verteidigst, stärkst, beschützt und glaubst zu sein. Wo ist dein Ich? Es ist nicht zu finden. Das, was du finden kannst, wenn du auf die Suche nach deinem Ich gehst, ist dein Bewusstsein. Es lebt im Jetzt, als deine wahrnehmende Präsenz. Das, was hinter dem Denken, Fühlen und deiner Empfindung für deinen Körper liegt. Das, was nicht altert. Dein Körper altert. Deine Gefühle haben sich vom Kind zum Erwachsenen ständig geändert und auch der Inhalt deines Denkens ist ein anderer geworden. Doch das, was die Welt wahrnimmt, ist immer gleich alt. Es hat keine Vergangenheit und keine Zukunft. Es war schon immer da und wird immer da sein. Aber nur, wenn du im Jetzt schaust. Nur in diesem Moment kannst du dich als dieses wahre Selbst erkennen.

Dein Denken kann das nicht, weil es immer einen Plan verfolgt, diesem Moment mit Widerstand zu begegnen oder ihn nur als Mittel zum Zweck zu benutzen, um in einen möglichst besseren, in der Zukunft gelegenen Moment zu kommen. Zumal sind all deine Gedanken auch zusätzlich abhängig von deinem Hormon und Vitaminhaushalt. Hast du eine Zeit lang zum Beispiel zu wenig Vitamin D3 zu dir genommen, verschlechtert sich deine Laune und du bekommst depressive Gedanken. Du glaubst nun, depressiv zu sein. Machst du jetzt eine Vitamin-D3-Kur erhellen sich schlagartig deine Gedanken wieder ins Positive. Wie kann das sein, wenn dein »Ich« so gefestigt ist? Oder nehmen wir die Bakterien in deinem Darm: Zig Millionen Bakterien bilden dort einen eigenständigen Lebensraum, der, wenn er aus dem Gleichgewicht kippt, unweigerlich dein Wohlbefinden, deine Stimmung und deine Gedanken beeinflusst. Auch hier wird deutlich, dass es schon eine gewisse Wichtigkeit ist, auf die eigene Gesundheit zu achten, wenn man möchte, dass nicht nur der Körper, sondern auch das eigene Oberstübchen gut funktionieren soll. Deshalb empfehle ich dir, dich mit deiner Ernährung sowie mit Bewegung und einer grundsätzlichen gesunden Lebensweise auseinanderzusetzen. Denn beides kann enorm dazu beitragen, dass du bei deinem Wandlungsprozess schnellere und bessere Erfolge erzielst.

Du bist also im Grunde, neben deinem Körper, deinen Gedanken und Emotionen auch die Bakterien in deinem Darm. Sie beeinflussen nicht »*dich*«, sondern dein »*Ich*«. Ui, das klingt für das Ich grauenvoll. Wie kann etwas »*Fremdes*«, wie Bakterien, »*mich*« beeinflussen? Tun sie nicht. Kann »*ich*« »*mich*« denn nicht dagegen wehren? Sonst könnte doch alles und jeder etwas mit »*mir*« anstellen!? Keine Sorge! Du bist nicht davon betroffen. All das, dein erdachtes Ich-Konstrukt, die Bakterien, dein Vitaminmangel und sogar Mondzyklen und Sonneneruptionen haben einen Einfluss auf dein »*Ich*«. Ein Ich, was es aber nicht gibt. Eine Hülle, die du verteidigst, die aber leer ist.

Übung: Wer oder Was bin ich?

Eine ebenso alte wie traditionelle Übung ist es, sich während der Meditation (bspw. dem stillen Sitzen) die Frage zu stellen: »Wer bin ich?« oder besser noch: »Was bin ich?« und damit zu verweilen. Da auch diese Übung nicht erzwungen werden kann und wir sie geschehen lassen müssen, ohne auf ein spezielles Ergebnis aus zu sein oder bestimmte Erwartungen zu hegen, geht allem wieder eine Übungszeit voran, in der wir uns von unserem Ich trennen und in den Raum um unsere Gedanken, um unsere Emotionen und um unserem Körper herum eintauchen. Sobald wir den Raum spüren, legen wir unsere Aufmerksamkeit auf diesen und verweilen dort. Das fühlt sich meist in etwa so an, als gäbe es keine Zeit, als wärest du ein Niemand, ganz ohne Vergangenheit und Zukunft.

Jetzt nimmst du die Frage und lässt sie in diesem Raum schwingen und öffnest dich dafür, empfangen zu dürfen. Mehr brauchst du nicht machen. Manchmal passiert gar nichts und manchmal kommen Einsichten in Form von Eingebungen, Bildern oder bestimmten Gefühlen. Ich bin gespannt, was du für Erfahrungen dabei machen wirst.

Alles ist leer

Wenn also kein Ich existiert, was bist du denn dann? Nehmen wir ein Auto: Du meinst, du siehst ein Auto. Doch besteht das Auto nur aus Teilen, die zusammengesetzt ein Bild ergeben, was du Auto nennst. Was davon ist denn das Auto? Alles zusammen, oder? Was ist, wenn ich die Tür entferne? Dann ist es immer noch ein Auto. Verglichen mit dem Auto zuvor, ist es jetzt ein Auto ohne Tür, aber es ist immer noch ein Auto, nicht wahr? Ist es jetzt kein vollständiges Auto mehr? Nur, weil eine Tür fehlt? Bist du kein vollständiger Mensch mehr, nur weil dir vielleicht ein Bein fehlt? Wohl kaum.

Nun gut. Dann schauen wir uns mal die Tür an. Ist sie das Auto? Nein, ist sie nicht. Wenn also die Tür Nicht-Auto ist und nehmen wir noch andere Teile hinzu, wie den Spiegel, den Auspuff und die Rückbank: Wenn all das Nicht-Auto ist, wie kann dann die Summe der Teile, die kein Auto sind, zusammen ein Auto ergeben? Es ist das gleiche Spiel, wie mit deinem Körper, deinen Gedanken und deinem Ich: Da ist nichts, was wirklich da ist. Wir haben nur eine Vorstellung und ein geistiges Bild, was uns zeigt, wie die Dinge angeblich sind. Und das ist für unseren normalen Alltag auch vollkommen okay, sonst würden wir am Ende noch total irre werden. Aber jetzt, da wir mit etwas Zeit und Genauigkeit hinschauen, müssen wir erkennen, dass nichts wirklich Bestand hat, dass alles, was eine Form hat, so nicht existiert, weil die Teile, aus denen es besteht, auch wiederum nur aus Teilen bestehen. Die Tür, die nicht das Auto ist, ist auch nicht die Tür. Auch hier kann ich die Scheibe rausnehmen. Dann wäre die Tür noch Tür und die Scheibe wäre Scheibe. Wie kann etwas, das Nicht-Tür ist plötzlich zur Tür werden. Du, der nicht ein Schaf ist, kann nicht plötzlich ein Schaf werden, nur weil du dich in eine Schafherde stellst. Verstehst du das? Ich weiß, das ist ein bisschen seltsam, aber gib dir mit diesem Gedankenexperiment etwas Zeit.

Im Grunde können wir jedes Teil auf der Suche nach seiner Existenz in seine Einzelteile zerlegen und müssen feststellen, dass da nichts zu finden ist. Es ist wie mit einem Regenbogen: Er sieht fest und dinglich aus, doch wenn wir uns auf die Suche nach ihm machen und ihn greifen wollen, so finden wir nichts. Klar können wir eine Tasse greifen, aber wenn wir uns wirklich auf die Suche nach dem machen, was die Tasse wirklich ist, dann finden wir nichts. Was ist dieses Nichts? Und jetzt finde ich, wird es wirklich spannend, weil es das am besten andeuten kann, was ich meine, wenn ich von »*Du bist Bewusstsein*« oder »*Du bist Raum*« spreche. Dafür würde ich gern einen Ausflug in die Physik, oder besser gesagt, in die Quantenphysik mit dir machen. Mir wurde früher im Unterricht erzählt, es gäbe ein Atom mit einem Atomkern und um diesen schwirren Elektronen auf vorbestimmten Bahnen. Hier gibt es zwei wirklich umwerfende Entdeckungen: Die Erste ist, dass das so nicht stimmt. Und die

Zweite ist, dass ein Atom zu 99,9999 % aus Energie und nur zu 0,0001 % aus Materie besteht. Okay, was nützt uns das jetzt? Also: Forscher haben bemerkt, dass bei der Suche nach einem Elektron sich dieses immer genau dort zeigte, wo sie es gesucht haben. Es ist nicht auf einer bestimmten Bahn unterwegs, sondern manifestierte sich immer genau dort, wo es betrachtet wurde. Und danach verschwand es wieder. Der erste faszinierende Aspekt dieser Geschichte ist also, dass sich Dinge materialisieren, sobald wir unsere Aufmerksamkeit darauf richten. Das also dazu, dass die Energie unserer Aufmerksamkeit folgt! Der zweite Punkt ist, dass das Elektron also nicht auf einer festen Bahn lebt und dort die ganze Zeit existiert, sondern durch unsere Aufmerksamkeit aus dem Energiefeld des Atoms erst entsteht und dann wieder dorthin zurückgeht.

Jetzt ist die Frage, was denn diese ominöse Energie überhaupt ist? Energie ist eine nicht greifbare, nicht manifeste und meist nicht über unsere normalen Sinne erfassbare Mischung aus Frequenzen, deren Schwingung (oder Vibration) und Informationen, die auf dieser Schwingung transportiert werden. Genauso wie Licht nur eine Schwingung ist und, je nachdem in welchem Frequenzspektrum wir es betrachten, die Information rot, gelb oder grün trägt. Doch auch hier gibt es Energie, die wir nicht wahrnehmen können, wie etwa die der Röntgenstrahlen oder die des ultravioletten oder infraroten Lichts. Doch die Energie ist da und beinhaltet Informationen. Es ist wie bei deinem Lieblingssong: Er breitet sich in Form von Schallwellen im Raum aus und beinhaltet Informationen. Du kannst sie weder sehen noch anfassen. Nur wenn du dich auf sie einschwingst (in dem Fall machen das deine Ohren für dich), kannst du auch erfassen (also hören), was diese Energie für Informationen bereithält.

Wenn also das Atom fast ausschließlich aus Energie mit Informationen besteht und nur ein minimaler Anteil davon Materie ist, dann ist alles, was du auf dieser Welt siehst, nichts anderes als Energie. Doch die Welt sieht so unendlich fest aus. Unsere Sinne sind dafür da, diese Materie zu erkennen und sich in ihr zurechtzufinden. Doch auch Gedanken und Emotionen sind im Grunde nichts anderes als Materie, als Formen, die sich in dieser Welt zeigen und dann wieder verschwinden. Wohin verschwinden sie und woher kommen sie? Woher kommt das Elektron? Aus dem Energiefeld, in dem nichts Materielles zu finden und trotzdem alles enthalten ist. Denn alles entsteht aus diesem Feld.

Es ist nicht so, dass die Materie eine gewisse Schwingung erzeugt. Die Schwingung erzeugt die Materie! Wenn du dich also von deinen bekannten Gedanken und Emotionen verabschiedest und dich ebenso von deinen Sinnen trennst, die nur damit beschäftigt sind, sich auf die Welt der Materie auszurichten, dann tauchst du immer mehr in den Raum ein, aus dem alles kommt und in den auch alles wieder zurückgeht. Der Raum entsteht aber nicht durch Suchen. Er ist nichts, was der Verstand finden kann, weil es nicht Teil des Verstandes ist. Der Verstand ist Teil des Raumes. Das wäre so, als würde sich das Zimmer auf die Suche nach dem Haus machen. Aber es kann nur sich als Zimmer und den Rest als Räume wahrnehmen, die von ihm getrennt sind. Es kann sich nicht selbst sehen. Wenn wir aufhören, den Gedanken zu folgen und beharrlich dabeibleiben, in den Raum hinter und um die Gedanken zu spüren, dann können wir ein Gefühl für das gesamte Haus bekommen und sogar die Umgebung, in der das Haus steht. Wir dehnen uns völlig aus.

Du kannst das auf zwei Arten machen: Bei der ersten Variante beschäftigst du deinen Verstand und trainierst ihn, auf einem Objekt gerichtet zu bleiben, wie etwa dem Atem. Dadurch werden die Gedanken ruhiger und du schneidest den alten Pfad des automatisierten, zwanghaften Gedankenstroms ab. Jetzt ist nicht mehr so viel Lärm da und weniger Aufruhr, sodass du die lebendige Stille erfahren kannst, aus der die Gedanken kommen und in die sie wieder verschwinden. Du bekommst ein Gespür für den Ort, aus dem alles kommt und in den alles zurückfließt. Dieser Ort ist nicht ein Ort, den du betrachten kannst. Dieser Ort ist kein Ort, wo du auf der einen Seite stehst und der Ort auf der anderen Seite ist. Der Ort ist eine Ich-lose Gegend, in dir, um dich, durch dich und nicht Teil von dir. Du bist Teil von ihm. Und wenn du dein »*Ich*« vergisst, dann merkst du, dass du dieser Raum bist. Dass alles dieser Raum ist. Dass du das ganze Universum und darüber hinaus bist und das all das in dir existiert. Im Großen wie im Kleinen.

Übung: Zu Nichts werden

Eine andere Art, sich diesem Raum, deinem Ursprung zu öffnen, ist es, den Fokus auf das Nichts in dir und um dich herum zu lenken. Alle Objekte, alle Gedanken, alle Inhalte deines Denkens, selbst deine Gefühle und alles, was du empfindest, ist das Bekannte. Es beschäftigt sich ausschließlich mit Materie. Sobald wir uns auf eine dieser Formen fokussieren, erscheint sie. Je mehr du allem Bekannten entsagst, gelangst du ins Unbekannte, ins Formlose. Es ist wie ein inneres Zurücklehnen und Zuschauen, wobei »zuschauen« immer bedeutet, es gibt jemanden, der zuschaut, und es gibt das, dem man zuschaut. Es sind immer noch zwei Sachen. Doch du bist nicht Zuschauer, du bist nicht Beobachter. Du bist das Beobachten und Zuschauen selbst. Da ist kein Ich. Da ist nur Wahrnehmung, nur Präsenz. Im Grunde ist es das, was du durch all die anderen Meditationen vielleicht schon erfahren hast. Doch jetzt bitte ich dich, deinen Fokus mit hinzuzunehmen. Lenke deine Aufmerksamkeit auf diesen Raum, auf dieses Nichts und verweile dort. Bleibe stetig dabei, all deine Wahrnehmung vom Bekannten zu lösen und auf das Unbekannte zu richten.

Später werden wir in diesem Raum bzw. aus diesem Raum heraus noch einige Übungen machen, die dir zeigen, wie du deine Elektronen (als Sinnbild für deine Wunschzukunft) aus diesem Feld heraus in Erscheinung treten lassen und dich mit ihnen verbinden kannst. Denn in diesem Raum gibt es keine Trennung. Du und der Raum seid eins sowie alles, was darin enthalten ist und aus ihm hervorgeht. Und wenn du aus diesem Raum heraus das in Erscheinung treten lassen kannst, was deinen Wünschen entspricht, dann gibt es keinerlei Trennung zwischen dir und deinem Wunsch. Und da es Schwingung ist, die unsere bekannte Materie schafft, bist du es, der die Materie durch die gezielte Ausrichtung auf deine Wunschobjekte erschafft. Doch der Verstand denkt, er könnte somit Bäume und Berge entstehen lassen und wird diesen Gedanken sofort abtun, weil er meint, das wäre lächerlich. Im letzten Teil des Buches, der sich mit der Veränderung deines Selbst beschäftigt, werde ich darauf genauer eingehen. Wir werden ergründen, was du *wirklich* willst und brauchst, um ein erfülltes Leben zu führen und was davon nur vom Wolf geschaffene Möhren sind, die dich in deine Unwissenheit zurückführen sollen. Das wird wohl das spannendste Experiment des ganzen Buches werden, weil es dir zeigen kann, wie du Erfüllung empfindest und lebst, noch bevor sich Bäume und Berge vor dir auftun. Und es wird dir zeigen, dass es genau das braucht, damit dies geschieht. Wenn du bereits bist, was du werden willst, dann suchst du nicht mehr. Wenn du nicht mehr suchst, bist du angekommen. Und dadurch lässt du davon ab, die Materie durch deine Taten und deine Kontrolle zu beeinflussen. Das ist es, was der Wolf tun würde. Doch wie wir ja nun wissen, packt er es so einfach nicht. Denn wenn der Teil, der sucht und den Mangel fühlt, durch diese Augen auf die Welt schaut, wird ihm die Welt genau das widerspiegeln. Denn das ist es, worauf dein Fokus liegt und genau deshalb wird es in Erscheinung treten. Deine Mangel-Elektronen verhalten sich genauso, wie deine Fülle-Elektronen.

Das Leben reagiert darauf, was du bist, und nicht auf das, was du werden willst.

Je mehr du in diesen Raum eintauchst, desto mehr Abstand bekommst du auch zu deinen Gedanken und Gefühlen. Du erkennst dann mit der Zeit, dass diese Gedanken und das Ich-Gefühl, das sie damit verbinden, nicht du bist. Und du erkennst, dass auch jeglicher Gedanke, jegliches Gefühl und jegliches Ich-Konstrukt genauso leer ist, wie das Auto, das du bis ins kleinste Detail zerlegen kannst, ohne seine Substanz zu finden. Wenn es also nichts gibt, was wirklich Substanz hat, dann brauchst du auch nicht daran festhalten, weil es sowieso nicht geht. Du kannst auch eine Wolke nicht festhalten, auch wenn es aus der Ferne so aussieht, als wäre sie etwas Festes. Doch gehst du hin und willst sie greifen, ist da nur Wasserdampf. Und wenn du dein ganzes Ich als diesen Wasserdampf erkennst, gibt es keinen Grund mehr, an deiner Meinung, an deinen Ausreden, an deiner Verteidigung deines Ichs festzuhalten. Du erkennst dich dann als Raum und merkst, dass du grenzenlos und frei bist. Und dass du selbst gestalten kannst, was du willst, selbst fühlen und denken kannst, was du willst. Dass dir all das nicht durch deine Gedanken und dein altes Ich aufgezwungen wird und dass du dir nur selbst aus dem Weg gehen brauchst, um das zu finden, was dein altes Ich für immer suchen wird.

DER SÜCHTIGE KÖRPER

Die krankhafte Symbiose vom Wolf und seinem Schatten

Denken und Fühlen gehen Hand in Hand. Die meisten deiner alten, ständig wiederholten Gedanken und deren Emotionen sind bereits in dein Fleisch und Blut übergegangen, sodass du gar nichts anderes gewohnt bist, als dieser Mensch zu sein, der über Jahre hinweg auf die gleiche Art und Weise denkt und fühlt. Du glaubst, deine Mischung aus Denken und Fühlen zu sein, die du über Jahre einstudiert hast. Du wachst morgens auf und weißt, wer du bist, weil es sich vertraut anfühlt. Du hast, obwohl du es vielleicht gar nicht willst, dich an dich gewöhnt, mit all deinen Gedanken, Gefühlen und Überzeugungen. Es fühlt sich so vertraut an, dass es ein komplettes Körpergefühl geworden ist. Du fühlst dein »Ich« in deinem Körper. Das ist ja auch verständlich, denn dein ganzes einstudiertes Denken und Fühlen hat sich über dein Unterbewusstsein im Körper festgesetzt und sucht nun täglich im Außen die passende Bestätigung für seine Existenz, auch, wenn diese Bestätigungen sich eigentlich nicht gut anfühlen. »*Ich bin der, dem immer wieder dies und das passiert*«, höre ich dich klagen. Und ich weiß, dass es sich schmerzhaft anfühlt, dieser Jemand zu sein. Aber es ist im selben Atemzug auch vertraut. Es ist deine Identität geworden. Du *bist* es geworden, was du da sagst, denkst, fühlst und schließlich glaubst.

Aber genau das ist es, was deine alte Persönlichkeit ausmacht und was du nun nicht loslassen kannst. Auch hier musst du durch den Prozess des Lösens gehen, wie auch bei den Gedanken selbst. Ein Wolf kann sich nicht mit Ruhe vor die Emotionen setzen und sich mit ihnen anfreunden. Emotionen sind die Sprache des Körpers. Und der Körper lebt nur im Jetzt, während der Wolf nur in der Vergangenheit lebt und dabei ist, seine Zukunft aufzubauen. Der Wolf kennt ein Leben im Jetzt nicht, weil er dort nicht existiert. Somit kann er sich gar nicht mit etwas anfreunden, dass im Hier und Jetzt lebt. Akzeptanz, Widerstandslosigkeit sowie Hingabe sind des Wolfes Tod. Und wenn unser Ich-Gefühl mit dem Wolf verknüpft ist, dann werden wir nie unsere Emotionen lösen können. Denn alles, was wir dann mit ihnen versuchen, ist, sie zu verändern, in dem wir unser Außen verändern wollen.

Dieser ständige Kreislauf, der aus der Beschaffenheit unseres Denkens sowie aus den daraus resultierenden Gefühlen des Mangels und der Leere und den darauf basierenden immer gleichen Handlungen besteht, bildet unsere Persönlichkeit, aus der heraus wir immer nur unser gleiches Schicksal schaffen. Aus diesem Grund können wir nicht mit unserer alten Persönlichkeit eine neue und somit kein neues Leben, welches uns glücklich und erfüllt sein lässt, erschaffen. Dann sehen wir nicht die Ursache unserer Probleme, sondern nur noch den Auslöser vor uns, weil der Wolf nur mit dem Außen beschäftigt ist. Der Mann im Ausguck hat eben die Aufgabe, nach vorn und hinten zu schauen, um das Boot vor Gefahren zu beschützen. Die Aufgabe hat er vom Körper bekommen, weil dieser in jungen Jahren gelernt hat, dass er sein Nervensystem auf diese Weise vor dem Kollaps retten und sich am Leben halten kann. Jetzt haben uns die Emotionen im Griff, weil sie das verkörperte Unterbewusstsein des Wolfes sind, was ihn ständig antreibt. Sie sagen, das, was du fühlst, seist du. Und sie suggerieren dem Wolf, dass wir einen Zustand erfahren, den es zu ändern gilt, damit er uns von unserer Angst befreien kann. Doch wie kann sich etwas von der Angst befreien, was die Angst selbst ist? Egal was der Wolf macht, er kreiert nur weiter Angst, die den Körper immer wieder auf diese Angst konditioniert. Er tropft ständig Tinte ins eigene klare Wasser, nur um dann zu erkennen, dass er im trüben Wasser lebt. Er fragt sich, wie es trüb werden konnte und sucht Wege, das Wasser zu klären. Das Einzige, was wir machen können, ist, die Klarheit in uns zu finden, die hinter dem Wolf liegt. Doch dazu müssen wir den See von der Tinte des Wolfes befreien, also den Körper von seinen gewohnten Emotionen befreien.

Der Körper ist ein schlaues Wesen: Er reguliert und heilt sich selbst, wenn wir ihn lassen würden. Er ist gebaut, um sein eigener Heiler zu sein und immer in sein Gleichgewicht zurückzufinden. Das nennt man auch Homöostase: Ist es zu heiß, schwitzt er, ist es zu kalt, zittert er. Er passt seinen Blutdruck an die Gegebenheit an, genauso wie die Atmung und reihenweise andere Körperfunktionen. Immer mit dem Ziel, das bestmögliche Gleichgewicht zur Aufrechterhaltung seiner Gesundheit herzustellen. Doch unter der Vorherrschaft des Geistes ist er diesem ausgeliefert und tut, was dieser ihm sagt. Unser Geist hat große Macht und unser Körper folgt dem Geist. Er hinterfragt nicht, was er gesagt bekommt, denn der Körper hat nicht die Fähigkeit, zu hinterfragen. Diese Fähigkeit hat nur der Geist in Form des Wächters, des Neocortex, der, wenn er wach ist, das analysiert und aussiebt, worauf er sich spezialisiert hat: Die Angst in der Welt zu suchen, damit er vor ihr wegrennen kann. Und wenn der Körper von oben ständig gesagt bekommt, er lebe in Gefahr und Angst, dann wird er sich ständig im Überlebensmodus befinden und aus seiner natürlichen Balance kommen. Denn inzwischen hält sich der Wächter oben auf dem Mast für den Kapitän. Die Mannschaft (also dein Körper) folgt ihm dankend. Anfangs wusste die Mannschaft nicht, wohin, und ist der Landkarte gefolgt, die man ihr gegeben hat. Das war gar nicht so leicht und oft war der Körper irritiert und verwirrt. Der Wächter auf dem Ausguck war einfach perfekt, um uns durch den Nebel der Kindheit und Jugend zu lotsen. Und der macht seinen Job inzwischen so gut wie kein Zweiter.

Der Körper, der darauf aus ist, in Entspannung und Frieden zu sein, schippert also durch das Meer des Lebens. Der, der dieses Boot nun navigiert, ist einer, dessen einzige Aufgabe es ist, Gefahren zu vermeiden. Der wird garantiert keine Ruhe finden, weil er immerzu hellwach sein muss. Er ist gestresst und gereizt und befielt dem Körper, schneller und härter zu rudern. Jederzeit könnte etwas passieren. Man muss auf der Hut sein! Die Mannschaft ist aufgeregt. Kaum noch finden sie zur Ruhe. Morgens geht es gleich mit Rudern los und das bis in die tiefen Abendstunden hinein. Immer in der Hoffnung, die Insel mit dem Goldtopf zu finden. Morgens wachst du also auf und folgst deinem Denken in die gewohnten Szenarien des Vortags. Und abends liegst du im Bett und flutest deinen Körper mit Sorgen um deine Zukunft oder mit bloßer Rastlosigkeit, die dein unaufhörliches Denken auslöst.

Der Kopf merkt, wie der Körper immer nervöser wird, und checkt nicht, dass er der Grund ist, warum der da unten so durchdreht. Er kann es auch nicht checken, weil er kein eigenständiges Wesen ist. Er ist Teil derselben Mannschaft und an sie gebunden, so, wie der Wolf an seinen Schatten gebunden ist. Demnach haben wir hier eine nie enden wollende Kettenreaktion aus Wolf und Schatten, die sich gegenseitig dazu antreiben, bis ans Ende ihrer Tage in der

Rastlosigkeit zu verharren. Wolf und Schatten sind eine Symbiose eingegangen, sie sind zu einem *Schattenwolf* zusammengewachsen, der in sich zwar gut funktioniert, aber für dich und dein Leben alles andere als heilsam ist.

Im Körper gefangen

Dein Bewusstsein ist der Kapitän, der dem Schiff wieder einen neuen Kurs, deinen Kurs, geben wird. Er entmachtet den Mann im Ausguck und muss der Mannschaft wieder beibringen, wie es ist, ins Gleichgewicht zu kommen. Die rudernde Mannschaft ist schon völlig erschöpft, angespannt und voller Schmerzen. Doch aufgrund der jahrelangen Gewöhnung können sie momentan nicht anders, als weiterzumachen wie zuvor. Nun ist der Körper an einen ungesunden Zustand gewöhnt, den er ständig sucht, weil er von ihm abhängig geworden ist. Dieser Zustand ist mit deinem Ich-Gefühl verbunden und dieses Gefühl gilt es, jeden Tag aufs Neue zu erschaffen. Denn ohne dieses Ich-Gefühl wäre dein Schattenwolf nichts. Du wachst morgens auf und gehst sofort auf die Suche nach diesem Ich:

> *»Sind meine Schmerzen noch da? Ist meine Abneigung noch da? Ist meine Welt von gestern in Form meiner vertrauten Gedanken noch da? Fühle ich mich noch so, wie ich es gewohnt bin? Bin ich noch existent? Ja? Gut, dass ich all das habe, was mich an mich erinnert. Ich mag es zwar nicht, wie die Welt da draußen ist und was ich gezwungen bin durchzustehen, aber immerhin habe ich mich. Das gibt mir Halt und beruhigt mich. Ich bin mir nämlich sehr wichtig. Ohne meine ganzen Erinnerungen an mich, ohne meine Ziele und Wünsche und ohne meine Ansichten wüsste ich nämlich nicht, dass es mich noch gibt. Zum Glück habe ich meine alten Gedanken und meine vertrauten Gefühle, die mich wissen lassen, dass ich nicht tot bin. Jetzt, da ich mich wieder zusammengesetzt habe, kann ich heute endlich dafür sorgen, dass mein Morgen besser wird. Hoffentlich befreit mich mein Morgen von der Scheiße, die ich gestern ertragen musste und die mich doch jeden Tag stört.«*

Doch wenn du dann morgen aufwachst, suchst du wieder nach deinem alten Ich, dass sich an die Scheiße erinnern muss, die es täglich erlebt, weil eben genau diese ihm sein Gefühl vom Ich gibt und der Schattenwolf durch sie weiß, was er nicht mag und wogegen er ist, was alles bisher schiefgelaufen ist, was er alles unternehmen muss, um dem zu entfliehen, was er alles ertragen muss, wenn ihm die Flucht nicht gelingt, und wie sehr er sich in eine neue, Glück versprechende Zukunft wünscht. Was wäre, wenn es diese Scheiße nicht mehr geben würde? Der Schattenwolf würde morgen nach sich selbst suchen, sich aber nicht mehr finden. Doch wenn wir eben diese Suche nach dem vertrauten Ich nicht durchbrechen, dann rutschen wir immer wieder in diese alten Bahnen, die uns niemals dorthin bringen werden, wohin wir wollen, weil diese alten Bahnen immer wieder das alte Programm abspulen. Wenn dein Ich-Gefühl an das Gefühl von *»alles Scheiße«* gekoppelt ist, dann muss alles um dich herum Scheiße sein, sonst gäbe es dich und deine vertraute Welt nicht. Dann lebst du im Gewohnten und willst die Veränderung, ohne das Gewohnte loszulassen, was aber so leider nicht funktionieren wird. Wenn du aber begreifst und durch die Übungen in diesem Buch erfahren hast, dass es dieses Ich sowieso nicht gibt, dann kannst du den Schattenwolf als eigenständiges Wesen in dir erkennen. Dadurch, dass du ihn erkennst, kannst du ihn loslassen, weil du nicht mehr an dieses Wesen gebunden bist. Du folgst seiner Fährte nicht mehr. Das kann dich mitunter mit deinen alten Konditionierungen konfrontieren, dich schütteln und dich nervös machen, weil eben kein rettender Ast im Strom des neuen Lebens greifbar ist. Doch wenn du dich genau mit diesen Gefühlen entspannst und diese zulässt, während du dabei bist, den Schattenwolf loszulassen, merkst du, dass du auf dem Fluss des Lebens treibst und nicht dabei untergehst. Jetzt lernst du langsam, aus dir herauszuschwimmen, statt immer nur nach Ästen zu greifen und zu hoffen, dass sie dich vom Untergang bewahren. Einen Untergang, der nur vom Schattenwolf an die Wand gemalt wird. Wenn du genauer hinschaust, ist da nichts zu finden. Kein Tod folgt, kein Untergang, kein Zusammenbruch deiner Welt. Dafür kommt Befreiung, Leichtigkeit und Öffnung, sowie Möglichkeiten, Frische oder manchmal einfach nur sanfter Frieden.

Wenn du dich ständig einseitig belastest, wird der Körper sich daran gewöhnen und die Fehlbelastung kompensieren. Manche Muskeln werden geschwächt, andere überstrapaziert, bis sie sich verkrampfen. Deine ganze Haltung verschiebt sich. Der Körper muss viel investieren, um diese falsche Haltung aufrechtzuerhalten. Es kommt zu Schmerzen und Einschränkungen in deiner Lebensqualität. Doch dich nach Jahren der Fehlhaltung aus dieser rauszuholen, wird nicht so einfach gelingen, weil du es dir so stark angewöhnt hast, dass sich für den Körper alles andere völlig fremd anfühlen würde. Genauso wie beim Zähneputzen: Würdest du die Hand wechseln, würde sich alles so fremd und eigenartig anfühlen, dass du es nach ein paar Versuchen wohl wieder sein lässt. Es fühlt sich einfach nicht nach dir an. Lieber gehst du wieder zurück ins Gewohnte. Dort ist alles leichter und bequemer. Du folgst deinem Ich-Gefühl überallhin. Und da *der Körper* dieses Ich-Gefühl gespeichert hat, folgst du deinem Körper immer wieder dorthin, wo es für dich gewohnt und bequem ist. Selbst dann, wenn das, was der Körper tut, nicht mehr gesund ist. Und da alles, was du deinem Körper beigebracht hast und was er nun automatisch abspult, eine Aufzeichnung der Vergangenheit ist, zieht dich dein Körper immer wieder zurück in die Vergangenheit. Wenn du also eine neue Zukunft erschaffen willst, musst du den Körper neu erziehen. Da aber dein bekanntes Denken und Fühlen zusammengewachsen sind, wirst du die Veränderungen in deinem Leben nur herbeiführen können, wenn du dich vom gewohnten Denken trennst und fühlst, was sich zeigt, sobald du mit dem vertrauten Ich brichst und dem Körper nicht mehr in das Bekannte folgst.

Wenn du tagein, tagaus Emotionen der Depression und der Schwere spürst, dann gewöhnt sich dein Körper an diesen Zustand ebenso wie an eine mögliche Fehlhaltung. Wie bei einer Droge wirst du süchtig nach dem Stoff der Stresshormone, die dein Gehirn ausschüttet, um den Körper in diesem angstvollen Zustand zu halten. Und dieser Zustand des Körpers ist es, der dich immer wieder dein gleiches Schicksal erleben lässt. Dann redest du von Befreiung und Liebe, suchst aber nur die Bestätigung, dass du von all dem getrennt bist. Dann redest du von deiner Qual, suchst aber nicht die Heilung. Du willst diesen qualvollen Zustand behalten. Aber bist das wirklich *du*? Oder ist es nur ein Kostüm, das zu tragen du einfach nur gewohnt bist? Mit diesem Buch hier versuche ich, dich auf dein Kostüm aufmerksam zu machen, dir zu zeigen, wie du es ausziehen und dich dann mit deiner Nacktheit vertraut machen kannst, um dann letztendlich selbst die Fäden in die Hand zu nehmen und dich so zu kleiden, wie du es wirklich magst.

Ich dachte immer, es reicht, die negativen Gefühle zu fühlen, sie vergehen zu lassen und fertig. Doch warum kam ich dennoch immer wieder in solche Situationen, die diese negativen Gefühle in mir auslösten? Wieso hörte es nicht auf und wieso wurde ich stets aufs Neue mit diesen Gefühlen konfrontiert? Sie schienen an mir zu kleben, wie ich an ihnen. Ich fühlte sie, sie vergingen, war dann wieder in meiner Mitte, um sie dann nach ein paar Tagen wieder vor meiner Haustür zu haben. Mir war nicht klar, dass es nicht *meine* Gefühle waren, sondern die des Wolfes, nach denen er sich permanent sehnt. Und je öfter sie zu mir zurückkamen, desto mehr hielt ich diese Gefühle dann doch für meine Gefühle. Und da ich mir selbst sehr wichtig bin, ging es mir oft darum, zu schauen, was diese Gefühle mir zu sagen haben, nach welchen Bedürfnissen es sie verlangt und wie ich mir selbst geben konnte, was ich brauchte. Und zack, war ich wieder in den Gedanken und bewirtete den Schattenwolf in meinem Haus, der sich als mich ausgab. Ich saß also mit mir selbst am Tisch, goss mir Tee ein, bot mir etwas Kuchen an und begann zu überlegen, was ich in meinem Leben ändern könnte, um den Bedürfnissen gerecht zu werden, zu denen mich die Gefühle hinzogen. Ich dachte, ich kann mich doch frei entscheiden und wählen, ob ich weiter so leben will wie bisher und dabei gezwungen zu sein zu fühlen, was dieses Leben in mir auslöst, oder ob ich nicht einfach gehen kann. Es steht mir schließlich frei, tun und lassen zu können, was ich will. Wenn mir das Essen in dem Restaurant nicht schmeckt, kann ich doch einfach ein anderes Lokal aufsuchen. Es zwingt mich doch keiner, mich diesen Situationen und Emotionen auszusetzen. Ich war wieder voll in der Welt des Wolfes und begriff nicht, dass diese Gefühle sein Lockmittel sind, mich in seinem Verstand und in seinem Drang, die Welt um mich herum ändern zu müssen, damit es mir besser geht, gefangen zu halten. Denn so kam ich immer in Restaurants, die mich nie haben wirklich satt und zufrieden werden lassen. Genau das, was der Wolf will: Niemals ganz zufrieden sein. Immer ein bisschen Rest-Leid.

TEIL 2 BEFREIE DICH

Heute die Berge, morgen das Meer

Oft bemerke ich in mir und auch bei den Leuten um mich herum, dass sie teilweise ihren Ideen und Bedürfnissen hinterherrennen, als gäbe es nichts Wichtigeres mehr. Es ist das altbekannte Lied vom Meer und den Bergen: Heute muss ich unbedingt ans Meer ziehen, weil ich mich dazu berufen fühle. Hier, wo ich bin, engt mich alles ein. Das Meer ist meine Befreiung. Doch bist du dann eine Zeit lang am Meer, dann sind es auf einmal die Berge, zu denen du gehen musst. Alles richtet sich dann nur noch darauf aus. Oder du spürst den Drang nach Veränderung und willst nun dein Hab und Gut verkaufen und den Rest deines Lebens in einem Van verbringen, Mönch werden, eine Bar am karibischen Strand eröffnen oder einfach nur deinen Partner verlassen und dich in die Fluten des Single-Lebens stürzen. Oder auch andersrum. Es kommt immer darauf an, wo du stehst. Wie oft schon hattest du etwas bekommen, von dem du meintest, dass du nie mehr etwas anderes haben wollen und wunschlos glücklich sein wirst, wenn du das endlich hast? Sei es das Lego-Piratenschiff mit acht Jahren oder der Traumpartner mit dreißig? Es ist immer nur eine Frage der Perspektive und abhängig von den Gefühlen, die du gerade fühlst, und davon, ob du ihnen gut gesinnt bist oder sie schnellstmöglich beseitigen willst. Willst du sie weghaben, dann erfindet der Kopf zahlreiche Zukunftsbilder, die dich zu ihm locken sollen. Es ist wie bei Hänsel und Gretel: Die freundliche Hexe manipuliert uns mit einem leckeren Haus aus Lebkuchen, doch sind wir dort, befreit uns das nicht aus unserem Käfig, in dem wir ohnehin schon die ganze Zeit sitzen, ganz gleich ob wir nun am Meer oder in den Bergen wohnen.

Dazu fällt mir eine Geschichte ein, über einen Bauern, der mit seiner Frau und seinen vier Kindern in einer kleinen Hütte wohnt. Er ist es leid, auf so engem Raum leben zu müssen und sucht Rat bei einem Weisen. Dieser rät ihm, er solle doch auch seine Ziegen und Schweine mit ins Haus nehmen und nach einer Woche wieder kommen. Dem Ratschlag skeptisch gegenüberstehend befolgte der Bauer dennoch die Anweisungen des Weisen. Nach einer Woche, zurück bei dem Weisen, fragte dieser den Bauern, wie sein Leben jetzt wäre. Der Bauer meinte, dass all das gar nichts gebracht habe und es sogar noch schlimmer, noch enger und somit noch unerträglicher geworden sei. Daraufhin sagte der Weise, dass der Bauer seine Tiere wieder aus dem Haus nehmen und in einer Woche wieder vorbeikommen solle. Die Woche verging, der Bauer und der Weise trafen sich ein weiteres Mal und der Weise fragte nun den Bauer, wie es ihm jetzt ginge. Der Bauer antwortete, dass er mehr als zufrieden sei. Er habe jetzt auf einmal so viel Platz, da die Tiere nicht mehr das Haus bewohnen. Alles ist auf einmal so groß und weit. Er dankte dem Weisen für seine aufschlussreiche Hilfe und ging zufrieden in sein altes Haus zurück.

Bedürfnisse sind an sich okay. Den Hunger zu stillen, wenn der Magen knurrt, ist nun nichts, worüber man philosophieren muss. Doch worüber es sich nachzufühlen lohnt, ist die Beschaffenheit deiner Bedürfnisse und woher sie genau kommen. Denn das meiste, dem wir hinterherrennen, ist nur ein äußerlicher Vorwand, den inneren Zuständen zu entfliehen. Es geht dann im Grunde nicht um das, was wir wollen, also den gewünschten Zustand zu erreichen (auch wenn uns das als anmutiger Vogel vor der Nase herumzwitschert), sondern um das, was wir nicht wollen, also den Zustand, den wir nicht ertragen können oder wollen. Wir meinen, wir richten uns auf das Meer aus, aber im Grunde wollen wir einfach nur die Berge nicht mehr haben und nutzen das Bild des Meeres als unseren heiligen Gral. So ist die Wiese auf der anderen Seite des Zauns immer etwas grüner. Doch anstatt der anderen Seite nachzutrauern, solltest du deine eigene Wiese düngen. Wenn wir es schaffen, diesen Impulsen der Bedürfnisse zu widerstehen und die Gefühle hinter unseren von den Bedürfnissen generierten Zielen, mentalen Bildern und Wunschvorstellungen anzuschauen und zu fühlen, dann verschwinden ganz oft sehr viele dieser angeblich so wichtigen Bedürfnisse. Mit »*widerstehen*« meine ich nicht, die Bedürfnisse und deren Gefühle zu unterdrücken und uns einzureden, dass es schlecht wäre, sie zu haben oder sich etwas anderes zu wünschen. Denn tun wir das, kommt es später gewaltiger auf uns zurück und zieht uns noch mehr in den Sog. Ich meine damit, dass wir schauen sollten, was hinter unserem Wunsch liegt, ans Meer gelangen zu wollen. Reihenweise gute Gründe fallen uns ein, wie toll das Leben dann wäre. Aber stimmt das denn wirklich? Wir reden es uns nur ein, da wir nicht wissen, was passieren wird. Wir vermuten ein schönes Gefühl hinter unserem Ziel, welches auf uns wartet und uns befreit. Doch die Realität sieht meist ganz anders aus. Es kann sein, dass es sich so ergibt, wie wir wollen, doch es kann auch sein, dass es genauso bleibt wie bisher, weil wir uns eben einfach überall mit hinnehmen und letztlich das kreieren, suchen und anziehen, was wir gewohnt sind, ganz gleich, wo wir sind. Es liegt unter anderem daran, dass wir es gewohnt sind, im Jetzt auf das zu schauen, was wir nicht wollen und im Morgen das zu sehen, was uns befreit. Und unser Körper ist nur die Vergangenheit gewohnt und wird auch im Morgen versuchen mithilfe seiner Gedanken die gleiche Vergangenheit zu schaffen. Dann sitzt du am Meer und wünschst dich wieder zurück zu den Bergen.

Schauen wir dann noch genauer hin, was hinter dem Wunsch ans Meer zu gelangen liegt, fällt uns auch auf, dass im selben Atemzug auch der Wunsch besteht, das Leben auf dem Berg nicht mehr leben zu wollen. Und mit *»leben wollen«* meine Ich *»fühlen wollen«.* Wir wollen nicht mehr fühlen, was wir fühlen. Und genau da liegt der springende Punkt: Das Meer ist lediglich ein Ausweichmanöver, das uns umso goldener vorkommt, je schwärzer wir die Gefühle im Jetzt malen. Doch nur, wenn wir das Jetzt völlig annehmen und nicht mehr vor unseren Gefühlen davonrennen wollen, wird uns Klarheit zu teil, aus der heraus wir erkennen können, ob wir es echt mit dem Meer meinen oder es nur benutzen wollen, um unseren Zustand zu verändern. Bei Letzterem wird das arme Meer nur benutzt und muss unseren Bedingungen nachkommen. Tut es das nicht, wird es früher oder später genauso verteufelt, wie alles andere auch, weil es uns nicht gibt, was wir von ihm verlangen. Eine schwere Bürde, die das Meer da für uns tragen muss, nicht wahr?

Das Stockholm-Syndrom

Nicht alle Bilder sind nur Illusionen. Wir sollen auch nicht aufhören, uns unsere Wünsche zu erfüllen, und nicht anfangen, sie uns zu verwehren. Doch es gibt einen wesentlichen Unterschied zwischen Wünschen und Wollen, zwischen Zuwendung und Begierde, zwischen *»uns freuen und etwas bekommen, was uns noch mehr freuen lässt«* und *»etwas suchen, dass uns unsere Leere vergessen lässt«.* Letzteres ist immer der allererste Schritt, den es zu überprüfen gilt: Weswegen handle ich? Möchte ich einen Zustand kurzfristig beseitigen und suche ich in einem anderen Zustand die Erfüllung? Wenn ja, dann bin ich wie der Junkie, der sich schnell seinen Stoff besorgt, weil er nicht aushalten kann, nüchtern zu sein. Sein Körper zwingt ihn mit Schmerzen dazu und vernebelt seinen Geist. Würde er diesen Zustand aushalten und den Körper aus seiner Sucht befreien, dann würde er sich selbst in eine Freiheit bringen, die er niemals durch seinen Rausch finden kann. Denn irgendwann besitzt der Rausch einen, wie auch deine Bedürfnisse dich besitzen werden. Du bist dann von dir selbst besessen. Wir bekommen das sogenannte Stockholm-Syndrom, ein Begriff, der sich nach einer Geiselnahme in Stockholm etablierte und ein Phänomen beschreibt, bei dem Opfer anfangen mit ihren Peinigern zu sympathisieren und ein positives Verhältnis aufzubauen. Und wie die Geiseln sich an ihre Entführer gewöhnen, so gewöhnt sich unser Körper an seine Geiselnehmer: die Sucht, der Rausch und der Absturz.

Nehmen wir als Beispiel die Wut: Im Rausch der Wut verbrennen wir die gesamte Welt. Sobald die Wut dann irgendwann verflogen ist und die Ruhe wieder einkehrt, spüren wir den sich einstellenden Frieden viel intensiver. Wir spüren wieder, wie herrlich das Leben sein kann, wie schön der Tag ist und erfreuen uns an unserem Dasein und der Welt. Es scheint schon fast so, als brauchten wir die Wut als Kontrast zu dem sich einstellenden Gefühl der Befreiung, die kommt, wenn wir die Wut ausgelebt haben. Möchtest du also lieber Wut oder die Befreiung fühlen? Wenn du das Gefühl der Befreiung nicht selbst in dir erzeugen kannst und im Außen nichts dieses Gefühl in dir auslösen kann, dann greifst du zur Wut und bedienst dich ihrer, in der Hoffnung, dich danach so zu fühlen, wie du dich fühlen willst. Das ist es, was Wut macht: Du regst dich innerlich so stark auf, in der Hoffnung, dass deine Lautstärke irgendetwas ändern wird. Was soll geändert werden? Alles, was deinem Gefühl der Befreiung im Wege steht. Dann funktioniert es so: Erst Wut, dann die Befreiung. Je mehr Wut, je intensiver das Gefühl der Befreiung. Der Matrose oben sagt: »*Wir brauchen noch mehr Wut! Legt noch ein paar Kohlen nach!*«, und die Mannschaft folgt. Dein Körper lernt, dass dies ein effektiver und erfolgsversprechender Weg ist, zu bekommen, was er braucht. Doch effizient ist dies bei Weitem nicht. Es wird zu einem Rausch, bei dem die Ekstase der Befreiung an die Stärke der Wut gebunden ist. Die Befreiung ist nun abhängig von der Wut. Bevor du also Befreiung fühlen kannst, muss dieser die Wut vorangehen. Die Befreiung, so hat es nun dein Körper gelernt, kann nicht mehr unabhängig und von selbst existieren. Ist sie verflogen, kann sie nicht von sich aus zurückkommen. Also greifen wir wieder zur Wut. Diesmal noch etwas stärker. Doch der Trip hält nicht dauerhaft an und wir haben den Teufel selbst gerufen. Wir wollen nun eigentlich nur noch die Wut statt die Befreiung. Warum? Weil sie die Droge ist für den Rausch. Wir leben unser Leben mehr in der Drogenbeschaffung, statt im kurzen Moment des Rauschs, den die Droge auslöst. Und wie bei jedem Rausch: Je höher der Flug, desto tiefer der Fall. Und je tiefer der Fall, desto mehr brauchen wir, um wieder auf die gewohnte Flughöhe zu kommen. Wobei wir uns so an den Rausch gewöhnen, dass er uns nicht mehr so kickt, je öfter wir ihn erleben, und alles, was bleibt, ist der abgefuckte Zustand der Droge. Schleichend, im Hintergrund und langsam zermürbend. Jetzt sind wir abhängig von unserem Peiniger, statt uns durch unseren angestrebten Wunschzustand dauerhaft befreit zu fühlen. Dauerhaft wird sich nichts in dir ändern, solange du dein Glück von den Dingen abhängig machst. Es ist toll, wenn uns die Dinge unser Glücksgefühl verstärken oder überhaupt erst zugänglich machen, sollte es mal vergessen sein. Doch es sind nicht die Dinge, die uns glücklich machen. Es ist immer nur das Glück in uns, das wir spüren. Und koppeln wir dies an die Dinge der Welt, dann werden wir früher oder später enttäuscht werden, weil sich die Dinge immer genauso verhalten müssen, wie wir es von ihnen verlangen, was sie aber selten wirklich tagein, tagaus tun. Und selbst wenn sie es tun, dann sind wir selbst auch nicht jeden Tag gleich. Dann gibt uns das Salz des Meeres auf unserer Haut heute das Gefühl der Freiheit und morgen nervt uns das klebrige Gefühl zunehmend. Es ist mühsam für die Dinge, uns immer gerecht werden zu müssen.

Wie innen, so außen

Die Dinge sind einfach nur Dinge. Und Gefühle sind Hormonausschüttungen. Und so wie sich die Dinge verändern, so verändern sich auch unsere Hormone. Auch Glücksgefühle bleiben nicht ständig bestehen. Sie müssen, genauso wie Stress, immer wieder von Neuem geschaffen werden. Doch tun wir dies als Schattenwolf, dann wollen wir etwas von den guten Gefühlen und den Dingen um uns herum. Dann ist an das gute Fühlen nun auch Gier und Sucht gekoppelt. Dann steigt es auf und fällt wieder ab und wir müssen ständig nachlegen, damit es erhalten bleibt. Dann muss ständig mehr hinzugefügt werden, damit wir es noch besser fühlen können und damit es noch länger bleibt. Und sobald es den Anschein macht, sich wieder zu legen, spüren wir die Beklemmung, die das Fehlen des guten Gefühls hinterlässt, weil die Beklemmung unsere Ausgangsbasis ist. Wir wollen durch das gute Fühlen dem schlechten Fühlen ausweichen. Doch das gute Fühlen trägt immer den Beigeschmack der dunklen Seite, weil es aus dieser entsprungen ist und uns wieder auf diese zurückwerfen wird. Nun sind wir Gefangene im Sog der Anhaftung an das gute Fühlen und der Abneigung dem schlechten Fühlen gegenüber. Somit ist das gute Fühlen nur eine weitere Maskerade des Schattenwolfs und führt zum selben Leid. Gutes Fühlen und schlechtes Fühlen sind dann nur zwei Seiten derselben Medaille: Auf der einen Seite grinst der Wolf und auf der anderen Seite heult der Wolf.

Doch sollen wir nun einfach gar nichts mehr fühlen? Nein, sollen wir nicht und werden wir auch nicht. Sobald wir den Schattenwolf nicht mehr nähren und den Raum um diese Medaille herum wahrnehmen, erkennen wir das schwere Schauspiel des ewigen Hin und Her. Wir finden dort die Gefühle, die der Wolf nicht will, und nehmen sie an, in dem wir uns nicht mehr gegen sie zur Wehr setzen. Wir finden dort die Gedanken und unser falsches Ich und identifizieren uns nicht mehr mit ihnen. Und finden wir dort auch unseren Widerstand, müssen wir nichts dagegen tun. Wir erlauben es uns, so zu sein. Und genau dadurch fällt es zusammen. Wenn du keinen Widerstand mehr gegen deinen Widerstand hast, und kein Ich da ist, das den Widerstand aufrechterhalten kann, dann ist nichts mehr da, was den Spuk am Leben hält. Und wenn das alles abfällt, dann kommt die Leichtigkeit, die durch die Schwere des Schattenwolfes verdeckt war. Und aus dieser Leichtigkeit, dieser Ruhe oder dem einfachen Sein heraus sehen wir keinen Grund mehr, uns gegen die schlechten Gefühle zu wehren, da sie nur ein einziger Pixel eines aus Abermillionen Pixeln bestehenden Bildes sind. Und wenn wir diesen Gefühlen und der ganzen Geschichte nicht mehr feindlich gesinnt sind, lösen wir sie von deren Auslösern. Dann empfinden wir die Auslöser nicht mehr als feindlich. Und da die Auslöser unsere Umgebung, unsere Mitmenschen oder wir selbst sein können, sprich das gesamte Leben und alles, was es beinhaltet, empfinden wir das Leben selbst nicht mehr als feindselig. Und daraus wächst unsere Freude, unsere Zuwendung und unser Wohlwollen. Wir sind dem Leben zugewandt und transformieren unser Jetzt. Unser Umfeld reagiert anders auf uns, so wie wir anders auf unser Umfeld reagieren und wir sehen vieles in einem anderen Licht. Und das alles, ohne damit etwas erreichen zu wollen. Wir müssen uns nicht mehr anstrengen, um irgendwohin zu gelangen, weil wir in dem Moment erfahren, dass das, was wir suchten, da ist, sobald wir uns darauf einlassen und die Gründe weglassen, die uns vom Gegenteil überzeugen wollen. Jetzt können wir in den Bergen erkennen, was wir meinten, nur am Meer zu finden. Und schon fühlen wir uns gut, ohne dieses neue Fühlen an etwas gekoppelt zu haben. Es entsteht aus uns selbst heraus. Es ist nichts, was wir erreichen, finden, dann halten und letztlich bewahren müssen, weil es uns nicht genommen werden kann. Es ist die ganze Zeit da.

Erfahren wir dadurch das Glück als etwas, das grundlos in uns wohnt, dann wird es uns in eine glückliche Zukunft geleiten. Denn die Zukunft ist nur eine Aneinanderreihung von Momenten, die du im Jetzt erlebt hast. Wenn du also immer wieder das Glück im jetzigen Moment suchst (bzw. das fallen lässt, was dich daran hindert, es zu erkennen), dann wird das Morgen auch voll von Glück sein, weil auch das Morgen nur ein Moment im Jetzt sein kann. Demnach brauchst du dich nicht um das Morgen zu kümmern, sondern immer nur um das Jetzt, weil das Morgen sich automatisch auf deinen Zustand im Jetzt aufbaut. Wenn du also nachher glücklich sein willst, dann sei es bereits jetzt schon. Denn »nachher« und »jetzt« sind nicht zwei voneinander getrennte Dinge. Im Grunde gibt es kein Nachher, weil du immer nur da bist, wo du bist, ganz egal wann und wo. Um also das Morgen zu verändern, musst du dich jetzt in diesem Augenblick verändern. Und das geht, wenn du den Schattenwolf fallen lässt. Denn er hält die Trennung, die zwischen dir und deinem Glück steht, am Leben. Hebst du die Trennung auf, ist da, was du suchst. Nicht außerhalb von dir, sondern in dir. Und findest du es in dir, dann siehst du es auch im Außen, weil das Außen nichts weiter ist, als eine Verlängerung deiner Innenwelt. Dann hast du die Essenz von Berg und Meer in dir und erkennst es im Außen, selbst wenn du gerade in der Wüste bist. Und das Schöne daran ist: Du hast nun die Freiheit, dich gänzlich auf die Wüste einzulassen und auch das Leben dort zu genießen, weil du nicht mehr damit beschäftigt bist, dich zu fragen, ob du lieber in den Bergen oder am Meer sein solltest und warum du schon gar nicht hier in der Wüste bleiben darfst. Jetzt schränkst du dich nicht mehr selbst ein und begrenzt dich nur auf Berge und Meer. Denn wer weiß, was die Wüste in dir noch an Reichtum öffnet, von dem du vorher gar keinen blassen Schimmer hattest. Anstatt dich also auf feste Ergebnisse und Ziele zu beschränken, öffnest du dich dafür, jetzt schon mehr zu erleben, als du dir durch deinen eingeschränkten Schattenwolf hättest erträumen können. Du gibst also jedem Moment die Chance, dich zu bereichern, selbst dann, wenn du negative Erfahrungen machst. Denn negative Emotionen erzürnen nur deinen Wolf und bringen dich aus deinem Frieden. Doch ohne Wolf bleibt der Frieden. Selbst im Sturm.

Wahre Vergebung findet in dir statt

Wenn wir es uns zur Aufgabe gemacht haben, weiter zum Grund unserer Reaktionen, Denkweisen und Gefühlsausbrüche zu kommen, dann werden wir früher oder später auf eben diesen Puppenspieler, den konditionierten, süchtigen Schatten des Wolfes treffen, der alles im Hintergrund beim Alten belassen will. Deswegen habe ich es mir auch zur Aufgabe gemacht, die kleinen Wellen des Alltags, diese kleinen Knitterfalten der spontanen Böswilligkeiten, die immer noch gerne aus mir herausplatzen, glatt zu bügeln. Wenn im Alltag die kleinen Wellen verschwinden, oder wir so gut es geht über sie drüber hinwegkommen, dann haben wir mehr Platz, tiefer blicken zu können. Mir geht es hier nicht um das Trauma, das du erlitten hast, oder was dir irgendwann mal irgendwer angetan hat. Es geht um *deine Stimmung*, darum, wie du grundsätzlich drauf bist, um deine Haltung und um deine Glaubenssätze und Glaubensgefühle, an die du dich so sehr gewöhnt hast, dass sie die Basis deines gesamten Wesens zu sein scheinen. Es geht aber nicht darum, sich mit dem auseinanderzusetzen auf einer Art, die »*verstehen*« will, was passiert ist, im Sinne von einer Analyse deiner Vergangenheit. »*Verstehen*« heißt hier, zu wissen, was passiert (also die Lage zu verstehen, dass du bisher einstudierten Programmen gefolgt bist), warum es passiert (also den Grund zu verstehen, dass die Sucht des Körpers und die Abhängigkeit deines Wolfes nach seiner Identität dich in deinen alten Programmen gefangen halten will), aber nicht, wieso es passiert (also die Ursache, den Schuldigen zu finden, der all das in dir begünstigt hat). Das »*Wieso*« ist nur eine Frage, die den Wolf interessiert und es dir schmackhaft machen soll, deinen Intellekt zu füttern. Juchhu, wieder eine Antwort auf eine Frage. Und ist diese Frage beantwortet, suchst du nach der nächsten Frage. Fragen jagen ist ein wirklich tolles Hobby vom Wolf.

Unser Verstand liebt es, in der Vergangenheit nach Antworten zu wühlen. Wir wollen wissen, wer uns damals etwas angetan hat und warum er das tat. Spüren wir Trauer, wollen wir wissen, woher sie kommt, obwohl es keine Rolle spielt. Richte dich nach der Zukunft aus und lebe nicht in der Vergangenheit. Wenn du auf deinem Weg alte Gefühle spürst, dann widme dich ihnen durch das Zulassen und die Bereitschaft, sie zu fühlen. Kommt die Traurigkeit, dann fühle die Traurigkeit. Gern wollen wir dies dann mehr und mehr ergründen. Der Verstand will es. Denn wenn er weiß, wer oder was daran schuld war, desto besser kann er sich wappnen und Vorbereitungen treffen, damit dies nicht wieder passiert. Er will uns schützen. Das ist lieb gemeint, aber nicht hilfreich. Sorry, Verstand. Einzig und allein zu fühlen reicht aus, um sich von der Vergangenheit zu lösen. Du brauchst keine Erklärung, keine chronologische Abfolge oder den Stammbaum der Entstehung deines Schmerzes. Je mehr du annimmst, desto mehr löst sich. Zunächst die Schmerzen, die am Zweig des Baumes hängen, dann die des Astes, des Stammes und wenn du all diesen Schmerzen mit deiner Hingabe begegnet bist, kommt die Wurzel. Das ist wahre Vergebung. Du vergibst nicht deiner Vergangenheit, den Situationen und Menschen, die dich zu dem haben werden lassen, der du bist. Du vergibst nicht der Evolution und dem Universum, dass sie die Menschheit mit ihren komischen Eigenschaften geschaffen haben. Alles, was diesen Schmerz in dir geschaffen hat, warst du selbst. Klar, wenn dir jemand gegen das Schienenbein tritt, dann hat er Schmerzen in dir ausgelöst. Aber die Geschichte über dich, die diese Schmerzen in dir verankert hat und die du dir nun dein restliches Leben erzählen wirst, solange, bis dein gesamtes Wesen, inklusive Denken und Fühlen danach süchtig geworden ist, hast du dir selbst angetan. Auch wenn du es nicht anders konntest. Und genau da fängt wahre Vergebung an: bei dir! Du darfst dir vergeben, indem du die Gefühle zulässt, gegen die du dich die ganze Zeit gewehrt und die du a) die ganze Zeit unterdrückt und kompensiert hast und die du b) zu deiner Identität hast werden lassen. Du darfst dir vergeben, dass du dir das angetan hast und du darfst dir vergeben, dass du es nicht besser wusstest. Wenn du dir vergibst, befreist du dich von diesem Zustand und hältst dich nicht mehr fühlend in der Geschichte deiner Vergangenheit. Du sprichst nun deine Vergangenheit frei sowie alles in ihr, was dich in deiner Story gefangen hielt. Der Spuk begann bei dir und wird auch dort enden!

Ein Akt der Selbstliebe

Vergebung ist in diesem Fall ein Akt der Selbstliebe, weil du dir von nun an selbst keinen Schaden mehr zu fügst. Das heißt aber auch, dass du nun nicht einfach so alles ertragen kannst und sollst. Jemandem im Vorfeld daran zu hindern, dir vor das Bein zu treten, ohne den Täter dabei zu verurteilen oder ihm im Gegenzug schaden zu wollen, ist ebenso ein Akt des Mitgefühls und der Selbstliebe. Anstatt also einen Angreifer zu töten, machst du ihn kampfunfähig. Das reicht schon aus und generiert keinen weiteren Hass in dir dem Täter gegenüber. Oder du gehst einfach aus der Situation heraus. Auch das ist völlig okay. Denn schnell kann man dieses Vorgehen hier etwas falsch auffassen: Man könnte meinen, dass man mit allem und jedem klarkommen wird, wie ein emotionaler Superheld, der in jeder Situation Herr der Lage ist, immer weiß, was zu tun ist, sich nie mehr schlecht fühlt, immer in der Klarheit lebt und jeden emotionalen Schatten sofort transformieren kann. Dass durch Meditation und dergleichen wir nun jegliche Altlasten in uns auflösen und zu Engeln werden. Also ich kann das nicht von mir behaupten. Manche Bügelfalten sitzen einfach zu tief in unseren Hemden, sodass wir beim Versuch, dieses Hemd zu bügeln, immer wieder an diesen Falten hängen bleiben. Manche Stacheln tun auch nach Jahren noch weh, auch wenn ich mittlerweile einige Stürme davon in kleinere Gewitter umwandeln konnte. Aber nass werde ich dennoch hier und da. Bei mir sind es unter anderem Kau und Schmatzgeräusche. Wenn ich in einem stillen Raum sitze und gerade etwas angespannt oder einfach nur müde bin, dann triggern mich Kaugeräusche von anderen extrem stark. Manchmal sogar meine eigenen. Witzig, nicht wahr? Manchmal gelingt es mir, mich dabei zu entspannen, manchmal jedoch ist es zu anstrengend für mich. Früher hätte ich mich aufgeregt. Ich wäre wirklich richtig bösartig geworden. Wut und Ekel wären in mir aufgestiegen und ich wäre zu diesen Gefühlen geworden. In Gedanken hätte ich die Leute um mich herum getötet. Doch wenn ich jetzt merke, dass diese Gefühle in mir hochsteigen wollen und ich erkenne, dass ich gerade nicht fähig bin, diese Situation emotional und mental glatt zu streichen, dann gehe ich einfach. Ganz ohne Drama. Aber es gibt auch noch genug andere Themen, die mich in alte Gewohnheiten treiben wollen. Manchmal schaffen sie es. Dann sitze ich in meinem Mangel, in meiner Opferhaltung und ziehe selbst die Wolken über mir zusammen. Bis zu dem Punkt, an dem ich erkenne,

TEIL 2 BEFREIE DICH

dass das Leid mir im Grunde nur zu einem nützt: zu erkennen, dass es das Leid nicht braucht.

Auch das ist ein Akt der Selbstliebe und der Vergebung. Ich ärgere mich nicht über den schmatzenden Typen neben mir, nicht über die Situation und nicht darüber, dass ich »*gezwungen*« bin, mein Mittag nun woanders zu essen. Ich ärgere mich auch nicht über die unangenehmen Gefühle, die ich nun »*ertragen*« muss und auch nicht über mich, dass ich es immer noch nicht geschafft habe, damit umzugehen. In der gesamten Szene nehme ich an, was ich vorfinde: die Geräusche, die Emotionen und meine »*Unfähigkeit*«, mit diesen umzugehen. Und dadurch, dass ich es annehme, habe ich immer noch eine Option, einen Handlungsspielraum, in dem ich mich bewegen kann, um diese Situation schöner zu gestalten. Und schon bin ich nicht mehr »*unfähig*«, mit der Situation umzugehen, da ich einen Weg gefunden habe, der weder mir noch anderen das Leben schwer macht. Dieser Weg sagt zwar nicht, dass ich alles bewältigen kann, aber er sagt mir, dass ich mich um mich kümmern kann, ohne Groll gegenüber den Umständen zu entwickeln, die ich jetzt gerade vorfinde. Und auch das heißt nicht, dass es für immer so bleiben muss. Sollte es bleiben, dann ist es eben so. Aber gerade dadurch, dass ich mich mit mir und dem Umstand entspanne, selbst wenn der Umstand heute bedeutet, dass ich den Raum verlasse, so bleibt immer etwas Luft, in der zumindest die Möglichkeit besteht, dass eine Wandlung geschehen kann. Andernfalls wäre ich nur wie eine Maus von der Katze in die Ecke gedrängt. Dann würde ich vor lauter Panik entweder einen Herzinfarkt erleiden oder versuchen, die Katze zu töten. Und selbst wenn ich nicht woandershin gehen könnte und den Raum heute nicht verlassen kann, so entspannt sich durch die bloße Akzeptanz dessen, dass sich mein Schattenwolf gerade in mir auftürmt, auch meine Sicht auf mich. Ich verurteile mich selbst nicht und kann nach dem Mittag wieder, ohne einen Schatten geworfen zu haben, weiter meiner Wege gehen und sogar mein Mittag mehr genießen, wenn auch nicht gänzlich. Aber auch das mache ich nicht zu einem Problem, sondern nur zu einer Erfahrung.

Annehmen bedeutet nicht, »*sich damit abzufinden*« oder zu kapitulieren. Hingabe ist nicht Aufgabe. Sich abzufinden ist ein Trick des Wolfes, der meint, er könne dadurch Kontrolle finden und seine Leere füllen, in dem er sich einredet, er hätte keine Macht. Dann bist du das Opfer der Situation und die Opferrolle wird zum Futter einer falschen Ich-Identität. Wenn es nach vorn nicht geht (also im Kampf gegen das, was ist, zu gewinnen), dann geht es eben nach hinten (und du redest dir selbst die Welt so ein, wie du es brauchst). Doch was bleibt, ist immer ein kleiner Argwohn, etwas Sarkasmus, etwas Verbitterung. Und statt Entspannung bleibt die subtile Anspannung, das Kartenhaus könnte einstürzen. Es gibt aber ein anderes Ich in dir, dass aus sich heraus ganz, heil und großartig ist. Wenn du dieses einmal gefunden, aktiviert und erkannt hast und du dich aufmachst, es in deiner Welt scheinen zu lassen, desto einfacher fällt das Schattenwolf-Konstrukt aus seinen Fugen und anstelle dessen wird eine neue Welt entstehen. In dieser Welt hast du alles, was du brauchst, bist alles, was du sein willst, fühlst die Lebendigkeit des Lebens in jeder Zelle und öffnest dich so dem Leben und lebst aus deinem Herzen. Ehrlich. Das klingt vielleicht stupide und esoterisch, aber es ist wirklich so. Und dabei passiert vielleicht im Außen nicht sonderlich viel. Andere sehen dich immer noch als denjenigen, der du gestern auch schon warst. Sie können nicht in dich hineinschauen. Denn innen bist du angekommen. Und mit jedem Schritt, den du gehst, kommst du auch mehr und mehr im Außen an. Jeder Schritt führt dich zurück zu dir. Nicht da, wo du hingehst, ist also hoffentlich etwas Schönes zu finden, etwas, das dich gut fühlen lässt, sondern da, wo du bist, ist die Party. Du bringst dein Essen also mit, statt zu hoffen, dass es auf der Party etwas Ordentliches geben wird. Und wenn du etwas mitbringst und es dann zusätzlich auch noch etwas Gutes gibt, dann hast du zweimal gewonnen. Auch, wenn es auf dieser Party manchmal etwas ruhiger zu geht. Du wirst merken, dass du nicht immer die absolute Ekstase brauchst, nur um dich lebendig zu fühlen. Einfach sitzen ist manchmal mehr Leben, als alles Gerenne auf der Welt. Aus dieser Erkenntnis heraus wird die Welt sich um dich herum verändern. Automatisch. Als Nebeneffekt. Doch der Effekt ist zweitrangig, weil du nicht darauf aus bist. Es ist nur ein Spiegel deiner inneren Welt. Früher hast du versucht, dem Bild im Spiegel die Haare zu schneiden und es zu schminken. Doch jetzt schminkst du dich innerlich und dein Spiegelbild zeigt dir genau das.

Echtes Glück erkennen

Wenn du dem Täter vergibst, der dir sinnbildlich vor das Schienenbein getreten hat, dann ist die Vergebung ihm gegenüber eine Art Nebenprodukt der Vergebung, die du dir selbst schenkst, weil du im Grunde nichts mehr gegen die Gefühle in dir hast, die die Erinnerung an die damalige Situation bisher ausgelöst haben. Wenn du dadurch erkennst, dass du die ganzen Jahre eine Geschichte am Leben erhalten hast, die dir wehtat und dass du einfach aus Unwissenheit nicht in der Lage warst, davon abzulassen, es dir aber nun gelungen ist, indem du dein Fühlen fühlst und nicht mehr unterdrückst oder kompensierst, dann erkennst du, dass auch der Täter aus Unwissenheit gehandelt hat. Und wenn seine Unwissenheit dein Leben nicht mehr trüben kann, kannst du erkennen, dass all sein sich im Außen auslebender Frust nur eine Spiegelung seiner inneren Beschaffenheit ist. So, wie du es auch mit dir die ganzen Jahre getan hast. Jetzt, da du frei von dir bist, hegst du keinen Groll mehr. Alles, was bleibt, ist Mitgefühl. Dir und deinem Täter gegenüber.

Wenn du deine Gefühle einmal angenommen und gefühlt hast, den Schmerz kennst, den du dir selbst durch deinen Widerstand den Gefühlen gegenüber angetan hast, und nun weißt, wie befreit du dich fühlst, sobald du in deine Widerstandslosigkeit gehst, desto offener und lebendiger wirst du. Diese Lebendigkeit will und wird sich ausbreiten. Nicht umsonst sagt man, dass Glück nur echt ist, wenn man es teilt. Das heißt nicht, dass es weniger wert ist, wenn man es nicht teilt und dass man teilen müsse, um sich das Glück zu verdienen. Hier geht es nicht um Wettbewerb oder eine Form, besonders brav zu sein. Wenn du wirklich in deinem Glück bist, dann gibst du es weiter. Einfach nur, weil du Freude an dem Glück hast und daran, es zu teilen. Du malst, du singst, du musizierst, du schreibst, du hilfst, du lächelst, du beglückwünschst, du hörst und wendest dich zu. Dafür willst du nicht einmal etwas zurückhaben. Wie könntest du etwas wollen, was du doch schon zur Genüge hast? Deshalb ist Glück echt, wenn man es teilt. Das bedingungslose Teilen ist ein Indiz für dich, dass dein Glück für dich echt ist. Nur wenn du gibst, im selben Atemzug nichts zurückbekommst und dich dennoch nicht leer fühlst, sondern mindestens genauso vollkommen (wenn nicht noch vollkommener), dann verdoppelt sich das Glück, während du es teilst. Und das hat alles nichts mit deinem Gegenüber zu tun. Das kann machen, was es will. Sprich diese Person frei, dir etwas schuldig zu sein und sprich dich frei, jemand anderem etwas schuldig zu sein. Ohne Schuld gibt es keine Strafe. Du kannst dich nun gänzlich dafür öffnen, zu empfangen und der zu sein, der du sein willst. Du musst nicht erst noch irgendwas tun, aus der Angst heraus, du würdest sonst scheitern. Was ist Scheitern? Nur eine Meinung eines anderen über dein Vorgehen (oder deine eigene Meinung über dich selbst), welches er mit seiner Ansicht vergleicht (oder du mit deiner). Der kritisierende Wolf, der über dich urteilt: Das sind alles nur Fassaden auf einer Bühne aus Pappmaché. Tritt von der Bühne und erlaube dir, was du dir erlauben willst.

»Bringen wir dann nicht vielleicht jemanden um, weil wir nun tun und lassen können, was wir wollen? Ist das nicht ein Freischein für alle Psychopathen?«

Emotionale Führung im Miteinander

Ich möchte noch einmal betonen, dass der Täter dadurch keinen Freischein bekommt, weiter Leute zu quälen. Wenn ein Hund bspw. durch ein Trauma oder durch falsche Erziehung unkontrollierbar und gefährlich geworden ist, dann kannst du dich vor ihm schützen oder du wirst ihn wohl einsperren müssen. Aber du wirst dich nicht an ihm rächen. Auch hier kannst du für ihn da sein, sollte er Teil deines Lebens sein. Aber mit Abstand und den nötigen Sicherheitsvorkehrungen. Wer weiß, vielleicht kommt der Hund doch noch zur Vernunft. Und wenn nicht, dann ist er keine Gefahr mehr für andere. Du rettest den Hund vor sich selbst, indem du ihn wegsperrst. Du rettest aber nicht dich vor dir selbst, wenn du ihn massakrieren willst. Ob es nun der Wolf in dir ist oder der Wolf eines anderen, der sich gerade vor dir zeigt: Der Umgang ist der gleiche. Sobald du die Wölfe annehmen kannst und den selbstlosen Raum betrittst, der dir immer im jetzigen Augenblick offen steht, schaffst du Raum für Veränderung.

Zu Beginn des Buches schrieb ich bereits, dass wir nur das in einem anderen fühlen können, was wir bereit sind, in uns selbst zu fühlen. Löst der Schmerz des anderen den gleichen Schmerz in dir aus und trifft der Schmerz in dir auf deine Ablehnung, dann wirst du nicht für den anderen da sein und kein Mitgefühl für ihn aufbringen können. Dann wirst du ihn nur manipulieren oder bestrafen wollen. Dann haben dich Wut und Leid fest im Griff und du wirst alles tun, um dein Umfeld zu verändern, damit du das nicht mehr ertragen musst. Dann wirst du den Täter jagen und auch noch nach seinem Tod hassen. Und du wirst auf die Jagd nach all den anderen Tätern gehen, die es noch so gibt. Du wirst von deinem Leid besessen und schließlich von ihm zerfressen werden. Hast du aber deiner Vergangenheit und deinen Gefühlen vergeben, so kannst du verirrten Menschen in deinem Umfeld beistehen und ihren Sorgen und Ängsten zuhören. Solange du mit den Gefühlen, die sie durch ihre Leidensgeschichte in dir auslösen, nicht im Widerstand bist, werden sie dich nicht trüben. Wenn du merkst, sie wollen gar nicht aufwachen und in ihrem Traum gefangen bleiben und dich nur dafür missbrauchen, um sich selbst an ihrer Story zu laben, dann kannst du gehen, Nein sagen oder auch den Menschen spiegeln und ihn versuchen, auf sich selbst aufmerksam zu machen. Wobei Letzteres oft etwas knifflig ist. Wie will man jemandem, der träumt, erzählen, dass er träumt, wenn er den Traum doch für echt hält? Das braucht teilweise wirklich Zeit und Geduld und die Bereitschaft, die Gefühle in sich selbst zu fühlen, die kommen, wenn wir anderen nicht mehr einfach nur gefallen wollen und es deshalb nicht mehr versuchen ihnen recht zu machen.

Du kannst einem anderen Menschen ohnehin nicht helfen. Woher wollen wir wissen, was der andere für seine Einsichten braucht und erfahren muss, um sich seiner Selbst bewusst zu werden? Du kannst nur dir helfen, damit sich andere in deiner Gegenwart an ihre eigene Kraft zur Veränderung erinnern können. Es ist auch nicht deine Aufgabe, anderen zu helfen. Das brauchst du auch nicht. Es reicht vollkommen, wenn du die Arbeit nur für dich machst. Dadurch, dass du dich und somit dein Leben transformierst, transformierst du auch deine Umwelt. Wobei Letzteres einfach als Nebenprodukt von allein geschieht. Dadurch, dass du nicht mehr vor deinen Gefühlen wegrennst, die Manipulation erkennst, die du ausgeübt hast und die andere in diesem Moment ausüben und du erkannt hast, dass dir, egal, was geschieht, nichts weggenommen und nichts geschehen wird, kehrt Frieden in deine Beziehungen ein. Du kannst nicht kontrollieren, was mit dem anderen geschieht. Vielleicht konfrontiert er dich und ihr streitet. Du sollst nicht alles mit dir machen lassen. Du kannst nun Grenzen ziehen. Aber auf eine andere Art. Nicht aus der Verletzlichkeit, aus deinem Schmerz und deiner Angst heraus. Du sprichst den anderen nicht schuldig, dass er dir gerade etwas antut, dich schlecht fühlen lässt oder dich beleidigt. Du kannst *in der Verbindung* zu dem anderen ein klares Nein sagen. Nicht, weil du wütend auf ihn bist, sondern weil du im Einklang mit dir, in deiner Klarheit bist. Klarheit ist Mitgefühl. Denn *mit* jemanden zu fühlen, heißt, mit *dir* zu fühlen, da du den anderen nur *in dir* fühlen kannst. Und bist du dir im Klaren über deine Gefühle und deinen Reaktionen auf deine Gefühle, kannst du diese fühlen und gleichzeitig der klare Raum, um diese Gefühle sein. Raum, in dem Platz für deine Präsenz und Aufmerksamkeit dem anderen gegenüber ist. Raum, in dem kein beleidigtes und verletztes Ich zu finden ist.

Liebe ist ungeteilte Aufmerksamkeit.

Der andere kann nun davonrennen, wenn er merkt, dass seine Angriffe keine gewünschte Wirkung haben. Die gewünschte Wirkung wäre, dass du seinen Schmerz vergrößerst, was er im Grunde will. Entweder durch Streit, sodass er sich noch mehr in seine Meinung (und somit in seinem Ich-Gefühl) hineinsteigern kann, oder durch Anfreunden mit dem Feind, indem du seine Gefühle aufnimmst und mitleidest. So oder so würdet ihr euch nur gegenseitig am Schmerz des anderen laben.

Aber statt wegzurennen, kann es auch sein, dass der andere auf sich zurückgeworfen wird und nun die Traurigkeit hinter seiner Wut erkennt. Jetzt hat er seine Rolle, die er die ganze Zeit gespielt hat, abgelegt und zeigt sich offen. Jetzt ist der Zugang zum Herzen des anderen offen. Nun gibt es keine Anschuldigungen mehr, keine Vorwürfe und kein Benutzen. Jetzt will dein Gegenüber nichts mehr von dir, weil er ganz mit sich ist. Was für ein Geschenk, denn nun begegnet ihr euch seit Langem wieder auf echte und wahrhaftige Art und Weise. Frieden kehrt ein, *während* der Schmerz da ist. Es gibt einen Unterschied, ob ich sage: »*Du bist schuld, weil du …*«, oder ob ich sage: »*Ich fühle mich traurig, weil ich …*«. Beim ersten Beispiel wirst du dich angegriffen fühlen und ihr zwei werdet Gegner. Beim zweiten Beispiel ist dein Gegenüber verbunden mit seinen Gefühlen und teilt sie dir mit, ohne dich dafür zur Verantwortung zu ziehen. Hier besteht die große Chance, dass ihr in ein Miteinander übergehen werdet. Und auch du findest so mehr zu dir, als dich am Gegenüber zu reiben.

Wenn du mit dir im Reinen bist, bist du für deine Freude und nicht gegen deine Feinde. Jemanden zu töten, das Leben zu vernichten, ist nur etwas, das der Wolf kann, weil nur er Feinde hat. Die Rose versprüht kein Gift, um die Pflanzen um sich herum zu töten. Sie versprüht Duft, um das Leben zu vervielfältigen. Du wirst gar keinen Impuls mehr in dir verspüren, dich *gegen* etwas zu stellen, wie deine Vergangenheit und all die darin enthaltenen Täter. Dein Impuls wird nur noch *für* etwas sein, wie bspw. deine Zukunft und die Gestaltung deines Lebens im Einklang mit allem, was du *in diesem Augenblick* vorfindest. Du bist nicht Opfer des Geschehens mehr. Jetzt kannst du dich neu ausrichten, dich aus dem Kopf und aus dem alten Ich des Körpers befreien und wieder in dein Herz, in deine Freude kommen. Du gehst jetzt mit dem alten Schmerz neben dir und der neuen Freude vor dir. Du bewegst dich auf die Freude zu. Nicht, weil du dem Schmerz entfliehen willst. Der Schmerz kommt einfach mit. Somit wirst du nicht machtlos, handlungsunfähig oder in deinem Leben stagnieren. So kann dein Ja zum Leben der Schirm werden, der dich im Regen trocken hält. Dabei wendest du dich nicht vom Regen ab, versuchst dich vor ihm zu schützen oder regst dich darüber auf, wie das Wetter heute ist. Der Regen ist kein Feind mehr. Aber das heißt gerade nicht, dass du nichts für dich tun kannst. Du kannst nichts gegen den Regen tun. Und das brauchst du auch nicht. Der Regen kommt und geht, so wie er will. Du hast immer die Wahl. Und aus deiner Zuwendung zum Leben, sei es gerade sonnig oder verregnet, kannst du dir deinen Schirm aufspannen, wenn es das gerade braucht. Was noch mal ist genau der Schirm? Es ist deine Hingabe gepaart mit der Einsicht, dass der Regen einfach nur Regen ist, der nichts mit dir zu tun hat. Und gerade weil er nichts mit dir zu tun hat, ist er auch kein Hindernis. Und weil er kein Hindernis ist, hält er dich nicht ab, glücklich zu sein. Das Glück, was durch diese Hingabe in dir und unabhängig von den Gegebenheiten entsteht, ist dein Schirm.

Abschied nehmen

Nach ein paar Schritten wirst du merken, dass der Regen (also der Schmerz), so, wie du ihn gewohnt warst, nicht mehr da ist. Er kann den Weg in die Freude nicht gehen, weil es ihn da nicht gibt. Zumindest nicht das an den Schmerz gekoppelte Ich-Gefühl und die Geschichte, die den Schmerz aufrechterhalten hat. Jetzt kannst du kurz innehalten und dir dessen bewusst werden. Und du kannst dich noch einmal von deinem Schmerz verabschieden, während du auf das Neue zugehst. Dieser Schmerz war ein Teil von dir und du wirst merken, dass dieser Schmerz nichts mit der Person zu tun hat, die ihn ausgelöst hat. Er hatte nur etwas mit dir zu tun. Du hast es seltsamerweise gemocht, im Regen zu stehen, krank zu werden, dein Umfeld mit dem Wasser des Regens zu durchnässen und dich darüber aufzuregen, dass alles nass ist. Und selbst wenn du dich auf die Suche nach der Ursache machst, wo und wer dir im Leben diesen Schmerz zuerst zugefügt hat, so spielt es keine Rolle mehr, denn auch das ist bereits Vergangenheit und nicht mehr änderbar. Seien es die Eltern, deine Freunde oder andere Menschen, die dir diesen Schmerz zugefügt haben, den du solange mit dir herumgetragen hast, und kommen vielleicht Erinnerungen hoch an das, was war, so ist dies ein gutes Zeichen für die Reinigung, die Heilung. Jetzt kommt der wahre Stachel hoch, der dir die ganze Zeit im Fuß drückte. Doch ihm fehlt die emotionale Ladung, die dich bisher in deiner Vergangenheit festhielt. Du schaust nun mit neuen Augen auf deine alte Geschichte und kannst Lebewohl sagen. Du musst dich nicht mit deiner Vergangenheit beschäftigen. Das ist alles nur für deinen Verstand wichtig. Auch diesen Teil deines Verstandes kannst du nun loslassen, denn du bist nicht mehr deine alte Geschichte. Auch sie ist nur ein Teil von dir, den du mit dem Schmerz gehen lassen kannst. Du verneinst also nicht deine Vergangenheit und alles, was zu ihrer Entstehung beigetragen hat. Du wendest dich auch nicht ab, in der Hoffnung (also in der Angst), sie nie mehr wieder zu sehen. Du hast aus ihr gelernt und all deine Erfahrungen wurden nun zu deiner Weisheit und Erkenntnis. Sie waren also wichtig, denn ohne sie würdest du heute nicht dort stehen, wo du bist. Du kannst, solltest du so weit sein, ihnen allen danken.

Nimm dir Zeit für die Trauer, die da vielleicht mit hochkommt. Und dann lass es gehen, um dich deiner Essenz zu öffnen, deinem Schirm, deinem Herzen, deinen Visionen und Wünschen. Die Wünsche deines Herzens sind leicht und frei und nicht so schwer wie die Bedürfnisse deines Schattenwolfes. Sie stellen keine Bedingungen, dass erst etwas geschehen oder sich verändern muss, damit du sie leben und fühlen kannst. Sie sind einfach da, als Gefühl, mit deiner Zukunft verbunden zu sein. Sie sind dein Licht, das aus den Tiefen deines Seins kommt. Letztendlich lässt du dich zurück, um ein neues Ich zu werden. Es passiert ganz allein in dir und vollzieht sich auch nicht mit einem großen Feuerwerk, sondern eher sanft und zart. Die großen Ekstasen mit ihren schweren Stürzen weichen dem unterschwelligen Gefühl, das alles in Ordnung ist. Und wenn alles in Ordnung ist, warum sich dann noch aufregen und beschweren?

Sei dir selbst ein Schirm.

Verlassen und Verlassen werden

Es ist eine berechtigte Frage, wissen zu wollen, ob (und wann) du eine Situation, einen Menschen, die Umstände oder Unnötigkeiten verlassen solltest oder ob du denn nicht doch mit allem ins Reine kommst und alles transformieren kannst, was dir zuvor wehgetan hat.

> *»Ist denn nicht alles nur ein Auslösen von Gefühlen, die, wenn wir nicht mehr an ihnen anhaften, uns nichts anhaben können? Dann kann uns einer eine runterhauen, uns demütigen, uns einsperren oder misshandeln, aber wir fühlen nur noch Vergebung und Mitgefühl, spüren den Frieden hinter den Gefühlen, weil sie leer sind und leben in Frieden und Harmonie mit unserem Peiniger? Denn wenn wir gehen und die Situation verlassen oder noch besser, wenn wir den Peiniger dingfest machen oder sogar töten, dann rennen wir doch nur vor uns selbst weg, oder etwa nicht?«*

Wenn du eine Situation erlebst, die lebensbedrohend ist, dann wird es keinerlei Zweifel geben, was du tun wirst. Wenn du Hunger hast, suche essen, wenn du Schmerzen erträgst, suche die Heilung. Wenn dich jemand misshandelt, dann entkomme. Das ist doch klar, oder? Ganz einfach: Wenn du kein Fan von Heavy Metal bist, im Radio aber nur Heavy Metal läuft und das auch noch unendlich laut, dann schalte das Radio aus oder suche dir einen anderen Sender. Es ist ja nicht so, dass wir durch Meditation und der Gefühlsarbeit auf der Stelle stehen bleiben und uns nicht mehr nach unseren Freuden ausrichten. Ganz und gar nicht! Denn gerade *weil* wir erkennen, woran wir festhalten und dass erst unser Festhalten dafür sorgt, dass wir weiter nur Heavy Metal hören, obwohl wir es gar nicht wollen, haben wir die Möglichkeit, den Sender zu verstellen. Wir begreifen, dass wir die Macht haben, uns selbst auszurichten und neu einzustellen. Es steht und stand uns immer frei, uns nach unserer Freude, nach unserer Klarheit und unserer Zweifelsfreiheit auszurichten.

Das Leben ist immer dynamisch. Nichts bleibt, wie es ist, oder bewegt und verändert sich nicht. Auch du wirst dich immer wieder neu ausrichten. Und zwar nach dem, was du magst und dem, was du nicht magst. Das ist ein dir innewohnender Kompass. Und je mehr du dich dem widmest, was dir Freude bereitet und was sich somit mit mehr Leichtigkeit und Klarheit vollziehen lässt, desto mehr dehnst du dich in deine Lebendigkeit aus. Dein Festhalten und deine Meinung, du könntest nicht über den Sender bestimmen, den du hörst, lässt dich stagnieren, weil dein Frust für die Anspannung im Leben sorgt, die dich nur weiteren Frust erkennen und fühlen lässt. Um dem Frust zu entkommen, ist es aber nicht sonderlich hilfreich, vor ihm zu fliehen, sondern erst einmal zu ergründen, woher der Frust wirklich kommt. Und der entsteht, weil du meinst, machtlos und den Dingen ausgesetzt zu sein. Er rührt daher, dass du versuchst, das Wetter zu ändern, die Regenwolken zu verschieben, dem Sender vorschreiben willst, was er zu spielen hat, oder auch den Menschen vor dir und dein Umfeld um dich herum nach deinen Bedingungen anzupassen. Das führt aber zu nichts, weil nur du dich ändern kannst im Umgang damit. Und das heißt eben nicht, dass du es dir antrainierst, Heavy Metal toll zu finden oder im Regen zu stehen, und dir einredest, dass dir das alles super gut gefällt. Nein, es gefällt dir nicht und das ist vollkommen okay. Doch wenn du dich davon befreist, alles ändern zu wollen, entdeckst du den Schirm in dir, der dir ein rettendes Dach sein kann. Dann hörst du deinem nach Heavy Metal klingendem Gegenüber zu, aber dein innerer Song wird nicht überspielt. Du tunest dich selbst ein auf das, was du lieber hören willst. Und das ist immer nur ein Gefühl, das aus deiner Einstellung zu dem, was jetzt geschieht, heraus entsteht. So kannst du im Klang des Schwermetalls deine Melodie hören und im Regen trocken bleiben, ohne deine Freude zu verlieren.

In den alltäglichen Situationen haben wir keinen Foltermeister, Psychopathen, Vergewaltiger oder Terroristen vor uns. Es ist unser Umfeld, dass uns aufregt. Es sind die Menschen, mit denen wir zu tun haben, ihre schlechte Laune, ihr aggressives Verhalten, die Anschuldigungen und ihre Unzufriedenheit. Es ist, als hätten sie Blähungen und furzen unentwegt den Raum zu, den du täglich versuchst zu lüften und zu klären. Sollen wir nun unsere Partner oder Kollegen verlassen oder einfach alles »*wegmeditieren*«? Wann weiß ich, wann es Zeit ist zu gehen und wie weiß ich, ob ich nicht doch bleiben sollte? Wie werde ich meine Zweifel los und wie finde ich Vertrauen in die Richtigkeit meiner Entscheidungen?

Meditation ist kein Weg, dich emotional abzutöten. Es dient dazu, zu ergründen, warum wir handeln, wie wir handeln. Der Gestank der furzenden Menschen wird in dich eindringen und Körperreaktionen auslösen. Die üble Laune deiner Mitmenschen kann auch dir das Gefühl von Übelkeit geben. Lässt du dich davon definieren, wirst du als Wolf reagieren und alles Mögliche tun, um dieser Situation zu entkommen. Jemanden wie mich, der sagt, du sollst es annehmen und fühlen, den wirst du beißen. Und dir selbst wirst du sagen, dass du dir das hier nicht antun musst. Es spricht nichts dagegen, eine Situation oder einen Raum zu verlassen, wenn es da drin zu muffig wird, wenn dein Gegenüber einfach nicht loslassen kann und dich ständig provoziert. Auch ich kann nicht alles halten und mein Schirm wird hin und wieder undicht. Dann sehe ich zu, dass ich mich unterstelle oder stehe eben im Regen. Übersetzt heißt das, dass ich mich den Menschen nicht aussetze, nicht auf sie eingehe, nicht der Frieden in Person bin, zu dem einen andere Menschen gern idealisieren. Dann schimpfe ich auch und fülle mein Wut-Tagebuch. Nur, um mich wieder ins Lot zu bringen. Auch daraus versuche ich kein Problem zu machen. Wir können dadurch nicht unentwegt und ständig allen mit offenen Armen beggnen und jede Form der Negativität verwandeln. Ich kann es zumindest nicht. Deshalb schaffe ich mir immer wieder Momente, um für mich zu sein, leer zu werden und mich neu auszurichten. Und wenn mir das mal nicht gelingt, dann kann es auch sein, dass ich genauso streite, mich aufrege oder beschuldige. Auch das darf sein. Ich bin schließlich das erste Mal Mensch. Also darf ich auch etwas Gnade mir gegenüber walten lassen. Lieber zähle ich die Tage, an denen es mir gelang, als die Tage, an denen es mir nicht gelang. So entkomme ich dem Damoklesschwert, welches ich so gern selbst über mich hänge.

Doch bevor du aus einer heiklen Situation gehst, kannst du zunächst auch erst einmal schauen, ob sich der andere oder die Situation nicht doch entspannt, wenn *du* entspannt bleibst. Was brauchst du, um entspannt zu bleiben? Die Einsicht darin, dass all seine Angriffe dich nicht verletzen können, sondern nur ein »*Ich*«, was es nicht gibt, und dass all die Dinge, von denen du gerade durch diese Situation abgehalten wirst, auf dich warten werden oder sich trotzdem erfüllen lassen. Dass du dich dennoch gut fühlen kannst, auch wenn dein Gegenüber gerade alles voll furzt. Ja, dass es nichts gibt, was dir passieren wird. Dass all das, was als Konsequenz durch deinen Verstand in eine bedrohliche Zukunft geworfen wird, nichts ist, wovor du Angst haben brauchst. Dass die Angst nur vom Verstand geschaffen wird, aber nicht dort zu finden ist, was du bist, wenn du in deine Gegenwärtigkeit eintauchst.

> *»Heißt das, du sollst alles mit dir machen lassen und deine Pläne über Bord werfen, nur weil ein anderer gerade nichts weiter zu tun hat, als mit seiner schlechten Laune deine Luft zu verpesten?«*

Nein, heißt es nicht. Es heißt nur, du sollst beobachten, was passiert, wenn du neutral bleibst. Vor allem neutral dir gegenüber. Die Situation wird sich schneller auflösen, als du denkst, weil von deiner Seite her nichts die Situation am Leben halten will. Denn das, was die Situation am Leben hält, ist dein Widerstand. Du sitzt in deinem Lieblingscafé und willst den Nachmittag genießen. Plötzlich fängt einer neben dir zu rauchen an. Der Gestank ärgert dich und lässt dich deinen Kaffee nicht mehr genießen. Wut, Zorn, deine Meinung und dein Hass steigen auf. Die Situation wird unerträglich. Doch wenn du diesen Moment voll und ganz annimmst, bekommst du die Energie zurück, die du zuvor gänzlich dem Problem gewidmet hast. Jetzt nutzt du die freie Energie, dich wieder auf das zu fokussieren, weswegen du eigentlich da bist: Auf deinen Kaffee. Es ist wie mit dem bellenden Hund in meiner Meditation: Nimmst du mit in dein Boot, was dich zuvor stört, dann wirst du weiterfahren. Du lässt dich nicht durch dich selbst aufhalten. Du veränderst dich und somit die Situation.

Plötzlich ist der Raucher weg. Wann ist er gegangen? Keine Ahnung. Du warst nicht mehr mit ihm beschäftigt. Du hast dich von dir befreit und somit auch von ihm. Und dadurch, dass du dich nicht weiter mit ihm beschäftigt und von ihm geißeln lassen hast, kannst du dich dem Moment wieder mehr öffnen und das Leben in dich einladen. Der Raucher ist sinnbildlich nicht der Mensch, der dir gerade gegenübersitzt und von dem du dich abwenden sollst. Es ist deine eigene Abwehrhaltung zu seiner Negativität, aus der Angst, dein Gegenüber könne deine innere Verfassung trüben.

Der Teil in dir, der davor Angst hat, ist der Wolf, der genau dadurch zum Leben erweckt wird. Kannst du erkennen, wie du im Grunde an der Negativität deines Gegenübers und auch an deiner eigenen festhältst, weil sie dir auf eine echt seltsame Art und Weise gefallen? Nicht die Negativität gefällt dir, sondern die Gegenwehr, die Verteidigung und das Beschützen deines Selbst, weil dir dieses Selbst so wichtig ist. Wem gefällt es genau? Deinem Wolf. So, wie dein Gegenüber nicht von seiner Negativität ablassen kann, weil sein Wolf gerade auf Futtersuche ist, so kannst du auch nicht von deiner Gegenwehr, deiner Angst, die Negativität deines Gegenübers könnte dich herunterziehen, ablassen, weil auch dein Wolf auf Futtersuche ist und diese Angst, die du fühlst, als Nahrung braucht und sie deshalb am Leben und dich darin gefangen hält. Und genau diese Angst zieht dich in genau diesem Moment herunter, in der sie entsteht. In Wahrheit zieht dich nicht dein Gegenüber herunter, sondern du tust es selbst. Es ist die Angst vor der Angst, die Angst vor den Gefühlen, die da kommen wollen. Dein Wolf überlagert ein schlechtes Gefühl mit einem weiteren schlechten Gefühl. Er will das kommende Gefühl nicht fühlen und bringt dir deshalb ein weiteres, dass dich davon abhalten soll, dich auf die Situation einzulassen. Er schafft eine Illusion über der Illusion. Er kreiert aus seinem Schatten einen Schattendoppelgänger. Einer der unglücklich über sein Unglücklichsein ist. Doch das alles ist und bleibt der Wolf mit seinem Schatten und keines dieser Gefühle raubt dir deine Freude. Selbst wenn du die Gefühle des anderen fühlst und seine Fürze riechst, dann ist da nichts, was in dir kaputt gehen kann. Und wenn du diesen heilen Kern in dir aufsuchst und dich aus diesem heraus der Situation zuwendest, bist du keinerlei Gefahr ausgesetzt. Dann ist da zwar ein Gefühl von Unglücklichsein, aber niemand, der daraus eine unglückliche

Geschichte webt, die sich auch über die Situation hinaus ausbreitet, sich weiter durch dein Leben zieht und letztlich zu dir wird.

Wenn du also um deinen Schattenwolf weißt, dann kannst du auch um den deines Gegenübers wissen. Wie kannst du sauer auf den Menschen dir gegenüber sein, wenn er gerade nicht er selbst ist? So, wie du auch oft nicht du selbst bist? So, wie du vielleicht gerade in diesem Moment nicht du selbst bist? Erkennst du beide Wölfe, ist das Erkennen in dir genau der Teil in dir, der unberührt und unkaputtbar ist, ganz gleich, was sich an der Oberfläche abspielt. Und wenn du dieses Erkennen in dir spürst, kannst du auch das gleiche Potenzial im anderen erkennen. Auch wenn es sehr leise mitschwingt. Wenn du es nicht hören kannst, ist es nur ein guter Hinweis für dich, selbst noch stiller zu werden und deinen lärmenden, sich aufbäumenden Geist zu verlassen und hinter die Worte zu fühlen. Dann wirst du im Gegenüber denselben Wunsch nach Glück fühlen können, wie auch du ihn in dir trägst. Und manchmal gelingt es dann, dass der andere sich genug ausgekotzt hat und dann selbst die Frische in sich entdeckt, die den zugefurzten Raum wieder erfrischt.

Du darfst es dir leicht machen

Bist du in einem Café, in dem ständig geraucht wird und du das nicht magst, warum gehst du dann dorthin? Wenn du in Gesellschaft bist, die dir nicht guttut, oder es sich klar in dir zeigt, dass du etwas nicht willst, dann tue es nicht! Wenn wir klar sind, dann haben wir keine Zweifel. Dann wissen wir um die Richtigkeit unserer Handlungen. Nur Gedanken wie *»Vielleicht«*, oder *»Ich weiß nicht so recht«*, oder *»Ich würde es gern behalten, aber nicht komplett. Ich mag es, aber so richtig auch nicht.«* lassen uns auf der Stelle treten. Denn nur wenn wir klar sind, ist der Weg frei.

Du darfst es dir leicht machen. *»Leicht machen«* meint aber nicht, zu kompensieren und lieber mit Chips auf der Couch zu sitzen oder ständig dein Umfeld zu verlassen, um deinen Gefühlen auszuweichen. Es heißt, du kannst lassen, was dir nicht gefällt und tun, was dir gefällt. Und zu tun, was dir gefällt, ohne dich von deinen Widerständen abhalten zu lassen, sie sogar durch dein Annehmen aufzulösen und dich von dir selbst zu befreien, lässt dich um die Hürden im Leben mit mehr Leichtigkeit gehen lassen. Dann spannst du den Schirm einfach auf, wenn es regnet, ohne gegen den Regen zu sein. Da, wo andere sich über die Schranken auf ihrem Weg aufregen und ihre Energie daran verschenken, siehst du die Schranken, nimmst sie an und gehst um sie herum. Denn Schranken stoppen dich nur, wenn du im Tunnelblick deiner Abneigung an ihnen festhältst. Neue Wege öffnen sich, sobald du dich dem Leben zuwendest und in deine Weite gehst. Wo und wie kannst du dich dem Leben öffnen? Immer nur jetzt und durch die pure Akzeptanz dessen, was du vorfindest. Anstatt uns also von unseren Abneigungen aufhalten zu lassen, treten wir in den Raum der Möglichkeiten ein, den wir immer nur im Jetzt finden und zu dem wir nur gelangen, wenn wir selbst in dieses Jetzt eintauchen.

So saß ich selbst in einem Café und ärgerte mich erst, warum ich ewig nicht bedient wurde. Ich hatte mir nicht viel Zeit für die Pause genommen. Doch statt mich weiter zu ärgern und mich darüber auszulassen, wie man *meiner Meinung nach* zu seinen Gästen sein sollte und wie unhöflich und unfreundlich der Laden doch ist, trat ich in den Raum hinter meinen Meinungen, Ansichten, Vorwürfen, Anschuldigungen und Anfeindungen. Dort saß ich einfach nur in einem Café und wurde nicht bedient. Gründe dafür kann es Tausende geben. Aber die spielen einfach keine Rolle. Allein dadurch, dass ich mich von mir selbst befreie, hatte ich die Energie wieder frei, die ich dann auf den Moment richten konnte. Und dann kam mir eine absolut simple und klare Idee auf: Ich könne doch einfach an den Tresen gehen und meine Bestellung dort aufgeben. Was ich dann auch tat. Der Kellner nahm meine Bestellung auf und ich bekam mein Essen. Ganz ohne Ärger, ohne Beschuldigungen und Frust. Es ist oft so, dass das Leben auf unsere innere Beschaffenheit reagiert. Entweder, in dem sich das Außen auf uns einstimmt oder wir zu neuen Ideen und Möglichkeiten finden, wenn wir von der bösen Geschichte ablassen, die wir in die gegenwärtige Situation hineininterpretieren.

Wenn ich also sage, du kannst tun, was du willst, und du brauchst dich einfach nur deiner Freude zuwenden, dann glauben wir schnell, dass bspw. der Partner oder die Situation, der oder die uns heute schlecht gesonnen ist, uns im Weg steht. Dass wir ihn loswerden müssen, weil wir von ihm eingeschränkt werden. Doch gib dem Leben die Chance, sich zu ändern, dadurch, indem du dich, deine Haltung und deine Widerstände änderst. Erlaube es ihm, dich mit spontanen Wendungen und blitzartigen Einfällen zu überraschen. Du ahnst gar nicht, wie sehr sich das Leben von seinen Anspannungen befreit, die du in diesem siehst, sobald du dich von deinen befreist. Und wenn du dich von deinen Anspannungen befreist, überraschst du dich selbst nur allzu oft mit Klarheit und einer inneren Ausrichtung. Dann lebst du wie von selbst in die Antworten auf deine Fragen hinein, die dich vorher noch haben zweifeln lassen. Wann immer du also Zweifel spürst und nicht weißt, ob du gehen oder stehen bleiben sollst, ob nach links oder nach rechts, halte inne. Tritt ganz aus dem Kopf aus und hinein in den Moment. Und dann schau, ob das, was dich vorher noch so gestresst hat, überhaupt gerade von Bedeutung ist. Vielleicht spielt es gerade überhaupt keine Rolle, wo genau du entlanggehst, sondern vielmehr, wie du gehst. Und mit jedem Schritt kannst du dann merken, was sich stimmig anfühlt. Es ist also erst ein Loslassen der Geschichte und der Getriebenheit des Schattenwolfes, sofort eine Antwort haben zu müssen. Dann folgt ein Eintauchen in den Moment mit all seinen Emotionen, die du fühlst und ein inneres Ja, das in dir aufsteigt und sich nicht mehr wehrt. Und dann ein mutiger Schritt nach vorn. Die Richtung, in die du dann deinen Fuß setzt, wird nicht vom Kopf bestimmt, sondern von einer Art inneren Führung, die dich ohne Frust und Groll dennoch zu deiner Freude, deiner Wärme, bzw. deiner Leichtigkeit führt. Dieser Schritt ist ein Schritt ins Unbekannte, denn nur der Kopf lebt in seinen Schubladen, in die er den Moment gern packt. Und dort kommt alles hinein, was er schon kennt und meint, voraussagen zu können. Der Moment jedoch ist immer wieder frisch und unberechenbar. Lass also die Zügel der Kontrolle los und spring ins kalte Wasser.

Warum gehst du?

Wenn die andere Partei durch deinen fehlenden Widerstand kein Futter mehr bekommt, sucht sie es womöglich woanders. Sie lässt von dir ab und geht jemand anderem auf den Nerv. Oder sie kann sich durch dich befreien. Wenn sie aber nicht von dir loslassen kann und weiter auf dir herumhackt, so steht es dir frei zu gehen. In der Sandkiste hast du schließlich auch nicht mit dem Idioten gespielt, der dir ständig die Förmchen geklaut hat, oder? Die Frage ist nur: wie du gehst und warum?

Nehmen wir an, jemand ist traurig und hängt durch, da du doch gerade so in deiner Energie bist. Schnell lassen wir uns herunterziehen. Wir versuchen dann den anderen irgendwie aufzumuntern, nicht, damit es ihm besser geht, sondern damit es uns besser geht. Der andere wiederum spürt das und greift uns an, weil wir ihn manipulieren wollen. Er selbst ist aber auch im Widerstand zu seinen Gefühlen. Also will er von uns etwas. Wir sollen für ihn da sein, Rücksicht nehmen und uns auf ihn einstellen. Nicht, weil er uns braucht, sondern weil er uns unbewusst benutzt, um seine Gefühle nicht fühlen zu müssen. Geteiltes Leid ist in dem Fall doppeltes Leid, denn er sucht nach Bestätigung, nach Futter für seinen Schmerz. Entweder werden wir Verbündete und suhlen uns gemeinsam im Morast der Trübseligkeit, oder er wendet sich gegen uns und greift uns an, weil wir ihm nicht das bieten können, was er braucht. Was können wir da tun? Klar ist, dass hier eine provokante Ausgangslage herrscht. Wir können uns abwenden, doch das hieße nur, dass wir davor wegrennen, weil wir Angst haben, unsere Freude könnte uns geraubt und wir mit Niedergeschlagenheit zurückgelassen werden, was wir nicht wollen. Uns also auf den anderen einzulassen könnte unserer Ansicht nach dazu führen, dass wir unsere Energie aufgeben und für den Rest unseres Lebens Heavy Metal Songs hören, in einem Zimmer, das nach Furz riecht. Doch stimmt das wirklich?

Der Hang, ins Negative zu fallen und uns überwiegend damit zu beschäftigen, sorgt zugleich für die Annahme und der daraus resultierenden Bestätigung, dass das Leben mit uns immer auf die gleiche Art und Weise spielt, wenn wir nicht etwas unternehmen. Dann heißt es, dass uns »*immer*« das Gleiche passiert und wir »*nie*« Frieden finden und dass es »*ständig*« so ist, wie es ist. Wechseln wir aber unsere emotionale Beschaffenheit, die sich normalerweise an unserer tragischen Lage fett frisst, senden wir ein völlig neues Signal, welches auch Auswirkungen auf unsere Umgebung haben wird. Können wir uns unserer Gefühlswelt bewusst werden, dann können wir die Trauer, die der andere in uns auslöst, auch ertragen und verkraften. Wir können mit dem anderen sein, ohne ihn ändern zu wollen, und können gleichzeitig unsere Gefühle annehmen, ohne sie ändern zu wollen. Wir werfen die Rollen weg und begegnen uns von Herz zu Herz. Der andere mag vielleicht nicht in seinem Herz sein und dir wird es schwerfallen, das Licht seines Herzens in dem Moment zu erkennen. Doch in dem Fall solltest du durchlässig sein und keine Angriffsfläche bieten. Das heißt, dich nicht zu wehren und zu verhärten, sondern voll durchlässig zu werden, für alles, was dieser Moment in dir auslöst. Genau da entsteht in dir eine Ruhe, die den Moment nicht mehr anders haben will. Vielleicht legst du deine Pläne erst einmal beiseite. Denn jetzt will das Leben etwas anderes von dir. Statt dich dagegen aufzubäumen, zu warten und auszuharren, bist du voll im Leben. Das Leben ist die Übung und nicht die Zeit, die du dir zuvor dafür festgelegt hast. Spontaneität, Flexibilität und immer wieder der Sprung ins Unbekannte sind das, was das Leben ausmacht. Du wirst merken, dass du, je mehr du auch im Alltag mit deinen Gefühlen verbunden bist, du nach solchen Situationen weniger Energieverlust hast und schneller auf die Beine kommst. Du wirst sehen, dass man dir nichts wegnehmen kann, denn du hast alles in dir: den Schmerz, aber auch die Freude. Hat ein solches Gespräch noch schmerzliche Spuren hinterlassen, so nimm dir etwas Zeit, dich diesen Gefühlen zu widmen. Du wirst auch hier wieder den Raum um die Gefühle herum entdecken. Und wie der Raum immer größer wird und du mehr ins Sein kommst, desto schneller und intensiver steigt dein Gefühl der friedvollen Freude auf.

Achte darauf, nichts dabei zu wollen, nichts zu pushen oder dergleichen und den anderen nicht zu manipulieren. Immer wieder, wenn seine Erzählungen in dir unliebsame Gefühle auslösen, werde durchlässig und offen und entspanne dich in dieser Anspannung. So gut es eben für dich geht. Wird dein Schmerz zu groß, ist es ratsam, dir etwas Auszeit zu gönnen. Vielleicht kannst du aus dem Raum gehen, dir etwas Zeit geben, statt wieder ins Unbewusste zu verfallen. Vielleicht kannst du, wenn du schon aus der Haut gefahren bist, dies dennoch erkennen und dich nicht gänzlich darin verlieren. Auch diese Wogen glätten sich und ihr könnt euch einander wieder begegnen und euch mit euren eigenen Gefühlen vor dem anderen öffnen. Jetzt seid ihr nicht mehr im Gegeneinander, sondern im Füreinander. Das braucht oft Zeit und je nachdem, wie groß und tief der Schmerz ist, ist es vielleicht nicht nach einem Mal getan. Dann versuche beim nächsten Mal wieder ein Stück präsenter zu sein. Gern rennen wir vor den Streitigkeiten weg, weil sie uns mit harten Emotionen konfrontieren. Doch wenn du bleibst, ist das ein idealer Weg, um zu erkennen, dass du nicht dabei sterben wirst. Je mehr du diese Erfahrungen machst und erkennst, dass dir nichts geschieht, desto weniger Angst hast du vor solchen Situationen. Die Angst vor der Angst macht aus den Mücken einen Elefanten und deshalb rennen wir davor weg.

Jetzt ist aber wirklich mal Schluss

Es kann sein, dass sich dein Gegenüber von dir abwendet, sollte es ihm nicht gelingen, es in deiner Präsenz auszuhalten. Doch das habe ich selten erlebt. Es kann aber auch sein, dass du merkst, dass du hier einen Weg mit jemanden gehst, der für dich zu verhärtet ist. Wenn du verlassen wirst, dann kommen schnell die Urgefühle von Versagen, Minderwertigkeit und fehlender Liebe hoch und du wirst klein beigeben und alles tun, um wieder zu gefallen und diese Gefühle nicht zu erleben. Urgefühle sind es deshalb, weil wir sie als Baby erfahren haben. Schon allein, dass die Mama aus dem Zimmer ging, war für uns eine lebensbedrohliche Gefahr, weil wir nicht wussten, was geschieht, und vollkommen hilflos waren. Sei dir bewusst, dass du nicht hilflos bist. Du bist erwachsen und kannst die Trauer und den Schmerz deiner kindlichen Gefühle halten. Es kann ein Gefühl von Tod oder Sterben kommen, wenn jemand dich verlässt. Mache dir auch hier bewusst, dass du im Grunde nicht Angst vor dem Verlust dieser Person hast, sondern vor dem Verlust deiner eigenen Geschichte. Denjenigen, der du zuvor warst, wird es so nicht mehr geben. Unbekanntes Neuland liegt vor dir und das macht dir unheimlich große Angst. Aber das ist nur der alte Teil in dir, der stirbt, nur eine Geschichte. Es bist nicht du.

Wenn du den anderen verlässt, so achte darauf, was wirklich deine Intention ist. Verlässt du ihn, weil du die Gefühle nicht mehr ertragen kannst, die er ständig in dir auslöst? Weil du dich anders fühlen willst, als du es tust, wenn du mit ihm zusammen bist? Und hast du deshalb Angst davor, der andere könne dich auf deinem Lebensweg ausbremsen, dich kleinhalten und dir im Wege stehen? Dann begreife, dass dir nichts im Wege steht. Du musst das Außen nicht verändern, um zu bekommen, was du willst. Du musst dich selbst ändern, indem du annimmst, was in dir ist, und dich mit dem Annehmen an deiner Seite auf deine Zukunft ausrichtest. Wann also ist es ein freier Wille, jemanden zu verlassen? Dann, wenn du absolut im Reinen mit deiner Gefühlswelt bist und du keinerlei Frust oder Ablehnung gegenüber jemandem empfindest. Dann, wenn du den anderen nicht mehr ändern willst und auch nicht ändern willst, was dieser in dir auslöst. Und wenn du dann merkst, dass es sich frei und leicht anfühlt, nicht mehr seinem Weg zu folgen, dann ist es dein Weg. Du kannst innerlich klar sagen, dass du diesen Weg nicht mehr gemeinsam gehen kannst, weil es nicht dein Weg ist. Doch solange du nicht weißt, was genau dein Weg ist, wirst du Zweifel haben und dich immer zwischen einem Ja und einem Nein befinden. Dann hast du noch nicht die Klarheit, die du gern hättest. Halte dich nicht an dieser Unklarheit auf, sondern nutze sie, noch mehr aus dem Kopf zu kommen und noch mehr den Moment anzunehmen.

Schaue, was sich dir offenbart, wenn du deine Abneigungen in Wohlwollen verwandelst und wie sich deine Bedürfnisse verändern. Schaue auch, wie sich deine Umwelt verändert, wenn du dich veränderst. Und folge deinem inneren Gefühl der Freude, statt dich von deinem Frust verblenden zu lassen. Und dann erlaube es dir, Klarheit und die richtigen Entscheidungen zu empfangen. Du musst nicht im Außen alles sofort ändern. Du musst auch nicht auf alle Fragen gleich eine Antwort haben. Entspanne dich in deiner Unwissenheit und erlaube es dir auch, nicht zu wissen, wie es weitergeht. Gerade dieses »*Nicht-Wissen*« ist ein Tor zum Bewusstsein. Im »*Nicht-Wissen*« gibt es keine Kontrolle und Sicherheit. Dort kann es keinen Wolf geben, sobald du gänzlich da hineintauchst. Dort gibt es aber das pure Leben und dies hält zahlreiche Möglichkeiten parat, sobald du dich auf Möglichkeiten statt auf deine Unmöglichkeiten, einstimmst. Ideen und Möglichkeiten kommen aus deiner Präsenz, klar und ohne Zweifel. Sie sagen nicht, dass du etwas tun sollst, *weil* …, und auch nicht, *um* … Es ist ein einfaches, nüchternes Gefühl in dir, das dich spüren lässt, dass es der richtige Zeitpunkt oder die richtige Entscheidung ist. Dabei kann es auch eine richtige Entscheidung sein, erst einmal keine Entscheidung zu haben. Sobald dein Körper mit Entspannung und Leichtigkeit reagiert und dein Gehirn sich lockert, wirst du nichts falsch machen können.

Kommen dir aber Bilder einer besonders strahlenden Zukunft vor dein geistiges Auge, die dir ausmalen, wie schön die Zukunft nur wäre, wenn du endlich gegangen bist und wie schön es sich anfühlen würde, wenn du nur endlich dies und das losgeworden bist, dann spielt dir dein Wolf wieder mit seiner Jagd nach Bedürfniserfüllung in die Karten. Erst, wenn du keine Argumente für dein Handeln mehr brauchst, sondern einfach im Inneren weißt, dass es Zeit ist, zu gehen, dann ist es auch an der Zeit. Dann gehst du auf nichts mehr zu und von nichts mehr weg. Du lässt geschehen, was geschehen will. Nicht, dass du geschehen lässt, was andere mit dir machen. Wie gesagt: Grenzen setzen ist wichtig. Es ist eine innere Wahrheit, die keine Beweise hat und keine Argumente braucht. Es ist keine Entscheidung, die du dir selbst erst schön argumentieren brauchst, um dich davon zu überzeugen. Überzeugung ist nur Ego, genauso wie die Erklärungsversuche, um richtig zu liegen, sich sicher zu sein, sich dadurch irgendwie in der eigenen Identität zu festigen und um sich einen Panzer um die Gefühle zu bauen und sich zu rechtfertigen. Jegliche Rechtfertigung ist nur ein Ego-Versuch. Und dieses liegt leider falsch. Richtig liegst du, wenn du im Raum hinter deinen Gedanken einfache, rohe und grundlose Leichtigkeit spürst. Grundlos in dem Sinne, dass dir keine Gründe im Außen einfallen müssen, warum du es tust, sondern schlicht und einfach, weil es so ist und sich danach anfühlt. Bleiben oder verlassen ist dann keine Frage der Argumentation, der Entscheidung und der Beweise. Es ist eine klare innere Botschaft, eine Führung, die dich die Richtigkeit in diesem Moment erkennen lässt.

Insofern ist das Leben jedem Moment ein Portal für dein Erwachen. Du musst also keine Angst davor haben. Und du kannst ganz in Einklang und innerem Frieden deine Wege gehen. Du gehst und es ist kein Problem. Du bleibst und es ist kein Problem. Gehst du, weil das Jetzt ein Problem ist, wirst du im Morgen auch nur auf Probleme stoßen. Gehst du, weil du dich entschieden hast, dann ist es eigentliche keine wirkliche Entscheidung, sondern eine Gewissheit und eine Ausrichtung für *den einen Weg*, den du gehst. Im Grunde gibt es keine Sachen, zwischen denen du dich entscheiden müsstest. Der Weg deines Herzens ist immer klar und ohne Zweifel. Dann weißt du, *»da geht's lang«*, auch wenn du nicht weißt, warum, du also keine Argumente dafür hast. Die braucht es auch nicht. Argumente sind der flehende Versuch, das Leben zu verstehen und zu erklären. Doch dieses Leben findet nicht in deinem Kopf statt, sondern in den Gefühlen deines Körpers und deines Herzens. Dieses kennt keine Worte und Rechtfertigungen, sondern nur ein Warm oder Kalt, ein Hell oder Dunkel. Wendest du dich dieser inneren Wärme zu, dann bist du auf dem rechten Weg.

Habe den Mut, ein Versager zu sein

Gern wenden wir uns der Wärme zu und sagen, das sei stimmig. Doch im Hintergrund spüren wir eine Härte, vor der wir wegrennen wollen. Wir suchen dann nach Bildern, die wir in die Zukunft projizieren und von denen wir hoffen, dass sie uns das schöne Gefühl der Wärme geben: Ein perfekter Partner, ein tolles neues Zuhause, eine neue Couch, ein abgefahrenes Leben in der Wildnis Patagoniens. Wir glauben, diese Bilder könnten uns die gewünschte Wärme schenken und wir denken, wir liegen richtig und leben aus unserem Herzen. Doch nehmen wir uns die Zeit, unser Jetzt anzuschauen, dann merken wir schnell, dass es hier ein paar Dinge gibt, die wir eigentlich nicht haben wollen und die uns am Bein hängen wie eine Klette in den Haaren. Wir reden uns die Wärme des Herzens nur ein und übersehen, dass wir dies nur als Ausrede benutzen, um das Jetzt zu verlassen. Der wahre Weg des Herzens kommt mit einem Gefühl aus dem Jetzt heraus. Wir fühlen zwei Pole, von denen sich der eine kalt und der andere warm anfühlt, ohne zu wissen, wohin er führt. Das ist die Klarheit, der du folgen solltest. Aber selbst wenn es dir nicht klar ist, du warm und kalt gleichzeitig spürst, du dich aber entscheiden willst, dann tue es. Halte dich nicht auf, weil du nicht weißt, wie es geht. Mehr als einen Fehler machen kannst du nicht. Und wenn der Fehler sich dann zeigt, kommen Gefühle. Und dann machst du nichts anderes als bisher: Du fühlst dich in deinem Versagen. Und je mehr du das machst, desto weniger Angst hast du davor, etwas Falsches zu machen. Habe den Mut dazu, ein Versager zu sein. Richtig und Falsch ist nur Kopfsache. Ein Kopf, der nicht fühlen und alles unter Kontrolle haben will. Vielleicht bleibst du bei dem Menschen oder in der Situation und hast weiter deinen Trouble. Vielleicht verlässt du einen Menschen und bereust es. Wir wissen es nicht, wenn wir es nicht zumindest wagen, auf unser Herz zu hören. Und je öfter wir es wagen, desto vertrauter wird es und desto sicherer fühlen wir uns in der Unsicherheit. Du musst das rettende Ufer loslassen, um zu schwimmen, die Flügel ausbreiten, um zu fliegen. Das wird holprig sein und du wirst vielleicht hier und da hinfallen. Aber glaube mir, du wirst nicht dabei sterben. Du wirst vielleicht sogar das erste Mal wirklich leben. Lebendigkeit, die du suchst, ist da, wenn du dir aus dem Weg gehst und das loslässt, was du glaubst zu sein, um dich dem zu öffnen, was du bist.

Klingt crazy nicht wahr? Dein Verstand wird es nicht kapieren. Du brauchst dich auch nicht gleich komplett ins kalte Wasser stürzen. Mach kleine Schritte und übe dich in diesem Gefühl. Lass die ganz großen Themen in deinem Leben ruhig erst einmal so sein. Auch diese werden sich fügen, je sicherer du mit dir wirst und je mehr du ein Gefühl dafür bekommst, was in dir und hinter deinem Ich liegt. Dann wirst du die Verbundenheit und Liebe spüren, die du meinst aufgeben zu müssen, wenn Entscheidungen anliegen. Dann wirst du in die Verbundenheit gehen und wachsen. Und zwar über dich hinaus! Das gesamte Universum ist ein in sich geschlossenes, verknüpftes System, in dem jedes noch so kleine Zahnrädchen Auswirkungen auf alles hat. Wenn du also vor den großen Rädern stehst und nicht weißt, wie du sie verändern sollst, dann dreh erstmal an den kleinen Rädchen und wisse, dass auch deren Früchte einen wichtigen Teil auf dem Weg zu deinem Glück beitragen werden. Wenn also dein Haus komplett vermüllt ist, dann fang an einer leichten Stelle an zu putzen, statt dich von den großen Brocken überwältigen zu lassen. Und anstatt dich immer wieder vom großen Ganzen einschüchtern zu lassen, lege deinen Blick auf das, was du jetzt genau in diesem Moment tun kannst. Und selbst wenn es gerade nicht viel ist, ist es eben das, was du tun kannst. Du kannst immer nur dein Bestes geben. Und mehr braucht es auch nicht.

Deine Stimmung festigt deinen Glauben

Um uns gänzlich von unseren Altlasten befreien zu können, möchte ich mit dir noch das Thema der Glaubenssätze anschauen, also die Gedanken, von denen du felsenfest überzeugt bist und die zu ändern oft nur schwer gelingt. Glaubenssätze formen deine Welt und gaukeln dir vor, sie sei das, wofür du sie hältst. Doch deine daraus entstandene innere Grundhaltung dem Leben gegenüber ist ein tief einstudiertes Netzwerk aus Gefühlen und den dazu passenden Gedanken, die tiefe Wurzeln in dir geschlagen haben und dich in ihren Grenzen gefangen halten. Wenn wir eine Situation so oder so ähnlich immer wieder erlebt haben, dann brennt sich dies in uns ein. Verlegen wir einmal die Luftpumpe, ist das nicht weiter tragisch. Spielt uns das Leben aber häufiger auf ähnliche Weise übel mit, dann erkennen wir ein Schema, das wir abspeichern und auf das wir uns bei jeder weiteren Situation berufen. Bei akuten Reiz-Reaktionen fahren wir meistens aus der Haut. Wut, Zorn und Frust sowie aggressives, beschuldigendes und abwehrendes Verhalten bestimmen diesen Zustand. Doch das, was sich in uns einbrennt, ist eine getrübte Sicht auf unser Leben, die sich wie ein grauer Schleier über unsere Augen legt. Eine Wolke, die ständig über uns schwebt, derer wir uns aber nicht bewusst sind. Nur ein subtiles Gefühl, wir könnten jeden Augenblick im Regen stehen, bleibt. Legen sich die nach außen gerichteten Emotionen, die im Sinn haben, das Außen verändern und kontrollieren zu wollen, dann holt uns diese Wolke ein. Dann fühlt es sich so an, als liefen wir durch Matsch. Schwer und langsam vorankommend ziehen sich die Tage wie Kaugummi unterm Schuh. Erinnere dich an die Hundemama, die ihre Welpen beschützen will: Wenn Wut und Zorn die Mama ist, dann sind Niedergeschlagenheit, Depression, Selbstmitleid, das Gefühl von Machtlosigkeit, Sinnlosigkeit, Hilflosigkeit, Sehnsucht, Melancholie und Ohnmacht ihre Welpen.

Wir regen uns dann am Tag auf, weil uns der gleiche Mist schon wieder passiert. »*Warum immer ich?*«, könnte die Frage sein. Ich selbst habe mir über viele Jahre so einiges eingeredet, wovon ich dann überzeugt war. Die Art, wie ich schrieb und wie ich aussah, die Krankheiten, die ich hatte, die Wünsche, die mir verwehrt blieben, Dinge, die mir kaputt gingen und die ich kaputt gemacht habe bis hin zu so banalen Sachen, wie die Art und Weise, wie ich Kartoffeln aß – das alles und vieles mehr ließen mich glauben, ich sei irgendwie nicht gewollt auf dieser Welt. Ein Schutzmechanismus ist: Wenn die Welt nicht zu mir passt, dann sage ich, die Welt ist falsch und damit basta. Die Welt und ich sind nun zwei voneinander getrennte Dinge, die sich besser aus dem Weg gehen sollten und sich so auch nicht mehr wirklich berühren. Oder: Wenn ich nicht in die Welt passe, mit all ihren Regeln und Gepflogenheiten, dann sage ich, ich bin falsch. Dann ist mein System wenigstens einigermaßen im Gleichgewicht. Denn wann immer mir etwas passiert, das mich glauben lässt, ich wäre falsch, erschüttert es mich nicht mehr, weil ich es ja bereits selbst schon über mich glaube. Das ist eine Art, am Leben zu bleiben, wenn auch eine äußerst ungesunde. Denn damit machst du dich und die Welt zu Objekten. Die Welt wird zum Objekt deiner Feindseligkeit und du zum Objekt deiner Selbstzerstörung. Und obwohl es ursprünglich eine Methode war, sich vor dem nervlichen Chaos und dem daraus resultierenden Geisteswahn zu schützen, so hat es sich zu dem verselbstständigt, was wir nun als permanente unterschwellige Niedergeschlagenheit und Rastlosigkeit verspüren. Oder noch einfacher: Es ist deine Grundstimmung geworden. Tag für Tag, Faden für Faden hast du dir deinen Stimmungsteppich gewoben und das Zimmer deines Lebens damit ausgekleidet. Alles, was nun auf diesen Teppich gestellt wird, bekommt den faden Beigeschmack deiner über Jahre einstudierten Überzeugungen und Ansichten. Und alles, worauf du nun schaust, siehst du durch die Wolke deiner emotional verfestigten und schleierhaften Stimmung.

Um das aufzulösen, braucht es den Mut, sich selbst und das Leben wieder zu lieben und aufzuhören, beides weiter als Objekt der eigenen Verurteilungen niederzumachen. Denn der, der all das niedermacht, ist der Schattenwolf, der genau dadurch wächst. Wir müssen also den Wolf kleiner machen und das eigene, wahre Selbst wieder befreien. Dieses Selbst ist mit dem Leben verbunden und eins mit ihm, denn nur der Wolf hat uns die Trennung vorgegaukelt. Fangen wir also an, uns wieder zu lieben, dann fangen wir automatisch auch wieder an, das Leben zu lieben, weil beides eins ist. Das Vertrauen in dieses sogenannte Leben ist nichts anderes, als das Vertrauen in dich selbst. Aber in dein wahres Selbst. In das, was du im Kern bist. So, wie die Rose eine Rose werden will und sich nicht fragt, wie sie das anstellen soll, was sie noch lernen und entwickeln müsste und ob das Leben es auch gut mit ihr meint, wenn sie anfängt zu wachsen. Sie denkt nicht von sich, dass sie eine Tulpe ist, die sich fragt, wie sie eine Rose werden soll. Würde die Rose glauben, sie sei eine Tulpe, dann wäre das Wagnis, sich einfach so darauf einzulassen, zu wachsen und zu hoffen, dass sie am Ende eine Rose werde, zu groß und riskant. Sie hätte Angst davor, dass sie doch nur eine Tulpe bleibt. Sie würde anfangen andere Rosen zu kopieren und würde Seminare belegen, wie man eine Rose werden kann. Doch immer wenn sie Rosen sieht, fühlt sie sich minderwertig und verfällt ins Selbstmitleid. Sie wird dort nie ankommen. Alle scheinen ihr einen Schritt voraus zu sein. Aber vielleicht morgen. Vielleicht einfach noch ein wenig mehr arbeiten und sich entwickeln.

Doch zum Glück geht die Rose sich selbst aus dem Weg, um das zu werden, was sie sowieso schon ist. Sie kümmert sich weniger um das, wohin sie will, als vielmehr um das, was sie jetzt schon in sich selbst fühlt, anerkennt und wertschätzt. Und das immer mit der Intention, wie sie das, was sie ist, jetzt noch mehr zur Geltung bringen kann. Nicht für irgendwen, sondern für sich selbst. Weil sie die größte Freude an sich selbst hat. Das ist weder narzisstisch noch arrogant. Das ist ebenso ein Akt der Selbstliebe, bei dem sie bloße Freude an ihrem Sein hat. Und aus dieser Freude heraus wächst die Freude am Sein des Lebens, weil sie und das Leben nicht zwei unterschiedliche Dinge sind. Und dann wächst die Freude auch über das Sein aller im Leben enthaltenen Wesen, weil alle Wesen das Leben sind. Alles wächst aus der Seins-Freude heraus. Und dadurch braucht sie sich nicht anstrengen und auch nicht kämpfen. Sie wächst und das Leben unterstützt sie dabei, weil auch die Rose eins mit dem Leben ist.

Um sich selbst zu lieben müssen wir nicht jedem Bedürfnis hinterherrennen, sondern uns von dem Schatten lösen, der nur als Futter für den Wolf dient, dich aber mit Hunger zurücklässt. Es ist unser konditionierter, süchtiger Körper. Die Mannschaft muss also in die Entzugsklinik und sich rehabilitieren. Erst dann kann der Kapitän neue Kurse anzeigen. Kurse, die nicht mehr dem bloßen Verlangen, dem Mangel und der Gier entspringen, sondern der Zugewandtheit dem Leben gegenüber.

Glaubenssätze sind Glaubensgefühle

Meine Glaubenssätze, die ich über die Jahre angesammelt habe, zogen sich durch mein gesamtes Leben. Immer kam es mir so vor, die Welt sei vorgefertigt und ich müsse mich anpassen. So, als würden wir alle das Spiel »*Malen nach Zahlen*« spielen, in dem uns vorgeschrieben wird, welche Farben wir an welcher Stelle des Bildes benutzen dürfen und welche nicht. Picasso würde sich im Grabe umdrehen. Allein das Konstrukt aus Wochentagen, an denen man zu festgelegten Zeiten arbeitet und dem Wochenende, an dem man einmal für sich was machen kann, der Schule, die einem Gehorsam und Gleichschritt beibringen will, die vorgefertigten Lebensstile, bestehend aus Schule, Ausbildung oder Uni, Job, Familie, Haus und Rente, wollten mir einfach nicht gefallen. Ich rebellierte und wehrte mich gegen »*das System*«. Je mehr ich mich gegen dieses wehrte, desto mehr bekam ich meine Identität dadurch. Das böse System gab mir Stärke. Doch diese Stärke überwand das System nicht, sondern wurde noch mehr dessen Opfer. Meine Gegenwehr trieb mich in meine eigene

Opferhaltung. Das sah ich natürlich nicht, weil ich mich ja überheblich gegen »*die anderen*« auflehnte. Doch all mein Widerstand änderte nichts und so spürte ich meine Macht und Ausweglosigkeit mit jedem Tag deutlicher. Dunkle Tage waren dies, dir mir jeden Glauben an ein schönes Leben zunichtemachten. Und je mehr ich in diesen Zuständen lebte, desto mehr Bestätigung für meinen geschaffenen Glauben erfuhr ich: Der Lohn kam und unvorhersehbare Rechnungen kamen hinterher. Ich war eben immer arm. Und nichts in der Welt konnte daran etwas ändern. Kein Job und kein Sparen. Die Mädchen, die ich wollte, bekam ein anderer, ebenso wie Erfolg und Zuspruch. Ich stand immer am Rand. Innerlich zumindest. Äußerlich tat ich das ab. Ich gab mich positiv, selbstsicher und glücklich, doch griff heimlich immer wieder zu Zigaretten, zu Joints oder vergrub mich unter meiner Bettdecke, wenn ich im Licht des Tages zu verbrennen drohte.

Die meiste Zeit aber war es für mich gar nicht immer so schwer und deutlich. Es war eher wie an einer 9-Volt Batterie zu lecken: Das ist zwar irgendwie unangenehm, bringt einen aber auch nicht um. Dieses unterschwellige Unangenehme blieb und ich schaute es nie an. Es zeigte sich einfach nur im Außen durch Rollenverhalten, das ich an den Tag legte, in meinen Abneigungen, meinen Bedürfnissen und meinem Verhalten. Ich eierte herum, tanzte auf jeder Hochzeit, ließ keinen Spaß aus und jagte immerzu zwei Hasen gleichzeitig. Doch wer zwei Hasen gleichzeitig jagt, wird keinen fangen. Und so ging auch ich immer leer aus. Und je öfter ich dies tat, desto leerer fühlte sich der erneute Absturz an. Zum Glück konfrontierte mich damals ein Freund und sagte, er möge mich mehr, wenn wir allein sind. Das war es, was ich auch bereits in mir festgestellt hatte. Allein mit mir ging es mir gar nicht so schlecht. In meinem Kopf war ich mir abends im Bett eigentlich immer ein guter Freund. Warum aber war ich dann tagsüber in der Auseinandersetzung mit der Welt, mit meinem daraus resultierenden Innenleben und den schlussfolgernden Reaktionen, Gedanken und Gefühlen immer so im Argwohn? Mir fiel dieser Argwohn gar nicht auf, bis zu dem Punkt, an dem ich, nach dem Gespräch mit meinem Freund, genauer darauf schaute, warum ich mich so komisch verhielt. Mir fiel auf, dass ich ein Problem mit mir hatte. Nicht, was ich dachte und tat, war das Problem, sondern die Gefühle in mir, denen ich auswich. Bis zu dem Punkt, an dem ich merkte, dass auch nicht die Gefühle das Problem sind, sondern mein Ausweichen. Mein Ausweichen ließ mich blindlings Dinge denken und tun, die teilweise völlig dämlich waren. Doch in diesem Zustand ergeben sie Sinn und ich könnte dir tausend Argumente und Beweise liefern, warum ich glaubte, recht zu haben. Diese Beweise und Argumente lösen sich auf, sobald der Kapitän wieder das Boot übernimmt, sobald der Boss ins herrenlose Haus einzieht, sobald der Wolf nicht mehr Chef spielt und der Körper vom Wolfsschatten befreit wird.

Da ich mehr Jahre meines Lebens damit verbracht habe, mir allen möglichen Schwachsinn einzureden, habe ich mittlerweile einiges unter meinem gewebten Stimmungsteppich, über den ich immer noch stolpere. Wenn ich nicht aufpasse, dann zieht es mich in meine alten Verfassungen zurück und ich durchlebe die gleiche Vergangenheit immer und immer wieder. Dann lebe ich wieder in der Vergangenheit und passe meine Gegenwart so an, dass ich mich immer wieder so fühle, wie damals. Warum? Es ist wie beim Zähneputzen: Was der Körper einmal gelernt hat, spult er immer wieder gleich ab. Wenn wir ihm das Steuer überlassen, wird er immer wieder dieselbe Leier spielen. Wir sind dann nur ein Ich, das in der Vergangenheit gefangen ist und so nur eine Zukunft generieren kann, die nichts weiter ist, als ein Abbild dieser Vergangenheit. Und täglich grüßt das Murmeltier. Und dann sitzen wir da und hoffen, dass sich irgendetwas im Außen ändert, um uns zu retten, doch sehen das Rettungsseil nicht, weil wir die Scheuklappen unserer eigenen Überzeugungen aufhaben. Beim Zähneputzen müsstest du es dem Körper willentlich umtrainieren. Es wird lange dauern, anfangs fühlt es sich völlig falsch und fremd an. Du wirst dir wie ein Anfänger vorkommen und völlig grobmotorisch sein. Du wirst dich Fragen, ob das denn alles überhaupt Sinn macht. Und du wirst dir wünschen, doch lieber wieder weiter zu machen, wie bisher. Wer wünscht sich das? Dein Körper!

Deine Glaubenssätze sind in Wahrheit *Glaubensgefühle* geworden, die dich in der Überzeugung lassen, dass du bist, was du denkst, dass du damit recht hast und deine stich und nagelfesten Argumente wasserdichte Beweise für dein Beharren auf deinem Glauben sind. Da Emotionen nur eine Aufzeichnung der Vergangenheit sind, und dein Körper die »*Verkörperung*« dieser Emotionen ist, lebt auch er gefühlstechnisch in der Vergangenheit. Dein Körper hat nun die Macht über dich bekommen, weil er es gewohnt ist, in dieser Vergangenheit zu bleiben. Er reproduziert immer das Alte, das Vertraute. Du gehst immer denselben Weg ins Bad, putzt dir auf gleiche Weise die Zähne, schnürst dir auf gleiche Weise die Schuhe und masturbierst auf die gleiche Weise. Du tust immer alles gleich und wunderst dich, warum alles beim Alten bleibt. Kein Wunder! Du wiederholst ständig nur deine Vergangenheit. Du wachst vielleicht morgens auf und willst jemand Neues sein, aber dein Körper zwingt dich dazu, dich wie gewohnt zu fühlen, weil er seinen Schuss braucht. Und da dein Wille schwach ist, gibst du immer wieder nach und lieferst ihm das, was er braucht. Er regiert über dich. Und wenn du nicht wach bist, wirst du im Alltag immer wieder diese »unbewussten« Entscheidungen treffen. Dann wirst du auch wieder die gleichen 90 % Gedanken denken, wie am Tag zuvor und alles wiederholt sich tagein, tagaus. Um diesen Durchbruch zu schaffen, musst du austreten aus diesem Kreislauf. Deshalb haben wir so viel Zeit auch mit den Grundlagen der Meditation verbracht. Damit du dies überhaupt erkennst. Damit du diesen Vorgang spürst. Dann siehst du deine alten Gewohnheiten und wie automatisch dein System arbeitet. Doch dank des Wahrnehmens öffnest du den Raum, in dem du aus diesen 90 % alter Gedanken heraustrittst. Jetzt erlebst du die vollen 100 % und du hast nun endlich die Wahl, weiter den alten Weg zu gehen oder die restlichen 10 % kennenzulernen, dich mit ihnen zu beschäftigen und dann sogar diese noch auszubauen und zu vergrößern. Aber wie ich schon sagte: Das alte System wird sich wehren. Wenn du deine unbewussten Gedanken zwar änderst, wird immer noch dein Unterbewusstsein bleiben: dein Körper, der die gleichen Gefühle fühlen will, wie seit Jahren, weil er daran gewöhnt ist, von ihnen abhängig ist und sich alles Neue nämlich nicht »nach dir« anfühlen wird. Wie auch. Wie kann sich etwas Neues nach dir anfühlen, wenn du nur das Alte gewohnt bist?

Verbrenne im Feuer des Schattenwolfes

Deine Glaubenssätze lassen sich eigentlich gut erkennen. Immer wenn dir etwas geschieht, du dich dadurch extrem emotional geladen fühlst und dein Kopf Purzelbäume schlägt vor lauter Gedanken, die sich wehren, streiten oder argumentieren wollen, wann immer du einen unbändigen Drang danach verspürst, deine Bedürfnisse zu befriedigen oder wann immer du zum Tyrannen wirst, genau dann ist etwas grundlegend Verletztes in dir aktiv geworden. Statt also dich und deine Umwelt wie ein wütender Löwe zu attackieren, gehe auf die Suche nach dem Stachel, der dir im Fuß steckt und ziehe in heraus. Aber: *»sich auf die Suche zu machen«* ist kein gedanklicher Prozess. Denn im Grunde sind deine Glaubenssätze nur die Hundemama, die die Welpen beschützt. Die Welpen sind deine Gefühle und der Grund, warum du denkst, was du denkst. In Wahrheit hast du Glaubensgefühle, die, wenn sie einmal aufgelöst sind, auch die Glaubenssätze vertreiben.

Sobald dir bewusst wird, dass du in einer bestimmten Situation die gleichen Gedanken hegst, wie dein ganzes Leben zuvor, dann solltest du dich hinterfragen, ob das wirklich so stimmt. Und wenn du dann im Nullkommanichts Beweise und Argumente findest, sollte dir das etwas komisch vorkommen. Dann solltest du etwas nach unten schauen, von deinem Ausguck herunter ins Boot, und beobachten, wie es der Mannschaft so geht. Richtige verankerte Glaubenssätze haben immer einen Batzen beschissener Gefühle dabei, die vorrangig durch Wut und Zorn verdeckt sind. Um dahinter zu gelangen, habe ich dir ganz zu Beginn schon Übungen vorgestellt, wie du dies erkennen kannst. Sei es das Schreiben oder das kontrollierte Ausleben. Doch hier möchte ich dir eine weitere Praktik zeigen, die auf dem Wissen über dein sogenanntes Ich und die Leere aller Formen auf dieser Welt gründet und dich schneller und nachhaltiger erkennen lassen, dass das alles nur ein alter Spuk ist, auf den du bisher hereingefallen bist und dem zu entkommen nichts damit zu tun hat, davor wegzulaufen. Es ist wie in einem Albtraum, bei dem du vor dem Monster hinter dir wegrennst, aber nicht wirklich davonkommst. Im Traum können wir nicht schneller rennen und der Schatten des Monsters bleibt immer hinter uns. Zwar bekommt er uns nie zu fassen, aber die Tatsache, dass wir ihm auch nicht entkommen, schürt unsere Angst. Wie auch im echten Leben, wenn wir merken, dass wir heute doch nicht besser drauf sind, als wir es uns gestern vorgenommen haben. Langsam bekommen wir Furcht davor, dass wir es nicht schaffen, uns zu ändern. Doch wie im Traum auch, so ist das, was uns vom Monster befreit, die Konfrontation mit diesem. Wir bleiben stehen, drehen uns um und schauen dem Monster direkt ins Gesicht.

Es geht darum, nicht nur aus den Gedanken zu kommen und die vom Wolf geschaffenen Gefühle zu fühlen, sondern dabei zu spüren, wie der Wolf tickt und was mit dir geschieht, wenn du dich vom Wolf fressen lässt und in seiner Verzweiflung verbrennst. Wenn uns Unrecht geschieht, der Job immer schwerer wird, der Partner sich wieder daneben benimmt und du dich in Situationen befindest, vor denen du lieber wegrennen wollen würdest und dir wünschst, dein Leben solle anders verlaufen, als es das gerade tut, dann ist es normal, dass wir uns fragen, wozu wir dies, was wir gerade erleben, überhaupt ertragen müssen und ob es nicht gescheiter wäre, etwas Grundlegendes zu ändern, wie eben den Job, den Partner oder die Stadt, in der du lebst. Solche Gedanken erzeugen ganz schnell Wut und versetzen uns in Rage. Wir werden aggressiver, streitlustiger und versuchen uns zu wehren und zu rechtfertigen. Wie können wir denn auch einfach so ertragen, was uns angetan wird? Die Kritik und die Vorwürfe unseres Gegenübers, die Anschuldigungen, die miesen Umstände und eben diese Situation, in der wir uns befinden: Wir könnten doch so ein schönes Leben haben, wenn wir nicht ständig diesen Mist ertragen müssten. In eben solchen Momenten versuchen wir unser Umfeld irgendwie ändern zu wollen, mit dem Ziel, dieses zu verbessern. Dabei nehmen wir das uns zugrunde liegende unangenehme Gefühl, was dieses Umfeld in uns auslöst und kreieren daraus ein Bedürfnis, welches wir dann sofort erfüllen wollen. Wir analysieren die Situation und versuchen uns eine bessere vorzustellen.

> »Wie wäre das Leben wohl mit einem anderen Partner? Oder mit gar keinem? Oder was wäre, wenn ich alles verkaufen würde und einen auf Aussteiger mache? Vielleicht fange ich etwas ganz Neues an?«

In diesem Zustand bekommt alles, was du jetzt gerade erlebst, eine dunkelgraue Note und deine Umstände wirken deutlich negativer. Dieser Schleier zieht sich durch alles in deinem Leben und verdunkelt deine Gegenwart, deine Vergangenheit und deine Zukunft. Willkommen im Sog! Die klassische Art und Weise, mit solchen Situationen umzugehen wäre, alles zu ändern, was dich stört. Dann trennst du dich vom Partner, kündigst deinen Job oder suchst dir irgendwelche Ersatzbefriedigungen, die dich besser fühlen lassen. Doch damit ist nichts auf lange Sicht gewonnen. Du hast lediglich etwas Lack auf den Rost gepinselt, der früher oder später trotzdem wieder durchblicken wird. Und schon bald geht das ganze Theater wieder von vorn los. Der Grund dafür ist, dass du deine Lösungswege als Wolf versuchst zu lösen und dieser eben nichts anderes kann, als immer wieder die gleichen Probleme zu verursachen, vor denen du dann wieder wegrennen kannst. Ein Leben auf der Flucht. Doch was wäre, wenn du dich in genau solchen Momenten nicht bewegst und nicht die Flucht in deinen Kopf unternimmst? Wenn du dich nicht damit beschäftigst, etwas zu ändern und anstelle dessen fühlst, was du fühlst? Aber auf eine etwas andere Art und Weise. Und zwar sollst du fühlen (und das gelingt mit etwas Übung ziemlich gut), was genau der Wolf ist, wie *er* fühlt und wie *er* denkt. Du sollst also ein Gefühl für den Wolf bekommen. Und wenn du darin etwas Übung hast, bekommst du auch ein Gefühl für das, was du wirklich bist: Der Kern in dir, der vom Wolf bisher vereinnahmt und kleingehalten wurde. Doch genau jetzt, da du den Wolf in seiner ganzen Vielfalt erkennst, befreist du diesen Kern. Denn durch das Beobachten bzw. dem Fühlen des Wolfes als Teil in dir, wirst du dir seiner gewahr und erkennst, dass du dieses Gewahrsein bist.

Es ist wirklich erstaunlich und irgendwie witzig, denn ich merke inzwischen schon sehr gut, wie es den einen Teil in mir gibt, der drauf und dran ist, sich damit zu beschäftigen, die Welt und alles in ihr zu verteufeln und Auswege aus dieser misslichen Lage sucht. Und dann gibt es den Teil in mir, der in all dem Chaos, in all dem Schmerz, in all den unerfüllten Wünschen und Bedürfnissen dennoch vollkommen ganz und heil ist. Je mehr ich mich in Meditation übe und je mehr ich auch um den Wolf weiß, der in mir wohnt (also meine konditionierte Identität, samt aller Ich-Gedanken, Meinungen, Bedürfnisse und Überzeugungen sowie dem stets innewohnenden Ich-Gefühl), desto mehr weiß ich und erfahre ich, dass ich all das nicht bin, sondern dies nur automatische Programme sind, die in mir abgespielt werden, sobald eine bestimmte Situation den richtigen Knopf drückt.

Bei mir kommen in diesen Situationen immer Gedanken, die mir erzählen, dass ich mich doch nicht zwingen muss, das alles zu ertragen, und dass ich mir das nicht gefallen lassen muss. Wenn ich dann genauer hinschaue, bemerke ich, wie sich mein Wolf auf fast immer die gleiche Weise sträubt: Er meint, er müsse mich vor einem schlechten Leben bewahren, welches auf mich warten würde, wenn ich nichts an meinem Leben ändere. Er hat also Angst, mir würde ein schönes Leben *fernbleiben*. Wie auch, wenn ich wohl für den Rest meines Lebens ständig diesen Situationen ausgesetzt bin? Schließlich kann ich doch einfach gehen und mich um mich kümmern, oder? Er sagt somit also auch, dass mich dieses Leben von einem schöneren Leben *abhalten* würde. Also nicht unbedingt das Leben, sondern dessen Inhalte, wie eben der Partner, der Job, das soziale Umfeld, etc. Es geht immer nur darum, dass ich von etwas abgehalten werden könnte, dass die Gefahr besteht, nicht zu bekommen, was ich will, und dass mich das, was ich jetzt gerade erlebe, an eben dieser tollen Traumzukunft *hindern* würde.

> *»Wie kann ich denn ein glückliches und freudvolles Leben leben, auf Basis von Umständen, die mich immer wieder zur Weißglut oder in die Depression treiben?«*

Und als Topping oben drauf, immer wieder die Frage aller Fragen:

> *»Wie kann sich denn jemals etwas ändern, wenn ich alles so lasse, wie es ist? Dann passe ich mich nur allen anderen an und verstelle mich so, dass es ihnen passt. Aber was ist dann mit mir und meinem Leben? Ich bin doch nicht hier, um alles zu ertragen und immer klein beizugeben. Ich habe doch auch meine Bedürfnisse! Ich sehe es nicht ein, es anderen recht zu machen und mich hinten anstellen zu müssen. Sollen die sich doch ändern. Oder, wenn sie es nicht tun, dann geh ich eben. Scheiß doch auf die! Also mal ehrlich: Wenn »ein glückliches Leben zu leben« heißt, ich solle mit mir einfach geschehen lassen, was geschieht, ohne mich zu wehren und alles dabei zu ertragen und mich sogar so zu verstellen, dass ich anderen gefalle, dann gefalle ich mir aber nicht. Dann lebe ich ein Leben, das den anderen passt, aber ich habe nichts davon. Außer vielleicht etwas Ruhe. Aber ich will doch etwas erreichen. Ich will mein Leben doch selbst in die Hand nehmen. Ich bin doch für mich verantwortlich. Ich kann mich doch nicht einfach so im Stich lassen. Ich kann auch nicht einfach nichts tun. Das tut doch weh, wenn ich ständig nur Ärger an der Backe habe mit den Leuten, mit denen ich ständig zu tun habe. Ich wäre doch blöd, wenn ich da nichts mache. Das wäre ja so, als würde ich mit Absicht auf die heiße Herdplatte fassen, dann noch meine Hand extra lang draufliegen lassen und dann von dir gesagt bekommen, ich solle lieber daran arbeiten, weniger Schmerz zu fühlen, als die Hand einfach von der Platte zu nehmen oder den Herd auszuschalten. Das ist doch irre!?«*

Das klingt alles absolut plausibel. Doch was der Wolf nicht weiß und was auch du nicht wissen kannst, solange du es nicht ausprobierst, ist, dass sich genau dann alles ändert, wenn du all deinen Mut zusammennimmst und dich von diesem Wolf töten lässt, statt ihm zu gehorchen. Ich mache dies immerzu mit der folgenden kleinen Übung:

Übung: Lass dich vom Wolf fressen

Ich stelle mir vor, wie ich vor der Höhle des Wolfes sitze und auf ihn warte. Er kommt heraus und erzählt mir in äußerst aufgebrachter Art und Weise, was mit mir und meinem Leben passieren würde, wenn ich nicht sofort etwas unternehme und auf ihn höre. Je weniger ich auf ihn reagiere, desto wütender wird er. Dann wird er mir genau das sagen, was ich eben schon beschrieben habe. Er wird mir weismachen, dass mein Leben scheitern wird, dass nur noch dunkle Tage auf mich warten, dass ich mich selbst verrate, wenn ich nichts ändere, dass ich keine Verantwortung für mich übernehmen kann, dass ich mich einfach so aufgebe, dass ich mich lächerlich mache, ein Weichei bin, dass ich das Glück hätte haben können, ich aber zu dämlich und zu dumm bin, es zu erkennen und lieber meine Zeit verschwende. Er wird sagen, dass ich zu feige und zu unentschlossen bin, dass ich nicht klar komme mit der Welt, dass ich zu schwach bin, ein Loser, ein Waschlappen, dass ich es einfach nicht kann und dass ich wertlos sei, dass ich ein glückliches Leben nicht verdient habe, und wenn, ich es so, wie es jetzt ist, auf keinen Fall erreichen kann. Und er wird sagen, dass ein glückliches Leben nicht ein Leben sein kann, in dem ich mich ständig mit irgendwem rumärgern, mich hinten anstellen und klein beigeben muss. Nein, ein glückliches Leben heißt, dass ich tue, was mir Spaß macht, dass ich negative Menschen von mir fernhalte, dass ich in Harmonie lebe und dass ich mich entfalten kann, statt ständig von anderen kleingehalten zu werden und in meiner Energie herabgesetzt werde.

Und so sitze ich vor dem Wolf und höre und fühle, was er zu sagen hat. Oft wird dies durch irgendeinen Umstand im Außen ausgelöst. Vielleicht ist meine Partnerin gerade stinkig und lässt es an mir aus, vielleicht habe ich keine Zeit für meine Lieblingsprojekte, weil etwas dazwischengekommen ist, vielleicht lag am Ende des Monats wieder eine unerwartete Rechnung im Briefkasten oder ich hindere mich durch meine eigene Niedergeschlagenheit selbst daran, happy zu sein. Egal was, es ist immer eine Situation, die ich durch meine Interpretation dazu nutze, mich davon zu überzeugen, dass ich ein beschissenes Leben führe und es auch weiterhin führen werde, wenn ich nicht etwas an meinem Umfeld oder an meinem Zustand ändere. Und so sitze ich da und folge den weisen Ratschlägen meines eigenen Verstandes nicht. Und dabei fühlen sich die Stiche meines Umfeldes und meiner eigenen Selbstkritik an wie Bisse eines Wolfes. Doch statt mich vor diesen Bissen zu fürchten, öffne ich mich immer mehr diesem tobenden Wolf und nehme ihn in dem Arm.

Oh nein, das will er überhaupt nicht. Er dreht völlig durch, beißt mir in Arme und Beine und ich lasse ihn mich beißen. Ich gebe mich ihm hin und lasse mich von ihm vernichten. Ich lasse es zu, dass er mir suggeriert, dass ich mein Leben verkacke, hin zu, dass er mir sogar Bilder schickt, die meinen eigenen Selbstmord zeigen. Und je weniger ich mich wehre und diesen Wolf in meinen Armen halte, desto mehr merke ich, dass er zwar äußerst schmerzlich zubeißen kann, aber dass da nie etwas von mir fehlt. Kein Stück Fleisch reißt er heraus. Keine Gliedmaßen trennt er ab. Es ist, als würde er ins Leere beißen oder vielmehr nach Wasser schnappen. Er beißt zwar rein, aber das Wasser fließt weiter um ihn herum. Ich halte diesen Wolf solange im Arm, bis er sich von allein beruhigt.

Doch wie kann sich der Wolf beruhigen und was sollten wir beachten, damit wir nicht auf seine Stories eingehen und am Ende nicht doch noch Selbstmord begehen, weil seine Geschichten uns derartig überzeugen? Hierfür ist es wichtig, wirklich ein Verständnis dafür zu bekommen, dass du weder deine Wolfs-Gedanken bist noch sein emotionaler Schatten, der dich extra schlecht fühlen lässt, nur damit du wieder im Kopf wohnst. Wo also wohnst du, wenn nicht im Kopf, und was also bist du, wenn nicht der Wolf? Mit dieser Übung kannst du wieder ein feines Gespür für genau das bekommen. Was passiert mit dir, wenn du dich fressen lässt? Und ich meine nicht, dass du dich von den Gedanken und Emotionen auffressen lassen sollst. Du sollst nicht in die Geschichte eintauchen und dich dann wie gelähmt und dem Selbstmord nahe in deinem Trübsal ertränken. Wenn du das tust, dann bist du in der Illusion des Wolfs gefangen. Genau dort, wo er dich haben will. Denn all dieser Schmerz füttert ihn dick und fett.

Jedes Mal, wenn ich in diesem Feuer sitze und drohe zu verbrennen, bleibe ich außerhalb meines Kopfes. Ich bekomme die ganzen Gedanken mit, das ist auch völlig okay. Es ist sogar sehr gut, denn ich lerne den Wolf dadurch kennen. Aber ich weiß inzwischen, dass das einstudierte Gedanken eines Programmes sind, das ich abschalten will und welches nun auf die Barrikaden geht. Ich weiß, dass mir dieses Programm nicht dabei helfen wird, ein glückliches und erfülltes Leben zu leben, auch wenn es mir das immer wieder sagt. Ich weiß, dass dieses Programm im Grunde erst für das Leid sorgt, welches ich durch die Interpretation meiner Umstände spüre. Und ich weiß, dass dieses Programm niemals begreifen wird, wie ich genau all das erreiche, was es auch erreichen will, indem ich nicht tue, was es verlangt, und sogar so abstruse Dinge mache wie nichts zu ändern, nichts zu unternehmen und nicht mehr meinen Bedürfnissen hinterherzurennen. Je länger ich also vor dem Wolf sitze und mich von ihm fressen lasse, desto mehr laufen seine Angriffe ins Leere. Er beißt in Luft und bekommt mich nicht zu fassen, weil es mich nicht gibt. Doch dann passiert etwas Magisches. Denn ich merke, dass nicht ich Luft bin, sondern der Wolf. Ich erkenne seine eigene Leerheit und weiß nun, dass da nichts ist, was diesen Wolf wirklich ausmacht. Er wurde zu der Luft, in die er versuchte zu beißen. Und sobald ich bemerke, dass der Wolf leer ist, spüre ich deutlich die Fülle in mir, die aus dem Feuer aufersteht.

Wie oft hast du schon gemerkt, wie du dir in solchen Situationen schöne, bessere Szenarien erträumst? Heute ist es ein Leben in Südamerika, dann eines im Kloster, dann im Van, in der Stadt, im Dorf in den Bergen. All das sind immer nur Dinge im Außen, an die du dein Gefühl koppelst, welches dich befreien soll. Wie oft hast du schon gemerkt, dass es dir eigentlich gar nicht um all diese Dinge geht? Wie ein Fähnchen im Wind wehst du von einem Superszenario zum nächsten. Je nachdem, wie du dich gerade fühlst und was du meinst zu brauchen. Brauchst du wirklich das, was du als Grund auswählst, dich auf eine bestimmte Art und Weise zu fühlen? Oder worum geht es dir wirklich? Im Grunde geht es immer nur um die Gefühle und nicht um die Dinge, von denen du hoffst, dass sie dir das bestimmte Gefühl schenken werden.

TEIL 2 BEFREIE DICH

Hinter jedem Ziel liegt immer nur ein Gefühl, welches du fühlen willst und das du hinter diesem Ziel vermutest.

Sich um seine Bedürfnisse zu kümmern, heißt tatsächlich nicht, jedem Ding hinterherzurennen und dir alles heranzuholen, worauf dein Wolf zeigt. Es geht darum, deine Gefühle zu fühlen. Und zwar nicht die des Mangels, sondern die der Fülle, die sich einstellen, wenn du dich mit deinem Wunsch verbindest. Wenn du den Blick der Trennung mit dem Blick der Verbundenheit tauschst und du deine jetzige Situation nicht mehr als Argument dafür benutzt, dass diese dich von deinem Glück abhält, dann bist du bereit, auf eine neue Zukunft zuzugehen, die nicht mehr vom Verhalten deines Vergangenheits-Ichs beeinflusst ist. Dann wirst du eine Zukunft erleben, die mit deinem gegenwärtigen Ich verbunden ist und dich jetzt schon der sein lässt, der du morgen sein willst. Denn nur heute kannst du sein, was du morgen sein willst, weil das Morgen nichts weiter ist, als die Verlängerung dessen, was du genau in diesem Moment dir erlaubst zu sein. Erlaubst du dir also, deine Zukunft im gegenwärtigen Moment, ungetrübt von deiner gewohnten Sucht nach deiner Vergangenheit, aufblühen zu lassen, bist du auf dem besten Weg dazu, der wahre (bzw. der bewusste) Schöpfer deines Lebens zu sein. Und in diese neue Zukunft möchte ich dich mit dem folgendem und letzten Teil dieses Buches begleiten!

TEIL 3
VERÄNDERE DICH

GARTENARBEIT

Der Prozess des Wandels

Ich habe dir versprochen, dich in eine neue Zukunft zu begleiten und das werden wir in diesem letzten Teil auch tun. Eigentlich könnte das Buch auch hier enden, weil du alles gehört und durch die Übungen erfahren hast, was dich bisher davon abgehalten hat, der zu sein, der du sein möchtest und das Leben zu führen, welches du wirklich führen möchtest. Immer wieder habe ich gesagt, dass

- du dich deinem Für und deiner Freude zuwenden sollst, statt dich deinem Wider zu widmen,
- alles, was du suchst, bereits da ist, wenn du dir selbst aus dem Weg gehst,
- und, dass du schon bist, was du werden willst, wenn du dich von dem trennst, was dir glauben macht, du seist eben nicht der, der du sein willst.

Seien es die Geschichten in deinem Kopf und die wirklich überzeugenden Gefühle, die an dir zerren, oder deine Glaubenssätze und -gefühle und deine Grundstimmung, die du jeden Morgen aufs Neue fühlst, um den heutigen Tag im gleichen Grau zu grundieren wie den gestrigen. Das zu erkennen und dich davon zu befreien öffnet einen neuen Raum, aus dem heraus du dich deiner Kreativität widmen und spielerisch das Leben nach deinen Vorstellungen gestalten kannst. Und was das genau heißt und wie wir das anstellen können, werden wir hier detailliert besprechen und auch üben.

Jetzt, da wir das Programm des Mangels, das bisher automatisch in dir abgelaufen ist, deinstalliert haben, sollten wir dem Prozess deiner Wandlung etwas auf die Sprünge helfen und den Teil in dir stärken, der mit dem Leben verbunden ist und aus der ihm innewohnenden Fülle heraus schöpft. Jetzt geht der Spaß erst richtig los. Denn jetzt, da wir die Krankheit erkannt haben, brauchen wir uns nicht weiter mit den Symptomen und Ursachen beschäftigen, sondern können uns gänzlich dem Ausbau unserer Gesundheit widmen. Oder anders gesagt: Jetzt, da wir erkannt haben, wie das Unkraut in unserem Garten entsteht und wie wir es bisher immer am Leben erhalten haben, sollten wir uns um die Blumen kümmern, deretwegen wir die ganze Gartenarbeit machen.

Fehlt das Unkraut, haben die Blumen Platz, zu wachsen und zu gedeihen. Und da, wo Blumen wachsen, kann es kein Unkraut geben. Und sich um diesen inneren Garten zu kümmern und dies zu einer Art Lebensaufgabe zu machen, ist die wirkliche Bereicherung für das Leben. Und um dem Ganzen noch eins drauf zu setzen: Jetzt, da du nicht einmal mehr Emotionen als hinderlich erkannt hast, ist selbst das Unkraut nichts, was du beseitigen musst, sondern kann sogar etwas sein, an dem du dich erfreuen und aus dem du etwas Nützliches herausziehen kannst.

Willst du eine Stunde glücklich sein, so betrinke dich. Willst du drei Tage glücklich sein, so heirate. Willst du aber ein Leben lang glücklich sein, so schaffe dir einen Garten.

Aus den Augen des Schattenwolfes heraus bist du immer abhängig von Gärtnern, die dir dein Feld pflügen, während du selbst damit beschäftigt bist, Schädlinge zu erkennen und zu vertreiben. Das heißt, du brauchst immer etwas oder jemanden, um dich besser zu fühlen, während du aber grundsätzlich gar nicht damit vertraut bist, dich an den Blumen zu erfreuen, die du bereits schon hast. Immer wieder stört dich das Unkraut, sodass es schließlich zu deiner Obsession, zu einem Zwangsverhalten mutiert ist. Der Wolf meint, dass Platz für Blumen entstehe, wenn er das Unkraut auffrisst. Doch bei seinem Vorhaben streift er ruhelos durch deinen Garten und zertrampelt nicht nur dein gesamtes Beet, nein, er hat auch inzwischen mehr Gefallen am Unkraut als an den Blumen gefunden. Erinnere dich an das Stockholm-Syndrom: Durch die ständige Auseinandersetzung mit dem Problem, ist das »*Probleme-Haben*« inzwischen so vordergründig geworden, dass das Loslassen dessen mit Schmerz verbunden ist. Denn deine Probleme, oder besser gesagt, deine Gewohnheit, dich mehr mit Problemen zu beschäftigen, ist nun Teil deines Lebens und ein Teil deiner Geschichte geworden, mit der du dich identifizierst. Bricht die Geschichte weg, weißt du nicht, was du tun sollst, da alles andere sich nicht nach dir anfühlt. Um zurück zum Garten zu kommen: Der Wolf will eigentlich die gute Absicht verfolgen, Blumen im Garten deines Selbst wachsen zu lassen, damit es in dir schön und friedlich ist. Doch da er eine Art Wachhund ist, ist sein Fokus auf das gerichtet, was dir die Blumen zertrampeln könnte. Da nun aber der wachsame Wolf keinen Herrn hat, der ihm Manieren beibringt, weil du glaubst, der Wolf zu sein, anstatt den Herrn in dir zu erwecken, tut er unentwegt das, was seine Aufgabe ist: das Unkraut suchen und versuchen, es zu beseitigen. Er frisst es auf und wird langsam von dem Geschmack süchtig. Es wird zu seinem Futter, weil er nichts anderes bekommt und nichts anderes kennt. Für ihn gibt es nur Unkraut. Und stell dir mal vor, das Unkraut wäre weg. Dann würde der Wolf verhungern. Und: Er hätte keinen Job mehr. Davor hat er Angst. Also muss das Unkraut bestehen bleiben. Die Blumen sind inzwischen zweitrangig geworden.

Ein Mensch, der es sich nicht zur Aufgabe gemacht hat, sich selbst aus sich heraus zum Glück zu bringen und Eigenschaften zu kultivieren, die seiner Wunschzukunft und seinem Ideal entsprechen, wird zwar diese Wunschzukunft vor sich sehen, doch seine Methode, dorthin zu kommen, beruht nur darauf, Probleme zu suchen, zu erkennen und zu beseitigen. Anstatt sich dem Glück zuzuwenden, wendet er sich nur von den Problemen, die er überall sieht, ab. Aber wenn du dich von einem Problem abwendest und es nur gewohnt bist, Probleme zu suchen, dann drehst du dich von einem weg, nur um in der anderen Richtung wieder auf Probleme zu stoßen. Und dass du die Probleme brauchst, erkennst du daran, dass du nicht einfach so aufhören kannst, Probleme in deinen Gedanken zu suchen, zu analysieren und Lösungen finden zu wollen oder gar gänzlich die Probleme einfach loszulassen, selbst, wenn sie nicht gelöst sind. Wenn du deinen Geist beobachtest, dann sind seine Inhalte voll von Analysen, Plänen und Strategien, um das, was war und jetzt geschieht, zu verändern, zu verbessern und den nächsten Schritt zu planen. Es ist, als würde der Wolf in dir versuchen, dein äußeres Leben unter Kontrolle bringen zu wollen, damit du dich innerlich endlich in Frieden ausruhen und das Leben genießen kannst. Doch das wird einfach nicht funktionieren, weil es eben dieser Teil in dir ist, der dich nie ankommen lassen wird. Denn erstens kannst du das Leben nicht kontrollieren und zweitens kann alles, was der Wolf aufbaut, im nächsten Moment wieder einstürzen.

Kontrolle ist der Versuch, dich zu schützen, indem du die Zukunft vorhersagst. Somit weißt du, was auf dich zu kommen könnte. Du kannst Vorkehrungen treffen und dich auf das Bevorstehende vorbereiten. Aus dieser Haltung heraus bist du immer in Gedanken ein Schritt voraus, aber nie wirklich hier. Du glaubst, es geht dir gut, wenn du alles im Griff hast, und wenn du nichts im Griff hast, ginge es dir an den Kragen. Aber eben genau deshalb, weil du versuchst, alles in den Griff bekommen zu wollen, lebst du im Stress und im Überlebensmodus. Denn dann beschäftigst du dich mehr mit der Analyse von vermeintlichen Gefahren. Doch all das Geplane ist enorm anstrengend und stressig. Je mehr der Wolf den daraus entstehenden Stress spürt, den er im Grunde selbst verursacht, desto mehr strengt er sich an, diesem zu entfliehen. Wie in einem Labyrinth gefangen sucht er nun panisch den Ausgang. Jetzt muss er sich noch mehr anstrengen und verbeißt sich in das Unkraut, weil er nun überall nur noch Unkraut sieht. Er wird davon besessen. Es ist, als hättest du über Jahre des Aufräumens einen Putzzwang entwickelt, der dich nun an jeder Stelle einen störenden Fleck sehen lässt. Oder als würdest du dich im Spiegel anschauen und nur sehen, was an dir hässlich ist, selbst, wenn du eine Schönheits-OP machst oder dich aushungerst. Nie bist du zufrieden. Nie ist es genug, weil es immer noch etwas zu verbessern gibt. Das ist das Gleiche wie mit der unkrautfressenden Problemsucht deines Wolfes. Er kann sich am Schönen nicht wirklich tiefgründig erfreuen, weil er immer das Unkraut sieht, was ihn stört und was seiner Meinung nach ein Problem darstellt.

Der pathogenetische Umgang mit dem Leben

Dieser Umgang mit dem Leben ähnelt der Pathogenese, die immer noch überwiegend unser derzeitiges Gesundheitssystem prägt. Pathogenese (als ein Teilgebiet der Pathologie) ist die Beschäftigung mit dem Symptom und der Ursache einer Krankheit. Du willst wissen, wie dein Leid entsteht und was du dagegen tun kannst. Dabei rückst du die Entstehung und die Vermeidung der Krankheit in den Mittelpunkt. Alles, was du tust, ist, dich mit der Krankheit zu beschäftigen. Und wenn die Krankheit deinen gesamten Job ausmacht, was wärest du dann noch, wenn es die Krankheit nicht mehr geben würde? Du wärest zwar nicht mehr krank, aber du wüsstest nicht, was Gesundheit ist. Du meinst, Gesundheit ist die Abwesenheit von Krankheit, aber so ganz stimmt das nicht. Gesundheit ist ein Zustand, der nie vollkommen erreicht wird, sondern den man ebenfalls immer wieder ausbauen, stärken und erweitern kann. Ein Zustand mit Open End also. Doch diesen Ausbau kannst du nicht vollziehen, weil du nur die Krankheiten kennst. Und bei jedem kleinen fremdartigen Symptom kommt die Angst, die Krankheit könnte zurückkommen. Du meinst, die Gesundheit haben zu wollen, aber deine Strategie ist nicht deren Aufbau, sondern die Vermeidung und Beseitigung von Krankheiten. Hast du dich einmal von einer Krankheit befreit, sitzt du da und lässt dich treiben, bis die nächste kommt. Du glaubst, geheilt zu sein, und lebst dein Leben wie bisher, bis dann irgendwann die nächste Krankheit an deiner Tür klingelt. Du glaubst, um gesund zu sein, reicht es aus, die Krankheiten zu besiegen. Doch anstatt dein Immunsystem ständig von Krankheitserregern zu befreien und es dabei dann zu belassen, solltest du dich damit befassen, dein Immunsystem bereits im Vorfeld zu stärken.

Grabe den Brunnen, bevor du Durst hast.

Übersetzt heißt das, dass du annimmst, glücklich zu sein, wenn du alle Störenfriede in deinem Leben beseitigt hast. Wenn das fehlt, was dich stört, bliebe das übrig, was dich glücklich sein lässt. Aus dieser Haltung heraus ist das Glück sehr leicht angreifbar, weil es von deinen Umständen abhängig ist. Kein Wunder also, dass ein Auge des im Glück ruhenden Wolfes dennoch damit beschäftigt ist, die Umgebung nach potenziellen Gefahren zu untersuchen. Auf der anderen Seite heißt es auch, dass du glaubst, man könne dir das Glück wegnehmen, so, wie auch eine Krankheit dir die Gesundheit raubt. Du musst also nicht nur die Störenfriede finden und beseitigen, sondern dich zusätzlich noch vor ihnen schützen. Alles ist auf die Krankheit ausgelegt. Deine Gesundheit ist nur der Vorwand dafür, dich mit der Krankheit zu beschäftigen. Doch nichts davon beschäftigt sich wirklich mit der Gesundheit selbst, mit deinem Glück und den Dingen, die es braucht, um das Glück zu erfahren, zu stärken und zu leben. So rennst du durchs Leben, wehrst ab, was deinem Glück gefährlich werden könnte und verschanzt dich mit den Dingen, von denen du meinst, sie würden dich glücklich machen. Der Wolf sitzt in seiner Höhle und hortet die Dinge um sich herum an, damit er sich einreden kann, ihm ginge es gut, während er knurrend alles verjagt, was an dieser Höhle vorbeiläuft.

Beschäftigen wir uns überwiegend mit der Krankheit, statt mit der Stärkung der Gesundheit, wirfst du ständig den Blick zurück und schaust, was passiert ist, dass du dich jetzt weniger gesund fühlst. Du beschäftigst dich mit den Problemen, den Auslösern, Symptomen und Ursachen. Du bist nur in der Vergangenheit am Suchen. Und dann blickst du in die Zukunft und hoffst, wieder der zu sein, der du einmal warst oder der du sein möchtest. Und wenn du dich mit dem beschäftigst, was du nicht willst, wird es nicht verschwinden, weil es eben durch deine Aufmerksamkeit am Leben bleibt. Es ist, als würde ich dir sagen: »*Gehe nicht diesen Weg*«, und du sagst: »*Okay, dieser Weg ist scheinbar falsch.*« Oder ich sage: »*Du sollst niemanden töten*«, und du weißt, was du nicht tun sollst. Der Fokus liegt auf dem, was du *nicht* tun sollst. Aber du musst es dir erst innerlich übersetzen und dir ein Bild davon machen, was es heißt, jemanden zu töten, damit du dann weißt, was du nicht tun sollst. Dadurch ist »*das Töten von jemandem*« aber in dir präsent. Du gibst dem Energie und achtest verstärkt darauf, damit du es eben nicht tust. Es ist, wie ein Geheimnis in sich zu tragen, was man nicht aussprechen darf. Du behältst es für dich und dadurch, dass du weißt, was du damit *nicht* machen darfst, bekommt das ganze Thema viel mehr Macht und beschäftigt dich den ganzen Tag. Ebenso bei der Krankheit und deinen Problemen. Dadurch, dass du sie analysierst, beobachtest und dich mit ihnen beschäftigst, lädst du sie ein, Teil deines Lebens zu sein. Es ist, als ständest du vor dem roten Knopf und jemand sagt, du sollst ihn auf keinen Fall drücken. Der Reiz, es dann doch zu tun, wird immer größer. Denke nicht an den berühmten blauäugigen Eisbären. Was tust du? Du denkst an ihn. Oder wieder anders: Sagst du dir, du sollst deine Probleme beseitigen, das Unkraut vernichten und die Krankheit loswerden, dann musst du erst einmal auf die Suche nach all dem gehen, was du nicht haben willst, nur, um dich dann dagegen zu wehren. Und das endet nie. Weil du immer um die nächste Ecke schaust, ob die Luft rein ist, dann wieder um die nächste Ecke guckst und so weiter und so fort. Die Luft wird nie rein sein, weil dir allein durch die Suche danach bestätigt wird, wonach du suchst.

Außerdem wird es dadurch nicht besser. Du betrachtest dich immer aus dem heraus, der den Mangel erfährt, der das Opfer ist, dem es schlecht geht. Und irgendwo in der Ferne wartet hoffentlich der, der es überwunden hat. Wenn du hoffst, dann gibst du zu, dass du armselig bist und keine Macht hast. Das ist Schwachsinn. Hör auf damit! Außerdem würdest du die Gesundheit gar nicht erkennen und dich nicht auf sie einlassen können, weil dein Verhalten es nicht gewohnt ist. Das ist ein großes Problem in unserer Gesellschaft: Wir erlauben es uns nicht, uns gut zu fühlen und etwas zu bekommen, ohne etwas gegeben zu haben. Und selbst wenn wir etwas gegeben haben, halten wir uns für minderwertig und nicht würdig, wirklich wahres Glück und Zufriedenheit zu empfangen. Wir fühlen uns nie gut genug und glauben, wir hätten es nicht verdient, zu bekommen, was wir wollen. Wir wollen zwar dies und das, aber wenn wir uns dann *wirklich* darauf einlassen würden, merken wir, wie wir es uns aus und uns dabei kleinreden.

Das, was wir uns am meisten wünschen, ist das,
was wir uns am wenigsten erlauben.

Übung: 100 Dinge, die du willst

Um das zuvor Gesagte in dir selbst zu überprüfen, solltest du diese Übung machen. Auch später werden wir auf diese Übung zurückgreifen und auf ihr aufbauen. Ich bitte dich nun, dir 100 Dinge zu notieren, die du gern haben, erleben und erfahren möchtest, und auch das, was du noch machen willst und wie dein Wunschleben aussehen würde, was alles Inhalt dieses Lebens wäre, welches du anstrebst. Es ist wichtig, dir wirklich die 100 Dinge zu notieren, auch wenn es nach viel klingen mag. Die ersten 30 bis 40 Sachen sind schnell notiert. Einen neuen Gegenstand hier, eine Reise dort und eine Ausbildung da. Ein Hund, mehr Freizeit, Geld oder bestimmte Abenteuer. Doch zum Ende hin wird es wirklich interessant. Vielleicht willst du, dass eine bestimmte Krankheit verschwindet, dir das Haar wieder nachwächst, du deine depressiven Stimmungen loswirst, du fliegen kannst, ein Millionär sein willst, wissen willst, wie es ist, der Präsident der

USA zu sein. Es ist ganz egal, was du aufschreibst, nur sollst du es aufschreiben. Und sei es noch zu groß, zu weit weg und zu utopisch.

Wenn du dir also 100 Dinge notiert hast, schreibe nun zu jedem Punkt genau die Aussagen deines Kopfes auf, die dir ausreden wollen, warum es nicht klappt, es nicht geht, es sich nicht erfüllen lässt und warum es eine dumme Idee sei, sich so etwas wirklich vorzustellen. Du willst die Millionen? Fällt dir ein »aber« ein, warum es nicht geht? Du willst deine Krankheit besiegt haben? Aber es geht nicht, weil …? Oder es ginge nur, wenn dies und das passiert, aber das wäre sehr wahrscheinlich zu …? Oder du willst einen neuen Partner, doch wie sollst du das anstellen, schließlich bist du …?

Ich wette, es ist leichter, deine Ausreden zu finden, als die 100 Dinge, die du wirklich willst, seien sie auch noch zu abstrus. Genau hier kannst du sehen, wie du dir zwar etwas wünschst, es dir aber im selben Augenblick ausredest und es dir dadurch selbst verweigerst. Ganz gleich, ob du nun stichfeste Beweise hast, warum du bspw. nicht fliegen kannst. Darum geht es nicht, sondern um den Reflex in dir, dich selbst sofort von deinem Wunsch zu trennen, indem du es dir nicht erlaubst, es dir vorzustellen und dich darauf einzulassen. Und mit »vorstellen« meine ich nicht nur eine kleine Fantasie, die dich zum Schmunzeln bringt, sondern ich meine, du sollst es dir vorstellen, als wäre es wirklich wahr, als würdest du dich und jeden einzelnen Wunsch auf deiner Liste tatsächlich ernst nehmen. Dann merkst du, wie du es dir nicht abkaufen kannst, dir nicht glaubst und wie sich über das Gefühl der Leichtigkeit oder Freude, die mit dem Wunsch verbunden ist, das Gefühl der Schwere, der Zweifel und der Frag und Ahnungslosigkeit legt wie eine schwere Decke, die dir die Luft nehmen kann. Sobald du es wirklich ernst nimmst und es nicht nur ein kleiner, witziger Spaß deiner Fantasie ist, wirst du merken, wie dieser Ernst dich dazu bringt, es dir auszureden. Das Leben ist schließlich kein Wunschkonzert, nicht wahr? Oder vielleicht doch? Was wäre, wenn es eins ist? Spürst du ein »Aber« in dir, dass diese Aussage widerlegen will? Ja? Dann schreib es auf!

Du selbst bist dein Problem und dessen Lösung

Immer wieder fragst du dich, warum dir dies und das im Leben passiert, wie du dein Traumleben erreichen könntest, was du noch tun kannst, wer an deiner Lage schuld ist, was du ändern und was du behalten musst. Und dahinter ist immer die Frage, wie du dich von deinen dich lähmenden Emotionen befreien und in die Glückseligkeit eintauchen kannst und was du im Außen verstellen müsstest, damit sich die gewünschten Gefühle einstellen. Diese Verhaltensweise will immer etwas von den Dingen und Menschen um dich herum, indem du sie anhäufst, wegschiebst oder festhältst. Und sie will etwas von dir selbst, indem du deine Gefühle verteufeln, ändern, festhalten oder schnell wiederbeschaffen willst. Hier leben wir im Überlebensmodus, der aus der Angst heraus entsteht, das Leben könnte sich nicht so entwickeln, dass es dir eine Wohltat ist. Doch genau dieser Modus ist es, der das ganze Ungemütliche in deinem Leben aufrechterhält. Bevor wir nun gänzlich nach vorn blicken, möchte ich dir diesen Prozess noch einmal anschaulicher machen. Denn wenn wir die Gesetze kennen, können wir sie auch brechen.

Sinnbildlich für das Unkraut steht alles, was du nicht haben möchtest und was dich stört, vor allem aber der Drang in dir, dich damit zu beschäftigen. Es ist deine Anti-Haltung, der Drang zur Negativität, zur Ablehnung und zum Widerstand, aus dem heraus du deine Welt versuchst an deine Bedürfnisse anzupassen und weswegen du frustriert wirst, wenn sich eben nicht alles so einstellt, wie du es haben willst. Das Problem sind nicht die Dinge und Umstände, die du nicht haben willst, die dich stören oder die nicht nach deiner Pfeife tanzen. Es ist deine Unfähigkeit, andere nicht mehr für dein Befinden schuldig zu sprechen. Und es ist deine innere Ausrichtung, die inzwischen zwanghaft darauf konditioniert ist, sich hauptsächlich mit dem Mangel und dem Schmerz in deinem Leben zu beschäftigen, und die nicht davon ablassen kann. Es ist wie bei einem Unfall, von dem du dich nicht abwenden kannst, aber dessen Anblick dir Übelkeit bereitet.

Das Problem und die Ursache, warum es dir nicht gut geht, sind also nicht die Dinge in deinem Leben und das Leben selbst, die irgendetwas Schmerzliches in dir auslösen, sondern du bist das Problem, da du an diesem Schmerz festhältst und ihn zu einem Problem machst, weil du ihn nicht fühlen willst und meinst, er verdirbt dir dein Leben, verwehrt dir dein Glück, hindert dich daran, Frieden zu finden. Du engst dich so stark ein, dass das Problem dich beherrscht. Und: Du willst es, weil du dich, deine Meinung, deine Ansichten und deine Vorstellung darüber, wie etwas zu sein hat und wie nicht, dadurch selbst bestätigst. Würde dich das Problem nicht beherrschen, könntest du es doch einfach loslassen, oder? Würdest du dich nicht an dem Problem aufgeilen, könntest du doch ganz einfach etwas anderes denken, anders reagieren oder spielerisch und spontan sein? Wenn du das nicht kannst, merkst du, dass du selbst es bist, der den Schmerz in dir am Leben hält, nur um sich weiter gegen ihn zu wehren. Und selbst wenn das Problem im Außen weg ist, trägst du den Schmerz noch weiter mit dir herum wie ein Kaugummi am Schuh. Also sag mir nicht, du würdest den Schmerz nicht wollen! Du trägst den Schmerz selbst in dir und suchst im Außen die passenden Auslöser, um ihn zu fühlen. Hast du einen Auslöser gefunden oder bist auf einen aufmerksam geworden, dann verbeißt du dich in ihn und frisst dich an ihm fett. Du presst ihn aus, wie eine Orange, damit noch lange nach seinem Verschwinden der Saft des Schmerzes deinen Durst löscht. Du brauchst den Schmerz, um dich in deinem Leid zu suhlen. Denn dank des Schmerzes, kannst du dich wehren und deinen nach Stresshormonen süchtigen Körper vollstopfen, während dein Ich im Kopf sich auf die Schulter klopft und sagt:

> *»Dem hab ich's aber gegeben. So etwas lass ich mit mir doch nicht machen! Ihr könnt mich mal. Fickt euch doch! Ich brauche euch nicht!«.*

Nur um dann daheim anzukommen und über dein Unglücklichsein in dir unglücklich zu werden. Jetzt bist du unglücklich darüber, dass du unglücklich bist, und wechselst über ins Selbstmitleid und erzählst dir nicht mehr nur die Story, wie gemein die Welt ist, sondern auch, wie unfähig und scheiße du selbst bist, weil du dich ständig beschissen fühlst und scheinbar nichts dagegen tun kannst. Im Außen beißt du alles und jeden und im Inneren frisst du dich selbst auf. Alles nur, weil du den Schmerz in dir nicht willst und gleichzeitig aber dieses *»Nicht-Wollen«* willst. Genau das ist die Ursache des Leids, das sich über deinen Schmerz stülpt und ihn darin bettet. Du willst dieses *»Nicht-Wollen«*, du willst den Widerstand, du willst dich wehren. Doch wer will sich wehren? Der Wolf. Eine Illusion, die verteidigt, was nicht verteidigt werden muss. Ein

Hirngespinst, das die Kontrolle über dich übernommen hat und aus Widerstand, Angst und Gier besteht, die es braucht, um am Leben zu bleiben. Eine Schaltung deiner Neuronen, die dir glauben macht, du seist dieses Programm, an das du deinen freien Willen abgegeben hast und das nun macht, was es will, aber nicht, was du willst. Einfach aus dem Grund, weil du nicht weißt, was du willst. Du gibst die Verantwortung ab an etwas in dir, dass du nicht bist und nur glaubst zu sein, in der Hoffnung, es würde dich dorthin bringen, wohin *du* willst. Doch du folgst einem Fremden, der sich als du ausgibt und dich dorthin bringt, wohin *er* will.

Wenn der Wolf liest, er sei das Problem, dann wird sich das nicht gut anfühlen. Und dann wird er sofort aufspringen und Dinge suchen, die das Problem und somit das ungute Gefühl verschwinden lassen. Ein Guru hier, eine Reise dort, ein neues Irgendwas, das uns hilft, uns nicht mehr als Problem zu sehen. Und genau das ist eben das Problem. Denn selbst wenn ich sage, dass wir selbst unser Problem sind, dass uns daran hindert, glücklich zu sein, dann meine ich nicht, dass *du* das Problem bist, sondern *das Selbst*, welches du geschaffen hast. Wenn auch unbewusst und unwillentlich ist es jetzt eben da. Und wir sollten in keinster Weise uns als Problem ansehen, sondern verstehen, dass die Welt des Schattenwolfes nur eine Illusion ist. Dann ist das Problem kein Problem mehr, weil niemand da ist, dem es ein Problem sein könnte. Dann kennen wir den Grund, ohne dass es ein Problem ist. So, wie auch das Unkraut kein Problem ist. Und das kann uns Auftrieb geben, etwas Grundlegendes in unserem Leben zu ändern. Denn zu wissen, warum es in deiner Wohnung schmutzig ist, lässt dich mit mehr Elan an die Sache gehen, die Wohnung wieder auf Vordermann bringen zu wollen. Wenn wir erkennen, dass der Feind in uns sitzt, dann müssen wir nirgendwo mehr hin, um uns zu erlösen. Dann können wir jeden Augenblick uns selbst erlösen. Die Befreiung findest du nicht in einer Weltreise, in einem Tempel oder bei einem Guru. Du findest sie immer nur in dir!

Auch wenn all diese Sachen nichts Schlechtes sind, genauso auch, wie dieses Buch nichts Schlechtes ist, so wirst du in ihnen nichts finden. Sie zeigen immer nur auf dich selbst, damit du es in dir findest. Alles, was du hier liest, in einem Tempel erfährst oder von einem Guru hörst, hat nur Wert, wenn du in dir erkennst, was dich an dem Gesagten stört, was dich reiben lässt oder was in dir schwingt. Kein Gott außerhalb von dir wird dich erlösen. Keiner nimmt dir die Arbeit ab. Das hätten wir gern und suchen Orte auf, die unserer Meinung nach den Frieden beinhalten, nur um dann dort anzukommen und vor denselben Problemen in anderen Gewändern zu stehen. Denn das Problem liegt nicht in der Welt, sondern in dir, das du überallhin mitschleppst.

Wenn du dir eine schöne Zukunft erschaffen möchtest, solltest du dich darin üben, ein schönes Jetzt zu schaffen, unabhängig von dem, was dir im Außen geboten wird. Denn die Zukunft ist nur eine Aneinanderreihung von unzähligen Jetzts. Was auch immer du morgen sein willst, kannst du nur heute sein, weil das Morgen nichts anderes ist, als ein weiteres Jetzt. Solltest du nun aber denken, du solltest dich dem Außen verschließen und dich vor dem abschotten, was dich immer auf die Palme bringt, damit dir nichts im Außen deinen inneren Garten zerstört und du somit ein schönes Jetzt haben kannst, so bist du auch immer noch in der Abhängigkeit gegenüber deinem Außen. Dann sitzt der Wolf in seiner Wohlfühlhöhle und ist damit beschäftigt, auszusortieren, was in diese Höhle hineindarf und was nicht und wie man die Höhle noch schöner einrichten kann. Er benutzt den Garten, die Blumen, sein schön zurecht gebautes Leben als Schutzschild. Du baust Zäune um deinen Garten, damit ihn dir keiner kaputt machen kann. Und schon bist du wieder in der Abwehr, statt in der Öffnung.

Die Blumen machen den Garten, nicht der Zaun.

Sesam, öffne dich!

Im Grunde geht es nur um deine Öffnung und darum, das in dir zu transformieren, was dich innerlich von deinem Glück fernhält. Öffnung heißt, dass du das in dir überwindest, was dich in deinen Ansichten und Abneigungen gefangen hält. Es sind die dunklen Gefühle und Gedanken, die du in dir trägst und vor denen du wegrennst. Es ist das, was dich ausbremst, sobald du auf etwas Neues zugehen willst und es ist das, was dich innerlich davon abhält, genau jetzt in diesem Moment glücklich zu sein. Es sind deine Einwände, deine

Überzeugungen und deine sämtlichen Schutzmechanismen, die dir zwar sagen, sie beschützen dich, aber die dich davon abhalten, wirklich zu leben. Es ist der aus Glauben und Überzeugungen gewebte Teppich, der alles um dich herum mit der gleichen mentalen-emotionalen Verfassung färbt, während unter ihm die ganzen Gefühle liegen, die du nicht fühlen willst, an denen du dir aber immer wieder den Zeh stößt. Und ja, dieser Raum, in dem dieser über Jahre gewebte Teppich liegt, fühlt sich vertraut an. Du weißt, wo was ist und findest dich zurecht. Er beherbergt deine Erinnerungen an dich und dein Leben. Es ist wie dein Kinderzimmer, dass du jahrelang eingerichtet hast und weißt, wo sich dein geliebtes Spielzeug befindet. Dort ist eben deine Spielwiese. Ein Kind aus diesem Kinderzimmer zu holen und in einen neuen, fremden Raum zu bringen, wird erst einmal nicht so leicht sein. Es wird sich wehren. Schließlich ist das Neue eben nicht das Alte.

Übung: Auf der Schwelle zum Neuen stehen

Dich zu öffnen heißt auch, dir dieses alten Zimmers bewusst zu werden und dich zu fragen, ob du wirklich noch in diesem Raum spielen und leben willst? Ich stelle mir vor, wie ich auf der Türschwelle stehe und in dieses Zimmer hineinschaue. Ich sehe all das Spielzeug und die Einrichtung und fühle, wie mein Ich an all die Geschichten gekoppelt ist, die mir die ganzen Dinge in diesem Zimmer widerspiegeln. Doch ich weiß auch, dass ich Abschied nehmen will. Auf der Türschwelle stehend ist hinter mir ein neuer Raum. Ich stelle ihn mir neu und unbekannt vor, frisch, sonnig, warm und hell. Da ist noch nichts drin, aber ich freue mich drauf, ihn einzurichten. Er strahlt etwas Größeres aus, etwas, das nach Freiheit, aber auch nach Frieden und Heimkehr riecht. Etwas, das fremdartig und doch vertraut ist.

Ich mache diesen Vergleich oft und stehe zwischen beiden Räumen. Anstatt mich krampfhaft in den neuen Raum bringen zu wollen, verweile ich auf der Schwelle und sehe mein vergangenes Ich im alten Zimmer sitzend und mit den Sachen spielen, die es mag. Auch wenn die Spielzeuge kaputt sind und dreckig: Der, der da sitzt, mag sie. Ich stehe an der Schwelle und schaue mir beim Spielen zu. Und dann frage ich mich nach einiger Zeit, ob ich nicht einmal schauen will, wie das andere Zimmer aussieht. Ich hole mich im alten Zimmer ab und gehe mit mir auf die Schwelle und werfe nur mal einen Blick in das neue Zimmer. Da gibt es keinen Zwang. Das Zimmer darf betreten werden, muss aber nicht. Und ich sage mir, ich kann auch jederzeit wieder zurück. Mein altes Zimmer wird nicht verschwinden, solange mein altes Ich das nicht will.

Ich freunde mich also mit dem alten Zimmer und mit meinem alten Ich an. Und je liebevoller und ernsthafter ich das tue, desto weniger besitzt mich dieses Zimmer. Es ist, als würde es sagen: »Marius, du darfst gehen. Wenn du es wirklich willst, dann geh. Ich nehme es dir nicht übel. Hier, nimm dein altes Ich mit und zeige ihm die Schönheit im neuen Haus. Ich werde mich nicht mehr wehren.«

Manchmal passiert es, dass ich im neuen Zimmer bin und mich frisch und lebendig fühle und manchmal zieht es mich ins alte Zimmer zurück. Nur einmal noch mit den alten Sachen spielen. Dann gebe ich mir das okay. Ich habe es mir ja schließlich versprochen, dass das Zimmer bleibt und ich jederzeit zurückgehen kann, wenn ich es will. Niemand nimmt es mir weg. Doch je öfter ich es mache, desto langweiliger wird das alte Zimmer. So, als würdest du noch Super Mario auf einem alten Super Nintendo spielen wollen, nur weil es damals dein Ein und Alles war. Doch sobald du ein paar Mal andere Spiele auf einer neuen Konsole gespielt hast, wirst du merken, wie langweilig das Spiel aus heutiger Sicht ist. Die Grafik ist alt und das Gefühl, das daran gekoppelt ist, passt nicht mehr zu dem, was du heute bist. Die Erinnerung verblasst und nach ein paar Runden langweilt es dich. Es ist eben nicht mehr das, was es mal war. Dann gehst du von selbst wieder in das neue Zimmer und spielst mit den neuen Sachen.

Aber daran muss man sich erst einmal gewöhnen und sich Zeit nehmen. Veränderung ist nichts, was über Nacht passiert. Oft ist es immer ein Hin-und-Her, ein Spielen im alten Zimmer und eines im neuen und oft bedeutet es auch, ganz viel auf der Schwelle zu stehen und in beide Zimmer hineinzufühlen. Manchmal will ich weder in das eine noch in das andere, weil sich nichts davon so richtig nach mir anfühlt. Dann erkenne ich auch, dass es nicht die Zimmer sind, die ich bin, sondern immer der, der sich entscheiden kann. Und mit jeder Entscheidung, die ich treffe, sage ich Ja zu dem einen und Nein zu dem anderen. Und ein Nein ist wie ein Abschied, der sich auch oft traurig anfühlt. Und so sitze ich da und vergieße hin und wieder Tränen, weil ich von meinem Schmerz

Abschied nehme. Weil ich mein altes Zuhause verlasse. Weil ich gar nicht so recht weiß, was kommt, und Angst habe. Und ich weine dann, nicht, weil ich Angst habe, sondern weil ich die Angst zulasse. Und dieses Zulassen bringt mir Frieden. Frieden, der die Vergebung mit sich bringt und die Energie frei lässt, die im Schmerz gefangen war.

Jede Träne ist Wasser für deinen Garten.

Mit jeder Träne öffne ich mich, weil ich den alten Schmerzpanzer meines Körpers löse. Mit jedem Fühlen der alten Wunden gestatte ich diesen, ins Fließen zu kommen. Jede negative Emotion, die über Jahre im Körper festsaß, tut beim Lösen weh. Es ist wie beim Yoga: Wenn du anfängst deine Fehlhaltung gerade zu biegen, wirst du erst einmal jammern vor Schmerzen. Du gehst immer wieder rein in den wunden Punkt, bis dieser nicht mehr an der alten Verspannung festhält. Sich den alten Emotionen zu stellen, ist wie Emotions-Yoga und die Asanas (also die Dehnungs-Posen) sind all die Umstände in und um dich herum, die deine wunden Punkte zum Vorschein bringen. Mit jedem Schmerz, den du spürst, weißt du, dass da etwas ist, an dem du bisher festgehalten hast. Das Fühlen dieses Schmerzes und das »Sich-Lösen« vom Wolf dehnt langsam, aber sicher diesen Punkt, bis du beweglicher und freier wirst.

Hast du die Barrieren in dir erst einmal entfernt, dann wirst du das neue Seins-Gefühl deutlicher im Inneren verankern und im Außen auch bestätigt bekommen. Denn alles im Außen ist nur eine Bestätigung deines inneren Zustands. Änderst du deinen inneren Zustand, ändern sich die Dinge im Außen, weil du sie aus neuen Augen siehst. Deswegen wollen wir den Schleier der Wolfsaugen entfernen, um mit den klaren Augen unseres Bewusstseins sehen zu können.

Dem Fröhlichen ist jedes Unkraut eine Blume,
dem Betrübten jede Blume ein Unkraut.

Die Augen des Wolfes

Der Wolf schaut auf seine Welt aus den immer gleichen Augen, die es gewohnt sind, die Welt zu analysieren, Dinge zu suchen, die stören, um Dinge zu finden, die das Störende beseitigen. Du magst zwar dein Leben schön, ausgewogen und genussvoll leben wollen, doch bist du so stark von deinen Wolfsaugen abgelenkt, dass du weniger deiner Freude folgst, sondern dich mehr von den Störungen in deiner Umgebung und in dir ablenken lässt. Und da der Wolf wie der Matrose im Ausguck deines Bootes permanent in alle Himmelsrichtungen schaut, fällt es dir schwer, dich auf das zu fokussieren, was du willst. Du lässt dich selbst von dir ablenken, um nicht auf das zu schauen, was du willst, sondern darauf zu achten, was du nicht willst. Kennst du das Wort »*Fisimatenten*«? Es heißt, dass man sich durch Unwesentliches ablenken lässt, um dem Wesentlichen nicht folgen zu müssen. Ich hatte mal einen Kollegen, der mich an dieses Prinzip erinnert. Jedes Mal wenn wir uns einer wichtigen Aufgabe widmen wollten oder irgendwohin fahren mussten, fing er kurz vor dem Gehen damit an noch seinen Schreibtisch aufzuräumen, irgendwelche kleinen Notizen zu lesen und Dinge zu tun, die nichts mit der Sache zu tun haben, die wir gerade vorhatten. Anstatt aufzustehen und zum Auto zu gehen, gab es hier noch etwas, das angeschaut werden wollte, dort noch etwas, das verräumt werden musste und dies und das, was noch kurz dazwischengeschoben wurde. Alles belangloser Kram. Aber in diesem Moment schien es irgendwie besonders wichtig zu sein. Anstatt die Dinge anzugehen, vertrödeln wir lieber unsere Zeit mit Nonsens.

Bevor er sich ganz dem widmen konnte, was er eigentlich vorhatte, musste er sich erst vergewissern, dass alles andere um ihn herum in Ordnung ist, damit ihm später davon nichts in die Quere kommt. Übertragen wir das auf uns, dann heißt das, dass wir uns erst der Freude zuwenden können, wenn wir alle Störfaktoren um uns herum ausgelotet und in Ordnung gebracht haben. Nicht, dass die uns auf dem Weg zur Freude noch ein Bein stellen. Wir wollen uns den Weg freischaufeln. Doch anstatt den Weg zu gehen, verbringen wir unsere Zeit am Ende nur damit, zu schaufeln. Selbst, wenn du weißt, was du willst, beschäftigst du dich mit dem Gegenteil, weil du meinst, es könnte dir deine Freude wegnehmen oder ihr im Wege stehen. Doch nichts kann dir die Freude wegnehmen, wenn du sie als in dir sprudelnde Quelle erfährst. Dann brauchst du nichts im Außen, was dir diese Quelle bewusst macht, sondern alles im Außen wird durch dein Quellwasser getränkt.

Aus den Augen des Wolfes hat alles Süße auch etwas Bitteres an sich. Aus den Augen des Bewusstseins trägt selbst das Bittere etwas Süßes in sich.

Die positive Rückkopplung zwischen dir und deinem Leben entsteht, wenn du das Schöne in dir zum Blühen bringst und diesen Duft aus dir heraus in dein Umfeld trägst. Doch diese Rückkopplung wird momentan durch deine selbstverursachte negative Rückkopplung unterdrückt, die im Außen nur die Dinge erfährt, die deine Negativität bestärkt. Um dieses Kopplungssystem zu verstehen, schauen wir uns einmal an, wie es funktioniert:

Bisher wachst du morgens auf und fühlst dich im Nullkommanichts, wie der, der du gestern warst. Die Reize deiner bekannten Umgebung und deine 90 % der gleichen Gedanken des Vortags lösen den gleichen bekannten Kreislauf in dir aus, in dem du tagein, tagaus lebst. Als würdest du täglich in der gleichen Kuhle deiner Couch sitzen. Sie ist inzwischen so tief in das Polster der Couch eingedrückt, dass du sofort in sie hineinrutschst, sobald du dich auf sie setzt. Du bist so an deine Gedanken und Gefühle gewöhnt, dass du das gleiche Bild wie eh und je von dir und der Welt schaffst. Und diese Welt ist mehr bedrohlich als friedvoll, mehr fehlend als ganz, mehr grau als bunt, mehr leer als voll. Und selbst wenn gerade alles okay ist, dann nur, weil die Dinge um dich herum momentan stabil erscheinen: Dein Haus ist gut eingeräumt, dein Partner ist lieb, dein Konto ist voll. Doch wenn jetzt etwas davon wegbricht, dann fällst du zurück auf deine Angst. Wir häufen so viel um uns herum an, damit wir die Illusion der Kontrolle und Stabilität aufrechterhalten können, ohne die der Wolf im Chaos enden würde. Und selbst im Kreise der Selbstoptimierer meinen wir, unsere Techniken und Ausbildungen können uns wirkliche, grundlegende Sicherheit geben. Wir verstecken uns hinter all dem Zeug, um uns unserer Angst nicht stellen zu müssen. Und damit ja nichts davon schwindet, muss es erhalten bleiben. Wir bauen unsere Welt auf den bröckelnden Steinen der Angst statt auf festem Vertrauen in uns und in das Leben auf.

Treffen also die Reize auf uns ein, die wir über unser Außen und auch über unsere einstudierte Innenwelt (in Form von Gedanken und Gefühlen) wahrnehmen, lösen sie die gleichen Muster aus wie bisher. Wir befinden uns auf den alten Straßen unseres Gehirns, die uns zu den gleichen Angstszenarien, Emotionen und Verhaltensweisen führen. Nicht nur, dass die Dinge, die uns reizen, den gleichen Kreislauf in Gang setzen wie immer, nein, wir suchen sogar diese Reize, weil wir so darauf sensibilisiert sind. Ich sprach von der Mannschaft auf deinem Boot, die deinen Körper bzw. dein Unterbewusstsein darstellt. Diesem Körper wurden in jungen Jahren verschiedene Gefühle eingepflanzt, die er zu Überzeugungen hat werden lassen, da diese Gefühle passende Gedanken erzeugten, die sich in dich hineingefressen haben. Gefühle und Gedanken haben sich verbündet und überlebensnotwendige Erinnerungen kreiert, in dem sie sich (wie Buntstift und Textmarker) im Körper als Gefühl und im Kopf als dazu passende Gedanken verankert haben. Die ahnungslose Mannschaft und der Matrose im Ausguck: Beides zusammen wurde nun zu deiner Überzeugung, zu deinem Glauben, der sich immer wieder selbst bestätigt, weil wir diesen Bestätigungsfehler in uns tragen (Confirmation Bias): Das, was wir suchen, werden wir finden. Letztlich ist es eben immer das gleiche Elektron, das sich zeigt, sobald wir unsere Aufmerksamkeit darauf legen. Dass wir aber unentwegt die gleichen Elektronen (also vermeintliche Schicksalsfügungen) suchen und scheinbar willkürlich erleben, liegt daran, dass wir jedes Mal, wenn wir die gleichen Gedanken denken und die gleichen Gefühle fühlen, die Netzwerke im Gehirn festigen und stärken, die damit verbunden sind (Neurons, that fire together, wire together). Wir bauen uns unsere Stadt auf, deren einmal angelegte Straßen sich vergrößern, sobald sie für uns Dringlichkeit und Wichtigkeit bedeuten. Andere Straßen, die für uns nicht so wichtig sind, verkümmern und bleiben im allerhöchsten Fall nur noch schwer erkennbare, zugewucherte Trampelpfade (what we don't use, we lose). Selbst, wenn wir auf so einen Trampelpfad kommen, zieht es uns schnell wieder auf die alten Straßen. Diese fühlen sich einfach mehr nach uns an. Hier kennen wir uns aus und hier haben wir eine gewisse Art von Kontrolle. Sie geben uns eine seltsame Art von Sicherheit, weil wir glauben, durch sie die Zukunft vorwegnehmen zu können und somit immer ins Vertraute gehen. Selbst wenn sich das Vertraute nicht gut anfühlt, so ist es mitunter das Einzige, was uns unser Ich-Gefühl gibt.

Über Jahre hinweg haben wir es einstudiert und können nun nicht mehr anders, als wie bisher zu reagieren, wenn wir nicht willentlich etwas dagegen unternehmen. Selbst *»das Suchen«* dieser Reize und Auslöser für unser Unwohlsein ist inzwischen ein Automatismus des Programms geworden, in dem wir bisher lebten. Das, was da in uns so sensibilisiert wurde, hat sogar einen Namen. Es heißt *ARAS* (aufsteigendes retikuläres Aktivierungssystem). Ich nenne ihn gern den Erwecker und vergleiche ihn namensbedingt gern mit einem Ara, einem Papagei. Denn ein Papagei spricht nach, was er wiederholt gehört hat. Und er reagiert mit denselben Lauten auf seine Umgebung. Ist der Papagei darauf sensibilisiert auf ein Türschloss mit dem Wort *»Achtung«* zu reagieren, wird er bei jeder passenden Gelegenheit *»Achtung!«* rufen wollen. Sei es nun ein Türschloss oder etwas, das sich ähnlich anhört. Er ist ganz auf das Geräusch konditioniert. Nachts gehst du in deine Wohnung und bist ganz ruhig. Der Ara schläft. Doch sobald du den Schlüssel aus der Tasche holst oder die Türklinke drückst, wacht er auf und brüllt *»Achtung!«*. Genauso funktioniert dein Erwecker, dein ARAS. Ist er sensibilisiert darauf zu achten, was alles nicht gut läuft, wird er es verstärkt wahrnehmen und deinen Organismus aufwecken. Er macht nichts weiter, als aufwecken. Er sagt nur: *»Achtung, da ist das, was du für so wichtig erachtet hast. Und damit es dir nicht durch die Lappen geht, weise ich dich darauf hin, dass es gerade hier vor dir zu finden ist. Also hier, bitte, da ist es. Jetzt mach damit, was du willst.«*.

Dein inneres Erweckungszentrum, dein ARAS, ist dank deiner Vorgeschichte und der immerwährenden Wiederholung deiner Vergangenheit bereits super darauf ausgerichtet, dein ganzes System sofort zu alarmieren, sobald etwas auch nur annähernd dem gleich kommt, was du bisher erlebt, als angstvoll, gefährlich oder als störend und feindlich empfunden hast. Der kleinste Reiz sorgt dafür, dass dein ganzes inneres System im Nullkommanichts hochfährt. Das ARAS ist dafür zuständig, die Umgebung wahrzunehmen und dich aufzuwecken, wenn etwas passiert. Es kann dich aus dem tiefsten Schlaf holen, wie es bspw. bei einer Mutter der Fall ist, die zwar den Straßenlärm draußen ungeachtet lässt, aber ihr schreiendes Kind im Nebenzimmer sofort hört. Dein Scheinwerferlicht ist nun hell leuchtend auf diese Reize gerichtet. Deswegen siehst du, was du sehen willst, weil du wach bist, wenn etwas dem entspricht, worauf zu achten du dich sensibilisiert hast, und dir entgeht, was du nicht sehen willst, weil du schläfst, wenn sich die gewohnten Dinge nicht zeigen. Was wir wohl alles sehen würden, wenn wir die Augen von dem lassen, was wir gewohnt sind und unsere Aufmerksamkeit auf das richten, was wir zwar nicht kennen, aber entdecken wollen? Doch diese Konditionierung auf das Schlechte ist kein wirklicher Wille, da es eben nur eine Konditionierung ist. Du rutschst immer in dieselbe Kuhle deiner Couch, bleibst mit deinen Blicken und Gedanken genau an den Dingen kleben, an denen du schon gestern kleben geblieben bist. Sie haben eine scheinbar magnetische Anziehung. Sie wirken größer und bedrohlicher, wichtiger und realer, als alles andere. Dein ARAS ist dieser Magnet. Und dass du diesen Erwecker aus dir selbst heraus immer sensibler machst, hängt damit zusammen, was nach dem Erwecken in dir geschieht:

Unmittelbar nach dem inneren Erwecken wird deine Alarm-Maschinerie in Gang gesetzt. Diese sitzt im limbischen System, in der Mitte deines Gehirns, und besteht unter anderem aus dem *Hippocampus und der Amygdala*. Deren Aufgabe ist es, zu reagieren und den Körper zu mobilisieren. Der Erwecker sagt also: »*Achtung, da!*« und der Hippocampus und die Amygdala leiten die nötigen Schritte ein. Läufst du durch den Dschungel und siehst eine Schlange, musst du nicht erst noch ewig analysieren, sondern am besten sofort reagieren. Das kann dein Leben retten. Während der Hippocampus für die Erinnerung sorgt, bringt die Amygdala die passenden Emotionen mit zum Dinner. Wachst du also morgens auf, stimulieren die Reize der Umgebung und deiner Gedanken deinen sensibilisierten Erwecker und das limbische System liefert sofort eine grobe Einschätzung der Situation. Du erinnerst dich daran, wo du bist und die Gefühle, die durch Wiederholung über die Jahre mit der Umgebung verbunden wurden, kommen automatisch mit dazu. Bist du es also gewohnt, eher trostlos als kraftvoll durchs Leben zu gehen, dann ist das Gefühl der Trostlosigkeit mit deiner Umgebung verbunden und zieht dich morgens sofort wieder in die Kuhle der gewohnten Couch. Selbst wenn du nun die Umgebung wechselst, aber nichts an deiner Kuhle änderst, dann dauert es meist nicht lang, bis sich auch die neue Umgebung nach der alten anfühlt, eben weil du nach diesem Gefühl Ausschau hältst, welches du gewohnt bist und sich nach »*dir*« anfühlt. Und wenn du es nur gewohnt bist, das Außen nach der Bestätigung deiner Existenz abzusuchen, dann wirst du unweigerlich deine Umgebung innerlich so filtern, dass sie wieder so aussieht, wie du es gewohnt bist. Es ist nicht die Umgebung, die dich ändert, sondern du bist es, der die Umgebung durch den gewählten Filter ändert, den du dir aufsetzt. Und wenn du das unbewusst geschehen lässt, wählst du den dir bekannten Filter, den du jeden Tag benutzt, automatisch aus und tränkst deine Umgebung in dasselbe Grau, wie am Tag zuvor.

Einmal aktiviert schickt deine Alarmzentrale gleich zwei Anweisungen: Eine nach »*unten*« zu ihren Soldaten (das autonome Nervensystem) und eine nach »*oben*« zu ihren Meinungsverstärkern (dem Neocortex). Die Soldaten, die Eingreiftruppe, ist dein *autonomes Nervensystem*, welches entweder für Kampf und Fluchtreaktionen (gesteuert durch das *sympathische Nervensystem*) oder für Entspannung und Regeneration (gesteuert durch das *parasympathische Nervensystem*) zuständig ist. Da in unserem Wolfszustand die Probleme, Sorgen und negativen Dinge in unserem Leben mehr Gewicht haben, der Erwecker uns bei diesen Dingen stärker alarmiert, als bei den erstrebenswerten Zuständen unserer Wunschzukunft, schaltet sich das sympathische Nervensystem ein, versetzt uns in Stress und impft den Körper mit den Stresshormonen Adrenalin und Cortisol, an die er sich inzwischen gewöhnt hat. Und Stress ist der Überlebensmodus, der nun unsere Sicht noch weiter verengt und uns noch stärker das wahrnehmen lässt, was sowieso schon in unserem Fokus lag. Jetzt werden die Probleme nicht nur noch größer, sondern wir entdecken noch mehr von ihnen. Wir sehen sie nun hinter jedem zweiten Baum, in der Hälfte unserer Erinnerungen und in jedem zweiten Gedanken an unsere Zukunft. Das Angstpaket schnürt sich mehr und mehr zu und der Erwecker, der ARAS, wird noch stärker sensibilisiert, um uns beim nächsten Mal noch schneller aufwecken zu können. Er ist wie ein Stock vor dem Tor eines abgerichteten Hundes. Sobald jemand auf diesen Stock tritt, wird der Hund wach und verbellt alles um ihn herum. Und mit jedem Mal wird das System immer feiner. Dann reicht schon ein feiner Zweig anstelle des Stocks und der gleiche Terror geht von vorn los.

Doch nicht nur deine Soldaten, dein Stress-System, wird aktiviert, auch dein *Neocortex* bekommt die Signale vom ARAS und deinem Alarmzentrum mit und liefert die passenden, die Situation bekräftigenden und verstärkenden Gedanken. Der Neocortex ist deine graue Substanz, der Sitz deines Wach-Bewusstseins, der Teil, der all die ganzen zufallsmäßigen und unaufhörlichen Gedanken produziert. Er ist der Wächter, der nur das in dein Haus lässt, was seiner

Meinung nach zu dem Gefühl passt, aus dem das Haus gebaut wurde. Er sagt dir, was geht und was nicht geht, was du kannst und was du nicht kannst, was du über die Welt glaubst oder nicht glauben kannst, wenn es nicht zu seiner Überzeugung passt. Er ist die Firewall im Programm, die alles fernhält, was nicht dazugehört, und alles hineinlässt, was sich in deinem Körper *nach dir* anfühlt und somit von deinem Unterbewusstsein *als wahr* eingestuft wurde. Für jedes Ding in deinem Leben hat er ein entsprechendes Areal. Und da nun dein Fokus gänzlich auf das Außen gerichtet ist (so wie es im Überlebensmodus nun mal der Fall ist) und sich zunehmend auf das versteift, was seiner Überzeugung entspricht, werden all die Areale aktiv, die diese Überzeugung bestätigen. Dann hüpfst du mit deinen Gedanken zum Partner, zum Job, zum Auto, dann kurz zu dir selbst und deinen Gefühlen, um dich dann weiter mit deiner Umgebung, dem Gestern und Morgen und mit all dem zu beschäftigen, worin du etwas finden kannst, was dem Türschloss, dem Stock, sprich dem Futter für deine Anti-Haltung und deinem Mangel entspricht. Und dieses Hin und Her im Kopf macht das Gehirn extrem unruhig, was sich dann auf den Körper überträgt und die Soldaten des sympathischen Nervensystems noch mehr dazu veranlasst, die Stresshormone im Körper auszuschütten und dich zu verkrampfen und zu verhärten.

Dein Gehirn spürt die ganze Zeit in deinen Körper hinein, um zu schauen, wie es ihm geht. Jetzt, da es diesen erhöhten Stress und die Angst zusätzlich wahrnimmt, bringt es auch noch weitere, passende Gedanken, was deine Situation zusätzlich verschlimmert. Hast du deine Gedanken also nicht im Griff, gießen sie unentwegt Benzin ins Feuer. Obwohl sich dein Körper nach einer Stressreaktion schnell wieder beruhigt, sind es die Gedanken, die das Feuer immer wieder anheizen und das Feuer ist es, was die Gedanken immer wieder anheizt. Ein ewiger Kreislauf, dem du glaubst, nicht entkommen zu können. Jetzt reagiert dein Körper genauso, wie du es erwartet hast. Du bestätigst dir selbst deine Vorahnung und lieferst dir den Beweis für deine Prognose. Jetzt hast du den immer währenden Kreislauf deiner alten Persönlichkeit perfekt geschlossen: Deine Reaktion auf die Reize haben die gleichen Erinnerungen und Gefühle ausgelöst wie immer, die wiederum die dazu immer gleichen und passenden Gedanken ausgelöst haben, die dir das passende, gewohnte Körpergefühl gegeben haben und dich in die gleiche Erfahrung gebracht haben wie eh und je. Deine Erfahrung wurde nun zu deiner Überzeugung, die Überzeugung sensibilisiert dich verstärkt auf noch passendere Beweise in deiner Realität, damit diese stetig dafür sorgt, dich wie gewohnt fühlen und denken zu lassen, damit dieser Kreislauf bis ans Ende deiner Zeit so weiterläuft. Es ist ein in sich geschlossenes System, dass sich, wie ein Perpetuum mobile, aus sich selbst heraus immer wieder neu erschafft. Doch wie bei jedem System, kann man bereits durch das Verstellen einer kleinen Schraube alle weiteren Vorgänge beeinflussen. Doch wo und wie stellen wir das an?

Positives Denken allein wird es nicht bringen

Selbst wenn du da jetzt eingreifst und dir einredest, dass deine Umgebung und deine emotionale Grundhaltung keine Gefahr sind, dass deine Zukunft nicht bedrohlich ist und es dir doch gut geht, sind dein sensibilisierter Erwecker (das ARAS), deine Alarmzentrale (Hippocampus und Amygdala) und dein Körper, der sich nun im Stress befindet und auf seine Dosis Stress-Hormone wartet, anderer Meinung. Sie haben die Überzeugung, die Erinnerung, das Körpergefühl, die Emotionen, die Hormone, die Angst und die Sucht nach dem Gewohnten. Da kann dein kleines willentliches Umdenken nicht mithalten. Denn das Denken ist etwas Neues, was sich gegen den Rest wehren will, der dein inneres Gefühl von »Das bin ich« ausmacht. Und deswegen schafft es dein kleiner, positiver Gedanke nicht an der Firewall vorbei und wird in den Papierkorb verfrachtet. Denn der Gedanke findet kein passendes, zugehöriges Gefühl. All deine schönen Mantras und Yogi-Tee Sprüche bleiben leblos, wenn ihnen die Grundlage in dir fehlt, mit der sie schwingen können.

Weißt du, wie es ist, wenn man sich äußerst intosament fühlt? Nein, weißt du nicht, weil du »*intosament*« nicht kennst. Und nichts in dir reagiert darauf, weil es dazu keine Verknüpfung gibt. Und wenn du keine oder kaum Straßen zwischen deinen Neuronen hast, die etwas mit Glück und Fülle anfangen können, landest du doch nur wieder auf den alten Autobahnen des Mangels. Deswegen wird der Versuch scheitern und dein Wolf bäumt sich auf und sagt, du würdest dir nur etwas einreden, was du nicht bist. Und da hat er leider recht. Denn du bist es nicht. Und ja, du redest dir etwas ein. Dann stehst du im Regen und sagst, es gäbe den Regen nicht, und du setzt ein falsches Grinsen auf und machst dir selbst nur etwas vor. Und dann wird das alles irgendwann zu viel. Der Regen hat dich nun völlig durchnässt und alles scheint schlimmer als zuvor. Du fällst nicht einfach nur zurück, du fällst mit einem großen Knall zurück in dein altes Ich und verzweifelst im Frust deines Scheiterns.

Positives Denken hat auch einen bitteren Beigeschmack, weil es ohne das passende verankerte Gefühl aus dem Mangeldenken des Wolfes entspringt, der einen Zustand weg und einen anderen Zustand haben will. Mangel heißt, du fühlst etwas nicht und gehst deswegen auf die Suche, um es irgendwo da draußen zu finden. Fülle jedoch heißt, du bringst selbst mit, was du essen möchtest und teilst es, sodass die Welt um dich herum sich vom gleichen Glück bedient, was du bereits schon hast. Wenn du dir selbst die Blumen auf den Tisch deines Lebens stellst, kann es auch die Dinge versüßen, die du vorher abgelehnt hast. Denn vorher warst du im Widerstand zu dem, was ist und suchtest verzweifelt einen Ausweg, an den sich dein Wolf dann klammern kann. Das ist es, was der Wolf ständig tut. Sei es mit deinem Haus, deinen Hobbys und all dem, mit dem du dich identifizierst und was dir so lange Stabilität gibt, solange du es hast. Der Wolf weiß, dass die Identität nur erfunden ist und er demnach nicht existiert. Und deshalb ist sein Leben ständig bedroht, sobald etwas von dem wegfällt, was ihm seine Ich-Identität zeigt. Jedes noch so süße Ding hat immer eine leicht bittere Note, weil die unterschwellige Angst da ist, es könne zerfallen. Und das wird es. Spätestens an deinem Sterbebett. Denn weder deine Uhr noch deinen Partner oder dein millionenschweres Unternehmen kannst du dann mitnehmen.

Du magst vielleicht denken, dass das noch lange hin ist und dass du daran nicht denken brauchst. Aber wenn du ganz ehrlich zu dir bist, tust du es doch und wirst davon getrieben. Denn hinter jedem mit Identität angereichertem Ding (seien es die Objekte im Außen oder deine eigenen Gedanken und Gefühle, die zu deinem Ich geworden sind) kommt die Todesangst zum Vorschein, sobald etwas davon wegfällt, sich verändert oder sich ins Gegenteil verkehrt. Deswegen habe ich dir vom Tod erzählt und dir gezeigt, wie du dich dieser Angst stellen kannst, um dich von ihr zu befreien. Erst dadurch wirst du das Leben wirklich leben können. Denn alles, was der Wolf sonst versucht, ist, auf einen toten Baum frische Blüten zu kleben. Doch wenn der Baum keine Wurzeln hat, faulen die Blüten ab und müssen immer durch Besitz, Erlebnisse und schwere oder auch prickelnde Gefühle erneuert werden. Der Wolf kann deshalb die Blüte auf dem toten Baum nicht wirklich genießen, weil er sich gleich wieder aufmachen muss, um neue Blüten zu sammeln. Er kann sich nicht einfach hinsetzen und das Leben genießen. Denn täte er das, würden die Blüten fallen und er müsste auf den toten Baum schauen. Deswegen zieht er los und sammelt alles Mögliche an Spielzeug für uns, ohne zu wissen, wie man damit spielt. Dann holt er uns etwas Leckeres zu essen und ist nach dem zweiten Bissen schon wieder auf der Suche nach Unkraut, statt sich auf das Leben einzulassen, was jetzt, und zwar nur jetzt, erfahrbar ist, wenn es uns gelingt, aus dem Kopf ins Wahrnehmen und Fühlen zu kommen. Dann redet er sich Sachen ein, wie »*Ach, das wird schon alles gut*«, oder »*Das ist doch nur halb so schlimm*«, ohne es sich selbst wirklich zu glauben.

Denn was ist Glauben? In unserem Alltagsgebrauch ist Glauben nur ein Synonym für Hoffen, Warten, Vermuten, Meinen und Betteln. Der Wolf hofft auf die Befreiung, die er durch das Anhäufen der Dinge vermutet zu bekommen. Aber er weiß nicht, was Befreiung ist, weil echte Befreiung nichts ist, das man haben kann, sondern etwas, das man ist. Und der Wolf kennt nur sich und das, was er hat. Sucht er das Glück und würde es tatsächlich finden, dann gäbe es immer noch den Wolf hier und das Glück da, das er nun besitzt. Aber da Besitzer und Besitz nicht dasselbe sein können (wie du inzwischen gelernt hast), kann der Wolf nicht glücklich *sein*. Um glücklich sein zu können, musst du selbst zum Glück werden. Du musst es sein, fühlen und ohne Beweise und Dinge und Gedanken, die du dir einredest, spüren können. Und das kannst du, denn es ist sofort da, wenn du dem Wolf nicht mehr gestattest, dir in die Quere zu kommen bzw. wenn du dir selbst aus dem Weg gehst. Dann geht es nicht mehr darum, das Glück zu haben, sondern darum, das Glück, den Wohlstand, die Liebe und, was auch immer du suchst, zu spüren und in dieses hineinzuschmelzen, dich dem hinzugeben und eins mit ihm zu werden. Letztlich geht es auch um die Aufhebung der Dualität aus »*Hier bin ich und da bist du*«, aus »*hier*« ist mein Mangel und »*da*« meine Fülle.

> *»Ich will Glückseligkeit. Wie bekomme ich sie?« – »Entferne zuerst »Ich«, denn das ist eine Illusion, die die Trennung schafft. Entferne dann »will«, weil die Gier, die dem Wollen zugrunde liegt, aus dem Mangel kommt und dich in dieser Trennung hält. Was übrig bleibt, ist Glückseligkeit.«*

Platz für Neues schaffen

Um sich einen neuen Glauben anzueignen, also eine wirkliche Überzeugung dessen, dass etwas funktioniert, dass wir etwas können, dass es schlicht und ergreifend einfach wahr ist, was wir glauben, müssen wir uns von unseren Unwahrheiten trennen, da sie uns sonst immer nur ausbremsen. Ein Fuß drückt das Gaspedal in Richtung Glück, Selbstbestimmung, Freiheit und Freude, während der unterbewusste Teil von dir Meister darin ist, im selben Moment auf die Bremse zu treten. Gas und Bremse gleichzeitig: Kein Wunder, dass die Karre hier und da hochgeht und du lieber die Bettdecke über den Kopf ziehst, als in den Himmel zu schauen. Zwei Fronten treffen aufeinander, die wie bei einem Gewitter aufeinander knallen. Doch werden nicht nur die Leute um uns herum, sondern wir selbst von unseren eigenen Blitzen getroffen und verletzt. Egal was du erlebt hast und wie oft du es erlebt hast, du musst damit brechen. Denn nur allein deswegen, weil du dir deine eigene Geschichte glaubst und dem vertraust, was du denkst, erlebst du dein gleiches Schicksal immer wieder, selbst dann, wenn du diesem eigentlich entkommen willst.

Dein Gegenwarts-Ich lebt in der Vergangenheit und kann aufgrund dessen nur die gleiche Zukunft herstellen. Denn wenn du aufgrund der Gedanken und Emotionen deiner Vergangenheit lebst, wirst du immerzu die gleichen Gedanken haben, das Gleiche fühlen, das Gleiche tun, das Gleiche glauben und auf die gleiche Art und Weise handeln. Wie soll sich da jemals etwas ändern? Du musst Platz schaffen. Anstatt dich von deiner Vergangenheit definieren zu lassen und ständig im Wechselspiel aus Ursache und Wirkung, aus Impuls und Reaktion zu leben, solltest du von einer Vision deiner Zukunft definiert sein. Du solltest Wirkungen verursachen, nicht warten, dass dir etwas geschieht, sondern es selbst geschehen lassen. Und da sich unser ganzes Leben nur in uns abspielt, solltest du selbst verursachen, was in dir los ist. Aus dir selbst heraus. Dann wirst du selbstbestimmt, übernimmst Eigenverantwortung und ermächtigst dich selbst, dein Leben zu leben, wie du es willst. Und da Leben »*fühlen*« bedeutet, ermächtigst du dich, dein Leben zu fühlen, wie *du* es willst, und nicht, wie dein Wolf es von dir verlangt.

Normalerweise warten wir auf etwas im Außen, das uns auf eine bestimmte Art fühlen lässt oder fühlen lassen soll. Wir sind abhängig von äußeren Faktoren und Umständen. Dabei beschäftigen wir uns intensiv mit der Vergangenheit. Wir glauben zwar, wir denken an unsere Zukunft, doch wir tun dies immer mit den Augen der Vergangenheit. Wir sehen, was bisher in unserem Leben geschah und wollen es ändern. Wir gehen in Richtung Zukunft und hoffen, dort eine Änderung zu finden, weil wir nicht wollen, dass das, was wir gerade erlebt haben, und dass alles, was uns bis hierhin gebracht hat, für immer so weitergeht. Wir wollen eine Änderung von dem, was bisher geschah. Und dabei betrachten wir überwiegend das bereits Geschehene. Wir fühlen die alten Emotionen, denken die alten Gedanken und fragen uns, was wohl passieren würde, wenn das für immer so weitergeht. Eine gruselige Zukunft entsteht, vor der wir Angst bekommen. Keinen Ausweg zu finden macht uns depressiv, weil wir glauben, alles bleibt, wie es ist, und dass wir in unserer Vergangenheit gefangen bleiben, die immer wieder das Gleiche hervorruft. Ich schrieb, dass uns Wut und Frust treffen, wenn uns etwas von unserem glücklichen Leben abhält. Doch manchmal weichen Wut und Frust dem Selbstmitleid, der Niedergeschlagenheit und der Depression. Das geschieht, wenn wir keine Zukunft haben, in die wir flüchten wollen, weil sich unsere Gedanken keine bessere Zukunft vorstellen können. Wir erinnern uns an unsere traurige und machtlose Vergangenheit und glauben, die Zukunft würde uns keine Verbesserung bringen, dass sich alles nur immer wieder auf die gleiche Weise wiederholen wird und wir sowieso keinen Ausweg aus unserem Leid finden. Doch auch dieser Zustand ist nur eine Geschichte deines Wolfes, durch die er sich seine absurde Befriedigung durch die Sucht nach einer Identität holt und sich am eigenen Leid labt und wächst. Ich bat dich jedoch auch um eins: dass du von heute an deiner Geschichte nicht mehr glauben sollst.

Glaube nicht alles, was du denkst.

Der erste Schritt zur Veränderung ist, zu erkennen, dass du nicht das bist, was du dir und der Welt erzählst, und dass du nicht mehr glaubst, woran du festhältst. Wenn du dich davon trennst, wirst du unweigerlich mit deinen Emotionen in Kontakt treten, die an den Wolf gebunden sind wie ein Schatten. Sie geben dir zu der Story über dich das passende Ich-Gefühl und sorgen dafür, dass du weiterhin denkst, was du über dich und die Welt glaubst. Der Körper ist durch die auf ihn einprasselnden Gedanken inzwischen so darauf konditioniert, zu sein, wer er ist, dass er nicht anders kann, als dich an ihn zu binden, um der zu bleiben, der du bist. Entdecken wir jedoch den Raum um unsere Gedanken herum, erfahren wir uns als etwas, das existiert, aber ohne Existenz ist, als etwas Zeitloses und Ganzes. Etwas, in dem alles entsteht und in das alles vergeht, ohne dabei selbst zu vergehen. Auch hier nehmen wir die Emotionen bewusst wahr und erkennen, dass sie einem Ich gehorchen, das es nicht gibt. Das ist wichtig, weil wir sonst dem Körper wieder folgen. Und der führt uns nur wieder in die gleiche Zukunft, die nichts weiter ist, als ein Abklatsch der bekannten Vergangenheit. Denn der Körper kennt nur die Vergangenheit und spult diese ab, während der Verstand sagt, dass du nicht ganz zufrieden sein kannst, mit dem, was du jetzt gerade vorfindest und dich in eine Zukunft lockt, die es so nie geben kann.

Warum? Weil du voll bist von Gewohnheiten und Vergangenheit. Du kannst nur das kreieren, was du gewohnt bist. Von allem anderen denkst du, dass es nicht geht. Doch wenn du dich verändern willst, darfst du die Zukunft nicht vorwegnehmen. Du musst Platz für Neues schaffen. Was ist Neues? Das, was du nicht vorhersehen und kontrollieren kannst. Es ist das größte Wagnis aller Zeiten. Es ist eine Hingabe an das Leben, welches du nur im Jetzt erfährst. Denn im Jetzt existiert dein Wolf nicht. Zumindest, wenn du das Jetzt völlig annimmst und alles, was du verändern willst, im Jetzt tust. Zu glauben, du könntest morgen etwas ändern, entspringt dem Wolf, für den es immer nur morgen sein wird. So wirst du nie ankommen. Das zu durchbrechen ist enorm wichtig. Nur so kannst du dich ganz dem Jetzt und somit deiner Wunschzukunft hingeben. Und du musst die Emotionen auflösen, die kommen, wenn du deiner Stimme im Kopf nicht mehr folgst. Denn dann kommt der Körper und wird dich knallhart überreden wollen, wieder zurückzugehen. Denn das Neue ist das Unbekannte und Ungewohnte. Alles wird sich so was von nicht nach dir anfühlen. Deswegen musst du wissen, dass es dich nicht gibt. Du darfst auf deine Lügen, die du dir erzählst, nicht hereinfallen. Und du darfst dir nicht in die Hose machen, wenn die Gefühle meinen, sie würden dich töten. Nichts tötet dich. Doch wenn du dich nun anstrengst und alle Gedanken und Gefühle wegschiebst und dich dagegen wehrst, dann bist du auf dem Holzweg. Weil dann ein Ich in dir einen Zustand will, um ein altes Ich zu vertreiben und ein neues Ich zu werden. Der Weg geht aber über deine Ich-losigkeit hinein in den Moment. Nur hier findest du alles, was du willst, und kannst sein, wer du sein willst.

So, wie wir bisher auf die Zukunft schauen, können wir uns nur das vorstellen, was wir bereits kennen und alles andere wird von unserer Firewall abgelehnt. Unsere Welt bildet sich aus dem, was wir für möglich halten, und dem, was nicht. Wir beschränken uns selbst, in dem wir in den Grenzen unseres Verstandes leben. Doch wenn wir uns von diesen Grenzen befreien wollen, müssen wir zulassen können, dass morgen etwas anderes passieren darf, als gestern. Etwas, das wir eben nicht kennen, etwas, dass wir nicht planen und etwas, dass wir nicht vorhersagen können. Denn all diese Versuche würden nur aus der vertrauten Vergangenheit stammen. Wir dürfen die Zukunft also nicht mit unserer Vorschau und unseren Prognosen vollstopfen. Wir müssen immer wieder Platz schaffen für das, was wir nicht wissen und nicht kennen. Alles, was unbekannt und unberechenbar ist, ist das Neue. Und wir wollen zu dem Neuen werden. Und Veränderung heißt, das Alte los und das Neue zuzulassen. Wie willst du etwas Neues in dein Leben einladen, wenn dein Tag schon geplant ist? Wenn du jeden Schritt und jede Handlung vorwegnimmst? Wenn du in jedem Augenblick schon woanders bist? Du musst erst Platz schaffen, damit dieser Platz mit etwas Neuem gefüllt werden kann. Und das wird es. Nichts bleibt leer. Sobald du irgendwo ein Loch gräbst, wird das Loch mit etwas anderem gefüllt. Und sei es nur die Luft. Aber es gibt kein Nichts in dem Sinne. Selbst, wenn es noch nichts gibt, was du sehen kannst, so kreierst du Platz für Möglichkeiten.

Übung: Auf Möglichkeiten einstimmen

Sich so oft es geht darauf einzustimmen, Platz für Möglichkeiten im Leben zu schaffen, ist eine Übung, die du schon morgens nach dem Aufwachen tun, an die du dich den ganzen Tag über immer wieder erinnern und abends im Bett ebenfalls tun solltest. Du kannst auch darüber meditieren, indem du in der Versenkung dich mehr dem Unbekannten, dem Nichts, dem Raum, aus dem heraus das Elektron kommt, widmest. Wenn du deine Gedanken, sprich deine Aufmerksamkeit von den Dingen abwendest, die du kennst und auf das richtest, was du nicht kennst, dann befindest du dich im Schwingungsfeld der Materie. Erinnere dich: Jedes Atom besteht zu über 99 % aus Energie und nur zu 0,0001 % aus sichtbarer Materie. Wenn du deine Gedanken und deine Sinne von dem kleinen bisschen Materie abziehst und in den Raum spürst, der allem zugrunde liegt, dann richtest du dich auf die 99,9999 % Energie aus, die zwar nichts Greifbares für dich hat, aber die alles an Möglichkeiten beinhaltet. Jedes Atom, jedes Molekül, jede Form entspringt diesem Raum und unendliche Möglichkeiten lassen sich daraus kreieren. Lebst du in den dir bekannten Möglichkeiten, hervorgerufen durch deine Bewertung der Außenwelt anhand dem, was du kennst und nicht kennst, für möglich und für unmöglich hältst, kreierst du immer nur das Gleiche. Doch sobald du die Zukunft nicht vorwegnimmst und dich immer wieder unterbrichst, an Nachher zu denken und das Jetzt mit den Augen der Vergangenheit anzuschauen, dann trennst du deine Verhaftung an die dir bekannte materielle Welt. Doch wo lenkst du deine Aufmerksamkeit hin? Ins Unbekannte. Darauf, dass du nicht weißt, was passiert und es nicht vorwegnehmen kannst. Darauf, was du nicht sehen, fühlen, schmecken, riechen oder greifen kannst. Du wirst zu dem offenen, entspannten Fokus, der einladend und empfänglich ist, statt konzentriert und angespannt zu sein. Du liest zwischen den Zeilen und öffnest dich dem, was du nicht kontrollieren kannst. Diese Welt ist nicht rational greifbar, weil dein rationaler Verstand eben der Teil in dir ist, der die materielle Welt katalogisieren will, um sich in ihr zurechtzufinden. Deswegen musst du immer wieder dein sogenanntes »Ich«, dein Selbst, deine Identität und die daran gebundene Persönlichkeit so gut es geht hinter dir lassen.

Du lässt dich also hinter dir. Und jedes Mal, wenn dir angst und bange wird, stelle dich den Gefühlen und lass dich vom Wolf fressen, der an seiner gewohnten Welt festhalten will. Je mehr der Wolf ins Wasser beißt, desto mehr wird er selbst zu Luft, zu etwas Substanzlosem. Denn auch Gedanken und Emotionen sind nur ein winzig kleiner Bruchteil an Formen, die dem Raum innewohnen, aus dem sie kommen und zu dem du werden kannst, sobald du deine Aufmerksamkeit dem Raum hinter jeder Form widmest. Entdecke dich also als Energie, anstatt dich für Materie zu halten. Spüre die Fülle in der Leere, was heißt: Schenke dem »*Nicht-Greifbaren*« und Formlosen deine Aufmerksamkeit und werde dadurch selbst leer. Und dann findest du in dieser Leere, zu der du geworden bist, die Fülle an Möglichkeiten, an Einfällen und kreativen Ideen, die scheinbar aus dem Nichts kommen. Und du findest dort alle Gefühle und Zustände, die du erfahren kannst, sobald du dich für eines entscheidest und es durch deine fokussierte Aufmerksamkeit einlädst, Teil deiner Erfahrung in diesem Moment zu sein. Und da das Leben immer nur dieser Moment ist und du aus dem Inneren heraus in jedem Moment kreieren kannst, was du willst, sobald du dich entscheidest, wirst du jeden Moment deines Lebens Glück spüren können, sobald du dich entschieden hast, es sehen, oder genauer, in dir spüren zu wollen. Und ist deine innere Verfassung von Glück durchtränkt, flutet sie das Außen und resoniert mit den Dingen, die dir dieses Glück widerspiegeln. Es ist deine Entscheidung, worauf du dich fokussieren willst. Das heißt nicht, dass du das Unglück dieser Welt nicht sehen willst, es wegschiebst oder sagst, es gäbe es nicht. Genauso, wie du auch hinderliche, dich lähmende Emotionen durch dein Annehmen daran hinderst, dein Wasser zu trüben, so ist die Kenntnis über das Übel der Welt genauso etwas, dass du zwar wahrnimmst und respektierst, aber dich nicht in ihm verlierst und am Ende selbst noch dazu wirst.

Dein »*Ich*« wohnt in der Materie und hält sie für 99 % Wirklichkeit. Was aber bist du wirklich, wenn du durch dein begrenztes Ich hindurchschaust? Versuche eine Haltung zu entwickeln, die im Fluss des Lebens nicht von einem Ast zum nächsten greifen und prognostizieren will, wie der Fluss sich wohl hinter der nächsten Biegung verhalten wird, sondern lasse dich auf das Schwimmen, auf das Neue, auf das Spontane und Frische ein, das dir der Moment bietet, sobald du es ihm gestattest, da sein zu dürfen. Versuch erst einmal dich treiben zu lassen. Damit meine ich nicht, dich in Tagträumen und einer gleichgültigen Haltung zu verlieren, sondern mit dem unbekannten Jetzt zu fließen. Wenn dir das vertrauter wird, wirst du viel leichter lernen, wie du aus diesem Fließen heraus durch einen gezielten Fokus die Dinge zu dir heranziehst, nach denen du dich sehnst. Es ist, als würde der Fluss die Dinge zu dir spülen, sobald du deine Aufmerksamkeit steuern und deinen Fokus aufrechterhalten kannst. Doch solange deine Aufmerksamkeit vom aufgebrachten Wolf vereinnahmt ist, legt sie sich auf alles Bekannte in der kleinen fast nullprozentigen Welt der Materie und wechselt beständig von einem Ding zum nächsten. Deswegen ist die zweite wichtige Übung, neben dem Verweilen im Jetzt, die Stabilisierung deiner Aufmerksamkeit durch das Trainieren deines Fokus.

Übung: Stabilisiere deinen Fokus

Erinnere dich an all das, was ich dir zum Thema Fokus gesagt und an Übungen gezeigt habe. Der Fokus, den wir brauchen, ist »nicht-wollend«. Er ist offen, weit, empfänglich, weich und doch auf einer Sache stetig ruhend. Wie ein Fenster, durch das Licht scheint. Wie der Zuschauer im Konzertsaal, der dem Sänger lauscht, ohne dabei von einem Musiker zum anderen zu wechseln oder sich in Träumen, Gedanken und Fantasien zu verlieren. Bleibe bei dem, was du tust, beharrlich dabei, aber immer mit dem gewissen zurücklehnenden Etwas, wie du es hast, wenn du massiert wirst. Übe es so oft du kannst, bspw. wenn du jemandem oder etwas zuhörst, irgendwo hingehst, atmest oder dir etwas anschaust. Lasse dich und deinen inneren wie auch äußeren Blick weich werden. Nimm deine Persönlichkeit raus und analysiere nicht, was du wahrnimmst. Die »100 Atemzüge« sowie »Das Schauen mit weichen Augen« sind hilfreiche Übungen, deinen Fokus zu trainieren. Suche dir immer wieder eine Sache im Alltag aus, bei der du für einige Zeit bleiben kannst. Und dann versuche auch bei dieser Sache zu bleiben. Und übe dich darin, immer wieder, ohne unnötige Gedanken und innere Aufregung, zu dieser Sache zurückzukehren, sobald du dich selbst wieder abgelenkt hast.

Trainiere deinen Fokus immer aus dem Sein heraus, nicht aus dem Verstand. Der Verstand will immer etwas haben. Er befindet sich immer im Mangel und braucht etwas. Und bekommt er, was er will, kann er nicht zu dem werden, was er sein will, weil er eben der Teil ist, der die Trennung verursacht, die dich im Gefühl verbleiben lässt, nichts wäre jemals genug. Doch wenn du über das Sein in die Ich oder besser in die Selbst-losigkeit gehst, ist nichts da, was etwas von den Dingen will. Und genau dadurch ermöglichst du den Dingen, den emotionalen Zuständen, den inneren und äußeren Formen, die du dir wünschst, sich zu zeigen, dich dir zu nähern, sich mit dir zu verbinden und eins mit dir zu werden. Einfach schon aus dem Grund, weil nur das Ich aus der Welt zwei Dinge macht, die man entweder besitzt oder nicht besitzt. Doch wenn du ein Gespür für die Energie bekommst, die allem zugrunde liegt und aus der heraus alles entspringt, dann ist das »*eine einzige Energie*« und nicht »*deine Energie dort und meine Energie hier*«. Selbst du und ich sind eins, weil wir beide der gleichen Energie entspringen. Wenn du deine Fensterläden öffnest, dann kann das Licht in dich eindringen und in dir und zugleich auch im Außen scheinen.

Wie mir Schafe die Fülle lehrten

Wer mich kennt, weiß, wie sehr ich Schafe mag. Das liegt an einer sehr intensiven und mir nahegehenden Erfahrung, die ich bei einem längeren Aufenthalt in einer zen-buddhistischen Gemeinschaft mit einer angeschlossenen Tierschutzstelle machen durfte. Neben den täglichen Meditationen, die mich morgens und abends mehr mit dem Sein verbunden haben, sodass dieser Zustand auch in den geschäftigen Alltag einfließen konnte, verbrachte ich den Tag damit, die Tiere in der Tierschutzstelle zu versorgen. Wer meinen Podcast »*Schafe im Nebel*« kennt, kennt auch die Geschichte. Doch was hierfür relevant ist, war meine Erfahrung mit einer kleinen, noch recht wilden Truppe an Schafen. Ich hatte keinerlei Vorkenntnisse im Umgang mit Tieren und schon gar nicht mit solchen, die machen, was sie wollen, wann sie es wollen und wie sie es wollen, ohne auf Menschen sonderlich zu reagieren oder gar auf sie zu hören. Und da stand ich und sollte mit ihnen in den Bergen auf die Weide gehen, welche weder Absperrung noch Schutz bot. Ich sollte sie führen, auf sie aufpassen und nach geraumer Zeit zurück zum Stall führen. Die ersten Tage sprang ich herum, wie ein aufgescheuchtes Eichhörnchen und versuchte die Tiere zu kommandieren, zu führen, zu kontrollieren und anzuweisen. Das ging deutlich in die Hose. Sie machten, was sie wollten, gingen mir aus dem Weg oder rannten vor mir weg. Lediglich süßes Futter, das ich für den Notfall bei mir trug, ließ mich sie etwas steuern. Ein klassischer Fall von Manipulation durch Belohnung. Doch die erste Zeit waren es einfach nur Schafe, die machten, was sie wollten, und ich, der gestresst und aufgeregt versuchte, seinen Willen durchzusetzen. Doch mit den

Tagen konnte ich mich leichter mit der Anwesenheit der Schafe entspannen und ließ mich eher von ihnen führen, als dass ich versuchte sie zu führen. Anstatt zu bestimmen, wohin sie gehen sollten und wohin nicht, folgte ich ihnen, ohne etwas von ihnen zu wollen. Ich setze mich dorthin, wo sie grasten, und verweilte in Absichtslosigkeit.

Ängste, die auftauchten, ich könnte etwas falsch machen oder etwas Schlimmes könnte passieren, löste ich auf, indem ich mich nicht in Gedanken an die Zukunft verstrickte und mich mehr in den Moment und dessen spontane Wendungen einbrachte. Die Schafe reagierten auf meine daraus entstandene Friedfertigkeit und begannen mehr in meiner Nähe zu grasen und mich auch verstärkt wahrzunehmen. Langsam verloren sie ihre Scheu und kamen mir näher. Sie akzeptierten mich mehr und mehr, um sich später ganz mit mir anzufreunden. An einem Tag geschah es dann: Der sonst so störrische Bock, der sich nicht einmal anfassen ließ, legte sich zu mir und seinen Kopf auf meinen Schoß. Ich spürte seinen warmen Atem auf meiner Haut und Tränen schossen mir aus den Augen. Ich glaube, ich war noch nie so von einem Moment berührt wie von diesem. Ich fing unwillentlich an, Teil der Gruppe zu werden. Es gingen nun nicht mehr die Schafe und ich los, sondern wir gingen gemeinsam. Ich hatte das Gefühl, eins mit dieser Gruppe zu sein und konnte mich mit ihnen dynamisch und leicht über die Wiesen bewegen. Ich studierte sie und ihre unterschiedlichen Charaktere nicht, sondern begann sie zu fühlen, so, wie auch sie begannen, mich zu fühlen. Aus diesem »*Eins-Werden*« heraus begann ich Impulse zu setzen bspw. wo wir langgehen werden, wo wir bleiben und wann es zurückgeht. Da waren kein Kontrollieren und kein Wollen mehr. Es entstand immer aus dem Fühlen des Momentes heraus, der absoluten Gegenwärtigkeit, der absichtslosen Aufmerksamkeit, die ich den Schafen entgegenbrachte und den sich daraus zeigenden intuitiven Eingebungen, die ich empfang. In den letzten Wochen war es dann schon so, dass wir uns einander fühlten, ohne zu reden, zu gestikulieren oder uns zu sehen. Ich stand einfach auf und sprach lediglich in meinen Gedanken zu mir und den Schafen gleichzeitig, dass wir gehen. Plötzlich nahmen sie ihre Köpfe aus dem Gras und folgten mir blindlings. Ich hatte das tiefe Gefühl, dass es keine Trennung mehr gab. Was ich fühlte, fühlten sie und umgekehrt. Wir waren eine Einheit, die sich miteinander, aber unter meinem nicht-wollenden und doch fokussierten und zugleich hingebenden Kommando in die Richtung bewegte, die ich vorgab.

Ich hatte Zugang zu meinem wirklich freien Willen gefunden, der sich aus der Verbindung heraus mit dem, was ist, in dieser Welt entfalten konnte. Die Umgebung stimmte sich auf mich ein, je mehr ich mich auf die Umgebung einstimmte. Und je weniger mein unkontrolliertes Denken für Ungleichgewicht in meinen Emotionen sorgte und den Moment vernebelte, desto empfänglicher wurde ich für kreative Einfälle und intuitive Eingebungen, die mich mit Leichtigkeit genau dorthin brachten, wohin ich tatsächlich wollte, und die mich so mit den Schafen verbanden, dass ich heute nicht mehr sagen kann, dass Tiere einfach nur Tiere sind und der Mensch über ihnen steht. Vielmehr merkte ich, dass wir alle das gleiche Leben sind. Etwas, das ich dann auch in den im Wind wippenden Gräsern spürte und ich selbst zu dem wippenden Gras wurde, sobald ich mich auf die Wiese setzte und auch da in das Einssein glitt. Es schien, als verstünde ich die ganze Welt. Schlicht aus dem Einssein heraus. Denn alles spielte sich in mir ab. Die Gräser wippten in mir, die Schafe fühlte ich in mir. Ihr Atem war mein Atem. Gräser, Schafe und ich waren keine getrennten Lebensformen, sondern eine einzige Form, die in ihrer Formlosigkeit, also dem, was hinter den Erscheinungen liegt, eins sind.

Das, wohin es mich trieb, war immer genau das, was mich erfüllte und was ich in diesem Ausmaß an Erfüllung nicht hätte anders finden können, selbst, wenn ich es mit dem Verstand gesucht hätte. Als ich diesen losließ und mich hingab, kam alles zu mir. Und ich erkannte, dass ich die Kraft zur Lenkung und Gestaltung meines Lebens in mir trage. Doch das schwer zu Beschreibende ist, dass ich es eben nicht erzwungen oder gesucht habe. Ich habe mich in die Unwissenheit fallen lassen, um in die Weisheit einzutauchen, aus der heraus ich eben nicht einfach nur auf der Wiese dahinvegetierte, wie der Wolf meint, wie es wäre, wenn man nichts mehr kontrolliert. Es war, als würde ich mich selbst führen, genau dorthin, wohin ich wollte und dass sich mein Umfeld daran ausrichtet. Es fiel mir zu. Nicht einfach irgendwas, was der Weihnachtsmann zufällig noch für mich übrig hat, sondern genau das, was ich auf den Wunschzettel malte. Im Grunde ließ ich die Kontrolle los, der Weihnachtsmann solle mir meine Wünsche erfüllen, und ich entdeckte, dass ich selbst der Weihnachtsmann bin und mir erfülle, was ich mir wünsche, wenn ich meinem kleinen Ich aus dem Weg gehe und Platz für das große Ich mache, das sich zeigt, sobald ich mich dafür öffne. Aber das ist eben nicht vorhersagbar oder etwas, das ich beweisen kann. Es geschieht. Und es geschieht immer auf verblüffende und wundersame Weise.

> *Wir können unser Leben auf zwei Arten leben: entweder so, als wäre nichts ein Wunder, oder so, als wäre alles ein Wunder.*

Im Swimmingpool der Fülle

Es ist immer wieder interessant, wie wir das bekommen, was wir uns wünschen, wenn wir den Wunsch im Herzen tragen, aber vom Wollen loslassen. Normalerweise ist es in unserem Leben so, als würden sich zwei Tropfen Wasser im See begegnen und sich gegenseitig für Individuen halten. Trennen wir uns vom einschränkenden Glauben, ein individueller Tropfen zu sein und tauchen stattdessen in das gesamte Wasser des Sees ein, können wir uns als den See selbst erfahren. Und wenn das gelingt, dann kannst du, als See, selbst wählen, welcher Tropfen sich zeigen soll. Da jeder Tropfen aus dir entspringt, ist alles, was du willst, nichts von dir Getrenntes oder außerhalb von dir Befindliches, sondern etwas, das aus dir selbst heraus entsteht, sobald du es sehen willst. Willst du etwas in deinem Leben sehen und erfahren, solltest du es also zuerst in dir finden. Denn wir sehen nur, was wir in uns tragen, so wie wir auch nur geben können, was wir selbst haben. Damit sich die Fülle also im Außen zeigt, solltest du die Fülle in dir ergründen. Willst du etwas Bestimmtes im Außen sehen, willst du es haben, damit es dir etwas gibt, was du nicht hast und dir somit einen Beweis für deine Fülle liefert. Dann bist du der Wolf, der auf Beutezug ist und die Leere seines bodenlosen Fasses füllen will. Findest du alles, was du im Außen suchst, in deinem Inneren, wird es zu deinem Sein, das sich über dich in die Welt hinein ausstrahlt und diese transformiert.

Stell dir vor, die Welt der Energie, der Möglichkeiten, der unbegrenzten Potenziale, die nicht sichtbar ist, aber die Grundlage jeder materiellen äußeren und mental-emotionalen inneren Form ist, ist wie ein großer Swimmingpool. Du stehst regungslos in diesem Pool voller nicht greifbarer Fülle. Trotz dessen, dass du dich nicht bewegst, nichts erreichst und nichts tust, bist du umgeben vom Wasser der Fülle, das du wahrnehmen kannst, sobald du deine Aufmerksamkeit auf die gesamte Fülle des Pools oder auch auf Teile dessen richtest, was diese beinhaltet wie bspw. das Gefühl von Liebe, Freiheit, Klarheit, Zweifelsfreiheit, Ruhe, Freude oder Glück. Wie in jedem Pool geht nichts von diesem Wasser verloren. Alles, was über den Rand schwappt, wird durch eine Rinne aufgefangen und zurück in den Pool geleitet. Ganz egal, was passiert, du hast immer ausreichend warmes Wasser zu jeder Zeit um dich herum. Zuerst sollten wir üben, uns in diesem Pool zu erleben, dieses Wasser, die Fülle des Seins zu spüren, die sich als meist warmer, leichter oder auch freudiger Frieden einstellt. Es ist, als würde sich etwas in dir öffnen und dir diesen Frieden schenken. Dann können wir später auch uns gezielt auf das zubewegen, was wir wollen. Doch ist dies kein unbedingtes Bewegen durch Raum und Zeit. Denn eine kleine innere Ausrichtung sorgt schon für Wellen im Pool, die von dir ausgestrahlt, dann vom Rand abgeprallt und auf dich zurückgeworfen werden. Alles, was du also aussendest, empfängst du noch deutlicher. Das, was du aussendest, entspringt deinem Fokus, deiner Aufmerksamkeit, deiner Absicht oder auch »*Intention*« genannt. Das, was du also sehen, erleben und erfahren willst, sendest du durch deine Intention aus. Und da du bereits im Pool selbst als der energetische Raum stehst, aus dem heraus alles entsteht, bist du mit allem verbunden und kannst alles bereits in dir erfahren, noch bevor du es als etwas Materielles vor dir siehst. Der Pool ist ein Pool der Schwingung, nicht der Materie. Vergiss das nicht. Du kannst es nicht greifen, das Wasser nicht sehen, aber du kannst es spüren, wahrnehmen und fühlen. Erst in dir und dann um dich herum. Manchmal auch anders rum. Dann spürst du, was du suchst, um dich herum, bis du die Grenzen in dir fallen lässt und dich davon durchdringen lässt. Denn in einem Pool, in dem alles eins ist, gibt es weder Grenzen noch ein Innen und Außen. Ob du nun etwas in dir oder außerhalb von dir wahrnehmen kannst, ist sofort aufgehoben und als Ganzes verschmolzen, sobald du dich hingibst, dich öffnest und es geschehen lässt.

> *Wenn du die Geheimnisse des Universums ergründen willst,*
> *denke in Begriffen wie Energie, Schwingung und Frequenz.*

Was du bist, wirst du erfahren

Als Wolf, der etwas anschieben und erzwingen will und Beweise in Form von Dingen braucht, wirst du dich immer neben dem Pool befinden, dich wundern, warum er leer ist und alles Mögliche tun, um Gegenstände dort hineinzuschütten. Die Gegenstände sollen dir die Fülle geben, doch bleiben sie einfach nur Gegenstände. Denn das, was du greifst, sind Objekte und Formen im Außen (sei es ein Gegenstand, ein Erfolg, eine Summe auf deinem Konto, Beziehungen und vieles mehr), die an sich leer sind. Du greifst nach ihnen und hoffst, sie erfüllen dich. Doch da du selbst leer bist, wirst du durch sie doch irgendwann in deine Leere zurückgeworfen. Denn der, der du gewohnt bist zu sein, ist der, der sich getrennt fühlt, noch nicht am Ziel ist, der im Mangel und in der Opferhaltung lebt. Doch diese Haltung kommt dir nicht vor wie die eines Opfers, weil du dir diese Haltung schönredest und es dir mit einer gewissen Art von Überheblichkeit, mit deinen Argumenten oder deinen Beweisen glaubhaft einredest. Du liegst eben einfach richtig und kannst jedem anhand deines eigenen Lebens genau erklären, warum du recht hast. Du wartest und schaust nach vorn, in der Hoffnung, es würde sich in deinem Leben etwas ändern, damit du dich ändern kannst. Und du suchst die Veränderungen und hoffst, wenn du dein Außen nur etwas geraderückst, dass sich dein Inneres dann danach ausrichten wird. Und das gelingt auch ein Stück weit. Du räumst dein Zimmer auf, wenn es dir im Inneren zu unordentlich wird, in der Hoffnung, die äußere Ordnung gibt dir die Innere. Du räumst dein Zimmer um, wenn du dich neu fühlen und neuen Schwung in dein Leben bringen willst. Du kündigst deinen Job, verlässt die Stadt, deinen Partner, dein Umfeld, damit du dich befreien kannst. Und manchmal kaufen wir uns einfach neue Klamotten, damit wir in eine neue Rolle schlüpfen können. Wir ziehen uns anders an, um jemand anders zu werden. Doch wenn all dein Tun nicht auf einer neuen Grundlage deines Seins aufbaut, dann wird dein altes Ich schon bald dein neu eingerichtetes Zimmer und deine neuen Klamotten auf die alte gewohnte Weise durchtränken. Dann fühlt sich bald alles wieder wie gehabt an und dein Gefühl der Veränderung oder der Befreiung verfliegt mit den Dingen, an die du das Gefühl gekoppelt hast. Dann kann deine Laune schnell in Enttäuschung umschlagen, weil wir eben nicht das gehoffte Ergebnis in Form des gewünschten Gefühls bekommen haben oder aufrechterhalten konnten. Dann werden wir ärgerlich und frustriert. Und das passiert sehr häufig, wenn wir unseren Zustand auf Dinge und Ergebnisse bauen, statt auf unseren Seins-Zustand, dem, was wir jetzt in diesem Moment schon sind bzw. sein könnten.

Ein Esel bleibt ein Esel, selbst wenn du ihm einen Frack anziehst.

Du bist abhängig von den Dingen im Außen, die dir das Gefühl widerspiegeln sollen, was du wirklich fühlen willst. Doch die Dinge spiegeln dir nur wider, was du bist. Räumst du also dein Zimmer um, dann fühlst du dich danach etwas anders, vielleicht frischer, neu und freier. Du hast dich etwas von dem alten Ich getrennt und Platz geschaffen für ein neues Fühlen. Das ist an sich nicht verkehrt. Wir können uns äußerlich Platz schaffen, damit sich etwas Neues in und um uns ausbreiten kann. Das Außen hier und da zu verändern, kann uns dabei behilflich sein. Doch sie sind nur Auslöser für dein Fühlen, nicht deren Grundstein. Die Dinge im Außen beherbergen kein Gefühl. Sie können uns nur an das Erinnern, was wir bereits in uns tragen und dadurch in den Dingen sehen. Wenn das Gefühl der Frische, die dein neu gestaltetes Zimmer in dir auslöst, nicht dein wesentlicher Seins-Zustand ist, dann wird es nicht lange anhalten. Dann wirst du in ein paar Wochen wieder Dinge tun, die dich die Frische fühlen lassen müssen, weil inzwischen das neue Zimmer wieder zum alten Zimmer geworden ist, weil du es mit dem alten, gewohnten Blick und deinem gewohnten Ich-Gefühl durchtränkt hast. Doch all die Dinge, die dir das geben sollen, was du brauchst, verdampfen, wie ein Tropfen auf dem heißen Stein, weil sie in der Hitze deines alten Seins nicht überleben.

Dein Wolf, dein programmiertes Ich, ist der Grund, warum du früher oder später in deiner Umgebung doch wieder keinen Frieden findest bzw. warum du ihn nie finden wirst, weil der Wolf Frieden nicht erkennen kann. Er kann nur Dinge sehen, von denen er *meint*, sie beherbergen den Frieden. Und die liefert er dir. Und manchmal können wir in den Dingen etwas länger den Frieden erkennen. Wir halten uns unsere Familie vor Augen, reden uns unser Leben schön, erinnern uns daran, was wir haben: »*Mir geht es gut. Ich habe einen tollen Partner, ein liebes Kind, einen guten Job und eine schöne Wohnung.*« Doch all unser Besitz ist nur eine über den Teppich der Angst gelegte Decke. Und sobald dort ein Loch hinkommt, fangen wir an, diese zu flicken, indem wir die Welt kontrollieren oder den Verlust durch eine neue Anschaffung kompensieren wollen. Solange wir dabei alles unter Kontrolle haben, macht uns das nicht heiß. Doch wenn da einer kräftig daran zieht, kommt der ganze Dreck in dir hoch.

Ich erinnere mich da an meine alte WG. Nicht selten hat sich der Abwasch dort bis an die Decke getürmt. Und anstatt ihn abzuwaschen, haben wir, wenn Besuch kam, einfach ein sauberes Geschirrtuch darübergelegt. Da musste keiner sehen, wie schmutzig es eigentlich ist. Nach außen sieht alles gut aus. Und auch wir fühlen uns gut. Aber wenn einer dann genauer hinschaut, sieht man den Dreck. Und wenn du bei dir nicht genauer hinschauen willst, dann suchst du im Außen nur ständig weitere Geschirrtücher, die du über deinen Dreck legen kannst. Dann redest du dir deinen Besitz noch schöner, häufst noch mehr an und lenkst dich mit deinen Beschäftigungen noch mehr ab. Und vielleicht gelingt es dir, dich damit bis zu deinem letzten Tag zu hangeln. Und spätestens dann fällt auch das alles zusammen, weil du nichts von deinem Besitz mitnehmen kannst. Du bist nackt gekommen und du gehst auch wieder nackt. Und diese Nacktheit ist es, was den Dingen, die du dir anziehst, den Sinn gibt. Wenn in deiner Nacktheit nichts zu finden ist, findest du auch nichts oder nur einen flüchtigen Sinn in den Dingen. Wenn es aber unter deinem Geschirrtuch glänzt und du mit deinem nackten Sein in Frieden bist, wird alles durch diesen Frieden getränkt: Das, was du anziehst, was du anschaust und was du umräumst. Dann räumst du die Dinge nicht um, weil du einen Mangel beheben willst und hoffst, der Mangel könne eine Zeit lang durch dein Tun behoben werden. Du räumst dann die Dinge aus einem anderen Antrieb um. Du gibst den Dingen die Fülle, die du in dir schon spürst. Sie werden ein Abbild deiner Haltung.

Die Dinge bekommen Sinn und Lebendigkeit durch das, was du schon in dir trägst. Aber das tun sie jetzt auch schon. Die Leere und die Vergänglichkeit bzw. das Leid und die Trauer über die Vergänglichkeit, die du in den Dingen siehst, ist das, was du auch in dir trägst. Und das daran gekoppelte Gefühl der Traurigkeit und der Angst vor dem eigenen Zerfall sind der Antrieb, die Dinge immer wieder zu errichten, damit du nicht ständig an deinen eigenen Tod erinnert werden musst. Und so baust du dir dein Kartenhaus auf und packst links eine neue Karte dran, während sie rechts schon wieder umfallen. Doch wenn wir den Dingen die Fülle schenken wollen, die in uns ist, müssen wir finden, was uns die Fülle in uns nicht erkennen und fühlen lässt, um dann den Schmutz abzukratzen und wieder in der Welt scheinen zu können. Der Schmutz sind all die ätzenden Gefühle, die wie eine Fettschicht auf unserem Herzen liegt. Dort haben wir unsere Ohnmacht und Selbstkritik, unsere Minderwertigkeit und Arroganz, unsere Machtlosigkeit und Niedergeschlagenheit. Wir finden dort die Angst vor dem Tod, die daraus resultierende Sinnlosigkeit, die Unruhe und Nervosität, wir könnten unser Leben vergeigen oder nicht genug erlebt und erfahren haben, in der kurzen Zeit, in der wir hier sind. Wir haben Angst, wir könnten falsche Entscheidungen treffen, Fehler machen, dass es nicht schnell genug geht und so weiter. Alles nur, weil wir das Bestmögliche aus diesem Leben herausholen wollen, bevor wir abkratzen. Und da du diesen Gefühlen entkommen willst, die wie ein Schatten hinter dir lauern, hast du den Wolf ins Leben gerufen, der nun vor diesem Schatten weglaufen und uns davon befreien soll. Doch da Wolf und Schatten eins sind, wirst du den Schatten immer hinter dir sehen, wenn du dich nicht umdrehst und dich ihm stellst.

Auf der Suche nach dem, was du wirklich willst

Die Frage nach dem *Warum* ist wohl die wichtigste Frage, die du dir im Leben stellen solltest. Und das nicht nur einmal, sondern immer wieder. Lass mich dir erklären, warum das »Warum« so enorm wichtig ist. Nehmen wir bspw. dieses Buch: »*Was*« du hier tun wirst, ist klar: dich so zu verändern, dass du wirst, wer du sein willst. »*Wie*« das funktioniert, wirst du anhand der Übungen erlernen. Das wird am Anfang vielleicht nicht immer so klappen. Manchmal braucht es Zeit. Manchmal wirst du Erfolgserlebnisse haben und dann doch mal wieder einen Patzer. Manchmal hast du einfach nicht die Zeit, intensiv zu üben, die Couch scheint bequemer zu sein und der Schweinehund bellt laut. Oder du wirst die ersten Erfolge haben und dich dann auf deinen ersten Lorbeeren ausruhen. Vielleicht erscheint es dir an manchen Stellen auch doch zu schwer und du gibst auf. Damit das nicht geschieht und du wirklich dranbleibst, muss dir klar sein, »*Warum*« du das hier tust und »*Warum*« du es auch durchziehen wirst: solange, bis du geschafft hast, was du schaffen willst. Solange, bis du dir selbst nichts mehr schuldig bist. Solange, bis du der geworden bist, der du sein willst. Es werden Hürden auf dich warten, das ist mir klar. Wenn nicht, umso besser. Doch falls – und ich hatte einige – ist dein »*Warum*« die rettende Hand, der heldenhafte Helfer, das Licht am Horizont. Mit ihm wirst du dich durch jedes Loch, jedes Tief, jeden Krater des Selbstmitleids und der Opferhaltung ziehen und erheben können.

Doch über dieses Buch hinaus wird dich dein Warum immer mit dem verbinden, worum es dir wirklich im Leben geht. Dadurch kannst du dich immer wieder neu ausrichten und dich auf deine Wünsche einstimmen, anstatt dich von deinem Mangel in die Knie zwingen zu lassen. Wie bereits schon oft gesagt, hat alles, was du im Leben tun und erreichen willst, niemals etwas mit dem Ziel zu tun, sondern immer nur mit dem Gefühl, welches du dahinter vermutest. Dein Warum ist also ein bestimmtes Gefühl, das du fühlen willst und dir meist in der Zukunft ersehnst, um ein Gefühl zu verändern, welches du gerade fühlst, aber nicht mehr fühlen willst.

Übung: 100 Dinge, die du nicht willst

Wenn du auf deine Liste, der 100 Dinge, die du willst, blickst und dir deine Einwände und Ausreden anschaust, warum du nicht bekommen solltest, was du dir wünschst, werden sich diese Einwände bestimmt nicht gut anfühlen. Ich möchte, dass du ein Gespür für deine eigenen Einwände bekommst und wie diese sich im Körper anfühlen. Ich möchte generell aber auch, dass du dir bewusst darüber wirst, was in deinem Leben du nicht willst und warum du es nicht willst. Nimm dir deine Liste vor und schau auch in deinen Erinnerungen und momentanen Lebensumständen nach den Dingen, gegen die du dich wehrst und die du entfernt haben möchtest. Seien es Dinge um dich herum oder mentale oder emotionale Zustände.

Ich möchte dich bitten, eine neue Liste anzufertigen, mit den Dingen, die du nicht willst, und dir dazu zu notieren, warum du sie nicht willst. Da dein Warum

TEIL 3 VERÄNDERE DICH

ein entsprechendes Gefühl ist, bitte ich dich also, all die Gefühle zu notieren, die du ablehnst. Schreib nicht einfach nur auf, dass es sich scheiße anfühlt, sondern beschreibe das Gefühl genauer. Wie unterscheidet sich die beschissene Situation von der anderen? Und achte bitte auch auf deinen Körper! Wo genau kannst du das Gefühl ausmachen? Wie fühlt sich dein Körper dabei an? Was für Empfindungen kannst du wo wahrnehmen? Wie reagiert dein Körper beim Fühlen dieser Gefühle?

Lass dein Denken bei dieser Übung los, denn er liefert dir nur Beweise und Argumente. Wir wissen, er hat recht und braucht nicht immer dazwischenfunken. Wir wollen analysieren, wie sich die beschissenen Zustände wirklich anfühlen. Wir wollen sie kennenlernen. Wenn du die Zoom-Methode als Übung gemacht hast, kannst du hier ähnlich vorgehen: Entspanne deinen Geist und begib dich in den Körper. Nimm dir eine Situation oder einen inneren Zustand aus einer entspannten Grundhaltung hervor und tauche langsam in diesen hinein, ohne gänzlich zu diesem zu werden. Mache dies langsam und genau und filtere so jedes kleine Detail des »Sich-beschissen-Fühlens« heraus und schreibe dir das Gefühl und die entsprechende Körperreaktion und wo du es im Körper spürst genau auf!

Wir müssen uns den negativen, hindernden Emotionen stellen, statt sie zu verdrängen und zu kompensieren. Wir müssen ihnen direkt ins Gesicht schauen und ihnen die Macht über uns nehmen. Der erste Schritt ist, sie dir anzusehen, aufzuschreiben und genau hinzusehen, was sie in dir auslösen! Wenn du das weißt, kann es weitergehen.

Dein Unterbewusstsein, das stark mit deinem Körpergefühl verbunden ist, kennt keine Verneinung. Selbst wenn du sagst, du willst keinen Hass mehr, wird »*Hass*« zuerst in dir erzeugt und du fühlst den Hass. Dein Körper verkrampft und dein Denkapparat liefert dir entsprechende Bilder, die mit Hass zu tun haben. Jetzt fühlst du den Hass noch mehr, obwohl du ihn nicht fühlen wolltest und tust dir so am Ende nur selbst weh, obwohl du den Schmerz vermeiden willst. Sagst du aber, du willst »*Zuneigung*«, wird dir dein Verstand auch passende Bilder liefern, die zu der Aufgabe passen, die du ihm gestellt hast. Jetzt wird einiges viel klarer. Anstatt dich also von den Dingen, die du nicht willst, von einer Ecke zur anderen jagen zu lassen, wie ein Ball in einem Flipperautomaten, solltest du das Ziel gleich ansteuern. Und das geht, wenn du weißt, warum du etwas willst, anstelle, warum du etwas nicht willst.

Übung: Das Gefühl der 100 Dinge, die du willst

Ich bitte dich nun, dir deine Liste mit den 100 Dingen, die du haben und erfahren möchtest, wieder vorzunehmen. Markiere dir die Punkte, die dich am meisten bewegen und beim bloßen Gedanken daran innerlich erfüllen. Lass deine Ausreden, warum es nicht geht, fallen und schau nur, was davon sich gut anfühlt. Schaue nicht aus den Augen des Wolfes. Dieser will vielleicht etwas, was du am Ende selbst gar nicht willst. Er sucht Begründungen und Beweise, will sich etwas schönreden oder findet Argumente, warum du etwas wollen sollst und warum nicht. Doch bei dieser Übung bitte ich dich, die Punkte auf deinem Zettel wieder mit dem Körper zu fühlen und darauf zu achten, bei welchen Punkten er sich spontan zusammenzieht und bei welchen er sich entspannt, lockert und öffnet. Suche also keine Argumente oder passende Gedanken, sondern gib dich ganz dem Gefühl hin, das du spürst, wenn du dir jeden einzelnen Punkt anschaust.

Und dann schreibe dir die Gefühle, die du spürst hinter die Punkte, die dich am meisten berühren. Das sind die wahren Ziele, um die es dir geht. Du nutzt schließlich die Dinge, die du haben willst, nur dazu, um dich auf eine bestimmte Art fühlen zu wollen. Es geht immer nur um das Gefühl. Und damit solltest du dich vertraut machen. Was also willst du in deinem Leben fühlen? Schaffe dir auf die Art eine Liste deiner Wunschgefühle und Zustände, die Teil deines neuen, angestrebten Seins-Zustandes sein sollen.

Es ist wichtig, dass du lernst, dich immer genauer mit dem vertraut zu machen, was du wirklich willst. Und das geht beim Fühlen los, denn das, was der Wolf will, kann uns schnell in die Irre führen. Doch das, was wir wirklich wollen, finden wir immer als Gefühl in uns. Wenn wir uns Jahre diesen Gefühlen verschlossen und uns verweigert haben, sie zu fühlen, dann sind die ersten Versuche, sich den wirklichen Zielen in unserem Leben zu öffnen, anfangs noch recht schleierhaft. Du wirst es vermutlich nicht gleich heute alles herausgefiltert haben. Auch ich setze mich regelmäßig daran, meine Beweggründe auf diese Art kennenzulernen und richte mich oft auch wieder neu aus. Was ist wahr und was gaukelt mir nur mein Versand vor? Will ich wirklich das Ding, was ich meine, haben zu wollen,

> oder nutze ich es nur aus, um mich entsprechend zu fühlen? Was wäre, wenn ich mich schon so fühle, wie ich es von den Dingen erhoffe? Welche Dinge davon brauche ich dann noch und welche lösen sich auf? Welche Dinge zeigen sich, die ich vielleicht gar nicht kenne, aber womöglich viel mehr von dem in mir auslösen, was ich von den mir sonst bekannten Dinge erhoffe?
>
> Versuche also auch hier wieder das entsprechende Gefühl genau herauszufiltern. Fühlst du dich einfach nur super? Wie genau unterscheidet sich das eine Supergefühl, was du bei Punkt 8 verspürst zu dem Supergefühl von Punkt 41? Wie reagiert dein Körper? Wo im Körper kannst du es wahrnehmen? Wie fühlt sich »super« an? Wo fühlt sich »super« an? Überprüfe auch deine Liste noch einmal darauf, ob du geschrieben hast, was du willst, oder doch, was du nicht willst. Willst du keine Glatze mehr haben oder willst du volles Haar? Willst du nicht mehr deprimiert sein oder willst du Klarheit und Selbstsicherheit?

Diese Liste zeigt dir also, wer du wirklich sein willst, wie du dich fühlen willst und was dir wirklich im Leben und in Bezug auf dich wichtig ist. Die Ziele und Dinge sind nur ein Spiegel dessen, was du vom Leben willst und wie du dich grundsätzlich fühlen willst. Oder nicht? Also frage dich beim Anblick dieser Liste mit den neuen Gefühlen, mit diesem neuen Ich, das da auf dich wartet gelebt zu werden, wer du wirklich sein willst. Wie willst du dich in deinem Leben fühlen? Warum stehst du morgens auf? Warum machst du diese Übungen wirklich? Wie willst du dich zukünftig fühlen? Wer willst du sein? Wie willst du sein? Warum willst du so sein?

> *Beispiel: Wenn ich an XYZ denke (und das kann alles von »ein neuer Job« bis hin zu »innere Balance« und alles darüber hinaus sein), gibt mir das ein Gefühl von innerer Stärke, Souveränität aber auch von Leichtigkeit und Lockerheit. Ich möchte in meinem Leben frei und unbeschwert sein und Spontaneität genießen und Selbstsicherheit in jeder Lage bewahren können. Mit allem, was ich tue, gehe ich zielsicher auf mein neues Ich zu, welches eine starke Ausstrahlung besitzt und sein Leben gemeistert hat.*

Dein Warum macht dir also klar, was genau du im Leben möchtest und lässt dich nach dem angestrebten Zustand ausrichten. Diese Wunschgefühle sind der Grundstein deines neuen Ichs, zu welchem du werden willst. Woran erkennst du, wer du bist? An deinem Gefühl. Woher weißt du, wann du bist, der du sein willst? Auch an deinem Gefühl. Was willst du von der Welt? Dich auf eine bestimmte Art fühlen. Das willst du auch von den Dingen und Erfahrungen, die du machen willst. Wir müssen dir dieses Fühlen beibringen. Du musst werden, wer du sein willst, ohne dir die Beweise zu holen. Denn da die Dinge leer sind, steckt auch nichts in ihnen. Nur das, was du bist, macht sie zu dem, wofür du sie hältst. Also konditionieren wir deinen Körper um. Wir bringen ihm ein neues Fühlen bei. Dieses neue Fühlen führt zu neuen Gedanken und den entsprechenden Verdrahtungen im Gehirn. Dein Lichtschalter wird ummontiert und wir machen dir klar, dass du nach rechts, statt nach links greifen wirst. Dein neues Ich wird dir vertrauter werden als dein altes. Nicht, weil du die Dinge im Außen als Bestätigung hast. Das ist der größte Trugschluss. Fall nicht darauf herein. Das gaukelt dir der Wolf vor. Er braucht Dinge, weil er ohne sie nichts ist. Doch ohne den Wolf bist du alles und die Dinge um dich herum transformieren sich, weil du dich transformierst. Im Jetzt ist alles vorhanden. Nur hier kannst du das Elektron betrachten und es wird sich zeigen. Es wird sich nie morgen zeigen. Es kann sein, dass morgen etwas passieren wird, doch morgen ist nur ein weiteres Jetzt. Deswegen kümmere dich um das Jetzt.

Wenn du nun weißt, wie du dich fühlen würdest, wenn du wärest, wer du sein willst, und du dich immer nur im Jetzt verändern kannst, weil es kein Morgen gibt, dann musst du auch genau jetzt damit anfangen. Und da sich alles um Gefühle dreht und du die Welt und alle Gefühle nur in dir wahrnehmen kannst, ist der Grundstein für deine Transformation deine Innenwelt. Das beinhaltet, dass du dich selbst aus anderen Augen sehen musst, bevor du die Welt mit anderen Augen siehst. Das ist ein harter Akt, weil es heißt, dass wir uns und den Glaubenssätzen und Glaubensgefühlen, die wir über uns hegen, in die Augen schauen müssen. Wenn die Reize unserer Umwelt uns immer wieder automatisch in die Kuhle der Couch von gestern werfen und wir die Welt mit den alten Augen ansehen, dann müssen wir auch erfahren, wie wir uns fühlen, wenn wir uns selbst betrachten. Denn wir sind auch Teil unserer Umwelt. Unser Anblick, unser Gesicht, unsere Klamotten, unsere Körperhaltung und unsere Gestik und Mimik: All das ist mit einem Ich-Gefühl verbunden, das wir verändern wollen. Und da Transformation ein individueller Prozess ist, sollten wir mit diesem Individuum anfangen. Denn da geht alles los. Alle Reaktion, alles Fühlen, alle

Handlungen, alle Ideen und alle Wahrnehmungen beginnen und enden in uns. Und schauen wir uns an, kommt schnell alles hoch, was wir im Jetzt ablehnen und dadurch in der morgigen Welt hoffen zu finden. Schauen wir uns aber mit den Augen unseres Zukunfts-Ich an, dann erfahren wir uns neu. Und erfahren wir uns neu, dann erfahren wir die Welt auch neu, weil nichts mehr auf das alte Ich zurückfällt.

Doch auch das will geübt sein. Wenn dein neues Ich voller Zufriedenheit und Selbstsicherheit, Wohlwollen oder Freiheit ist, ist dann da noch Hass, Abneigung, Härte, Zorn und Groll in dir? Wohl kaum. Wie würde dein neues Ich mit negativen Emotionen umgehen? Wie würde es sich in Stress-Situationen verhalten? Was würde es über andere denken? Und was – und das ist wirklich wichtig – würde es über sich selbst denken? Was kann es? Woran glaubt es? Was hält es für möglich? Wie bewegt es sich? Was strahlt es aus? Wie fühlt es sich an? Wie bewertet es sich und andere? Wie reagiert es? Welche Gedanken denkt es? Was sind seine Grundeigenschaften? Du ahnst es sicherlich: Schreib dir die Attribute auf, die dein neues Ich am besten beschreiben würden. Und dann starte in die nächste Übung:

Übung: Das Ich im Spiegel

Da du nun nicht nur weißt, was du im Leben willst, sondern auch weißt, warum du es willst und wie es sich anfühlen würde, und darüber hinaus auch weißt, wie der Mensch wäre, der du sein willst und dem all das zuteil wird, solltest du dich mit diesem Menschen vertraut machen. Dazu wirst du dich im Spiegel anschauen müssen. Und zwar mit genau den Augen deines neuen Ichs. Mach dir zuvor bewusst, wie du dich fühlen würdest und schaue dich dann an. Es ist wie bei der Übung »Das Schauen mit weichen Augen« in der du das Objekt vor dir empfänglich und absichtslos betrachtest. Sende deinem Spiegelbild genau die Liebe aus, die du als derjenige empfinden würdest, der du sein willst. Du hast einen weiten Weg zurückgelegt und endlich geschafft, was du schaffen wolltest. Sicherlich wärest du rückblickend stolz auf dich, weil du dich zu dem gemacht hast, der du schon immer sein wolltest. Du allein hast dich transformiert, weil du beharrlich warst und nie aufgegeben hast. Du hast dich erhoben und dich zu dem Glück geführt, nach dem du so lange Ausschau gehalten hast. Die schwere Last deiner vergangenen

Geschichte und all die schweren Emotionen sind von dir gefallen und nun fühlst du dich frei und leicht. Du bist dankbar für dich, weil du es dir selbst ermöglicht hast. Der, den du im Spiegel siehst, ist genau der, der dich dorthin gebracht hat, wo du schon immer stehen wolltest. Kannst du deinem Spiegelbild deine Dankbarkeit entgegenbringen? Kannst du es in den Arm nehmen und sagen, dass es alles richtig gemacht hat? Kannst du dein Spiegelbild anlächeln? Und kannst du ihm all das sagen, worauf du stolz bist, als der, der bereits angekommen ist? Kannst du sogar so weit gehen und dir sagen: Ich liebe dich?

Du verletzt dich immer nur selbst

Die Liebe zum Leben beginnt mit der Liebe zu dir. Was wäre deine Wunschzukunft schon, ohne dass du sie lieben würdest? Sicherlich nicht die Zukunft, die du haben willst, oder? Wenn es deine Traumzukunft ist, dann wirst du sie unweigerlich lieben. Und wenn du der Mittelpunkt dieser Zukunft bist, dann wirst du auch dich lieben. Und da die Zukunft nur ein weiteres Jetzt ist, darfst du dich bereits jetzt schon lieben. Denn liebst du dich heute nicht, wirst du dich auch morgen nicht lieben. Wenn du also anfängst, dich mehr zu lieben, als zu verurteilen, dann solltest du aufhören, dir Schmerzen zuzufügen. Wie du anhand der Liste mit den Dingen, die du nicht magst, sehen kannst, fühlt sich alles, was du nicht willst, einfach scheiße an. Und wenn du jedes Problem, jeden Vergleich, der dich in den Mangel und in den Neid führt, jede Kritik, jeden abfälligen und jeden bösen Kommentar über dich und andere zuerst in dir spürst, wirst du es auch jedes Mal selbst als Erstes fühlen. Du kannst über jemanden denken, er sei ein beschissenes Arschloch, doch solange es nur ein Gedanke bleibt, wird der Betroffene nichts davon merken. Du aber bist voll im Zustand des Schmerzes durch deine eigenen Gedanken. Jeder negative Gedanke fügt immer zuerst dir selbst Schmerz zu. Wann immer du also in die Negativität verfällst, mach dir bewusst, dass du am meisten nur dich selbst verletzt. Das Gleiche passiert genauso, wenn du dir selbst sagst, wie schlecht du bist, wie mies du wieder drauf warst oder dass es dir schon wieder nicht gelungen ist, nicht negativ zu sein. Deine Kritik gegenüber anderen und dir selbst verletzt immer nur dich! Wenn du aufhörst, dich zu verletzen, wirst du unweigerlich auch damit aufhören, andere zu verletzen.

Doch mit der Selbstliebe ist es immer so eine Sache. So viele Etiketten hängen an uns dran, die sagen, wir seien nicht würdig und die uns somit daran hindern, uns am eigenen Glück und dem der anderen zu erfreuen. Wie du bereits bei der Liste der 100 Dinge, die du haben willst, gesehen hast, kommen blitzartig die Einwände, warum wir nicht haben können, was wir uns wünschen, sobald wir es ernst mit unseren Wünschen meinen. Dann schauen wir auf unser Leben und finden nur Dinge, die uns fehlen und verseuchen uns selbst, indem wir das Leben der anderen abfällig betrachten, weil sie vermeintlich das haben, was uns verwehrt bleibt. Allen scheint es dann besser zu gehen und nur wir sitzen in unserem Trübsal da, was das, was wir uns wünschen nur noch weiter von uns wegschiebt. Dann kommen all die Glaubenssätze und -gefühle hoch und stellen sich gegen uns. Doch das ist nur die Firewall des Neocortex, die darauf programmiert ist, das System beim Alten zu belassen, also dich in der Opferhaltung zu halten. Wenn du diese Gedanken nicht weiterverfolgst, dann beruhigt sich dein Neocortex langsam. Denn dieser ist nur in der Analyse von Vergangenheit und Zukunft verstrickt. Doch je länger du im Jetzt verweilst, desto weniger Reize bekommt er und fährt langsam runter. Du kommst nun aus den stressigen und geschäftigen Beta-Wellen heraus und gehst über zu den empfänglicheren, entspannten und offenen Alpha-Wellen deines Gehirns, die dieses rezeptiver, also aufnehmender machen. Langsam legt sich dein altes Ich schlafen, weil alles, was du »*Ich*« nennst, salopp gesagt nur ein erhöhter Beta-Wellen-Zustand in deinem Gehirn ist, der den Neocortex aktiviert, der wiederum nur eine Aufzeichnung deiner Vergangenheit und dem Gewohnten ist. Wird dieser heruntergefahren, dann bleibt zwar noch dein Körpergefühl, doch das ist kein Problem mehr, weil das, was aus den Dingen Probleme macht (dein Verstand) gerade ruhig ist.

Schaust du in den Spiegel und dich überkommen Selbstkritik und Gedanken an deine Unfähigkeit oder Minderwertigkeit, schaust du solange, bis die Gedanken leiser werden und in den Hintergrund rücken. Die Gefühle, die diese Gedanken in deinem auf diese Gefühle konditionierten Körper geweckt haben, kochen auf, doch beruhigen sich auch wieder, weil du die Herdplatte ausgestellt hast. Je länger du dabei verweilst, desto mehr Raum entwickelt sich um die alte Geschichte. Du durchbrichst sie, anstatt sie erneut auszuleben, weil du nicht mehr wie gewohnt reagierst und somit Platz für Neues schaffst. Du wirst als

Raum größer, während die alte Geschichte in diesem Raum kleiner wird, so, als würdest du vom Weltall aus auf die Erde schauen. Und während du sie anschaust, wirst du mehr zum gesamten Universum und dehnst dich um die Erde herum aus. Bald ist die Erde nur ein kleiner Fleck eines riesigen Kosmos, der so viel mehr beinhaltet, als die kleine Geschichte, die du dir selbst bisher erzählt hast. Dieser Kosmos beinhaltet auch die ganzen Gefühle deines Zukunfts-Ich. Er beinhaltet alles an Vergangenheit, Gegenwart und Zukunft, jeden Raum, jede Zeit, jede Form und alles, was du dir vorstellen kannst, als potenzielle Energie, die durch deinen Gedanken und durch deine Aufmerksamkeit ins Leben gerufen werden kann. Wenn du dich von deiner alten Geschichte trennst, gibt es also nichts mehr, was dich daran hindern kann, zu fühlen, was du fühlen willst und zu denken, was du denken willst, um zu werden, wer du sein willst.

Das Band der Gewohnheiten durchtrennen

Die Meditationsübungen, in denen du den Raum in dir und um dich herum wahrnimmst und zu Nichts wirst, dienen dazu, Platz zu schaffen. Platz, in dem Möglichkeiten entstehen werden und Platz, der dich von deiner Annahme löst, die Welt bestünde nur aus dem, was du siehst und greifen kannst. Allein der Fokus darauf, dass die Welt nicht so fest ist, wie sie scheint, und nur auf das reagiert, was du ausstrahlst, wird dein bisher automatisch verlaufendes Leben ändern und Neues zulassen, was sich später in deinem Leben auch zeigen wird. Aber was wird sich da zeigen? Wie können wir aussenden, was wir empfangen wollen? Können wir das steuern? Ja, das können wir. Doch nicht, wenn wir nicht frei von Skepsis und Zweifeln sind. Du kannst dir nicht den Beweis vor der Erfahrung liefern. Du kannst nicht so tun, als seist du etwas, wovon du aber nicht ganz überzeugt bist. Denn das Universum reagiert nur auf das, was wir sind, so, wie auch die Schafe auf mich reagierten und wegrannten, als ich versuchte zu kontrollieren, und zu mir kamen, als ich mich dem Moment hingab. Deshalb ist es wichtig, weiter zu üben, den alten Mechanismus in dir durch deine Präsenz und Gegenwärtigkeit, also deiner Hingabe zum Jetzt zu durchbrechen. Denn nur im Jetzt können neue Möglichkeiten und Änderungen in dein Leben treten und von dir in Bewegung gesetzt werden. Die mitunter wichtigste Sache bei deinem Wandlungsprozess ist es, in dieses Jetzt einzutauchen und dein altes

Ich mit seinen gewohnten Gedanken, Gefühlen, Überzeugungen und Glauben hinter dir zu lassen und dich davon zu trennen. Denn jedes Mal, wenn du dich von den alten Reaktionen und deinem unbewussten Autopiloten trennst, baut sich dein altes System, die alten Straßen in deinem Gehirn, ab. Gleichzeitig machst du aber auch eine andere Erfahrung, und zwar die, dass du im Jetzt nicht mehr dein altes Ich bist und trotzdem lebst. Und mit aller Wahrscheinlichkeit etwas befreiter, etwas leichter, etwas entspannter.

Wenn du:

- morgens aufwachst und dich in der vertrauten Kuhle deines alten Ichs befindest,
- in den Spiegel schaust und auf deine Anti-Haltung triffst,
- auf deine Einwände stößt, die dir sagen, warum du nicht gut genug bist,
- dich wieder mehr im Mangel und als das Opfer fühlst, das du gestern schon warst,
- gleichen Menschen mit der gleichen Haltung begegnest, wie üblich reagierst und aus den Verhaltensschleifen deines Schattenwolfes einfach nicht rauskommst, weil sich scheinbar nichts verändert,
- dich also in einer dir aus der Vergangenheit und deinen Vorwegnahmen der Zukunft bekannten Situation befindest und drohst, ins Unbewusste zu verfallen,

dann bring dich immer zuerst in den Moment. Nur hier kannst du das Band der Gewohnheit durchschneiden und eben diesen Platz für Veränderung und Möglichkeiten schaffen. Im Moment verweilend findest du keine weiteren, die Situation verstärkenden Gedanken, weil sich etwas dazwischen stellt, was die Reaktion deines Neocortex auf die Impulse deines Alarmzentrums pausieren kann. Du hast etwas in dir, dass ich »*den Beruhiger*« nenne. Es ist dein *präfrontaler Cortex*, dein Frontallappen. Er sorgt dafür, einen passenderen Abgleich der Situation zu liefern. Er gibt dir die schärferen und klareren Bilder und zeigt dir, dass die Schlange im Dschungel, vor der du weggeschreckt bist, nur ein Seil war und du dich entspannen kannst. Er lässt dich in der Situation verweilen, ohne sie nach richtig, falsch, Gefahr oder Tod zu kategorisieren. Er ist der, der sagt: »*Lass uns doch mal kurz abwarten, was hier eigentlich los ist, bevor wir in den Krieg ziehen.*«. Er ist der Schlichter. Ist er aktiv, dann bleibst zu mit deiner Wahrnehmung bei dem, was jetzt gerade geschieht. Anstatt deinen Blick nach außen auf die Bedrohung zu richten, wendest du deinen Blick nach innen zu deinen Körpergefühlen. Dass du als instinktive Reaktion erstmal zurückschreckst und dein Körper sich anspannt, ist nur eine Art Reflex. Doch auch diesen Reflex kannst du umlernen. Lass dir mal die Füße kitzeln. Wenn du lernst, das Gefühl dabei nicht abzulehnen und dich mit ihm zu entspannen, wirst du schon bald beim Berühren deiner Füße nicht mehr zusammenschrecken. Dann wird es völlig normal. Deine Füße sind nicht taub oder abgestumpft. Du hast weiterhin volles Empfindungsvermögen. Jedoch fehlen nun die weiteren Befehle der Alarmzentrale an die Soldaten des sympathischen Nervensystems. Die merken nun, dass falscher Alarm geschlagen wurde und legen sich wieder hin. An deren Stelle kommen die friedlichen parasympathischen Aufräumer und sorgen gleich wieder für Entspannung und Ruhe. Das Alarmzentrum bleibt ruhig, wenn der präfrontale Cortex beschwichtigend eingreift. Er ist das, was uns als kleines Kind fehlte und wir deshalb nicht auf unsere Impuls-Reaktionen eingehen konnten, sodass sich unser altes Ich zu einem sich verselbstständigtem Programm in uns entwickeln konnte. Man könnte sogar so weit gehen zu sagen, dass durch das Aktivieren des präfrontalen Cortex die Tür zu unserem Bewusstsein, zu unserer Präsenz und unserer Ich-losigkeit, geöffnet wird.

Ist der präfrontale Cortex aktiviert, liefert er Oxytocin (ein Bindungshormon) für die Amygdala, damit diese aus ihrer Angst rauskommt. Jetzt bekommt sie das Signal von Geborgenheit und Sicherheit, welches Oxytocin auslöst. Sie entspannt sich. Es entwickelt sich sogar daraus ein Spieltrieb und Freude und der Spaß daran, das Leben zu erkunden. Die Amygdala wird zur Amglückdala. Unser Beruhiger hat auch für das ARAS etwas, und zwar Serotonin, das ich auch gern das Buddha-Hormon nenne. Dadurch beruhigt sich auch der Erwecker und wird desensibilisiert. Er legt sich schlafen.

Das Buddha-Hormon

Serotonin ist der Shit! Denn im Gegensatz zu Dopamin lässt es und Glück und Zufriedenheit aus dem Inneren heraus fühlen, ohne etwas Äußerliches als Auslöser zu benötigen. Dopamin hingegen ist ein Glückshormon, welches immer wieder durch äußere Einflüsse aufgebaut werden muss. Es lässt uns schnell süchtig nach den unterschiedlichsten Dingen werden: Facebook, Zigaretten, Schokolade, Shopping und Orgasmen. Die Dopamin-Ausschüttung bei einem Orgasmus ist enorm, sodass wir schnell danach süchtig werden. Naja, zumindest der Körper. Wir selbst wollen vielleicht den Sex genießen, aber der Körper ist so auf das durch den Orgasmus zu erwartende Dopamin getrimmt, dass er uns schnurstracks darauf zu steuern und sich auch nur schwer davon abhalten lässt. Viele Männer kommen dann viel zu früh und manche Frauen gar nicht, weil sie bei der Jagd nach der Suchtbefriedigung nur schwer entspannen können. Und das ist es, was wir im Wolfsmodus so gern tun: ackern, rennen, eilen, hetzen, um das zu bekommen, was wir unbedingt brauchen. Wir rennen dem Dopamin-Quickie hinterher und begeben uns in die Abhängigkeit äußerer Stimulanzien, die uns glücklich fühlen lassen sollen, während wir auf den kalten Boden der Einsamkeit fallen, sobald der Dopaminrausch nachlässt.

Serotonin kann man auch als natürliches Antidepressivum beschreiben, da es eine gemütliche, gelassene (aber nicht gleichgültig, da ist ein Unterschied) Einstellung hervorbringen kann. Dopamin macht dich süchtig und treibt dich zum Orgasmus. Dank dieser Sucht kannst du nicht mehr bremsen, wenn der Orgasmus naht. Selbst wenn du vorher noch wolltest. Jetzt gibst du dich ihm mit der Ausrede *»Dann eben beim nächsten Mal.«* oder *»Ich probier es eben morgen wieder.«* hin. Deswegen fällt es so schwer auch mit dem Rauchen aufzuhören. Wir wechseln in eine ganz andere Geisteshaltung, die es uns nicht mehr ermöglicht, an unseren eigentlichen Vorsätzen festzuhalten. Diese Sucht und die Gewohnheit des Altbekannten lassen uns bleiben, wer wir sind, anstatt zu werden, wer wir sein wollen. Wir müssen der Sucht Einhalt gebieten und das geht am besten mit seinem Gegenspieler: dem Serotonin. Es braucht – wie erwähnt – nichts von außen, um sich gut zu fühlen. Es ist mehr in Harmonie und Frieden mit dem, was ist. Versteh mich nicht falsch: Dopamin ist wichtig. Ohne dieses würden wir gar nichts mehr machen. Denn es ist der Stoff in uns, der uns überhaupt erst antreibt und uns in Gang bringt. Damit das geschieht, muss eine Belohnung auf uns warten. Beim Sex ist die bisher antrainierte Belohnung der Orgasmus. Je schneller wir ihn bekommen, desto besser. Je schneller wir haben, was wir wollen, desto eher können wir wieder ruhen. Auch, wenn es langzeittechnisch gar nicht so gut ist oder eigentlich bessere Alternativen auf uns warten. Deshalb ist für unseren Organismus der Griff zur Zigarette einfacher, als der mögliche Schaden, den dieses Verhalten in ein paar Jahren nehmen könnte. Unser Körper nimmt die am schnellsten zugängliche Hilfe, die er kriegen kann. Ist doof, ist aber so. Aber: Das muss nicht so bleiben!

Wie können wir dagegen vorgehen? Über diese Vorgänge Bescheid zu wissen und sie in uns zu erkennen, ist der erste Schritt. Dem folgen Achtsamkeits und Entspannungsübungen sowie Meditation. Dadurch gelangt der Organismus wieder in ein gesundes Gleichgewicht seiner Glückshormone. Dann wird der Weg zum Ziel oder besser: Dann verschwindet jeder Weg und du kommst mit jedem Schritt an, sprich, der Orgasmus ist nicht mehr so wichtig, sondern der Genuss auf dem Weg dorthin ist das eigentliche Ziel. Wir können wieder genießen, ohne wollen zu müssen. Wir haben bereits und brauchen nichts. Selbst einen Orgasmus brauchen wir nicht mehr. Er ist schön, wenn er kommt, aber nicht schöner als alles andere, was wir auf diesem Weg erfahren. Mit dieser Haltung können wir uns von Moment zu Moment in das Erleben des Augenblicks hineinfallen lassen. In diesem Zustand gibt es keine Angst und Panik, keine Zweifel oder Selbstwertprobleme. Da gibt es nur Freude, Genuss, Leichtigkeit und Sinnlichkeit. Und selbst wenn sich die großen Gefühle nicht einstellen, so liegt all dem ein einziges, mächtiges und doch zartes Gefühl zu Grunde: Frieden.

Die Aufwärtsspirale entwickeln

Durch deine Gegenwärtigkeit, die du durch Meditation üben kannst, wechselt dein System in seinen Ruhemodus. Es ist harmonisch und schwingt sich aufeinander ein. Die Angst wird weniger und die Angst vor der Angst auch. Doch im Wahrnehmen und der Präsenz bist du nicht mehr das Ich, welches in den überaktiven Gehirnwinden lebt. Dein Widerstand löst sich auf, weil du nun in einem annehmenden Modus bist. Einem, der keine Gefahr in dem sieht, was geschieht. Einem, der die Angst, dass etwas Schlimmes passieren könnte, und der die Angst vor der Angst, die entsteht, wenn wir nur ahnen, dass es uns gleich wieder schlecht gehen könnte, nicht bewertet, sondern ganz bei dem bleibt, was gerade geschieht. Du merkst, dass Emotionen und Körperempfindungen nur Erscheinungen sind, die nichts *mit dir* zu tun haben und die sich auflösen, sobald du sie gewähren lässt, wenn du sie also fühlst und dich nicht mehr gegen sie wehrst.

Was macht dir Angst an Vergangenheit und Zukunft? Das Gefühl, das du befürchtest zu fühlen und das du nicht fühlen willst. Deswegen rennst du vor allem weg. Wenn du bereit bist, alles voll und ganz zu fühlen, komme, was wolle, dann geschieht dir nichts. Für einen kurzen Moment wird dein System in einer absoluten friedvollen Leere sein, weil nichts passiert. Gedanken kommen und du lässt sie ziehen. Gefühle kommen und du fühlst sie. Mehr nicht. Die Energie, die du vorher noch benutzt hast, um die Vergangenheit zu verteufeln und die Zukunft zu beeinflussen, ist nun frei und du solltest sie auf den gegenwärtigen Moment richten. Einmal die Angst vor dem, was war, und dem, was kommen wird, durch deine Widerstandslosigkeit entmachtet, bleibt nur noch eins: die Körperempfindungen, die als erster Auslöser und Ursache nun auch endlich zur Ruhe kommen dürfen. Da nun auch der Erwecker, das ARAS, ruhiger ist, werden weitere Reize weniger intensiv wahrgenommen. Die Situation, in der du dich befindest (sei es etwas Äußerliches oder der Versuch deines Wolfes, dir irgendetwas einzureden, was du tun oder lassen sollst, was du kannst oder nicht kannst, was möglich und was nicht möglich ist), schwächt ab und dein System wird nicht sofort aufgeweckt, so, als ginge es um Leben und Tod. Du ziehst nicht noch weitere Bestätigungen deines Schmerzes an. Der präfrontale Cortex ist nun dabei, den Vorgang zu halten. Immer wieder, wenn dein Körper Signale des Stresses nach »oben« leitet, beruhigt der präfrontale Cortex ARAS und Amygdala. Dein Nervensystem entspannt sich und du kehrst zu den Empfindungen zurück und bleibst mit deiner Wahrnehmung im Moment.

Jetzt machst du eine neue Erfahrung. Wenn du von Moment zu Moment dabeibleibst, entsteht ein neues Nervennetzwerk in deinem Gehirn und speichert diese neue Erfahrung als Erinnerung ab. Je öfter und je intensiver du dich in diese Erfahrung begibst, desto mehr entstehen neue Erinnerungen. Auf diese Erinnerungen wird dein System zukünftig zurückgreifen. Bisher wurden in deinen Stress-Situationen und dem morgendlichen automatischen Erinnern an dein altes Ich immer die alten Netzwerke abgerufen. Jetzt hast du neue. Zu Beginn werden beide gleichzeitig aktiviert und du musst dich willentlich entscheiden. Das alte Netzwerk ist noch mehr mit dem alten Ich und dem gewohnten

Gefühl verknüpft. Doch durch etwas Übung wirst du das alte Netzwerk gegen das neue Netzwerk austauschen können. Jetzt lebst du die Aufwärtsspirale: Du wachst morgens auf, bemerkst die Suche nach deinem Ich und wie dieses die Zukunft vorwegnehmen will. Doch der Impuls reizt deinen Erwecker nicht so sehr, der Beruhiger schaut, ob es eine Schlange oder sein Seil ist und gibt das Signal an die Amygdala weiter. Diese entspannt sich, kommt sogar mit spielerischer Freude und dein Nervensystem bleibt ruhig und gelassen. Die Körpersignale beruhigen sich und du kannst den Moment voll und ganz genießen. Die Gedanken bleiben ruhig und der Angst wächst die Freude entgegen. Dein Gehirn ist nicht mehr aufgeregt und schwingt gleichmäßig und ruhig. Mehr und mehr tauchst du in den Moment ein und wirst kreativer, spontaner und inspirierter. Dein Herz fängt an, ruhig und gleichmäßig zu schlagen. Weichheit, Wärme und Freude sind in der Brust zu spüren. Dieses Signal wiederum nimmt dein Gehirn wahr und stimmt sich darauf ein. Jetzt herrscht eine Symbiose aus Körper und Geist, in der alle gleichermaßen in dieselbe Richtung steuern. Der Kapitän ist zurück an Bord und gibt den neuen Kurs an. Der Kurs ist eine neue Zukunft, geboren aus dem Jetzt.

Wenn du also Energie frei hast und der Ausgang einer Situation nicht mehr von deinen Vorwegnahmen kalkuliert wird, erlaubst du der Situation, sich anders entwickeln zu können. Und da das, was sich im Außen zeigt, eine Rückkopplung von dem ist, wie du drauf bist, kannst du hier nun deinen zurückgewonnen, freien Willen nutzen und dich entscheiden, ob du wie gewohnt reagieren und zurück in dein altes Ich fallen willst, oder ob du dich mit deinem neuen Ich verbinden willst und in die Gefühle hineinfällst, die diesem entsprechen. Und da die neuen Gefühle neue Gedanken auslösen führt das zu neuen Handlungen, zu neuen Überzeugungen und zu einer neuen Persönlichkeit, die ein neues Ergebnis ermöglicht. Und dieses wird mehr im Einklang mit dem neuen Ich sein als mit dem Alten, weil du aus einem neuen Seins-Zustand heraus agierst, was wiederum das Potenzial in sich trägt, deine gesamte Realität zu verändern.

Bei dieser Aufwärtsspirale lernt dein Körper neue, positive Reaktionen auf äußere und innere Reize. Sobald er es ganz verinnerlicht hat, wird jeder neue Reiz diesen positiven Kreislauf anstoßen und du wirst dich wie ein neuer Mensch fühlen. Wenn du also morgens aufwachst und nicht mehr in dein altes Ich, in deine alte Couchkuhle fällst, sondern dich gleich daraus holst, indem du dich in den gegenwärtigen Moment bringst und dich mit den Idealen deines neuen Ichs verbindest, wird die Kuhle nicht weiter ausgedehnt und gleichzeitig entsteht eine neue. Wenn auch eine anfänglich etwas befremdliche, zaghafte und unbequeme. Ja, das Neue ist unbequem. Du wirst dich auch daran gewöhnen. Und auch wenn du in deinen alltäglichen Situationen drohst, in deine alten Muster zu fallen und unbewusst zu werden, machst du es dir zur Aufgabe, dich immer wieder urteilsfrei und offen in den Moment zu bringen. Dadurch, dass du nicht mehr wie gewohnt reagierst, ändert sich dein System.

Erfahrungsabhängige Neuroplastizität

Wenn wir also die Energie im Moment haben und unsere alte Geschichte unsere Wahrnehmung nicht mehr trübt, wir uns daraufhin mit dem verbinden, wer wir sein wollen, anstatt mit dem, der wir nicht mehr sein und was wir nicht haben wollen, dann können wir unseren ARAS auf neue Signale konditionieren, damit er nicht mehr bei jedem Ding, das uns bisher aufgeregt hat, laut »*Achtung!*« brüllt, sondern bei all den Dingen wach wird, die in Einklang mit unserem neuen Ich sind. Und was wäre das? Schau dir deine Liste noch einmal an. Du wirst garantiert überwiegend positive Eigenschaften darauf stehen haben: Glück, Freude, Wertschätzung, Liebe, Dankbarkeit, Wohlwollen, Mitgefühl dir, deinen Zuständen, deinen Fehlbarkeiten und auch anderen gegenüber. Vielleicht steht da auch Humor, Spontaneität, Leichtigkeit, Friedfertigkeit, Sanftmut, Klarheit und Stärke. Wenn diese und ähnliche Attribute unser neues Sein ausmachen sollen und wir sie von der Welt gespiegelt bekommen wollen, sodass sich die Welt nach unserem Bilde anpasst und wir nicht mehr wie bisher unbewusst auf die Welt reagieren, wenn wir also zum Schöpfer unserer Realität werden wollen, dann können wir uns auch genau darauf konditionieren. Denn so, wie du dich bisher auch nur auf deinen Mangel konditioniert hast, kannst du dich auf deine Fülle konditionieren. Und da dein bisheriger Mangel dir immer wieder Situationen und Erlebnisse gebracht hat, die dich in deinem Mangelgefühl bestärkt haben, so wird die Konditionierung auf deine Fülle eben auch genauso die Fülle zu dir bringen und dich darin bestärken.

Dann sitzt du vor deinen Problemen und anstatt dich von ihnen vereinnahmen zu lassen, verbindest du dich mit deinem Ideal, öffnest dich dem Moment und den unzähligen Möglichkeiten, die es gibt und die du nicht kennst, erlaubst dir, die Fülle zu fühlen, gehst in einen neuen Seins-Zustand über und lässt dich empfänglich werden. Du lässt die Tür geöffnet, damit neue Ideen, kreative Einfälle zur Lösung, intuitive Eingebungen und auch glückliche Schicksalsfügungen in dein Leben treten können. Sobald du dir erlaubst, die Probleme in deinem Leben dafür zu nutzen, dich zu öffnen, statt dich nur noch mehr zu verschließen, reagiert das Leben auf genau diese Öffnung. Denn Öffnung bedeutet, Platz für Neues zu schaffen, und dieser neue Platz wird gefüllt werden mit dem, was du anziehst. Und was ziehst du an? Das, was du durch deinen Seins-Zustand nach außen projizierst. Und wie auch in deinem Gehirn die Areale für »*Alles ist Scheiße*« dadurch abgebaut werden, baust du die Areale für »*Alles kann gut werden*« zu »*Alles wird gut*« zu »*Alles ist gut*« auf. Und dann lebst du im Zug nach vorn, in Richtung »*gut*« und hältst nicht an jeder Station an, um zu schauen, ob noch alles scheiße ist.

Was würde dein altes Ich dazu sagen? Bestimmt, dass das nur Manipulation und Schönrederei ist. Dass du dann vor der Scheiße stehst und dir einredest, sie wäre Gold. Warum sagt es das? Weil es ein simples Programm ist, dass nur solche Aussagen kennt und weil dieses Programm sich nicht vorstellen kann, wie es das bekommt, was es selbst gern hätte, wenn es doch nur seine Kontrolle abgeben könnte. Und was würde dein neues Ich sagen? Es würde sagen, dass zwar nicht alles Gold ist, was glänzt, aber auch nicht alles so extrem scheiße ist, wie es den Anschein hat. Es würde auch sagen, dass Scheiße einfach scheiße ist, aber dadurch, dass du die Scheiße nicht mehr verteufelst und dich von ihr vereinnahmen lässt, öffnest du deine Wahrnehmung und kannst erkennen, was es daneben noch gibt. So, wie du den Gorilla beim Basketballspielen sehen könntest, kannst du nun auch die grünen Ampeln sehen, die dich voranbringen, als nur über die roten Ampeln zu schimpfen, die dich unentwegt ausbremsen. Du gleitest mit einer erhöhten Leichtigkeit um die Schranken herum. Und je öfter du dies erfährst, desto weniger kommen dir Schranken noch wie Schranken vor, sondern als einfache Erscheinungen, die dich nicht aufhalten. Genauso, wie der Stein nicht die Pflanze am Wachsen hindert.

Unser Gehirn braucht da einfach etwas Starthilfe. Denn seine natürliche Art ist es, verstärkt auf das Negative zu achten. Deswegen sehen wir nur rote Ampeln und ignorieren die grünen. Und nicht nur das: Das Negative bekommt so viel Gewicht, dass es mindestens fünf grüne Ampeln braucht, um eine rote wiedergutzumachen. Wir behalten einfach mehr von dem, was nicht gut lief, als von dem, was gut lief. Aber auch das muss nicht so sein, wenn uns bewusst wird, worauf wir uns fokussieren, was wir durch unsere Aufmerksamkeit größer machen und mit welchen Geschichten wir uns im Kopf beschäftigen. Suchen wir uns die Geschichten aus, die zu unserem neuen Ich passen, dann lenken wir die Aufmerksamkeit von der Scheiße weg hin zu dem, was glänzt. Dann wird es die eine Scheiße-Ampel mit einer Horde grüner, glänzender Ampeln zu tun bekommen und sich verkriechen.

Auf einer Gärtnerei-Website las ich, dass sich der Wunschtraum von »*natürlichen Unkrautverhinderern*« leichter erfüllen ließe als gedacht: und zwar mit in die Breite wachsenden Pflanzen, die dichte, unkrautfeindliche Trieb oder Laubmatten bilden. Und das heißt für uns, dass wir durch eine offene und weite Wahrnehmung, die immer aus dem Ruhemodus herrührt, selbst in die Breite wachsen, während unser stabiler und offener Fokus auf das, was wir uns wünschen und was unserem Zukunfts-Ich entspricht, die dichten Triebe darstellt, mit denen wir den jetzigen Moment durchdringen. Anstatt im Alltag auf das zu schauen, was uns als Mangel erscheint, können wir den Blick auch auf das richten, was bereits gut, perfekt oder zumindest in die richtige Richtung geht, in die wir eigentlich laufen wollen. Denn wenn wir sagen, dass es uns heute nicht gut geht, dann sollten wir dem alten System in uns nicht die Macht überlassen, weiter unnötig Zeug in unsere Aufmerksamkeit einzuladen, was uns in diesem Gefühl bestärkt, sondern wir sollten die Aufwärtsspirale leben, den Beruhiger einschalten und uns fragen, wie wir uns tatsächlich fühlen wollen. Und das weißt du bereits. Und du weißt, dass du dafür nichts im Außen brauchst, sondern alles, was du haben willst, in dir selbst finden kannst, sobald du dich darauf fokussierst. Wir machen uns also *in uns* auf die Suche nach den Gefühlen, die wir fühlen wollen und öffnen uns dem Moment, sodass dessen Inhalte mit diesem Gefühl in Resonanz gehen können – und wenn es nur ein Stück und nicht gleich der ganze Kuchen ist. Doch das ist es, was sich »*erfahrungsabhängige*

Neuroplastizität« nennt: das bewusste Durchleben positiver Erfahrungen, um die neuronalen Strukturen in unserem Gehirn nachhaltig zu verändern.

Wie ich bereits erklärte, sind wir es über die Jahre unserer Konditionierung mehr gewohnt, das Negative zu sehen, zu erleben, also zu fühlen und darüber nachzudenken. Unsere Persönlichkeit, die nichts weiter ist als die Qualität des Zustands aus Denken und Fühlen, gepaart mit den daraus entstandenen Überzeugungen, ist Profi im Denken und Fühlen des Mülls und Amateur (wenn überhaupt) in Sachen *»Glücksgefühle erfahren«*. Nicht nur, dass wir uns weniger auf das Glück fokussieren und eben mehr rote als grüne Ampeln sehen, teilweise sind wir es überhaupt nicht gewohnt, generell zu fühlen. Viele leben so sehr im Kopf, dass sie sich nicht trauen, die unangenehmen Gefühle wirklich zu fühlen, sondern rennen aufgescheucht umher, getrieben von ihren Gedanken, die nach einer Lösung für das Problem dieser Gefühle suchen. Statt sich hinzusetzen und zu fühlen, treibt es sie noch mehr in die Rastlosigkeit ihres Verstandes. Aber das Seltsame ist, dass wir es uns dann teilweise auch nicht erlauben, das Gute zu fühlen. Sind wir es gewohnt, fast ausschließlich im Kopf zu wohnen, dann übergehen wir schnell die guten Gefühle, die uns manche Erfahrungen hin und wieder bescheren. Entweder fühlen wir sie nur ganz kurz, huschen über sie drüber, gehen wieder zurück in den Kopf und denken sofort an den nächsten Moment, statt innezuhalten, das Gefühl durch den Körper strömen zu lassen und es ganz tief zu verinnerlichen. Oder (und das ist ein äußerst seltsames, aber häufiges Phänomen): Wir kotzen unsere guten Gefühle auf andere aus, so, wie wir es auch gern mit dem ganzen negativen Scheiß, der uns beschäftigt, tun. Dann stehen wir vor etwas, dass dabei ist, uns tief zu berühren und wir können auch dieses Gefühl nicht tragen und ertragen. Dann labern wir unser Gegenüber voll, wie schön es hier doch ist, wie toll du das findest und dass er doch auch mal schauen soll und ob er es nicht auch so schön findet wie du gerade und bla bla bla. Der Unterkiefer klappert sinnlos auf und zu und der Moment mit samt den wertvollen Gefühlen verpufft im Atem leerer Worte. Und haben wir keinen, dann quatschen wir uns selbst zu mit sinnlosen Kommentaren über das, was wir erleben, nur, um es nicht fühlen zu müssen, was wir ja auch nicht können, weil *»fühlen«* nun einmal nicht mit dem Verstand und seinen Worten funktioniert.

Blumendünger

Wenn wir ständig die guten Gefühle aus uns herauswerfen oder uns nicht wirklich die Zeit nehmen uns mit ihnen zu beschäftigen, sie zu studieren und ihre Natur zu ergründen, wie kann sich dann jemals ein neuer, positiver Gedanke in uns festsetzen? Erfahrungsabhängige Neuroplastizität heißt, wir helfen unserem Gehirn beim Wachsen durch das aktive Durchleben unserer Erfahrungen. Seien diese nun negativ oder positiv. Doch wenn wir wollen, dass unser Gehirn die alten Straßen des Mangels ab und die unseres Zukunfts-Ich und unserer Wunschzukunft aufbaut, dann müssen wir ihm auch eine Blaupause geben, damit er weiß, was genau gebaut werden soll. Was ist denn eine Erfahrung? Es ist etwas, das wir erlebt haben. Ganz einfach. Und was passiert, wenn wir eine Erfahrung durchleben wollen? Wir erinnern uns. Und was passiert beim Erinnern? Wir reproduzieren, das Geschehene in uns. Machen wir eine Erfahrung, macht der Verstand einen Schnappschuss der Situation und koppelt dieses Bild an ein Körpergefühl, das dieser Situation, dieser Erfahrung zugrunde liegt. Ein mentales Bild und ein dazugehöriges körperliches Gefühl ist also eine Erinnerung. Je öfter wir uns erinnern, desto mehr wiederholen und stärken wir dieses Band aus Bild und Gefühl und dieses Wiederholen bildet den Dünger für unser Gehirn, das dadurch dann Unkraut oder Blumen wachsen lässt, je nachdem, was wir eben in uns ständig, auf lebendige Weise (also durch zusammengehöriges Denken und Fühlen) wiederholen.

Erleben heißt nun also, dass ich das, was ich sehe (ob nun direkt vor mir oder anhand einer Erinnerung) auch körperlich fühlen muss, damit da überhaupt irgendetwas in unserem Gehirn zu wachsen anfängt. Wachsen ist ein Prozess, den wir auch »*lernen*« nennen können. Denn wenn wir etwas lernen, wachsen die nötigen Ressourcen im Kopf, die wir später brauchen, um das Gelernte wieder abrufen zu können. Und wir können auf zwei Arten lernen: Durch Angst, Schmerz und Bestrafung oder durch Begeisterung. Da die erste Art des Lernens der Weg des Wolfes ist, der uns durch seinen Wunsch, dieser Angst zu entfliehen gerade erst in die Angst treibt, sollten wir uns aufmachen, die Welt mit begeisternden Augen zu sehen, damit wir passende Erfahrungen machen können, die wir dann stetig wiederholen und innerlich durchleben, indem wir uns regelmäßig an sie erinnern. So gewöhnt sich der Körper daran, sich entsprechend unserer Wunscherfahrungen zu fühlen, und gibt unseren Gedanken den nötigen Anschub, die sie brauchen, damit unser Gehirn weiter in Richtung Begeisterung wachsen kann.

Wir müssen also unseren Körper an die guten Gefühle gewöhnen, die wir erfahren wollen. Denn ohne diese Grundlage wird nur spärlich Neues in uns wachsen können. Dann erinnern wir uns an etwas Gutes, erfahren etwas Gutes, aber können uns nicht vollständig damit vollsaugen, weil der Körper das Gefühl als Fremdkörper ansieht und abstößt. Solange der Schatten des Wolfes über unseren Körper regiert, wird der Schatten nach seiner Dunkelheit suchen und das Licht meiden. Den Körper mit dem Licht vertraut zu machen, ist etwas, dass wir nicht dem Zufall überlassen dürfen, sondern aktiv durch unseren Willen und durch Üben lernen müssen. Wie können unser Fühlen, unser Körper und unser Herz durch unsere Umwelt positiv angeregt werden, wenn positive Gefühle als wichtige Grundlage bei unserem Streben nach einer neuen Zukunft als wirkliche Kenntnis fehlen? Wie können wir die alten Straßen in unserem Gehirn abbauen, wenn es kaum Alternativen gibt, an die wir andocken könnten und nichts da ist, was wir wirklich verinnerlicht haben? Wenn ich denke, das Leben ist schön, es aber dazu kein passendes Gefühl gibt, was mir diese Aussage bestätigt, dann wird der Gedanke abgeschmettert werden und du wirst dich immer nur wie der alte fühlen. Dann drücken wir den Samen des neuen Gedankens in unseren vertrockneten Boden pessimistischer Gefühle, der höchstens ein paar vereinzelte frische Gräser zustande bringt, aber niemals die Oase unserer Zukunft zum Blühen bringen kann.

Wenn wir jemand Neues werden wollen, dann müssen wir uns mit den Gefühlen dieses neuen Ichs vertraut machen, da diese zu unserer neuen Persönlichkeit werden sollen. Und da simples Denken das gewohnte Fühlen nicht umprogrammieren kann, weil der große Schatten viel mächtiger ist, als der kleine Wolf, müssen wir den Weg über das Fühlen gehen. Das Fühlen ist der Nährboden für jeden Gedanken und jedes mentale Bild, an das wir uns erinnern wollen. Es ist die Grundlage für die Wiederholung und das Durchleben unserer Vergangenheit und Zukunft. Ohne das Fühlen gäbe es keine erfahrbare Erinnerung, kein Erleben, kein Lernen und somit kein Wachstum. Weder äußerliches noch innerliches. Ohne ein neues Fühlen als Grundlage, löst alles Bekannte in unserer Umgebung und in uns immer nur das Bekannte aus. Das Fühlen lässt die Straßen in unserem Gehirn gedeihen. Und diese Straßen werden uns immer wieder dorthin führen, wo wir uns *wie gewohnt* oder *wie gewünscht* fühlen können. »Gewohnt« ist, was wir waren, »gewünscht« ist, wer wir sein wollen. Denke ich an meine Zukunft, ohne die Gefühle zu kennen, die mit meinem Ideal verbunden sind, führen mich diese Straßengedanken nur in vertrocknete Täler und sterben verdurstet am staubigen Rand meiner unerfüllten Träume. Und diese bleiben, was sie sind: Einfach nur Träume, die wir uns dann selbst aus dem Kopf schlagen, weil wir sie nicht lebendig werden lassen. Alles, was lebendig ist, ist etwas, das wir fühlen können und wird dadurch lebendig, wenn wir uns gleichzeitig auch *erlauben*, es wirklich zu fühlen. Um einen Gedanken lebendig und demnach echt und Realität werden zu lassen, müssen wir ihn fühlen. Das Fühlen hat die Macht, tiefe Wurzeln in uns zu schlagen, aus denen die Pflanzen in Form von entweder alten und gruseligen oder neuen und frischen Gedanken sprießen. Wie aber bekommen wir die Samen derjenigen Gedankenpflanzen, die mit unserem neuen Ich verbunden sind, in den Nährboden unseres Fühlens, wenn der Boden voll ist mit unserem Unkraut?

Den Zugang zum Brunnen unserer Zukunft freilegen

Der Schatten des Wolfes hat seine Security, den Wächter am Hauseingang, die Firewall. Diese lässt nur hinein, was zum gewohnten Fühlen passt, und wehrt ab, was nicht deinem Ich-Gefühl im Körper entspricht. Es ist, als ob du auf die Party willst und dem Türsteher sagst, dein Name sei Happy und du stehst auf der Gästeliste. Aber dort stehen nur Unruhe, Zweifel, Sorge, Wut und Misstrauen. Du wirst nicht hineinkommen. Wer aber schreibt die Namen auf die Liste? Dein Körper, dein Unterbewusstsein, dein vertrautes und verankertes Ich-Gefühl. Wir müssen also dafür sorgen, dass unser Name auf die Liste kommt. Und das schaffen wir, wenn wir den analytischen Geist umgehen und dem Körper die gewünschten Gefühle beibringen. Und zwar durch tiefe Entspannung. Dabei sollten wir weniger denken und mehr fühlen. Da Fühlen im Jetzt geschieht und wir uns auf dieses Fühlen fokussieren müssen, tauchen wir auch automatisch immer mehr ins Jetzt ein. Und je mehr wir im Jetzt sind, desto weniger sind wir im Verstand, umso weniger kommentieren wir und umso weniger denken wir. Das Gehirn fährt herunter, weil es nichts zu tun hat. Der Security-Typ am Eingang fängt an einzuschlafen. Genauso, wie wenn wir abends vor dem Fernseher sitzen und uns berieseln lassen. Dann fangen wir durch die auf den Moment gerichtete Aufmerksamkeit an, in leichte Trance zu fallen. Wir werden suggestibler, d. h., wir nehmen Dinge leichter auf und an, ohne sie vorher auf wahr und unwahr zu überprüfen. Dabei ist es nicht unüblich, dass wir nicht nur Raum und Zeit vergessen, sondern auch unseren Körper kaum noch wahrnehmen und den Geschichten in unserem Kopf nicht mehr nachjagen. Nur leider geben wir beim Fernsehschauen unsere Eigenverantwortung ab, während wir sie bei diesem Vorgang hier unbedingt brauchen.

Dein urteilsfreies und absichtsloses Verweilen im gegenwärtigen Augenblick trennt dich von deinem Schattenwolf und dessen Gedanken und Emotionen und bringt dich tiefer in das Erleben des Jetzt. Durch den Fokus auf deine Atmung, dem Spüren deiner Körperempfindungen und der Energie in und um dich herum trittst du in den Raum des reinen Bewusstseins. An diesem Punkt der geistigen und körperlichen Entspannung angekommen, beginnt unser Türsteher (der analytische Verstand) zu schlafen. Wir ruhen in der Gegenwärtigkeit und Widerstandslosigkeit und werden mehr und mehr eins mit dem, was ist. Unsere Ich-Identität, die an Vergangenheits und die immer gleichen Zukunftsgedanken geknüpft ist, löst sich auf. Wir nehmen wahr, ohne zu reagieren. Wir denken nicht mehr über etwas nach und werden zu dem Raum, in dem alles kommt und geht. Dein Gehirn fängt an gleichmäßiger und kohärenter zu schwingen, da es nicht mehr ständig von einem Ding zum nächsten springt und keine Probleme auswerten muss. Gleichzeitig sorgt der Parasympathikus für Regeneration und Heilung und holt dich aus dem Überlebensmodus. Dein Organismus synchronisiert sich. Zeit löst sich auf und du wirst empfänglich. Das Herz schlägt ruhig und gleichmäßig, öffnet sich und wird weit. Von den entspannenden Alpha-Wellen, die für Gleichschwingung und Ordnung in uns sorgen, tauchen wir noch tiefer ab, in einen Trance-ähnlichen Zustand, der von noch ruhigeren und entspannteren Theta-Wellenmustern in unserem Gehirn begleitet wird. Der Raum, in dem wir uns befinden, der Körper, den wir haben, die Geschichte, die wir uns erzählen und unser gesamtes Ich schwindet und unser Bewusstsein fängt an zu leuchten. Jetzt steht das Tor zum Unterbewussten weit offen. Wir schleichen uns an der Security vorbei und gehen somit direkt in den Körper. Dort können wir nun die gewünschten Gefühle platzieren, wie Namen auf der Gästeliste, und diese herzzentrierten Gefühle unseres Wunschzustands verinnerlichen. Wir warten nicht mehr länger darauf, dass uns das Außen die Erlaubnis gibt uns entsprechend fühlen zu dürfen. Statt morgens aufzuwachen und uns reflexartig als der zu fühlen, der wir gestern schon waren, brechen wir diese Gewohnheit und gewöhnen uns an den, der wir sein wollen.

Übung: Das Herz öffnen

Geh noch einmal tief in dich hinein und spüre deinen Wünschen, Zielen und deinem Zukunfts-Ideal nach. Nimm dir die Liste vor mit den Gefühlen, die du hinter deinen 100 Dingen, die du gern haben möchtest, vermutest. Überlege dir, welche Attribute du mit deinem neuen Zukunfts-Ich, deinem Ideal verbindest und auch, wie du jetzt bereits sein möchtest. Wie möchtest du dich fühlen? Welche Gefühle sind es, die dich strahlen und lebendig sein lassen? Welchen neuen Glauben möchtest du annehmen? Welche Glaubensgefühle sollen zu deinem neuen Seins-Zustand werden? Notiere dir für den Anfang fünf bis zehn Emotionen, die die Grundlage dieses neuen Seins sein sollen und mit denen du üben möchtest!

Wenn sich deine Zukunft tatsächlich nach deinen Vorstellungen bereits entfaltet hätte, an welchem Gefühl würdest du erkennen, dass du ein neuer Mensch bist? Ist es die Begeisterung am Leben, das grundlose Verliebtsein in alles um dich herum und die simple Freude an der Schönheit der Dinge? Ist es Sanftmut und Wohlwollen dir und anderen gegenüber? Ist es Friedfertigkeit und Leichtigkeit, die du dir und anderen entgegenbringen kannst, weil du nicht mehr kämpfen und ackern musst? Wie fühlt sich Leichtigkeit an? Nach Befreiung? Kannst du fühlen, wie sich Befreiung körperlich und geistig bemerkbar macht? Spürst du die Klarheit, Zweifelsfreiheit und Sorglosigkeit, so, als würdest du einen schweren Rucksack voll mit Steinen endlich absetzen? Wie sieht deine Umgebung aus? Wenn du aus den Augen desjenigen schaust, der endlich angekommen ist, wie würdest du die Dinge, die du hast, ansehen? Kannst du ihren Wert spüren und dich an den Dingen erfreuen? Kannst du diese Wertschätzung in dir fühlen und spüren, wie gern du hast, was du hast? Kannst du das Leben genießen? Wie fühlt sich Genuss an? Wie fühlen sich Schönheit und Lebendigkeit an? Und wie fühlen sich Vertrauen und Zuversicht an, auch wenn du nicht weißt, wie es geschieht, aber in der Si-

cherheit lebst, dass es genau so geschieht und sogar schon geschehen ist, sodass alles absolut perfekt für dich passt?

Wenn all das aus deiner eigenen Wandlung heraus passiert ist, dann hast du die Schöpfungskraft in dir. Wie fühlt es sich an, Schöpfer und Gestalter deines Lebens zu sein? Wie würdest du dich fühlen, wenn du die Macht und die Kraft hast, dein Leben zu transformieren? Du hast es bereits getan. Wie fühlt es sich demnach an, souverän und überzeugt zu sein, dass es wirklich funktioniert und du es tatsächlich kannst? Und was wäre, wenn Wunder tatsächlich geschehen, einfach aus dem Grund, weil du es für möglich hältst? Gäbe es noch Grenzen oder wäre alles möglich, woran zu glauben du dir erlaubst? Wie fühlt es sich an, wahrhaftig zu glauben und dich auf das Unbekannte einzulassen und dich diesem völlig hinzugeben? Du kannst dich hingeben, weil alles bereits so geschehen ist, wie du es dir immer schon gewünscht hast und auch immer so geschehen wird, weil du weißt, wie es geht. Wie fühlt sich das an?

Ich möchte, dass du dich zu Beginn in eine ruhige, entspannte und meditative Ausgangslage bringst, die nichts will und keine Absicht verfolgt. Das ist schwer, zumal wir nun wissen, was wir vorhaben. Doch auch wenn wir wissen, was wir mit dieser Übung wollen, dürfen wir nicht den Schritt umgehen, das Wollen erst einmal loszulassen und uns nicht auf den erhofften Ausgang zu fokussieren. Bevor wir etwas Neues greifen wollen, müssen wir das Alte zunächst loslassen. Und das ohne das Loslassen nur auszunutzen, weil es uns geben soll, was wir wollen. Wir müssen bereit sein, loszulassen, ohne etwas Neues dafür zu bekommen. Erst dann wird unser Loslassen echt. Dann geht es ausschließlich um das Loslassen und nicht darum, mit diesem Schritt zum nächsten zu kommen. Ganz allein dieser Schritt ist alles, was zählt. Alles Weitere darf kommen, es darf aber auch fernbleiben. Verstehst du? Loslassen ist immer auch ein Zulassen: ein Zulassen, dessen, was du vorfindest, wenn du nicht mehr woanders hinwillst. Ein Zulassen des Loslassens und ein Zulassen des Empfangens. Aber auch ein Zulassen, dass überhaupt nichts passiert und du weder das eine noch das andere bekommen hast. Denn dann lässt du auch von einem erhofften Ergebnis ab und lässt zu, dass du einfach nur dort bist, wo du bist. Das ist pure Akzeptanz, pures Loslassen und pures Zulassen zugleich, was zu purer Entspannung führt, die die weiteren Schritte erst ermöglicht.

Das ist der wohl schwierigste Akt, weil alles andere danach nicht mehr unter unserer Kontrolle ist. Es geschieht, wenn wir es geschehen lassen, und es verfliegt, wenn wir versuchen, danach zu greifen. Es ist, als würdest du dich auf die Weide der Schafe setzen und nicht wollen, dass sie zu dir kommen. Sie dürfen bleiben, wo sie sind. Sie dürfen aber auch zu dir kommen. Du bist wach und aufmerksam, aber genauso auch ohne Druck und Zwang. Wie ein Angler, der sein Boot auf den See hinaustreiben lässt und in der Mitte zur Ruhe kommt. Die Angel ist ausgeworfen und der Fokus im Jetzt verweilend. Würde der Angler hin und her fahren, würde er die Fische verscheuchen, genauso wie auch ich die Schafe verschreckte, als ich versuchte, sie führen und kontrollieren zu wollen. Würde er tagträumen, fressen die Fische seinen Köder und in meinem Fall wären die Schafe über alle Berge. Die Angel im Blick und ohne Erwartungen an den Ausgang dieses Vorhabens ruht der Angler im Frieden seiner Existenz.

Vergleichbar mit dem Köder am Haken der Angel sind unsere Intentionen. Der Gedanke an eines deiner Wunschgefühle sind wie kleine Tropfen im Pool der Fülle. Du kannst aus dem Zustand der absoluten Entspannung heraus diese Intentionen in dein Herz geben und dann im fühlenden Herz verweilen. Ganz ohne etwas anschieben zu wollen, sondern mit Hingabe und Geduld. Erlaube es dir, gänzlich im Herzen präsent zu sein und erlaube es deinem Herzen sich zu öffnen. Je weiter es wird, desto mehr strahlt es aus. So, als würdest du eben diese Gedanken-Tropfen in einen ruhigen See tropfen lassen. Mit jedem Tropfen entstehen große Ringe, die sich vom Zentrum aus in alle Richtungen ausbreiten. Du versprühst sozusagen deine Intention als gelebtes Gefühl über dein Herz hinaus in den Raum um dich herum. Du denkst »Befreiung«, fühlst es im Herzen und wie die Schwingungskreise der Wassertropfen vom Rand des Sees zurückgeworfen werden, so trifft dich genau das, was du aussendest. Jetzt beißt der Fisch an, die Schafe kommen zu dir und du kannst »Befreiung« spüren. Nicht nur in dir, sondern um dich herum. Jetzt ist der Moment gekommen, nicht nur auszusenden, sondern das, was du sendest, auch zu empfangen. Da es keinen gibt, der sagen könnte: »Ich bin befreit«, sondern es nur »Befreiung« gibt, gibt es auch keinen, den du überzeugen müsstest, befreit zu sein. Jegliche Einwände und Ausreden fehlen und ein reines Fühlen von »Befreiung« bleibt. Öffne dich nun noch mehr, um gänzlich mit dem Gefühl zu verschmelzen und eins mit ihm zu werden. Und schon bist du die Befreiung und kannst es vollständig verkörpern.

Befreiung ist nun nichts mehr, was der Wolf besitzt, sondern etwas, dass du bist und dass du in jedem Aspekt deines Lebens erkennen kannst. Diese Grundlage ist ein Zustand, der aus der Fülle des Lebens kommt, die du selbst entdeckt hast, weil du dieses Leben bist und die Grenzen zum Zugang zu ihm in dir geöffnet hast. Und was du in dir erkennst, erkennst du in allem um dich herum, weil allem innerhalb und außerhalb von dir dieselbe Quelle zugrunde liegt, aus der du die Befreiung geschöpft, zugelassen und für dich erfahrbar gemacht hast. Es ist, als würdest du dir selbst zuhören, dem Klang deines Herzens lauschen und den Song genießen, den es spielt. Du selbst hast dieses Lied geschrieben. Wie bei einer CD (ich hoffe, die Leser wissen noch, was das ist), hast du die Information (den Song, deine Intention, also den Gedanken an das gewünschte Gefühl) auf die CD gebrannt. Die CD ist der Träger dessen (also das Herz, welches das Gefühl ausstrahlt). Nun legst du sie in die Anlage und drückst auf Play. Und gleichzeitig hörst du zu. Je tiefer du dich darauf einlässt, desto lauter wird das Signal. Oder, um es noch etwas anders auszudrücken: Stell dir eine Gitarre vor, die schon lange nicht mehr benutzt wurde. Zuerst stimmst du die Saiten, damit das, was du darauf spielst, auch harmonisch klingen kann. Sinnbildlich heißt das, du befreist dich vom Überlebensmodus und gehst in den aufnehmenden, empfänglichen Ruhemodus über, der es deinem gesamten Organismus ermöglicht, sich zu synchronisieren. Du erlaubst es deinem aufgebrachten und verstimmten Geist, sich zu beruhigen und aus den stressigen Beta-Wellen, über die Alpha-Wellen bis hin zu den Theta-Wellen überzugehen, die dich dein Ich vergessen lassen und dich gänzlich dem Energiefeld der Materie mit seinem unendlichen Vorrat an Möglichkeiten und Potenzialen öffnen. An diesem Punkt greifst du einen Akkord, was so viel heißt, dass du dir eine Intention setzt. Und gleichzeitig schlägst du die Saiten an, was bedeutet, dass du dein Herz für das Fühlen dieser Intention öffnest. Ob du nun einen Gedanken nimmst, ein Bild, eine Szene, eine Erinnerung oder eine Vision, spielt keine Rolle. Sobald dies in dein Herz tropft, bleibst du im Herzen. Betrachte das Geschehen nicht aus dem Kopf heraus, sondern vom Grund deines Seins, deiner Absichtslosigkeit. Und so, wie du den Akkord auf der Gitarre spielst, wird der Klang im Raum verteilt und auf dich zurückgeworfen. Du hörst dir selbst beim Spielen zu und genießt den Klang deines Herzens, du gibst dich also ganz dem Gefühl hin, das du fühlen willst.

Denken und Fühlen zusammenbringen

Gerade beim letzten Sinnbild wird deutlich, wie wichtig eine Intention ist, aber wie viel wichtiger das Zuhören ist und es aus dem Herzen heraus zu fühlen. Ohne Intention gäbe es keinen gewünschten Akkord, nichts, was wir erfahren wollen. Nur leere Saiten. Ohne die Gitarre als Klangkörper, würde nichts unsere Intention zum Schwingen bringen und nichts würde hör bzw. fühlbar werden. Und da es uns bei Wünschen genauso wie beim Musikhören um *das Fühlen* geht und nicht um das Nachdenken darüber, so ist das, was wir über den Klangkörper (über unser Herz) aussenden, gleichzeitig das, was wir empfangen und auf das wir uns fokussieren sollten. Andernfalls würden wir Musik nur zur Theorie verkommen lassen, die Akkordmuster und das Arrangement zwar genauestens analysieren können, aber nichts würde uns berühren und in uns eindringen können. Wann immer du also in den Kopf rutschst, desto wahrscheinlicher ist es, dass du etwas willst und es dadurch nicht bekommst. Je tiefer du jedoch ins Fühlen und in den Moment eintauchst, desto wahrscheinlicher ist es, dass die Fische anbeißen, die Schafe sich zu dir setzen und du dich von ihrer Musik im Herzen berühren lassen kannst. Und da du selbst der DJ deines Lebens bist, solltest du dir die passende Playlist an gewünschten Gefühlen anlegen und diese durch Übung einstudieren, sodass sie wie eine zweite Haut für dich werden.

Willst du also dein neues Ideal sein, musst du es verkörpern und dich dementsprechend so fühlen. Fühlst du dich so, regt das Fühlen die passenden Gedanken an. Und nun hast du im Kopf neue, positive und mit deinem zukünftigen Ideal verbundene Straßen, die auf die passenden, als Grundlage in deinem Körper gefestigten Gefühle treffen. Denkst du also nun einen dieser neuen Gedanken, treffen sie auch auf ein neues Gefühl im Körper, dass diesen Gedanken bestätigt und deinem System suggeriert, dass es stimmt. Und wenn wir das Fühlen dieser neuen Gefühle wirklich durch Übung und Zeit einstudieren sollten, dann sollten wir den Alltag dazu nutzen, die Straßen im Gehirn auch weiter auszubauen und den ARAS in uns auf das Gute und zu unserem Zukunfts-Ich passende Situationen, Erfahrungen und Gefühle auszurichten.

Wenn wir uns für unser Zukunfts-Ich öffnen und vertrauter mit den Gefühlen sind, die diesem entsprechen, dann bekommen wir auch im Alltag mehr davon mit, weil wir uns darauf sensibilisieren. Doch anstatt die guten Gefühle, die manchmal in kurzen Augenblicken unseres Alltags durch uns hindurchhuschen, einfach wieder verfliegen zu lassen, sollten wir uns Zeit nehmen, sie zu fühlen, sobald sie uns ereilen. Manchmal reicht ein Blick aus dem Fenster, ein Geruch, ein Lied, ein Duft oder eine kleine Eingebung, die uns für einen kurzen Moment erfreut und uns die gewollte Leichtigkeit bringt. Das sollten wir für einen Augenblick bewusst festhalten, aufnehmen und abspeichern. Wir sollten unsere Aufmerksamkeit trainieren, auf die kleinen, bisher vielleicht belanglosen Details zu achten, damit sie die Chance haben, groß und leuchtend für uns zu werden und wir uns dementsprechend noch tiefer in unser neues Ich fallen lassen können. Doch wir sollten sie nicht krampfhaft suchen, denn »suchen« ist das, was der Wolf macht, weil er meint, er hätte nicht, was er will. Auch im Alltag sollten wir uns in den Zustand der Präsenz *zurückfallen lassen* und uns von unserem Ich trennen, damit sich das vor und in uns zeigen kann, was wir sehen wollen. Wir werden also auch hier wieder zu dem Fenster des Bewusstseins, durch das das Licht treten kann. Und Licht hat so viel Farbspektrum, genauso wie jeder einzelne Moment auch. Nehmen wir das gesamte Licht wahr, können wir uns auf einzelne Aspekte des Lichts fokussieren, wie bspw. das Gefühl von Befreiung, Leichtigkeit oder Verbundenheit. Dieses Licht trägt vielleicht auch Gefühle von Trauer und Niedergeschlagenheit mit sich. Aber da du das Fenster bist und nicht der, der sich von der Niedergeschlagenheit befreien will, kannst du sowohl das eine als auch das andere erkennen und dich mit höherer Leichtigkeit auf die Farbe fokussieren, die du deutlicher wahrnehmen willst. Du vertreibst also nicht das Unkraut, um endlich die Blumen riechen zu können. Du gehst trotz Unkraut auf die Blumen zu.

Übung: Das Gute aufnehmen

Sobald du in deinem Tagesgeschehen einen Hauch von Frische, von Leichtigkeit oder Ansätze des Gefühls spüren kannst, das du in den Übungen verinnerlicht hast, nimm dir bewusst mindestens zehn Sekunden Zeit dafür, dieses Gefühl wirklich zu fühlen und auszuweiten. Trainiere sozusagen mit offenen Augen und in der Geschäftigkeit deines Alltags.

Intensiviere es dann, indem du seine Eigenschaften ergründest, schaust, wie genau sich das Gefühl erstreckt, von wo bis wo im Körper es spürbar und wie es beschaffen ist. Hat es eine Farbe, eine Form, was kannst du Neues darin entdecken? Egal was, mach es zu deiner Studie und begib dich tiefer in dieses Gefühl hinein.

Dann reichere es an. Zieh dir ähnliche Erfahrungen mit heran, Erinnerungen an ähnliche Momente, die dir das Gefühl gegeben haben. Oder stelle dir eine Situation vor, die vielleicht noch nicht eingetroffen ist, aber dir eben hilft, dieses Gefühl zu verstärken. Lass das kleine Gefühl so groß und wichtig werden, wie es geht.

Und dann nimm es auf. Lass es sich in dich hinein sinken, saug es auf wie ein Schwamm oder wie die Blumen den frischen, lang ersehnten Regen. Lass es Wurzeln in dir schlagen und spüre das Gefühl in jeder Zelle deines Körpers. Pflanze dieses Gefühl wie einen Samen tief drinnen in dir ein, damit daraus etwas Neues wachsen kann.

Lass dann alle Bilder, Erinnerungen und Momente fallen und bleibe ausschließlich bei dem Gefühl und lass dich ganz von diesem durchströmen. Du kannst dir auch vorstellen, wie du dadurch genau in diesem Moment die neuen Straßen in deinem Gehirn gießt, sodass sie wachsen und gedeihen, sich vollständig in dir ausbreiten und dir zukünftig als Alternative und neue Option, anders zu denken, zu fühlen und auf deine Reize und die deiner Umgebung zu reagieren, zur Verfügung stehen. Du kannst dich nun auf dich verlassen, weil du es anders kannst als bisher.

Es reicht, wenn dieser ganze Vorgang nur zehn Sekunden dauert. Aber es braucht mindestens zehn Sekunden, damit die positiven Erfahrungen eine Chance haben, im Gehirn abgespeichert zu werden. Negatives Material setzt sich schon von allein fest, darum müssen wir uns nicht kümmern. Aber wir müssen uns um die positiven Erfahrungen kümmern und ihnen Zeit und Aufmerksamkeit schenken. Das hat nichts mit positivem Denken zu tun, denn wir affirmieren uns nicht irgendwelche an den Haaren herbeigezogenen Dinge und stellen uns vor, dass das Unkraut Blumen wäre, obwohl es doch in Wahrheit Unkraut bleibt. Was wir machen, ist, bereits jetzt Ausschau nach den Dingen zu halten, die wir wollen und die wir jetzt schon, wenn auch vielleicht nur in Teilen, bereits erfahren können. Wir stellen den negativen Erfahrungen ebenso vorhandene positive Erfahrungen an die Seite und geben unserem Gehirn die Möglichkeit sich mit einer Alternative zu beschäftigen. Denn oftmals sind die guten Dinge ebenso präsent, doch wir registrieren sie nicht, sie sind zu unwichtig, zu uninteressant oder erscheinen uns einfach als belanglos, weil sie verstaubt sind. Doch eben genau diese Dinge sind es, die uns nachhaltig Stück für Stück mehr zu einer größeren Wahrnehmung von Fülle führen werden. Denn die Fülle ist da. Wir müssen sie nur sehen und uns auf sie einstimmen und schon sind wir da, wohin wir die ganze Zeit versuchten zu gelangen. Wir kommen mit jedem Schritt mehr und mehr an. Und dadurch ziehen wir auch mehr von den guten Dingen an. Denn dort, wohin wir unsere Aufmerksamkeit lenken, fließt auch die Energie. Und vor allem wirst du es in deinem Gefühl von innerer Stärke, Zufriedenheit und Freude spüren, indem du das Leben nicht mehr als Hürde, sondern als Ort der Chancen wahrnimmst. Auf diese Weise stärken wir unsere neuen Straßen im Gehirn und re-sensibilisieren unseren ARAS vom Mangel hin zur Fülle. Wir trainieren uns regelrecht darauf, vom Negativen abzulassen und auf das Positive zuzulaufen, während wir uns gleichzeitig erlauben, diese Fülle zu empfangen. Wie ein sich nach Jahren wiedersehendes Liebespaar rennen wir auf die Fülle zu, während die Fülle auf uns zu rennt, bis wir uns schließlich in die Arme fallen.

Das, was du suchst, sucht auch dich.

DIE SCHÄFCHEN INS TROCKENE BRINGEN

Der Schöpfer in dir

Wenn wir auf die Erzählung des Indianers über die beiden Wölfe, die in uns wohnen, zurückschauen, dann haben wir mittlerweile viel über den bösen Wolf gelernt und den guten der beiden vielleicht noch nicht ganz greifen können. Ich möchte jedoch den guten Wolf etwas umformen und ihn aus dem Kostüm des Wolfes befreien. Denn wenn wir erkannt haben, dass der Schattenwolf uns auf falsche Fährten führt, so können wir den Wolf nicht mit einem weiteren

Wolf vertreiben. Sei er auch noch so gut, er bliebe dennoch ein Wolf und wäre kein Schoßhündchen. Den emotionalen Charakter des Schattenwolfes zu beschreiben sollte uns nun inzwischen nicht mehr schwerfallen. Wenn wir alle seine Eigenschaften zusammenfassen, dann können wir, um es uns leichter zu machen, sie als »*Negativität*« kategorisieren. Und wofür sorgt diese Negativität auf mentaler, emotionaler und körperlicher Ebene? Sie verschließt, versteift und verhärtet uns. Wir befinden uns im Überlebensmodus, der vom Stress und dessen Hormonen regiert wird, was uns mental dazu veranlasst, chaotisch und verwirrt zu werden, uns emotional dazu treibt, uns schützen, sichern und verteidigen zu wollen, und den Körper dazu bringt, aus seiner Balance zu fallen.

Dieses Ungleichgewicht verändert unseren Energiehaushalt und saugt uns leer. Regeneration, Heilung und Entspannung kann in diesem Modus nicht stattfinden, weil diese Prozesse unterdrückt sind. Nicht nur das Gehirn arbeitet inkohärent (also ungeordnet), sondern auch unser Herz schlägt unrhythmisch und instabil. Die Anspannung, die wir dann empfinden, sorgt dafür, dass der Körper durch seine Muskeln versucht, Emotionen zu unterdrücken und Energie aus uns herauszusaugen, damit er diese gegen den Feind richten kann, anstelle sie zu nutzen, um in eine neue Zukunft hinein zu leben. Diese mentale und muskuläre Anspannung verbraucht extrem viel an Energie. Und Energie ist nun einmal das, was wir zum Leben brauchen, denn jede einzelne Zelle ist für sämtliche Stoffwechselprozesse und Erneuerungen auf sie angewiesen. Und wenn wir durch erhöhten Stress uns ständig unserer eigenen Energie berauben, dann können die Zellen nicht mehr effektiv arbeiten und es kommt zu Störungen in unserer Psyche und unserer emotionalen und körperlichen Gesundheit. Je mehr wir das wahrnehmen, desto mehr empfinden wir den Stress als etwas Bedrohliches. Und wie bei allem, was uns bedroht, wollen wir fliehen, uns verstecken oder angreifen. Dadurch sind wir auf die Außenwelt und das kleine bisschen Materie so fokussiert, dass wir das riesige Potenzial an Energie und Möglichkeiten, die diese Materie erst ins Leben ruft, nicht sehen oder uns gar auf sie einlassen können.

Wenn wir einen neuen Seins-Zustand, eine neue Zukunft und ein neues Leben erschaffen wollen, dann ist dies ein kreativer Vorgang, ein Schöpfungsprozess. Und für alles, was wir schöpfen und gestalten wollen, brauchen wir Energie.

Deswegen müssen wir dafür sorgen, dass wir unsere Energie nicht mehr von uns selbst abziehen, sondern uns aufladen, wie eine Batterie, die unseren gesamten Organismus unter den Strom stellt, den wir zum Erschaffen unserer Träume brauchen.

An dieser Stelle möchte ich gern den zweiten Protagonisten in der Geschichte über den Schattenwolf vorstellen: die Schafe. Wer Schafe kennt, weiß, wie sanft und zutraulich sie sein können, wenn sie ungestört und in Sicherheit sind. Sie hüpfen und springen oder futtern und liegen stundenlang im Gras und sind einfach da. Von ihnen geht keine Gefahr aus, weil sie von sich aus nicht den Drang haben, anzugreifen. Sie sind sehr sozial, rufen sich gegenseitig, wenn sie allein sind, und schauen nach einem. Sie kümmern und erinnern sich, sind neugierig und verschmust. Sie brauchen nicht viel und man kann die Freude am Sein spüren, wenn man mit ihnen zusammen ist. Sie scheinen immer im Frieden zu sein. Dabei wollen sie nichts von sich, nichts von dir und nichts von der Welt. Und hält man sich bei ihnen auf, so kann man sich in sein eigenes Sein fallen lassen, weil dann in diesem Moment auch niemand etwas von dir will. Und gleichzeitig bist du in eine Gruppe integriert, die dich bedingungslos annimmt, ganz gleich wie fett oder hässlich du meinst zu sein. Aus dieser Verbindung heraus ist wieder Wachstum möglich. Und Wachstum wird immer geschehen, sobald eine ordentliche Verbindung hergestellt ist.

Jede Pflanze wächst, wenn man den Samen tief in die Erde drückt und diesen hegt und pflegt. Wo bei man auch da nicht ständig um den Samen kreisen muss wie die besagten Helikopter-Eltern um ihr Kind. Wir können weder die ersten Sprossen aus dem Samen ziehen, noch die Blätter formen. Vielmehr schaffen wir die Rahmenbedingungen. Aber das Gedeihen selbst geschieht einfach, so, wie wir auch nur die Zutaten eines Kuchens zusammenrühren und den Ofen einstellen können. Aber der Kuchen selbst geschieht aus sich heraus. Wir formen nicht die Moleküle zusammen und kleben nicht die Atome aneinander. Das passiert von ganz allein. Wir tun, was zu tun ist und übergeben es dann an die Gesetze des Universums, die im Einverständnis unseres Vertrauens machen, was sie eben machen. So, wie ein Mangobaum aus einem Mangosamen wächst, die Blume die Biene anzieht und der Scheißhaufen die Schmeißfliege.

TEIL 3 VERÄNDERE DICH

Das Gras wächst nicht schneller, wenn wir daran ziehen.

Und so unterstützt uns das Leben auf die gleiche Art und Weise, je nachdem welche Samen wir im Herzen tragen. Denn nur dort können sie gedeihen, weil alles andere nicht Teil des kreativen Wachstumsprozesses ist, da Stress und Überleben keine Energie für diesen frei lässt. Und so gedeihen wir von ganz allein, wenn wir unser inneres Beet für die Sonne öffnen, die uns jederzeit im Herzen zugänglich ist. Dann bilden sich Wurzeln, die sich tief im Boden unseres Seins verankern und es der Pflanze, die wir sind, ermöglichen, sich zur Wärme, zur Freude hin auszurichten. Und damit das funktioniert, ist die Basis unseres Bodens immer der Frieden, den wir spüren, wenn wir uns nicht mehr gegen die Dinge wehren und das Jetzt zulassen, wie es ein Schaf auf der Weide auch tut. Dieses Bild können wir auch für uns verwenden, wenn wir uns daran erinnern, was wir brauchen, um verbunden zu sein. Denn das Leben kümmert sich um seine Kinder. Und da wir das Leben sind, kümmern wir uns automatisch um uns, wenn wir uns nicht vom Wolf blenden lassen.

Doch wie können wir Vertrauen finden in etwas, das wir nicht kennen, das nicht ersichtlich ist, von dem wir nicht mal wissen, ob es das gibt? Gar nicht. Zumindest nicht so, dass du erst das Vertrauen als Beweis dafür hast, das Ufer loslassen zu können. Du wirst das Vertrauen erst erfahren, wenn du bereit bist loszulassen und dich dem Leben hinzugeben. Wie konnten die Seefahrer früher unbekannte Kontinente entdecken? Sie wussten nicht, dass es da etwas gibt. Und doch wussten sie es. Sie hatten ein Gefühl. Und genau das Gefühl ist es auch, was du hast und was dir das Vertrauen geben wird. Wie ich dich schon fragte: Was wäre, wenn am anderen Telefon du es bist, der rangeht? Was wäre, wenn die Wünsche, die du an das Leben hast, in Erfüllung gehen, weil du selbst der Weihnachtsmann bist, der dir immer nur das bringen wird, was du auch wirklich willst? Doch du musst den Sprung selbst wagen und dich der Angst vor dem Untergang stellen. Und wenn du das tust, dann merkst du, wie dich auf einmal das Wasser trägt und du dich im Fluss des Lebens entspannen kannst. Es ist, als würden wir als Wolf glauben, im reißenden Fluss unterzugehen, wenn wir nicht strampeln wie ein Bekloppter. Doch halten wir inne und strecken die

Beine aus, merken wir, dass wir im knietiefen Wasser stehen und uns rein gar nichts geschieht.

Der Sturz der Pyramide

Leben wir als Sklave des Schattenwolfes, dann bedeutet dies, dass wir erst alles Mögliche in unserer äußeren Welt kontrolliert haben müssen, damit wir uns unserer Entfaltung und Kreativität, unserer Schöpferkraft widmen können. Das ist der Weg des in Angst lebenden Egos, welchen Maslow in seiner bekannten Pyramide dargestellt hat. Dort beschreibt er in seiner Bedürfnishierarchie, dass wir erst durch das Erfüllen unserer physiologischen Bedürfnisse (Essen, Trinken, Schlafen), dann die der Sicherheit (materielle und berufliche), folgend von den sozialen Bedürfnissen (Freunde, Liebe, Zugehörigkeit) und der individuellen Bedürfnisse (Wertschätzung, Erfolg, Ansehen) uns dann endlich der Selbstverwirklichung zuwenden können. Was für ein harter Akt. Wir kämpfen uns also Schicht um Schicht durch unsere gesamten Bedürfnisse, fallen, wenn da etwas wegbricht, höchstwahrscheinlich von einer Stufe wieder zurück auf die tiefere und ackern so sehr, damit wir vielleicht irgendwann einmal uns selbst verwirklichen können. Dabei sagt Maslow noch nicht einmal, was »*Selbstverwirklichung*« genau heißt, und meint sogar, dass die oberste Stufe so gut wie nur Theorie sei, weil man sie kaum erreichen könne. Wie trostlos, oder? Aber das ist es, was wir in der Welt des Schattenwolfes erleben. Und da erscheint es mir auch völlig plausibel, dass wir die oberste Stufe nie wirklich erreichen können. Denn Selbstverwirklichung ist Kreativität, ist Gestalten aus dem Inneren, aus dem Herzen heraus, welches sich in Verbindung mit dem Leben und dem Einssein der Dinge auf Neues und Spontanes einlassen kann, sich von den Grenzen des einschränkenden Verstandes befreit und aus dem Unmöglichen, dem Unbekannten und dem »*bisher noch nie Dagewesenen*« schöpft, damit neue Formen aus der Fülle an Möglichkeiten, die in jedem existiert, heraus entstehen können.

Etwas zu verwirklichen heißt, es »*Wirklichkeit*« werden zu lassen. Aus einem Gedanken, einer Idee, einer Vision, aus einer unmanifesten, nicht stofflichen Energie heraus etwas Materielles, etwas Greifbares entstehen zu lassen. Und wenn das Selbst nichts ist, was wir »*Ich*« nennen, sondern das Leben selbst ist, dann verwirklichen wir diese unendlichen Möglichkeiten, die das Leben bietet, dadurch, in dem wir uns mit der Quelle des Lebens verbinden, aus der heraus wir mit der Energie unserer Gedanken, Gefühle und Visionen eben genau das erschaffen, was diesen entspricht. Und da die Quelle des Lebens nichts ist, was außerhalb und getrennt von dir existiert, sondern du sie selbst in dir trägst, weil du aus der Quelle hervorgehst und somit Teil dieser und die gesamte Quelle zugleich bist, brauchst du nicht suchen, weil alles bereits da ist und darauf wartet, kreiert zu werden.

> *Alles, was du im Leben suchst und worauf du gewartet hast, bist du selbst.*

Wenn wir eins mit dem Leben sind, weil wir in unserer Essenz alle dieses eine Leben sind, dann brauchen wir nicht mehr hoffen und bitten, dass geschieht, was wir uns wünschen, weil wir es selbst sind, der uns dies erfüllt. Dann müssen wir nicht mehr umherrennen und uns absichern, damit wir uns dann endlich der Verwirklichung widmen können. Wir können es jederzeit tun, weil wir im Schutz des Lebens stehen. Immer und zu jeder Zeit, sobald wir uns in dieses Vertrauen hineinfallen lassen und uns von den Grenzen in uns befreien, die es uns nicht erlauben, bedingungslos das Leben um und in uns zu lieben. Neben der Welt des Schattenwolfes gibt es also auch eine andere Welt, die uns sofort mit allem verbindet und es uns ermöglicht, unmittelbar in die Selbstverwirklichung zu kommen, während alle anderen Bedürfnisse nicht durch krampfhaftes Suchen kontrolliert werden müssen, sondern uns zufallen wie Schneeflocken im Winter.

Es ist, als würden wir die maslowsche Bedürfnispyramide umdrehen, sodass sie auf dem Kopf steht und wie eine Zuckertüte zur Schuleinführung alles in sich hineinfallen lässt, was wir brauchen und uns wünschen. Sind wir mit dem Leben verbunden und nehmen uns nicht als etwas Getrenntes wahr, sondern lassen tiefe Wurzeln in diese Verbundenheit schlagen, dann wachsen wir in Verbindung und mit dem Leben gemeinsam in Richtung unserer Freude und unserer Erfüllung. Dem gesamten Universum liegt diese Schöpfungsenergie zugrunde, denn das ist es, was diese über 99 % nicht sichtbarer Energie ausmacht. Denn wenn dort alles enthalten ist, was wir sehen können, und gleichzeitig unendlich viele Potenziale vorliegen für Dinge, die aus diesen Potenzialen entstehen können, dann ist diese Energie nichts anderes als ein unendlich großer Pool an Möglichkeiten. Jede neue Idee, jeder kreative Einfall liegt dort bereits schon als Samen drin. Und alles, was Kreation ist, ist Wachstum, Ausdehnung und Weite. Somit wächst das Universum mit jeder neuen Möglichkeit, mit jedem neuen Gedanken und jeder neuen Schöpfung. Und »neu« ist nun einmal das, was es noch nicht gibt. Doch es entstehen immer wieder neue Dinge: vom Rad zum Flugzeug, von der Kerze zum Elektromotor. Stehen wir am Ende oder am Anfang der Entwicklung? Wir sind mittendrin in einem nie endenden Schöpfungsprozess, der immer mehr bietet, weil es eben unendlich viele Möglichkeiten gibt, die nie ausgeschöpft sind, aber darauf warten, entdeckt, erfahren und manifestiert zu werden.

Kreativität kommt von ganz allein. »Zu sein« heißt nicht, zu pausieren. Die Muse wird dich küssen. Ob du nun ein Bild anfängst zu malen oder eine neue Lebensidee in dir reift. So, wie auch du einen kreativen Gedanken haben kannst, wird er dir neue Wege, neue Sichtweisen und neue Erlebnisse bescheren, an die du zuvor nie hättest denken können, weil dein Wolfs-Denken nur in dem Bekannten lebt und auf die ihm bekannte Materie ausgerichtet ist. So wird nichts Neues in dein Leben treten können. Um dieser Kreativität Platz zu machen, müssen wir uns in diesen Zustand der Verbindung mit dem Ganzen bringen und in dieses Einssein hineingehen. Dann haben wir Zugang zu all dem, was Herr Maslow versucht durch Materie und das vorherige Erklimmen tausender Stufen zu schaffen.

Geht nicht, gibt's nicht. Alles ist möglich, für den, der glaubt. Was auch immer du dir vorstellen kannst, kannst du auch tun, denn der Weg führt vom Gedanken zum Gegenstand, von der Energie zur Materie.

Der Unterschied von Wollen und Wünschen

Jeder erfüllte Wunsch wird einen weiteren Wunsch kreieren, da es immer weitergeht. Nach jedem Horizont, den du erreicht hast, kommt ein weiterer. Deswegen sagen die Buddhisten, dass »*das Wollen*« die Ursache deines Unglücks ist. Das Wollen entspringt einem Wolf, der im Morgen versucht sein Zuhause zu finden. Dieses Wollen lässt dich nie ankommen, sondern hält dich in der Opferhaltung und vergrößert nur deine Rastlosigkeit und dein Mangelempfinden. Wie kannst du im Außen auch ankommen, wenn der Weg unendlich lang ist und sich der Horizont immer um ein weiteres Stück vor dir wegschiebt, sobald du dich auf ihn zubewegst? Doch das heißt nicht, dass wir allem entsagen sollten. Denn Wünschen ist etwas Schönes. Wünschen ist kreativ, schöpfend und aus dem Herz kommend, während Wollen aus dem Mangel heraus entsteht. Beim Wünschen bist du bereits, beim Wollen willst du werden. Wünschen ist ein Seins-Zustand der Fülle und der Möglichkeiten. Es ist ein Blick auf deine Zukunft aus dem Einssein des Jetzt heraus mit dem Vertrauen, dass diese Zukunft dir bringt, was du möchtest und das vermehrt, was du bereits jetzt hast. Es ist so, als würdest du auf einem Laufband stehen und dich immer nur in diesem Jetzt bewegen, während zu dir kommt, was du dir wünschst.

Dieses Laufband kann die Fülle für dich sein, wenn du dich dafür entscheidest, es zu diesem werden zu lassen. Dann bewegst du dich nicht auf deine Fülle zu, sondern du bewegst dich in ihr und erlebst somit bereits jetzt, was du dir von deiner Zukunft erhoffst, während du jetzt schon mehr von dem wahrnimmst und anziehst, was dieser Zukunft entspricht. Du bist schon auf dem richtigen Weg. Und je mehr du dir erlaubst, das sehen zu wollen und anzuerkennen, desto weiter öffnen sich die Tore der Fülle in und somit auch vor dir. Du bewegst dich trotzdem weiterhin in deinem Leben. Du stehst nicht still. Doch du bewegst dich nicht aus dem Mangel heraus in eine erhoffte Zukunft der Fülle, da du schon in ihr wohnst. Obwohl du dich bewegst, bewegst du dich so gesehen nicht vom Fleck. Mit jedem Schritt gehst du auf nichts zu und von nichts weg, sondern immer nur tiefer hinein in das, was du jetzt schon bist. Du versuchst nicht anders zu werden, sondern dein Sein noch tiefer wirken zu lassen. Herr Maslow steht leider vor einem riesigen Berg hinter dem sein gewolltes Etwas liegt und über den zu klettern er es erst einmal schaffen muss. Er steht vor der

Pyramide des Mangels, während uns der Trichter der Fülle jederzeit zugänglich ist, wenn wir es eben anders machen, als wir es bisher »*gewohnt*« waren.

Wenn der Schattenwolf also wie ein Eisberg ist, bei dem der denkende Wolf zu 10 % aus dem Wasser schaut und sein nach dem alten Ich-Gefühl süchtiger Schatten den restlichen, kaum sichtbaren Klumpen im Wasser ausmacht, und dann dieser Eisberg auch noch in einem tobendem Meer voller furchteinflößender Emotions-Haie dahintreibt, dann ist es kein Wunder, dass wir Angst haben, uns im Leben treiben zu lassen. Weil dann die Sonne des Herzens unseren Eisberg zum Schmelzen bringt wie Schokolade auf der Heizung und wir befürchten müssten, unterzugehen oder von diesen Haien gefressen zu werden. Dann kommen die Einwände vom Wolf, der sagt:

> *»Das mit dem Herz ist ja schön und gut. Doch wenn ich die ganze Zeit nur im Sein rumgammel, wer bezahlt dann meine Rechnungen? Und wer kauft von welchem Geld dann meinen Kindern das Essen, wenn ich einfach nur mache, was mein Herz sagt und so mir nichts, dir nichts in den Tag hineinlebe?«*

Doch genau dieses Schmelzen müssen wir zulassen, wenn wir unsere alte Welt verlassen wollen. Wir müssen es riskieren, dass der Wolf vielleicht unrecht hat, auch wenn wir nicht wissen, was als Nächstes passiert. Wir müssen von dem Eisberg herunterspringen und durch die Emotionen des Meeres hindurch bis zum Grund unseres Seins sinken. Und an diesem Grund pflanzen wir den Samen, der den Zugang zu unserem Herzen öffnet, aus dem heraus eine Insel wächst, die uns im aufbrausenden Meer immer wieder Halt und Sicherheit bietet. Statt also von einem schmelzenden Eisberg auf den Nächsten zu hüpfen, bauen wir unser eigenes Dryland (für die, die den Film »*Waterworld*« noch kennen).

Anstatt also weiter Blüten an tote Bäume zu kleben, lassen wir den Baum in uns und durch unser Herz selbst wachsen. In unserer bisher gewohnten Art sorgt unser Denken nur für Chaos und Unordnung. Der unstetige, sich ständig wechselnde Fokus von einem Problem, von einem Ding im Außen zum nächsten verschließt unser Herz und stört unseren inneren Fluss, der unser Barometer dafür ist, ob es uns gut geht, oder ob wir uns in Schwierigkeiten befinden. Viele versuchen dann, das Denken zu ändern, damit sie sich besser fühlen. Da aber das Denken nur 10 % unserer Persönlichkeit ausmacht und das Fühlen der wahre Hütchenspieler ist, müssen wir am Denken vorbei und direkt ins Fühlen gehen. Und um es noch genauer zu sagen: Wir müssen vom Kopf in unser Herz fallen und uns von dort aus dem Leben zuwenden. Das Herz muss wieder den Ton angeben, damit wir uns nicht Hals über Kopf, sondern »*Herz über Kopf*« in unser Leben und unsere Zukunft verlieben können.

Eine Ode an die Liebe

Angst hält alles von dir weg. Sie trennt dich und gaukelt dir vor, dass du im Mangel lebst, ein Opfer bist und etwas in der Zukunft erreichen musst, um dich ganz und gut zu fühlen. Jedes Mal wenn du etwas willst, hast du Angst, du könntest es nicht erreichen oder bekommen. Du fragst dich, wann endlich das gewünschte Ereignis stattfindet, damit du endlich deine Ruhe findest und dich entspannen kannst. Und solange du es nicht hast, wirst du dein Leben nur als Zwischenstufe ansehen. Du willst nicht hier sein, sondern dort. Angst richtet dich auf Ziele aus, auf Dinge im Außen, die du glaubst, brauchen zu müssen. Sie wird dir einreden, mit ihnen würdest du deine Erfüllung finden. Doch deine Angst kennt nur Angst und sobald du bekommen hast, was du willst, wirst du trotzdem weiterhin Angst haben. Also machst du dich weiter auf die Suche, denn das, was du bekommen hast, hat dir die Angst nicht genommen. Alles löst Angst aus, wenn du aus der Angst heraus lebst. Dann ist der Frieden immer eine Armlänge vor dir. Aber du wirst ihn nie greifen können. Denn alles, was du greifst, verwandelt sich in Angst. Und so wird auch der vor dir liegende Frieden in deinen Händen zur Angst. Du bist und wirst immer von ihm getrennt sein. Das ist es, was Angst macht: Trennung.

Liebe hingegen zieht alles an und verbindet dich sofort. Du machst dich dabei nicht auf den Weg. Du läufst nicht erst hundert Kilometer oder verbringst Jahre damit, etwas Bestimmtes zu erschaffen, was dich dann befreien soll. Durch Liebe kommt alles zu dir. Du musst dich nicht erst darauf zu bewegen, da du es mit deiner Liebe schon zu dir, als Teil deines Herzens und deines Seins-Zustands, holst und du es deswegen schon lebst, bevor du es (physisch) hast. Im Grunde ist durch Liebe bereits alles da. Liebe kennt keine Trennung. Wenn du es liebst, ist es da. Wenn du dir deinen Tag aus den Augen der Angst anschaust, fehlt irgendwo immer etwas. Wenn du jedoch verliebt bist, dann ist alles perfekt.

Dann fehlt dir nichts. Du hast vielleicht nicht alles, was du gern hättest und brauchst, aber es fehlt dir nicht. Es macht dir dein Jetzt nicht kaputt. Es trübt dein Jetzt nicht. Es verdirbt dir die Erfahrung dieses Momentes nicht. Du bist *mit* dem Leben. Du bist im Einklang. Du bist mit dem Leben und dem Jetzt auf einer Seite, in einem Team. Ihr seid ein Liebespaar. Das, was dir jetzt gerade geschieht und die Dinge, die dir dabei nicht gefallen, sind kein Hindernis. Sie machen nichts kaputt, nehmen dir nichts weg, halten dich nicht fern oder dich von etwas ab. Sie sind einfach Teil des Ganzen. In Liebe zu sein, heißt, in Akzeptanz und in einer inneren Offenheit, in deiner Widerstandslosigkeit und Zuwendung zu sein. Wenn du die Gefühle der Liebe spürst – die Freude, den Frieden, die Dankbarkeit, die Demut, die Fröhlichkeit und Leichtigkeit, die Zuwendung, die Verbundenheit, das Vertrauen, die Geborgenheit, die Großartigkeit und Herrlichkeit, das Wunder, das Grenzenlose, das Fantastische, das Erhabene und Erhebende – dann ist die Welt keine Bedrohung, vor der du dich schützen musst. Dann ist die Welt dein Spielplatz.

In Liebe zu sein, heißt, kreativ zu sein. Du gestaltest, was du im Herzen trägst, statt gegen etwas kämpfen und dich verteidigen zu müssen. Letzteres ist das Spiel des Wolfes, der es liebt, sich zu behaupten und zu überzeugen, zu mauern und sich zu schützen. Der Wolf geht auf eine Demo, weil er gegen das System ist, und schimpft und feindet an. Er ruft zum Kampf auf und erhebt die Faust. Dabei lässt uns der Gedanke an das, was wir nicht wollen, selbst schlecht fühlen. Wir fühlen den Zorn, den wir gegen jemanden oder etwas richten zuallererst in uns. Wir tun uns auch hier den Schmerz nur selbst an. Und doch können wir merken, wie wir an diesem Schmerz festhalten. Denn warum hören wir nicht einfach auf, an das zu denken, wogegen wir sind, wenn uns die Gedanken daran doch schlecht fühlen lassen? Hörst du dann deinen Wolf etwas Ähnliches sagen, wie:

> *»Das geht nicht! Wenn ich nichts dagegen unternehme, dann bleibt es. Einer muss doch etwas dagegen unternehmen. Wenn keiner etwas macht, dann machen die, was sie wollen. Nein! Es muss etwas dagegen getan werden.«*

Ja, es muss etwas getan werden. Aber kannst du erkennen, dass du nicht an dem Problem, dem Gegenüber, dem System oder was auch immer festhältst, sondern an deinem Schmerz, dass dieses Problem in dir auslöst und dich immer wieder in deinem Schmerz bestätigt? Aus der Sicht des Wolfes gehört das Problem beseitigt. Doch erkennst du den Wolf in dir, dann merkst du, dass er das Problem nur als Vorwand nutzt, um den Schmerz zu fühlen, der ihn in seinem Ich-Gefühl bestärkt und Schutz bietet. Was willst du? Eine bestimmte Veränderung im Außen, die dir deinen Schmerz nehmen soll, oder willst du, einfach ausgedrückt, deinen Schmerz loswerden? Der Wolf würde antworten, dass er den Schmerz nicht mehr haben will und er genau deshalb gegen dies und das kämpft. Doch wenn sich nichts im Außen verändert oder du keine besonderen Therapien gemacht hast, die deinen mental-emotionalen Haushalt für dich klären, und ich dir deinen Schmerz einfach so nehmen würde, sodass du hättest, was du glaubst zu wollen: Kannst du das zulassen? Oder glaubst du, du könntest nicht ohne diesen Schmerz sein, wenn das, was den Schmerz doch bisher in dir ausgelöst hat, immer noch existiert? Wenn das Außen immer noch so ungerecht ist und du immer noch die Gedanken und Gefühle in dir trägst, die du zuvor so sehr verteufelt hast: Was wäre, wenn all das diesen Schmerz nicht mehr in dir auslösen würde, einfach aus dem Grund, weil du dir diesen Schmerz nicht mehr antun möchtest und deshalb nicht mehr auf den alten Auslöser mit den gleichen Reaktionen, der gleichen Abneigung und dem gleichen Widerstand reagierst? Der Wolf kann das nicht, weil er seinen Gegner braucht, gegen den er sich wehren kann, damit er sich endlich befreit fühlen kann, sobald der Gegner besiegt ist. Doch der Wolf kann mit der Befreiung nichts anfangen, weil er immer wieder Gegner braucht. Sei es etwas im Außen oder du selbst. Sobald einer besiegt ist, taucht früher oder später ein anderer auf. Und das ist auch gut so für den Wolf, weil er sich und seinen Schatten dadurch stärkt und er sich selbst in seiner Existenz bestätigt.

Spürst du, wie du gar nicht an dem Problem an sich festhältst, sondern an deinem Schmerz und an deinem inneren Protest? Sei es nun bei einer Demo, deinem Partner, Job, Kontostand oder dem Wunsch, nicht mehr down und deprimiert zu sein. Es macht keinen Unterschied. Wenn du aus deinem Schmerz heraus gegen alles vorgehst, was diesen Schmerz auslöst (dich eingeschlossen), wirst du nichts verändern können, weil du deinen Schmerz überallhin mitnimmst, ihn auch in einer neuen Welt noch bei dir hättest und er auch dort genährt werden müsste. Doch wenn du es bist, der den Schmerz in dir am Leben hält, kannst du es auch sein, der ihn auflöst. Nicht, dass er verschwinden muss, sondern so, dass er kein Problem mehr für dich ist, auch, wenn er bleibt. »*Muss*« er zuerst verschwinden, damit es dir dann besser gehen darf, bist du gegen den Schmerz und hältst ihn dadurch am Leben. Ist er jedoch kein Problem mehr für dich, weil du nichts mehr gegen die Gedanken und Gefühle hast, die den Schmerz in dir auslösen, so wird der Schmerz kleiner, bzw. du entfaltest dich um den Schmerz herum und wirst weiter. In Widerstandslosigkeit, in Akzeptanz und Mitgefühl deinem Schmerz gegenüber zu sein, ist, in Liebe zu dir und deinem Schmerz zu sein. Ohne deinen Schmerz, den du dir selbst verursachst, kannst du trotzdem demonstrieren gehen. Doch du öffnest dich dann der Heilung und der Veränderung. Das, was du im Grunde eigentlich wirklich willst, nicht wahr?

Das Herz ist kein Weichei. Es kann aus der Widerstandslosigkeit heraus auch genauso rebellieren gehen. Doch du trägst nicht diese Art von Schmerz in dir, den du gegen andere richten willst, nur um ihn *in dir* größer zu machen. Wenn das Problem kein Problem mehr ist, weil es dich in deiner Sucht nach deinem Schmerz nicht länger befriedigt und du dieses Problem »*so sein*« lassen kannst, wie es ist, kannst du dich aus dem Zwang befreien, der dich bisher an das Problem gebunden hat. Du entspannst dich mit dem Problem. Auch wenn es den Wolf schütteln wird, so gewinnst du Freiraum, aus dem heraus du dich trotz vorherrschendem Problem auf neue Lösungen zubewegen kannst. Denn dein Widerstand wiederholt nur das Bekannte und dieselben Lösungen, die Teil des Problems sind. Er schränkt dich ein und lässt keinen Raum für Ideen, neue Lösungen und Kreativität, weil all das dem Unbekannten entspringt. Liebe kennt Grenzen und Verteidigung, aber diese ist anders. Das Herz geht auf eine Demo und ist für das Neue, für die Lösung und für den Wandel. Es inspiriert und motiviert, es öffnet die Hand und geht auf andere zu. Es ist schöpfend, ausbauend, erweiternd und sich ausdehnend. Es lebt nicht im »*entweder oder*«, sondern im »*trotz dessen*«. Sei es deine emotionale und mentale Verfassung, die du meinst besiegen zu müssen, ein Gegner oder ein System, gegen das du dich glaubst wehren zu müssen oder deine Lebensumstände, die dich veranlassen, zu denken, du müsstest etwas gegen sie unternehmen, damit sie dich nicht mehr von deiner Idealwelt abhalten. In Liebe bist du für deine Sache, für die du einstehst und trotzdem *mit* dem anderen. Wendest du dich deinem inneren Licht zu, rückt der Schmerz in den Hintergrund und hindert dich nicht mehr daran, trotz Schmerz dennoch in deine Öffnung zu gehen.

Wende dich der Sonne deines Herzens zu und die
Schatten des Schmerzes fallen hinter dich.

»Der andere« kann also jemand vor dir sein, deine Umstände oder du selbst mit deiner emotionalen und mentalen Verfassung, die du nicht akzeptieren kannst, weil es sich nicht gut anfühlt. Auch wenn du diesem *»anderen«* sagst, dass er nicht mehr Teil deines Lebens, deines Spiels ist, du dir etwas anderes wünschst, so bist du dennoch nicht gegen ihn, sondern für dich. Liebe ist immer *für* etwas und nicht gegen etwas. In Liebe Grenzen zu setzen, ist, in Verbindung zu sein und nicht in Trennung. Du bist in Verbindung mit deinen Wünschen und nicht in der Trennung, weil du meinst, der oder das *»andere«* könne dich von deinen Wünschen abhalten. Aus dieser Sicht würdest du nur wieder im Fokus auf das, was du nicht willst, leben und schon ist das Wünschen zum Wollen geworden und rückt wieder alles, was du willst, weit weg, während all das, wogegen du bist, das Futter bekommt, was es braucht, um selbst am Leben zu bleiben und zu wachsen. Doch in Liebe deinen Fokus und dein Handeln auf das ausgerichtet, was deinem Wunsch entspricht, lässt dich immer fühlen, als sei es bereits. Es lässt dich, was auch immer du willst, bereits in der Gegenwart spüren. Sei es auch noch so weit weg. Alles, was du dir wünschst und aus Liebe ersehnst, wird zu dir kommen. Denn du bist empfänglich. Du erlaubst es dir zu erhalten. Du lebst in deiner Würde, die es dir erlaubt, zu empfangen. Du bist offen. Du bist wie eine Blume, die ihre Blüte aus dem Herzen wachsen lässt und sich dem Leben zuwendet. Sie versprüht den Duft, der das anzieht, was ihrer Vermehrung dient. Der Wolf versprüht nur Pestizide, um fernzuhalten, was ihm gefährlich werden könnte. Was also willst du sein: Ein Kammerjäger oder ein Gärtner?

Herz ist Trumpf

Um das zu vertiefen, gehen wir wieder zurück zu unseren Schafen. Sie sind das, was ich als »den guten Wolf« bezeichnen würde, da sie dem Schattenwolf entgegengesetzte Eigenschaften aufweisen. Wenn man sich, so wie ich einst auf der Weide, ruhig zu ihnen setzt und in absichtsloser Friedfertigkeit verweilt, dann kommen sie und nähern sich an, versprühen ihren lieblichen Charme und können tief in unsere Herzen eindringen. Und wie Goethe schon meinte, dass *»von Herzen kommen muss, was auf Herzen wirken soll«*, so sind es die Schafe, die ich als *»unser Herz«* bezeichnen möchte. Denn was genau ist denn dein Herz? Viele Lieder und Redewendungen tummeln sich um das sagenumwobene Herz, aus dem heraus wir alle gerne leben und nach dem wir uns so gern ausrichten wollen. Doch meist bleiben es nur Floskeln, wenn wir sagen: »*Ich möchte meinem Herzen folgen«*, oder: *»Ich höre auf mein Herz und lass mich von diesem führen.«*

Doch wieso sagen wir in Situationen, die uns nahegehen und in denen wir großes Glück verspüren, dass wir es im Herzen spüren? Einfach aus dem Grund, weil wir es dort spüren. Wenn du dir deine Liste der 100 Dinge, die du willst, vornimmst und auf die freudvollen Gefühle schaust, die du bei den dich am meisten erfüllenden Wünschen spürst, dann schau einmal in deinen Körper, wo genau du sie spürst. Vielleicht spürst du sie überall, doch gibt es da ein Zentrum? Ich kann all die Gefühle, die mich erheben, erfüllen und strahlen lassen als deutliches Gefühl in meiner Brustmitte wahrnehmen. Etwas hinter meinem Brustbein weitet sich, wird wärmer und dehnt sich aus. Von da aus strahlt es in den gesamten Körper, sodass jede Zelle davon berührt wird. Und nicht nur das: Auch das physische Herz selbst fängt an Purzelbäume vor Glück zu schlagen. Ist es bei dir nicht auch so? Vielleicht magst du es auch an anderen Körperstellen spüren, doch sicherlich nicht im Kopf. Dort findest du im Zustand der Freude vielleicht Entspannung, ein Gefühl von Ordnung und Klarheit, aber das Zentrum der Glücksgefühle, die durch wahre Freude ausgelöst werden, finden wir im Körper.

Wenn wir unser Herz verschlossen haben, dann kümmern wir uns zuerst um uns und versuchen uns in Sicherheit zu bringen. Schließlich müssen wir einer Gefahr entkommen und können uns nicht um andere kümmern. Erst wenn wir »*unsere Schäfchen ins Trockene gebracht haben*«, können wir auch wieder auf andere zugehen und uns um sie kümmern. Vorher sind wir eher egoistisch und selbstsüchtig, abwehrend und aggressiv. Wir können selbst zur Gefahr und bedrohlich wie ein Wolf werden. Doch sobald wir haben, was wir brauchen und es uns gut geht, öffnen wir uns und werden fromm wie ein Lamm. Dann ist Platz für Nächsten und Selbstliebe, für Offenheit, für Mitgefühl, Wohlwollen, Wertschätzung, Anteilnahme, Frieden und Fürsorge. Wir werden selbstlos, weil unser Selbst uns und andere nicht mehr bedroht. Wir entspannen uns im Grunde von unserem Selbst und leben wieder im Einklang und in der Verbindung zum und mit dem Leben. Wir verzeihen, wir trösten, wir hören zu, nehmen in den Arm, spielen, singen und tanzen. Wir genießen das Leben, gestalten Dinge, bringen uns künstlerisch zum Ausdruck und verarbeiten schmerzliche Erlebnisse mit Einsicht und Einfühlungsvermögen. All diese Attribute sind Ausdruck eines geöffneten Herzens. Denn das Herz kann sich mit den Dingen, mit der Welt, mit den Menschen und Lebewesen, einfach mit allem verbinden. Und in die Kategorie »*Alles*« zählt auch deine Wunschzukunft und dein angestrebter Seins-Zustand mit hinein. Wenn alle Attribute des Schattenwolfes mit dem Wort »*Negativ*« kategorisiert werden können, dann können wir sämtliche Attribute der Herzschafe dem Wort »Liebe« zuschreiben. Und was ist das Symbol der Liebe? Richtig! Das Herz.

Das Kraftwerk Herz

Wenn unser verwirrtes Gehirn uns Energie raubt, so kann unser offenes Herz unsere Batterien aufladen und uns die Kraft schenken, die wir zur Schöpfung unserer neuen Realität brauchen. Du wirst es spüren, wenn du dir dein Warum anschaust und die Emotionen fühlst, die dein Warum in dir auslöst. Du wirst dich beflügelt fühlen, solange du in Verbundenheit mit den Gefühlen deines Idealzustands bist. Sobald sich jedoch der denkende, problemsüchtige Kopf einschaltet, wird er alles nach für und wider, nach möglich und unmöglich absuchen und dir die Freude wieder ausreden. Deswegen ist der größte Schritt, den du wagen kannst, der, vom Kopf in dein Herz zu kommen und Gefühle nicht mehr »*von oben herab*« (also vom Verstand her), sondern »*von innen heraus*« (also aus dem Körper heraus) wahrzunehmen und zu fühlen.

Das Herz schlägt in deinem Körper, noch bevor dein Gehirn überhaupt entwickelt ist. Später gehen Herz und Hirn die stärkste Verbindung in deinem Körper miteinander ein, denn die meisten Nervenbahnen gibt es zwischen diesen beiden Organen. Nirgends anders sind Organe so sehr miteinander verbunden, wie bei diesen beiden. Doch das Interessante dabei ist, dass davon 90 % der Bahnen vom Herz in Richtung Hirn und nur 10 % vom Gehirn zum Herzen gehen. Das heißt, die meisten Informationen bekommt das Hirn vom Herz und nicht andersrum. Das heißt auch, dass unser Herz maßgeblich an der Funktionsweise des Gehirns beteiligt ist und dieses sogar beeinflusst und steuert, je nachdem, welche Signale es sendet. Das Herz, wenn richtig benutzt, beeinflusst das Gehirn, welches wiederum den Körper beeinflusst. Wenn das Herz ruhig und gleichmäßig schwingt, dann stellt sich das Gehirn darauf ein. Viel schneller, als es das Gehirn schaffen könnte, das Herz zu beruhigen. Ein schöner Gedanke braucht einfach länger, als direkt ein schönes Gefühl zu fühlen. Angst lässt es schnell und unrhythmisch schlagen, Freude und Liebe lässt es weich und weit werden. Nicht nur, dass sich die Gehirnfrequenz auf die des Herzens einstellt, das Herz sendet sogar das Bindungs-Hormon Oxytocin ans Gehirn, welches normalerweise ausgeschüttet wird, wenn wir uns verbunden, geliebt und somit in Sicherheit fühlen. In diesem Zustand der Verbundenheit gibt es keine Trennung und keine Gefahr. Wir fühlen uns als Einheit und mit dem Leben verbunden und vom Leben geliebt. Und Oxytocin wiederum reguliert die Tätigkeit der Amygdala (dein Alarmzentrum) und besänftigt sie zunehmend. Ab jetzt ist deinem System klar: Hier herrscht keinerlei Gefahr. Ich kann mich vollkommen entspannen und mich auf das Leben einlassen.

Wenn wir es also schaffen, die angstvollen Gedanken gegen inspirierende Gedanken an eine bessere Zukunft auszutauschen und dem Körper zeigen, wie sich das anfühlt, in dem wir uns in unsere Zukunft verlieben und die Freude dabei in unserem Herzen fühlen, dann schwingt dieses in einem kohärenten, also in einem gleichmäßigen, harmonischen Rhythmus. Es reguliert die problembehafteten Denkprozesse des Gehirns runter, während dieses sich auf die gleiche kohärente Schwingung einstellt, die es vom Herz empfängt. Herz und Hirn gehen in eine gemeinsame Kohärenz über, was es uns ermöglicht, noch tiefer in das Sein und die Fülle, die in uns ist und uns umgibt, überzugehen. Das lässt sich tatsächlich messen. Genauso lässt es sich auch messen, dass das Herz ein enormes magnetisches Feld ausstrahlt, welches bis zu 2500-mal größer und stärker ist, als das des Gehirns. Je nachdem, wie wir schwingen, wird dies auch von unserer Umwelt wahrgenommen. Es ist wie bei einer Gitarre: Eine angeschlagene Saite versetzt andere danebenliegende Saiten ebenfalls in Schwingung und alle schwingen in einem Gleichklang. Sie resonieren miteinander. Und durch die gemeinsame Resonanz addiert sich die gesamte Schwingung nicht nur um die Lautstärke der einzelnen Saiten, sondern wird um ein Vielfaches gesteigert. Das heißt, sie schaukeln sich gemeinsam hoch und werden um einiges lauter, was sie allein nicht hätten schaffen können. So ist es auch in der Herz-Hirn-Beziehung.

In diesem Zustand der Herz-Hirn-Kohärenz, die sich aus einem klaren Bild (durch genaue Gedanken und Erinnerungen an deine Zukunft) und den damit verbundenen, erhebenden und herzzentrierten Emotionen zusammensetzt, programmierst du dich um. Dein Seins-Zustand wechselt vom Opfer zum Schöpfer deiner Realität und deine Ausstrahlung lässt genau das in dein Leben treten, was zu diesem Schwingungsmuster passt. Doch wenn dein System inkohärent schwingt, dann klingt es wie eine Band, die nicht im selben Rhythmus, in verschiedenen Tonlagen, mit verstimmten Instrumenten und ganz andere Musikstile spielt. Wer will dem schon zuhören? Also stimmen wir dein Instrument und lehren dich, die Musik deiner Zukunft zu spielen.

Mirai – Das Lied deiner Zukunft

Unsere Persönlichkeit basiert auf den Wiederholungen unserer Erinnerungen an das, was wir erlebt haben. »*Erleben*« ist, wenn wir es im Körper fühlen und dazu passende Gedanken, Bilder, mentale Szenen und Schnappschüsse der jeweiligen Situation verknüpft haben, sodass der ganze Organismus durch zusammengehöriges Denken und Fühlen die Situation aufnimmt und abspeichert. Und »*Erinnern*« ist ein inneres Abrufen des abgespeicherten und bereits erlebten Materials, in dem wir den Schnappschuss vornehmen und die daran gekoppelten Gefühle fühlen, sodass es uns heute wieder genauso echt vorkommt wie damals. Wir können heute in den Zustand von gestern wechseln und es würde sich so anfühlen, als erlebten wir es jetzt gerade erneut. Dieses Erleben bildet die Persönlichkeit, die daraus Überzeugungen und dementsprechende Handlungen ins Leben ruft, auf dessen Grundlage wir das Leben auf genau die Weise erfahren, für was wir es halten. Deine äußere Realität ist immer nur ein Abbild deines inneren Erlebens. Sie ist immer nur der Spiegel deiner emotionalen und mentalen Verfassung. Alles, was du im Außen siehst, wie du auf etwas reagierst und wie du es interpretierst, passiert durch deinen Wahrnehmungsfilter, der in den Farben deiner Persönlichkeit schimmert. Du tust es die ganze Zeit. Doch du weißt es nicht und denkst, du bist der Realität ausgeliefert und darfst nur mitspielen, statt selbst die Regeln aufzustellen. Doch das ist nur ein Glaube. Da du dieser Überzeugung bist, geschieht es dir auch so. Alles ist nur abhängig von deiner Überzeugung. Diese Überzeugungsgedanken liefern die immer gleichen Emotionen. Gedanken und Emotionen sind nur eine Aufzeichnung, eine Erinnerung an etwas, das du erlebt hast. Dein Gehirn ist eigentlich nur dabei, dein Erleben aufzuzeichnen, um aus ihm zu lernen. Das, was daraus gelernt wurde – deine Meinung, deine Ansichten, deine Gemütslage, deine Annahmen, etc. – bildet deine Persönlichkeit und bildet deine Realität, so weit, bis es schließlich an den Körper als vertrautes Ich-Gefühl abgegeben wird und dieser dich nun durch das Leben auf genau dieser Grundlage führt. Deine derzeitige Persönlichkeit ist also ein natürlich gewachsenes Produkt deiner Umwelt und inneren Prozesse, derer du dir bisher nicht bewusst warst. Du hast es geschehen lassen und sitzt jetzt vor dem Schlammassel. Doch kein Grund zur Panik. Denn jetzt weißt du, was und wie es passiert und kannst mit deinem Wissen und deiner Erkenntnis deine Zukunft nun bewusst und gezielt selbst in die Hand nehmen.

Nehmen wir diesen Prozess der Persönlichkeitsbildung und beeinflussen ihn willentlich, wird alles genauso ablaufen, nur diesmal geben wir die Richtung an. Wir denken, was wir wirklich denken wollen, fühlen, was wir wirklich fühlen wollen und erinnern uns an eine glorreiche Zukunft statt an eine verlorene Vergangenheit. Gehen wir dies oft genug und auf lebendige Weise durch, wird auch dies unser Gehirn speichern und aufschreiben. Diese Aufzeichnungen werden zu fest installierten, neuen Programmen. Erinnern wir uns an unsere Zukunft, denken wir die passenden Gedanken, die mit dieser in Verbindung stehen und fühlen wir das zukünftige Ereignis, als wäre es jetzt bereits schon eingetroffen, hat der Körper keine andere Wahl, als darauf zu reagieren. Der Körper, dein Unterbewusstsein und dein autonomes Nervensystem kennen kein Richtig und Falsch. Sie werten nicht aus, analysieren nicht, ziehen keine moralischen Schlüsse und es ist ihnen auch egal, ob etwas ethisch vertretbar, wahr oder unwahr ist. Sie führen einfach nur aus. Du kannst im Kopf willentlich wählen und aussortieren und dann bewusst entscheiden, was du denken willst, aber dein Unterbewusstsein wird nicht weiter analysieren. Das, was es von »*oben*« bekommt, nimmt es an. Da gibt es kein Rütteln. Wenn du mit einem Gedanken absolut im Reinen bist, reagiert dein Unterbewusstsein, reagiert dein Körper. Da dein Körper aber die Sprache des Denkens nicht versteht, müssen wir es ihm in seine Sprache übersetzen: das Fühlen.

Wenn wir nun eine neue Zukunft kreieren und zu diesem Ich werden wollen, was wir uns ersehnen, müssen wir unsere Zukunft so lebendig werden lassen, dass wir sie von einer Erfahrung hin zu einer Erinnerung an diese Erfahrung bringen, die durch die passenden Gefühlen und Gedanken unsere neue Persönlichkeit bildet, welches in eine neue Haltung und in neuen Überzeugungen mündet, was wiederum zu neuen Handlungen und Erfahrungen führt und uns das im Leben erkennen lässt, was diesem Zukunfts-Ich entspricht. Erkennen wir mehr im Leben, was unserer Zukunft entspricht, machen wir diesbezüglich mehr Erfahrungen, erinnern uns noch mehr an das, was noch vor uns liegt und unsere gesamte Zukunft wird etwas Greifbares und Lebendiges. Und das alles bereits jetzt. Und wenn du heute schon deine Zukunft lebst, weil du es so sehr verinnerlicht hast, dass du überzeugt davon bist, in ihr zu leben, wird dich dein Weg auch weiterhin in diese Zukunft hineinwachsen lassen, weil du nicht mehr getrennt von ihr bist. Und bist du nicht mehr getrennt von ihr, suchst du nicht mehr nach ihr. Und suchst du nicht mehr, kannst du empfangen, weil du von der Idee losgelassen hast, du hättest noch nicht, was du willst und nichts von dem, was du willst, wäre schon da. Jetzt ist aber alles schon da, weil es in deiner Zukunft auch so wäre. Das ist genau der Zustand, in dem auch das Leben selbst auf die Kohärenz in dir reagiert und dir das liefert, was deinem Zustand entspricht, da es immer auf das reagiert, was wir sind, und nicht auf das, was wir wollen.

»*Mirai*« ist ein Wort, was die meisten nicht kennen. Es löst absolut nichts in dir aus. Da ist keine Erinnerung, da du noch keine Erfahrung gemacht hast und somit auch nicht fühlen kannst, was »*Mirai*« bedeutet. Bei den meisten ist es mit ihrer Zukunft so, wie mit Mirai: Sie wissen nicht, wie es sein soll, was es bedeutet und wie es sich anfühlen würde. Mirai ist japanisch und bedeutet »*Zukunft*«. Jetzt ist dir das Wort »*Mirai*« schon etwas greifbarer. Und genauso greifbar und noch mehr muss dir deine Zukunft werden. Ich sage nicht, dass du dir und anderen etwas vormachen sollst. Doch wie wäre es, wenn du dich, obwohl du weißt, dass es (noch) nicht so weit ist, bereits mit der Einstellung vertraut machst, dass du schon bist, wer du sein willst? Da du nun einiges über deine Konditionierung gelernt hast und darüber, wie der Körper auf Denken und Fühlen reagiert und wie durch deine Überzeugungen sich auch deine Wahrnehmung verändert, sollte dir klar sein, dass du mit einer neuen mental-emotionalen Haltung auch neue Erfahrungen kreierst. Dein Körper wird auf ein neues Fühlen und Denken umprogrammiert und kann somit einfach nicht mehr in der alten Vergangenheit leben. Und da der Körper exakt auf das hört, was du ihm erzählst, wird er anfangen im Jetzt als der Körper deiner Zukunft zu leben. Denn der Körper kann nicht zwischen einer *wirklichen* Erfahrung und einer *erdachten* Erfahrung unterscheiden. Der Körper, der dein Unterbewusstsein ist, hat selbst keinen analytischen Filter. Deswegen hat er den Wolf kreiert, um das zu beschützen, was ihm früher das Leben gerettet hat. Doch da wir nun nicht mehr Wolf sind und als Kapitän zurück auf unser Schiff kommen wollen, können wir den Körper auf eine neue Zukunft einstimmen. Du kannst das inzwischen, weil du gelernt hast, nicht mehr unbewusst auf deine Umwelt zu reagieren und weißt, wie du die alten Wunden des Schattenwolfes heilen kannst, damit die Energie zur Gestaltung deiner Zukunft frei wird.

Für den Körper macht es keinen Unterschied, ob du in eine Zitrone beißt oder es dir nur vorstellst. Er wird reagieren. Doch dafür müssen wir es uns lebhaft und bildlich vorstellen und uns ganz auf diesen mentalen Prozess einlassen. Das gelingt, wenn wir eine Sache bereits erfahren haben und es unserer Security als »*wahr*« vorkommt, unser Gedanke also auf der Gästeliste steht und in den Club gelassen wird. Doch wie sieht es mit deiner Zukunft aus? Diese ist unbekannt, da du sie bisher noch nicht erfahren hast. Wir müssen dich also mit deiner Zukunft vertraut machen. Du musst dich förmlich an deine Zukunft erinnern, so, wie du dich auch an deine Vergangenheit erinnerst. Und eine Erinnerung ist eine Aufzeichnung von dem, was du erlebt, also *gefühlt* hast, zusammen mit einem Bild, das zu dieser Erfahrung passt. Wir müssen sozusagen ein emotionales Foto deiner Zukunft erzeugen. Wenn du an deine Zukunft denkst, wird sie dir nicht so vertraut sein wie deine Vergangenheit. Und das müssen wir ändern. Du musst dir also genau im Klaren darüber sein, was du willst.

Ein Schiff ohne Ziel findet keinen Hafen.

Deine Zukunft verändert dein Jetzt

In erster Linie sind es die Gefühle, die du fühlen willst. Vergiss das nicht! Welche das sind hast du bereits herausgefunden und auch als Grundlage in deinem Herzen verankert. Doch nun sollten wir die passenden Bilder mit hinzunehmen, damit dieses Gefühl auch mit den Visionen deiner Zukunft zu einer echten Erinnerung und somit zu einer erlebten Erfahrung werden kann. Wir bringen also die 100 Dinge, die du willst, mit den 100 Gefühlen, die du hinter diesen Dingen vermutest, zusammen und stellen es uns so detailliert wie möglich vor, sodass der Körper keine andere Wahl hat, als auf diese Vision unserer Zukunft zu reagieren, und zwar so, als würde er glauben, dass deine Zukunft jetzt in diesem Moment tatsächlich stattfindet. Spürt der Körper das, dann ist es das Gleiche, als würden wir tatsächlich oder nur gedanklich in die Zitrone beißen: Er erinnert sich und reagiert.

Je öfter du deine Zukunft heute schon fühlst und dich mit ihr auseinandersetzt, desto mehr Netzwerke legst du im Gehirn dafür an, desto weniger beschäftigst du dich mit deiner Vergangenheit und desto leichter erinnerst du dich an deine Zukunft. Siehst du dich dann im Spiegel, erkennst deine Umgebung und nimmst deine Gegenwart wahr, wirst du dabei dann die Vision deiner Zukunft vor Augen haben, anstatt all das wieder nur die bekannten Dramen deiner Vergangenheit in dein Leben ruft. Du siehst dich und deine Welt um dich herum und bekommst dann das Gefühl von deiner Zukunft. Warum? Weil du dich durch mentales und emotionales Training umkonditioniert hast. Bisher löste alles nur ungute Erinnerungen und miserable Gefühle aus. Du hast in deiner Gegenwart als die verkörperte Erinnerung an deine Vergangenheit gelebt. Jetzt jedoch kannst du dich an supergeniale Dinge erinnern, die du noch machen wirst, an den, der du werden willst, an das, was du sein wirst und du fühlst es jetzt schon. Es fühlt sich echt und vertraut an. Und, obwohl es noch nicht passiert ist, glaubt dein Körper, es wäre ein bereits erlebtes Ereignis oder würde jetzt in diesem Moment tatsächlich stattfinden, weil dein Körper auf das, was jetzt geschieht, mit den Gefühlen der Zukunft und nicht mehr mit denen der Vergangenheit reagiert. Und diese Gefühle kreieren passende Gedanken, Bilder und Szenen, die dich noch mehr in deine Zukunft hineinleben lassen, was wiederum zu noch intensiveren Gefühlen führt. Jetzt lebst du die Aufwärtsspirale. Du zerbrichst dir nicht mehr den Kopf, wieso, weshalb, warum. Deine Blumenwiese fängt an zu blühen und die Schafe kommen und weiden dort, wo du bist, und nicht mehr dort, wo du gern wärst.

Dein Körper greift nicht mehr auf die alten Gefühle zurück, sondern auf die neuen. Einfach nur, weil du sie ihm beigebracht hast. Und mal ganz ehrlich: Die alten Gefühle hast du ihm auch beigebracht. Du hast alles so oft gedacht, dir wieder und wieder erzählt, dich immer wieder so gefühlt und dementsprechend auch immer die gleichen bestätigenden Erfahrungen gemacht. Du saßt da und hofftest, dass irgendein Moment in der Zukunft dir eine neue Erfahrung bringen würde, damit du dich endlich anders fühlen kannst. Doch du warst deiner Konditionierung ausgeliefert, weil du nicht wusstest, wie du dich eigentlich fühlen willst. Du konntest es vielleicht benennen. Aber dadurch *wusstest* du es nicht. Du musst dich wirklich dazu aufmachen, dich mit den Gefühlen und Bildern deiner Zukunft vertraut zu machen und das Erleben dieser vorwegzunehmen!

Was macht diese innere Wandlung mit dir? Sie verändert dich. Auf mentaler, emotionaler und körperlicher Ebene. Du vergisst dein Problem, weil du es nicht mehr fütterst (what you don't use, you lose). Du veränderst deine Energie, die dich vom Opfer zum Gestalter deines Lebens macht. Du öffnest dich neuen Wegen, neuen Erfahrungen, neuen Gefühlen, ja, einem ganz neuen Leben und einem völlig neuen Selbst, das dir schon sehr bald um einiges vertrauter sein wird, als dein altes. Du sitzt nun nicht mehr allein mit dir und redest dir ein, dass du krank bist, dass du ein schlechtes Leben hast oder dass du keinen anderen Ausweg findest als einen, der dir doch nur wieder das Gleiche herbeiführen würde wie bisher. Du sitzt mit dir und fühlst dich einfach nicht mehr scheiße. Oder besser: Deine Identität entspricht nicht mehr dem Gefühl von »*Scheiße*«.

TEIL 3 VERÄNDERE DICH

Das heißt nicht, dass du dich nie mehr scheiße fühlst. Es heißt, dass du nicht mehr Gefangener deiner Vergangenheit bist, die dich hat scheiße fühlen lassen. Du wirst auch nicht mehr von deinen Angstgedanken und Sorgen gelähmt und gequält, weil du diese Gefühle nicht mehr mit dir, deiner Situation oder deiner Umgebung verknüpfst. Sie mögen hier und da noch vorkommen, aber sie sind kein Problem mehr, weil sie dich nicht mehr von deiner Wunschzukunft abhalten, weil du bereits in ihr lebst. Und deswegen kannst du, trotz der Scheiße und den Sorgen, dich dennoch locker und entspannt fühlen, weil du inzwischen keine Angst mehr hast. Oder anders gesagt: Du hast keine Angst mehr vor der Angst und fühlst dich viel lieber glücklich und genießt das Leben. Angst ist nur ein Gefühl, was nun nicht mehr hinderlich oder schlimm ist. Du hast nun eine neue Option, der du deine Aufmerksamkeit schenken kannst. Du kannst wählen, welchen Lichtschalter du bedienen willst: Den alten, der alles im gleichen grauen Licht erscheinen lässt wie eh und je, oder den neuen, der das Licht deiner Zukunft auf die Reize deiner Gegenwart wirft. Da das Programm deines alten Ichs automatisch abläuft, sobald du unbewusst wirst, brauchst du diesem keine sonderliche Aufmerksamkeit schenken. Stattdessen solltest du dich willentlich für die Gedanken und die daraus resultierenden Bilder und Gefühle deines Zukunfts-Ideals entscheiden, damit diese dein Leben bestimmen.

Du kannst immer nur einen Gedanken gleichzeitig denken.
Und du kannst entscheiden, welcher dies sein soll.

Nur die Angst vor der Angst lähmt dich. Der Genuss am Leben mit allem, was es bietet, lässt dich jedoch höher schwingen. Du wirst kreativ, inspiriert, lebendig und liebend. Du liebst dich, den Moment und das Leben. Ganz egal, welchen Ausgang es nimmt. Der Ausgang spielt keine Rolle mehr, weil er dir nichts hinzufügen oder nehmen kann. Der Ausgang ist nur ein äußerer Umstand auf den du nicht mehr angewiesen bist. Er kann dir keine Gefühle mehr geben oder nehmen, weil du selbst bestimmst, wie du dich fühlen willst. Das ist Eigen-Ermächtigung, das ist Eigen-Verantwortlichkeit, das ist ein Akt der Schöpfung, der Selbstliebe und der Kreation. Du selbst kreierst die Wirkung in dir. Und das hat mächtigen Einfluss auf deine Umwelt und auf deinen Körper. Im alten Modell lebte dein Körper in seiner bekannten Vergangenheit und hat dich immer wieder dazu gebracht, die gleichen Ursachen und die gleichen Wirkungen zu erfahren, da er es nur gewohnt war zu reagieren. Er hatte seine Macht abgegeben. Er machte seine ewig gleichen Routinen und meinte, nur äußere Umstände könnten ihn verändern. Doch er kann es selbst. Du kannst es. Tust du es, lebt dein Körper aus dir selbst heraus heute schon in seiner Zukunft. Meinst du nicht auch, dass er dann, genauso wie bisher auch, die Ursachen und Wirkungen erzielt, nur eben auf deine gewünschte Zukunft ausgerichtet? Meinst du nicht auch, dass, wenn dein Körper überzeugt ist, er sei fähig, du auch fähig sein wirst? Meinst du nicht auch, dass, wenn dein Körper überzeugt ist, dass er glücklich ist, er auch Beweise im Außen für sein Glücklichsein finden wird und du selbst auch die zu dieser Überzeugung passenden Gedanken denkst? Wie solltest du auch nicht? Schließlich fühlt sich jetzt alles so vertraut und echt an, dass dein Verstand dieses neue Gefühl als sein Ich-Gefühl erkennt und eben genau diese neuen Leute vor der Tür (die Gedanken und Erinnerungen an deine Zukunft) in dein Haus lässt, weil sie eben nun Teil des Teams sind. Genauso, wie die alten Mitarbeiter es auch waren. Confirmation Bias funktioniert auch hier. Dein ARAS wird auch hier sensibler. Deine Erinnerung wird durch das schon heutige innere Erleben deiner Zukunft gestärkt und du lebst nicht mehr als die Kopie des Gestern, sondern als die Blaupause deines Morgen.

Und meinst du nicht auch, dass du lang genug die alten Lieder gehört hast und es Zeit ist für neue? Neue Gefühle, neue Erinnerungen, neue Verhaltensweisen und ein neues Leben? Dann kreiere dir das Leben, lebe in diese Zukunft hinein und warte nicht mehr darauf, dass jemand anderes dir die Erlebnisse liefert, die du haben willst. Du kannst es herbeiführen. Alles, was du tun musst, ist, deine mentale und emotionale Verfassung mit deiner Zukunft abzugleichen und dich mit der Vision deiner Zukunft auseinanderzusetzen anstatt mit den grauen Erinnerungen an deine Vergangenheit. Ich bin überzeugt davon, dass wir Einfluss auf unser Schicksal haben. Jeder Einzelne kann sich, seine Realität und dadurch auch sein Leben verändern.

Das emotionale Zukunftsfoto

Wenn du dich fragst, warum du dich schlecht fühlst, wird dein Verstand dazu aufgefordert, dir diese Frage zu beantworten. Er kramt in seinen Erinnerungen herum und liefert dir alles an Wissen und Beweisen, um dir deine Frage zu beantworten. Er ist wie ein Hund, der dir den Stock bringt, den du geworfen hast. Erinnere dich: Neurons that fire together, wire together. Wenn du dich dies immer wieder fragst und immer wieder verschiedene Areale in deinem Gehirn zur Beantwortung dieser Frage aktiviert werden, verdrahten und verstärken sich diese. Kein Wunder, dass du immer leichter umfangreichere Antworten auf deine Frage bekommst. Doch stellst du die Frage, wie es sich anfühlen würde, als dein zukünftiges Ich zu leben, taucht kaum etwas auf. Deswegen musst du üben, es dir vorzustellen. Das kann dein kreatives Zentrum im Gehirn: dein präfrontaler Cortex. Er schaut nun nach Arealen im Gehirn, die passende Erinnerungen abgespeichert haben und sucht nach Wissen, das du gesammelt hast, weil er dir deine Frage beantworten will. Findet er keine Erinnerungen, kannst du selbst neue Erinnerungen (die an deine Zukunft) kreieren. Je mehr Wissen du darüber hast, wie deine Zukunft sich anfühlen soll, je mehr Netzwerke zur Bestätigung und Beantwortung deiner Frage im Kopf sind, desto mehr verdrahten und verstärken sich auch diese Areale. Deine Aufgabe ist es (und der Grund, warum ich mich hier so oft wiederhole), dich immer wieder an deine neue Zukunft zu erinnern. Steht das Bild deiner Zukunft im Kopf und ist klar, hast du eine Intention, eine Absicht. Sie erscheint dir klar im Geiste und dein Körper fängt an, darauf zu reagieren und es lebendig werden zu lassen. *Lebendig werden lassen* heißt, du fühlst und erlebst es in deinem Körper, was da in deinem Geiste geschieht. Verbindest du also mit dieser Szene auch das Gefühl, welches du dabei erleben willst, wird es von deinem Unterbewusstsein aufgenommen und dein Körper wird es ohne Einwände genauso übernehmen. So funktioniert dein gesamter Organismus. Auch jetzt schon, eben nur mit deinen ungewollten Gedanken und Überzeugungen.

Du hast aber eben diesen Kritiker, diesen einen Wächter, der in deinem Bewusstsein sitzt (damit meine ich das Tages-Bewusstsein, das alle Informationen analysiert und sortiert). Es ist dein Ich, deine Identität, das, was du bisher für dich gehalten hast. Mit seiner Hilfe wirst du den Wandel nicht machen können, weil er zwar den Wandel will, aber gleichzeitig sagt, dass es nicht geht. Er kann es sich vielleicht vorstellen, aber nicht glauben, da sein Glauben nur auf bereits erlebten Erfahrungen beruht, die sich inzwischen so verfestigt haben, dass da nichts Neues so mir nichts, dir nichts seinen Platz finden kann. Deswegen ist es so wichtig von der -1 über die 0 zu gehen, wenn wir +1 werden wollen. Dieser Nullpunkt bist du ohne dein Ich. Er ist der Hirte, der den Wolf fernhält, sodass die Schafe sich in Sicherheit fühlen. Oder anders: Er ist dein Bewusstsein, das den Widerstand fallen lässt, sodass dein analytischer Verstand ruht und sich dadurch dein Herz öffnen und in Verbindung mit deiner Zukunft und der Fülle um dich herum in Kontakt treten und diese empfangen kann.

Für die folgende Übung ist es daher wieder wichtig, zuvor vom Wollen abzulassen und dich in die größtmögliche Entspannung zu bringen, die dir möglich ist. Tue einfach immer nur dein Bestes, das, was du eben heute tun kannst. Das ist immer genug. Denn wie könnte es auch anders sein? Könntest du mehr, würdest du es tun. Von daher mach dir keinen unnötigen Druck und entspanne dich mit dem, was du kannst und wer du bist. Auch hier entwaffnest du deinen Widerstand durch dein Annehmen, anstatt etwas gegen den Widerstand tun zu wollen. Und das wird es dir ermöglichen dich mit dem zu entspannen, was da ist, anstatt den Gedanken zu verfolgen, du müsstest noch etwas erreichen, ändern oder loswerden bevor du dich entspannen kannst. Es ist auch hier wieder kein »*entweder oder*«, sondern ein »*trotz dessen*«.

Im Zustand der Ich-losigkeit kannst du deinem Unterbewusstsein nun befehlen, neue Leute einzustellen und es wird es tun. Denn es hört auf dich. Du bist der Big Boss (der leider nur die letzten Jahre im Urlaub war). Dein Unterbewusstsein ist nur die Geschäftsleitung. Es leitet den Laden nach deinen Vorgaben. Wacht der Wächter dann wieder auf, hat er neue Gesichter auf seinem Passierschein. Jetzt dürfen neue Leute ins Haus und ihm fällt es nicht mal auf. Er wird denken, es war schon immer so, denn er führt nur aus, was das Unterbewusstsein ihm auf den Tisch legt. Vielleicht ist er anfangs etwas skeptisch, weil ihm die neuen Gesichter zwar auf seltsame Weise vertraut und doch irgendwie fremd vorkommen. Er wird kurz beim Geschäftsleiter anklingeln, doch dieser bestätigt die Richtigkeit mit dem Gefühl der Vertrautheit und heißt sie willkommen. Dein Körper kennt dieses Gefühl, diese neuen Angestellten und hat keinerlei Zweifel daran, dass diese hier richtig sind. Aber die alten Angestellten – die werden immer fremder. Sie kommen kaum noch, sind schlampig, machen die Arbeit nicht richtig und die neuen sind immer eine Nase voraus, schneller, stärker und enthusiastischer. Irgendwann wird es auch so weit sein, dass die alten Angestellten ihre Kündigung bekommen und nicht mehr auf der Arbeit erscheinen. Jetzt hast du im Haus genau die Angestellten, die deinen Laden wirklich nach vorn bringen werden anstelle der Saboteure und Angsthasen.

Übung: Dich auf deine Zukunft einstimmen

Wenn ich mich mit meiner Zukunft beschäftige, dann schreibe ich mir auf, was ich will und wie ich mich fühlen würde, wenn das gewünschte Ereignis bereits eingetroffen wäre. Ich verbinde mich emotional mit meinem Bild von mir und meinem Leben, in etwa so, wie ich mich fühlen würde, wenn

1. *gleich der lang erwartete Urlaub losgeht*

2. *es heute der erste Tag ist und es bereits begonnen hat*

3. *und abschließend: Es schon gestern losgegangen ist und ab heute alles anders ist. Für immer.*

Gerade der letzte Punkt sorgt dafür, dass ich mich wirklich so fühle, als wäre es bereits. Während ich durch die Punkte eins und zwei immer noch diese Ekstase, Vorfreude und Großartigkeit spüre, so bin ich bei Punkt 3 zunehmend gelassener, weil sich das Unnormale normal anfühlt. Und genauso wäre es auch, wenn deine Zukunft bereits eingetroffen wäre. Du wärest zwar immer noch voller Freude, voller Staunen und Demut und dennoch auch in einer freudvollen Ruhe, weil dir diese Gefühle vertraut sind.

Setze dich dafür zur Meditation hin und gehe die Schritte durch, die dich bisher auch schon in Entspannung und Präsenz gebracht haben, den Raum des Bewusstseins öffneten und dich von deinem Ich lösten. Verstärke an dieser Stelle die Öffnung, indem du deine Atmung bewusst in deinen Brustraum sendest und mit deiner Aufmerksamkeit in diesem Zentrum verweilst. Atme ruhig, tief und entspannt in deine Brust, spüre, wie dein Atem diesen Raum ausfüllt und erlaube es deinem Herzen sich mehr und mehr zu öffnen, damit sich die Herz-Hirn-Kohärenz einstellt und du noch tiefer in die Entspannung gehen kannst.

Wann dieser Zeitpunkt gekommen ist, merkst du meist, wenn du während deiner absichtslosen Haltung und dem Eintauchen in die Gegenwärtigkeit plötzlich einen sanften Hauch von Leichtigkeit und Freude spürst, der meist von Zauberhand kommt, sobald die schwere Last deines sorgenvollen Ichs von dir abfällt. An diesem Punkt drehst du den Volume-Regler dieser sanften Gefühle etwas hoch und entfachst das Feuer des Herzens, indem du deine Aufmerksamkeit auf diese Gefühle lenkst. Da du schon geübt hast, die Gefühle deines neuen Ichs zu fühlen, nimmst du diese nun hinzu und lässt sie in das Herz tropfen, bis dieses seine magnetische Ausstrahlung so erhöht, dass der gesamte Raum um dich herum und in dir mit diesen Gefühlen schwingt. Du startest sozusagen den Motor und lässt ihn warmlaufen.

Jetzt nimmst du die gewünschte Intention, also die passenden Bilder und Visionen deiner Zukunft hervor. Da sich nichts mehr gegen deine Bilder wehrt, weil der Wächter nun eingeschlafen ist, kannst du in dieser Vision baden. Im ruhenden Geist lässt du deine Vision erscheinen, während du mit offenem Herzen die erhöhten Emotionen der Freude, des Befreitseins, der Dankbarkeit, Liebe und Ganzheit spürst. Du fühlst nun die Emotionen der Zukunft in deinem Herzen, als würde gerade tatsächlich geschehen, was du im Geiste erlebst. Im Geiste werden nun die dazu passenden Bilder immer lebendiger. Sie sind die Information, sie sind die Botschaft. Das Gefühl ist dessen Träger. Ein elektro-(Hirn)-magnetischer-(Herz)-Abdruck entsteht, der dein gesamtes Unterbewusstsein neu ordnet. Du lebst mental und nun auch körperlich in deiner Zukunft. Die Bilder verstärken das Gefühl im Herz, der Körper spürt die Ekstase in allen Zellen. Das Gehirn registriert das Erleben und zeichnet es als eine Erinnerung auf, weil du während dieser Erfahrung denkst, fühlst und es im ganzen Körper spürst, als wäre es jetzt gerade wirklich wahr. Ein positiver Kreislauf entsteht.

Jedes Mal, wenn du merkst, dass die Security um die Ecke kommt, du also einen Widerstand in dir bemerkst, lass die Bilder und deinen Versuch einfach los und entspann dich wieder durch den Fokus auf deinen Atem und das Eintauchen in den Moment. Regt sich der Wächter wieder ab, startest du langsam und in Ruhe wieder von vorn. Das braucht etwas Übung, aber wenn du das etwas halten kannst, kannst du dich immer leichter und länger diesen Visionen und Gefühlen hingeben. In diesem Zustand wird dein Körper glauben, dass er jetzt gerade in dieser Zukunft lebt und er wird sich an all die Erfahrungen gewöhnen und erinnern. Du musst nur bei der Sache bleiben und dich immer wieder in dieses Erleben zurückholen. Deshalb ist es wichtig, den offenen Fokus zu trainieren, da nur das in Erscheinung treten kann, was du beobachtest. Und dafür braucht es etwas Zeit. Schweifst du immer wieder ab, wirst du es nicht sehen. Konzentrierst du dich zu sehr, willst du etwas erzwingen. Doch nur dein Nicht-Wollen und dein Nicht-Tun wird dich durch das Tor führen und dir liefern, was du suchst.

Bevor du dann aus der Übung erwachst, lass die Bilder los und verweile nur noch im Gefühl. Es sind nicht die Bilder, die du willst, es ist das Gefühl. Verharrst du bei den Bildern, stellt sich schnell ein Gefühl der Gier und des »Haben-Wollen« ein. Das ist dein kleines Ich in dir, das denkt, von allem getrennt zu sein, und das im Mangel lebt. Das ist dein altes Opfer-Ich, dass im nächsten Moment die Erfüllung sucht. In diesem Zustand nach dieser Übung jedoch hast du dieses alte Ich hinter dir gelassen. Das neue Ich sucht nicht, denn es ist bereits. Und damit es weiß, dass es das ist, schaut es sich nicht seine Besitztümer und äußeren Beweise an. Das braucht es nicht. Es weiß, dass es das ist, weil es sich so fühlt. Auf Grund dieser Tatsache entstehen die Synchronizitäten in deinem Leben: Du fühlst dich so, deshalb kommen die Beweise und nicht anders herum. Das neue Ich legt die Verantwortung nicht mehr nach außen. Es ermächtigt sich selbst. Erinnere dich also nach der Übung an das Gefühl! Merke es dir, speichere es ab und hole es ganz in dich hinein. Wenn du dir erlaubst, nicht zu sagen: »Ich möchte glücklich sein«, sondern: »Ich bin das Glück«, oder einfach nur: »Glück«, stellt sich das Gefühl sofort ein. Du bist es. Jetzt in diesem Moment. Dein Wunsch-Ideal ist nicht eine Armlänge von dir entfernt. Nein, du bist dein Ideal. Du musst es fühlen und du wirst es fühlen. Und dann sei es!

Um mir meine Zukunft visualisieren zu können, suche ich gern Bilder zusammen, die das Gefühl meiner Zukunft in mir auslösen. Manchmal schneide ich sie mir als Film zurecht, mit passenden Titeln und erhebender Musik. Ein Film meiner Zukunft, der mich an diese erinnern und die Gefühle auslösen soll, die ich fühlen möchte. Ich erzeuge also nicht nur ein lebendiges Foto, sondern gleich einen ganzen Blockbuster. Damit mir »Mirai« also immer vertrauter wird, sorge ich im Vorfeld schon für die Bilder, an die ich mich erinnern will. Das Ganze lässt sich dann noch so weit ausbauen, dass du dir dazu noch die Geschichte über dein Leben selbst einsprechen und aufnehmen kannst. Denn du bist der Mittelpunkt deines Lebens. Also solltest du auch dein Gesicht und deine Stimme Teil dieser Geschichte werden lassen und dich an das neue Bild von dir gewöhnen. Und dazu gehört auch, nach der Übung aufzustehen und als der zu gehen, zu reden und zu handeln, von dem du dir zuvor noch den Film angesehen, das Audio angehört oder einfach nur die Vorstellung gemacht hast.

Im Alltag erinnere ich mich immer wieder daran zurück. Denn meine Zukunft ist jetzt eine Erinnerung, eine Ressource, auf die ich jederzeit zurückgreifen kann. Wann immer ich bemerke, wie ich in mein altes Ich zurückfalle, halte ich inne, verbinde mich mit dem Gefühl meiner Meditationsübung, welches ich durch Visualisierung verinnerlicht habe und gehe so gut es geht in diesen neuen Zustand über. Dabei »überlege« ich nicht, wie ich wohl wäre und was ich tun würde. Ich lass mich vielmehr von dem Gefühl leiten, welches meinem neuen Ich entspricht und von sich aus schon die passenden Gedanken, Handlungen und meine Haltung anpasst. Das geschieht, wenn wir aus dem Herzen leben und nicht aus dem Kopf. Dann bezahlen wir dennoch unsere Rechnungen und bringen zu Hause das Essen auf den Tisch. Und trotzdem waren wir in und mit unserem Herz verbunden und haben den Tag in einen Tag unserer Zukunft transformiert.

Befreiung ist, vom Kopf ins Herz zu kommen. Veränderung ist, vom Herz aus in den Kopf zu gehen.

Zweifelsfrei in eine freie Zukunft

Schafe sind also der gute Wolf, sind alle Attribute deines Ideals, sind alle herzzentrierten Emotionen und zusammengefasst nichts anderes als Liebe. Wenn ich also von Liebe spreche, dann meine ich all das, wofür Liebe steht. Liebe ist, mit weiten Armen das zu umarmen, was da ist und sich noch mehr für das zu öffnen, was noch kommen mag. Genau durch diese Erlaubnis kann es erst zu dir kommen, da dein Wolf zuvor alles nur von dir ferngehalten hat, indem er dir insgeheim einredet, du seist zu minderwertig, um wahres Glück zu erhalten. Angst ist ein Verschließen. Angst wehrt ab, Liebe empfängt. Sie will nichts Bestimmtes. Sie braucht keine Bedingungen. Sie kennt kein *»Haben-Wollen«*. Sie erlaubt es, den Dingen zu sein, wie sie sind. Sie erlaubt es, dir zu sein, wie du bist.

Was auch immer du aus den Augen der Angst betrachtest, wird zu deinem Feind, deinem Gegner, deinem Gegenüber. Du hier, der Feind da. Doch was immer du aus den Augen der Liebe betrachtest, ist Teil dessen, was gerade passiert und darf sein. Und wenn etwas sein darf, verschwenden wir unsere Energie nicht auf die Abwehr dessen. Du, dein vermeintliches Gegenüber, deine Umstände, einfach alles. Alles ist im selben Raum. Alles ist Teil des Ganzen. Alles steht am selben Ufer. Du, das, was du nicht magst, und das, was du dir wünschst: Alles ist da. Du musst den Fluss nicht überqueren, um von dem wegzukommen, was du nicht willst, und um dorthin zu gelangen, wo du sein willst. Dort, auf der anderen Seite, mag dein Wunsch leben. Doch du lebst auf der Seite, auf dem der Wunsch nicht existiert. Du machst dich auf und willst die andere Seite erreichen. Doch dein *»Erreichen-Wollen«* lässt das andere Ufer immer weiter von dir wegtreiben. Wenn du erkennst, dass alles, was du dir von da drüben wünschst, bereits jetzt hier bei dir existiert, dann verschwindet der trennende Fluss und das andere Ufer ist unmittelbar hier. Der trennende Fluss sind deine Angstgedanken, dein Gefühl von Mangel und die Verteufelung dieser Gefühle, deine Abhängigkeit von äußeren Formen, Objekten, Ereignissen und Umständen. Umstände, die dir nie das geben, was du durch sie erhoffst zu bekommen, da sie an sich leer sind, wenn du leer bist.

Wenn du davon ablässt, diesen Geistern nachzujagen, wenn du die Angstgedanken ruhen lässt und dich mit der Liebe verbindest, wirst du spüren, dass es dir nie an etwas gefehlt hat und nie fehlen wird. Durch Liebe verwandelst du dein Leben. Alles bleibt, wie es ist, aber die Interpretation dessen, was du siehst, ist eine andere. Dann geschieht nicht mehr alles gegen dich, sondern für dich. Und du lebst nicht mehr gegen andere, sondern für andere. Wenn du selbst zu Liebe wirst, wird alles um dich herum auch zu Liebe. Die Farben werden satter, die kleinen Details werden größer, alles scheint in Frieden und Harmonie in einem großen Miteinander vernetzt zu sein. Auch das Unangenehme, die Trauer, der Schmerz und die dicken Pickel des Tages. Auch das ist Teil von Liebe und kann in dieses große Ganze aufgenommen werden. Deinem Schmerz und deinen Problemen mit Liebe zu begegnen, nimmt das Leid. Leid entsteht durch ein *»Anders-haben-Wollen«*, eine Ablehnung, ein *»Sich-dagegen-Wehren«*, durch unzählige Masken, wie Kritik, Verurteilung, Bösartigkeit, Selbstmitleid, Meinungen und vielem mehr, die den Schmerz dadurch am Leben halten und ihn verstärken. Liebe ist ein Annehmen. Und aus diesem Annehmen heraus geschieht die Wandlung. Der Schmerz kommt dabei einfach mit. Aber er bleibt Schmerz und wird nicht zu Leid. Er hält dich nicht auf dem Weg zur Erfüllung deiner Wünsche auf. Der Weg, den du in Richtung Wünsche aus der Liebe heraus gehst, ist immer in Verbindung mit deinem Wunsch. Es ist, als ob Zukunft und Gegenwart miteinander in Verbindung stehen. Als ob sie gleichzeitig stattfinden.

Ich muss dabei immer an eine Doku über ein Shaolin-Kloster denken, die mich stark beeindruckt und mir die Kraft verdeutlicht hat, die in uns liegt, wenn wir unser Herz frei von Zweifeln machen, und somit nichts mehr unseren Fokus trübt, sodass dieser das in unser Leben ziehen und Wirklichkeit werden lassen kann, was wir uns wirklich wünschen. Der dortige Meister demonstrierte seinen neuen Schülern eine simple Übung: Er legte seine Hand auf einen Tisch und alle seine Schüler sollten diese Hand so fest sie konnten auf den Tisch gedrückt halten, damit sich der Meister nicht von der Stelle bewegen kann. Der Meister probierte tatsächlich, sich mit all seiner Kraft von den Schülern loszureißen, doch sie waren zu viele und auch für einen Shaolin-Meister einfach zu stark. Ihm gelang es nicht, sich auch nur einen Zentimeter vom Tisch fortzubewegen. Doch dann drehte er seinen Blick um, richtete ihn vom Problem weg (die festgehaltene Hand) und lenkte ihn auf seine andere Hand, die er frei vor sein Gesicht hielt. Dort wollte er hin. Und so wie er sich darauf fokussierte, ohne Zweifel im Herzen zu haben (so wie er später sagte) und im festen Glauben daran, sich auf diese Hand zubewegen zu können, so geschah es auch, dass er sich mit Leichtigkeit auf sie zubewegte und die Schüler seine andere Hand am Tisch nicht mehr halten konnten. Er riss sie förmlich mit, weil sie kein Problem mehr darstellten, dass ihn von seinem Weg abhalten könnten.

Nachfolgend drehte er sich zu seinen fassungslosen Schülern um und meinte: »*Ich weiß. Es ist Magie.*«

Er zerrte nicht, er bemühte sich nicht, er wandte nicht einmal Kraft an. Selbst das »Sich-auf-die-Hand-Zubewegen« schien nicht mehr wie ein »Sich-Bewegen«. Es war, als wäre er schon dort und nur der Körper folgte dem, wo sein Bewusstsein schon längst war. So, wie auch unser Körper uns folgt, wenn wir an die Toilette denken. Müssen wir pinkeln und denken an die Toilette, ist unser »Bewusstseinspunkt hier« mit dem »Bewusstseinspunkt Toilette« bereits verbunden. Und da wir bei so alltäglichen und gewöhnlichen Sachen auch keinerlei Zweifel im Herzen tragen, stellt sich uns auch nichts in den Weg und wir kommen an, woran wir mit fester Überzeugung geglaubt haben. Doch da sich unser Bewusstsein selbst nie bewegt, weil es immer nur im Jetzt existiert, zieht sich das kommende Jetzt zu unserem derzeitigen Jetzt heran, als würden wir auf einem Laufband stehen, das alles anschwemmt, was wir wollen und worauf wir uns fokussieren. Aber eben nur, wenn unser Fokus aufrecht und stabil und unser Herz frei von Zweifeln ist. Ob nun der Körper sich dabei durch den Raum bewegt oder ob wir es uns sogar vorstellen können, dass die Toilette auf unerklärliche Art und Weise zu uns kommen könnte, liegt nur an unserem Vorstellungsvermögen, gepaart mit unerschütterlichem Glauben und einem zweifelsfreien Herzen. Glauben ist das Gegenteil von Zweifel. Wenn wir glauben, dann wissen wir, dann sind wir überzeugt. Und woher haben wir die Überzeugung? Durch Erfahrungen, die wir gemacht haben und an die wir uns erinnern. Unser alter Glaube hielt nur das für möglich, was wir bisher kannten: Unsere Vergangenheit. Unser neuer Glaube hält ebenfalls für möglich, woran wir uns erinnern und was wir bereits so deutlich erlebt haben, dass es uns vollkommen normal vorkommt, selbst wenn es absolut verrückt zu sein scheint und wir nicht wissen, *wie* es geschehen soll: unsere Zukunft.

Diese Mischung kann Wunder geschehen lassen. Was ist ein Wunder? Etwas Unmögliches, das wir normalerweise nicht für möglich halten. Wenn wir aber das Unmögliche für möglich halten können, kann alles ein Wunder sein und Wunder können uns jederzeit geschehen. Was hindert uns daran, uns darauf einzulassen? Unser Verstand, der nur an das glaubt, was er kennt und dadurch abwehrt, was ihm fremd ist. Was aber war noch einmal das Neue? Das Fremde.

Was wollen wir werden? Etwas Neues. Woran sollten wir also glauben? An Wunder. Wie machen wir das? Über den Weg aus dem Kopf heraus und in das Sein hinein, um dann im Herz zu ankern. That's it!

Die Geschichte des Shaolin-Meisters lehrt uns zwei Sachen: Erstens hat die Kraft des Herzens eine magnetische, wenn nicht sogar magische Anziehungskraft, die es uns ermöglicht, mit größerer Leichtigkeit das zu bekommen, was wir uns wünschen. Und Zweitens, dass wir diesem Herzen einen Fokus, eine Intention geben können, damit es weiß, was es uns bringen soll. Denn die Energie folgt unserer Aufmerksamkeit und bringt uns das, was wir wollen, auf die Art und Weise woran zu glauben wir für normal halten. Halte ich es für normal, mich auf meine Hand zu zu bewegen, egal was ist, geschieht es. Halte ich es für normal, frei von Zweifeln und Depression zu sein, so bin ich es. Halte ich es für normal, dass mir Wundersames geschieht, so passiert auch das.

Wenn das Herz der Träger der Information ist, die wir ihm durch unsere Intention geben, dann sollten wir das Herz auch trainieren, damit es diese Informationen auch tragen, senden und schließlich empfangen kann. Eine Intention ist wie ein Samen, die Emotion ist der Dünger, der den Samen zum Wachsen bringt. Deine Intention sagt deinem Herzen, wo es entlanggeht. Das Herz aber strahlt aus, was wir uns wünschen und verbindet uns damit. Ohne ein offenes, starkes und fühlendes Herz bleibt ein Gedanke nur ein Gedanke und verschwindet in der Bedeutungslosigkeit. Unsere Intentionen (also unsere Gedanken an unsere Wünsche und Ziele) sind wie Passagiere auf einem Schiff. Das Schiff ist es, was uns ankommen lässt, während die Passagiere die Richtung anzeigen. Doch wenn das Schiff klein und wackelig ist und zudem noch keinen Treibstoff hat, wird sich nichts bewegen. Deswegen sollten wir unser Schiff tanken. Und zwar mit einer soliden Grundlage an Gefühlen, die unser Herz öffnen und zu unserem neuen Seins-Zustand gehören. Je mehr wir uns mit den Gefühlen vertraut machen, die wir uns wünschen, desto mehr können wir es leben, noch bevor es sich im Außen zeigt. Aus dem Herzen zu leben heißt, dass wir nicht warten, bis sich die Dinge im Außen so einstellen, dass wir uns endlich auf die gewünschte Weise fühlen dürfen. Es heißt vielmehr, dass wir selbst uns so fühlen, wir wir es uns vorstellen und dass sich daraufhin das Außen uns anpassen wird.

Deine Liebe zieht deine Zukunft an. Sobald du an deine Zukunft denkst und die passenden Emotionen der Liebe dazu spürst, programmierst du dein Unterbewusstsein um. Denn dein Unterbewusstsein kennt nur das Fühlen. Wenn du denkst, du wirst ein Gewinner sein, aber fühlst, als wärest du noch der Loser von gestern, dann wird dein Körper wie der Loser reagieren. Du fällst zurück und nichts ändert sich. Die Zweifel bleiben, der Frust kommt hoch und du gibst auf. Wenn du aber denkst, du kannst gewinnen und fühlst, dass es so ist, du also mit der Vision deiner Zukunft durch Liebe verbunden bist, dann gibt es keine andere Möglichkeit für dein Unterbewusstsein als auf diese Informationen zu hören und entsprechend zu reagieren. Dann gehst du als Gewinner und weißt, dass du gewinnen wirst. Je öfter du übst, dein Herz für deine Zukunft zu öffnen, desto mehr erzeugt dieses beständige Fühlen passende Gedanken und letztendlich eine neue Persönlichkeit auf deren Basis du als neuer Mensch im Jetzt und Hier dein Leben buchstäblich veränderst.

»Was« ja, »Wie« nein

Es ist kurios, wie sich Wünsche und sorgenvolle Gedanken an die Zukunft auflösen, wenn wir uns erlaubt haben, alles zu fühlen, was wir jemals fühlen wollten. Als kleine Kinder wollten wir das Spielzeug der Schwester, einfach nur, weil *sie* es hatte und nicht *wir*. Hatten wir es dann, spielten wir vielleicht kurz damit und ließen es dann jedoch in der Ecke liegen. Wir wollten nicht das Spielzeug. Wir wollten einfach nur »haben«, was wir nicht haben und was dafür ein anderer hat. Es geht dabei meist nicht um das Objekt an sich, sondern nur um das »*Haben-Wollen*«. Haben wir das Objekt bekommen, wird es schnell uninteressant, weil ein neues Objekt, was wir nicht haben, viel interessanter wird. Nehmen wir jedoch das Erleben der Erfahrung vorweg, verschwindet sehr oft die Gier und auch der Zwang, in den uns das »*Haben-Wollen*« stürzt.

Ich selbst habe es schon so oft erfahren, wie sich mein Zwang auflöst, das bekommen zu müssen, was ich unbedingt haben will, einfach nur dadurch, in dem ich es mir erlaubte, alles zu fühlen, was ich erfahren will. Denn meist sind es eben genau diese Gefühle, die zu fühlen wir uns nicht erlauben, die uns dann geißeln und uns zu unüberlegten Handlungen verführen. Du sollst nicht auf den roten Knopf drücken und unterdrückst das Verlangen, es doch tun zu wollen. Weil du es nicht tun darfst, willst du es nun umso mehr tun. Und gerade, weil du es unterdrückst, wird es so groß, dass du, wenn der Druck dann übermächtig wird, gleich mit einem kompletten Vorschlaghammer auf den Knopf draufprügelst. Und um es noch krasser zu sagen: Wenn du dir die Gefühle der Liebe nicht erlaubst, der Erotik, der Nähe, der Freude, den Glauben an Möglichkeiten und daran, dass du Wunder vollbringen kannst, dann unterdrückst du dein Verlangen danach, bis dich dieses Verlangen beherrscht. Dann suchst du dir mit Gewalt, was du dir selbst nicht geben konntest, um die riesige Leere in dir zu kompensieren: Jeder, der sich freut, wird erschossen, jeder der sexuell anziehend ist, wird benutzt oder gezwungen, für Möglichkeiten sorgst du mit Härte und Manipulation und nichts davon wird dich jemals befriedigen. Es treibt dich nur noch mehr in den Wahnsinn. Doch wenn ich mir alles erlaube zu fühlen, was ich will, dann schwindet der Druck. Dann ist der rote Knopf nicht mehr so interessant. Dann trübt unser Verlangen nicht mehr unsere Sicht. Wir können erkennen, was von all dem, was wir zuvor noch so unbedingt gebraucht haben, doch nur eine Spukgeschichte unseres Verstandes war. Dann lassen wir von den speziellen Dingen ab, die wir dazu auserkoren haben, uns unbedingt geben zu müssen, was wir wollen. Die Dinge dürfen gehen und andere Dinge dürfen kommen, die vielleicht sogar besser zu uns und unserem neuen Seins-Zustand passen. Vieles wird einfach nicht mehr so wichtig und verliert an Bedeutung. Das ist kein Verzicht. Das ist Befreiung, weil wir nicht mehr Gefangene unserer Triebe sind. Jetzt haben wir die Kraft und Energie übrig, uns darauf zu fokussieren, was wir eigentlich wirklich wollen. Und das ist meist nichts von den Haufen kleinen Dingen, die wir meinen in unserem Leben noch erreicht haben zu müssen, damit wir nicht das Gefühl haben, unser Leben zu verpassen.

Wenn durch das lebendige Fühlen dieser Haufen Dinge, noch bevor wir diese Dinge tatsächlich erlebt haben, vieles davon von uns abfällt, bleibt nicht mehr viel übrig. Und das ist der wahre Kern, um den du dich kümmern kannst. Alles andere waren nur Fisimatenten, die dich vom Wesentlichen abhalten sollten. Sei es mehr Sex, mehr Geld, mehr Anerkennung, mehr Zeit, mehr Ruhm, mehr dein Ding machen zu können: Wenn alle kleinen Szenarien abfallen und du die Dinge ziehen lässt, kannst du eine kleine Handvoll an Gefühlen finden, um die es dir wirklich geht. Sei es das Gefühl von Freiheit, Liebe, Zuneigung, Wertschätzung oder einfach nur Frieden. Wenn du diese Gefühle in dir kultivierst und sie in deinen Alltag fließen lässt, wirst du Entdeckungen machen, die du vorher durch deine engstirnige Sicht auf die Dinge immer übersehen und vorab schon aussortiert hast. Doch jetzt kann endlich die Fülle zu dir durchdringen, die du zuvor immer in irgendwelchen Dingen gesucht hast. Jetzt findest du sie in Dingen, an die du nie gedacht hättest. Du nimmst also nicht mehr vorweg, »*wie*« etwas passieren soll, sondern lediglich »*was*«. Das ist ganz entscheidend: Lass das »*Wie*« los und bleibe im »*Was*«. »*Wie*« es dir geschieht, ist egal. »*Was*« geschehen soll, weißt du durch dein Warum und die immer detailliertere Innenschau auf die Gefühle, die du *wirklich* fühlen und verinnerlichen willst.

Ein Beispiel: Fragst du dich, was du willst und du antwortest, dass du einen neuen Partner willst, weil dein bisheriger dich nervt, dann ist es nicht das »*Was*«, das ich meine. Du beschäftigst dich mit den Dingen. Doch was willst du wirklich, oder besser: Warum willst du einen neuen Partner? Das »*Was*« kann dir ein neues Ding zeigen, doch schaue hinter das Ding zu dem Gefühl. Warum willst du den neuen Partner? Was erhoffst du dir? Wie willst du dich fühlen? Du willst nicht den neuen Partner und auch nicht den alten loswerden. Du willst eine glückliche und harmonische Beziehung, die voller Wertschätzung, Fürsorge und Liebe ist. Wenn du dich damit verbindest und dir vorstellst, wie es wäre, in dieser Zukunft zu leben, wenn du deinen Körper auf diese Gefühle programmierst und deinen Verstand mit den Bildern dieser Zukunft impfst, dann lebst du im »*Was*«, ohne das »*Wie*« erzwingen zu wollen. Du weißt nicht, wie all das geschehen kann, was du dir wünschst. Und diese Unwissenheit ist gut so! Vielleicht begegnet dir ein neuer Partner, aber vielleicht transformiert sich auch deine jetzige Beziehung zu genau der, die du schon immer haben wolltest. Lass also das Ergebnis offen. Sei es auch bspw. ein Job, den du leid bist. Wenn du dir vorstellen kannst, wie dein Traumjob wäre, was du tun würdest, wie du dich fühlen würdest und wie glücklich du wärst, wenn du diesen hättest, dann lebe in den Gefühlen und Visionen dieser Zukunft und lass das »*Wie-es-geschehen-Soll*« außen vor. Denn sonst beschränkst du dich nur auf das, was du schon kennst und verschließt dir unzählige Wunderwege, wie zu dir kommen kann, was du empfangen willst. Vielleicht gibt es einen Führungswechsel in deinem Laden, ein neuer Mitarbeiter kommt, eine neue Stelle wird frei oder Außerirdische schenken dir ewiges Leben. Halte alles und vor allem eins für möglich: das Unmögliche.

Schnapp dir die Maus

Wenn du neue, unbekannte und unerwartete Wendungen in deinem Leben plötzlich wahrnimmst, solltest du dich auf sie einlassen. Auch wenn es erst einmal den Anschein hat, dass alles zerfällt. Das tut es manchmal, denn eine neue Ordnung kann nicht so einfach aus der Alten heraus entstehen. Das Alte wird erst demontiert und Unordnung und Chaos entstehen, bevor die Teile wieder neu zusammengesetzt werden. Das habe ich bereits erzählt. Gewöhne dich daran, dass es zunächst ungemütlich und unbequem werden könnte. Es muss nicht so sein, aber wenn, dann mach trotzdem weiter und nutze dies, um noch tiefer in das Vertrauen zu gehen. Und treten dann unscheinbare und spontane Wendungen in dein Leben, dann greif zu. Denn du musst dir schon nehmen, was du willst, sobald es sich dir zeigt. Ansonsten bist du wie der Typ auf dem Dach seines im Hochwasser stehenden Hauses, der sämtliche Hilfe ablehnt, weil er meint, sein Gott würde ihn schon retten. So lehnt er die rettende Hilfe des vorbeifahrenden Schiffes ab und auch die des Helikopters, bis er schließlich im Wasser ertrinkt. An Gottes Toren stehend, beklagt er sich, warum Gott ihm nicht geholfen habe. Doch dieser antwortet fragend, ob er denn nicht das Schiff oder den Helikopter bemerkt hätte, die er extra zu seiner Rettung hat kommen lassen. Besser ist es, wie die dicke, gelassene Katze zu sein, die sich einst ein mäusegeplagter Hausbesitzer geholt hat. Die Katze lag einfach nur herum. Tagein, tagaus tat sie nichts. Sie war anscheinend so faul, dass die Mäuse schon bald keinerlei Scheu mehr vor ihr hatten. Sie fingen an, in aller Seelenruhe vor ihrer Nase herumzuspazieren. Solange, bis sie eines Tages nah genug und so unvorsichtig waren, dass die Katze nur noch die Pranke ausstrecken musste und die Mäuse im Liegen fing.

Wenn du im Vertrauen bist, dass genau das kommt, was du dir wünschst, *egal wann und wie*, dann kannst du das Jetzt genießen und musst dir keinen unnötigen Stress machen. Und mal angenommen, es würde nichts kommen: Dann hast du dir dein Leben lang keinen Stress gemacht, dich immer so gut es ging gut gefühlt und dir immer die Option freigehalten, dass dennoch alles kommen kann, was du dir ersehnst. Ist das nicht lebenswerter, als den gleichen Weg zu gehen, nur mit Stress und Anspannung, bei dem du schließlich auch nicht weißt, ob du bekommst, was du willst? Und wenn es sogar gewiss wäre, dass unser Schicksal doch nur Zufall ist und wir nur per Glückslos bekommen, was wir wollen, dann haben wir zwei Möglichkeiten: Entweder wir resignieren und stumpfen ab, lassen uns in unsere Trostlosigkeit fallen, werden dick, faul und frustriert oder wir machen die Arbeit hier trotzdem. Selbst, wenn wir nicht mehr unter dem Schatten des Baumes liegen können, den wir pflanzen, so ist das Pflanzen des Baumes allein schon ein sehr erfüllender Akt.

Der beste Zeitpunkt, einen Baum zu pflanzen, war vor zwanzig Jahren. Der zweitbeste Zeitpunkt ist jetzt.

Liebe braucht keine Beweise

Durch dein Herz hebst du sämtliche Dualität auf. Dualität ist das Aufteilen der Welt in »*hier ich*« und »*du dort*«. Auf dieser Achse bewegst du dich von hier nach da, von gestern nach morgen, von Vergangenheit in die Zukunft, von einem weg und auf das andere zu. Du erlebst Zeit als etwas Langes, Schweres, Andauerndes und Raum als etwas, durch das du dich erst bewegen musst, um dort anzukommen, wo du hinwillst. Doch bist du dort angekommen, ist der Teil in dir angekommen, der nur Dualität kennt. Er wird auch dieses »dort« wieder trennen und dafür sorgen, dass du dich weiter auf den Weg machen musst. Wenn wir uns Dinge wünschen, dann sind die Dinge nur Stellvertreter für das Gefühl, das wir eigentlich wollen und von dem wir hoffen, es durch die Dinge zu bekommen. So sind wir es schließlich auch gewohnt. Der Wolf braucht die Dinge als Beweis, sich entsprechend fühlen zu dürfen. Sich einfach so gut zu fühlen, ohne dass etwas in unser Leben getreten ist, dass dies auslöst? Geht das? Oder sogar sich gut zu fühlen, nur allein durch den Gedanken an etwas, das wir uns wünschen, aber nicht haben, es uns aber so sehr begeistert, dass wir schon jetzt vor Glück tanzen, auch wenn die Musik noch gar nicht spielt? Wenn wir die Musik schon innerlich hören können und unser Körper daraufhin sich bewegen will, brauchen wir dann noch krampfhaft die Musik? Der Druck, den wir auf die Musik ausüben, sie soll uns zum Tanzen bringen, ist enorm. Doch wenn wir den Druck lösen, dann schwingen wir im Rhythmus des Klangs, den wir in uns tragen, und regen unser Umfeld dazu an, sich auf uns einzuschwingen.

Fühlen wir unsere Zukunft, noch bevor sie eingetroffen ist, dann wird der Kopf sagen, dass es so aber nicht ist. Der Körper jedoch wird antworten, dass es doch so ist, weil er es schließlich fühlen kann. Er sagt: »Schau, es ist bereits. Ich kann es doch spüren.« Brauchst du wirklich den Beweis? Wer braucht den Beweis? Der Wolf. Doch was macht der Wolf mit dem Beweis? Rein gar nichts. Wie der Hund den Autos nachjagt, ohne zu wissen, was er mit einem Auto anfangen soll, wenn er doch mal eins erwischen sollte, so schleppt der Wolf einen Beweis nach dem anderen zu dir, ohne es dir dennoch zu erlauben, dabei wirklich anzukommen. Zu oft hatte ich Visionen bspw. von Orten, an denen ich gern wäre: In Vietnam leben und die Freiheit spüren, während ich dieses Buch am Strand schreibe. Das sind alles Bedingungen, alles Ziele im Außen, an die ich das Gefühl koppelte. Solange ich an diesen Zielen festhalte, kann ich es im Hier nicht finden. Lasse ich die Ziele los und verbleibe mit dem Gefühl, sitze ich am Schreibtisch in einer Stadt in Europa mit dem ganzen Durcheinander drumherum und es fühlt sich genauso frei an wie am Strand. Klar, wenn ich mir erzähle, warum es aber nicht so ist, dann fühlt es sich nicht so an. Wenn ich aber die Geschichte weglasse und in den Moment eintauche, dann habe ich alles, was ich brauche. Dann bin ich nicht in der Angst, nicht im Wegrennen und nicht im Organisieren meines Lebens. In diesem Moment des Schreibens bin ich verbunden mit mir. Und da spielt es keine Rolle, wo ich bin, denn egal, wohin ich gehe, nehme ich mich selbst überallhin mit.

Das Herz und die Einheit, die Ganzheit und die Verbundenheit löst die Trennung auf. Sie verbindet alles, sogar Raum und Zeit, da sie nicht in dieser Dimension von Dualität und dem Konzept der Zeit lebt. Durch Liebe gelebt kann deine Zukunft schon jetzt spürbar sein. Du bist bereits der, der du sein willst, hast, was du haben willst. Nicht physisch. Das geschieht in deinem Inneren. Du spürst es, du fühlst es, du bist nicht mehr von diesem Zustand getrennt. Das ist schwer zu erklären, da wir so darauf konditioniert sind, alles Physische erst haben zu müssen und auch zu brauchen, damit wir uns berechtigt fühlen, uns auf eine bestimmte Art und Weise fühlen zu dürfen. Und wir meinen, diese Dinge auch brauchen zu müssen, um uns zu bestätigen. Wir brauchen die Dinge, als Beweis, weil sonst unser Fühlen angeblich nicht echt wäre. Doch die Dinge geben uns nichts. Die Dinge sind einfach nur Dinge. Wenn wir nicht mit dem Gefühl verbunden sind, was uns das Ding geben soll, dann wird uns das Ding auch nicht das Gefühl geben können. Dann haben wir das Ding und fühlen uns dennoch nicht wie erhofft. Oder nur halb. Oder nur kurz. Wir rennen also herum und suchen die Dinge, die uns gefallen, um uns mit ihnen dann gut fühlen zu können. Erst das Ding, dann das Gefühl. Das Ding zieht das Gefühl nach sich. Was aber nicht gewiss ist. Denn nicht immer bringt uns das Ding auch das gewünschte Gefühl. Oder es bringt uns zwar das Gefühl, aber kommt ebenso mit Verlustängsten und Problemen, die wir vorher noch nicht sehen konnten, als wir das Ding noch nicht hatten, und die das anfängliche Gefühl der Freude dann schnell vertreiben. Dann hast du deine Millionen und bekommst Ängste, dass sie dir jemand wegnehmen könnte, ob es auf der Bank auch sicher angelegt ist und ob du es überhaupt wert bist, so viel Geld zu haben. Oder du sitzt am Strand, doch es kommen Taifune, Pandemien, Krankheiten oder der Sand in der Tastatur deines Laptops hindert dich daran, dein Buch zu schreiben. Dann wärst du wieder nur damit beschäftigt, das Außen geradezurücken, anstatt einfach jetzt schon mit dem anzufangen, was dich beflügelt, ganz egal wo du bist.

Du wolltest den bestimmten Pullover, das besondere Geschenk, die eine Reise, den einen Partner. Du hast es bekommen und jetzt liegt der Pullover im Schrank, die Reise ist vorbei, der Partner hat sich verändert. Sie geben dir nicht mehr das, was du von ihnen wolltest. Sie verblassen. Alle Dinge verblassen, wenn wir etwas von ihnen haben wollen. Der Tag verblasst, wenn wir etwas Bestimmtes von ihm haben wollen. Das Leben verblasst, wenn es uns gerecht werden und Beweise liefern muss, um unsere Liebe zu verdienen. Doch dieses »*Ich*«, das da etwas von den Dingen will, ist das nie satte, immer suchende, nie erfüllte und aus der Angst und Trennung heraus lebende Ich. Wenn du dich durch dieses Ich auf die Suche machst, dann wirst du Dinge benötigen, um das Leben zu leben, das du leben willst. Du machst dein Leben abhängig von diesen Dingen. Doch du wirst das Leben nie ganz erfahren, weil immer ein Teil im Puzzle fehlt, immer eine Lücke nie gänzlich geschlossen ist und immer ein Rest Angst bleibt. Du wirst deinen Frieden nicht finden, aus dem heraus du endlich wirklich leben kannst.

Wenn du dich aber aus der Liebe heraus den Gefühlen öffnest, mit denen du deinen Wunsch verbindest, dann kannst du es jetzt bereits spüren und leben. Du hast nichts Physisches in der Hand, keinen Beweis, den du anderen zeigen kannst, nichts, was dir im Grunde die Berechtigung geben könnte. Aber die Berechtigung ist der Wandel in dir. Alles in und um dich herum wandelt sich. Das ist der Beweis, den nur du siehst, aber es ist auch der einzige Beweis, den du brauchst, bzw. den es generell braucht. Ein Haus zu haben, eine Yacht, ein erfolgreich veröffentlichtes Buch, ein Kind, ein Film, zehn befriedigte Frauen: Das alles sind Beweise für andere, damit du ihnen zeigen kannst, wie du dich fühlst. Denn sie verstehen nur Dinge. Wenn du nichts von all dem besitzt und dich dennoch so fühlst, als besäßest du all das, dann halten dich andere für einen Idioten, für verwirrt oder verblendet. Du aber fühlst dich frei. Denn du realisierst, dass du diese Dinge nicht brauchst. Du kannst sie dir wünschen und danach streben, was du auch tust, wenn du dein Leben liebst. Denn auch »*Wünsche*« sind Worte der Liebe, während »*wollen*« Worte der Ablehnung und der Gier sind. Zu wünschen ist etwas, das vom Herzen kommt und in Verbindung mit dem Gewünschten und dem, was du jetzt bereits bist und hast, ist. Wollen hingegen verdunkelt deine Seele. Wenn du dir erlaubst zu fühlen, was du dir wünschst, selbst, wenn du es nicht hast, gibst du dem Gewünschten die Erlaubnis, Teil deines Lebens zu werden. Zuerst unsichtbar, aber als Teil deines Herzens und dann, wenn du es immer noch im Außen erfahren willst, wird es unweigerlich kommen. Denn im Herzen hegst du weder Zweifel noch Skepsis. Du kannst und darfst dich nun endlich so fühlen, wie du willst. Ohne Bedingungen und Beweise. Ein Haus sagt auch nichts darüber aus, wie du dich wirklich fühlst. Reichtum sagt nichts über dein Glücklichsein aus. Dinge sind eben nur Dinge.

Es braucht kein Leid und auch keinen Neid

Zu oft neiden die Menschen, was andere haben und ihnen selbst fehlt. Doch dieser Neid bringt ihnen weder das Gewünschte noch bewirkt er irgendetwas. Einzig, er lässt dich schlecht fühlen und Hass, Wut und Frust aufsteigen, die letztlich in Depression münden und dich immer nur weiter von deinem Wunsch fernhalten. Doch erfreuen wir uns an dem Glück des anderen, dann spüren wir das Glück auch in uns. Wir haben zwar nicht das, was er hat und was wir gern hätten, aber wir fühlen es. Und darum geht es doch in erster Linie: um das Gefühl. Das Ding, was der hat, ist doch nur zweitrangig. Warum verweigern wir uns dann dem Gefühl, wenn es doch fühlbar ist? Nur, weil wir keinen Beweis haben? Nur der Wolf treibt uns in diese Trennung und vergrößert sie durch seinen Neid. Dann fällt dir nur ein, was alles ungerecht ist und wieso du nie bekommen wirst, was du willst und dass es allen anderen besser geht. Du machst dich selbst zum Opfer. Doch wenn du das Gefühl annimmst und es im Herzen trägst, dann öffnest du dich ungeahnten Möglichkeiten, wie auch physisch zu dir kommen kann, was du im Herzen bereits trägst. Und wenn es nur Einfälle und Ideen sind, wie du erreichen kannst, was du willst. Du bist nicht mehr in der Abwehr. Und das setzt kreative Energie frei, von der du dich durch Neid nur selbst abschneidest.

Im Neid gefangen, willst du dich an diesem laben. Du willst dich gar nicht gut fühlen. Denn Neid ist eine äußerst sinnlose Form von Protest, weil er nichts erreicht, außer, dass du dich noch schlechter fühlst, als ohnehin schon. Warum tust du dir das an, wenn auf der gleichen Seite die Gefühle schon da sind, die du doch fühlen willst? Auch wenn du das physische Etwas noch nicht hast, so hast du doch schon die Gefühle. Sich am Glück des anderen zu erfreuen heißt, es sich zu erlauben, sich selbst zu freuen. Also freue dich. Es hat überhaupt keinen Sinn, es nicht zu tun. Es ist auch absolut unnötig, es nicht zu tun, weil deine Unfreude nichts bewirkt. Im Gegenteil: Sie macht alles schlimmer und nichts besser. Weder du und dein Leben noch das des anderen profitieren von deinem Neid. Warum also neidest du? Weil du nicht hast, was du willst und ein anderer dein Leben lebt, nach dem du dich sehnst? Doch wenn du den Schritt in deine Zukunft gehen willst, dann solltest du diese Situationen für deine Öffnung nutzen und dich erfreuen, dass dir das Gefühl deiner Zukunft schon heute zugänglich ist. Dank dem, der hat, was du willst, kannst du dich inspiriert fühlen und kreative Energie freisetzen, sobald du dich mit deinem Zukunfts-Ich verbindest, anstelle dich durch deinen Neid und deiner Unlust, die Gefühle deiner Zukunft nicht fühlen zu wollen, auffressen zu lassen.

Wenn du das erkannt und gefühlt hast, wie es dich erhebt und deinen Alltag mit deiner Zukunft verbindet, wird dir klar, dass es weder Neid noch Leid braucht. Du musst dich nicht schlecht fühlen, um zu bekommen was du willst. Du musst dich nicht aufregen oder dich wehren. Du musst auch nicht deine Vergangenheit wegtherapieren lassen, damit du dich endlich von ihr befreien kannst. Du kannst dich gleich jetzt befreien, indem du dir das »*Befreitsein*« erlaubst und erkennst, dass alles andere keinen Nutzen hat. Du kannst den Teil in dir erkennen und anerkennen, der sich gern damit beschäftigt, und dann den Teil in dir erwecken, der sich lieber der Liebe zum Leben zuwendet. Neid und Leid sind nur solange nötig, bis du erkennst, dass sie unnötig sind, um zu bekommen, was du willst. Denn sie sind nur ein Schleier, der das trübt, was du jetzt schon haben könntest, sobald du diesen Schleier fallen lässt.

Wenn du liebst, bekommt so viel Unbedeutendes so viel Bedeutung. Das, was du hast, und das, was du dir wünschst, sind dann mit der gleichen Schwingung verbunden. Dein Leben bewegt sich nicht mehr auf zwei Pfaden: dem einen, von dem du wegwillst, und dem anderen, auf den du gelangen willst. Jetzt existiert beides auf demselben Weg. Durch diese Wandlung siehst du dein Außen mit anderen Augen. Du lebst in deinem Wunsch und dein Wollen geißelt dich nicht mehr. Dein Wollen versklavt dein Jetzt nicht. Die Wandlung öffnet dein Jetzt und macht das Leben tiefer.

Du kannst dein Leben nicht verlängern oder verbreitern. Du kannst es jedoch vertiefen.

Wenn du bereits fühlen kannst, was du mit dem Ding in der Zukunft erhoffst zu fühlen, dann wirst du frei: frei von Angst und Habgier. Du musst dich nicht mehr zuerst um dich kümmern und dein Jetzt manipulieren, um zu bekommen, was du willst, denn du hast es bereits. Wenn deine Kammern gefüllt sind, kannst du einem Hungernden vom Herzen her helfen. Doch aus der Angst heraus werden deine Kammern immer leer sein und du wirst damit beschäftigt sein, diese Kammern zu füllen. Du wirst dir sagen, dass du erst noch ein paar Kilo sammeln musst und dass du danach gern anderen hilfst. Oder du wirst anderen helfen, in der Hoffnung, dass dein Helfen belohnt wird. Dein Helfen will etwas. Doch wenn du alles hast, gibst du, ohne zu wollen. Doch wie werden deine Kammern voll? Wenn du aus dem Herzen heraus lebst und dich darauf einlässt, wirst du merken, dass es auch keine Trennung zwischen Außen und Innen gibt. Aus der Trennung heraus brauchst du ein Ding, um etwas zu fühlen. Aus der Verbundenheit heraus gibst du den Dingen deine Gefühle. Diese Dinge geben dir nichts, du gibst den Dingen etwas. Ein Sonnenuntergang ist ein Sonnenuntergang. Nur deine innere Verfassung macht daraus etwas Berührendes oder etwas Alltägliches. Alles ist im Grunde neutral. Erst durch deine Betrachtung werden sie zu etwas Bedrohlichem oder zu etwas Wundervollem. Liebe verwandelt Bedrohungen in Wunder oder lässt zumindest zu, dass Wunder geschehen. Dann bist du es, der seine eigene Realität verändert. Es sind nicht mehr die Dinge, die dich verändern sollen, sondern du veränderst die Dinge. Du wirst zum aktiven Gestalter deines eigenen Lebens. Du bist wahrer Schöpfer, selbstbestimmt und frei. Frei von Umständen und Ereignissen. Frei, fühlen zu dürfen, was du fühlen möchtest. Frei, deine Aufmerksamkeit auf das zu richten, was dir gefällt. Frei zu entscheiden, wie du dein Leben leben willst, ungetrübt von den Zwängen deines Schattenwolfes. Frei von Wunsch, Ziel und »Erreichen-Wollen«. Frei vom Nachjagen, von Rastlosigkeit, Mangel und Hoffnung, von Enttäuschung, Sorge, Zweifel und Angst. Du grast, wo die Wiese saftig ist. Und das ist immer genau da, wo du stehst.

Die Macht der Dankbarkeit und ihr Problem

Um der zu werden, der du sein willst, ist es wichtig, dich mit der Qualität von Liebe und all den Gefühlen, die Liebe ausmachen, zu verbinden. Wenn du dich in dein ganzes Leben, das vor dir liegt, verliebst, dann ziehst du es an, weil es keine Trennung mehr zwischen diesen beiden Bewusstseinspunkten gibt. Vom Bewusstsein her lebst du dann heute schon in deiner Zukunft. Das heißt unweigerlich, dass du auch in dein heutiges Leben verliebt bist. Du bist ja bereits der, der du sein willst. Es geht auch gar nicht anders. Ab welchem Punkt willst du denn sonst anfangen dein Leben und dich zu lieben, wenn nicht jetzt? Ab dem Punkt, wo du die Dinge hast, die du willst? Willst du es dir dann erst erlauben? Es geht immer mehr. Einer oder etwas ist immer besser. Du kannst und wirst dich ständig weiterentwickeln. Es gibt kein Ende. Deshalb ist jetzt ein guter Startpunkt, um zu sagen, dass du bereits der bist, der du sein willst.

Du darfst und solltest dich in dein Leben verlieben. Wenn du deine Gegenwart liebst, liebst du auch unweigerlich deine Zukunft. Denn wie könnte es auch anders sein? Und je mehr du deine Zukunft liebst, desto mehr liebst du deine Gegenwart, weil sie dich zu ihr bringen wird. Du hast nicht das Gefühl, auf dem falschen Weg zu sein. Du verschwendest deine Zeit nicht damit, dich zu fragen, ob dies der richtige Weg ist und, sollte er es nicht sein, wie du auf den richtigen Weg kommen könntest. Das kannst du nicht. Nicht auf diese Art. Wenn du dich mit Liebe verbindest, deine Gegenwart mit deiner Zukunft durch Liebe verbindest, wechselt der Pfad unter dir automatisch. Du bist nicht abgebogen oder hast den »richtigen« Pfad gefunden. Der Pfad hat dich gefunden.

Da du bereits der bist, der du sein willst, schau dich um: Wie würdest du dich fühlen, dort, wo du bist, mit dem, was du anhast, mit dem, was du besitzt? Schaue aus den Augen des neuen Ichs. Jetzt. Mit dem wenigen Geld auf deinem Konto, dem kaputten Fahrrad oder der Einzimmerwohnung, in der du sitzt. Es spielt keine Rolle. Wenn ich dir jetzt eine Millionen Euro überweisen würde, woran würdest du es merken, dass du reich wärst? Ich meine nicht den Haufen an Nullen auf deinem Konto. Das ist nur eine Zahl, die du siehst. Sie verändert aber jetzt an diesem Moment nichts. Dieser Moment verändert sich nur durch deine Sichtweise. Du schaust dieselben Möbel nun aus den Augen eines Millionärs an. Du musst dich nicht mehr über sie ärgern, weil du dir neue kaufen könntest. Jetzt auf einmal, da du es könntest, ist es vielleicht gar nicht mehr so wichtig. Alles ist auf einmal nicht mehr so wichtig und ernst. Dein Problem ist nämlich weg. Und somit ist das, was dir bisher in deinem Leben Probleme bereitet hat, auch weg. Als Problem, nicht als Sache an sich. Alles ist noch da, aber trotzdem ist es anders. Weil du anders bist. Du bist ein anderer Mensch und transformierst dein Jetzt. Darum geht es. Wenn alles erfüllt ist, wenn alles erreicht ist, wenn alle Gefühle und Szenarien durchgespielt sind, wirst du die Freiheit dahinter und den tiefen Frieden darin spüren. Du willst nichts mehr vom Leben, weil es dir alles gegeben hat.

Auch in einem Palast mit tausend Zimmern kannst du immer nur an einem Ort gleichzeitig sein: Dort, wo du jetzt gerade bist.

Wenn du in der Gewissheit und im Vertrauen lebst, dass der Weg, auf dem du jetzt gerade stehst, dich in genau die Zukunft bringt, die du dir wünschst, wie würdest du dich fühlen? Wie würde es sich anfühlen, heute schon zu wissen, dass du morgen bekommst, wonach du dich sehnst? Kannst du es jetzt schon spüren, wie es ist, dieses Geschenk zu bekommen? Dankbarkeit ist das passende Gefühl, welches diesen Zustand definiert. Ein Zustand, in dem du beschenkt wirst, indem du empfängst und bekommst oder es sogar schon bekommen hast. Denkst du an deine Zukunft und spürst in diesem Augenblick, dass sie so kommen wird, wie du es dir wünschst, dann kannst du jetzt schon die Zukunft in dir fühlen. Es ist, als ob du heute schon das Geschenk von morgen bekommst. Dankbarkeit ist eine Mischung aus Demut vor dem Wunder, dass dir zuteilwurde, aus Freude, aus Verblüffung und Staunen, aus Erleichterung und Befreiung und aus tiefer Liebe, Vergebung und Wertschätzung. Alles, was du in deinem Leben getan hast und was dir widerfahren ist, mündete in diesen einen wundervollen Augenblick, in dem du die Früchte deiner Arbeit erntest. Wäre das nicht großartig, unbegreiflich und überwältigend? Genau das ist Dankbarkeit. Und Dankbarkeit ist das größte Gefühl, welches deinem Körper zeigt, dass du jetzt bekommst oder sogar schon bekommen hast, was du dir die ganze Zeit vorgestellt hast. Auch hier sollten wir dieses Gefühls-Mischmasch der Dankbarkeit in uns aufnehmen und fest verankern. Denn durch Dankbarkeit sind wir niemals von unserem Wunsch-Zustand entfernt. Du kannst dein Strampeln loslassen und dafür das, was jetzt ist, noch mehr wertschätzen, so, wie du den Rotwein am letzten Abend deiner Italienrundreise noch einmal richtig genießt. Oder so, wie du den letzten Rundgang durch deine alte Wohnung gehst, während du mit Gewissheit weißt, dass du morgen in die Traumwohnung ziehst, die du schon immer haben wolltest. Ein letzter Blick aus dem alten Fenster, die Spuren auf der Tapete, die Dellen in den Dielen: Alles scheint nun durch das Licht deiner Liebe, Dankbarkeit und Wertschätzung. Deine Vergangenheit, alle »*bösen*« Menschen und Situationen, alles, was war und ist, hat dir schlussendlich das gebracht, was du wolltest. Du hast gewonnen. Du wurdest auserwählt. Wäre das nicht der Wahnsinn?

Wäre es, wenn Dankbarkeit nicht so einen muffigen Beigeschmack hätte. Denn wir sind es leider nur gewohnt Dankbarkeit aus Zwang und Schuld heraus zu empfinden. Wir meinen, wir müssten jemandem dankbar sein, ihm etwas zurückgeben, damit er sich nicht gekränkt fühlt und wir es uns dadurch erst erlauben dürfen, zu empfangen. Die Pflicht »*Danke*« zu sagen, auf die wir im Kindesalter trainiert wurden, suggerierte uns, dass wir es nicht einfach so wert wären, grundlos und ohne Gegenleistung etwas zu erhalten. Wir mussten erst artig sein und durch braves, dankbares Verhalten zeigen, dass wir würdig sind, das Geschenk auch wirklich zu erhalten. Taten wir dies nicht, wurden wir getadelt. Deshalb hat Dankbarkeit diesen Schmutzfilm an sich, der dir weismachen will, du müsstest erst etwas Bestimmtes tun, dich besonders verhalten oder besonders lieb und artig sein.

Übung: Schuldfreie Dankbarkeit lernen

Wenn wir unsere Zukunft erhalten wollen, brauchen wir niemandem gegenüber dankbar sein, im Sinne, dass wir irgendwem etwas schuldig sind. Wir dürfen einfach erhalten. Ohne Danke sagen oder uns vorab besonders brav verhalten zu müssen. Dankbarkeit zu üben, als Gefühl, das wir jetzt bereits erhalten, was wir wollen, einfach so, ohne Schuld, Grund oder etwas, das wir im Ausgleich dafür leisten müssen, ist eine transformierende und mächtige Übung. Die Früchte dieser Übung sind, dass du dich voll und ganz auf das Empfangen einstellen kannst und in die absolute Öffnung des gegenwärtigen Lebens und deiner Zukunft gehst. Doch das Ernten dieser Früchte kann uns mit schweren Glaubensgefühlen konfrontieren, die wir unbedingt aus dem Weg räumen müssen, damit wir uns gänzlich der Dankbarkeit und dem neuen Leben hingeben können. »Aus dem Weg räumen« meint allerdings kein Wegschieben, sondern ein Fühlen, so, wie bei allen alten Wunden, die wir im Schatten unseres Wolfes gespeichert haben. Machen wir uns auf, echte und schuldfreie Dankbarkeit zu empfinden, dann gesellen sich zu Beginn gern Gefühle der Minderwertigkeit, der Schuld und der Strafe dazu. Machen wir wirklich diese Übung, merken wir schnell, wie wir uns doch nicht einfach so erlauben können, was wir gern hätten, weil uns unsere alten Überzeugungen und Gefühle sabotieren. Diese Gefühle müssen gefühlt werden, damit du erkennst, dass sie nicht echt sind, keine Macht über dich haben, nur ein einstudiertes Programm sind und dich absolut grundlos kleinhalten wollen. Deswegen möchte ich dich bitten, das Fühlen von Dankbarkeit zu üben und alle aufkommenden Gefühle der Wertlosigkeit gleich mit zu fühlen, damit du dich von ihnen befreien und ganz in deine Öffnung gehen kannst.

Und dann ist es mit der Dankbarkeit nämlich so, als würdest du den Müll herunterbringen wollen und plötzlich steht da ein Paket vor deiner Tür. Niemand hat geklingelt, kein Absender steht drauf, sondern nur: »Dieses Paket ist für dich. Und nur für dich. Du musst es nicht teilen und nichts damit machen. Mach damit einfach, was du willst. Viel Spaß damit.«

Ich darf (noch) nicht glücklich sein

Dass uns Dankbarkeit so schwerfällt, liegt nicht nur an den einstudierten Gefühlen der Schuld und der Minderwertigkeit. Gerade wenn uns unsere innere und äußere Lebenssituation so gar nicht gefällt, fällt es schwer, dankbar für unser Leben zu sein. Wie auch, wenn doch alles scheiße ist? Ja, das ist es, was der Wolf ebenfalls richtig gut kann: Er ist unglücklich über sein Unglücklichsein. Die Geschichte, die er sich über sein Unglücklichsein erzählt, macht dich nur noch unglücklicher. Wobei das Unglück kein Unglück wäre, würdest du es als Gefühl zu und die Geschichte deiner Gedanken weglassen. Der Wolf denkt immer, dein Zustand hält dich von deinem glücklichen Leben ab, hält dich auf deinem Weg auf oder dich von deinem Wunschzustand fern. Es ist immer wieder der Vergleich, der dir einreden soll, du bist noch nicht, was du sein willst. Und je mehr sich dein Wolf gegen diesen Zustand wehrt, desto mehr hofft er, er könne etwas bewegen. Wie bei einer Revolution: Je mehr Protest, desto mehr müsse sich doch etwas in deinem Leben ändern. Oder nicht? Doch keiner hört ihm zu. Je mehr er sich wehrt, desto schlimmer wird es, desto schlechter fühlt er sich. Jetzt kann er diesen Zustand erst recht nicht akzeptieren. Das würde heißen, er hätte sich umsonst aufgeregt und seine Bemühungen wären falsch. Nein, er muss daran festhalten, weil das seine Meinung, seine Überzeugung ist. Und wenn alles, was er hat, das Leid ist, dann nimmt er eben das, nur um zu zeigen, dass man mit ihm nicht einfach so alles machen kann und er nicht einfach so alles mit sich machen lässt. Er hat Stolz und beharrt auf sein Recht.

Kennst du es, wenn du heute glücklich aufwachst, obwohl du gestern scheiße drauf und vielleicht sogar unhöflich oder verletzend warst? Kennst du es, wie du dir dann selbst nicht einfach so verzeihen und von jetzt auf gleich erlauben kannst, glücklich zu sein? So, als ob du noch etwas in deiner Schuld baden müsstest, noch etwas betrübt sein musst, damit du dir selbst glauben und es dir erlauben kannst, glücklich zu sein? Dass du dir dein Glück erst noch verdienen musst, weil du gestern nicht artig warst und es eben nicht verdient hast, heute wieder geliebt zu werden? Merkst du, dass du dich dabei selbst deiner Liebe beraubst? Und merkst du auch, wie es dem Wolf gefällt in dieser Schuld zu stehen? Wie es sich vertraut anfühlt und dich auch irgendwie in diesem Zustand festhält? Warum? Weil du gestern ein böser Junge, ein böses Mädchen warst und heute nicht mehr? Der Wolf sieht sich selbst als Problem, das erst beseitigt werden muss. Er muss erst noch an sich arbeiten, erst noch ergründen, warum er so ist, noch eine Therapie hier und noch ein gutes Werk da. Dann vielleicht ist er es sich selbst genug wert, Glück zu empfangen. Er hat Angst davor, der zu sein, der er ist und der er sein könnte und sich dafür zu lieben. Doch du musst nicht das Übel der Welt ignorieren, um dich gut zu fühlen. Du brauchst dich aber auch nicht vom Übel aufhalten oder ablenken zu lassen, dich trotzdem gut zu fühlen.

*Es ist das Licht in uns und nicht die Dunkelheit,
vor dem wir oft mehr erschrecken.*

Wir haben tatsächlich oft selbst sehr große Angst vor unserer eigenen Macht und Kraft. Wir meinen, es nicht tragen zu können. Wir haben Angst vor der Liebe. Sie steht uns nicht einfach so zu. Liebe bekommt man, wenn man artig war und sein Zimmer aufgeräumt hat. Wer böse ist, muss ohne Abendessen ins Bett. Du hast den Keks heute nicht verdient, weil du gestern unartig warst. Der Wolf bestraft sich selbst. Es ist so seltsam. Aber genau das will er. Er möchte diese Welt der Schuld aufrechterhalten, weil so die Befreiung immer im Morgen auf ihn wartet und er dadurch am Leben bleibt und gebraucht wird. Doch du brauchst ihn nicht. Was wäre, wenn die Befreiung heute schon da wäre? Der Wolf würde schmelzen und sterben. Das, was sich tatsächlich nach Frieden und Befreiung anfühlt und was der Wolf sucht, ist genau da zu finden, wo du bist, wenn du es dir erlaubst, den Moment ganz anzunehmen, mit allem, was er an Emotionen (und auch alten Gedanken) bietet.

Wie finden wir Frieden im Chaos unseres Denkens und im Durcheinander unserer Emotionen? Meditation kann uns helfen, Abstand und Ruhe zu finden, aber nicht auf die Weise, wie die meisten meinen, wie es zu sein hat. Denn oft versuchen wir durch »*etwas*« das zu beseitigen, was uns stört. Und dieses »*Etwas*« kann dann auch Meditation sein. Doch Meditation sollte uns ermutigen, diesen Gedanken und Gefühlen nicht auszuweichen, sondern sie uns anzusehen, sie zu erkennen und zu fühlen. Tun wir das, dann bemerken wir, dass nicht »*wir*« es sind, der da das ganze unliebsame Zeugs denkt und die ganzen beschissenen Gefühle fühlt, sondern dass das in uns fast wie automatisch abläuft. Doch wenn wir uns diese Zustände anschauen und sie zulassen, während wir gleichzeitig davon loslassen vor ihnen wegrennen zu wollen oder sie als »*falsch*« abzustempeln, dann lassen wir den Kampf gegen sie sein. Und wenn wir nicht mehr kämpfen, dann haben wir Energie frei, die wir für die Gestaltung unseres Lebens nutzen können. Jetzt, wo wir die ganzen Gedanken und Emotionen gefühlt und zugelassen haben, sind sie kein Problem mehr und hindern uns nicht mehr daran, unser Leben in Frieden und Freude zu leben. Wir nehmen sie einfach mit, statt uns weiter gegen sie zu wehren.

Die Gefahr der Melancholie

Wenn wir als altes Ich, das durch seine Vergangenheit definiert ist und nur das für möglich hält, was es kennt, versuchen uns auf eine neue Zukunft, ein neues Leben und einen neuen Seins-Zustand auszurichten, dann sind wir wie ein volles Glas, das sich unter einen Wasserhahn stellt, aus dem Glück tropft. Doch das Glück wird von deinem vollen Glas verdrängt und landet schließlich daneben. Jetzt siehst du das Glück um dich herum, aber du kannst es nicht aufnehmen, einfach aus dem Grund, weil du voll von altem Zeugs bist. Erst wenn du dein Glas mit dem alten, abgestandenen Wasser auskippst und zu einem leeren Gefäß wirst, kannst du auch aufnehmen, was du sein willst. Und so, wie du leer bist und dich füllen lässt, ändert dies bereits jetzt deinen Seins-Zustand. Du hast vielleicht noch nicht den ganzen Kuchen, bist noch nicht vollständig gefüllt, aber jeder Tropfen trägt dazu bei, dich mehr in das hineinfließen zu lassen, was du werden willst. Da gibt es keine Trennung mehr zwischen dem Zustand, den du erreichen willst, und dem, was du schon bist. Wenn ein Tropfen Glück in dir ist, dann hast du Glück schon in dir. Und dadurch kannst du noch mehr Glück aufnehmen. Immer mehr, jeden Tag aufs Neue.

Doch wenn wir es uns nicht erlauben, wirkliches Glück, Dankbarkeit und Wertschätzung grundlos und ohne Schuld zu fühlen, dann rennen wir dem Glück hinterher, was immer nur neben uns, aber nicht in uns tropft. Denn das Glas ist gefüllt mit unseren Gefühlen der Minderwertigkeit und unserem Festhalten an unserem Unglücklichsein. Je mehr wir dann üben, uns vom Glück füllen zu lassen, desto schneller kippt unsere Stimmung in Sehnsucht und Melancholie. Wir sehen vor uns, was wir gern hätten, können es aber nicht greifen und suhlen uns in diesem Zustand des Mangels. Wir machen es uns unter der wärmenden Decke der Melancholie so richtig gemütlich und reden uns ein, dass wir mit dieser Decke glücklich sind. Wenn wir das wahre Glück nicht haben können, dann tun wir so, als wäre das Schmachten und Trachten unser Glück. Es fühlt sich auch irgendwie gut und gemütlich an. Wir mummeln uns in unser »Nicht-Haben« ein, schauen auf das Morgen mit sehnsuchtsvollem Blick und genießen das Grau, in dem wir sitzen.

Ich mag die Melancholie auch, doch sie ist leider nur ein Zuckerguss auf einem abgestandenen Pfannkuchen. Wenn wir keine vertrockneten Pfannkuchen mehr essen wollen, dann sollten wir den Zuckerguss der Melancholie abkratzen, dem Pfannkuchen ins Gesicht sehen und uns fragen, ob wir diesen wirklich essen wollen. Wenn du es dann noch willst, dann tust du es wenigstens aus einer bewussten Entscheidung heraus. Und wenn du es nicht mehr willst, dann back dir einen Neuen!

Yumi (6 Jahre alt): »Das Leben ändert sich ständig. Guck' mal, Marius: Früher hab' ich Tofu gemocht, heute mag ich es nicht mehr. Und früher hab' ich Rosa toll gefunden, heute mag ich bunt. Alles verändert sich.«

Und ich fragte: »Und was machst du, wenn du Tofu liebst, es aber keinen Tofu mehr für dich gibt?«

Yumi antwortete: »Dann mach' ich mir 'ne Pizza oder backe mir einen Kuchen.«

TEIL 3 VERÄNDERE DICH

WEGWEISER ZUM GLÜCK

Schritt eins: Zulassen und Loslassen

Um dem gesamten Prozess des Wandels und deiner mental-emotionalen Transformation eine klare Linie geben zu können, möchte ich dir drei Schritte an die Hand geben, mit deren Hilfe du dich leichter vom alten zum neuen Seins-Zustand, vom Mangel zur Fülle und vom Opfer zum Schöpfer bringen kannst. Gleichzeitig stellen diese drei Schritte auch die Zusammenfassung dieses Buches dar und sollen dir noch einmal verständlich machen, was genau du tun kannst, wenn dich emotionale und mentale Konflikte sowie äußere Umstände und Lebenssituationen scheinbar von deinem Wunschzustand trennen. Dabei ist der erste Schritt etwas, das wir in gewisser Weise »*tun*« können, während Schritt zwei und drei mehr oder weniger »*geschehen*«.

Wenn du unliebsame Zustände verändern willst, dann lasse zuallererst zu, was ist, und finde deinen Frieden mit dem, was ist. Mache dies zu deiner Basis, indem du durch Hingabe und Widerstandslosigkeit annimmst und akzeptierst, was dich jetzt gerade stört. Lasse diese Störenfriede »*so sein*« wie sie sind und lasse dich genauso »*so sein*«, wie du bist. Da zählt auch genauso mit rein, dass du dein »*Nicht-zulassen-Können*« auch zulassen solltest. Wir sollten jeglichen Widerstand erkennen und vor allem anerkennen. Sei er dort zu finden, wo wir das Außen verändern, oder dort, wo wir uns im Inneren verändern wollen. Widerstand ist immer ein »*Anders-haben-Wollen*«. Wenn wir uns mit unseren eigenen Vorwürfen und unserer Kritik an uns konfrontieren, weil wir heute wieder schlecht drauf waren, es immer noch nicht geschafft oder uns doch wieder in der Welt des Schattenwolfes verloren haben, dann ziehen und zerren wir, um all dem zu entfliehen, setzen uns zur Meditation hin und kramen alle möglichen Techniken raus, die uns vom Leid befreien sollen. Wir nutzen die Techniken aus, um etwas zu beseitigen, anstatt uns mit diesem »*Etwas*« bekannt zu machen. Doch wie ich schon sagte: Der Weg geht nicht vom Schlechten weg zum Guten hin, sondern durch das Schlechte hindurch, um daraus das Gute wachsen zu lassen, sodass das Schlechte nichts Schlechtes mehr ist, weil es das Gute hervorgebracht hat. Wie auch der Lotos aus dem Schlamm herauswächst, so sollten wir den Schlamm nicht als etwas sehen, das uns stört, sondern als etwas, das uns die Tore öffnet. Es wird uns nicht mehr im Wege stehen, sobald wir Frieden mit ihm gefunden haben. Um diesen Frieden geht es, der aus dem heraus, was ist, Blumen wachsen lassen kann, als dass erst der Matsch beseitigt werden müsste, um dann endlich was auch immer tun zu können. Wäre dem so, würden wir wahrscheinlich unser Leben lang nur noch Matsch schaufeln, statt das Gute im Matsch zu erkennen. Und wenn es einfach nur Frieden ist, den wir finden. Das allein reicht schon.

Etwas »*so sein*« zu lassen heißt nicht »*Ich lass es einfach sein, ignoriere es und kümmere mich nicht darum*«. Es ist vielmehr ein Hinschauen, Zulassen und Annehmen. Dabei geht das Loslassen mit dem Zulassen Hand in Hand. Anstatt etwas anschieben, etwas tun oder noch stärker arbeiten zu wollen, bringst du dich wieder hierher zurück und lässt alles ganz in Ruhe geschehen. Kommen Angst, Frust, Ärger, Trauer, Schmerz und Zorn hoch, kommen deine Loser-Gedanken, deine Minderwertigkeit, deine Abneigung, dein Hass und jeglicher Widerstand hoch, dann lass es zu. Fällt es dir schwer, dich zu motivieren und geht es dir gerade nicht so gut, dann versuch nicht, dir ein neues Ich aufzuzwingen. Das wäre so, als würdest du aus dem Bett herauswollen, aber dein Wolf zieht an deiner Decke und will dich nicht aufstehen lassen. Dann stehst du an der Schwelle des alten Zimmers und gelangst einfach nicht in das Neue. Etwas zieht dich zurück und blockiert dich innerlich. Du willst dich gut fühlen, aber es gelingt dir nicht, weil du diese Blockade nicht haben willst oder Angst vor dem Zustand hast, der hinter dieser Blockade auf dich wartet. Dann bekommen wir Angst vor der Angst, werden wütend darüber, dass wir wütend sind, und traurig, dass wir traurig sind.

Normalerweise bemerken wir diesen Widerstand nicht. Es ist eine Art unsichtbare Wand, ein Nebel, den wir nur sehr subtil spüren und lieber gar nicht hinschauen wollen. Stattdessen schauen wir verstärkter und konzentrierter auf das, was wir anstreben. Doch ein Teil in uns registriert diesen Widerstand in uns und hält ihn dadurch am Leben und uns letztlich auf. Dann stellen wir uns unsere Zukunft rosig vor und eifern den guten Gefühlen nach, schauspielern im Alltag, als wären wir der, der wir sein wollen, können es aber nicht gänzlich werden, weil wir einen Teil in uns, der gerade vorherrscht, dennoch verneinen. Und da dieser Teil mit dem alten Ich verbunden ist, können wir kein neues Ich werden, wenn wir diesen Teil nicht dort abholen, wo er ist und ihn mit auf die andere Seite bringen. Zwiespalt ist, auszusortieren. Ganzheit aber heißt, dass wir alles miteinschließen: Das, was ist, und den, der wir sind. Erst wenn wir jeden Aspekt unserer psychischen und emotionalen Verfassung auch anerkennen, wird es uns nicht mehr im Wege sein. Wenn uns etwas im Außen Probleme bereitet (wie der bellende Hund), so ist der Widerstand, den wir in uns tragen und gegen das Problem im Außen richten, ganz allein unsere Sache. Und wenn wir das erkennen und daraufhin nicht mehr gegen das Außen vorgehen wollen, uns es aber dennoch nicht gelingt, Frieden zu finden, weil wir uns von unseren Emotionen und Gedanken ablenken lassen, dann ist das auch unsere Sache. Jeglicher Einwand unseres angeblichen Ichs, das meint, es kann das nicht, es behindert sich, es schafft es nicht, es ist unfähig und schlecht, ist auch nur ein Gedanke des alten Systems. Und der Frust und die Unzufriedenheit, die daraus wachsen, sind seine Emotionen. Wenn wir eine Reifenpanne haben, müssen wir uns zunächst um den Reifen kümmern, bevor die Reise weitergeht.

Es ist wie bei einem Mückenstich: Wenn der anfängt zu jucken, wollen wir sofort kratzen, um uns zu erleichtern. Doch dadurch wird es meist nur schlimmer, weil die gesamte Stelle um den Stich herum nun gerötet ist und umliegende, andere Mückenstiche nun auch zu jucken beginnen. Übersetzt heißt das, dass du Emotionen und Gedanken nicht unterdrücken oder als *»falsch«* deklarieren solltest, auch, wenn es sich wirklich scheiße anfühlt und deine Gedanken sich selbst ins Chaos stürzen. Das, was sich da ins Chaos stürzt, ist der Schattenwolf. Das bist nicht du. Du weißt, dass all das nur eine Illusion ist, dass die Gedanken und Gefühle leer sind und du wirst es erkennen, wenn du es zulässt, an der Schwelle des alten Zimmers stehen bleibst und das Monster anschaust, was dein Schattenwolf in diesem sieht. Wann immer du gegen etwas bist, spricht der Schattenwolf. Und seine Natur ist es, nicht nur einen Mückenstich zum Jucken zu bringen, sondern alles, was er aufbieten kann: Jegliche Erinnerung an das, was scheiße ist, war und für immer sein wird, holt er heran, um dich in seine Welt zu locken. Das ist einfach seine Natur. Der, der daraus ein Problem macht, ist der Wolf selbst. Du aber spürst das Jucken, ohne weiter zu kratzen und daraus ein Problem zu machen. Dann kommen eben die ganzen negativen Gedanken und beschissenen Gefühle. Und du bist da, um ihnen Raum zu geben, dass sie gesehen und gefühlt werden. Schließlich gibst du ihnen dann nicht mehr nur den Raum: Du bist dieser Raum. Sich gut zu fühlen heißt dann nicht mehr, sich nicht mehr schlecht zu fühlen, schlechte Emotionen zu vermeiden oder sie schnell umzuwandeln. Es heißt, dass du deinen schlechten Zustand als *einen* Zustand anerkennst und nicht als *deinen*. Denn ohne dieses »Ich« ist die Liebe in dir wach, welche nicht in der Gefahrenwelt dieses Ichs lebt und sich somit nicht bedroht fühlt. Und wenn du dich nicht bedroht fühlst, fühlst du dich gut. Trotz des *»Schlechtfühlens«*.

Wie ich schon schrieb, erlauben wir uns selten, die guten Gefühle wirklich Teil unseres Seins werden zu lassen, obwohl wir ständig nach ihnen trachten. Das ganze Leben ist eigentlich nur eine Gute-Gefühle-Beschaffungsmaßnahme. Doch wenn wir uns die „bösen" Gefühle nicht auch erlauben, dann haben wir immer Angst vor ihnen und jegliches gute Gefühl wird dieser Angst unterstellt, weil wir befürchten müssen, dass das Gute geht und das Böse schon bald wieder kommt. Deswegen rennen wir ja von einem Guten zum anderen und können es nicht genießen, weil wir ständig Neues beschaffen müssen, damit nur keine Lücke bleibt, durch die das Böse durchscheinen könnte. Und weil uns das Böse so antreibt, gehen wir nicht wirklich auf das Gute zu, sondern immer nur vom Bösen weg und befinden uns ständig auf der Flucht. Und damit das aufhört, sollten wir ein neues Verständnis über den Umgang mit dem Bösen bekommen. Wir sollten das Böse durch unsere Liebe auflösen. Und das geht, indem wir es in uns zulassen. Doch das muss nicht für immer sein. Wenn dein Wolf dir sagt, er könne das doch nicht sein Leben lang einfach ertragen, dann sage ihm, dass du es nur einmal machst. Nur für diesen einen Moment. Du brauchst dich immer nur um diesen Moment kümmern. Du musst dich nicht morgen und auch nicht übermorgen mit deinem Problem anfreunden. Schau, was es mit dir macht, wenn du es nur für diesen einen Moment annehmen kannst. Nur jetzt. Das ist alles, was es braucht. Immer wieder, wenn die Probleme an dir ziehen bzw. der Wolf an den Problemen wie an einem Knochen nagen will, lass es nur für diesen Augenblick zu und schau, wie es dich in diesem Moment in den Frieden bringen kann.

Das heißt, dass wir uns hinsetzen und fühlen, was zu fühlen ist und annehmen, wogegen wir uns wehrten. Und wenn da die Gefühle toben, dann lassen wir sie toben. Und wenn dann der Kopf daraus ein Problem macht und wir dann

TEIL 3 VERÄNDERE DICH

anfangen, aus dem Kopf ein Problem zu machen, dann lassen wir das auch zu. Wenn wir merken, dass der Wolf vor seinem Schatten wegrennen will und wir bemerken, wie wir gegen den Wolf versuchen zu kämpfen, dann lassen wir das zu. Es kommt doch nur daher, dass uns gesagt wurde, dass wir nicht traurig sein sollen, dass ein Indianer keinen Schmerz kennt oder dass wir uns erst beruhigen müssen, bevor uns wieder zugehört wird. Anstatt dir zu sagen, du sollst nicht traurig oder stinkig oder was auch immer sein, solltest du ehrlich zu dir sein und dir eingestehen, dass du schlecht drauf bist, und es dir auch erlauben, das zu sein. Du darfst so sein, wie du jetzt gerade bist. Tust du es nicht, lässt du es an dir und an anderen aus. Tust du es jedoch, dann kannst du das für dich allein und mit dir ausmachen, ohne andere und dich dabei zu verletzen oder sie und dich für deinen Zustand schuldig zu sprechen.

Wie genau das funktioniert, ist immer etwas unterschiedlich: Mal reicht es, es zu erkennen, sich vom Wolf fressen zu lassen und die Leere hinter all dem zu erkennen. Schon allein dadurch öffnet sich der Raum um den Schattenwolf herum. Doch manchmal braucht es etwas mehr Unterstützung. Wenn der Körper nach seinen alten Emotionen giert und der Kopf Pogo tanzt, dann können wir uns dabei helfen, durch diesen Sturm zu gehen, wie die Bullenherde im Winter. Wir können durch Atemübungen unser Gehirn ausgleichen und beruhigen, durch Dehnung und Yoga dem Körper helfen, seinen Emotionspanzer zu lockern, wir können uns schütteln, tanzen, schreien und unser Kissen verprügeln oder einfach alles aus uns herausschreien, was uns bedrückt. Wir können auch Therapeuten und Coaches zurate ziehen, damit wir aus unserem Tunnelblick kommen und uns selbst neutraler betrachten können. Das können alles hilfreiche Schwimmflügel sein, um im tobenden Wasser nicht unterzugehen, wenngleich wir lernen sollten, ohne diese Schwimmflügel zu schwimmen, damit wir uns nicht unser Leben lang auf diese verlassen und unsere Eigenverantwortung an sie abgeben. Denn dann klammern wir uns an diese Dinge und nutzen sie ebenso dafür aus, uns glücklich zu machen, weil wir glauben, wir selbst könnten es nicht.

In erster Linie braucht es nur zwei Dinge: Zeit, die wir uns dafür geben und Geduld, die sich diesem Zustand vollkommen hingibt. Oftmals, wenn all unsere Wut, unser Zorn und unser Frust entfacht wurden, bleiben am Ende Trauer,

Sehnsucht und unsere unerfüllten Wünsche zurück. Jetzt können wir sie endlich sehen. Die Wut war nur der Zerberus vor dem Tor unserer inneren Welt. Jetzt, wo er sich ausgebellt hat und schläft, treten wir ein in das Reich unserer Verletzungen. Das, wonach wir uns sehnen, finden wir hier. Jetzt sollten wir uns an die Hand nehmen. Denn der, der da weint, ist nur ein altes verletztes Teilchen in uns, das nicht weiß, wo der Lichtschalter ist. Und ab und an ist es sogar einfach auch hilfreich, etwas Abstand von »*der Arbeit an sich*« zu bekommen. Da tut auch ein Ausflug gut, Bewegung an der frischen Luft, schlafen oder ein Abend Netflix, solange Letzteres nicht zur Gewohnheit wird, den Müll zu ignorieren, der eigentlich heruntergebracht werden müsste.

Die Konflikte sind nichts Böses, nichts Gefährliches, nichts, was man lieber nicht haben sollte. Sie sind aber auch nichts, was ich als Identität nutze. Es ist eher so, als wären die Konflikte zwar etwas von mir, etwas, das ich warm zudecke und wofür ich mir Zeit nehme, aber auch etwas, von dem ich weiß, dass es gehen wird. Ich bin für mich da, aber suhle mich nicht in meiner gedanklichen Story, auch wenn sie scheinbar nicht aufhören will, mir ihre Geschichte zu erzählen. Ich höre zu und dennoch hört kein Ich zu. Ich bin einfach nur da. Und dadurch wird es früher oder später immer leichter, weicher, sanfter oder geht. Aber ich *will* nicht, dass es geht. Das heißt, ich fühle es nicht mit dem Wunsch, es durch mein Fühlen auflösen zu wollen. Ich fühle es, des Fühlens wegen. Es darf gern bleiben, es kann machen, was es will und wie lange es das will. Ich denke nicht darüber nach. Da kommen vielleicht Tränen und ich bin momentan zu nichts anderem in der Lage, aber das ist kein Problem. Fühle ich, was zu fühlen ist, liegt Frieden und sogar Heilung in den Tränen. Ich bleibe so lange in diesem Zustand, wie es eben dauert. Wie lang dauert es? Solange, bis es sich entspannt. Woran merke ich das? Ich werde weicher. Der Körper wird weicher. Er kämpft nicht mehr dagegen oder spannt sich an, weil er meint diesen Zustand irgendwie »*aushalten*« zu müssen. Manchmal geht das schnell, manchmal dauert es Stunden. Das spielt überhaupt keine Rolle. Will ich es weghaben, bleibt es und lähmt mich. Dunkelheit kommt und Lebenslust geht verloren. Die Freude ist weg. Bin ich aber für mich da, dann fehlt die gruselige Zukunft und das Dunkel. Dann bin ich down und heule, aber das tut gut. Tränen lösen die Anspannung, wenn wir zu viel Schwere haben und die Last auf den Schultern nicht mehr tragen können. Wenn ich für diesen Moment alles lasse, was ich in diesem Augenblick lieber hätte, dann finde ich Frieden. Und aus diesem Frieden wächst die Blume der Freude am Leben. Trauer und Freude gehen im Miteinander in dieselbe Richtung. Wir müssen nicht mehr aussortieren, was mitdarf und was nicht. Und sobald wir das verinnerlicht haben, ist der Duft der Blüte, die daraus entsteht, immer etwas lieblicher als zuvor.

Jedes Mal, wenn du Zwang verspürst und dich irgendwohin drücken willst, wo du nicht bist, lass es. Das heißt aber nicht, du sollst es gänzlich lassen und dein Vorhaben aufgeben und kapitulieren. Es heißt, du sollst es lassen, das zu übergehen, wo du gerade bist. Bist du nicht gut drauf, dann übergehe diese Gefühle nicht, indem du dir neue einredest. Dann versuchst du nur den unliebsamen Gefühlen zu entkommen, indem du sie wegdrückst und ihnen andere Gefühle überstülpst. Das funktioniert nicht, weil du dich im Inneren gegen dich wehrst und somit innere Konflikte erzeugst, die sich früher oder später gegen dich richten. Wenn du eigentlich Gas geben willst (dich einer neuen, besseren Zukunft zuwenden möchtest), aber merkst, dass es irgendwo in dir klemmt (du stehst auf der Bremse, weil deine Vergangenheit noch Aufmerksamkeit in Form von Emotionen und alten, automatischen Gedanken einfordert), dann schaue zuerst nach, was dich da bremst. Widme dich diesen dich bremsenden Gefühlen und Gedanken und schenke ihnen Beachtung. Du sollst sie nicht analysieren, sondern lediglich wahrnehmen und dir ihrer bewusst werden. Dieser alte Schmerz (seien es schmerzvolle Emotionen oder negative Gedanken) will gefühlt werden, damit er sich lösen kann. Vergiss in diesem Moment jede Absicht, etwas anderes haben zu wollen. Vergiss, was du eigentlich tun wolltest und sei ganz bei dem, was wirklich da ist. Wenn dir Steine im Weg liegen, räume sie nicht einfach weg oder ärgere dich über sie. Erkenne sie als das, was sie sind und du wirst fast wie von selbst um sie herum wachsen. Wachsen braucht Zeit und Geduld. Es ist nicht nötig, am Gras zu ziehen.

Denke nicht, du müssest etwas mit diesen Gefühlen oder gegen die Gedanken tun. Hab keine Angst vor ihnen. Sie tun dir nichts. Sie nehmen dir nichts weg und halten dich nicht auf. Wenn du denkst, du solltest lieber etwas anderes tun, dich eigentlich besser fühlen, als dich mit ihnen zu beschäftigen, bist du auf dem Holzweg. Gerade jetzt solltest du das Üben an guten Gefühlen, den Visionen deiner Zukunft und all das Zeug erst einmal ruhen lassen und ganz in das

Annehmen der alten Wunden kommen. Denke nicht über das, was ist, nach. Lass die Gedanken, die darüber nachdenken wollen, kommen und gehen. Fühle den Gedankenstrom, ohne zu diesem Gedankenstrom zu werden, und die Gefühle werden sich beruhigen. Fühle die Emotionen und mach den Körper dafür offen, und sie werden sich bewegen.

Oft überspringen wir diesen Punkt, weil das, was gerade da ist, schnell nur Mittel zum Zweck wird. Wir wollen schnell fühlen, was ist, damit wir uns dann entspannen und endlich die Gefühle unserer Zukunft fühlen und in unserer Vision des neuen Ichs baden können. Wir hasten über diesen Punkt drüber, weil wir meinen, er sei eine Last und je schneller wir damit durch sind, desto eher können wir wieder unser Zukunftsbad nehmen. Es herrscht eine unterschwellige Angst davor, dass uns dieser Punkt bei unserem Entfaltungsprozess ablenkt oder gar aufhält. Wir wollen die schöne Zukunft fühlen, stoßen aber auf die unschöne Gegenwart. Wir wissen, wir sollten sie zulassen und fühlen. Also tun wir dies. Aber wenn wir es nicht aus vollstem Herzen und mit absoluter Hingabe tun, dann tun wir es nur aus dem Ego heraus, welches eigentlich lieber woanders wäre. Dann funktioniert es nicht, denn das Ego lebt nicht im Jetzt. Es nutzt das Jetzt nur aus, um irgendwo hingelangen zu wollen. Wenn du das Jetzt nur ausnutzt und deine momentanen Gefühle quasi missbrauchst, werden sie dich einholen. Der ganze Prozess wird einfach nicht funktionieren, denn dieser Prozess funktioniert nur ohne das Ego. Dann musst du nicht erst das Problem loswerden, um dich dann entspannen zu können. Du entspannst dich in deine Anspannung hinein.

Erst wenn wir wirklich bereit sind, für diesen Moment des absoluten Annehmens dessen, was ist, alles fallen zu lassen, jegliche Ziele und Vorhaben aufzugeben und ganz bei der Sache zu sein, ganz egal, wie lange es dauert oder ob es sich überhaupt verändert, wenn kein Ziel und keine Absicht mit unserem Verweilen im Moment mehr vorherrscht, wenn kein Wunsch mehr da ist, einen besseren Zustand zu erleben, wenn das Ego umgangen und wir gänzlich präsent geworden sind, dann erreichen wir das, was wir erreichen wollen. Das ist das Paradox dabei: Wenn wir es nicht mehr wollen, bekommen wir es. Wenn das »Erreichen-Wollen« dem Annehmen weicht, wenn wir vollständig »*Ja*« sagen, dann öffnen sich die Türen. Und dann, wenn sich die Türen öffnen, können wir zum zweiten Punkt übergehen.

Schritt zwei: Gehen lassen

Es gibt bei mir oft einen Punkt, an dem langweilt mich dann meine alte Geschichte und dessen Emotionen. Interessant ist der ganze Kram im Grunde auch nicht. Und wenn ich mich nicht mehr vor mir selbst fürchte, dann fühlt es sich in etwa so an, wie wenn ich ein eigentlich belangloses Buch zum zehnten Mal lese: Es macht nur müde. An dem Punkt, da sich der Körper mit dem aktuellen Zustand entspannt, dort, wo die Gedanken ihre immer gleiche Runde drehen und wie im Loop ständig von vorn beginnen und wir nicht mehr auf sie eingehen, können wir das *»Problem: Ist-Zustand«* gehen lassen und uns für unseren Wunschzustand öffnen. Wenn wir in Schritt eins nach einer Zeit merken, wie das Karussell einfach immer weiterdreht und wir es als altes, nie enden wollendes Karussell erkannt haben, dann befinden wir uns nicht mehr auf ihm, sondern stehen daneben. Besitz (deine Geschichte) und Besitzer (dein Bewusstsein) haben sich getrennt. Die ganze Zeit haben wir versucht vom Karussell herunterzukommen, um endlich mit den Dingen auf dem Jahrmarkt zu fahren, die uns nicht zum Kotzen bringen. Und je mehr wir uns gegen das Karussell wehrten, desto schlechter wurde uns. Doch wenn wir erkennen, dass das Karussell ein alter, antrainierter Zustand *in uns* ist, aber nicht *wir* dieses Karussell sind, ist dieses nur noch ein Teil im Raum und nicht mehr der gesamte Raum selbst. Dann können wir den Blick vom Karussell abwenden bzw. um das Karussell *herum schauen* und uns von diesem befreien bzw. unsere Freiheit entdecken, die die ganze Zeit schon da war. Während Schritt eins *»das Erkennen«* ist, ist der zweite Schritt *»die Befreiung«*. Wie ich schon beschrieb, ist es, wie aus dem All auf die Erde zu schauen und sich des umfassenden, grenzenlosen Raumes bewusst zu werden, der hinter und um jedes Ding (einschließlich deiner Emotionen und Gedanken und deiner gesamten Ich-Identität) liegt. Denn wenn wir sonst in Punkt eins verharren, wird der Tiger wohl immer wieder auftauchen, den wir durch unser Suchen ständig von Neuem jagen.

Als ich in der Tierschutzstelle bei den Schafen arbeitete, gab es dort auch eine schwangere Kuh, die kurze Zeit später ihr Kalb gebar. Um das Kalb zu schützen, sperrten wir Kalb und Mutter für die ersten Tage im Stall ein und ließen alle anderen Kühe auf der Weide bleiben. Die Kuh hatte einen guten Mutterinstinkt und versuchte die ersten Tage ihr Kind zu beschützen, indem sie alles angriff, was den beiden zu nahe kam. Doch irgendwie musste ich in den Stall, um beiden Futter und Wasser zu geben. Jedes Mal wenn ich versuchte, die Tür zum Stall zu öffnen, kam die Kuh auf mich zu und wollte mich angreifen. Ich kam einfach nicht rein. Durch eine Luke in der Tür konnten wir uns beide aber sehen. So stand ich da und wich nicht zurück. Die Kuh aber auch nicht. Also sah ich die Kuh an. Ich redete ihr zu, blieb mit ihr im Raum, fühlte sie und ließ zu, dass sie mich fühlte. Ich versuchte ihr vom Herzen zu zeigen, dass ich nicht gegen sie bin, ihr nichts tue und von mir keine Gefahr ausgeht. Ich sagte, ich würde an ihr vorbeigehen und ihr Futter und Wasser hinstellen und dass sie das doch brauche, wenn sie ihr Kind weiter beschützen wolle. Die Kuh ist wie unser Schmerz: Er will im Grunde Futter und Wasser, hat aber Angst, dass jeder, der ihm zu nahe kommt, ihm etwas antun wird. Deshalb sollten wir vor unserem Schmerz stehen und ihn aus unserem Herzen her, aus unserer Liebe und unserem Mitgefühl uns gegenüber, fühlen. Denn dann passiert es, wie es auch mit der Kuh geschah: Eines Augenblickes öffnete ich die Tür einen kleinen Spalt und die Kuh wich einen ganz kleinen Schritt zurück. Jetzt hat sich etwas geöffnet. Genauso, wie sich bei uns etwas ganz Kleines öffnen kann. Es ist der Moment, in dem wir einen Hauch von Entspannung, Erleichterung oder Frieden spüren.

Anstatt dann in diesem Moment wieder den Tiger zu suchen, also auf die Kuh zuzugehen oder nach unseren alten Emotionen und Gedanken Ausschau zu halten, gehen wir mehr in die Öffnung hinein. Wir lassen die Kuh in Ruhe. Wir lassen sie gehen und auch unsere Ambition mit ihr unseren Frieden zu finden. Die Kuh ist etwas zurückgewichen. Sie hat unseren Frieden erkannt und angedeutet, dass wir in den Raum hineingehen können. Klar herrscht hier immer noch etwas Skepsis: Die Kuh wird dich beobachten, genauso wie dein Schattenwolf schauen wird, ob du nicht doch wieder mit ihm spielen willst. Aber so, wie auch ich mich nicht mehr um die Kuh kümmerte, sondern darum, den Raum im Stall weiter zu erforschen, so gelingt es uns auch, den Raum um die Gedanken und Emotionen herum weiter wahrzunehmen und auszudehnen, bis schließlich die Kuh nur ein kleiner Aspekt in einem riesigen Stall ist. Und was mache ich in diesem Stall? Das, worauf ich mich dann fokussieren will. Denn dort ist alles vorhanden und tritt in Erscheinung, sobald ich es einlade. Dann stehe ich nicht mehr an der Schwelle meines alten Zimmers und versuche verzweifelt ins neue zu gelangen. Dann werde ich mir meiner selbst als gesamtes Haus bewusst und merke, dass das eine Zimmer, das zuvor noch meine gesamte Welt ausmachte, nur ein klitzekleines Etwas in einem Haus voller Möglichkeiten ist. Und dann kann ich mich bewusst entscheiden, worauf ich mich fokussieren und durch die Energie meiner Aufmerksamkeit größer machen lassen möchte.

In diesem Raum bist du nicht mehr im Überlebensmodus und verwendest deine Energie nicht mehr darauf, dich auf das Problem zu fokussieren. Du mobilisierst deine Kräfte nicht mehr dafür und bist nicht mehr konzentriert und angespannt. Du entspannst dich. Und auch das Problem selbst entspannt sich und wird weniger intensiv. Du bist nicht mehr von dem Problem eingenommen und dein Fokus verengt sich nicht, sondern weitet sich. Du wirst wieder aufnahmefähiger und empfänglicher. Das Problem ist nicht mehr im Vordergrund, sondern rückt nach hinten oder zur Seite, wird leiser, schwächer, weniger wichtig. Es ist da, aber du hältst nicht mehr an ihm fest. Das Problem ist kein Problem mehr für dich, weil du kein Problem mehr aus deinem Problem machst. Es ist einfach nur ein Zustand, der dir nichts tut und von dem keine Gefahr ausgeht. Die Situation ist nun völlig gefahrlos. Du bist in Sicherheit. Und sind wir in Sicherheit, gehen die Alarmglocken in uns aus und wir haben Energie zur Verfügung.

Jetzt dürfen wir uns gänzlich entspannen. Wir entspannen uns als Resultat davon, dass wir nichts mehr gegen das haben und nichts mehr mit dem machen wollen, was da ist, und auch nicht mehr woandershin wollen, als dorthin, wo wir bereits sind. Wir erlauben es uns und allem zu sein. Weite entsteht. In dir und um dich herum. Mehr und mehr fokussierst du dich nun auf den Raum, der um das Problem herum liegt und wirst zu diesem Raum. Der Raum wird immer größer. Das Problem ist kein Problem mehr, sondern nur etwas, das in diesem Raum da ist. Aber der Raum ist so groß, dass alles darin Platz hat: Alle guten und schlechten Gefühle, alle Erinnerungen, alle Visionen, alle Gegenstände, alles, was du kennst, und alles, was du nicht kennst. Alle Formen und

Objekte sind nur Staubkörner in einem unendlich großen Raum. Selbst in diesen Gegenständen herrscht Raum, weil auch diese zu 99 % aus Raum bestehen. Materie ist so winzig. Emotionen sind Materie. Deine Geschichte ist Materie. Alles, woran du denkst, ist nur Materie, sind nur Formen, sind nur flüchtige, sterbende, sich verformende Erscheinungen in einem ewig währenden unendlich großen Raum, zu dem du geworden bist. Wenn du dieser Raum und nicht mehr seine Formen bist, die er beinhaltet, dann kannst du als Raum auch frei entscheiden, worauf du deine Aufmerksamkeit richten willst. Dieser Raum beinhaltet alles: deine Sorgen und deine Wünsche. Es ist der Raum der Gedanken. Alles, woran du denkst, erscheint in diesem Raum als Form. Diese Form bleibt so lange bestehen, so lange du deine Aufmerksamkeit auf sie richtest, und verschwindet wieder, sobald du davon abläsest. Es ist ein dunkler, schwarzer Raum voller Objekte und Formen deiner Wahl. Deine Aufmerksamkeit ist die Taschenlampe. Du entscheidest, worauf du leuchten willst.

Dieser Vorgang ist wie eine nach vorn gerichtete Zoom-Methode. Erinnere dich an diese Übung, bei der du vor den unliebsamen Gefühlen und Situationen stehen geblieben bist, herangezoomt und durch zeitlupenartiges Abspielen des Geschehnisses dich immer mehr mit dem Problem entspannt hast. Genauso funktioniert das hier auch, nur, dass du dann deinen Fokus verschiebst: von der Kuh weg und hin zu der Entspannung, um die Entspannung noch besser kennenzulernen. Du verweilst mit deinem offenen Fokus auf die Entspannung gerichtet. Du schiebst nichts an oder erzwingst etwas, sondern bleibst offen und fokussiert, sodass der Raum der Entspannung von allein immer größer werden kann. Du gehst sozusagen nicht auf den Raum zu oder in ihn hinein, gehst nicht von hier nach da, sondern erlaubst es dem Raum sich in dir und um dich herum zu zeigen und dich gänzlich einzunehmen, sodass genau da, wo du bist, sich der Raum entfaltet.

Den Fokus aufrecht zu halten und dabei locker und gelassen zu bleiben ist wichtig, weil unser stark eingefahrener Wolf uns sonst nur wieder auf die Kuh aufmerksam machen würde. Er will schauen, ob das Problem wirklich weg ist. Er kann die Entspannung nicht zulassen, weil er Angst hat, ihm würde etwas geschehen. Aber wir können den Wolf nicht vom Gegenteil überzeugen, weil er selbst die Angst ist und sie deshalb sucht, sodass sie uns immer wieder erscheint, sobald wir auf seine Story reinfallen. Sobald du also auf die Suche nach deinem Problem gehst, ist es da, weil es Teil deiner bereits gemachten Erfahrung ist. Du erinnerst dich an das Problem. Und erinnerst du dich daran, werden die dazugehörigen Straßen in deinem Gehirn aktiviert, die das passende Gefühl im Schlepptau haben. Und nun erinnert sich auch dein Körper wieder, weil er sich wieder so fühlt, »*wie damals*« und das im jetzigen Augenblick. Dein Körper sitzt wieder in der alten Kuhle seiner Couch und will dich dort festhalten. Das ist einfach so. Doch je öfter wir es wagen, die Entspannung und den Raum zuzulassen und von der Kuh in den Stall zu schauen, desto mehr bauen wir die neue Kuhle aus und können immer leichter und schneller das alte einstudierte Verhalten des Schattenwolfes erkennen und uns nicht mehr von ihm blenden lassen. Dann können wir zukünftig mit mehr Leichtigkeit den Raum betreten, weil wir uns immer weniger selbst daran hindern. Und wie ich schon schrieb, haben wir dort die Möglichkeit, alles Unmögliche möglich machen zu lassen, in dem wir es einladen, Teil unseres Daseins zu werden.

Schritt drei: Sich darauf einlassen

Dieser letzte Schritt ist für mich immer wie »*das Schauen durch die saubere Stelle einer dreckigen Fensterscheibe*«. Stell dir vor, du stehst vor einem riesigen Fenster: Der meiste Teil davon ist schmutzig und über die Jahre hinweg schon sehr mitgenommen. Du jedoch würdest gern wieder Licht in dein Zimmer scheinen lassen und endlich die Aussicht genießen wollen. Der Wolf macht sich an die Arbeit und fängt an, den Schmutz abzukratzen. Der Schmutz ist schließlich das Problem. Und so ist er sein Leben lang damit beschäftigt, die Scheibe sauber zu halten. Dabei schaut er nie wirklich aus dem Fenster, sondern immer mit mindestens einem Auge darauf, ob nicht irgendwo schon wieder etwas schmutzig geworden ist oder ob das Putzmittel nicht vielleicht doch Streifen auf der Scheibe hinterlassen hat. Wann immer du dich in diesem Raum des zweiten Schrittes befindest, solltest du nicht die schmutzigen Stellen des Fensters suchen, sondern durch die eine offene, saubere Stelle schauen. Das ist unsere Entspannung, unser kleiner Hauch von Leichtigkeit und Freude, der kommt, wenn wir nicht mehr die schwere Aufgabe verfolgen, die Scheibe putzen zu müssen. Wir wenden den Blick vom Unkraut ab und richten ihn auf die Blume. Und wenn da erst einmal nur ein kleiner Spross am Boden zu sehen ist. Doch sobald wir unseren Fokus darauf richten, fängt er an zu wachsen. Und dieses Wachsen können wir beeinflussen, indem wir unser Herz durch die Übungen aktivieren, um es zu öffnen. Und dann geschieht es, dass der Fisch anbeißt und sich die Schafe zu uns setzen. Hier können wir uns mit unserer Zukunft verbinden und die Essenz des Lebens einladen, uns zu durchströmen. An diesem Punkt vollzieht sich deine Wandlung. Jetzt sind wir vom Erkennen zur Befreiung gegangen und können uns schlussendlich wirklich verändern.

Wenn du dich emotional von deinem Problem gelöst hast, wenn kein »*Ich*« mehr dahinter steht, keine Identität, dann ist das Problem eine ganz neutrale Form. Ein ganz neutrales Objekt, das im Raum schwebt. Und wenn es dir nichts mehr anhaben kann, kannst du es auch gehen lassen. Wozu sich damit beschäftigen? Du isst ja auch nicht, was dir nicht schmeckt, oder? Also anstatt dir immer das gleiche eklige Essen von der Speisekarte auszuwählen oder dich darüber zu ärgern, dass so viel Dreck auf der Karte angeboten wird, gehst du einen Schritt zurück und betrachtest die ganze Karte mit all ihren Speisen. Das Schöne daran ist, dass du selbst entscheiden kannst, was auf dieser Speisekarte steht, wenn du erstmal gemerkt hast, dass du sie die ganze Zeit selbst schreibst und umgestalten kannst. Denn im Grunde sorgt dein Wolf dafür, dass du den ganzen Mist selbst erst auf die Karte schreibst, nur um dich dann darüber aufregen zu können. Du opferst dein Glück für seine Gier nach Übel.

Schritt eins und zwei waren das Betrachten der ganzen Karte und das »*Sich-Lösen*« von den ungewollten Speisen. Der dritte Schritt ist es, dir zu erlauben, auf der Karte das zu entdecken, was du wirklich toll findest. So, als ob es dir ins Auge fällt und dich anspringt. Lass dich davon einnehmen und lass es dich finden. Öffne dich dem, was dir gefällt. Es ist die ganze Zeit da. Du hast es nur nie gesehen, weil du damit beschäftigt warst, aus der Karte herauszufiltern, was du nicht willst. Jetzt aber bist du offen und nicht mehr von deinen Problemen abhängig. Jetzt kann sich all das Schöne zeigen, was die ganze Zeit schon da war und nur darauf gewartet hat, dass du es wahrnimmst und dir erlaubst, dich diesem hinzugeben. Jetzt kannst du wieder mit deinen Wünschen und Visionen spielen und ganz darin baden und aufgehen. Du hast deine Probleme und alten

Gefühle mitgenommen. Sie haben ihren Platz im Raum bekommen. Du hast sie integriert und in das Ganze aufgenommen.

Wie du deine Vergangenheit veränderst

Nun schau dir dich und deine Umgebung mit den weichen Augen deines Herzens an: Dein integrierter Schmerz, aus dem heraus du gewachsen bist, hat dich dazu befähigt, dich zu öffnen und zu verändern. So, wie ein Baum ruhig und stetig wächst und jeden Abschnitt seines Wachstums in seinen Lebensringen festhält, so ist auch dein Schmerz und deine Vergangenheit ein wichtiger Abschnitt deines Lebens gewesen. Sie haben dich wachsen lassen. Du musstest nicht erst ein Baum werden, um dich von Schmerz und Vergangenheit zu befreien. Du warst die ganze Zeit schon dieser Baum. Dein Schmerz hat dich die ganze Zeit darauf hinweisen wollen. Jetzt hattest du den Mut, dir diesen anzuschauen und ihm zuzuhören. Ist das nicht wundervoll? Du siehst den Schmerz noch in dir, erinnerst dich dennoch an deine Vergangenheit. Nichts davon ist ausgelöscht. Was jedoch fehlt, ist die emotionale Bombe, die bisher tiefe Löcher in dein Sein riss. Jetzt schaust du auf deine Lebensringe und erkennst, dass du über sie hinausgewachsen bist, dass du größer bist als das, was du bisher glaubtest zu sein, und dass du durch den Schmerz gehen kannst, um aus ihm größer und stärker hervorzugehen.

Wenn du also nun deine Vergangenheit betrachtest: Kannst du Dankbarkeit und Vergebung für sie empfinden und für alles, was dir widerfahren ist? Hat dich nicht all das letztendlich dorthin gebracht, wo du sein wolltest? Ist dann deine Vergangenheit noch etwas Schlimmes oder ist sie etwas, dass du überwunden und somit geheilt hast? Diese Heilung, die du jetzt deiner Vergangenheit entgegenbringst, verändert diese. Das ist ein ganz natürlicher Prozess, der jetzt stattfindet, den wir, wenn wir diesen Prozess kennen, auch zusätzlich noch etwas intensivieren können. Er nennt sich »*Rekonsolidierung*«:

Sämtliche deiner Erinnerungen werden nicht als ein ganzes, starres Bild abgelegt, sondern nur in Fragmenten. Das heißt, die Erinnerung teilt sich in kleine Puzzle-Stücke auf, die Informationen der Situation (Ort, Zeit, Sinneseindrücke, Emotionen, Körperempfindungen, etc.) enthalten. Wenn du dich später an das, was dir passiert ist, erinnerst, werden die einzelnen Fragmente oder auch nur Teile davon, abgerufen und wieder zusammengesetzt. Und dann, wenn das Erinnern vorbei ist, wird das eben neu erstellte Bild wieder zerstückelt und abgespeichert. Jedoch entstehen jedes Mal kleine Fehler bei dem Wiederablegen, dem Zerstückeln und dem erneuten Zusammensetzen, denn sobald eine Erinnerung abgerufen und wieder abgelegt wird, wird immer ein kleiner Teil verändert. Je nachdem, wie du im jetzigen Moment drauf bist, dich fühlst und wie es dir geht, heftet sich ein kleines Teil von deinem aktuellen Zustand an deine Erinnerung und wird mit dieser zusammen abgespeichert. Dein Original deiner Erinnerung wird also getrübt oder aufgewertet, je nachdem, wie du dich gerade fühlst, während du dich erinnerst. Sie wird immer beeinflusst und leicht verändert. Rufst du die Erinnerung irgendwann wieder auf, klebt dieses kleine Teil vom letzten Mal, diese kleine Veränderung mit an ihr. Du veränderst tatsächlich deine Erinnerung. Manches, von dem wir glauben, dass es wirklich so war, ist teilweise schon gänzlich getrübt und in unserer Erinnerung nicht mehr annähernd das, was es einmal war.

Wenn du bezüglich einer speziellen Erinnerung immer wieder negative Gedanken und Gefühle hast, wird die Erinnerung auch immer schmerzhafter und verzerrter, weil sich jedes Mal ein Teil deiner aktuellen negativen Grundhaltung daran heftet. Von Mal zu Mal wird die Erinnerung schlimmer, gruseliger und negativer, als sie tatsächlich war. Wir glauben zwar, es wäre so gewesen, wie es war, aber im Grunde ist es eine Fälschung. Das betrifft nicht nur diese eine Erinnerung. Es kann sich auf dein ganzes Leben und deine Geschichte auswirken. Mit jeder Erinnerung an dein Leben aus einer emotional negativen Haltung heraus, wird deine Sicht auf dein bisheriges Leben auch dramatischer. Doch das kannst du auch willentlich ändern. Denn jedes Mal wenn du eine schmerzhafte Erinnerung hochholst und sie aus einem Zustand der Freude, des Friedens oder der Dankbarkeit heraus betrachtest, heftet sich diese Freude, dieser Frieden, dieses »*Offen-Sein*« an deinen Schmerz. Die Erinnerung wird von Mal zu Mal weicher, bis irgendwann kein lähmender Schmerz mehr da ist und die Vergangenheit sich dem Zustand anpasst, in dem du heute bist.

Wenn du dein neues Ich bist, vollzieht sich die Veränderung deiner Vergangenheit im Grunde automatisch, so, wie sie sich auch zunehmend verdunkelte, als du sie immerzu aus den Augen deines Mangel-Ichs angeschaut hattest. Doch wenn du nun darüber Bescheid weißt, wie deine Erinnerungen an deine Vergangenheit sich mit jedem Mal verändern, sobald du sie abrufst, dann kannst du dich aus dem Zustand der Dankbarkeit und der Liebe deines Herzens auch bewusst an schmerzliche Erfahrungen erinnern und ihnen einen Teil deines Wohlwollens anheften und sie dadurch heilen.

Übung: Heile deine Vergangenheit

Aus einem erhebenden, herzzentrierten Zustand, der in Verbundenheit und Liebe ist, kannst du langsam ein Bild deiner Vergangenheit abrufen. Lass das Gefühl deines neuen Seins-Zustands im Vordergrund und die Bilder und die damit verbundenen Gefühle deiner Vergangenheit sich ein wenig dazu gesellen. Lass deinen alten Schmerz nur so weit zu, dass er immer leicht im Hintergrund bleibt und du, wenn er zu stark wird, schnell wieder in den erhebenden Modus wechseln kannst. Du nimmst die Erinnerung und das schmerzende Gefühl sanft mit hinzu, so, dass beides gleichzeitig in dir existieren darf. Dadurch binden sich deine Emotionen deiner Zukunft an die Erinnerungen deiner Vergangenheit und heilen diese.

Wichtig ist wirklich, nicht zu kippen: Deine Vision deiner Zukunft soll nicht durch die alte Erinnerung getrübt werden, sondern deine alte Erinnerung durch die Vision deiner Zukunft. Jedes Mal, wenn es doch zu heftig wird und die alten Gefühle drohen dich zu übermannen und du in die alte Geschichte gesogen wirst, lass es sofort fallen wie eine heiße Kartoffel. Höre mit deinen Bemühungen auf und komm zum Anfang zurück: Entspannung im gegenwärtigen Moment. Bleibe bei deinem Atem, deinem Körper und kehre zurück in den gegenwärtigen Augenblick. Beruhige dich, so lange, bis du wieder von deiner Geschichte und der Identifikation mit ihr getrennt bist und du dich wieder als Raum erlebst. Erst dann kannst du erneut damit anfangen. Du wirst merken, dass es beim zweiten Mal schon leichter wird. Warum? Weil deine Erinnerung jetzt eine andere Emotion kennengelernt hat, die ebenfalls Teil dieser Erinnerung wurde und nun auch abgerufen wird.

Das Schaf im Wolfspelz

Spätestens jetzt sollte dir klar sein, dass du allein dafür verantwortlich bist, wer und wie du sein willst. Und dir sollte klar sein, dass du es in der Hand hast, schon immer in der Hand hattest und es auch immer haben wirst. Du bist deines Glückes und deines Unglückes Schmied. Du kannst etwas verändern. Du hast die Macht dazu und bereits alles in dir, dir deine Wunschzukunft zu ermöglichen. Du musst es nur wollen, dann tun und dich schließlich auf die andere Seite bringen. Die Seite, in der alles bereits ist. Die Seite deines Ideals, auf der nichts fehlt und dich nichts daran hindert, der zu sein, der du sein willst. Weder deine Vergangenheit noch deine Gedanken und Gefühle und schon gar nicht irgendein Lebensumstand können dich aufhalten.

Wenn du die andere Seite lebst, dann sind die Emotionen des Schattenwolfes auch kein Hindernis mehr, sondern können dir als weitere Wegweiser in deine Zukunft dienen. Du kannst dann jedes Mal in diese Gefühle eintauchen, durch sie hindurchschwimmen und auf der anderen Seite wieder auftauchen. Haben wir das erst verstanden, können wir in jedem Zustand, der uns missfällt und den Wolf in uns erzürnt, schauen, auf welche Herzqualitäten uns dieser Zustand hinweisen möchte. Wir schälen sozusagen das Herzschaf aus dem Pelz des Schattenwolfes heraus und lassen den Wolf auf unsere Zukunft zeigen. Jedes noch so große Vorhaben gelingt immer nur durch viele kleine, einzelne Schritte. Du musst nicht einen großen Sprung in Richtung glorreiche Zukunft machen. Es ist hilfreich, sich zu fragen, was dich jetzt in diesem Moment einen kleinen Millimeter aufmuntern könnte, um den ersten kleinen Schritt in Richtung Zukunft gehen zu können. Und wenn du diesen ersten Millimeter nach vorn gegangen bist, frage dich, wie der nächste Millimeter sein könnte. Anstatt also das andere Ende des Beckens anzupeilen, kümmere dich um den Zug, den du jetzt machst und machen kannst.

Wenn das Jetzt Schwere in uns auslöst, dann wollen wir üblicherweise sofort etwas anderes, dass uns die Schwere nimmt. Doch der erste Millimeter ist das Gefühl von Leichte, auf das uns die Schwere hinweisen kann. Erkenne die Schwere und erkenne sie auch an. Wehre dich nicht gegen diesen Zustand, sondern lerne von ihm und die Schwere rückt etwas zur Seite. Nutze nun deine Energie, den Raum neben der Schwere zu erforschen und lade in diesem das

Gefühl von Leichte ein, welches du eigentlich fühlen willst. Verbinde dich mit dieser Leichte und schau aus den neuen, leichten Augen, ob das Schwere noch schwer ist und unbedingt geändert werden muss. Und schau, ob es jetzt unbedingt sofort geändert werden muss, oder ob du es auch erst einmal *»so sein«* lassen kannst. Du spürst die Schwere, stellst ihr aber auch das Leichte daneben. Denke daran: Du kannst nur einen Gedanken gleichzeitig denken. Und wenn zu deiner Intention *»Leichte«* auch ein bekanntes Gefühl in dir verankert ist, dann kannst du darin verweilen, weil sowohl die Schwere als auch das Leichte Teil deines Ichs sind und sich nichts in dir dagegen wehrt. Beides ist eine Option, eine innere Ressource und du kannst entscheiden, ob du weiter der Schwere folgen oder nach vorn in das Leichte fallen möchtest. Dabei musst du nichts mit der Schwere machen, auch nicht dann, wenn sie bei diesem Vorhaben an dir zerrt. Nimm das Zerren war und entspanne dich mit diesem. Sobald du das mit Zeit und Geduld tust, wirst du merken, wie ein Teil in dir sich in das Leichte entfalten möchte. Dann solltest du diesem inneren Impuls folgen und die Tür zum Stall weiter öffnen. Das braucht manchmal etwas Geschick, hin und wieder geht es hin und her, vom Leichten zur Schwere zurück. Mach dir nichts draus, sondern übe einfach weiter.

Hast du bspw. mit schwierigen Entscheidungen zu kämpfen und weißt nicht wo entlang, dann versuch nicht gleich ans andere Ende des Weges zu schauen, sondern dahin, wohin du den nächsten Schritt setzt. Wenn dich das Chaos in dir verrückt macht, dann könnte der erste Millimeter sein, dass du dir das Gefühl von Klarheit oder Zweifelsfreiheit wünschst. Oder wenn du dich fragst, was du eigentlich willst, du dir aber gerade nicht sicher bist, ob du lieber A oder lieber B hättest und dich dieses Hin und Her nervös und gereizt macht, dann wäre der nächstbeste Schritt vielleicht nicht unbedingt zu wissen, ob nun A oder B besser wäre, sondern einfach nur das Gefühl, wie es wäre, sich entschieden zu haben oder sich sicher zu sein. Ganz gleich, wofür oder wieso. Wonach also sehnst du dich als Erstes? Was ist das nächstbeste Gefühl, das du als Erstes und am leichtesten erreichen könntest? Bist du traurig, ist die Ekstase der Glückseligkeit weit entfernt. Vielleicht ist es dir leichter möglich zunächst Frieden oder Ruhe in und mit deiner Traurigkeit zu fühlen. Hangle dich von einer Sprosse zur nächsten und greif nicht gleich zur obersten. Um diesen ersten Schritt zu finden, musst du nicht außerhalb von dir suchen. Gehe in das Gefühl hinein, dass du erlebst und quetsche aus dieser bitteren Frucht den süßen Nektar deines Wunschzustandes. Denn die Frucht der Negativität enthält bereits die Lösung, da sie dir zwar zeigt, was du nicht willst, sie dir aber durch diesen Kontrast ebenso ermöglicht, das zu erkennen, was du tatsächlich willst und du dich somit wieder einen Schritt weiter nach vorn bringen kannst. Du wirst es erkennen, wenn du auch hier die drei Schritte anwendest, die ich dir zuvor erklärt habe.

Übung: Happy Endings

Bei jedem äußeren und inneren Zustand, gegen den ich mich fast wie automatisch zur Wehr setzen möchte, frage ich mich, warum ich dagegen bin und was ich lieber hätte. Ich weiche diesem Zustand nicht aus, sondern gehe durch ihn hindurch. Genauso, wie ich es auch ganz zu Beginn des Buches bei den Übungen beschrieben habe, die dich aus dem Sog bringen sollen. Sei es das Schreiben, das Schreien und Strampeln, das Bewegen und Tanzen. Mit all diesen Unternehmungen (und da gibt es sicherlich noch unzählige weitere Möglichkeiten) begibst du dich in deine Angst, in deine Wut und in deine Abneigung hinein. Wie beschrieben, dient dies dazu, dich mit diesen Zuständen auf eine gewisse Art und Weise anzufreunden und dich mit ihnen zu entspannen. Sobald du das tust und sich etwas Abstand in Form von Raum und Entspannung um das Gefühl herum legt, kannst du nun noch einen Schritt weitergehen: Nehmen wir an, du hast dir die Seele schriftlich aus dem Leibe gekotzt und alles aufgeschrieben, was deine Wut dir sagen wollte. Und je tiefer du da gehst, desto mehr kommt zum Vorschein, wogegen die Wut ist, was für Gefühle sie verteidigt (erinnere dich an die Welpen der Wuthundemama), was dir jetzt gerade eigentlich fehlt und was du dir wünschst. Und genau dann wechselst du den Fokus und schaust nach vorn. Schreibe dir auf, was du willst, warum du es willst und wie es besser laufen soll, wie du dich lieber fühlen möchtest und nach welchen Gefühlen du dich sehnst, anstelle aufzuschreiben, was nicht gut läuft.

Wäre es nicht besser, du selbst würdest dir, anstatt zu sagen, was du nicht tun sollst, sagen, was du tun sollst? Dadurch weißt du nun exakt, was zu tun ist. Der Blick ist nach vorn gerichtet. Auf Lösungen. Auf Möglichkeiten. Er sagt dir, wo es entlanggeht. Es ist direkt verständlich und muss nicht erst in sein Gegen-

teil übersetzt und analysiert werden. Denke also daran: Das Gehirn kennt keine Verneinung. Nutze deine Negativität, um dich aus ihr heraus mit dem zu verbinden, was du wirklich willst. Und öffne dich diesem Wunsch. Doch erinnere dich auch daran: Der Wolf wird gleich losgehen wollen, um dein Bedürfnis zu befriedigen und den Mangel zu beseitigen. Doch im Grunde willst du erst das Gefühl fühlen. Und das solltest du dir zuvor selbst schenken und nicht im Außen suchen. Denn deine suchenden Augen finden nur Ungeziefer. Das Gefühl jedoch, welches du vor der Erfahrung gefühlt und verinnerlicht hast, findet auch Blumen an Wegen, an denen der Wolf sie niemals sehen könnte. Dann kann es sein, dass es dir wie Schuppen von den Augen fällt, ob du nun A oder B wählen sollst, oder ob es gar nicht mehr wichtig ist. Jedes Mal gehst du mit dem Schmerz, gehst durch ihn hindurch und tauchst in deiner Zukunft wieder auf, die es dir ermöglicht den Schmerz wieder loszulassen und gänzlich durch die offene Stelle im Fenster deines neuen Zimmers zu schauen.

Nach vorn Fallen

Wenn wir nun nicht mehr von einer Seite versuchen wegkommen zu wollen, um auf eine andere, bessere Seite zu gelangen, sondern die andere Seite genau dadurch finden, in dem wir durch das gehen, was wir zuvor noch abgelehnt haben, dann ist das Gute wie auch das Schlechte eben nicht mehr gut oder schlecht. Dann ist beides das Gleiche, nur in unterschiedlichem Gewand. Denn was dich schlecht fühlen lässt, kann dir genauso auch zeigen, wohin du willst. Es sind alles Wegweiser in dieselbe Richtung. Sie benutzen zwar andere Sprachen, aber wohin sie uns schließlich führen können, ist genau der Ort, zu dem wir gelangen wollen. Wenn wir also jeglichen positiven und auch negativen Zustand als Wegweiser in diese eine Richtung erkennen, dann ist das der Weg der »*Salutogenese*«:

Im Gegensatz zur bereits beschriebenen Pathogenese (dem Zustand des Wolfes, der sich nur mit Krankheiten beschäftigt, das Unkraut in den Vordergrund rückt und dich von den Blumen trennt) gehst du hier davon aus, dass du im Grunde immer gesund bist. Es gibt keine Krankheit, die dich von deiner Gesundheit trennt und die du bekämpfen musst. Es gibt keinen Feind. Es gibt nur deinen Zustand, der entweder mehr oder weniger gesund ist. Die Frage hierbei lautet also nicht, wie man die Krankheit besiegen oder sich vor ihr schützen kann, sondern wie du deine Gesundheit ausbauen und stärken kannst. Bei einem »*Schützen vor einer Krankheit*« gehst du automatisch in den Überlebensmodus über. Du bist im Stress. Und Stress ist nicht der Zustand, in dem Heilung geschieht. Beim Wunsch zum Ausbau deiner Gesundheit wachsen jedoch Neugier und Freude, weil du schon etwas hast und mehr davon möchtest, es vertiefen und intensivieren willst. Du öffnest dich den Wegen und Möglichkeiten, statt dich dem Leben zu verschließen. Diese Haltung ist die des Schöpfers, des Kreativen, dessen, der sein Leben für sich selbst in die Hand nimmt, weil er es sich schuldet, die Macht wieder zu sich zurückzubringen. Nur du kannst dich ändern, wenn du es willst. Aber du musst die Prinzipien in dir verstehen, die dich kleinhalten oder dich groß sein lassen. Kein anderer hat Macht über dich, außer du nimmst sie dir weg und gibst sie ihm. Dann hast du Krankheiten um dich herum, die du bekämpfen musst. Behältst du deine Macht und entscheidest selbst über dich, wer du sein willst und wie du denken und fühlen möchtest, dann ist dein Blick in die Zukunft ausgerichtet und mit deinem neuen Ideal verbunden. Du fragst dich nicht, wie du von deinem alten Ich wegkommst (Pathogenese), sondern wie du weiter auf dein neues Ich zusteuern kannst (Salutogenese).

Bekannt wurde die Salutogenese durch den Medizinsoziologen Aaron Antonovsky. Er beschrieb sie, in dem er das Leben mit einem Fluss verglich: Die Menschen schwimmen in verschiedenen Flüssen, die unterschiedlich verschmutzt sind und unterschiedliche Gefahrenquellen, Strudel und Stromschnellen aufweisen. Niemand ist am sicheren Ufer. Die pathogenetisch orientierte Medizin legt das Augenmerk darauf, Ertrinkende aus dem Fluss zu ziehen. Die Salutogenese beschäftigt sich jedoch mit der Frage: Wie wird man in diesem Fluss ein guter Schwimmer? Klar schaust du auch, was bisher fehlerhaft und schädlich war, erkennst es und lässt es. Dein Hauptaugenmerk liegt auf das, was dich positiv unterstützen kann. Keine Medizin, die die Symptome der Krankheit behandelt, sondern die das Wachstum unterstützt. Wir mussten uns zu Beginn auch deinen Schattenwolf und deine Vorgeschichte anschauen, damit du nun weißt, welches Verhalten dich dahin gebracht hat, wo du jetzt bist. Jetzt aber geht es darum, dass du mit deiner Zukunft verbunden bist und bleibst und dass du jetzt deine Zukunft lebst und deine Gesundheit ausbaust, sprich dich auf die Herzschaf-Gefühle deiner Wunschzukunft und deines Ideals einlässt. Du hattest heute einen kleinen Moment der Öffnung und der Freude? Super. Das ist Gesundheit. Jetzt verstärken wir sie! Merkst du, dass du dadurch schon auf dem richtigen Gleis bist? Das, was dich automatisch in deine Zukunft bringt? Ein Tropfen Glück in deinem Glas ist ein Tropfen Glück. Frage dich immer, wie noch mehr davon in dich hineingelangen kann, und nie mehr, wie du dich am besten schützen musst, damit kein Dreck in dein Glas fließt. Das ist keine Schönrederei. Es ist ein Perspektivenwechsel, eine Haltung, eine Einstellungs und Motivationssache und eine neue Persönlichkeit, bei der du immer wieder nach vorn in deine Zukunft, in deine Gesundheit fällst und nicht zurück in den Sog der Vergangenheit deines Schattenwolfes.

Durch Kohärenz deinen Alltag meistern

Um das meistern zu können, braucht es das Kohärenzgefühl, Dieses entsteht, wenn wir im Körper spüren, dass wir in Sicherheit und somit im Ruhemodus sind, der Geist klarer und ruhiger wird und sich unser Herz öffnet. Du bist innerlich in Balance, weil sich Körper, Geist und Emotionen in Harmonie und Entspannung befinden. Und auf diese Balance wird sich auch dein Umfeld einschwingen. Denn durch das in dir vorherrschende Kohärenzgefühl hast du Vertrauen, dein Leben fühlt sich stimmig an, du fühlst dich mit dir und dem Leben verbunden, es durchdringt dich andauernd und öffnet dich. Diese Öffnung ist das »*Sich-Zuwenden*« hin zu deiner Zukunft aus dem Herzen heraus. Beides, Salutogenese und Kohärenz, motiviert dich zu lernen, zu wachsen, zuversichtlich zu bleiben, dich positiv auszurichten und gibt dir Mut, Stärke, inneren Halt, Klarheit, Führung und Struktur. Genau das, was es braucht, um nach vorn ins Unbekannte zu schauen. Das Kohärenzgefühl ist in diesem Sinne mehr als nur ein Gefühl. Es entsteht aus dem Fühlen und speichert sich in dir als Überzeugung. Dadurch, dass du dank deiner Überzeugungen auch Beweise im Außen suchst und findest, wird es zu deiner Persönlichkeit, deiner Haltung, deiner inneren Einstellung. Du wirst zu dieser Kohärenz mit salutogenetischer Ausrichtung. Um Kohärenz nicht nur eben mal bei einer Übung in Körper, Herz und Hirn zu erzeugen, sondern im Alltag und somit im Leben zu integrieren und zu stärken, braucht es drei Dinge:

#1 Verstehbarkeit

Das, womit du konfrontiert bist, muss Sinn für dich ergeben. Du musst dir sagen können: »*Ah ja, ich verstehe, was das Problem ist und warum es so oder so ist.*«. Dieses »*Was*« ist das Erkennen, das Verstehen, damit es deinem Geist gelingt sich ein Bild von der Lage machen zu können. Es schenkt uns Klarheit. Dieser Punkt sollte inzwischen kein Problem für dich sein, weil du nun weißt, warum du bist, wie du bist und warum du bisher auch keinen Ausweg gefunden hast. Es ist logisch. Dein Geist kennt das »*Was*«, versteht es und erkennt das Problem. Dein Satz lautet: »*Ich verstehe es.*«.

#2 Handhabbarkeit

Du nimmst wahr, dass dir geeignete Ressourcen zur Verfügung stehen, um das Problem bewältigen zu können. Du weißt, *wie* du vorgehen kannst. Das können äußere Ressourcen wie bspw. dieses Buch hier sein. Aber die wichtigste Ressource sind die Erfahrungen, die du durch Ausprobieren und Verinnerlichen gemacht hast und die sich nun als Erinnerung und somit als neue Option in deinem Körper abgespeichert haben. Der Körper erinnert sich an dieses neue Ich-Gefühl. Er kennt das »*Wie*«, weil er Teile des neuen Ichs verinnerlicht hat und weiß, wie er sich von seinem alten Zustand befreien kann. Auf diese Ressource kannst du jederzeit zugreifen und dich durch sie mit deiner Zukunft verbinden und nach vorne fallen. Dein Satz lautet: »*Ich kann es.*«

#3 Bedeutsamkeit

Jetzt kennst du das Was und das Wie, weißt, wie Körper und Geist ausgerichtet werden können und hast es verstanden und verinnerlicht. Nun willst du etwas verändern und bist dadurch motiviert. Ist dein Problem es wirklich wert, es in den Griff zu kriegen? Schaust du dir immer wieder dein *Warum* an und verbindest dich mit dem Gefühl, welches du anstrebst und hinter deinen Zielen vermutest? Holst du dieses Gefühl heute schon in deinen Seins-Zustand und spürst die Freude oder den Frieden, den es mit sich bringt? Ist es das, wofür du morgens aufstehst und was dich nicht mehr in Ruhe lässt, weil du davon begeistert bist? Ja? Dann wirst du definitiv auf der kohärenten Welle schwimmen und deiner Zukunft entgegensegeln. Und dann sind Herausforderungen nur noch Dinge, auf die du dich freust, weil sie dich weiterwachsen lassen. Das ist wahrer Siegergeist! Jetzt lebst du aus deinem Herzen, welches die Macht hat, dich zu verändern, weil ihm die Bedeutung deiner Unternehmung glasklar ist. Dein Satz lautet: »*Ich will es.*«

Zusammenfassung

Kohärenz im Leben zu entwickeln heißt letztlich, dass du Körper, Geist und Seele zusammenbringst und ausrichtest. Durch diese drei Punkte weiß dein Verstand, was zu tun ist, der Körper weiß, wie es geht, und das Herz bringt die nötige Energie mit, weil es weiß, warum du es tust. Du hast erkannt und verstanden, was dich gehindert hat, hast es verinnerlicht und dich davon befreit und bist bereit dich zu verändern. In all diesen Bereichen hast du bisher deine Lebenserfahrungen gemacht und in dir hat sich ein mehr oder weniger starkes Kohärenzgefühl gefestigt. Wenn du glaubst, du kannst mit Schwierigkeiten umgehen, weil du in der Vergangenheit schon des Öfteren gute Erfahrungen mit Bewältigung von Konflikten gemacht hast, wirst du dich auch hier leichter motiviert fühlen. Wenn Frust und Lohn in einem ausgeglichenen Maß vorhanden waren, deine Taten Wirkung zeigten und deine Aufgaben dich nicht allzu sehr über und unterforderten, dann ist es nicht sonderlich schwierig für dich, das Kohärenzgefühl auszubauen und noch mehr Positivität zu entwickeln. Wenn du aber denkst, du kannst nichts bewirken, du bist deinem Schicksal ausgesetzt, dein Wirken bringt nichts, du bist nicht handlungsfähig, Aufgaben überfordern dich schnell und du bist allem hilflos ausgeliefert, dann solltest du etwas intensiver daran arbeiten, dich zu motivieren, dir den Sinn dieser Arbeit immer wieder vor Augen zu halten, dich zu bestärken und vor allem deine Glaubenssätze und -gefühle über dich zu ersetzen und dich wirklich zu einem neuen Seins-Zustand aufzumachen.

Je ausgeprägter dein Kohärenzgefühl ist, desto mehr wirkt es wie ein Filter bei deiner Informationsverarbeitung: Du fängst an, dich von bestimmten Reizen gar nicht mehr stressen zu lassen oder nimmst sie zum Teil gar nicht erst wahr. Willkommen, Entspannung! Ist der Stress dann doch so hoch, dass du ihn spürst, hast du schnell die nötigen Ressourcen zur Bewältigung in der Hand und machst dem Stress den Garaus. Und noch einmal: Willkommen, Entspannung! Ein guter Nebeneffekt ist, dass du anfängst, mehr auf dich zu achten und dir Gutes zu tun, als dich durch Selbstsabotage zu vergiften und zu schädigen. Du wirst dir selbst auf einmal viel wichtiger. Im positiven Sinne gemeint!

Pathogenese ist also das »*Sich-Auseinandersetzen*« mit der Krankheit oder dem Problem. Dir fehlt etwas und du willst es wiederhaben. Das, was du jetzt hast, willst du nicht. Du bist im Opfermodus und dein gewünschter Zustand liegt weit vor dir. Da, wo du jetzt bist, bist du im Mangel und dein angestrebtes Ziel liegt in der Zukunft. Du bist von ihm getrennt. Diese Trennung richtet deine Aufmerksamkeit immer wieder auf die Ursache: deine Krankheit bzw. dein Problem. Das Problem vereinnahmt dich, weil du dir in diesem Zustand nicht vorstellen kannst, gesund und frei von deinem Problem zu sein. Es ist eine rückwärts gerichtete Sicht, die Abwärtsspirale. Die Salutogenese hingegen setzt voraus, dass du bereits gesund bist. Gesundheit ist kein fester Zustand, denn auch Gesundheit bedarf der permanenten Pflege und kann nie komplett erreicht werden. Du fragst dich, wie du deine Gesundheit stärken kannst, wie du mehr tun kannst, um weiter nach vorn zu gehen. Du bist auf die Zukunft und auf Lösungen ausgerichtet. Je stimmiger du dich dabei fühlst, desto leichter gelingt es dir, diesen Weg nach vorn zu gehen. Dies ist die Aufwärtsspirale.

Um dich stimmig zu fühlen, braucht es das Kohärenzgefühl: Du musst die Lage, in der du steckst, erkennen und verstehen. Statt überwältigt zu sein und die Macht abzugeben und zu sagen, alles sei gegen dich und du weißt nicht, warum du immer wieder diese Erfahrungen machst, schaust du dir deinen Standpunkt genau und objektiv an. Hier greift die Meditation, weil du die Vogelperspektive entwickelst und den nötigen Abstand bekommst, dir deiner Situation und deiner inneren Vorgänge bewusst zu werden. Dieses Licht des »*Sich-bewusst-Werdens*« bringt dir das Verständnis. Jetzt brauchst du die Handlungsfähigkeit, indem du dich auf Ressourcen berufst, die dir bei der Verwirklichung helfen. Das sind Bücher, Lehrer, Kurse, Erinnerungen an Erlebnisse, bei denen du erfolgreich und wirksam warst, aber vor allem ist es eins: deine eigene Erfahrung durch Üben und Verinnerlichen, wodurch du dir erst wirklich abkaufen kannst, dass du es auch wirklich kannst. Selbst die Bereitschaft, etwas ändern zu wollen, ist eine Ressource der Selbstliebe. Ja, der ganze Prozess ist ein Akt der Selbstliebe, bei dem du dich selbst ermächtigst, dein Leben in die Hand zu nehmen. Das funktioniert aber nur, wenn du den dritten Punkt hast klar werden lassen:

die Bedeutsamkeit. Ist der Leidensdruck zu groß, wird es dir wahrscheinlich leichter fallen, etwas zu ändern. Dein Warum ist hier die ausschlaggebende Kraft der Motivation. Sie lässt alles andere erst richtig in Gang kommen.

Du bist nun nicht mehr das Opfer, sondern bereits kreativ und gestaltest dein Leben nach deinen Wünschen. Stück für Stück und Schritt für Schritt begibst du dich auf die Aufwärtsspirale. Es ist wie bei einer Pflanze: Statt über die Pflanze zu meckern, weil sie eingeht, erkennst du das Eingehen (Schritt 1), machst dich schlau und kommst ins Handeln (Schritt 2). Du änderst etwas am Wasser, am Licht, an der Erde. Denn du willst, dass diese Pflanze gedeiht (Schritt 3). Du bist diese Pflanze! Je mehr du dir dieses Prozesses bewusst wirst, desto stimmiger wird es, desto stärker wird dein Kohärenzgefühl. Je stimmiger es wird, desto mehr Vertrauen gewinnst du in dich und den Weg. Der Fokus ist nach vorn gerichtet und Stressoren werden zu überwindbaren Herausforderungen. Du bist nicht mehr abhängig von äußeren Einflüssen und schöpfst Kraft aus dir selbst. Fehlt es dir an dieser Kraft, dann schaue, ob du dich mental noch im Problem befindest und es nicht verstanden hast. Dann meditiere öfter und werde dir deiner Vorgänge bewusster. Hast du die Einsicht, aber nicht die Ressourcen, dann schaue, wo und wie dir geholfen werden kann. Verbinde dich mit deinem Ziel, deiner Vision deiner Zukunft und die Lösungen kommen. Wenn du dich verbindest und in den Meditationen und im Alltag Herz-Hirn-Kohärenz erzeugst, bist du in einem inneren Zustand des *Sich-Öffnens*, des Empfangens. Du versuchst nicht krampfhaft Lösungen zu finden. Du lässt sie zu. Dieser ganze Prozess ist ein Zulassen. Du hast die Ressourcen in dir und Lösungen kommen dir in einem Zustand der Kreativität. Dieser Zustand liegt hinter dem Verstand.

Wenn du dich aus dem Überlebensmodus (der Identifikation mit dem Problem) mithilfe der Übungen in diesem Buch herausholst, bist du innerlich in Kohärenz und Kreativität und Lösungen sind ein natürliches Nebenprodukt, die du nicht suchen musst. Sie kommen von ganz allein. In der Stille und durch das Arbeiten mit den Ressourcen in diesem Buch, wirst du dich auch weiter motivieren, weil du nun die positiven Auswirkungen in deinem gefühlten Erleben, aber auch nach und nach in deiner äußeren Welt siehst. Wann immer du in die Abwärtsspirale abdriftest, schaue, an welchen dieser Drehregler du

Einstellungen vornehmen kannst, um dich wieder neu auszurichten. Bedenke dabei, dass dies ein immer andauernder Prozess ist. So wie Gesundheit nie vollständig erreichbar ist und wie man sich auch um seine Pflanzen ständig kümmern muss, ist dieser ganze Vorgang ein Prozess mit Open End, der tägliche Zuwendung fordert.

> *Wenn du die Absicht hast, dich zu verändern,*
> *dann folge ihr jeden Tag.*

Den Anfang anfangen

Anstatt dich zu fragen, warum dir dies und das passiert ist, wieso es dir so schlecht geht und dich zu bemitleiden, sollte die Frage immer wieder lauten: Wie kann ich von dem, was ich will, jetzt schon mehr machen, haben, fühlen und denken, um dem großen Ganzen noch näher zu sein? Schaust du nach vorn oder zurück? Baust du dich selbst auf oder sabotierst du dich? In der Theorie klappt das ganz gut, doch wie sieht es in der Praxis aus? Deine Glaubenssätze und deinen Konditionierungen kannst du mit Meditation erkennen und die Mauer des Mangels durch die Kohärenz-Übungen einreißen. Doch wie so oft will unser System nicht verändert werden. Vor allem dann nicht, wenn du schon lang und tief in deinem alten, bekannten Modus verwurzelst bist, du bisher wenig positive Erfahrungen in deinem Leben gemacht hast, du zwar die ganzen miesen Gefühle kennst, aber nicht mit den erhebenden Emotionen deiner Zukunft vertraut bist oder wenn du es eigentlich gar nicht willst. Und hier ist lediglich nur der letzte Punkt etwas, das du für dich klären musst, denn: Nur du kannst es tun. Es wird keiner kommen und dich retten. Jetzt liegt es an dir: Willst du oder willst du nicht?

Wenn du willst, dann akzeptiere es, dass du etwas tun musst. Akzeptiere, dass das nun dein neues Leben ist. Und gib dich diesem Leben gänzlich hin. Richte dich danach aus. Mach es nicht nebenbei, sondern zu deiner Hauptaufgabe, nicht zu *einem Teil* von deinem Leben, sondern zu *deinem* Leben. Werde es, sodass das, was du tust, und der, der es tut, ein und dasselbe ist. Der Teil, der nicht will oder nicht bereit ist, sich dafür aufzuopfern, ist der Wolf, ist der nach Rettung suchende Arm am Steg, der nicht loslassen will, weil er Angst davor hat, sein bekanntes Leben zu verlieren. Doch wenn dich in diesem Buch etwas angesprochen hat, auf eine gefühlte Weise, die du nicht in Worte fassen kannst, aber es die Tiefe deines Seins ins Schwingen gebracht hat, dann richte dich auf diese Schwingung in dir, auf diesen Klang aus und lebe dein Leben so, dass dieser Klang öfter erklingt und lauter und durchdringender in deinem Leben wird. Dieser Klang ist dein wahrer Kern, deine Quelle. Bringe sie zum Sprudeln und lebe ein völlig neues, aber echtes und lebendiges Leben nach deinen eigenen Vorgaben. Auch ich arbeite mit diesem Buch und könnte sagen, dass ich selbst mein eigener Schüler bin. Genauso wie du auch, bin ich Meister und Schüler zugleich. Ich selbst bringe mich immer wieder mit den Inhalten in Kontakt und setze mich mit den Übungen auseinander. Es hört nie auf. Am Ende angekommen, beginne ich mit dem Anfang. Es ist keine Linie, sondern ein Kreis, der mit jeder Wiederholung zu einer Spirale wird und mich weiter nach oben treibt.

Wir behalten von unseren Studien doch nur das,
was wir auch praktisch anwenden.

Uns aufzuraffen und etwas zu verändern, gegen unsere Gewohnheiten vorzugehen und etwas zu tun, wogegen sich der Verstand und der programmierte Körper nur allzu gern aufbäumen, ist an sich nicht einfach. Da mache ich uns allen hier nichts vor. Der Krankheit zu verfallen und uns von ihr auffressen zu lassen, ist einfacher. Da müssen wir nämlich nichts tun und können unsere Verantwortung einfach abgeben. Alles, was wir dann noch tun können, ist, über das böse Leben zu schimpfen. *»Jetzt erst recht!«*, höre ich meinen Wolf brüllen. Er tut so, als würde er entrüstet sein, aber tief in seinem erfundenen Ich findet er es geil. Im Grunde wollen wir lieber auf der Couch sitzen bleiben und uns mit Chips vollstopfen. Doch warum ist es denn so schwer, den Schweinehund (oder besser: den Schweinewolf) zu umgehen? Einfach deshalb, weil alles andere so extrem ungewohnt und daher ungemütlich ist. Der Wolf denkt, alles wäre anstrengend, und hindert uns deswegen daran, ihn zu verlassen. Doch ist es wirklich anstrengend? Können wir es uns nicht auch irgendwie leicht machen?

Veränderung klingt nach harter Arbeit und genau das gefällt unserem Verstand an sich. Deshalb ist er auch an dem ganzen Thema interessiert und liest dieses Buch sorgfältig. Doch nur, um am Ende zu merken, dass es wahrscheinlich zu schwierig ist. Vielleicht wird es mit dem nächsten Buch leichter. Oder mit dem nächsten Kurs. Es ist der Wolf im Schafspelz, der sich meldet und dir vorgaukelt, dein Freund zu sein. Er erzählt dir, dass Veränderung schwer ist und du glaubst ihm. Er kann es sich nicht vorstellen, dass etwas leicht sein kann oder, dass es Wert hat, wenn etwas leicht ist. Doch der Weg des Herzens ist leicht bzw. fühlt sich nach Leichtigkeit an (wenn er auch nicht immer einfach ist). Nur der Weg des Wolfes ist schwer und voller Gestrüpp. Um also den leichten Weg zu gehen, müssen wir dem Weg vom Kopf ins Herz folgen und nicht mehr über Für und Wider nachdenken, sondern einfach tun, was sich im Herzen nach Leichtigkeit anfühlt. Und all das Gerede des Wolfes, der uns auf der Couch sitzen lassen will, und auch all seine Schattengefühle, die uns kleinhalten wollen, nehmen wir einfach mit. Wir müssen uns an das Unbequeme gewöhnen.

Es zieht uns automatisch immer hin zu Faulheit und zum Zerfall. Das ist ein natürlicher Prozess. Wenn du nicht Wärme in den Raum bringst, kühlt er ab. Gießt du die Pflanze nicht, geht sie ein. Wer rastet, der rostet. Und wir wollen gern rasten. Schließlich sparen wir dabei sehr viel Energie. Chips und Fernsehen sind einfach begehrenswerter als Sport, Fitness und Meditation, sofern wir noch nicht die Leichtigkeit entdeckt haben, die sich einstellt, wenn wir zuvor durch die Schwere gehen. Uns aufzuraffen, um etwas zu verändern, verbraucht Energie. Doch ohne diese Extraportion Energie wird alles zerfallen. Bewegst du dich nicht, bilden sich deine Muskeln zurück. Trinkst und isst du nicht, stirbst du. Energie ist also wichtig für Heilung und Regeneration. Während ein energieloses Leben, ohne die Bereitschaft sich aufzuraffen und handlungsfähig zu werden, dazu beiträgt, dass wir zerfallen. Es zieht uns automatisch zur Unordnung, was sich in unklaren und verwirrten Gedanken und emotionalem Hin und Her bemerkbar macht. Wir leben schließlich nicht in einem luftleeren Raum. Wir sind ständig Reizen ausgesetzt, die einen Einfluss auf uns haben. So, wie sich Bakterien auf unseren Zähnen sammeln und diese zerstören, wenn wir sie nicht regelmäßig putzen, so speichern wir negative Emotionen in unserem Körper und destruktive Gedanken in unserem Kopf, wenn wir auch diese nicht immer wieder reinigen. Um also Ordnung zu schaffen, müssen wir uns immer wieder überwinden, die zur Entstehung innerer Ordnung benötigte Energie aufzubringen. Auch wenn es den Anschein hat, dass es anstrengend wird und wir dadurch anfangen zu prokrastinieren.

Doch was macht es so anstrengend? Es ist immer wieder der Sprung ins Unbekannte, in das neue Ich, welches wir zu Beginn nicht wirklich dingfest machen können, weil es sich noch nicht gänzlich in uns gebildet hat. Dafür braucht es immer wieder Präsenz und die Bereitschaft im Jetzt zu sein, weil wir uns nur dort unserer einschränkenden Muster gewahr werden und sie verändern können. Das, was es so anstrengend anfühlen lässt, ist der Wolf, der anfängt zu heulen und zu knurren, weil wir ihn auf dieser Reise nicht mitnehmen können. Er erzeugt diese Gefühle der Schwere. Es ist auch hier wieder paradox, weil wir diese Schwere durchbrechen müssen, um hinter ihr die Leichtigkeit zu finden. Denn wenn wir vor der Schwere fliehen und in unser altes Ich zurückgehen, dann finden wir zwar kurz etwas Erleichterung, aber auf Dauer holt uns die wirkliche, dauerhafte Schwere wieder ein, die wir die meiste Zeit unseres Lebens hintergründig mit uns herumtragen. Dann bleiben wir lieber liegen und schlafen aus, als eine Stunde eher aufzustehen, um bspw. die Übungen in diesem Buch zu machen. Dann schauen wir abends lieber fern, als noch unseren Körper etwas zu dehnen und zu bewegen. Es ist der Griff zu dem, was schneller und leichter zu kriegen ist, um die kurzfristige Entspannung zu bekommen, die uns aber längerfristig genau den Ärger beschert, den wir eigentlich umgehen wollen. Wir übermalen immer nur die Risse im Putz, als die Wand neu zu verputzen. Wir betreiben nur Kosmetik, nehmen uns gern aus der Eigenverantwortung und machen es uns in unserem Schicksal gemütlich. Auch wenn dieses Schicksal die eigentliche Schwere mit sich bringt, die wir täglich unterschwellig spüren, die zu beseitigen wir aber nicht imstande sind, weil unser Wolf sich so sehr an diese Schwere gewöhnt hat, dass auch sie nun Teil deiner Identität ist.

»Ach, Wolf, warum beschwerst du dich?« –
»Damit ich mich besser fühlen kann.«

Wir beschweren uns – das allein sagt schon alles. Denn das, worüber wir uns beschweren, verändert sich durch unsere Beschwerde nicht ein Stück. Nur wir allein sind es, denen die Schwere unserer Beschwerde als Last auf den Schultern liegt, als würden wir uns selbst Steine auf den Rücken legen. Doch der Wolf kann diese Schwere nicht aufgeben, denn sie ist ein Teil von ihm geworden, die ihn nährt und antreibt. Durch diese Schwere kann er sich als sich fühlen. Und da der Wolf nur eine Fata Morgana ist, braucht er alles, was ihm dieses Gefühl immer wieder aufbaut. Selbst oder gerade wenn es der eigene, gewohnte Schmerz ist. Wenn wir uns also daransetzen, über unseren Schatten zu springen und den Sprung in die Gegenwärtigkeit zu wagen, sind wir mit Anstrengung und einer Art innerer Abneigung, einer Gegenwehr, einem »*Nicht-Wollen*« konfrontiert. Dies fühlt sich oft unangenehm an, weil es nicht zu unserem gewohnten Zustand passt und deshalb fremd und feindlich ist. Etwas in uns will sich nicht hingeben. Dieses »*Etwas*« will sich nicht neu oder anders als bisher fühlen. Es hält am alten Schmerz fest und generiert dadurch dieses Gefühl der Anstrengung, damit wir es eben doch nicht wagen und weiter dortbleiben, wo wir stehen. Entweder wir geben auf und finden uns mit unserem schmerzlichen, aber vertrautem Zustand ab, oder wir nehmen in Kauf, dass es sich zunächst noch etwas schmerzlicher anfühlen kann, wenn wir uns vom alten Schmerz lösen.

Doch sind wir durch diesen Schmerz einmal durchgegangen, finden wir die Erleichterung und Befreiung, die wir wirklich suchen. Von jetzt an fällt auch das immer leichter, weil wir eine positive Erfahrung gemacht haben, auf die wir bei den darauffolgenden Versuchen zurückgreifen können. Das, was uns daran hinderte, uns zu überwinden, verliert immer mehr seine Macht über uns. Auf diese Weise holen wir also die Macht wieder zurück in unsere Hände, was ebenfalls ein entscheidender Schritt in Richtung Eigenverantwortung dem eigenen Leben gegenüber ist. Wenn wir uns also verändern wollen, dann geht unser Wolf in den Widerstand, weil er meint, es würde anstrengend werden. Lieber sucht er sich den leichten Weg durch Ersatzbefriedigungen. Doch das ist alles nur ein Schauspiel des Wolfes.

Wenn du im Tiefschnee wanderst, kannst du den Weg gehen, den du immer gegangen bist, den alle bisher gegangen sind und der dich immer wieder dorthin bringt, wo du schon warst. Oder du gehst einen neuen Weg. Dieser Weg jedoch ist noch nicht gespurt. Du musst ihn dir selbst neu anlegen und dich immer wieder um ihn kümmern. Doch nur so kommst du dahin, wohin du wirklich willst. Wann immer du vor der Entscheidung stehst, wieder in deine alten Muster zu fallen oder dich nach deiner Wunschzukunft auszurichten, halte inne und erkenne den Trieb des Wolfes, der dich zu sich ruft. Wenn du seinem Ruf nicht folgen willst, kann dir dein »*Warum*« immer einen Motivationsschub geben, dich auf die unbekannten Wege einzulassen. Lass dich von der Zukunftsvision ziehen, anstatt dich vom Wolf treiben zu lassen. Lässt du dich von deinem Zukunfts-Ideal leiten, dann wird der Weg meist leichter, als es dir der Wolf versucht hat einzureden. Denn nur der Wolf, seine Widerstände und sein Kontrollzwang machen aus einem Weg einen Weg mit Hürden. Dann gehst du durch die Fußgängerzone, dein Ziel fest vor Augen und jeder, der deinen Weg kreuzt, kommt dir in die Quere. Einfach aus dem Grund, weil du nicht locker bist. Der Wolf ist immer verkrampft und angespannt und kann sich nicht auf Spontanes mit fließender Leichtigkeit einlassen. Um das tun zu können, müsste er im Moment sein, weil dort die Spontaneität lebt. Doch da er immer einen Schritt voraus ist, ist alles, was in seinem Plan nicht kalkuliert wurde, ein Hindernis. Doch dein Lebensweg darf leicht sein und grundsätzlich ist er das auch, wenn wir mit dem Lebensfluss schwimmen, wenn wir in der Fußgängerzone um die Leute herum fließen, als stur unseren Weg zu gehen. Mit den Dingen zu fließen ist eine Hingabe zum Leben und ein Eintauchen in das Vertrauen, dass du getragen bist und genau dort landest, wohin du gehörst und auch willst.

Es schneit. Jede Flocke an seinen Platz.

Ich sage zwar oft, du musst es wollen, während ich gleichzeitig sage, dass das Wollen nur Übel verursacht. Doch das Wollen, das ich meine, wenn ich sage: »*Du musst deine Veränderung schon selbst auch wollen.*«, ist eher so etwas wie eine innere Bereitschaft, eine Hingabe und ein inneres Ja. In früheren Zeiten hat die Religion uns das alles irgendwie abgenommen. Da gab es einen klaren Weg, Übungen und Anweisungen, die uns an die Hand genommen haben, denen man folgen konnte und denen man sich hingegeben hat. Man hat eben einfach geglaubt, was erzählt und gepredigt wurde. Dieser Glaube konnte einen durch dunkle Täler und schwarze Nächte leiten oder uns zumindest irgendwie beruhigen. Doch ich selbst habe weder einen Gott, einen Priester noch einen Guru, der außerhalb von mir liegt und an den ich meine Verantwortung abgeben möchte. Und dennoch braucht der Prozess der Veränderung eben diese Portion Hingabe und Vertrauen in etwas, das wir nicht sehen oder beweisen können. Denn ohne diese Bereitschaft der bedingungslosen Hingabe in das Vertrauen ins Unbekannte, werden wir schnell von Zweifeln ausgebremst. Das, was mich diese Zweifel erkennen lässt und mich dennoch antreibt weiterzumachen und nicht aufzuhören, auf den Gipfel meines Berges zu steigen, ist mein »*Commitment*« an mich selbst und an die Taten und Übungen, die diesem folgen.

Für das Wort »*Commitment*« gibt es keine Eins-zu-Eins Übersetzung. Vielmehr gibt es mehrere Bedeutungen, die diesen Begriff einfassen, wie bspw. »Ja« zu etwas sagen, für etwas einstehen, Bereitschaft, Hingabe, sich in den Dienst stellen, sich auf etwas voll und ganz einlassen, Verpflichtung, Engagement, Zusage, Entscheidung oder auch Festlegung. Dabei ist ein Commitment mehr als nur eine Verpflichtung. Ein Commitment ist eine starke, innere, wohlgesinnte und ernst gemeinte Überzeugung, für die du allein verantwortlich bist. Durch dein Commitment legst du dir selbst die Route auf den Gipfel deines Berges fest und lässt dich durch deine eigenen inneren Einwände nicht davon abhalten, diesen Berg zu besteigen. Gerade wenn die Sicht unklar ist, der Pfad unter dir verschwindet und du dich scheinbar verirrt hast, so kann der Schattenwolf diese Situation leicht ausnutzen und dir einreden, dass du wieder absteigen sollst. Das, was früher durch die Religion versucht wurde, ist, dich auf dem Kurs zu halten und auch weiterzugehen, selbst, wenn du nicht weißt, was und ob da am Ende überhaupt etwas kommt. Sie war ein Seil durch die dunklen Höhlen des Lebens, an dem du dich entlanghangeln konntest, wenn du drohtest, aufgeben zu wollen. Und so ein Seil solltest du dir selbst knüpfen. Sobald du dich für deinen Pfad entschlossen hast, solltest du ihm folgen. Wenn die Entscheidung, diesen Weg zu gehen, zu Beginn aus deinem Herzen kam, weil es sich gut, leicht und freudvoll angefühlt hat, wenn eine innere Stimme in dir gesagt hat, dass das der richtige Weg für dich ist, so solltest du auf dieses Gefühl vertrauen. Und damit dein Vertrauen in Zeiten von Dunkelheit nicht durch Zweifel erdrückt wird, kannst du ihm dein Commitment als rettendes Seil an die Seite stellen.

Dein Commitment ist also eine Bereitschaft dich für einen Weg zu entscheiden, dich auf diesen einzulassen und dich diesem zu verpflichten. Das ist manchmal gar nicht so einfach. Vor allem dann, wenn es so viele unterschiedliche Wege gibt. Nehmen wir an, du willst eine Kampfkunst erlernen. Doch welche? Karate, Kung Fu, Aikido? Entweder du hast gleich einen inneren Impuls, der dich grundlos zu etwas hinzieht, oder du musst eben zuerst etwas ausprobieren. Je mehr du ausprobierst, desto mehr wirst du merken, wo du dich aufgehoben fühlst. Dort ist dein Weg und diesem solltest du folgen. Entscheidest du dich für Karate, weil es sich einfach stimmig anfühlt, dann wirst du gute Erfahrungen machen und schnell lernen. Doch nicht alle Tage sind gleich und gerade dann, wenn es uns mal schwerfällt, stellen wir unsere Entscheidung in Frage. Dann schauen wir auf andere Stile und vergleichen unseren Fortschritt mit anderen. Dann wechseln wir zum Thai-Boxen und fühlen uns dort solange wohl, bis auch da die ersten Hürden auf uns warten. Ein Commitment kann uns helfen, durch diese Hürden zu gehen und dem Pfad treu zu bleiben, für den wir uns in einem Moment der Klarheit entschieden haben. Denn sonst weht uns jede kleine Anomalie von einer Ecke zur anderen. Wir sollten uns für eine Stelle entscheiden, an der wir anfangen zu graben, bis wir auf Wasser stoßen, anstatt bei jedem kleinsten Hindernis uns eine neue Stelle zu suchen. Denn so werden wir mit Garantie verdursten. Entscheiden wir uns aber für eine Stelle, weil wir es zuvor in einem klaren Moment als wahr erkannt haben, dann graben wir dort solange weiter, bis wir auf Wasser stoßen, selbst wenn uns zwischenzeitlich die Stürme unseres Geistes die Klarheit rauben. Dem Pfad zu folgen, während wir klar sind, ist an sich simpel. Doch wenn die dunklen Wolken unseres Geistes auftauchen, sorgt unser Commitment dafür, trotzdem weiterzugraben, auch wenn wir gerade nicht mehr wissen, wieso, weshalb, warum. Der Regen wird vorbeiziehen und du wirst dich freuen, das Graben nicht aufgegeben zu haben.

Auch, wenn es anfängt, uns zu langweilen oder wir uns auf den ersten Lorbeeren ausruhen und die Zügel lockerer lassen, so hält uns unser Commitment auf Kurs. Denn schnell lassen wir es schleifen und sind schneller wieder da, wo wir herkommen, als dort, wo wir hinwollen. Wahre Bereitschaft heißt, es immer zu tun. Egal was ist. Bist du bereit, dich deinem Leben hinzugeben und anzuerkennen, dass du die Macht hast, zu werden, wer du sein willst, auch wenn der Weg durch Wüsten und Meere führt, durch Oasen und Steppen? Wirst du dir selbst treu bleiben und dich selbst dazu anspornen, weiterzugehen, auch wenn sich noch nichts am Horizont zeigt?

Wenn du weißt, was du willst, werde darin richtig gut.

Übung: Dein Commitment

Was du willst und warum du es willst, weißt du: Es ist dein Ideal, dein Wunschzustand, dein Zukunfts-Ich. Kannst du sehen, was es tut, wie es lebt und wie es sich dabei fühlt? Das ist der Gipfel, auf den du kommen möchtest. Dein Warum ist der Motivator, diesen Gipfel zu erreichen. Dein Commitment ist im Grunde eine klare Anweisung und eine Anleitung für dich, diesem Warum zu folgen und dich nicht von dir aufhalten zu lassen, das zu erreichen, was du dir vorgenommen hast. Du verpflichtest dich dir gegenüber, dir und deinem Vorhaben treu zu bleiben, koste es, was es wolle. Du legst fest, was genau du dafür tust, wann du es tust, wie viel Zeit du dafür investierst und wie oft du dich diesem Pfad widmest.

Im Commitment ist festgelegt, was wir täglich tun, wie wir sein wollen oder wofür wir uns engagieren. Wenn ich mich dazu committe, meiner Gesundheit Sorge zu tragen, benötigt das tägliche Umsetzung. Ich werde aber nie gesund »sein« im Sinne von »jetzt habe ich es erreicht«. Es geht vielmehr um die Art, wie ich die Welt sehe, worauf ich achte und was ich täglich tue. Denn wenn mein Gipfel »Gesundheit« ist und mein »Warum« mir zeigt, wie gut ich mich dabei fühlen werde, wenn ich gesund bin, dann ist mein Commitment meine Bereitschaft, mich und mein Leben dauerhaft auf diesen Zustand auszurichten und es wichtiger werden zu lassen, als alles andere. Das Commitment unterstützt uns also, uns aufzuraffen, zu üben, am Ball zu bleiben und nicht aufzugeben, bis wir sind, wer wir sein wollen, erreicht haben, was wir erreichen wollten und erfahren haben, was wir erfahren wollten.

Was also genau wirst du tun? Wann wirst du etwas und wie viel wirst du dafür tun? Wie viel Zeit nimmst du dir am Tag dafür? Zehn Minuten, eine Stunde, oder zwei? Wie oft willst du es tun? Täglich, einmal pro Woche, alle zwei Tage? Wie lang wirst du es tun? 3 Tage, 3 Wochen, 3 Monate? Und um das ganze abzu-

runden, bringen wir jetzt dein zuvor formuliertes »Warum«, durch ein angefügtes »Weil« mit ins Spiel. Denn wie du nun weißt, hat das Warum die größte Wirkkraft, da es sich direkt mit unserem Gefühl verbindet. Wenn wir eine Veränderung bewirken wollen, ist es nötig, diesen Wunsch auch mit einer gehörigen Portion Emotionen aufzuladen. Das Warum und das angefügte »Weil« übernehmen diese Funktion.

Beispiel: Ich mache mindestens für die kommenden drei Monate täglich für eine Stunde die Übungen in diesem Buch, weil ich ein glückliches und erfülltes Leben verdient habe und die Schöpferkraft in mir entdecken möchte. Ich werde nicht ruhen, bis ich mich von meiner Selbstsabotage und meinen mentalen und emotionalen Konflikten befreit habe und das Leben lebe, das ich mir erträume. Glück und Erfüllung warten auf mich und ich bin es mir schuldig, mich auf diese Zukunft zuzubewegen. Es ist an der Zeit, die Macht zu mir zurückzuholen und mich aus mir selbst heraus zu dem erfüllten Leben zu führen, das ich bisher immer nur gesucht, aber nie gefunden habe. Ich selbst nehme mein Leben in die Hand und werde tun, was zu tun ist. Auch wenn das heißt, dass ich morgens eher aufstehe und den unbequemen Weg gehe. Das, was auf mich wartet, ist das, was ich mir ersehne. Ich lebe glücklich, gesund und erfüllt, weil ich es mir erlaube. Und dieser Erlaubnis werde ich folgen. Ich werde mir keine Schmerzen mehr zufügen und stattdessen für mich einstehen. Ich arbeite nicht mehr gegen mich oder gegen das Leben, sondern lebe aus meinem Herzen heraus und für das Leben. Wann immer ich ins Straucheln gerate, werde ich noch tiefer in mein Vertrauen in den von mir gewählten Weg gehen, weil ich erkannt habe, dass ich mich aus meinem eigenen Loch herausholen kann. Ich habe die Kraft, das Wissen und die Überzeugung, mich verändern zu können. Und ich vertraue dem Weg, für den zu gehen ich mich entschieden habe. Ich lege mein Leben in die Hände dieses Weges und lasse mich von diesem durch die dunklen Täler auf die Gipfel meiner Zukunft tragen. Ich werde diesen Weg nicht anzweifeln, weil ich im Herzen gespürt habe, dass es der Richtige ist. Auch wenn auf dem Weg die Zweifel meines Schattenwolfes mich abhalten wollen, so lasse ich mich nicht beirren. Ich bin meine Zukunft und nicht meine Vergangenheit. Diesen Weg werde ich unweigerlich folgen, bis ich heute der bin, der ich morgen sein wollte. Das Wunder geschieht, weil ich es für möglich halte!

Was also ist dein Commitment? Wohin willst du, wer willst du sein und was wirst du dafür investieren? Welchem Weg wirst du folgen? Warum wirst du diesem folgen? Schreibe es dir auf und dann starte in dein neues Leben. Jetzt.

Der Zug steht jederzeit zur Abfahrt bereit. Du musst nur einsteigen. Wirst du es tun?

AUF DER ANDEREN SEITE (EPILOG)

Als ich anfing, morgens nicht mehr nach meinem alten Ich und nicht mehr nach den Zuständen zu suchen, die mich bremsten und sabotierten, nicht nach meiner Negativität und meiner Anti-Haltung Ausschau zu halten, nicht nach den Techniken zu gieren, die mich aus meinem inneren Gefängnis holen sollten, welches ich selbst errichtet hatte, desto klarer wurde mir, dass es ein Leben gibt, das nicht durch das Wechselspiel von Gut und Böse, von Schatten und Licht, von den beiden Seiten derselben Medaille bestimmt ist. Die andere Seite ist der Zustand, in dem uns unsere Widerstände bewusst werden und wir erkennen, dass es keinen Grund gibt, in diesen Stimmungen zu bleiben. Und dass wir diese Stimmungen nur haben, weil es gewohnt ist. Sie sind unnötig und nur so lange nötig, bis wir erkennen, dass sie unnötig sind. Wir müssen nicht erst den Matsch suchen, um die Blumen blühen zu lassen. Wir müssen nicht erst den Dreck auf der Scheibe sehen, um uns daran zu erinnern, dass wir doch durch die saubere Stelle im Fenster schauen können. Und wir müssen nicht erst unser altes Ich aufsuchen, um uns dann dagegen wehren zu wollen. Wir können all das loslassen und gleich der sein, der wir sein wollen, ohne zu schauen, ob der, der wir nicht sein wollen, noch da ist. Er wird da sein. Wir müssen uns keine Sorgen um ihn machen. Er wird auf uns warten. Wir können sofort damit anfangen, uns nach vorn fallen zu lassen. Jeden Morgen und jede Minute am Tag. Wir drehen das Blatt einfach um. Dann sehen wir zwar noch die Kerben der Buntstifte und die Schattierungen der Textmarker, die durch das Blatt durchschimmern. Aber es ist nur noch vage zu erkennen. Das Blatt, wenn einmal umgedreht, ist leer. Und wir können darauf malen, was immer wir wollen. Wie wäre es, wenn all das von dir abfällt, was du nicht mehr willst? Jetzt in diesem Moment. Einfach so. Wenn du die Seite deiner Glaubenssätze und alten Gefühle, deiner Stimmen im Kopf und Saboteure einfach umdrehen würdest und eine neue, frische Seite im Buch deines Lebens beginnen würdest? Wenn das Ich deiner Zukunft im Spiegel plötzlich du wärest und du, statt auf dein angestrebtes Ich im Spiegel, auf dein altes Ich schaust? Wenn du geworden bist, wer du sein willst? Was wäre, wenn es wirklich jetzt so weit wäre? Es ist nur ein Blick, nur ein Umblättern, nur eine Idee und einen Gedanken weit entfernt und wir befinden uns unmittelbar auf der anderen Seite.

Und so sitze ich manchmal da und will mich gut fühlen. Ich atme in mein Herz, stelle mir meine Zukunft vor, widme mich der Sonne und der Leichtigkeit in meinem Herzen. Aber irgendwie geht es nicht so ganz. Ich bin müde und schwer. Da denke ich, das muss doch gehen. Schließlich ist das alles nur alter Müll. Also versuch ich es noch mehr, bekomme es aber nicht hin und werde am Ende sogar noch sauer und down. Was ist passiert? Ich will irgendwohin, wo ich nicht bin. Mein Widerstand zeigt mir, dass er wach ist und keine Lust hat. Ich kann den Wolf, der der Widerstand ist, nicht einfach so umgehen, wenn er nicht schläft. Ich schleiche mich an seiner Höhle vorbei, doch er zieht mich zu sich. Und wenn ich das nicht mitbekomme, oder nicht mitbekommen will, dann ziehe ich natürlich noch stärker nach vorn, bis mich der Zug gänzlich zu ihm zurückzieht. Aber wenn ich erkenne, dass das, wohin ich will, nichts ist, was vor mir liegt, sondern genau hier bei mir ist, dann muss ich nicht irgendwohin. Ich bleibe im Raum, hier, wo ich bin. Und was ist da? Der Wolf, der keine Lust hat. Also setze ich mich vor ihn und lasse mich von ihm fressen. Je mehr er mich frisst, desto mehr Liebe und Zuneigung entsteht in mir dem Wolf gegenüber. Und desto vergeblicher werden seine Mühen, mich zu fressen, weil er es nicht kann. Bis er schließlich in meiner Liebe ihm gegenüber aufgibt und loslässt. Was bleibt, ist die Liebe, die ich bin. Und Liebe ist immer Fülle. Und schon ist alles da, was ich zuvor noch erreichen wollte. Ich hab es zu mir geholt. Ich bin nicht darauf zugegangen. Oder vielmehr habe ich das erkannt, was mich in dem Glauben ließ, ich sei getrennt davon. Nur der Wolf wollte, dass ich es nicht sehe. Dabei war es der Wolf, der mich darauf aufmerksam gemacht hat, dass ich nichts weiter tun muss.

Ich brauche nur da sein und annehmen, was ist. Nicht die Umstände, sondern meine Widerstände bzw. das Gefühl des Widerstands in mir und meine Angst davor, was mit mir passieren würde, wenn ich es mir tatsächlich erlauben würde, wirklich anzukommen. Ich bin es selbst, der mir die Türen baut, durch die zu kommen ich dann ständig versuche. Und ich bin es, der die Türen auflöst, sobald ich erkenne, dass ich für all das verantwortlich bin. Sobald ich mich hinter dem Problem erkenne, verschwindet das Problem, weil ich selbst kein Problem bin. Ich bin ganz und ich bin richtig. Der Teil, der das in mir erkennt, öffnet die Vorhänge und lässt das Licht in mein eigenes Wesen herein, was zuvor für mich noch ein Problem war und nun von diesem Licht berührt wird. Und je mehr mich dieses Licht berührt, desto mehr erkenne ich mich selbst in diesem Licht. Ich erkenne, dass ich dieses Licht bin. Ich scheine auf mich selbst. Und wenn ich dieses Licht bin und mich aus dem Licht heraus selbst betrachte, verwandelt sich das, was zuvor noch ein Problem für mich war: Ich.

Zu glauben, wir müssen erst im Außen etwas ändern, damit wir uns wieder freuen dürfen, hat nichts mit dem Außen zu tun, sondern mit unserer Erlaubnis uns gegenüber, nicht weiter an dieser Überzeugung festzuhalten. Und trennen wir uns von dieser Überzeugung, wird der Wolf böse, weil er sich dabei auflöst. Er wird rebellieren und ich tue nichts weiter, als dies über mich ergehen zu lassen. Ich trenne mich von den Meinungen und Überzeugungen meines Wolfes und verbrenne in seinem Feuer, um am Ende zu merken, dass nicht ich gestorben bist, sondern der schwer verletzte Teil in mir seinen Frieden gefunden hat. Was bleibt, ist meine Wärme und meine Liebe mir gegenüber. Mein Wolf darf endlich nach Hause kommen.

Auf der anderen Seite zu sein heißt nicht, sich von Leid zu befreien, kein Unglück mehr zu erleben und sich nur noch toll zu fühlen. Es heißt auch nicht, dass du mit widrigen Situationen und Stimmungslagen klarkommst, weil du weißt, dass nach jedem Regen Sonnenschein folgt und du nur Geduld haben müsstest, was nichts anderes heißt, als zu warten. Warten ist eine Beschäftigung des Wolfes. Hoffnung ist sein Betteln. Die Unterteilung des Schattenwolfes trennt die Welt in eine Seite, die schwarz ist, und eine Seite, die weiß ist. Der Wolf will ständig von der schwarzen zur weißen Seite und meint, eine glückliche Welt bestünde nur aus der weißen Seite. Die schwarze Seite müsse entfernt, die Hölle beseitigt und der Himmel geschaffen werden. Doch im Grunde gibt es nichts, was schwarz und was weiß ist, wenn wir es integrieren und annehmen. Dann ist alles bunt, dann ist alles Paradies. Dann ist alles Leben. Leben, in dem der Wolf sich nicht wohlfühlt. Aber Leben, in dem Frieden, Freude und Ruhe herrscht, genauso wie Fülle, Befreiung und Freiheit. Die andere Seite ist eine ständige Alchemie von Metall in Gold, von Wasser in Wein. Jedes Mal, wenn wir erkennen, was uns von dieser Fülle im Inneren trennt, welche Gedanken und Emotionen uns einreden, wir müssen etwas anderes erreichen, als das, was wir schon sind, sobald wir dies erkennen und unser Herz für uns und unseren Zustand der Fehlbarkeit, der Verwirrung und Verirrung öffnen, dann nehmen wir uns selbst so an, wie den bellenden Hund auf der Straße. Dann finden wir Ruhe und leben im Jetzt, im Wohlwollen und im Ja zum Leben. Wie können wir diesen Zustand besser beschreiben als mit Liebe?

Dann ist die Antwort auf die Frage, ob du glücklich bist, nicht: »*Ja, ich bin glücklich*«, sondern: »*Ja, ich bin*«. Das klingt erstmal nach wenig oder etwas abgestumpft. Doch es beherbergt alles: Glück, Freude, Trauer und Schmerz. Und all das ist in dir und nichts davon bist du. Du bist, was all dem zugrunde liegt: Frieden und Leben. Du bist dieses eine Leben. Und somit bist du auch alles, was du für möglich halten kannst. Du bist der Schöpfer, weil du das Leben bist, aus dem alle Schöpfungen hervorgehen.

Es ist, als stünde ich vor einem neuen Kapitel im Buch meines Lebens. Ich sehe die faden Umrisse der Pläne und Strategien, die der Wolf sein ganzes Leben in dieses Buch gekritzelt hatte. Alles Für und Wider steht dort geschrieben. Die Buntstifte und Textmarker, die Sprechblasen und Überschriften. Dein ganzes Wolfsleben hast du dort niedergeschrieben, lieber Wolf. Alles, was du willst, was du hast, was du dir erzählt hast und was du dir nun glaubst, ist deine Geschichte. Aber sie ist nicht mehr meine. Doch das heißt nicht, dass ich deine Geschichte aus dem Buch herausreiße. Deine Geschichte war meine Geschichte. Doch jetzt erzähle ich mir, was ich hören will und lausche nicht mehr dem, was du mir zu sagen hast. Ich kenne deine Geschichte. Wie, wenn Opa die Geschichten vom Krieg immer wiederholt, so, als hätte er sie noch nie jemandem erzählt. Ich setze mich zu ihm, nicht, weil ich die Geschichte hören will, sondern weil mein Opa nur diese Geschichte kennt und hofft, durch sie Liebe zu erfahren. Ich bin diese Liebe und werde immer für dich da sein. Für dich, lieber Wolf, nicht für deine Geschichten.

Lieber Wolf, selbst wenn ich dein Blatt einfach umdrehe, so wirst du nicht ausgelöscht werden. Du bist ein Kapitel in dem Buch meines Lebens und ich weiß, ich kann es jederzeit lesen, sobald ich es nachschlage. Ich sagte, dort, wo ich hingehe, kann ich dich nicht mitnehmen. Aber mach dir keine Sorgen. Du behältst deinen Platz in diesem Buch. Du bist schließlich Teil dieses Buches. Ich verschwinde nicht, so wie auch du nicht verschwindest. Ich lasse dich nicht allein. Doch ich habe viele leere Seiten vor mir, um mir die Geschichte meines Lebens zu erzählen, in der du deinen Abschnitt bereits hattest. Du bist ein Jahresring meines Baumes. Du bist nicht falsch. Du bist sogar wundervoll. Denn all die leeren Seiten würden sich nicht füllen lassen, wenn du nicht für die Vorgeschichte gesorgt hättest. Du hast dieses Buch erst ermöglicht und dafür möchte ich dir danken. Du bist für mich wie der Zaun, der den Garten beschützen möchte. Doch die Blumen machen den Garten und nicht der Zaun. Und deshalb gehe ich und werde mich um unser Beet kümmern. Es ist auch dein Beet, wenngleich du im Grunde kein Interesse an den Blumen hast. Das macht nichts. Ich werde immer den Raum für dich offen halten.

Lieber Wolf, du bist wie ein Buch in einem Buch. In meinem Buch. Auch dein Kapitel wird weiterwachsen und sich weiterschreiben. Doch es wird nichts neues darin stehen. Es handelt immer nur davon, wie du deinen Zaun um unsere Blumen baust. Doch die Blumen werden wachsen und sich ausbreiten, genauso, wie sich auch das Buch entfaltet und der Teil, den ich ab jetzt schreibe, letztlich mehr Kapitel und abenteuerlichere Erzählungen bereithält als dein kleiner Abschnitt. Du erzählst von der Dunkelheit. Das ist okay. Ich erzähle die gesamte Story: Die Geschichte vom Licht, von der Dunkelheit und darüber, woher all das kommt und wohin all das wieder geht. Wenn du der Leberfleck bist, so erzähle ich nichts von der Haut darum herum, sondern von der ganzen Person. Dann sehe ich die gesamte Haut und dich, kleiner Leberfleck, sehe ich auch. Perfekt ist nicht, dich wegretuschieren zu wollen. Ein Leberfleck macht das Unperfekte gerade erst perfekt. Es braucht den Fehler, damit es ganz ist. Und wenn der Fehler erst dazu beiträgt, dass es eben perfekt ist, wenn die schiefe Note in der Musik des Lebens das Lied erst genau dadurch perfekt macht, dann ist der Fehler doch kein Fehler mehr? Dann bist du genauso perfekt, als Wolf, als Leberfleck, als schiefe Note. Ich muss dich nicht korrigieren, um ein angeblich perfektes Bild von mir zu erschaffen, das doch eigentlich nur deinen Augen entspringt. Sehe ich mich aus meinen Augen, aus meinem Herzen an, dann sehe ich dich, der meint, er sei ein Fehler und ich sehe die friedvollen Momente in meinem Leben, in denen du nicht da warst oder geschlafen hast.

TEIL 3 VERÄNDERE DICH

Und ich sehe um all das herum. Und dann sehe ich mich und alles erst als Ganzes, sehe die Medaille und über die Medaille hinaus. Diese Medaille hat den Fleck auf der einen und die angebliche Perfektion auf der anderen Seite. Beide Seiten gehören zusammen. Doch sie sind nicht das ganze Leben. Sie sind nicht einmal ich.

Ich bin nicht der kleine Schattenwolf-Lebensring unter meiner Rinde, auch nicht die anderen großen Ringe der Freude, die sich um den Wolfsring geformt haben. Ich bin der Baum, in dem die Ringe leben, und gleichzeitig bin ich darüber hinaus mit dem gesamten Leben hinter meiner Form als Baum verbunden und eins mit ihm. Ich bin jeder Vogel, der auf mir nistet und jede Kralle, die meine Rinde kratzt. Doch um das zu erkennen, habe ich mich von dir, lieber Wolf, entfernen müssen. Ich musste aus deinem Lebensring herauswachsen und neue Ringe bilden, die voller Freude und Liebe sind. Sie umschließen dich und geben dir halt. Sie beschützen dich. Und gleichzeitig stärken sie mich als Baum und sorgen dafür, dass ich weiter und gesünder wachsen kann. Meine Vergangenheit hat mich geformt. Doch nun forme ich meine Zukunft, weil sie uns den Halt im Sturm geben wird, vor dem du Angst hast. Meine Liebe wird uns stärken, sodass uns kein Sturm der Welt entwurzeln oder knicken kann. Doch meine Liebe wird ebenfalls über uns beide hinauswachsen. Sie bildet Blätter und Kronen und lädt das Leben ein, sich auf uns niederzulassen. Ich öffne mich der Welt. Auch ich bin nur ein Baum im Wald. Und ich bin nicht nur dieser eine Baum, sondern der gesamte Wald und darüber hinaus. Und so brauchst du auch keine Angst vor den Bäumen und Tieren um dich herum haben, weil auch ich all das bin. Die Welt ist unser Zuhause. Und da ich diese Welt bin, bin ich unser Zuhause. Auch deins.

Oft verliere ich mich noch im Wolfskostüm und versinke in der Rolle meiner illusorischen Identität. Dann schimpfe, beschuldige und wehre ich mich und strample wie ein Kleinkind. Ich merke jedoch, dass der strampelnde Wolf in mir wohnt und ich ihn beruhigen kann. Ich erzähle ihm, dass er nur schlecht geträumt hat, wecke ihn auf und zeige ihm, dass er bereits angekommen ist. Wir sind schon da, sage ich ihm. Du kannst dich wieder hinlegen. Es gibt nichts, was du tun musst, da es dir nie an etwas fehlt. Schau dich um: Alles ist da. Ich sehe es, auch wenn du es nicht siehst. Du musst es nicht sehen. Ich bin für dich da und kümmere mich um dich. Du wirst nicht sterben. Du musst uns beide nicht retten. Wir sind bereits gerettet. Du kannst, wenn du magst, gern noch etwas rumtoben. Suche in jedem Winkel, hinter jeder Ecke. Und wenn du des Suchens müde bist, werde ich immer da sein, wohin auch immer du dich gerade verlaufen hast. Wann immer du nach Hause kommen willst, wirst du ankommen. Denn ich bin dein Zuhause und werde immer dort sein, wo du mich suchst. Doch ich sagte, ich kann dich nicht mitnehmen, dort, wo ich hingehe, dort, wo ich schon bin. Das soll dir aber nicht sagen, dass ich dich nicht brauche, dass ich dich loswerden will und dass ich dich nicht liebe. Natürlich nehme ich dich mit. Aber du wirst es selbst merken, dass du gar nicht mitkommen willst. Ich weiß, du willst lieber vor der Tür sitzen und alles verbellen, was du an Geistern in den Schatten der Bäume siehst. Bleib du nur draußen. Ich aber gehe in die warme Wohnung meines Herzens.

Ich bin immer da. Du bist nicht allein. Ich weiß, dass du das auch weißt, und ich weiß, dass du trotzdem lieber allein sein willst. Es ist dein Futter, es ist dein Leben, deine Realität. Das ist okay für mich. Ich schaue ab und an aus dem Fenster, schaue ob es dir gut geht. Ich öffne dir die Tür, falls du doch hinein möchtest. Doch du wirst dich dabei verwandeln. Sobald du durch die Tür gehst, wirst du deinen Groll verloren haben. Wirst du dann noch du sein? Leider nein. Etwas wird zu Ende gehen. Aber glaube mir: Etwas wird auch erwachen. Lieber Wolf, sobald du von den Geistern abläßt, wirst du von dir selbst ablassen. Und das, was dann geboren wird, ist das Licht, was dir die Dunkelheit nimmt. Du lebst in der Dunkelheit, während du das Licht suchst und es dennoch meidest. Du glaubst vielleicht, du stirbst, wenn du hineingehst. Doch ich weiß, dass du immer am Leben sein wirst, sobald ich nach dir sehe. Und das beruhigt mich, wenn es auch dich aufregen mag. Sei dir gewiss, dass du nicht sterben wirst. Denn in meinem Herzen ist dir dein Platz für immer sicher. Wenn du es gar nicht aushältst, dann setze ich mich zu dir. Doch verstehe, dass ich Gäste habe, die bewirtet werden wollen. Du sagst, du willst gern mit dazukommen, spielen, dich freuen und herumtollen. Doch wenn du dich ehrlich betrachtest, dann willst du sie nur beißen, weil du vor ihnen Angst hast. Ich sehe deine Angst. Ich werde dich nicht dafür verurteilen. Ich werde dich nicht verurteilen. Ich bin schließlich du. Aber du bist nur ein Teil von mir und nicht alles, was ich bin. Vor allem bin ich der Frieden und die Ruhe, die du suchst und immer finden

TEIL 3 VERÄNDERE DICH

kannst, wenn du mich rufst. Ich höre dein Heulen im Wind, spüre die Kälte in deinen Knochen und die Leere in deinem Magen. Doch sei dir sicher: Solange ich mich um mich kümmere, mein Herz offen halte und mich der Freude in mir zuwende, so lange wird dir nichts geschehen. Du magst zwar immer noch Hunger haben, immer noch Schatten jagen wollen und das wird vielleicht auch nie aufhören. Doch du wirst immer leben, so lange ich lebe. Solange ich mich um mich kümmere, ist auch um dich gesorgt. Ich muss mir da keine Sorgen machen, denn dort, wo ich bin, gibt es keine Sorgen.

Du willst nicht allein vor der Tür sitzen? Dann setze ich mich zu dir. Du willst doch gar nicht mit hinein. Du sagst, du würdest am warmen Kamin sitzen wollen, doch du kannst die Wärme nicht spüren. Dieses Wollen bist du. Doch hast du, was du willst und nimmst du es dann tatsächlich an, löst du dich auf. Das wissen wir beide. Die Heizung wird zu warm sein oder zu kalt oder es wird dich langweilen. Du wirst deine Unruhe nicht verlieren, weil du die Unruhe bist. Deswegen kann ich dich nicht mitnehmen. Würde ich dich in die Ruhe bringen, würde sich die Unruhe auflösen. Du würdest dich auflösen. Das wissen wir. Doch deine Unruhe zeigt mir den Weg zur Tür der Ruhe in mir. Durch diese Tür gehe ich automatisch, wenn ich erkenne, dass ich nur dich loslassen muss. Dann bin ich automatisch im warmen Haus und du stehst davor. Ich muss mir keine Sorgen um dich machen. Ich lasse dich nicht im Stich und in der Kälte draußen verhungern. Schließlich bist du diese Kälte und die Leere in deinem Magen selbst. Sobald ich nach dir sehe, bist du da. Und sobald du nach mir siehst, werde auch ich da sein. Deine Wege sind beschränkt. Du kannst nur erkunden, was du kennst. Bewege dich in deinem kleinen Kapitel in dem Buch meines Lebens ruhig weiter, während ich die neuen, leeren Seiten fülle und dem Buch den Inhalt gebe, den du im Grunde auch nur finden willst. Deine Rastlosigkeit ließ mich ankommen. Und sie ließ auch dich ankommen, auch wenn du draußen weiter nach deinem Zuhause suchst. Wisse, dass du es immer in mir finden kannst. Ich werde dir dafür ewig dankbar sein.

Printed in Poland
by Amazon Fulfillment
Poland Sp. z o.o., Wrocław